■2025年度高等学校受験用

土浦日本大学高等学校

収録内容一覧

★この問題集は以下の収録内容となっています。また、編集の都合上、解説、解答用紙を省略させていただいている場合もございますのでご了承ください。

（○印は収録、一印は未収録）

入試問題の収録内容			解説	解答	解答用紙
2024年度	一般	英語・数学・社会・理科・国語	○	○	○
	併願推薦	英語・数学・社会・理科・国語	ー	○	○
2023年度	一般	英語・数学・社会・理科・国語	○	○	○
	併願推薦	英語・数学・社会・理科・国語	ー	○	○
2022年度	一般	英語・数学・社会・理科・国語	○	○	○
	併願推薦	英語・数学・社会・理科・国語	ー	○	○
2021年度	一般	英語・数学・社会・理科・国語	○	○	○

★当問題集のバックナンバーは在庫がございません。あらかじめご了承ください。

●凡例●

【英語】

≪解答≫

〔　〕 ①別解
②置き換え可能な語句（なお下線は置き換える箇所が2語以上の場合）
（例）<u>I am</u>〔I'm〕glad〔happy〕to ~

（　） 省略可能な言葉

≪解説≫

1, 2… 本文の段落（ただし本文が会話文の場合は話者の１つの発言）

〔　〕 置き換え可能な語句（なお〔　〕の前の下線は置き換える箇所が 2 語以上の場合）

（　） ①省略が可能な言葉
（例）「（数が）いくつかの」
②単語・代名詞の意味
（例）「彼（＝警察官）が叫んだ」
③言い換え可能な言葉
（例）「いやなにおいがするなべにはふたをするべきだ（＝くさいものにはふたをしろ）」

// 訳文と解説の区切り

cf. 比較・参照

≒ ほぼ同じ意味

【数学】

≪解答≫

〔　〕 別解

≪解説≫

（　） 補足的指示
（例）（右図１参照）など

〔　〕 ①公式の文字部分
（例）〔長方形の面積〕＝〔縦〕×〔横〕
②面積・体積を表す場合
（例）〔立方体 ABCDEFGH〕

∴ ゆえに

≒ 約、およそ

【社会】

≪解答≫

〔　〕 別解

（　） 省略可能な語

＿＿ 使用を指示された語句

≪解説≫

〔　〕 別称・略称
（例）政府開発援助〔ODA〕

（　） ①年号
（例）壬申の乱が起きた（672 年）。
②意味・補足的説明
（例）資本収支（海外への投資など）

【理科】

≪解答≫

〔　〕 別解

（　） 省略可能な語

＿＿ 使用を指示された語句

≪解説≫

〔　〕 公式の文字部分

（　） ①単位
②補足的説明
③同義・言い換え可能な言葉
（例）カエルの子（オタマジャクシ）

≒ 約、およそ

【国語】

≪解答≫

〔　〕 別解

（　） 省略してもよい言葉

＿＿ 使用を指示された語句

≪解説≫

〈　〉 課題文中の空所部分（現代語訳・通釈・書き下し文）

（　） ①引用文の指示語の内容
（例）「それ（＝過去の経験）が 〜」
②選択肢の正誤を示す場合
（例）（ア，ウ…×）
③現代語訳で主語などを補った部分
（例）（女は）出てきた。

／ 漢詩の書き下し文・現代語訳の改行部分

土浦日本大学高等学校

所在地	〒300-0826 茨城県土浦市小松ケ丘町4-46
電　話	029-823-4439(情報入試室)
ホームページ	https://www.tng.ac.jp/tsuchiura/
交通案内	JR常磐線 土浦駅よりバス10分または徒歩25分 (登下校時に土浦駅東口⇔本校の有料シャトルバスを運行)

普通科
男女共学
くわしい情報はホームページへ

応募状況

年度	募集数		受験数	合格数	倍率
2024	単願	630名	313名	313名	1.0倍
	併願 一般		2,178名	1,974名	1.1倍
	帰国		10名	10名	1.0倍
2023	単願	630名	261名	254名	1.0倍
	併願 一般		2,298名	2,160名	1.1倍
	帰国		6名	6名	1.0倍
2022	単願	630名	260名	244名	1.1倍
	併願 一般		2,472名	2,327名	1.1倍
	帰国		15名	15名	1.0倍

※帰国＝帰国国際生入試(国内入試)
　その他，帰国生入試(海外入試)も実施。

試験科目　(参考用：2024年度入試)

[単願推薦・一般単願]
　国語・数学・英語，面接
[併願推薦・一般併願]
　国語・数学・英語・理科・社会
[帰国国際生](国内入試)
　国語・数学・英語，面接
[帰国生](海外入試)
　海外学力選抜入試：国語・数学・英語，
　　　　　　　　　　面接(単願のみ)
　海外AO入試：書類審査，面接

特待生制度

人物・操行が善良で，学力や特技に秀でた生徒に対して，入学金や授業料を給付する特待生制度を実施している。

また，奨学金規定に基づき，さまざまな学費援助奨学金制度も運用されている。

教育方針

学習指導

生徒の進路を十分に考慮した質の高い教育システムを構築し，一人ひとりに効率よく提供することを目指している。また，生徒自身にも自らの進路を明確に意識させることで学習への意欲を育むために，以下の３コース・５クラス制を導入。

◎特別進学コース
　スーパーハイクラス／特進クラス
◎総合進学コース
　進学クラス／スポーツクラス
◎グローバル・スタディコース(クラス)

課外授業，長期休暇中の集中講座なども行い，付属高校という枠組みにとらわれない幅のある学習指導体制を展開している。

進路状況

毎年，最難関の国公立大学をはじめ，有名私立大学に多くの卒業生が進学している。また，日本大学付属校の特徴を生かし，日本大学への推薦入学も多い。

2024年春の大学合格実績(2024年３月10日現在)
東京大１名，北海道大１名，東北大１名，東京工業大１名，筑波大23名，茨城大16名，千葉大３名，埼玉大５名，横浜国立大１名，お茶の水女子大１名，東京海洋大２名，東京学芸大１名，東京農工大１名，福島県立医科大１名，早稲田大11名，慶應義塾大６名，国際基督教大３名，上智大６名，東京理科大27名，明治大16名，青山学院大９名，立教大12名，中央大19名，法政大26名，学習院大８名，東京女子医科大１名など。

編集部注―本書の内容は2024年3月現在のものであり，変更されている場合があります。正確な情報は，学校のホームページ等で必ずご確認ください。

出題傾向と今後への対策　英語

出題内容

	2024	2023	2022
大問数	8	8	8
小問数	50	50	50
リスニング	×	×	×

◎大問８題，小問数50問である。長文３題のうち，１～２題は会話文形式の長文である。

2024年度の出題状況

1 長文読解総合―物語
2 長文読解総合―説明文
3 長文読解総合―会話文
4 英問英答―広告を見て答える問題
5 単語の意味
6 誤文訂正
7 整序結合
8 語形変化・適語(句)選択

解答形式

2024年度	記　述／マーク／併　用

出題傾向

教科書をしっかりと学習していれば，大半が解ける内容であるが，問題量が多く，問題を解くスピードが要求される。読解に関する問題は全体の６割程度を占める。文章は興味深く読める内容が多く，図表を用いた問題が出題されることもある。残りは整序結合，適語(句)選択などで，語句や文法の正確な知識が試される。

今後への対策

読解力の基礎となる単語・文法を教科書を中心にしっかりと身につけよう。長文読解問題は，興味深い内容が多いので大筋を把握することは比較的容易であるが，把握しやすさが内容真偽の問題の正答につながるわけではないので細かい点を忠実に読み取っていく練習を，決めた１冊の問題集などで繰り返して積み重ねていこう。

◆◆◆◆ 英語出題分野一覧表 ◆◆◆◆

分野		年度	2022	2023	2024	2025予想※
音声	放送問題					
音声	単語の発音・アクセント					
音声	文の区切り・強勢・抑揚					
語彙・文法	単語の意味・綴り・関連知識		●	●	●	◎
語彙・文法	適語(句)選択・補充		●	●	●	◎
語彙・文法	書き換え・同意文完成					
語彙・文法	語形変化		●	●	●	◎
語彙・文法	用法選択					
語彙・文法	正誤問題・誤文訂正		●	●	●	◎
語彙・文法	その他					
作文	整序結合		●	●	●	◎
作文	日本語英訳	適語(句)・適文選択				
作文	日本語英訳	部分・完全記述				
作文	条件作文					
作文	テーマ作文					
会話文	適文選択					
会話文	適語(句)選択・補充					
会話文	その他					
長文読解	内容把握	主題・表題				
長文読解	内容把握	内容真偽	●	■	■	◎
長文読解	内容把握	内容一致・要約文完成	●	●		◎
長文読解	内容把握	文脈・要旨把握	■	■	■	◎
長文読解	内容把握	英問英答	■	●	■	◎
長文読解	適語(句)選択・補充		●	■	■	◎
長文読解	適文選択・補充		●	●	●	◎
長文読解	文(章)整序					
長文読解	英文・語句解釈(指示語など)		●	●	●	◎
長文読解	その他(適所選択)			●		△

●印：１～５問出題，■印：６～10問出題，★印：11問以上出題。
※予想欄　◎印：出題されると思われるもの。　△印：出題されるかもしれないもの。

出題傾向と今後への対策 数学

出題内容

2024年度 作 証 グ

大問5題，19問の出題。[1]，[2]は小問集合で，数と式，データの活用，関数，平面図形などで計10問。[3]はテストの得点に関する連立方程式の応用問題。[4]は関数で，放物線と一次関数のグラフを利用した問題。図形の知識を要するものもある。[5]は空間図形で，立方体を切断した立体について，断面の図形の辺の長さや面積，切断された立体の体積を求めるもの。三平方の定理や合同な図形などの理解が問われる。

2023年度 作 証 グ

大問5題，17問の出題。[1]，[2]は小問集合で，数と式，データの活用，平面図形などで計8問。[3]は速さに関する方程式の応用問題。[4]は関数で，放物線と一次関数のグラフを利用した問題。図形の知識を要するものもある。[5]は空間図形で，立方体について問うもの。相似な図形の面積比や，高さの等しい立体の体積比などの理解が問われる。

作…作図問題　証…証明問題　グ…グラフ作成問題

解答形式

2024年度	記　述／マーク／併　用

出題傾向

大問5題，設問数17～19問程度の出題。[1]，[2]は小問集合で，計8問前後。計算力や基礎知識を問うものが中心である。[3]以降は，関数，図形が必出で，これらに加えて方程式の応用などからの出題が見られる。基礎～標準レベルで，難問，奇問はないものの，題意を読み取るのに時間のかかる問題が時折見受けられる。

今後への対策

基礎・基本をしっかり身につけたうえで，標準レベルの問題で演習を繰り返し，問題に慣れるようにしよう。また，できるだけ多くの問題に接し，いろいろな解法のパターンをマスターしていこう。できなかった問題は，解説を読んで理解し，改めて解き直すこと。計算練習もおろそかにしないように。

◆◆◆◆ 数学出題分野一覧表 ◆◆◆◆

分野		2022	2023	2024	2025 予想※
数と式	計算，因数分解	★	★	■	◎
	数の性質，数の表し方				
	文字式の利用，等式変形				
	方程式の解法，解の利用	●	●	■	◎
	方程式の応用	★	★	★	◎
関　数	比例・反比例，一次関数	■		■	◎
	関数$y=ax^2$とその他の関数	★	★	★	◎
	関数の利用，図形の移動と関数				
図　形	（平面）計　量	●	●	●	◎
	（平面）証明，作図				
	（平面）その他				
	（空間）計　量	★	★	★	◎
	（空間）頂点・辺・面，展開図				
	（空間）その他				
データの活用	場合の数，確率	●	●	■	◎
	データの分析・活用，標本調査		●	●	◎
その他	不等式				
	特殊・新傾向問題など	●	●		◎
	融合問題				

●印：1問出題，■印：2問出題，★印：3問以上出題。
※予想欄　◎印：出題されると思われるもの。　△印：出題されるかもしれないもの。

出題傾向と今後への対策　社会

出題内容

2024年度

地理・世界の地形や文化，日本の産業等に関する問題。
・地形図の読み取り問題。

歴史・古代から現代までの日本の社会や政治，文化，世界の文明等に関する問題。

公民・総合問題でのみ扱われた公民は人権と憲法や政治の仕組み等幅広い問題。

総合・小問集合問題とテーマのある三分野総合問題。

2023年度

地理・世界の地形や，日本と世界の産業等に関する問題。
・地形図の読み取り問題。

歴史・日本と世界の古代から現代までの政治や社会，文化等に関する問題。

公民・日本国憲法や人権，政治に関する問題。
・資料の読み取り問題。

総合・小問集合問題とテーマのある三分野総合問題。

2022年度

地理・世界や東北地方の地形，産業等に関する問題。
・地形図の読み取り問題。

歴史・日本と世界の古代から現代までの政治や社会，文化等に関する問題。

公民・日本国憲法や人権，政治に関する問題。
・資料の読み取り問題。

総合・小問集合問題とテーマのある三分野総合問題。

解答形式

2024年度	記　述／マーク／併　用

出題傾向

大問６～７題で，小問数は50問程度。

地理はグラフや地形図の読み取り問題が，歴史は古代から近現代にかけての政治や文化等に関して資料や年表を用いた問題が，公民は人権と憲法，政治に関する問題が出題される。また，三分野総合問題は大問２～３題が出題され，資料の読み取りのほかに，文章の読み取り問題等が出されている。

今後への対策

三分野とも基礎的な事項についての問題が中心である。しかし，中には細かな知識を問う問題もあり，油断は禁物である。また，資料を読み取る問題が多く，効率よく問題を解く必要がある。まずは教科書や資料集を見直し，グラフや写真，資料を使い慣れておきたい。その際に物事の原因や結果を常に意識して知識を整理しておこう。

◆◆◆◆ 社会出題分野一覧表 ◆◆◆◆

分野	年度	2022	2023	2024	2025 予想※
地理的分野	地形図	●	●	●	◎
	アジア	産 人 総	産 人 総	地 総	◎
	アフリカ	総	地 産 人	総	◎
	オセアニア		産		△
	ヨーロッパ・ロシア			人	△
	北アメリカ	総	産		◎
	中・南アメリカ		人 総		◎
	世界全般	地	地	地 人	◎
	九州・四国	産			△
	中国・近畿	人			△
	中部・関東	人 総			△
	東北・北海道			産	△
	日本全般	地 産 総	産	地 産	◎
歴史的分野	旧石器～平安	●	●	●	◎
	鎌倉		●		◎
	室町～安土桃山	●	●	●	◎
	江戸	●	●	●	◎
	明治	●	●	●	◎
	大正～第二次世界大戦終結	●	●	●	◎
	第二次世界大戦後	●	●	●	◎
公民的分野	生活と文化	●	●	●	◎
	人権と憲法	●	●	●	◎
	政治	●	●	●	◎
	経済			●	△
	労働と福祉				△
	国際社会と環境問題		●	●	△
時事問題			●		△

※予想欄　◎印：出題されると思われるもの。　△印：出題されるかもしれないもの。
地理的分野については，各地域ごとに出題内容を以下の記号で分類しました。
地…地形・気候・時差，　産…産業・貿易・交通，　人…人口・文化・歴史・環境，　総…総合

出題傾向と今後への対策　理科

出題内容

2024年度

1～4はそれぞれ生物，地学，化学，物理からの小問集合題で，小問数は各5，6問。生命・自然界のつながり，動物の体のつくり，動物のなかま，地層，フェーン現象，天体の動き，気体の発生と性質，溶解度，化学変化，電流と回路，光の反射，電磁誘導，速さ，力に関する問題。　5は雲のでき方に関する問題。　6は仕事に関する問題。　7は酸・アルカリとイオンに関する問題。　8は植物のなかまに関する問題。

	2024	2023	2022
大問数	8	8	8
作図問題	0	0	0

2023年度

1～4はそれぞれ生物，地学，化学，物理からの小問集合題で，小問数は各5，6問。動物・植物の体のつくり，生物どうしのつながり，進化，火山，湿度，天体の1年の動き，化学変化，イオン，原子のつくり，静電気，光の性質，速さ，エネルギーに関する問題。　5は天気の変化に関する問題。　6は電流と回路に関する問題。　7は溶解度に関する問題。　8は遺伝の規則性に関する問題。

作…作図・グラフ作成問題　記…文章記述問題

解答形式

2024年度	記　述／マーク／併　用

出題傾向

大問数は8題，そのうち，各分野からの小問集合問題が4題，残りは物理・化学・生物・地学の各分野から1題ずつ出題。中学3年間で学習した内容から，まんべんなく出題されている。

問題は基礎～標準的な内容のものが多く，教科書に載っている実験・観察や図・表を題材につくられている。

今後への対策

教科書の重要用語や図・表，実験・観察の手順・結果・考察をまとめること。その後，基礎的な問題集を解き，正確な知識が身についているかを確認。間違えた問題は，教科書やノートで見直しをして，苦手な分野をなくそう。さらに，入試直前は，本校や茨城県公立高校の過去の入試問題を解いて，本番に向けて準備しよう。

◆◆◆◆ 理科出題分野一覧表 ◆◆◆◆

分野	年度	2022	2023	2024	2025予想※
身近な物理現象	光　と　音	●	●	●	◎
	力のはたらき(力のつり合い)		●	●	◎
物質のすがた	気体の発生と性質			●	△
	物質の性質と状態変化	●			◎
	水　溶　液		●	●	◎
電流とその利用	電流と回路	●	●	●	◎
	電流と磁界(電流の正体)	●	●	●	◎
化学変化と原子・分子	いろいろな化学変化(化学反応式)	●	●	●	◎
	化学変化と物質の質量	●			◎
運動とエネルギー	力の合成と分解(浮力・水圧)			●	◎
	物体の運動		●	●	◎
	仕事とエネルギー		●	●	◎
化学変化とイオン	水溶液とイオン(電池)	●	●	●	◎
	酸・アルカリとイオン			●	△
生物の世界	植物のなかま	●	●	●	◎
	動物のなかま	●		●	◎
大地の変化	火山・地震		●		◎
	地層・大地の変動(自然の恵み)	●		●	◎
生物の体のつくりとはたらき	生物をつくる細胞				△
	植物の体のつくりとはたらき	●			◎
	動物の体のつくりとはたらき	●	●	●	◎
気象と天気の変化	気象観察・気圧と風(圧力)	●			◎
	天気の変化・日本の気象	●	●	●	◎
生命・自然界のつながり	生物の成長とふえ方	●		●	◎
	遺伝の規則性と遺伝子(進化)		●		◎
	生物どうしのつながり	●	●	●	◎
地球と宇宙	天体の動き	●	●	●	◎
	宇宙の中の地球				△
自然環境・科学技術と人間					△
総　　合	実験の操作と実験器具の使い方	●		●	◎

※予想欄　◎印：出題されると思われるもの。　△印：出題されるかもしれないもの。
分野のカッコ内は主な小項目

出題傾向と今後への対策　国語

出題内容

2024年度

一 国語の知識　二 論説文　三 小説　四 古文

課題文
二 伊藤亜紗・村瀬孝生『ぼけと利他』
三 山川方夫『他人の夏』
四 浅井了意『夏難免怡詞』

2023年度

一 国語の知識　二 説明文　三 小説　四 古文

課題文
二 国立国語研究所編『日本語の大疑問』
三 門井慶喜『家康，江戸を建てる』
四 本居宣長『排蘆小船』

2022年度

一 国語の知識　二 論説文　三 小説　四 古文

課題文
二 伊藤亜紗「『うつわ』的利他」
三 小川洋子『ガイド』
四 兼好法師『徒然草』

解答形式

2024年度　記　述／マーク／併　用

出題傾向

課題文は，分量・内容とも基本的に標準的なものが選ばれている。論説文は，著名な学者や評論家の作品から，小説は，比較的新しい作家の作品から，古文は中世・近世の作品からの出題が多いようである。設問は，国語の知識の問題に6～10問，論説文と小説に6～8問，古文に5～6問付され，全体で30問程度の出題となっている。

今後への対策

現代文・古文ともに内容理解の問題が中心であるため，まず基本的な読解力を身につけなければならない。そのためには，毎日少しずつでよいから，問題集をやるのが効果的である。古文については，対訳付きの参考書などを使うのもよい。国語の知識については，出題範囲が広いため，知識の整理をしておくこと。

◆◆◆◆ 国語出題分野一覧表 ◆◆◆◆

分野		年度	2022	2023	2024	2025予想※
現代文	論説文 説明文	主題・要旨	●	●		◎
		文脈・接続語・指示語・段落関係	●	●		◎
		文章内容	●	●	●	◎
		表現	●		●	◎
	随筆 日記 手紙	主題・要旨				
		文脈・接続語・指示語・段落関係				
		文章内容				
		表現				
		心情				
	小説	主題・要旨			●	△
		文脈・接続語・指示語・段落関係		●	●	◎
		文章内容	●	●	●	◎
		表現	●	●	●	◎
		心情	●			△
		状況・情景				
韻文	詩	内容理解				
		形式・技法				
	俳句 和歌 短歌	内容理解			●	△
		技法		●		△
古典	古文	古語・内容理解・現代語訳	●	●	●	◎
		古典の知識・古典文法	●		●	◎
	漢文	(漢詩を含む)			●	△
国語の知識	漢字 語句	漢字	●	●	●	◎
		語句・四字熟語	●	●	●	◎
		慣用句・ことわざ・故事成語		●	●	◎
		熟語の構成・漢字の知識		●		△
	文法	品詞		●	●	◎
		ことばの単位・文の組み立て				
		敬語・表現技法	●	●	●	◎
	文学史			●	●	◎
作文・文章の構成・資料						
その他						

※予想欄　◎印：出題されると思われるもの。　△印：出題されるかもしれないもの。

2024年度 土浦日本大学高等学校

【英　語】（50分）〈満点：100点〉

1　Charcoal(炭)は切り出した木材を窯(かま)で焼いて作ります。次のcharcoalに関する物語を読んで，あとの(1)～(10)の問いに答えなさい。

Gordon Westman was born in 1850 to a farmer's family in the poor mountain town of Blacksville, Virginia in the USA. His family was very poor because their farm was very small. So, the family often made charcoal to earn a little *extra money. The *oven that they used for charcoal making was made of *mud and *stone. Gordon's father said, "Mud is free and everywhere. So are stones. I like mud and stone ovens. Actually, we can't have an expensive *brick oven here." He was proud of his charcoal, because it was as good as the charcoal made in Woodbury, a town famous for its charcoal.

Gordon was not the oldest son, so he had to become independent and leave his family when he became older. So, when Gordon was 15, he left the village. It was one of the village's rules. He decided to go to Woodbury.

When Gordon got to Woodbury, he was very excited. He saw a lot of tall *oak trees on top of Mt. Smith. He said, "Wow! Those beautiful old trees will later be turned into Woodbury's famous charcoal." Gordon was so excited that he didn't rest at all. He visited the Jones family. The family was famous for making charcoal.

John Jones showed Gordon their huge, expensive, brick charcoal ovens. John said, "I hope you won't be disappointed, but we don't make charcoal very often. The last time we made it was about 5 years ago." Gordon said, "Why, Mr. Jones? I can see a lot of tall oak trees on the mountain." John quickly answered, "It isn't a good way to make money anymore. It's too expensive to bring the cut trees down the mountain. We can't make much money from charcoal now."

The next day, Gordon met a boy about his age named Jimmy James on the street in Woodbury. Jimmy was about to return to his hometown, Watertown, on top of Mt. Smith. He invited Gordon to visit his home there. Gordon decided to go with him to see the old oak trees there.

Gordon and Jimmy arrived at Jimmy's house in Watertown that evening. ①The James family was very happy to meet Gordon because not many people visited their village. Gordon said, "I just wanted to see the oak trees on the mountain that my father always talked about." "Well, I don't know why you like those old, useless trees, but go ahead. We haven't cut any down for a long time," Jimmy's father, William, said. Behind the house there were thousands of beautiful old oak trees.

The people in the village of Watertown were very kind, but they were very poor. Gordon thought, "A village surrounded by good oak trees should not be poor, but it was. Why don't these people make charcoal? There are many good oaks around here."

Gordon asked, "Why don't you get extra money by making charcoal?" William laughed and said, "Making charcoal is very difficult and expensive. You need large brick ovens. It's easy to cut down trees, but it's too difficult to take the trees down to the Jones family in Woodbury. We have to ask a lot of people to bring their horses to help and that's too expensive. That's why the Jones family doesn't make charcoal very often. If they don't ask us to cut down trees for charcoal-making, it can't be a good business for us."

Gordon said, "I can make it a good business for you! Help me build a charcoal oven here in the village. We can make our own charcoal!" William said, "Don't you know that you need a lot of bricks to build a charcoal oven? Who can buy those expensive, heavy bricks and bring them to Watertown? Not me! It's impossible!"

Gordon smiled. "Actually, we make charcoal using a mud and stone oven in my hometown, Blacksville." "Impossible! Everyone knows that you need a brick oven to make charcoal!" said William. William and Jimmy laughed at Gordon's idea.

But Gordon didn't give up. "It's true!" he said. "We use simple ovens made of mud and stone to make charcoal in Blacksville. I can show you how to do it. Then, we can use the huge oaks around here to make lots of charcoal. You can sell the charcoal in Woodbury!" William and Jimmy just laughed.

The next day, however, Jimmy visited Gordon. Behind Jimmy were William and lots of other people from Watertown. "We're interested in making charcoal. Can you show us how? We will help you!" they said. Gordon agreed. He was happy to help the kind people of Watertown.

For two months they put all of their efforts into ②<u>the project</u>. First, Gordon asked the people to *dig a big hole in the ground. Gordon then asked the people to collect lots of mud and hundreds of stones about the size of a softball. ③<u>The people then used the stones to cover the walls inside the hole</u>. They didn't forget to put mud between the stones to *bond them together. "Very good. These walls will never fall down," one of the people said.

Next, the people of Watertown cut down a large oak tree. They then cut it into very small pieces. Gordon carefully filled their new oven with the pieces of oak wood. Then, the people made a mud roof over the oven. Finally, Gordon started the fire inside the oven. They watched the oven carefully for six days. On the seventh day, Gordon told everyone that the charcoal was ready. They carefully opened the oven. Inside, there were hundreds of kilograms of charcoal! "We did it!" everyone shouted.

William picked up a piece of charcoal. He was surprised and said, "Wow, I didn't realize how light this is. Because it is light, we can easily carry it to Woodbury. [④] We don't have to ask for lots of help!"

After that day, the people of Watertown brought their charcoal to Woodbury and sold it. Charcoal making made Watertown famous! Gordon was not rich, but he was very happy!

*[注] extra money 臨時収入　oven 窯(かま)　mud 泥　stone 石
brick レンガ　oak カシ(の木)　dig 掘る　bond 接着させる

(1) Blacksville と Gordon's family に関する記述として，最も適するものを，次の１～４の中から**１つ**選びなさい。

1. Gordon's family owned a lot of land there.
2. Most of the people in Blacksville were rich.
3. Gordon's family made brick ovens because they were rich.
4. Charcoal making helped Gordon's family make some extra money.

(2) Gordon が村を離れた理由として，最も適するものを，次の１～４の中から**１つ**選びなさい。

1. He wanted to live with his grandparents.
2. He found a wife outside the village.

3．He had to follow the village's rule.

4．He didn't want to live in a rich village.

(3) Gordon が the Jones family について知ったこととして，最も適するものを，次の１～４の中から**１つ**選びなさい。

1．The Jones family's charcoal oven was made of mud.

2．They couldn't remember the last time they made charcoal.

3．They didn't earn a lot of money by making and selling charcoal.

4．They didn't want to talk to Gordon, because they were too busy.

(4) The Jones family について，最も適するものを，次の１～４の中から**１つ**選びなさい。

1．The Jones family asked Gordon to make charcoal.

2．The Jones family didn't want to buy oak trees from Mt. Smith.

3．The Jones family didn't have an expensive brick charcoal oven.

4．The Jones family didn't know how to cut down the big oak trees.

(5) 下線部①の理由として，最も適するものを，次の１～４の中から**１つ**選びなさい。

1．Visitors to Watertown were not common.

2．They knew Gordon was not very good at making charcoal.

3．Gordon helped Jimmy when he got lost on his way home.

4．They thought Gordon was a member of a rich family in Woodbury.

(6) 下線部②の内容として，最も適するものを，次の１～４の中から**１つ**選びなさい。

1．The people of Watertown were buying bricks from Woodbury.

2．The people of Woodbury were making expensive bricks.

3．The people of Woodbury were making expensive brick ovens.

4．The people of Watertown were making their own charcoal oven.

(7) 下線部③の理由として，最も適するものを，次の１～４の中から**１つ**選びなさい。

1．They used the stones to heat the oven.

2．They used the stones to make the oven strong.

3．They used the stones to make the walls beautiful.

4．They used the stones to make the oven more expensive.

(8) [④] に入れるのに，最も適するものを，次の１～４の中から**１つ**選びなさい。

1．The Jones family is very smart!

2．We can sell our charcoal by ourselves!

3．It will be easier for us to live in Woodbury!

4．We learned that wood is lighter than charcoal!

(9) 本文の内容に合うように，１～４の英文を時系列に並べなさい。解答は１番目から４番目の順に番号で答えなさい。

1．Gordon asked William to make charcoal with him, but William didn't like his idea.

2．The first charcoal was made by Gordon and the people of Watertown.

3．The people in Watertown began to sell their charcoal in Woodbury.

4．Jimmy met Gordon on the street in Woodbury for the first time.

(10) 本文の内容に合うものを，次の１～４の中から**１つ**選びなさい。

1．Jimmy was 10 years older than Gordon.

2．Gordon said he wanted to help William make charcoal.

3．Gordon and Jimmy made a brick charcoal oven with 10 other people.

4．William was very excited to show Gordon the oak trees behind his house.

[2]　次の英文を読んで，あとの(11)～(18)の問いに答えなさい。

In the 1980s, I lived and worked in a small country called Belize, in Central America. In those days, Belize had a very small population of about 250,000 people. Most people lived in a few small cities along the east coast. Almost no one lived in the western half of this small country. This was because the western half was full of many *jungle-covered mountains with no roads but many dangerous animals and strange *insects.

One of my first jobs was to help build a road through this jungle. However, I was surprised to discover that we were not the first to build a road there. In fact, there were already thousands of kilometers of "roads" that had been built through the jungle. However, these were not actually roads like we see in Japan. These roads or trails were only about 30 cm wide but very long! Who or what built these very small roads through the jungle?

I first noticed these roads when I sat down next to a huge tree. There was a very small and [　①　] trail leading away from the tree into the forest. The trail was very clean and easy to see in the thick jungle. Could this trail have been made by a very small person? I looked for footprints on the trail. There were none. Could these trails have been made by a very small animal? I looked for animal footprints. There were none. Who or what built this tiny little road?

I asked one of the local workers. He laughed and said that these roads were actually built by "nature's greatest road builders!" He then took me out into the jungle along one of these little roads. After about ten minutes, he told me to look at the tree next to us. At first, I couldn't see anything. Then I noticed that there was something like a long, thin green snake going straight up the tree. What was it? We moved closer, and then I could see it easily. There were millions of ants climbing up and down the tree. The ants going down the tree were carrying small pieces of leaves in their tiny *jaws. The leaves were about 3 cm long by 4 cm wide. My friend told me that these ants are called leaf-cutter ants.

We followed the ants that were carrying the leaves. Next to the tree was the beginning of one of the little roads I had followed through the jungle. Moving along this road were millions of ants. On the left side of the road were ants carrying the small green leaves. On the right were millions of ants moving towards the tree. It was just like a very (②) road in Japan! We very carefully followed the ants carrying the small pieces of leaves. After about 15 minutes, the ant road led to a hole in the ground. The entrance to the hole was protected by a group of large ants. They were like ant police officers!

This small hole was the entrance to a huge underground ant city which covered several meters. It probably had a population of over 20,000,000 ants. My friend told me that there was only one queen but millions of worker ants. There were more ants in this small underground space than there were people in the country of Belize! In fact, there were many more ants there than the human population of Tokyo!

What do the ants do with the leaves? Well, they don't eat them. (③), the ants take the small pieces of leaves to their underground gardens. The leaves are placed in large rooms where they are left in the dark. The leaves soon grow a *fungus that is a kind of food for the ants. The ants need a lot of leaves to grow enough fungus to produce food for over 20,000,000 ants. In fact, leaf-cutter ants can remove the leaves of a large tree in just 24 hours!

Leaf-cutter ants build their tiny roads to make it easier to transport the leaves. In fact, leaf-cutter ants can carry about *50 times their own weight for very long distances using only their jaws. This would be like you picking up a small car and running with it over your head for several kilometers! Amazing!

If you have a chance to visit a jungle in Central or South America, please look for nature's greatest road builders. I am sure you will find them interesting!

*[注] jungle ジャングル insect 昆虫 jaw あご fungus 菌類
50 times their own weight 自分の体重の50倍

(11) 次の質問の答えとして，最も適するものを，下の1～4の中から**1つ**選びなさい。
Why did very few people want to live in the western half of Belize in the 1980s?
1. The western half was too near the ocean.
2. The western half had too many mountains.
3. The western half had no animals or insects.
4. There were already too many people living there.

(12) ① に入れるのに，最も適する語を，次の1～4の中から**1つ**選びなさい。
1. busy 2. famous 3. narrow 4. sweet

(13) Leaf-cutter antの生態について，最も適するものを，次の1～8の中から**2つ**選びなさい。(同じ解答欄に**2つ**マークしなさい)
1. 草の葉を使って約30センチ幅の小道を作る。
2. 往復する際，左側通行で移動する。
3. 約4センチ幅の木の葉を使って巣を作る。
4. 木の幹に穴を空け，木の内部に巣を作る。
5. 菌類を利用して，巣の衛生管理をする。
6. 木の葉を主食としている。
7. 食料を巣の中で栽培する。
8. 蛇と共存関係にある。

(14) (②)に入れるのに，最も適する語を，次の1～4の中から**1つ**選びなさい。
1. crowded 2. danger 3. faster 4. stranger

(15) (③)に入れるのに，最も適する語(句)を，次の1～4の中から**1つ**選びなさい。
1. At last 2. Interesting 3. Instead 4. This way

(16) 次の質問の答えとして，最も適するものを，下の1～4の中から**1つ**選びなさい。
How do leaf-cutter ants take the pieces of leaves back to their underground city?
1. They carry the leaves in a bag.
2. They throw the leaves on the ground.
3. They carry the leaves with their jaws.
4. They push the leaves using their legs.

(17) 次の質問の答えとして，最も適するものを，下の1～4の中から**1つ**選びなさい。
How does the population of a leaf-cutter ant city compare to the population of Tokyo?
1. The population of a leaf-cutter ant city is smaller.
2. The population of a leaf-cutter ant city is much larger.

3 . The population of a leaf-cutter ant city is the same.
4 . The article about leaf-cutter ants does not give this information.

(18) 本文の内容に合っているものを，次の1～7の中から**2つ**選びなさい。(同じ解答欄に**2つ**マークしなさい)

1 . The writer was surprised to discover that ants built small roads through the jungle.
2 . In the western half of Belize in the 1980s, there was a very modern road network.
3 . Leaf-cutter ants need to eat a 3 cm by 4 cm piece of leaf every day to survive.
4 . A typical leaf-cutter ant city has a population of more than 20 billion ants.
5 . Leaf fungus is a very dangerous disease that sometimes kills ants.
6 . Leaf-cutter ant cities usually have many queens and few workers.
7 . An underground ant city usually covers several meters.

3 次の英文を読んで，あとの(19)～(27)の問いに答えなさい。

Mr. Jones : Does anyone know what a "marsupial" is ?

Billy : ①

Mr. Jones : OK, Billy, tell us what a marsupial is.

Billy : A marsupial is an *alien that comes from the planet *Mars ! I saw pictures of them in my comic book.

Ann : Are you serious ? I don't think that's true.

Hitomi : Of course, it's true ! Why do you question everything (②) says ?

Ann : Because he is often wrong. Remember when he told us a banana was a vegetable ?

Hitomi : Billy didn't say that, I did. A banana IS a vegetable. My teacher told me that. He said that they grow in the ground like carrots. Are you saying that my teacher is a *liar ???

Mr. Jones : OK, OK ! Relax, Hitomi ! ③ , bananas grow on trees. They are not vegetables. They are fruits. And Billy, marsupials are not aliens from the planet Mars. They are very interesting (④) found right here on earth.

Billy : LIAR !!!

Hitomi : LIAR !!!

Ann : Aren't they usually found in Australia ?

Mr. Jones : Yes, a large number of marsupials are found in Australia and New Guinea, but many are also found in South America.

Sally : Are there any found in North America, Mr. Jones ?

Mr. Jones : Yes, the *opossum is a marsupial that is very common in North America. I saw many when I was a kid living in Mississippi. They are very active at night and are often hit by cars as they try to cross the road.

Hiroshi : Are koalas marsupials ?

Mr. Jones : Yes, they are.

Sally : What about rabbits ?

Mr. Jones : No, rabbits are not marsupials. Many people think they are related to kangaroos, another type of marsupial, but that is not correct.

Ann : I don't understand. What exactly is a marsupial ?

Mr. Jones : A marsupial is an animal that has a baby that doesn't develop inside of its mother.

Instead, when it is a very small baby, it lives in the mother's pouch, a small bag of skin on the mother's lower body. The very small baby continues to eat and grow inside the pouch until it is finished developing. It can then leave the pouch. But many marsupials continue to live in their mother's pouch for quite a long time.

Hiroshi : Can you give us some other examples of marsupials ?

Mr. Jones : I could, but that would be too easy. Let's play a marsupial guessing game. OK ?

Class : OK, Mr. Jones ! We love games !!

Billy : I don't like games !!!

Hitomi : Neither do I !!!! Games are for children !!!

Mr. Jones : OK, here's your first marsupial : This small animal lives in Australia. It lives in the trees. It eats leaves. It sleeps many hours a day. It has very small eyes, ears with a lot of hair, brown or gray hair on its body, a black nose, and three fingers and two thumbs on each hand. What is it ?

Billy : A MONKEY !!!!! IT'S A MONKEY !!!!

Hitomi : NO ! IT'S A GORILLA ! A GORILLA !!!!

Ann : WRONG !!! Those are not marsupials !

Mr. Jones : I thought you two didn't like games ?

Billy : We like to play games, but we never win ! It's not fair !!!

Hitomi : Yes, your game is too hard ! Nobody can guess the answer !! IT'S NOT FAIR !!! NOT FAIR !!!!

Sally : The answer is a koala !!!

Mr. Jones : YES ! That's right !

Hiroshi : One point for Sally.

Mr. Jones : Here's the next one : It also lives in Australia. This animal has very good eyes. It can hear very well because it can move its ears around easily. It has a long, powerful tail. It lives in the hills and forests. It eats leaves. It is active at night when it is cooler. It has very large, strong legs but small arms. It jumps from one place to another. What is it ?

Billy : A COW !! IT'S A COW !!!

Hitomi : NO ! IT'S A DUCK !!! A DUCK !!!!!

Ann : WRONG AGAIN !!! They are not marsupials !

Hiroshi : It's a kangaroo, right ?

Mr. Jones : YEEEESSSS ! That's correct !! It's a kangaroo !

Sally : One point for Hiroshi.

Hitomi : Come on, Billy ! We can't let them win ! TRY HARDER !!!

Billy : My head hurts ! This game is too hard ! I should get points for trying !!

Mr. Jones : No, you only get a point if you say the right answer.

Hitomi : NOT FAIR !! NOT FAIR !!! We should get points for trying !!!!!

Sally : Next !

Mr. Jones : OK, here's a hard one ! It lives in the trees. It is small. Its body is about 20 centimeters long. Its tail is about the same size as its body. It weighs between 90-130 grams. It has * flaps of skin between its arms and its legs. It can use this skin as a kind of wing which helps it * glide from tree to tree. It likes sweet things, but it also eats *insects.　What is it ?

Billy　　: IT'S A *CROCODILE !!!!!

Hitomi　: NO !　IT'S A CAT !!!!　A CAT !!!!!!!!

Ann　　: No, it's a *sugar glider !

Mr. Jones : Yes, that's right !!　[⑤]

Ann　　: I like to (⑥-a) books and (⑥-b) about nature.

Hitomi　: NOT FAIR !　NOT FAIR !　She reads books !　She studies !　That's *cheating !!!

Mr. Jones : No, that's called being "smart."　Maybe if you and Billy read a book or actually studied something instead of playing on your smartphones all day, you might be as smart as Ann !

Billy　　: Your questions are too hard !!!　Now my head hurts !

Hitomi　: I hate smart people !!!　It's NOT fair !　NOT FAIR !!!!

*［注］ alien　地球外生命体　　Mars　火星　　liar　うそつき
opossum　オポッサム（ネズミに似た動物）　　flap of skin　飛膜
glide　滑空する　　insect　昆虫　　crocodile　ワニ
sugar glider　フクロモモンガ　　cheat　いかさまをする

⒆ [①] に入れるのに最も適するものを，次の１～４の中から**１つ**選びなさい。

1 . I will !　　2 . I know !　　3 . I'm sure !　　4 . I don't know !

⒇ (②)に入れるのに最も適するものを，次の１～４の中から**１つ**選びなさい。

1 . Ann　　2 . Billy　　3 . Mr. Jones　　4 . Sally

(21) 次の質問に対する答えとして最も適するものを，下の１～４の中から**１つ**選びなさい。

Who said that a banana was a vegetable ?

1 . Ann　　2 . Billy　　3 . Mr. Jones　　4 . Hitomi

(22) [③] に入れるのに最も適する語(句)を，次の１～４の中から**１つ**選びなさい。

1 . In your opinion　　2 . As they know　　3 . Finally　　4 . In fact

(23) (④)に入れるのに最も適する語を，次の１～４の中から**１つ**選びなさい。

1 . animals　　2 . vegetables　　3 . planets　　4 . aliens

(24) Marsupial として，**適切でない**語を，次の１～４の中から**１つ**選びなさい。

1 . koalas　　2 . opossums　　3 . rabbits　　4 . kangaroos

(25) [⑤] に入れるのに最も適するものを，次の１～４の中から**１つ**選びなさい。

1 . Which one did you want ?　　2 . When did you make that ?

3 . How did you know that ?　　4 . What did you do to it ?

(26) (⑥-a)，(⑥-b)に入れる語の組み合わせとして，最も適するものを，次の１～４の中から**１つ**選びなさい。

1 . ⑥-a. use　⑥-b. play

2 . ⑥-a. play　⑥-b. use

3 . ⑥-a. study　⑥-b. use

4 . ⑥-a. read　⑥-b. study

(27) 本文の内容として，**適切でない**ものを，次の１～７の中から**２つ**選びなさい。(同じ解答欄に**２つ**マークしなさい)

1 . Sugar glider は，胴体とほぼ同じ長さの尾を持っている。

2 . Sugar glider は，昆虫などを食べるが甘いものも好む。

3 . Koala の前足には，それぞれ，３本の指と２本の親指がある。

4．多くの marsupial は，オーストラリアで確認することができる。
5．北アメリカにおいて，opossum は marsupial 類に分類されない。
6．Kangaroo は，鋭い視覚と聴覚を持っている。
7．森に生息する kangaroo は，強力な尻尾を使い，木から木へと空中移動する。

4 次のホームページについて，(28)〜(31)の英語の問いに対する答えとして，最も適するものを，1〜4の中から**1つずつ**選びなさい。

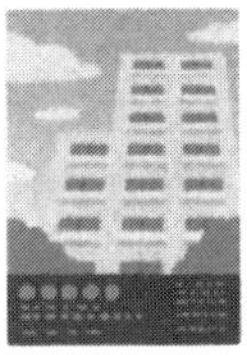

Meadowland *Apartments

New *Residents Wanted!!

Start a new life at Meadowland Apartments, new apartment buildings that were built just two weeks ago. Our simple, one-room apartments are perfect for students or working people. If you are young and want to live in an exciting *location close to the center of the city, please visit us at our website. Hurry! These cheap and convenient apartments are very popular!

LOCATION:

★ It is a ten-minute walk from Meadowland Train Station!
★ It is a five-minute walk from a supermarket, a hospital, and many nice restaurants!
★ It is a three-minute walk to Meadowland Stadium.
★ Meadowland University is across the street! It's great for students!

GOOD POINTS:

★ You don't need a car!
★ The *rent is cheaper than other apartment buildings.
★ You can have a good view of the city from your apartment.
★ You can easily buy everything you need at shops near your apartment.
★ There are many exciting concerts and sports events at Meadowland Stadium.

CONTACT:

★ Meadowland.apartments.com
You can contact us only ONLINE. Sorry, we do not have any offices that customers can visit.

*［注］ apartment マンション resident 住人 location 立地 rent 家賃

(28) What is a good point of Meadowland Apartments ?
1．You can easily walk to shops or restaurants.
2．You can easily visit the apartment office by car.
3．You can take a train to the nearest supermarket.
4．A popular stadium is three stations away by train.

(29) Which people would prefer Meadowland Apartments ?
1．People who prefer to drive everywhere instead of walking.
2．People who don't like to drive.
3．People who don't like going to live sporting events or concerts.
4．People who like to live quietly away from the noise and crowds of the city.

(30) What type of person would NOT like to live at Meadowland Apartments ?
1．An older person who wants a large, quiet apartment with many rooms.
2．A young person who wants to live near the train station and shops.
3．A student who wants to go to a lot of loud and exciting concerts.
4．A person who wants a small apartment with a good view of the city.

(31) What should you do if you are interested in Meadowland Apartments ?
1．You should call the apartment office.
2．You should send a letter to the apartment office.
3．You should visit the apartment's website as soon as possible.
4．You should go to the apartment building and see a staff member.

5 次の(32)～(34)の各文の下線を引いた語(句)とほぼ同じ意味になる語(句)を，下の1～4の中から**1つずつ**選びなさい。

(32) My father asked my coach, "How is my son progressing ?"
1．donating　2．establishing　3．practicing　4．improving

(33) The new tax law doesn't affect me very much because I'm a student.
1．arrest　2．protect　3．influence　4．encourage

(34) After Tomoko practiced her speech in English many times, she won the contest.
1．at first　2．repeatedly　3．probably　4．at that time

6 次の(35)～(37)の各文には，下線を引いた部分に誤りが1箇所あります。誤りのある箇所をそれぞれ①～④から**1つずつ**選びなさい。

(35) This place ①was selected ②as the most ③visiting restaurant ④in 2023.

(36) A : I am very nervous.
B : Don't worry, Amy. You ①haven't speak ②perfect Japanese, but you must ③say ④something.

(37) My family ①likes to watch movies ②on the weekends, and we like ③animation movies the best ④in all.

7　(38)～(42)について，(　)内の語(句)を，意味が通るように並べかえなさい。解答は1番目～6番目の語(句)の順に番号で答えなさい。日本文がある場合には，その意味を表すよう完成させなさい。

例題　I (1．you　2．will　3．a　4．give　5．hand　6．tomorrow).

1番目	①●③④⑤⑥
2番目	①②③●⑤⑥
3番目	●②③④⑤⑥
4番目	①②●④⑤⑥
5番目	①②③④●⑥
6番目	①②③④⑤●

この例では，I will give you a hand tomorrow. とするために，上から順に②，④，①，③，⑤，⑥のところにマークしてあります。

(38)　私は，イタリア製の赤いTシャツを着た男の子の隣に座っている。
I'm sitting next to (1．wearing　2．in　3．made　4．Italy　5．the boy　6．a red T-shirt).

(39)　多くの人が，タロウのことを秀才と呼ぶかもしれません。なぜならタロウはいつもクラスでトップの成績をおさめているからだ。
A lot of people (1．because　2．call　3．he　4．may　5．"smart boy"　6．Taro) always gets the highest score in his class.

(40)　Please (1．for the children　2．notebooks　3．send　4．unused　5．us　6．who) can't go to school.

(41)　Yuko (1．know　2．what　3．do　4．she　5．doesn't　6．should) next.

(42)　My sister (1．me　2．the party　3．come to　4．would　5．her boyfriend　6．told).

8　(43)～(47)について，(　)に入れるのに最も適する語(句)を，下の1～4の中から**1つずつ**選びなさい。

(43)　People in Malaysia (　　) many languages.
1．speak　2．speaks　3．spoken　4．speaking

(44)　If we use bicycles (　　) cars, it will be good for the environment.
1．as for　2．instead of　3．so that　4．thanks to

(45)　Is this old house (　　) as a World Heritage Site ?
1．list　2．lists　3．listed　4．listing

(46)　The baseball players played a (　　) game today than yesterday.
1．good　2．well　3．better　4．best

(47)　A：Are you prepared for a disaster ?
B：Yes, we have decided how to contact each other (　　) a disaster.
1．during　2．into　3．until　4．with

【数　学】 (50分) 〈満点：100点〉

(注意) (1) 定規，コンパス，分度器，計算機は使用してはいけません。

(2) □の中の1つのカタカナには1つの数字が入ります。その数字をマークしなさい。

(3) 分数で答える場合は必ず約分し，比で答える場合は最も簡単な整数比で答えなさい。また，根号の中はできるだけ小さい自然数で答えなさい。

1　次の□をうめなさい。

(1) $\frac{1}{6}+(-0.5)^3\div\left(\frac{3}{2}\right)^2=\frac{\boxed{\text{ア}}}{\boxed{\text{イ}}}$

(2) $(\sqrt{3}+2)(\sqrt{12}-2)-\frac{6}{\sqrt{3}}=\boxed{\text{ウ}}$

(3) 方程式 $3x(x-1)=1$ を解くと，$x=\frac{\boxed{\text{エ}}\pm\sqrt{\boxed{\text{オ}}\boxed{\text{カ}}}}{\boxed{\text{キ}}}$ である。

(4) 連立方程式 $\begin{cases}3x+y=-5\\x-2y=-11\end{cases}$ の解は，$x=-\boxed{\text{ク}}$，$y=\boxed{\text{ケ}}$ である。

(5) 右の表は，ある部活動の1年生部員7人と2年生部員8人の反復横跳《と》びの記録である。2年生部員の記録の中央値が，1年生部員の記録の中央値より1回多いとき，$a=\boxed{\text{コ}}\boxed{\text{サ}}$ である。

1年生部員	記録(回)	2年生部員	記録(回)
A	52	H	43
B	59	I	49
C	49	J	46
D	38	K	65
E	45	L	61
F	55	M	48
G	40	N	56
		O	a

2　次の□をうめなさい。

(1) 1次関数 $y=ax+b$ について

(i) $a>0$, $b<0$ のとき，右の図の⓪～③のうち，この関数のグラフとして適切なものは $\boxed{\text{ア}}$ である。

(ii) $a+b>0$, $ab<0$ のとき，右の図の⓪～③のうち，この関数のグラフとして適切なものは $\boxed{\text{イ}}$ である。

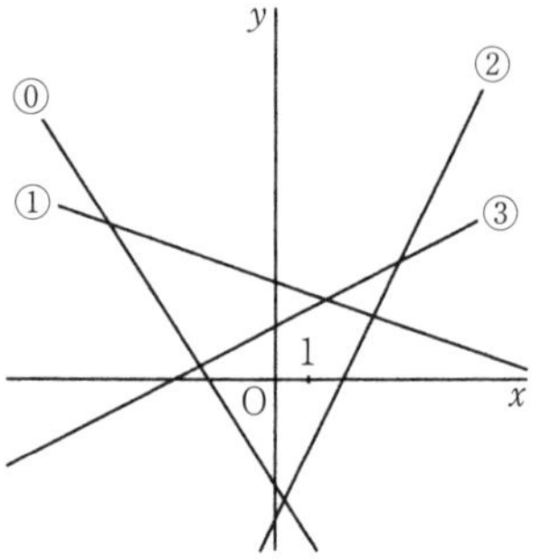

(2) 袋の中に，1から5までの数字が書かれた5個の玉が入っている。この袋から玉を同時に3個取り出すとき

(i) 取り出した3個の玉に書かれた数がすべて奇数である確率は $\frac{\boxed{\text{ウ}}}{\boxed{\text{エ}}\boxed{\text{オ}}}$ である。

(ii) 取り出した3個の玉に書かれた数の和が，袋の中に残った2個の玉に書かれた数の積より小さくなる確率は $\frac{\boxed{\text{カ}}}{\boxed{\text{キ}}}$ である。

(3) 右の図において，AB=3，AC=2，BD=5である。このとき，CE=$\boxed{\text{ク}}\boxed{\text{ケ}}$，CF：FD=$\boxed{\text{コ}}$：$\boxed{\text{サ}}$ である。

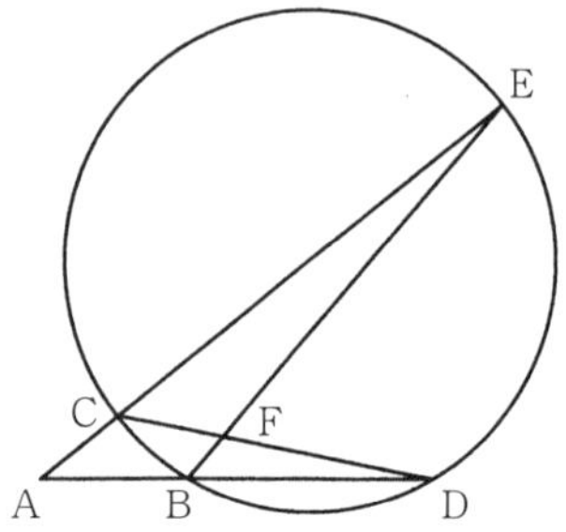

3　40人のクラスで問題①，②の２問からなる10点満点の小テストをおこなったところ，結果は次のようになった。

・クラス全体の平均点は7.4点，男子の平均点は6.5点，女子の平均点は８点であった。
・問題①の正解率は80%，問題②の正解率は60%であり，部分点は一切なかった。
・０点の生徒は男女合わせて３人であった。

このとき，次の□をうめなさい。

(1)　このクラスの男子の人数は[ア][イ]人である。

(2)　問題①の配点は[ウ]点である。

(3)　10点満点の生徒の人数は[エ][オ]人である。

4　図において，Oは原点，Aは x 軸上の正の部分の点である。①は放物線 $y=ax^2\ (a>0)$ であり，２点B，Cを通る。四角形OABCが平行四辺形となるとき，次の□をうめなさい。

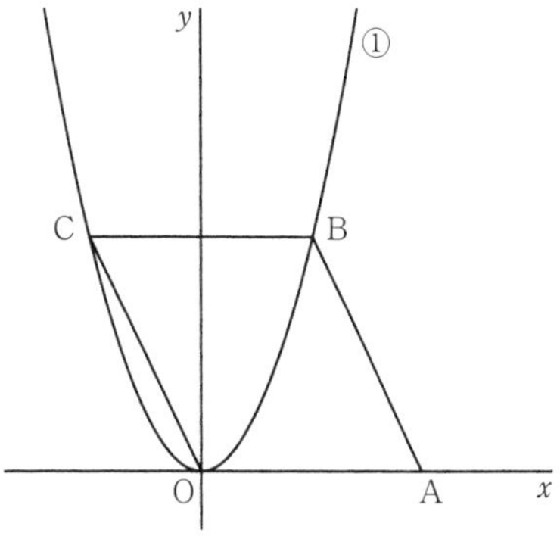

(1)　点Bの座標が(6，9)のとき，直線CAの切片は[ア]である。

(2)　$OA=OC=4\sqrt{3}$ のとき，$a=\dfrac{[イ]}{[ウ]}$ である。

(3)　直線OBの傾きが４のとき，直線CAの傾きは $-\dfrac{[エ]}{[オ]}$ である。

5　図は１辺の長さが２の立方体ABCD-EFGHである。辺BC，辺CDの中点をそれぞれM，Nとし，４点M，N，H，Fを通る平面でこの立方体を切り分けたとき，次の□をうめなさい。

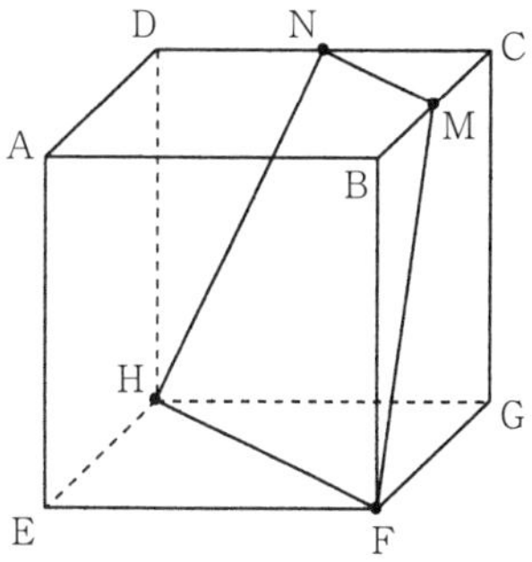

(1)　$MN=\sqrt{[ア]}$ であり，$MF=\sqrt{[イ]}$ である。

(2)　四角形MNHFの面積は $\dfrac{[ウ]}{[エ]}$ である。

(3)　切り分けた立体のうち，点Cを含む側の立体の体積は $\dfrac{[オ]}{[カ]}$ である。

【社　会】（50分）〈満点：100点〉

1　あとの問いに答えなさい。(8)〜(10)については，それぞれの説明にあてはまる国名を，以下の①〜④のうちから一つずつ選びなさい。なお，(8)〜(10)は，図１（地図）中の番号に対応している。

(1)　アメリカのローズベルト大統領とイギリスのチャーチル首相が，1941年８月に示したナチス・ドイツに対決する決意と戦後の平和構想の名称として適切なものを，以下の①〜④のうちから一つ選びなさい。

①　大西洋憲章
②　ポツダム宣言
③　大東亜共栄圏
④　日中共同声明

(2)　第一次世界大戦後のイタリアで，ファシスト党を率いた人物として適切なものを，以下の①〜④のうちから一つ選びなさい。

①　ヒトラー　　②　ケネディ
③　スターリン　　④　ムッソリーニ

(3)　清を倒して，南京でアジア初の共和国である中華民国の建国を宣言した出来事として適切なものを，以下の①〜④のうちから一つ選びなさい。

①　辛亥革命　　②　五・四運動
③　三・一独立運動　　④　義和団事件

(4)　日本国憲法の３つの基本原理として**適切でないもの**を，以下の①〜④のうちから一つ選びなさい。

①　平和主義　　②　基本的人権の尊重
③　三権分立　　④　国民主権

(5)　衆議院議員選挙に立候補できる年齢として適切なものを，以下の①〜④のうちから一つ選びなさい。

①　18歳　　②　20歳
③　25歳　　④　30歳

(6)　日本において，社会福祉，社会保障，公衆衛生の向上・増進などを担当している省として適切なものを，以下の①〜④のうちから一つ選びなさい。

①　文部科学省　　②　厚生労働省
③　環境省　　④　農林水産省

(7)　東南アジアやインドなどの気候に強い影響を及ぼす，夏は海洋から大陸へ，冬は大陸から海洋へ向かって吹く風の名称として適切なものを，以下の①〜④のうちから一つ選びなさい。

①　偏西風　　②　モンスーン
③　台風　　④　やませ

(8)　人口が２億人を超え，イスラム教徒が多数を占める国である。また，農業が盛んで米やパーム油の有数の産地である。

①　インドネシア　　②　フィリピン
③　マレーシア　　④　タイ

(9)　国土の大半が高原地帯で乾燥した気候である。産油国であり，国内ではイスラム教を信仰する人々が多い。

①　イラン　　②　イラク
③　パキスタン　　④　トルコ

⑽　アフリカの中でも数少ない，人口が1億人を超える国であり，日本へはコーヒー豆などが輸出されている。

①　ケニア　　②　エチオピア

③　ガーナ　　④　リビア

図1

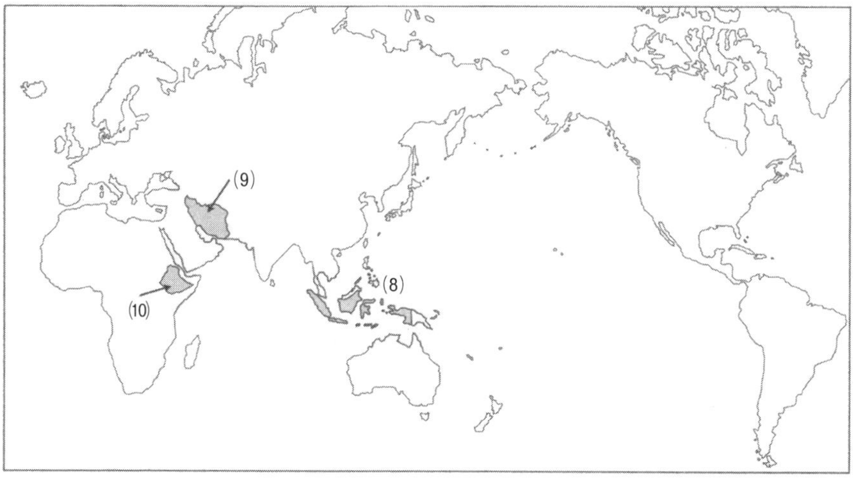

2　次の文章A～Dを読んで，あとの問いに答えなさい。

A

皆さんが今後の人生を生きていくうえで必要な力とは何でしょうか。AI(人工知能)技術の進歩は著しく，(a)将来の社会を展望したとき，人間の生活がAIにとってかわられる(注)シンギュラリティがくるのではないかと危惧する声もあります。しかし，ある研究者の主張では，AIを「人間の一般的な知識と同等レベルの知恵」と定義すると，自律的に，つまり人間の力をまったく借りずに，人間よりも能力の高いAIを作り出すことはできないと言われています。むしろ，危惧されていることは，人間の読み書きする能力の衰えです。(b)文字を読み書きするという人間にしかできない能力が失われることで，人間らしさが失われる可能性があるからです。

（注）　技術的特異点。AIが人類の知能を超える転換点のこと。

⑴　下線部(a)に関連して，現在と将来の日本の人口に関連する図1～3と表1から読み取れることとして適切なものを，以下の①～④のうちから**すべて**選びなさい。

図1　年齢階級別未婚率の推移(男性)

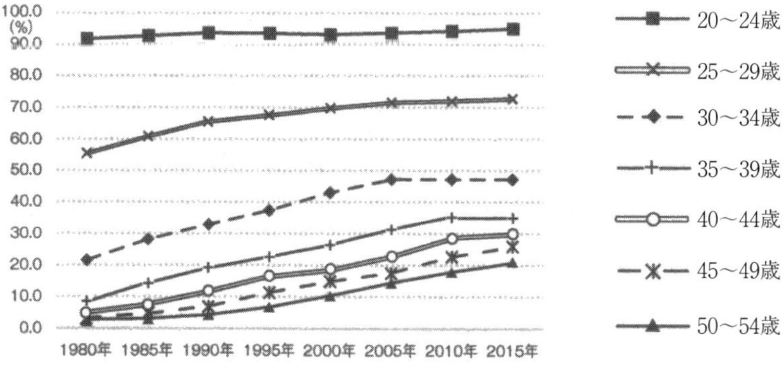

図2　年齢階級別未婚率の推移(女性)

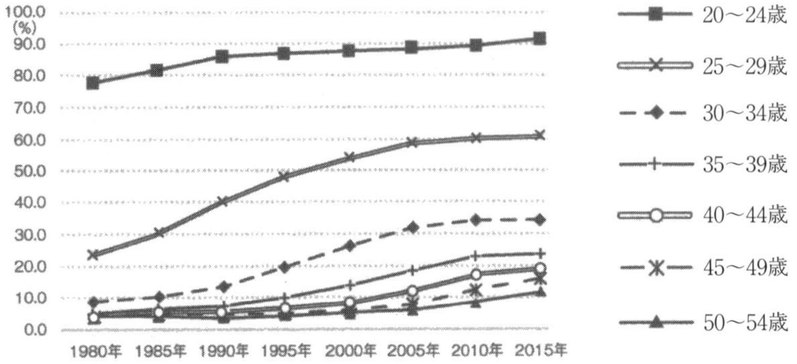

図3　日本の人口推計

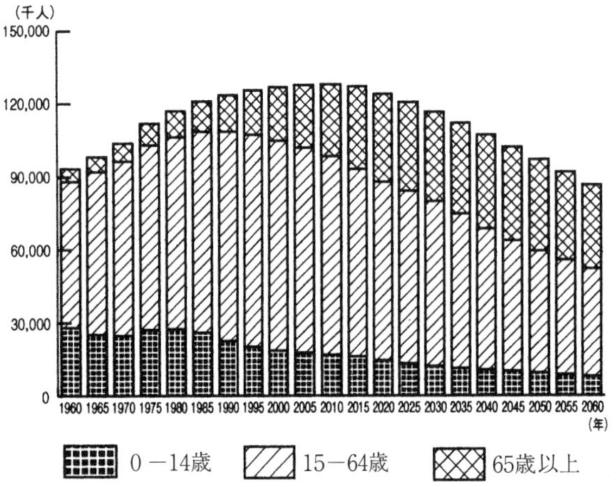

表1　各国の合計特殊出生率

国名	合計特殊出生率
日本	1.34
韓国	0.84
シンガポール	1.10
フランス	1.86
ドイツ	1.54
イタリア	1.27
スウェーデン	1.71
イギリス	1.68
アメリカ	1.64

(注)　イギリスは2018年，フランス・ドイツ・イタリア・スウェーデンは2019年，その他は2020年の調査による。

(いずれも厚生労働省ホームページにより作成)

① 日本の人口は，2050年までに1億2,000万人を下回ることが予測されている。

② 女性の未婚率は，2020年までに専業主婦世帯が，共働き世帯を上回った。

③ 日本の未婚率は，20歳代よりも30歳代の方が高いことがわかる。

④ 日本の合計特殊出生率は，アメリカやイギリスよりも低く，韓国よりは高い。

(2) 下線部(b)に関連して，文字と記録に関する文の下線部の内容が適切なものを，以下の①～④のうちから一つ選びなさい。

① インターネットが普及し，多くの情報が社会にあふれる中で，情報プライバシーを身につけ，正しく情報を収集する必要がある。

② 国会には違憲審査権があり，政府に対して法律の制定などに必要な記録の提出を求めることができる。

③ 国際連合の機関が，人類共通の遺産を世界遺産として認定しており，日本では20の文化遺産と5の自然遺産が登録されている。

④ 唐の制度を学んだ日本でも憲法を定め，戸籍に登録した人に土地を与え，税や兵役を負担させた。

B

戦争はしばしば新しい武器の開発を促しました。(c)中国で生まれた火薬は，イスラム世界を経由してヨーロッパに伝わりました。第二次世界大戦中のアメリカ合衆国では，(d)マンハッタン計画と呼ばれる核兵器開発計画が国家規模で進められました。1945年7月，(e)ポツダム会談が行われている最中，アメリカ合衆国は人類史上初の核実験に成功しました。

(3) 下線部(c)に関連して，中国で生まれたものとして適切なものを，以下の①～④のうちから**すべて**選びなさい。

① 羅針盤　② 紙　③ 仏教　④ 鉄砲

(4) 下線部(d)「マンハッタン計画」は，世界的に有名なユダヤ人物理学者アインシュタインがアメリカ大統領に送った手紙を機に始まったと言われる。ユダヤ人に関する記述として**適切でないもの**を，以下の①～④のうちから一つ選びなさい。

① アンネ・フランクはユダヤ人迫害を逃れ，隠れ家に身を潜めたものの，密告により発見され，強制収容所へ送られた。彼女の日記は，潜伏中の生活が克明に記された貴重な資料である。

② ドイツは，ポーランドのアウシュヴィッツ強制収容所で多くのユダヤ人を虐殺した。ドイツの政策に対して，ヨーロッパ各地でレジスタンスと呼ばれる抵抗運動が起こった。

③ ワシントン条約に対する国民の不満を背景として，第一次世界大戦後のドイツには，ナチス(ナチ党)と呼ばれる政党が結成された。ナチスはユダヤ人を迫害し，ドイツ民族の優秀さを主張した。

④ 第四次中東戦争が起こると，ユダヤ人国家のイスラエルと対立したアラブ諸国は石油の輸出価格を大幅に引き上げ，石油危機が起こった。石油に依存して経済成長を遂げた先進国の経済に大きな打撃を与えた。

(5) 下線部(e)「ポツダム会談」の結果，連合国が発した日本に降伏を勧告する宣言の内容として適切なものを，以下の①～④のうちから一つ選びなさい。

	内容
①	日本国民は，正当に選挙された国会における代表者を通じて行動し，われらとわれらの子孫のために，諸国民との協和による成果と，わが国全土にわたって自由のもたらす恵沢を確保し，政府の行為によって再び戦争の惨禍が起ることのないようにすることを決意し，ここに主権が国民に存することを宣言し，この憲法を確定する。
②	連合国は，日本国とその領海に対する日本国民の完全な主権を承認する。 日本国は，台湾と澎湖諸島に対する全ての権利を放棄する。 日本国は，千島列島と，ポーツマス条約で得た樺太の一部に対する全ての権利を放棄する。
③	中国政府は，ドイツが山東省に持っている一切の権益を日本に譲る。 日本の旅順・大連の租借の期限，南満州鉄道の期限を99か年延長する。 中国政府は，南満州・東部内蒙古における鉱山の採掘権を日本国民に与える。
④	日本の主権がおよぶのは，本州・北海道・九州・四国と，連合国が決める島に限る。 全ての戦争犯罪人には懲罰を加える。日本政府は，国民の民主主義的傾向を復活強化させ，言論・宗教・思想の自由をはじめ，基本的人権の尊重を確立させなければならない。

C

アイザック・アシモフ(1920～1992)は，ロボットの到来を予測し，人類とどのように共存すべきかを説きました。1942年，『堂々めぐり』という短編小説の中で，ロボット三原則を示しました。これはロボット開発にあたってつくられた倫理規範です。

ロボット三原則

第１条　ロボットは人間に危害を加えてはならない。また，その危険を看過することによって，人間に危害を及ぼしてはならない。

第２条　ロボットは人間にあたえられた命令に服従しなければならない。ただし，あたえられた命令が，第１条に反する場合は，この限りではない。

第３条　ロボットは，前掲第１条および第２条に反する恐れのない限り，自己を守らなければならない。

ロボットは，人間に服従するものとされているが，人間の活動を補助する役割を期待されています。(f)医療や介護の分野では，人手不足を補うため，介護ロボットの導入が検討されています。

(g)災害や戦争が起きたときには，被災者の捜索や復興支援などにおいて，ロボットが活躍しました。一方で災害時には，(h)自衛隊が派遣されたり，ボランティアの人たちが活動したりすることもあります。災害に備えて人ができることと，ロボットを活用したほうが良い場合を想定しておくことは大切です。

(6)　下線部(f)「医療や介護の分野」の問題に関する文として**適切でないもの**を，以下の①～④のうちから一つ選びなさい。

①　少子高齢化に伴い，看護師や介護士の不足が予想されているが，看護師や介護士として働くことを期待される外国人の日本語能力は問われていない。

②　高齢者の増加は，公的年金や介護保険など社会保障費の増加につながり，現役世代の経済的負担が増すことになる。

③　アフリカでは人口の増加が見込まれているが，必要な食料の供給が追いつかず，十分な栄養がとれない人々が多いため，特に高齢者や乳幼児は病気に対する抵抗力が弱い。

④　一人暮らしの高齢者や高齢者だけの世帯を社会全体で支えるため，訪問介護や巡回診療などを自治体が支援している。

(7)　下線部(g)に関連して，自然災害への備えや災害時にとるべき行動として適切なものを，以下の①～④のうちから一つ選びなさい。

①　保護者に災害時の連絡方法をすべて任せておく。

②　ハザードマップを見て，自宅近くに危険な箇所がないかを確認する。

③　避難するときは，電車を使わず車を使うようにする。

④　携帯ラジオを使うのは面倒なので，SNSのみで情報を確認する。

(8)　下線部(h)に関連して，自衛隊や日本の安全保障について述べた文の下線部の内容が**適切でないもの**を，以下の①～④のうちから一つ選びなさい。

①　同盟関係にある国が攻撃を受けた場合，自国が攻撃を受けたとみなして応戦する権利を集団的自衛権といい，2014年に内閣は憲法の解釈を変更して，これを限定的に容認した。

②　カンボジアの民主化を支援するため，1992年に初めて自衛隊をPKO(国連平和維持活動)に派遣し，選挙の監視活動を行った。

③　1996年に自衛隊がゴラン高原に派遣され停戦監視にあたったことで，パレスチナ問題はすべて解決した。

④　日本国憲法第９条は，戦争を放棄し，戦力を持たず，交戦権を認めないとしている一方で，最低限の自衛権は認められていると政府は解釈している。

D

日本は地震の多い国です。2011年３月11日に発生した(i)東日本大震災は，まだ記憶に新しいことでしょう。[あ]と呼ばれる大きな陥没地帯が日本列島の中央部にあり，これを境に東側は南北に，西側には東西に山脈が走っています。フィリピン海[い]と太平洋[い]が接していて，地震が起こる可能性は高いのです。なかでも，南海トラフを震源とする地震は，今後かなり高い確率で発生すると予測されています。しかし，地震を予知することは不可能なので，事前に備えておくしかありません。

(9)　空欄 [あ] ・ [い] にあてはまる語句の組み合わせとして適切なものを，以下の①～⑥のうちから一つ選びなさい。

① [あ]ー日本アルプス　[い]ープレート　　② [あ]ーフォッサマグナ　[い]ープレート
③ [あ]ー日本アルプス　[い]ー造山帯　　④ [あ]ーフォッサマグナ　[い]ー造山帯
⑤ [あ]ー日本アルプス　[い]ー盆地　　⑥ [あ]ーフォッサマグナ　[い]ー盆地

(10)　下線部(i)「東日本大震災」を経験した人が，自らの経験を語り，記録に残そうとする取り組みがある。ある人は，震災当日の経験を以下のように証言している。あなたがこの証言を聞いて，クラスでその内容を伝えるとき，必要な情報として適切なものを，以下の①～④のうちから一つ選びなさい。

震災があった日は，仙石線に乗って，両親が住む石巻市の実家に帰っていました。自宅へ戻るため，再び仙石線に乗ろうと，駅で切符を買いました。その時，大きな揺れを感じました。両親のことが心配になり，再び実家に戻りました。津波が来ると思って，両親に逃げようと話しましたが，両親はそれを嫌がりました。ケンカ腰になりながらも両親を説得し，ようやく実家の2階に避難させました。その時，すでに津波が押し寄せてきていました。2階へ避難し終えると同時に，津波が自宅の階段を駆け上がってくる勢いで迫ってきましたが，間一髪で逃げることができたのです。

（みやぎ東日本大震災津波伝承館での証言により作成）

① 仙石線の電車にいち早く乗って逃げることが最も安心だ。
② 津波の到達を知った後，大きな揺れを感じ，地震の発生を知った。
③ 津波の到達を予想し，高台に逃げようと考え，両親に避難を呼びかけた。
④ 不足した水や食料を，近所の人たちと協力して融通しあう必要がある。

3　次の文章を読んで，あとの問いに答えなさい。

2023年に土浦日本大学高等学校は創立60周年を迎えました。本校の歴史を追いながら，日本の歴史を振り返ってみましょう。

1963年，土浦女子高等学校が日本大学の付属校となり，校名が土浦高等学校となりました。翌年，土浦日本大学高等学校へと改称しました。本校が誕生した1960年代はいわゆる(a)高度経済成長期と呼ばれ，1968年には日本の国民総生産(GNP)はアメリカに次ぐ世界第2位となりました。国民の暮らしは豊かになる一方で，さまざまな社会問題も生まれ，なかでも公害は深刻な社会問題となりました。

1970年にはレスリング部にて初の国民体育大会優勝者を輩出しました。1977年にはバスケットボール部が高校三冠を達成するなど，創立以来多くの部活動が全国大会へと出場し，「文武不岐」をモットーに学業とスポーツの両立を図っています。

現在の本館校舎が完成したのは1989年のことでした。地下1階・地上6階の校舎で，その後改築を重ね，現在の形になりました。また日本大学学祖であり，(b)内閣制度ができて初めて司法大臣に就任した山田顕義のブロンズ像も同時に建立されました。山田は第1次松方正義内閣でも司法大臣を務め，(c)司法権の独立が問題となった大津事件にも関わりました。本館校舎が完成した平成初期は，株式と土地の価格が異常に高騰したバブル経済と呼ばれる時期でした。しかし，バブル経済も1991年に崩壊し，「失われた10年」と呼ばれる長い不況が続くことになりました。また，1993年には長く続いた(d)55年体制が崩壊し，新たに細川護熙内閣が誕生して，(e)選挙制度改革も進みました。

本校の特色の一つである(f)イギリスへの修学旅行が始まったのは2008年でした。イギリスは歴史や伝統に彩られた国であり，首都ロンドンは世界経済の中心の一つでもあります。また，イギリスは(g)人権保障の考えが芽生えた国でもあり，日本の政治にも影響を与えました。修学旅行では，ウエストミンスター寺院などを見学し，イギリスの(h)文化や歴史を学びます。

2000年代の日本は景気回復に向けてさまざまな改革を行いました。2001年に誕生した小泉純一郎内閣では，郵政民営化や特殊法人改革などの構造改革を進め，財政支出の削減を図りました。また，三位一体の改革と呼ばれる地方改革も行い，(i)地方財政の改善と地方分権を進めました。しかし，2008年に起こった世界金融危機により，再び日本は不況に陥り，「失われた10年」は「失われた20年」と呼ばれるようになりました。

そして2011年には東日本大震災が起こり，世界金融危機からの建て直しを図っていた日本経済にさらなる打撃を与えました。

60周年という節目を迎えましたが，今後も本校に通う生徒，そして卒業生が誇りに思える学校として70周年を迎えたいと思います。

(1) 本文から読み取れることとして適切なものを，以下の①～④のうちから一つ選びなさい。

① 1960年代は高度経済成長期と呼ばれ，日本のGNPは世界第2位になり，1990年代に起こったバブル経済により世界第1位となった。

② 日本が「失われた10年」と呼ばれる不況に陥った原因は，バブル経済の崩壊と，細川護熙内閣の誕生である。

③ 2000年代初頭の小泉内閣では，長い不況から抜け出すために郵政民営化などの構造改革を行った。

④ 平成以降の日本はいくつもの問題が重なり，経済不況に陥ることが多かったが，その度に急速な景気の回復を見せている。

(2) 下線部(a)「高度経済成長期」について述べた文として適切なものを，以下の①～④のうちから一つ選びなさい。

① 技術革新が進み，鉄鋼や造船などの重化学工業から繊維工業などの軽工業へ製造業の中心が移った。

② 1960年に吉田茂内閣は「所得倍増」計画を打ち出し，経済成長を促した。

③ 電気洗濯機・電気冷蔵庫・白黒テレビが「三種の神器」と呼ばれ，家庭に普及した。

④ 1964年に東京オリンピックが開催され，それに合わせて東京国際空港(羽田空港)が開港した。

(3) 下線部(b)に関連して，中学生の聡さんは内閣についてのレポートを作成するため，調べたことを図1のようにメモとして書き出した。空欄 あ ・ い にあてはまる語句の組み合わせとして適切なものを，以下の①～④のうちから一つ選びなさい。

図1

内閣は天皇の国事行為に対して あ と承認を行う。	内閣総理大臣は い を主宰し，重要政策に関する基本方針などを発議する。

① あ ―命令　い ―閣議　　② あ ―命令　い ―臨時会

③ あ ―助言　い ―閣議　　④ あ ―助言　い ―臨時会

(4) 下線部(c)に関連して，司法に関する文として適切なものを，以下の①～④のうちから一つ選びなさい。

① 日本国憲法では，裁判官はその良心に従い独立して職権を行うこととされている。

② 司法権は最高裁判所及び下級裁判所に認められているが，例外として内閣は弾劾裁判を行うことができる。

③ すべての裁判官は心身の故障以外の理由でその職権を失うことはない。

④ 裁判員制度では，裁判員も有罪か無罪かの判断を下すが，有罪の場合の刑罰は裁判官のみで決定する。

(5) 下線部(d)に関連して，次の図2は戦後における主な政党の変遷を示したものである。図2から読み取れる内容として**適切でないもの**を，以下の①～④のうちから一つ選びなさい。

図２　戦後における主な政党の変遷

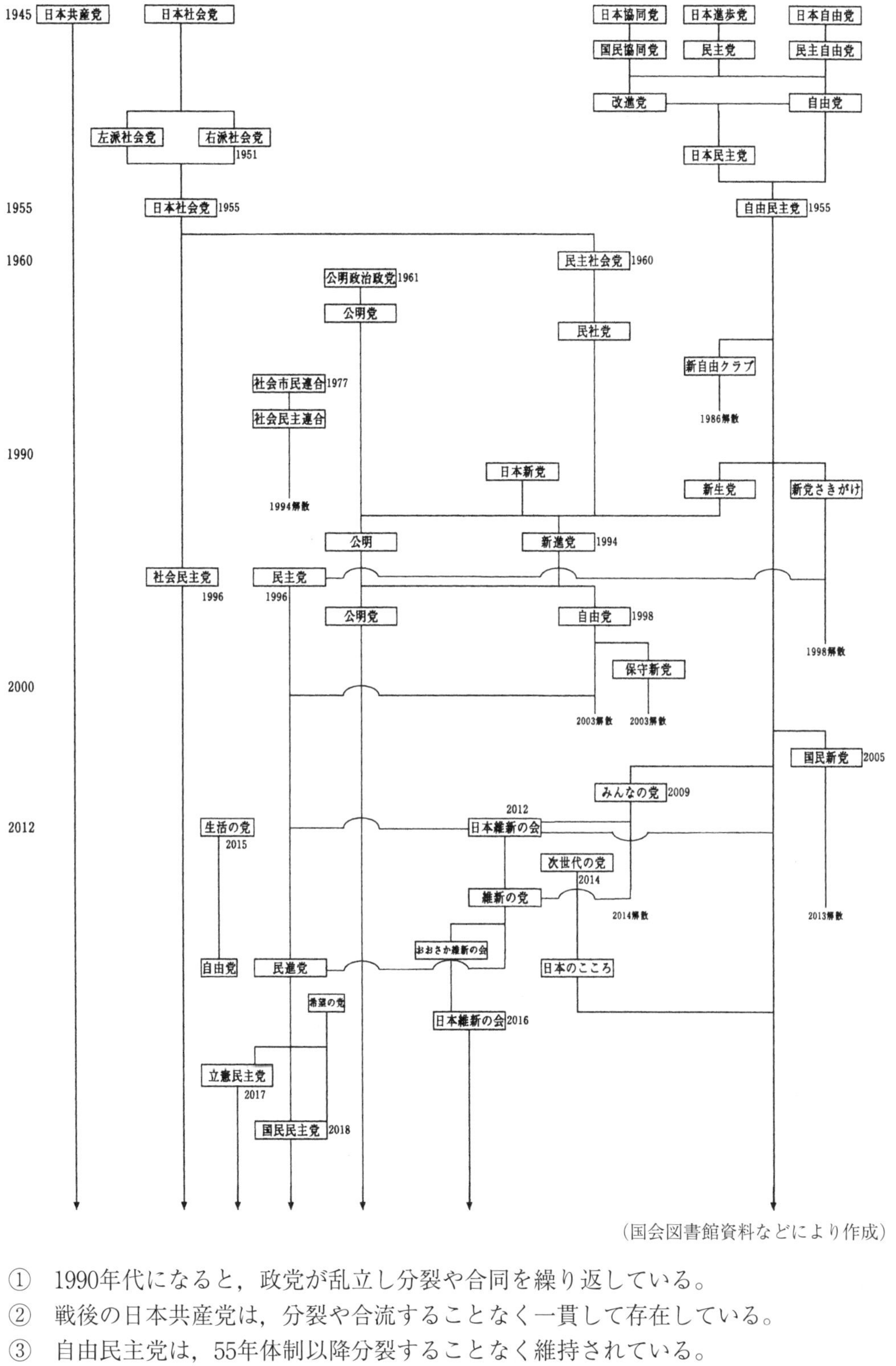

（国会図書館資料などにより作成）

①　1990年代になると，政党が乱立し分裂や合同を繰り返している。

②　戦後の日本共産党は，分裂や合流することなく一貫して存在している。

③　自由民主党は，55年体制以降分裂することなく維持されている。

④　民主党は民進党へ名称を変えた後，立憲民主党と国民民主党へと分裂した。

(6) 下線部(e)に関連して，図３・４は戦後の衆議院議員選挙と参議院議員選挙の投票率を示している。グラフから読み取れることとして適切なものを，以下の①～④のうちから一つ選びなさい。

図３　戦後の衆議院議員選挙の投票率

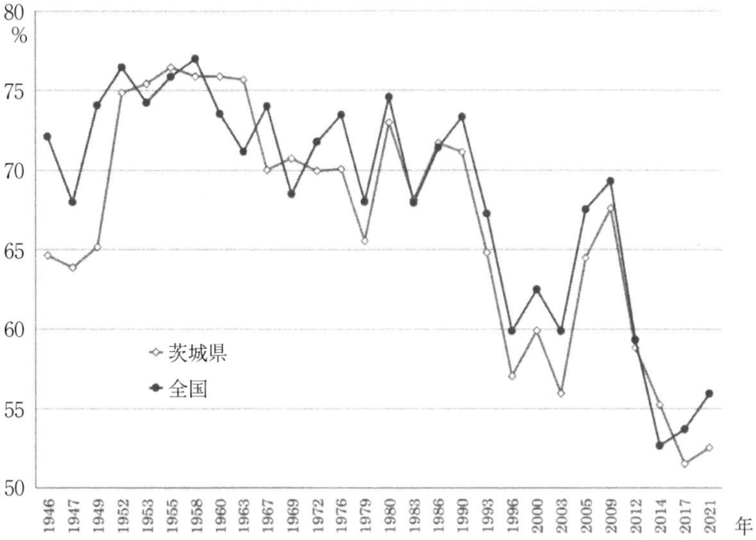

図４　戦後の参議院議員選挙の投票率

（いずれも茨城県ホームページにより作成）

① 1990年の衆議院議員選挙以降，茨城県の投票率が全国の投票率を上回ったことは一度もない。

② 全国の投票率と茨城県の投票率に10％以上の差が生じたことがあるのは，参議院議員選挙のみである。

③ 衆議院議員選挙と参議院議員選挙を比較したとき，茨城県の投票率が60％を下回った回数は衆議院議員選挙の方が多い。

④ 参議院議員選挙において，全国の投票率と茨城県の投票率がともに50％以下になった選挙は一度もない。

(7) 下線部(f)「イギリス」における人権保障に関する文として適切なものを，以下の①～④のうちから一つ選びなさい。

① マグナ・カルタが出され，国王による不当な逮捕や監禁が制限された。

② リンカンが「人民の，人民による，人民のための政治」と民主主義の理念を唱える演説を行った。

③ 生存権などの社会権を世界で初めて保障したワイマール憲法が制定された。

④ モンテスキューが唱えた，三権分立を掲げる人権宣言が出された。

(8) 下線部(g)に関連して，次の文章は日本国憲法で保障されている基本的人権に関する会話文である。空欄[う]・[え]にあてはまる語句の組み合わせとして適切なものを，以下の①～④のうちから一つ選びなさい。

達也：日本国憲法では第11条から基本的人権に関する内容が書かれているね。

幹貴：第11条には「この憲法が国民に保障する基本的人権は，侵すことのできない[う]の権利として，現在及び将来の国民へ与へられる。」とあるから，今の僕たちだけじゃなくて，自分の子どもたち，孫たちにも保障されているね。

達也：第18条からはさまざまな自由に関する保障が書かれているね。

幹貴：個人的には[え]が一番大事だと思うな。誰がどんな神様を信じるかはそれぞれの自由だし，日本も様々な宗教が日常生活に根付いているからね。

① [う]－永久 [え]－信教の自由　② [う]－永久 [え]－職業選択の自由

③ [う]－不動 [え]－信教の自由　④ [う]－不動 [え]－職業選択の自由

(9) 下線部(h)に関連して，日本にもさまざまな文化や歴史があり，伝統として引き継がれてきたものもあれば，日々新しく生まれるものもある。日本の文化に関する文として**適切でないもの**を，以下の①～④のうちから一つ選びなさい。

① 伝統文化には宗教と結びついているものや，衣食住などの生活と切り離せないものも存在する。

② 日本のアニメやポップカルチャーは，海外から高い評価を得ており，海外でもイベントが開催されている。

③ 少子高齢化などを理由に伝統文化の継承者が減少しており，存続の危機に陥っているものがある。

④ 文化財保護法には，建造物や絵画などの有形文化財について保護する規定はあるが，演劇や音楽などの無形文化財に関する規定はない。

(10) 下線部(i)「地方財政」に関する文X・Yの正誤の組み合わせとして適切なものを，以下の①～④のうちから一つ選びなさい。

X－地方公共団体の歳入の約4割は地方税である。

Y－地方交付税交付金は，地方公共団体の間の財政格差を抑えるために国から分配される。

① X－正 Y－正　② X－正 Y－誤

③ X－誤 Y－正　④ X－誤 Y－誤

4 次の文章を読んで，あとの問いに答えなさい。

2022年，カタールにて通算22回目のサッカーワールドカップが開催された。この大会の公式ボールである「アル・リフラ」には，内部センサーが搭載されており，試合中のより正確な判定を可能にした。この技術は日本対スペイン戦においても話題となった。

世界で使用されているサッカーボールの約7割がパキスタンで生産されている。諸説あるが，[あ]発祥のスポーツが現在のサッカーのルールや形式の原型とされ，[あ]の植民地であったインドやパキスタンでサッカーボールが生産されるようになった。現在のサッカーボールは主に人工皮革でつくられているが，以前は牛革でつくられていた。インドでは，牛を殺生してはいけないというヒンドゥー教のタブーがある一方で，パキスタンでは，(a)イスラム教の信徒が多数を占めており，このようなタブーには触れないことから次第にパキスタンでの生産に移行した。サッカーボールの生産は現在でも手縫いが一般的な工程であり，パキスタンのサッカーボール生産では，多くの児童労働が行われていることが指摘されている。こうした指摘から，サッカーボール生産に関わる労働環境を改善する取り組みとして，適正な価格での取引や適正な賃金の支払いなどが求められている。

サッカーは世界中で親しまれており，ワールドカップの第１回大会は，1930年に南アメリカのウルグアイで開催された。この大会に出場した国の多くは，(b)北アメリカ・南アメリカの国が中心で，ヨーロッパや日本を含めたアジアの国の多くは出場を辞退した。辞退理由の一つとして，(c)距離の遠さがあるといわれている。

日本では，19世紀に横浜や神戸でサッカークラブが創設され，試合が行われた記録がある。1921年には日本サッカー協会の前身である大日本蹴球協会が設立され，1993年にはプロサッカーリーグである(d)Ｊリーグが創設された。

日本においてもサッカーボール生産は行われている。2006年ドイツで開催されたワールドカップの公式球には，広島に本社がある「モルテン」というスポーツ用品の(e)製造会社が持つ接合技術が提供されている。このボールは，糸を使わず，特殊な接着剤で接合して製造される縫い目のないボールであり，高い評価を得た。

(1)　空欄 あ にあてはまる国名として適切なものを，以下の①～④のうちから一つ選びなさい。

①　スイス　　②　イタリア　　③　イギリス　　④　フランス

(2)　下線部(a)「イスラム教」について述べた文として**適切でないもの**を，以下の①～④のうちから一つ選びなさい。

①　１日に５回，聖地メッカに向かって祈りを捧げる習慣を礼拝という。

②　イスラム教は主に北アフリカや西アジアで信仰されている。

③　イスラム教は仏教とキリスト教とともに三大宗教(世界宗教)と呼ばれている。

④　豚肉を食べてはいけない決まりのことを断食という。

(3)　下線部(b)「北アメリカ・南アメリカ」の地形について説明した文章中の空欄 い ・ う にあてはまる語句の組み合わせとして適切なものを，以下の①～⑥のうちから一つ選びなさい。

北アメリカ大陸や南アメリカ大陸の西側では活発な地震活動や火山活動が見られます。例えば北アメリカ大陸の西側には い と呼ばれる標高が4,000ｍを超える高くて険しい山脈がのびています。南アメリカ大陸の西側にある山脈を水源として東側に流れる河川は う と呼ばれ，流域面積が世界最大の河川です。

①　い―アパラチア山脈　う―アマゾン川　　②　い―アパラチア山脈　う―ナイル川

③　い―アンデス山脈　う―アマゾン川　　④　い―アンデス山脈　う―ナイル川

⑤　い―ロッキー山脈　う―アマゾン川　　⑥　い―ロッキー山脈　う―ナイル川

(4)　下線部(c)に関連して，次の文章は日本とウルグアイの距離や時差に関する会話文である。空欄 え ・ お にあてはまる語句の組み合わせとして適切なものを，以下の①～④のうちから一つ選びなさい。

和生：日本の首都の東京とウルグアイの首都のモンテビデオの距離はどれほどあるのかな。

武史：地図から距離を調べる方法があるよ。

和生：利用するのは え の地図だね。

武史：では，日本とウルグアイの時差は調べられるのかな。

和生： お が15度異なると，１時間の時差が生じます。日本とウルグアイの時差は12時間あるようです。

図1

図2

① えー図1　おー緯度
② えー図1　おー経度
③ えー図2　おー緯度
④ えー図2　おー経度

(5) 下線部(d)に関連して，次の表1はＪリーグ所属のサッカーチームが置かれているいくつかの県の図書館数・海水浴場数・スキー場数を示したものである。Ａ～Ｃは千葉県，長野県，新潟県のいずれかである。表1中のＡ～Ｃにあてはまる県の組み合わせとして適切なものを，以下の①～⑥のうちから一つ選びなさい。

表1

	図書館数	海水浴場数	スキー場数
A	144	60	0
B	126	0	73
C	79	54	29

（『データでみる県勢 2021』により作成）

	①	②	③	④	⑤	⑥
千葉県	A	A	B	B	C	C
長野県	B	C	A	C	A	B
新潟県	C	B	C	A	B	A

(6) 下線部(e)に関連して，右の図3は，日本の都道府県の2019年における製造品出荷額を示したものである。図3を参考に空欄 か にあてはまる県として適切なものを，以下の①～④のうちから一つ選びなさい。

か の県庁所在地は政令指定都市でもあり，経済の中心地として大企業の支社や様々な工場が立地している。 か の沿岸には多くの港が整備され，古くより魚の加

図3

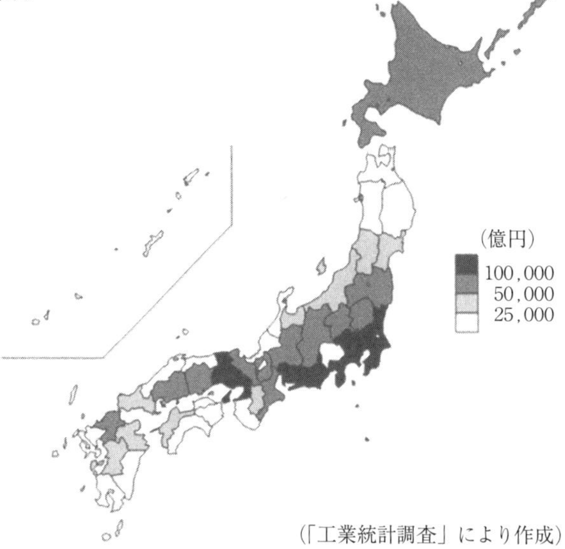

（「工業統計調査」により作成）

工や海藻の加工が盛んであり，1995年の製造品出荷額は約３兆6,000億円である。出荷額に占める食料品の割合が高いことが特徴であるが，近年では電子部品の生産も増え，2019年の製造品出荷額は約４兆5,000億円である。

① 福岡県
② 奈良県
③ 宮城県
④ 栃木県

5 北村さんは夏休みの課題として，地域調査を行うことにした。次の図１・２を読み取り，あとの問いに答えなさい。

図１

（注） 問題の都合により一部加筆。

（２万５千分の１地形図「広島」，昭和25年第２回修正測量，60％縮小）

図2

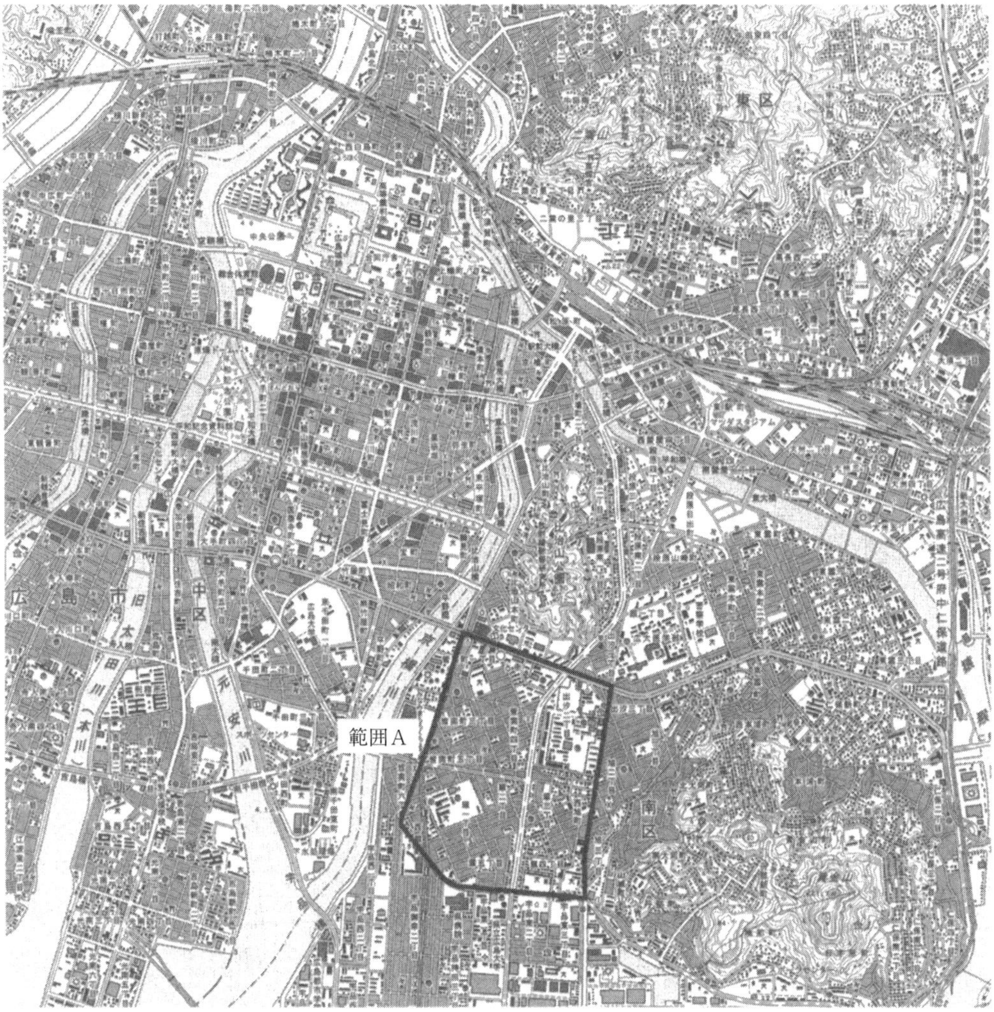

（注） 問題の都合により一部加筆。

（2万5千分の1地形図「広島」，平成24年更新，60％縮小）

(1) 図1の原寸の地図上において8cmの直線の，実際の距離として適切なものを，以下の①～⑥のうちから一つ選びなさい。

① 200m　② 500m　③ 1km　④ 1.5km　⑤ 2km　⑥ 3km

(2) 図1・2から読み取れることとして適切なものを，以下の①～④のうちから一つ選びなさい。

① 図1の「黄金山」の周囲は，図2では開発が進み，工業地帯になったことがわかる。

② 図1の「おおずぐち」駅は，図2では駅がなくなり，駅があった場所の北側に「マツダスタジアム」が建設されたことがわかる。

③ 図1における「広島大学」は，図2では同じ場所が「スポーツセンター」になっており，「広島大学」は別の場所に移転したことがわかる。

④ 図1における「元安川」は，図2では埋め立てられ港が整備されていることがわかる。

(3) 図2において範囲Aに見られる地図記号として適切なものを，以下の①～④のうちから一つ選びなさい。

① 市役所　② 図書館　③ 小・中学校　④ 博物館

(4) 北村さんは広島市に現存する被爆建造物の保存や継承に興味を持った。被爆建造物をテーマとして調査する手法や内容について述べた文X・Yの正誤の組み合わせとして適切なものを，以下の①～④のうちから一つ選びなさい。

X－広島市や被爆建造物の保存活動を行う市民団体に聞き取り調査を実施する。

Y－過去の地形図と現在の地形図を比較して，被爆建造物の損傷度合いや取り壊しの状況を調査する。

① X－正　Y－正　② X－正　Y－誤　③ X－誤　Y－正　④ X－誤　Y－誤

6　次の会話文を読んで，あとの問いに答えなさい。

陽人：次の日曜日に家族と一緒に(a)自動車で，野田市の櫻木《さくらぎ》神社へ行くことになりました。先生は，櫻木神社を知っていますか。

先生：知っています。神社一帯が古墳時代前期の遺跡でした。その遺跡からは[あ]など祭祀に使われていたものが多数出土しています。

陽人：有名な神社なのですね。私は全然知らなかったです。

先生：大化の改新で活躍した[い]の子孫によって，平安時代に建立されたと言われる由緒ある神社です。櫻木神社に行ったあとは，どこかへ行く予定はありますか。

陽人：(b)野田市にある千葉県立関宿城博物館へ行く予定です。戦国時代の(c)関宿城の歴史や，河川流域で起きた(d)災害，(e)川沿いで暮らす人々の生活が知りたくて，家族で行くことになりました。先生は行ったことがありますか。

先生：ありますよ。(f)利根川流域の歴史を知る上で，非常に良い博物館だと思います。(g)博物館で歴史について学んだあと，利根川と江戸川を実際に見に行くと良いかもしれませんね。

陽人：行くのが楽しみになってきました。ほかに行った方が良い場所はありますか。

先生：関宿城博物館から利根川を渡って，茨城県の境町へ行くと，道の駅さかいがあります。そこでは(h)国立競技場の設計を行った隈研吾さんが設計した建物を見ることができます。現代の(i)建築を知る機会になると思います。

陽人：家族にも提案してみますね。

(1)　空欄[あ]・[い]にあてはまる語句の組み合わせとして適切なものを，以下の①～④のうちから一つ選びなさい。

① [あ]－土偶　[い]－藤原道長　② [あ]－土偶　[い]－藤原鎌足

③ [あ]－玉　[い]－藤原道長　④ [あ]－玉　[い]－藤原鎌足

(2)　下線部(a)に関連して，高速道路の建設・管理を行っている東日本高速道路株式会社(NEXCO東日本)の歴史を表1にまとめた。表1中のA～Dの時期について述べた文として適切なものを，以下の①～④のうちから一つ選びなさい。

表1

西暦	東日本高速道路株式会社の歴史	時期
1956	日本道路公団の設立。	A
1963	日本初の高速道路として名神高速道路が開通した。 開通に合わせ，交通管理隊も誕生した。	B
1969	東名高速道路が全通。	
1985	関越トンネル下り線の開通。 11kmもの長さを誇る，関越トンネル。総事業費約630億円という一大プロジェクトであった。	C
1997	東京湾アクアラインの開通。	D
2005	日本道路公団から分割され，東日本高速道路株式会社が発足した。	

(NEXCO東日本ホームページにより作成)

① Aの頃，地球温暖化防止京都会議が開かれるなど，地球温暖化に対する国際的な問題提起が行われた。

② Bの頃，都市部における過密化やごみ問題などが深刻化した。

③ Cの頃，日ソ共同宣言が調印されたのち，日本は国際連合へ加盟した。

④ Dの頃，朝鮮戦争が起きた影響で，日本は好景気となった。

(3) 下線部(b)「野田市」の歴史に関する文をあげた。古いものから時代順に並べ替えたときに**3番目にくるもの**を，以下の①～④のうちから一つ選びなさい。

① 関東大震災直後，混乱した社会のなかで福田村事件が起きた。

② 後三年合戦で活躍した鎌倉景正が，合戦後に右目の療養のため，現在の野田市を訪れた。

③ 醤油《しょうゆ》産業が発達し，江戸幕府により幕府御用醤油の指定を受けた。

④ 豊臣秀吉が小田原城を攻めている頃，現在の野田市にある木野崎城が落城した。

(4) 下線部(c)に関連して，関宿の歴史を表2にまとめた。空欄[う]～[か]にあてはまる語句の組み合わせとして適切なものを，以下の①～⑧のうちから一つ選びなさい。

表2

時代	出来事
戦国時代	[う]の乱以後，幕府が力を失い，各地で戦国大名が活躍する時代が到来した。この時期に，古河公方家臣の簗田《やなだ》氏が関東の水運を押さえる拠点として，関宿城を築城。戦国時代末期に起きた関宿合戦で簗田氏が，北条氏に敗れると，北条氏が滅亡するまで治めた。
江戸時代	幕府は，関ケ原の戦い以前から徳川家に従っていた[え]大名を関宿に配置。初代藩主は松平康元であった。彼は江戸幕府初代将軍である[お]の異父弟にあたる人物である。
	1669年から幕末まで久世氏による治世が続く。 12代藩主　久世広之が幕政主導を任される役職である[か]に就任。 13代藩主　久世重之が[か]に就任。朝鮮との外交文書を取り交わす。 21代藩主　久世広周が[か]に就任。公武合体運動に尽力。

（千葉県立関宿城博物館ホームページにより作成）

① [う]—応仁　[え]—外様　[お]—徳川家康　[か]—旗本

② [う]—応仁　[え]—譜代　[お]—徳川家康　[か]—老中

③ [う]—応仁　[え]—外様　[お]—徳川家光　[か]—老中

④ [う]—応仁　[え]—譜代　[お]—徳川家光　[か]—旗本

⑤ [う]—保元　[え]—外様　[お]—徳川家康　[か]—旗本

⑥ [う]—保元　[え]—譜代　[お]—徳川家康　[か]—老中

⑦ [う]—保元　[え]—外様　[お]—徳川家光　[か]—老中

⑧ [う]—保元　[え]—譜代　[お]—徳川家光　[か]—旗本

(5) 下線部(d)「災害」に関する文として**適切でないもの**を，以下の①～④のうちから一つ選びなさい。

① 聖武天皇と光明皇后は，仏教の力にたよって，災害や伝染病などの不安から国家を守ろうとした。

② 田沼意次による政治が行われていた時代は，浅間山の大噴火などによる凶作が起き，各地で百姓一揆や打ちこわしが急増した。

③ 阪神・淡路大震災をきっかけにボランティア活動の重要性が明らかとなり，国家総動員法が制定された。

④　東日本大震災の際の福島第一原子力発電所の事故を受けて，原子力発電のあり方について議論がされている。

(6)　下線部(e)に関連して，古代のアフリカやアジアの大河のほとりでは，古代文明が発達することがあった。それらの文明のうち，次の説明文に該当する文明の名称として適切なものを，以下の①～④のうちから一つ選びなさい。

説明文

・毎年夏に川が氾濫《はんらん》することで，養分の多い土が残り，農耕が発達した。

・１年を365日として12か月に分ける太陽暦を使用していた。

・ものの形をかたどって描かれたといわれる象形文字が発明された。

①　エジプト文明　　②　メソポタミア文明　　③　インダス文明　　④　中国文明

(7)　下線部(f)「利根川」の歴史についてまとめた文章の空欄[き]・[く]にあてはまる語句の組み合わせとして適切なものを，以下の①～④のうちから一つ選びなさい。

利根川の名称が初めて登場する文献は，奈良時代に編纂された『[き]』です。「利根川の川瀬も知らす　ただ渡り　波にあふのす逢へる君かも」という歌が詠まれています。このような恋の歌に詠まれる一方で，利根川は「暴れ川」としても知られ，度重なる氾濫で，人々の生命や財産が奪われてきました。

かつての利根川は，太平洋ではなく東京湾(江戸湾)に注いでいました。現在の流路になったのは，江戸時代に行われた土木事業により流路が東にうつされたためです。これは，[く]などが目的でした。これにより，利根川の中流から下流にかけて，穀倉地帯が形成されました。また，高瀬舟と呼ばれる木造船により多くの物資が運ばれ，物流の拠点として，川沿いの町も発展しました。

①　[き]－古今和歌集　[く]－下水やごみによる水質汚染の緩和

②　[き]－古今和歌集　[く]－新田開発や水害防止，物流の活性化

③　[き]－万葉集　[く]－下水やごみによる水質汚染の緩和

④　[き]－万葉集　[く]－新田開発や水害防止，物流の活性化

(8)　下線部(g)に関連して，図１は東京国立博物館に所蔵されている資料である。この資料に描かれた出来事として適切なものを，以下の①～④のうちから一つ選びなさい。

図１

(東京国立博物館所蔵資料による)

①　元寇　　②　慶長の役　　③　ペリー来航　　④　ノルマントン号事件

⑼　下線部(h)「国立競技場」の歴史を調べると，その前身は大正８年に着工された明治神宮外苑競技場であり，戦後，国立競技場として再建設された。図２・３は明治神宮外苑競技場または国立競技場で行われた出来事の様子である。図２・３について述べた文Ｘ・Ｙの正誤の組み合わせとして適切なものを，以下の①～④のうちから一つ選びなさい。

図２

図３

（いずれも『新しい日本史』による）

Ｘ－図２は，非戦闘員の小学生が農村部へ疎開する際に行われた壮行会の様子である。
Ｙ－図３は，アジア最初のオリンピックが東京で開催された時の様子である。

①　Ｘ－正　Ｙ－正　　②　Ｘ－正　Ｙ－誤
③　Ｘ－誤　Ｙ－正　　④　Ｘ－誤　Ｙ－誤

⑽　下線部(i)に関連して，日本の歴史的建築物である法隆寺についてまとめた文章中の下線部の内容が**適切でないもの**を，以下の①～④のうちから一つ選びなさい。

日本を代表する建築物の一つとして，法隆寺がある。法隆寺は，①聖徳太子によって建立された。７世紀後半に火災にあい，現在の建物は，８世紀初めまでに再建されたものである。②現存する世界最古の木造建築とも言われ，また，③天平文化を代表する寺院建築である。この時代の日本では，徐々に寺院が建立されていった。その背景には，６世紀半ばに朝鮮半島から伝わった仏教の伝来が関係している。当初は④渡来人や蘇我氏を中心に信仰されていたが，その後，皇族や中央の豪族の間にも広まった。

【理　科】 (50分) 〈満点：100点〉

1　次の各問いに答えなさい。

(1)　地球上の炭素は生物の活動を通して循環している。右の図1は地球上の炭素の循環を示したものである。図中の［A］と［C］は何を示しているか。最も適当な組み合わせを次の①～⑥から一つ選びなさい。

図1

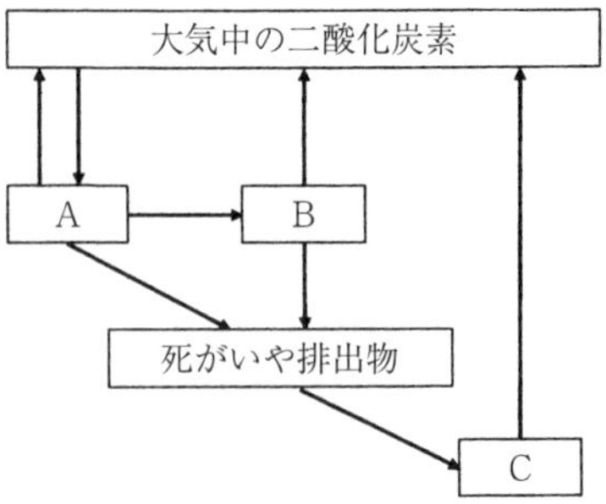

	A	C
①	生産者	消費者
②	生産者	分解者
③	消費者	生産者
④	消費者	分解者
⑤	分解者	生産者
⑥	分解者	消費者

(2)　多細胞生物の成長について述べた次の文のうち，最も適当なものを次の①～⑤から一つ選びなさい。

①　多細胞生物の胚は細胞分裂をくり返して成長していき，個々の細胞の構造や機能は一つの個体であればどれも同じとなる。

②　多細胞生物の胚では細胞分裂に伴って核も分裂するため，含まれる染色体の数も半減する。

③　多細胞生物は細胞分裂によって細胞数が増えることでからだを大きくし，その代わり個々の細胞は小さくなっていく。

④　多細胞生物は細胞一つ一つが成長することでからだを大きくし，個体の細胞数は変わらない。

⑤　多細胞生物は細胞分裂によって細胞数を増やし，さらにその細胞一つ一つが成長することでからだを大きくする。

(3)　図2はタマネギの根の先端部を顕微鏡で観察し，スケッチしたものである。図中の①～④を細胞分裂の進行する順に並べ替えたとき，3番目にくるものとして最も適当なものを，次の①～④から一つ選びなさい。

図2

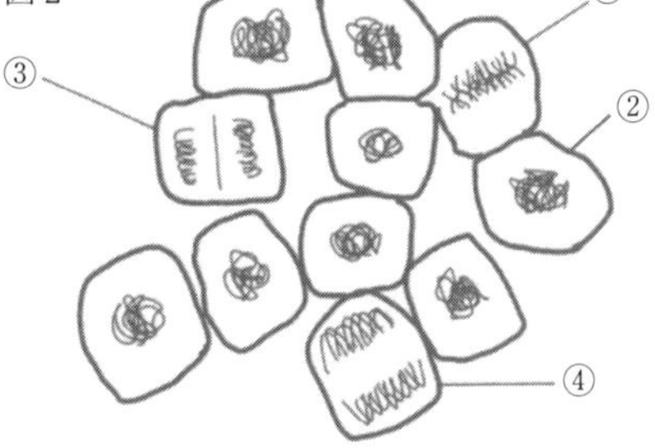

(4)　動物の受け取る刺激とその反応について述べた次の文のうち，**誤りを含むもの**を次の①～④から一つ選びなさい。

①　動物がにおいや光，音などを刺激として受け取る器官を，感覚器官と呼ぶ。

②　動物が感覚器官で外部から受け取った刺激は，運動神経を通じて脳や脊髄に伝わる。

③　脳は，多くの神経が集まってできており，判断や命令を行う役割を担う。

④　刺激を受け取る器官には特定の細胞があり，その細胞が受け取ることができる刺激の種類は決まっている。

(5) 節足動物について述べた次の文のうち，**誤りを含むもの**を次の①～④から一つ選びなさい。

① 貝殻をもつものと，もたないものがいる。
② 体とあしに節をもつ。
③ 体を支える外骨格をもつ。
④ 節足動物のなかまには，昆虫がいる。

2 次の各問いに答えなさい。

(1) 地層が堆積した当時の生物の死がいや生活の跡などが地層中に残ったものを化石という。化石には，(ア)サンゴのようにその地層ができた当時の環境を推測することができる示相化石と，(イ)アンモナイトのようにその地層ができた時代を推測することができる示準化石がある。このように，地層を調べることによって，過去の自然環境やその移り変わりを知ることができる。

(a) 下線部(ア)について，見つかった化石と，化石から分かる地層が堆積した当時の環境の組み合わせとして，**誤りを含むもの**を次の①～④から一つ選びなさい。

	見つかった化石	化石から分かる当時の環境
①	アサリ	浅い海
②	ハマグリ	浅い海
③	シジミ	湖や河口付近
④	ブナ	冷たく，水のきれいな深い海

(b) ある化石が示相化石となる条件として，**誤りを含むもの**を次の①～④から一つ選びなさい。

① 化石と同じなかまの生物がすでに絶滅しており，現在生存していないこと。
② 生活できる環境が限られている生物の化石であること。
③ 生活のようすがわかっている生物の化石であること。
④ よく栄え，個体数が多い生物の化石であること。

(c) 下線部(イ)について，アンモナイトと同じ時代の化石はどれか。最も適当なものを次の①～④から一つ選びなさい。

① サンヨウチュウ　② フズリナ
③ ティラノサウルス　④ ナウマンゾウ

(2) 太平洋側の海抜0mにある25℃の空気のかたまりが高さ3000mの山を越えて日本海側に降りていくものと考える(図1)。空気のかたまりが山の斜面をのぼっていくとき，ちょうど海抜1000mの地点から海抜3000mの山頂まで雲をつくって雨を降らせていた。その空気のかたまりは水分を失い，日本海側では雲をつくらず下降していった。雲がなければ100mあたり1.0℃気温が変化し，雲がある場合には100mあたり0.5℃気温が変化する。太平洋側の地上，雲の出はじめ，雲がなくなる山頂，日本海側の地上それぞれの湿度〔%〕と気温〔℃〕を示す［ア］～［キ］の数字の組み合わせとして，最も適当なものを下の①～⑥から一つ選びなさい。ただし，雲が出ていない場合は空気1m³あたりの水蒸気量は変化しないものとし，必要であれば以下の表1を利用しなさい。

図1

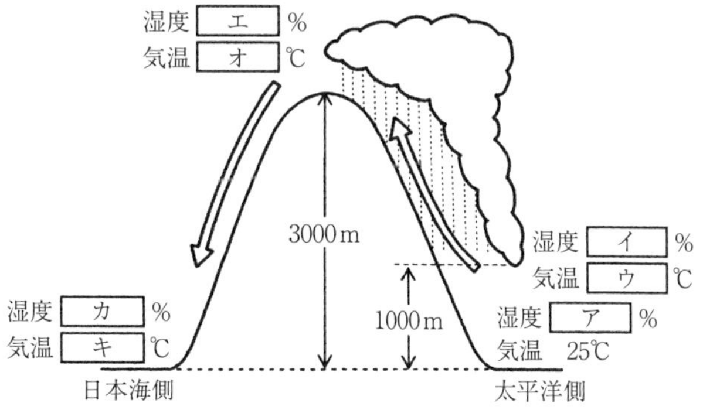

表1

気温〔℃〕	0	1	2	3	4	5	6	7	8	9
飽和水蒸気量〔g/m^3〕	4.8	5.2	5.6	5.9	6.4	6.8	7.3	7.8	8.3	8.8
気温〔℃〕	10	11	12	13	14	15	16	17	18	19
飽和水蒸気量〔g/m^3〕	9.4	10	10.7	11.4	12.1	12.8	13.6	14.5	15.4	16.3
気温〔℃〕	20	21	22	23	24	25	26	27	28	29
飽和水蒸気量〔g/m^3〕	17.3	18.3	19.4	20.6	21.8	23.1	24.4	25.8	27.2	28.8
気温〔℃〕	30	31	32	33	34	35	36	37	38	39
飽和水蒸気量〔g/m^3〕	30.4	32.1	33.8	35.7	37.6	39.6	41.8	44	46.3	48.7

	ア	イ	ウ	エ	オ	カ	キ
①	55	100	15	100	5	38	35
②	55	75	15	75	10	23	25
③	55	100	15	100	5	17	35
④	75	100	20	100	0	38	15
⑤	75	55	20	100	5	23	25
⑥	75	100	20	55	10	17	15

(3) 図2は，白地図上に明石市と土浦市の位置を示したものである。春分の日に明石市(東経135°)で，図3のように白い紙の上に棒を立て，8:00から16:00まで一時間ごとに棒の影の先端の位置を記録して線で結んだところ，図4のような直線となった。この日，同様の観察実験を土浦市(東経140°)で行った場合，予想される結果として最も適当なものを下の①～⑤から一つ選びなさい。

図2

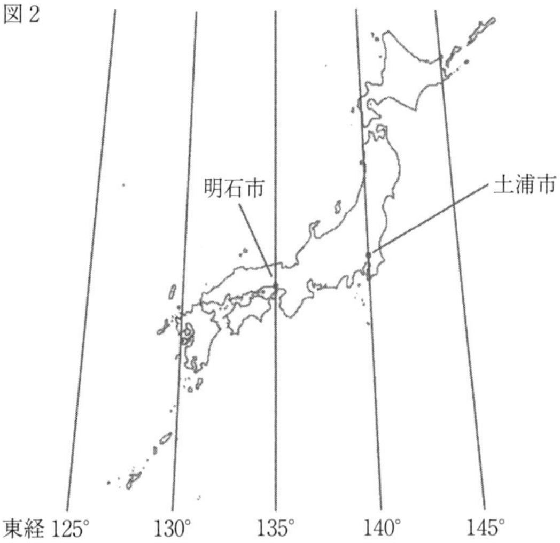

図3

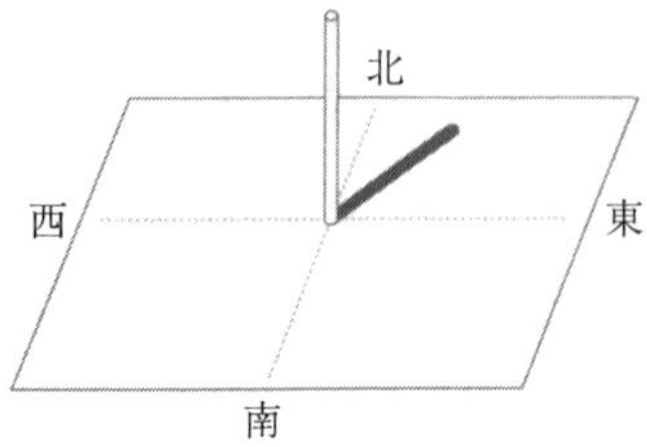

図4

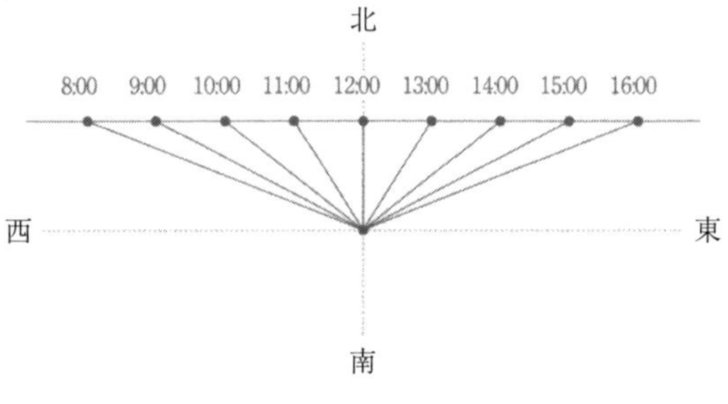

①

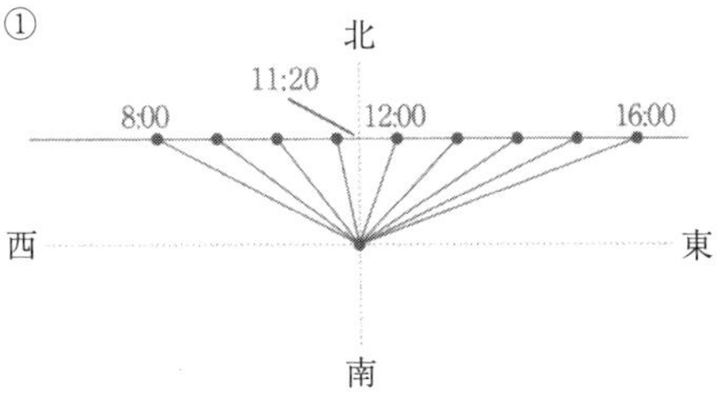

②

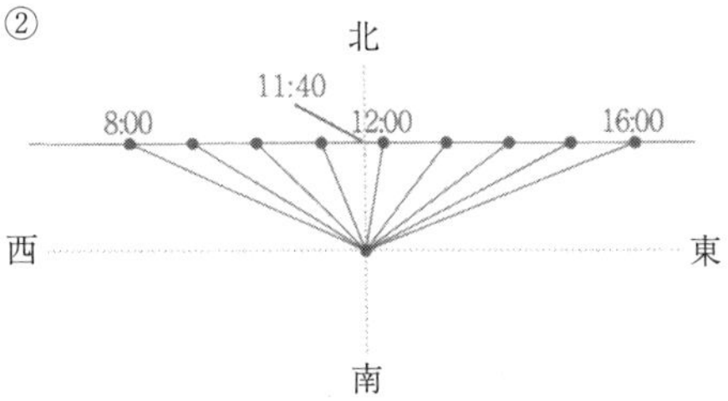

③

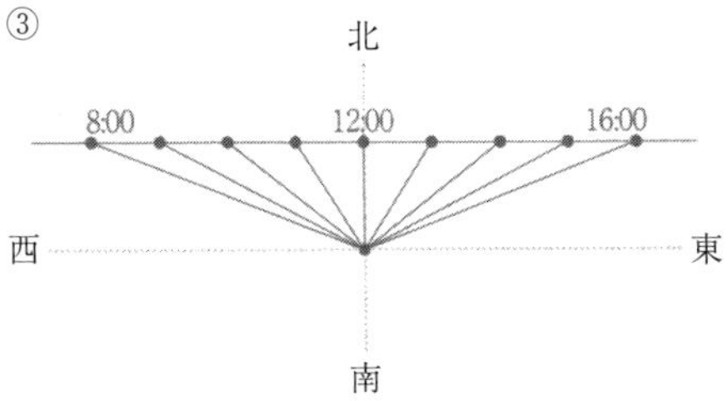

④

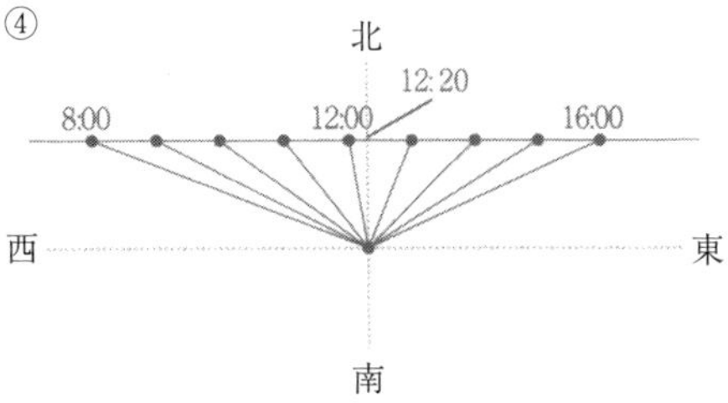

⑤

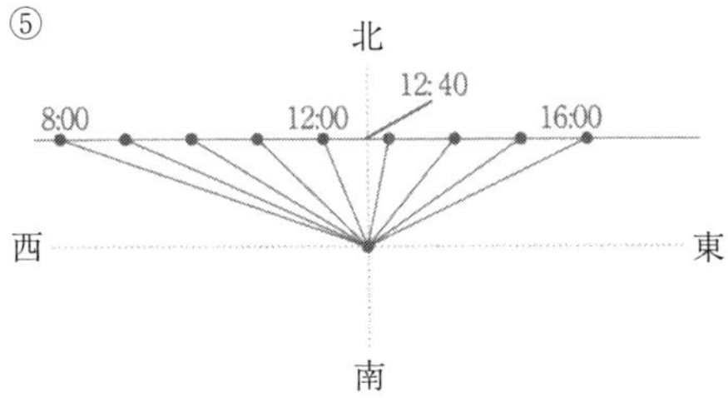

(4)　2月のある日，21時にオリオン座のリゲルが南中していた。1ヶ月後に同じ場所で観察したときのリゲルが南中する時刻として，最も適当なものを次の①～④から一つ選びなさい。ただし，1ヶ月は30日であるものとする。

①　19時　　②　20時

③　22時　　④　23時

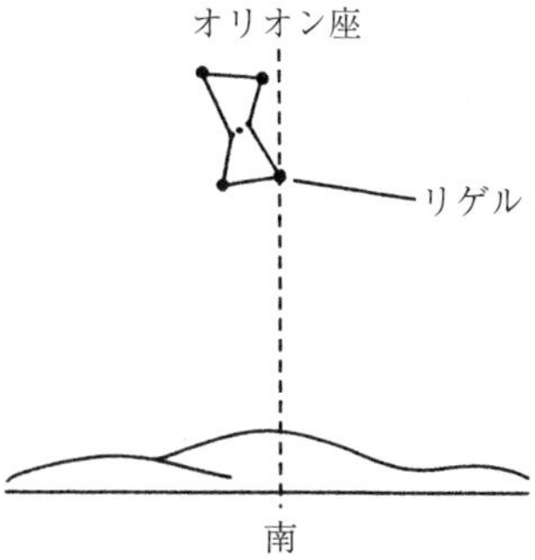

3　次の各問いに答えなさい。

(1)　アンモニアの性質を調べるために，図1のような実験装置を組み立て，水を入れたスポイトを押してフラスコの中に少量の水を入れると，ビーカーの中の水がフラスコの中に吸い込まれた。下の(a)・(b)の各問いに答えなさい。

図1

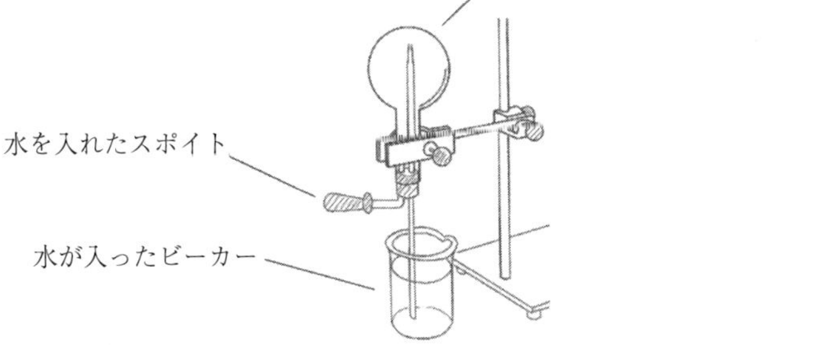

(a)　下線部の現象は，アンモニアのどのような性質が関係しているか。最も適当なものを次の①～⑥から一つ選びなさい。

①　空気より密度が小さい。　　②　水に溶けやすい。

③　窒素と酸素の元素が含まれている。　　④　においが刺激臭である。

⑤　分子をつくる物質である。　　　　　　⑥　非金属である。

(b)　ビーカーの中にフェノールフタレイン溶液を入れておくと，ビーカーの中の水がフラスコの中に吸い込まれる際に色の変化が見られる。このときの色の変化とその変化から分かるアンモニアの性質の組み合わせとして，最も適当なものを次の①～⑧から一つ選びなさい。

	フェノールフタレイン溶液の色の変化	アンモニアの性質
①	青色から赤色	酸性
②	青色から赤色	アルカリ性
③	赤色から青色	酸性
④	赤色から青色	アルカリ性
⑤	緑色から青色	酸性
⑥	緑色から青色	アルカリ性
⑦	無色から赤色	酸性
⑧	無色から赤色	アルカリ性

(2)　気体の発生方法と発生する気体の種類の組み合わせとして，最も適当なものを次の①～⑥から一つ選びなさい。

	気体の発生方法	発生する気体
①	うすい塩酸に石灰石を加える	水素
②	うすい塩酸に石灰石を加える	窒素
③	うすい過酸化水素水に二酸化マンガンを加える	二酸化炭素
④	うすい過酸化水素水に二酸化マンガンを加える	酸素
⑤	うすい塩酸に亜鉛を加える	アンモニア
⑥	うすい塩酸に亜鉛を加える	硫化水素

(3)　図2は，温度と100gの水に溶ける砂糖の質量(g)の関係を表したものである。ビーカーに入った50gの水に砂糖を130g加えた後，よくかき混ぜて静かに机の上に置いてしばらく放置した。このとき，常にビーカー内の温度は40℃に保っていた。放置した後のビーカー内の砂糖の粒子のようすを表したものとして，最も適当なものを次の①～⑥から一つ選びなさい。

図2

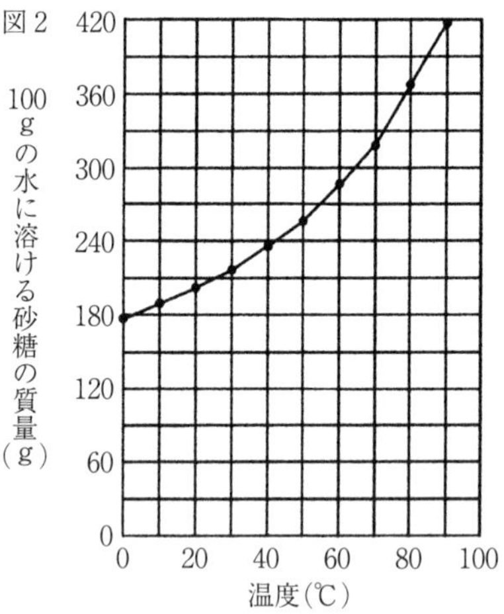

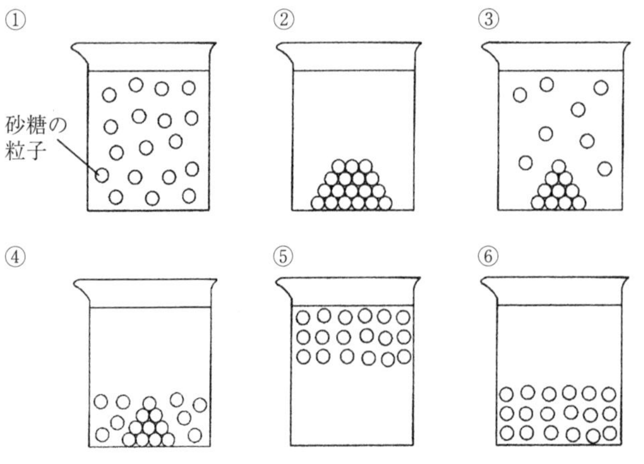

(4)　図3のように，試験管の中に炭酸水素ナトリウムを入れて十分に加熱し，発生した気体を集気びんの中に集めた。このとき，試験管の口の部分に液体がついた。下の(a)・(b)の各問いに答えなさい。

図3

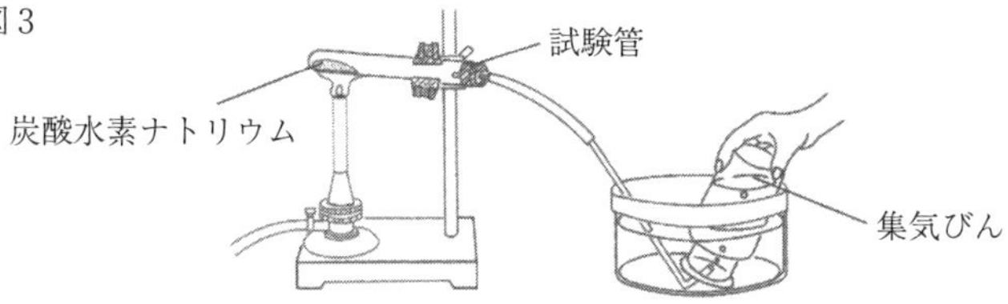

(a)　集気びんに集めた気体と，試験管の口の部分についた液体の種類を確かめるために必要な操作とそのときの変化について，最も適当な組み合わせを次の①～⑨から一つ選びなさい。

	気体の種類を確かめるための操作とそのときの変化	液体の種類を確かめるための操作とそのときの変化
①	気体中に火のついたマッチを入れると，ポンと音を出して気体が燃える	二酸化マンガンに液体をつけると，酸素が発生する
②	気体中に火のついたマッチを入れると，ポンと音を出して気体が燃える	石灰石に液体をつけると，二酸化炭素が発生する
③	気体中に火のついたマッチを入れると，ポンと音を出して気体が燃える	塩化コバルト紙に液体をつけると，青色から赤色に変わる
④	気体を石灰水に通じると，白く濁る	二酸化マンガンに液体をつけると，酸素が発生する
⑤	気体を石灰水に通じると，白く濁る	石灰石に液体をつけると，二酸化炭素が発生する
⑥	気体を石灰水に通じると，白く濁る	塩化コバルト紙に液体をつけると，青色から赤色に変わる
⑦	気体中に火のついたマッチを入れると，火の勢いが激しくなる	二酸化マンガンに液体をつけると，酸素が発生する
⑧	気体中に火のついたマッチを入れると，火の勢いが激しくなる	石灰石に液体をつけると，二酸化炭素が発生する
⑨	気体中に火のついたマッチを入れると，火の勢いが激しくなる	塩化コバルト紙に液体をつけると，青色から赤色に変わる

(b)　加熱後，試験管の中に固体が残っていた。この固体について述べた文として，最も適当なものを次の①～⑥から一つ選びなさい。

①　見た目が，黒っぽい色になっている。
②　ハンマーで叩くとうすく広がる。
③　加熱前の炭酸水素ナトリウムと比べ，質量は変わっていない。
④　炭酸水素ナトリウムよりも，水に溶けにくい。
⑤　炭酸水素ナトリウムよりも，アルカリ性が強い。
⑥　水素元素を含む物質である。

4　次の各問いに答えなさい。

(1)　図1，図2のような回路がある。図1のA，図2のB，Cを流れる電流の大きさを，それぞれ I_A，I_B，I_C とおく。I_A，I_B，I_C の大小関係を表したものとして，最も適当なものを下の①～⑥から一つ選びなさい。

図1

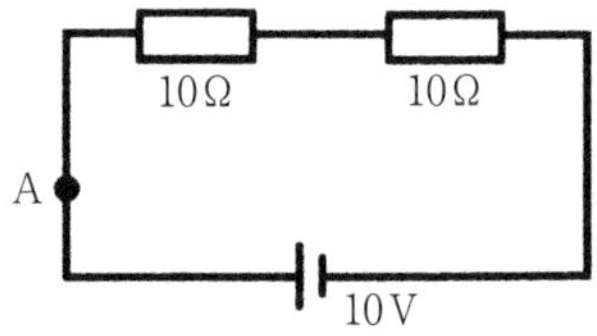

図2

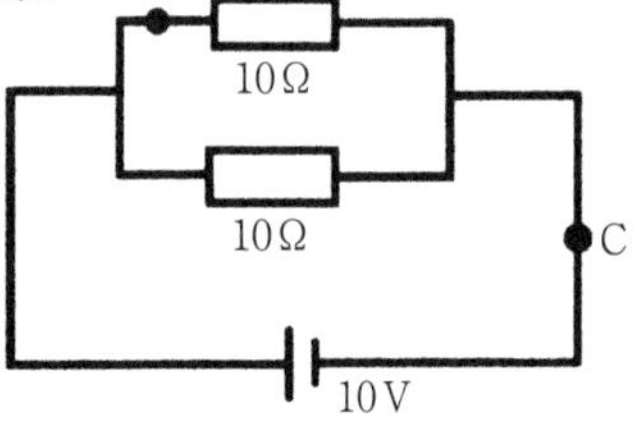

①　$I_A > I_B > I_C$　②　$I_A > I_C > I_B$　③　$I_B > I_A > I_C$
④　$I_B > I_C > I_A$　⑤　$I_C > I_A > I_B$　⑥　$I_C > I_B > I_A$

(2)　鏡の見え方を調べるために，水平な床に垂直に立てた幅2m，高さ2mの鏡の前に，長さ1.5mの細い棒を床に垂直に立て，その上に小球をつけた。図3は，そのようすを真上から見た図である。なお，この図のマス目は，1辺の長さが1mの正方形を表している。

身長が1.5mの観察者がA～Fのそれぞれの地点から鏡を見たとき，小球を鏡で観察することができるのは何ヶ所であると考えられるか。最も適当なものを次の①～⑥から一つ選びなさい。

図3

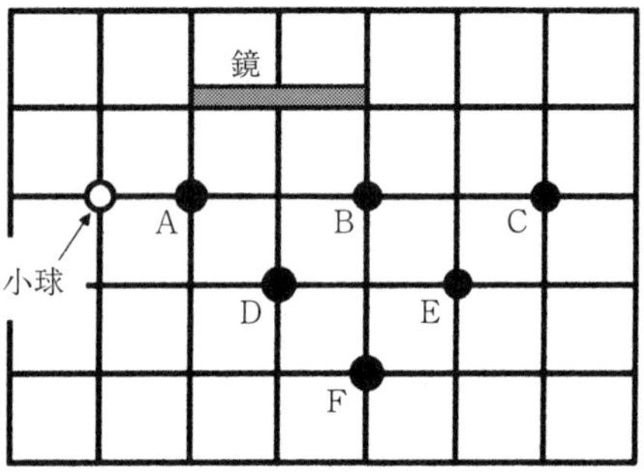

①　1ヶ所　②　2ヶ所
③　3ヶ所　④　4ヶ所
⑤　5ヶ所　⑥　6ヶ所

(3)　図4のように，コイルの上部すれすれに，棒磁石を一定の速さで水平に動かした。このとき，検流計の針はどのように動くか。最も適当なものを次の①～④から一つ選びなさい。

図4

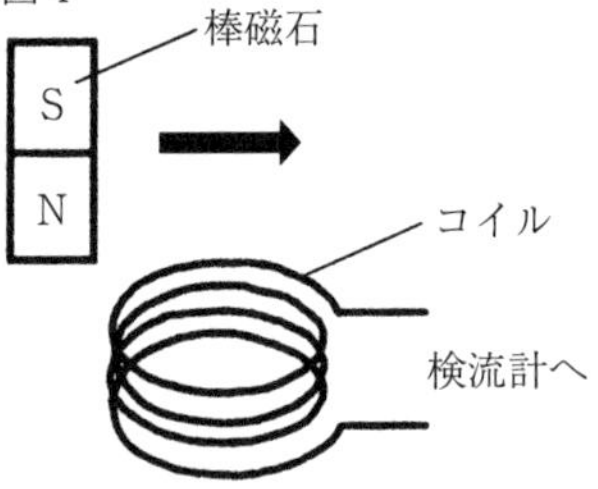

①　針は一方向にふれたあと，元の位置に戻る。
②　針は一方向にふれたあと，元の位置に戻り，再び同じ方向にふれ，元の位置に戻る。
③　針は一方向にふれたあと，元の位置に戻り，次は逆方向にふれ，元の位置に戻る。
④　針は一方向にふれたままとなる。

(4)　右の図5のグラフは，直線運動をする物体の速さと時間の関係を示したものである。単位時間での速さの増加量が最も大きいのはどの区間か。最も適当なものを次の①～④から一つ選びなさい。

図5

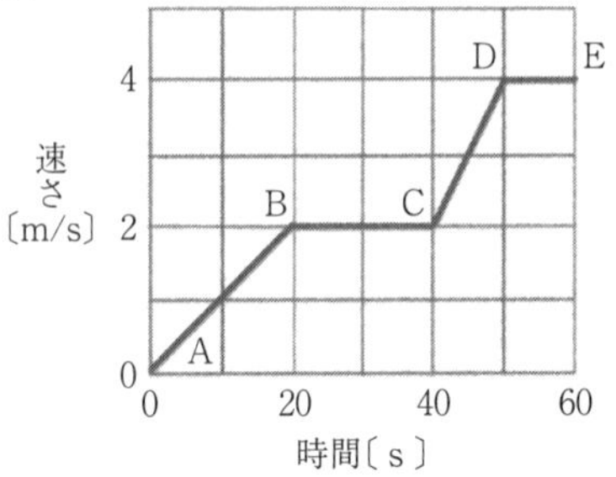

①　A→B
②　B→C
③　C→D
④　D→E

(5) 直方体Aと直方体Bを図6のように水平な床の上に重ねて置いた。図の(ア)〜(カ)の矢印は，直方体A，直方体Bまたは床のどれかにはたらいている力の向きと作用点のみを表しており，矢印の長さは力の大きさに関係なく，すべて同じ長さにしている。

図6

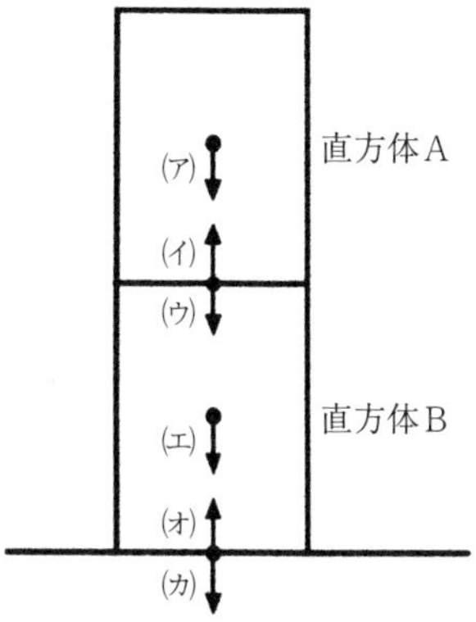

(a) 図6でお互いにおよぼし合っている2力(作用・反作用の関係の2力)の組み合わせとして正しいものを次の①〜⑧から**二つ**選びなさい(同じ解答欄に二つマークしなさい)。

① (ア) と (イ)　　② (イ) と (ウ)
③ (ウ) と (エ)　　④ (エ) と (オ)
⑤ (オ) と (カ)　　⑥ (ア) と (オ)
⑦ (イ) と (カ)　　⑧ (ウ) と (オ)

(b) 図6でつり合っている力の組み合わせとして正しいものを次の①〜⑧から**二つ**選びなさい(同じ解答欄に二つマークしなさい)。

① (ア) と (イ)　　② (イ) と (ウ)
③ (ウ) と (エ)　　④ (エ) と (オ)
⑤ (オ) と (カ)　　⑥ (ア)+(ウ) と (イ)
⑦ (ウ)+(エ) と (オ)　　⑧ (ウ)+(エ)+(カ) と (オ)

5 雲のでき方を調べるために，以下の【実験】を行った。下の各問いに答えなさい。

【実験】 フラスコの中に少量の[ア]を入れたあと，少量の線香の煙と風船を入れた。その後，デジタル温度計と大型注射器を取り付けたゴム栓をつけて図のような装置を用意した。次に，大型注射器のピストンをすばやく引いて，風船や温度，フラスコ内のようすの変化を調べた。その後，大型注射器のピストンをすばやく押して，風船や温度，フラスコ内のようすの変化を調べた。

図

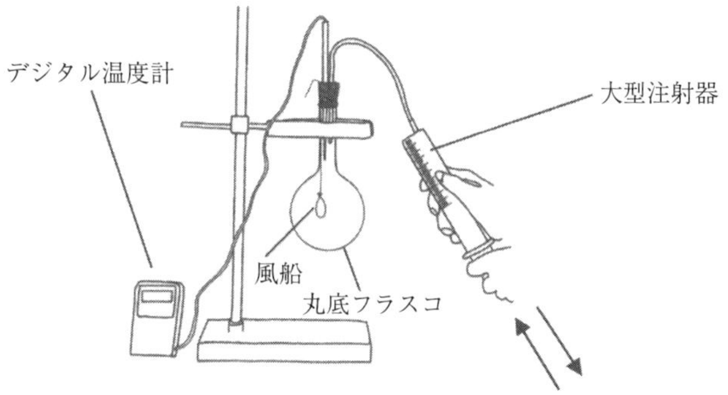

(1) 文章中の[ア]にあてはまる物質として，最も適当なものを次の①〜④から一つ選びなさい。

① 石灰石　　② 塩化ナトリウム　　③ 水　　④ 沸騰石

(2) フラスコ内に少量の線香の煙を入れて実験を行う理由として，最も適当なものを次の①〜④から一つ選びなさい。

① 内部の気圧の変化を分かりやすくするため。
② フラスコ内の水蒸気を露点に達しやすくするため。
③ フラスコ内の空気が漏れていないかを調べるため。
④ 水が凝結するときの核とするため。

(3) 【実験】の結果として，最も適当なものを次の①〜⑧から**二つ**選びなさい(同じ解答欄に二つマークしなさい)。

① ピストンを引くと，風船が膨らみ，温度が下がった。また，フラスコ内が白くくもった。
② ピストンを引くと，風船が膨らみ，温度が下がった。また，フラスコ内に変化はなかった。
③ ピストンを引くと，風船がしぼみ，温度が上がった。また，フラスコ内が白くくもった。

④　ピストンを引くと，風船がしぼみ，温度が上がった。また，フラスコ内に変化はなかった。
⑤　ピストンを押すと，風船が膨らみ，温度が下がった。また，フラスコ内が白くくもった。
⑥　ピストンを押すと，風船が膨らみ，温度が上がった。また，フラスコ内のくもりが消えた。
⑦　ピストンを押すと，風船がしぼみ，温度が上がった。また，フラスコ内が白くくもった。
⑧　ピストンを押すと，風船がしぼみ，温度が上がった。また，フラスコ内のくもりが消えた。

(4)　雲のでき方についての以下の文の[イ]～[キ]にあてはまる語句の組み合わせとして，最も適当なものを下の①～⑧から一つ選びなさい。

> 自然界では，空気は[イ]するとまわりの気圧が[ウ]なるため膨張する。そのため，[イ]する空気の温度は[エ]，やがて空気中の水蒸気の一部が小さな水滴や氷の粒になり，雲ができる。一方，空気が[オ]するとまわりの気圧が[カ]なり，圧縮されて温度が[キ]。そのため，[オ]気流があるところでは雲ができにくい。

	イ	ウ	エ	オ	カ	キ
①	下降	低く	下がり	上昇	高く	上がる
②	下降	低く	上がり	上昇	高く	下がる
③	下降	高く	下がり	上昇	低く	上がる
④	下降	高く	上がり	上昇	低く	下がる
⑤	上昇	低く	下がり	下降	高く	上がる
⑥	上昇	低く	上がり	下降	高く	下がる
⑦	上昇	高く	下がり	下降	低く	上がる
⑧	上昇	高く	上がり	下降	低く	下がる

(5)　水の循環について述べた以下の文の[ク]～[コ]に入る語句の組み合わせとして，最も適当なものを下の①～⑧から一つ選びなさい。

> 雲は，直径が0.005～0.05mmくらいの粒(小さな水滴や氷の結晶)が空の高いところに浮かんでいるものである。そして，それらが落ちてこないのは[ク]気流によって支えられているからである。雲をつくっている水滴や氷の粒が成長して大きくなると，その重さを[ク]気流では支えきれなくなって，雨や雪などの降水となって地表に落ちてくる。地表に到達した水は，[ケ]のエネルギーによって[コ]することで大気中に送り込まれる。そして，[ク]気流によって上空へ移動する際に再び雲が形成される。このように，地球上の水は気体，液体，固体と状態を変化させ，それらが移動することによって循環している。

	ク	ケ	コ
①	上昇	風	凝結
②	上昇	風	蒸発
③	上昇	太陽	凝結
④	上昇	太陽	蒸発
⑤	下降	風	凝結
⑥	下降	風	蒸発
⑦	下降	太陽	凝結
⑧	下降	太陽	蒸発

6　物体に対してはたらく力と仕事について調べるために，【実験１】～【実験５】を行った。これらの実験について下の各問いに答えなさい。

ただし，質量 100g の物体にはたらく重力の大きさを１N とし，ばね，ひも，滑車の質量，および物体と斜面の間の摩擦，滑車の摩擦は考えないものとする。

【実験１】　長さ 20cm のばねに物体をつるし，物体の質量とばねの長さとの関係を調べたところ図１のグラフが得られた。

【実験２】　図２のように，【実験１】で用いたばねに 650g の物体をつるした。

【実験３】　【実験１】で用いたばねを２つ使って，図３のように物体をつり下げたところ，つり合った。このときそれぞれのばねの長さは 27cm であった。

図１

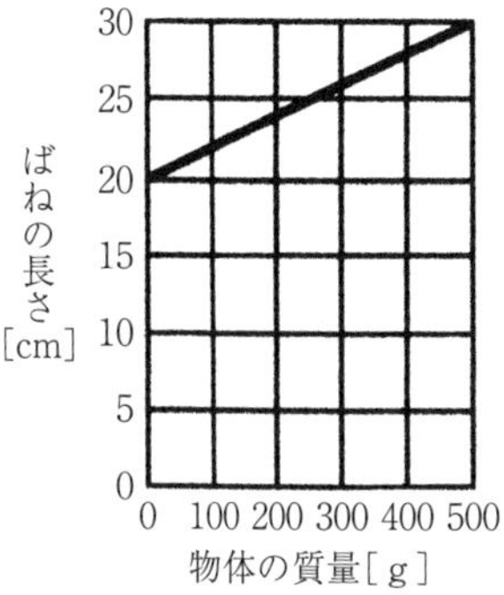

図２

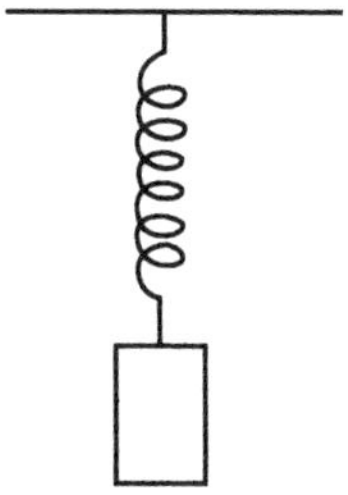

図３

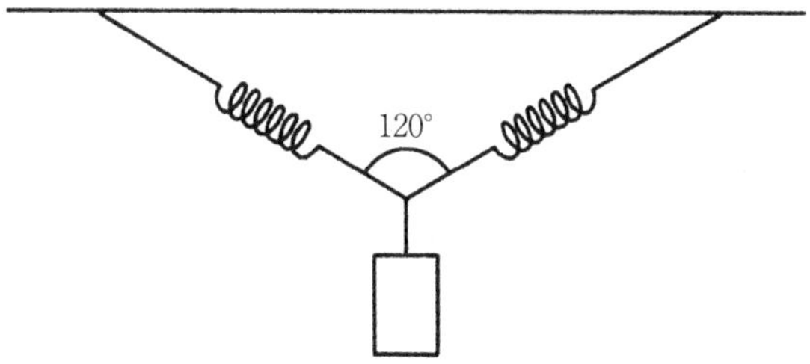

【実験４】　図４のように，【実験１】で用いたばねに 300g の物体をつるし，物体を斜面上のＡ点からＢ点まで斜面にそってゆっくり 100cm 引き上げた。このとき物体は垂直方向に 50cm 上がり，ばねの長さは一定であった。

図４

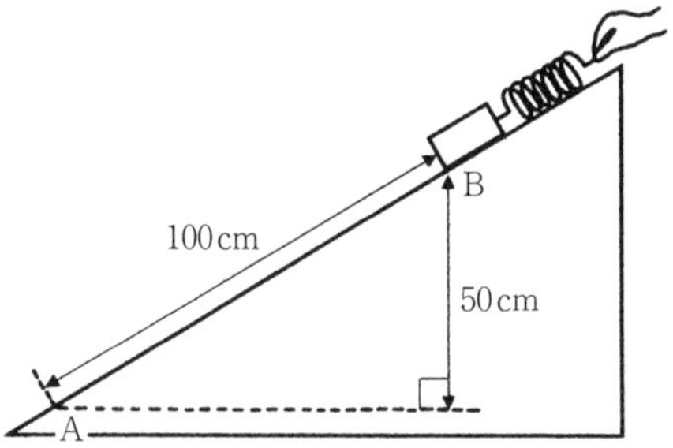

図５

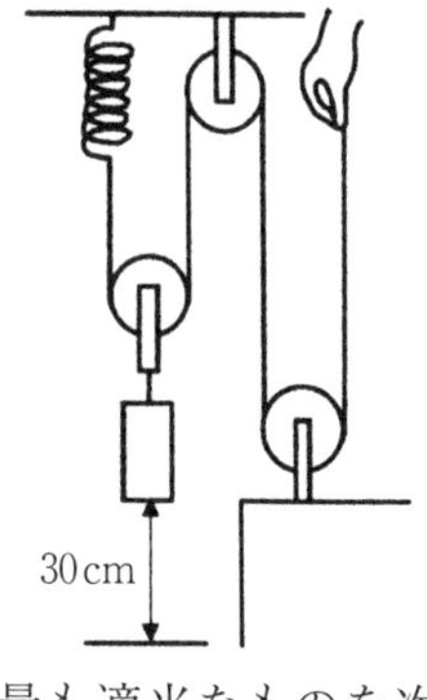

【実験５】　図５のように，滑車とひもと【実験１】で用いたばねを使った装置に物体をつるし，まっすぐ上にゆっくりと５秒間引き上げた。このとき物体は垂直方向に 30cm 上がり，ばねの長さは 28cm であった。

(1)　【実験１】において，ばねの伸びが１cm になるときの物体の質量は何 g か。最も適当なものを次の①～⑨から一つ選びなさい。

①　10　　②　20　　③　30
④　40　　⑤　50　　⑥　60
⑦　70　　⑧　80　　⑨　90

(2)　【実験２】において，ばねの長さは何 cm になったか。最も適当なものを次の①～⑧から一つ選びなさい。

①　11　　②　12　　③　13　　④　14
⑤　31　　⑥　32　　⑦　33　　⑧　34

(3) 【実験3】において，物体の重さは何Nか。最も適当なものを次の①～⑨から一つ選びなさい。

① 1　② 1.5　③ 2
④ 2.5　⑤ 3　⑥ 3.5
⑦ 4　⑧ 4.5　⑨ 5

(4) 【実験4】において，引き上げているときのばねの長さは何cmか。最も適当なものを次の①～⑨から一つ選びなさい。

① 21　② 22　③ 23
④ 24　⑤ 25　⑥ 26
⑦ 27　⑧ 28　⑨ 29

(5) 【実験5】において，物体に対して引き上げた力がした仕事率は何Wか。最も適当なものを次の①～⑧から一つ選びなさい。

① 0.12　② 0.24
③ 0.48　④ 0.96
⑤ 3　⑥ 6
⑦ 12　⑧ 24

7 中学生の佐藤さんは，電解質の水溶液に電流が流れる仕組みに興味を持ち，水酸化バリウム水溶液に硫酸を加えた水溶液に電流を流す実験を行った。以下は，そのレポートの一部である。下の各問いに答えなさい。

【実験内容】

0.35%の水酸化バリウム水溶液が300gずつ入ったビーカーを，9つ用意した。これらの水溶液中にBTB溶液を少量加えた後，図1のようにこまごめピペットを用いて3%の硫酸を加えた。このとき，電子てんびんを用いて同時に質量を測定し，1つ目のビーカーには硫酸を5g加え，2つ目のビーカーからは5gずつ量を増やして加えた。そして，それぞれのビーカー中の色の変化を観察した。その後，図2のようにそれぞれのビーカー中に生じた沈殿をろ過し，電子てんびんを用いて沈殿の質量を測った。さらに，図3の装置を組み立てて，それぞれのビーカー中の溶液をろ過した後の溶液に流れる電流の大きさ[mA]を測定し，加えた硫酸の質量と流れた電流の大きさのグラフを作成した(図4)。

図1
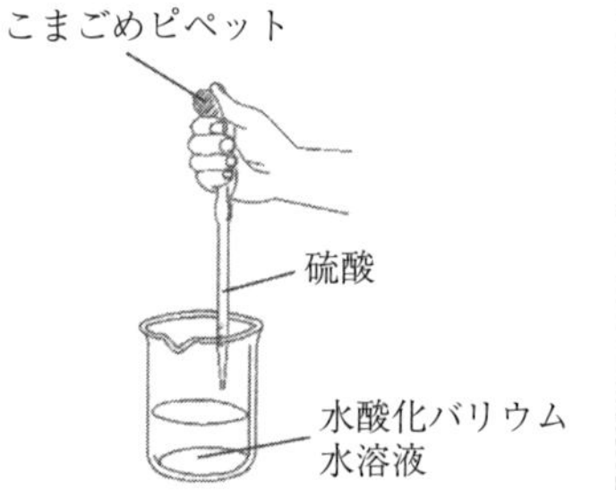

図2
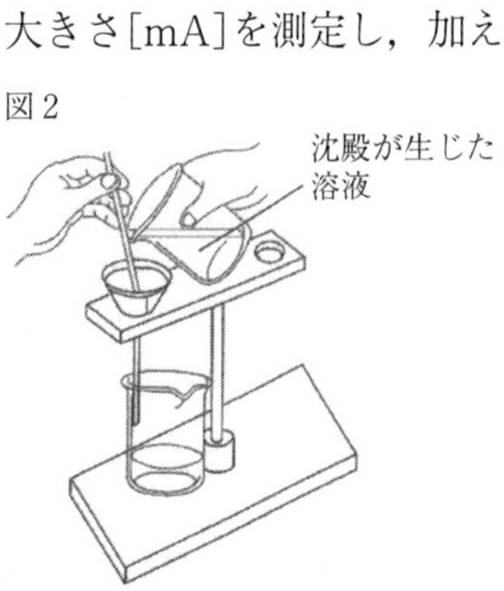

図3
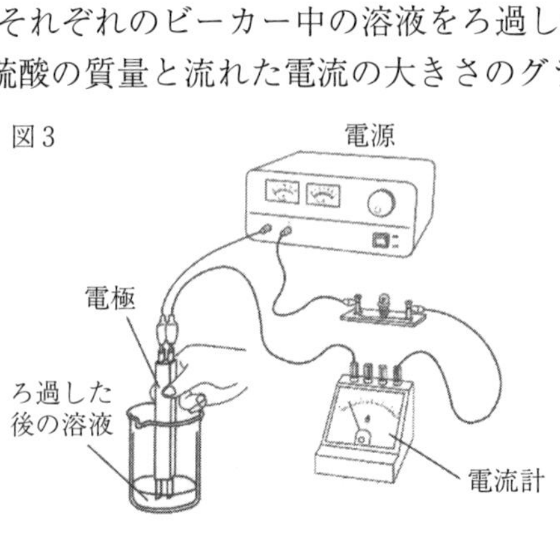

【実験結果】

表：溶液の色の変化と生じた沈殿の質量

加えた硫酸の質量(g)	5	10	15	20	25	30	35	40	45
ビーカー中の水溶液の色	A								
生じた沈殿の質量(g)	0.36	0.71	1.07	1.43	1.43	1.43	1.43	1.43	1.43

図4：流れた電流の大きさ

B

【考察】

[ⅰ] 生じた沈殿の色は白色であり，それは[C]であると考えられる。

[ⅱ] 表から，硫酸を[D]g加えたときに，水酸化バリウムがほとんど[E]されたと考えられる。

[ⅲ] 表と図4から，水溶液中に電離した状態のイオンの数が最も少なくなったときに，流れる電流の大きさも最も小さくなったと考えられる。

(1) この実験で用意した各ビーカーに含まれる水酸化バリウムの質量を求めると，[ア][イ].[ウ][エ]gである。[ア]～[エ]に入る最も適当な数値を，以下の例に従ってマークしなさい。

> [例] 6gの場合
> ア：⓪ イ：⑥ ウ：⓪ エ：⓪

(2) 表の[A]にあてはまるビーカー中の水溶液の色の組み合わせとして，最も適当なものを次の①～⑧から一つ選びなさい。

加えた硫酸の質量(g)	5	10	15	20	25	30	35	40	45
①	緑	緑	黄	青	青	青	青	青	青
②	緑	緑	緑	黄	青	青	青	青	青
③	青	青	緑	黄	黄	黄	黄	黄	黄
④	青	青	青	緑	黄	黄	黄	黄	黄
⑤	無	無	赤	赤	赤	赤	赤	赤	赤
⑥	無	無	無	赤	赤	赤	赤	赤	赤
⑦	赤	赤	無	無	無	無	無	無	無
⑧	赤	赤	赤	無	無	無	無	無	無

(3) 【考察】の C ～ E にあてはまる語句や数字の組み合わせとして，最も適当なものを次の①～⑧から一つ選びなさい。

	C	D	E
①	水酸化バリウム	15	酸化
②	硫酸バリウム	15	中和
③	水酸化バリウム	20	酸化
④	硫酸バリウム	20	中和
⑤	水酸化バリウム	15	中和
⑥	硫酸バリウム	15	酸化
⑦	水酸化バリウム	20	中和
⑧	硫酸バリウム	20	酸化

(4) 【考察】[iii]の内容を基に，図4の B にあてはまるグラフを模式的に表したものとして，最も適当なものを次の①～⑧から一つ選びなさい。

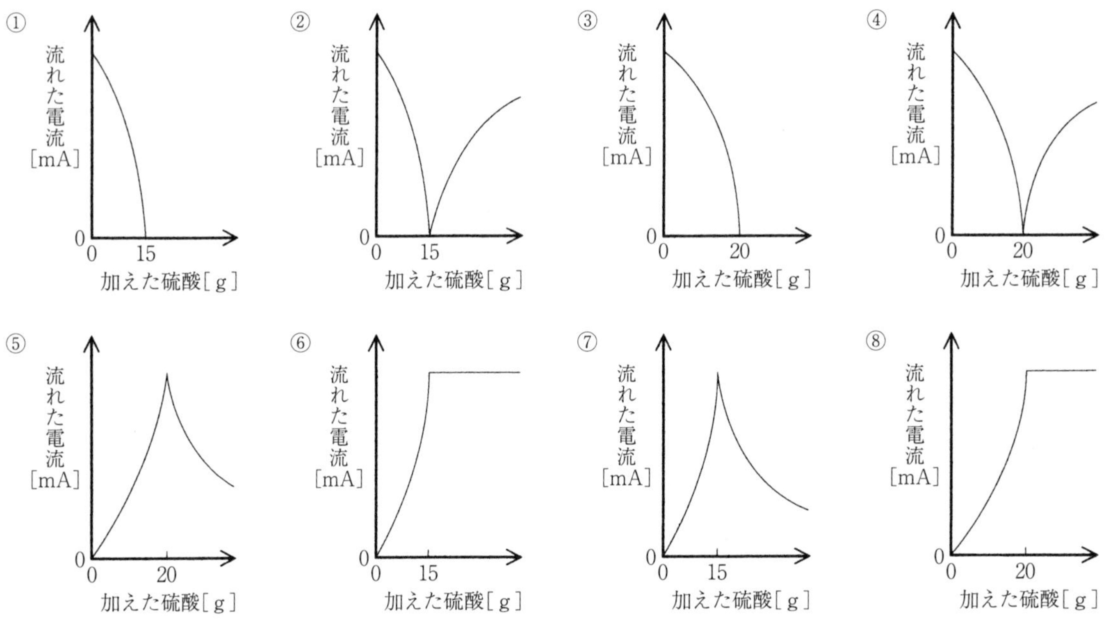

(5) この実験において，硫酸を30g加えたときに水酸化バリウムがほとんど反応しきるようにしたい。

この場合は，硫酸の濃度を オ カ . キ %に調整しておく必要がある。オ ～ キ に入る最も適当な数値を，以下の例に従ってマークしなさい。

例　6%の場合 オ：⓪　カ：⑥　キ：⓪

8 　花子さんと太郎さんは，授業で植物分類ゲームを行った。以下はそのときの会話文である。これを読んで，下の各問いに答えなさい。

先　　生：今日は植物分類ゲームをしましょう。まずはルールを説明します。皆さんの机の上には植物の名前が書かれたカードが6種類あります(図1)。ここから1枚選んで他の人に見えないように，裏面にして机の上に置きます。2人組になり，先攻の人は「はい」か「いいえ」で答えられる質問をし，相手に答えてもらいます。植物名がわかった時点で解答してください。答えがわかるまでの質問回数が少なかった方が勝ちです。それでは始めてください。

図1

アブラナ	ゼニゴケ	タンポポ
ユリ	イヌワラビ	マツ

～花子さんと太郎さんがそれぞれカードを選ぶ～

花子さん：それでは，質問をしていくね。その植物は，種子をつくる？

太郎さん：はい。

花子さん：その植物は，胚珠が子房に包まれている？

太郎さん：はい。

花子さん：その植物は，発芽の時に子葉が1枚？

太郎さん：はい。

花子さん：わかった。太郎さんのカードは［　ア　］だね。

太郎さん：正解。3回の質問で答えられるなんてすごい。でも負けないよ。質問をしていくね。その植物は，根，茎，葉の区別がある？

花子さん：はい。

太郎さん：胚珠が子房に包まれている？

花子さん：いいえ。

太郎さん：2回でわかったよ。花子さんのカードは「マツ」だね。

花子さん：違うよ。太郎さん，あと1つ重要な質問をしなければわからないと思うよ。

太郎さん：そうなのか。では，［　イ　］？

花子さん：いいえ。

太郎さん：それなら，花子さんのカードは［　ウ　］だね。

花子さん：正解だよ。お互い3回だから引き分けだね。でも，太郎さんに［　イ　］かという質問を最初にされてしまったら負けていたかも。

太郎さん：面白いゲームだったね。そして植物はたくさんの特徴をもっているんだね。植物について，もっと詳しく調べてみようよ。

(1)　下線部のような特徴をもつ植物を単子葉類とよぶ。単子葉類について，次の(a)・(b)の各問いに答えなさい。

(a)　単子葉類に分類される植物として，最も適当なものを次の①～⑤から一つ選びなさい。

①　エンドウ　　②　アサガオ　　③　バラ　　④　サクラ　　⑤　トウモロコシ

(b)　単子葉類が共通してもつ特徴として，最も適当なものを次の①～④から一つ選びなさい。

①　葉脈が網目状に通る。　　②　花粉が直接胚珠につく。

③　維管束が輪の形に並んでいる。　　④　ひげ根をもつ。

(2)　会話文中の［イ］に入る内容として，最も適当なものを次の①～④から一つ選びなさい。

①　種子をつくる

② 維管束がある
③ 葉脈は網目状に通る
④ 光合成を行わず，有機物の分解で栄養を得る

(3) 会話文中の ア ， ウ に入る植物名の組み合わせとして，最も適当なものを次の①～⑨から一つ選びなさい。

	ア	ウ
①	マツ	ゼニゴケ
②	マツ	イヌワラビ
③	マツ	アブラナ
④	ユリ	ゼニゴケ
⑤	ユリ	イヌワラビ
⑥	ユリ	アブラナ
⑦	タンポポ	ゼニゴケ
⑧	タンポポ	イヌワラビ
⑨	タンポポ	アブラナ

(4) この会話の後，植物のからだのつくりに興味をもった２人は植物の茎について調べることにした。同じ植物の苗木である苗木Aと苗木Bを用意し，それぞれ茎の一部分を削り取った(図２)。その後，２本のようすを観察した。図３は，それぞれの苗木の茎の断面図であり，色がぬられた部分が削り取られた部分を表している。苗木Aと苗木Bを観察したようすについて述べた文として，最も適当なものを下の①～⑥から**二つ**選びなさい(同じ解答欄に二つマークしなさい)。

ただし，苗木A，Bともに水分が豊富に含まれる地面に根付いており，太陽光が十分にあたる環境でこの観察を行ったものとする。

図２

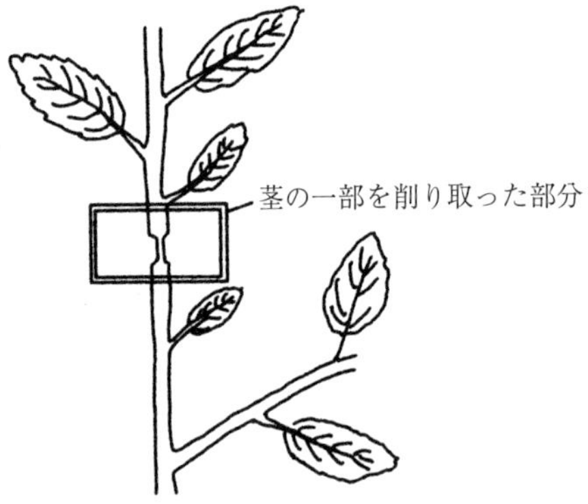

図３

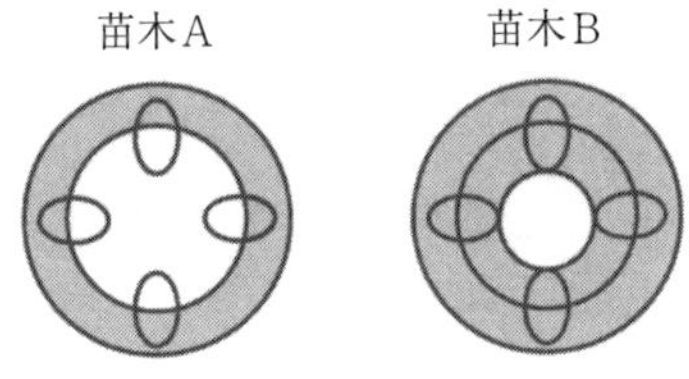

① 苗木A，苗木Bともに翌日までにしおれてしまった。
② 苗木Aは翌日までにしおれてしまったが，苗木Bは数日間観察してもしおれることはなかった。
③ 苗木Bは翌日までにしおれてしまったが，苗木Aは数日間観察してもしおれることはなかった。
④ 苗木A，苗木Bともに数日間観察してもしおれることはなかった。
⑤ 実験後数ヵ月たつと，苗木Aの削り取った部分の下部の茎が肥大し，こぶのようになった。そのこぶの中にたまった物質を調べると，根から吸収した水や無機養分が多く含まれていた。
⑥ 実験後数ヵ月たつと，苗木Aの削り取った部分の上部の茎が肥大し，こぶのようになった。そのこぶの中にたまった物質を調べると，上部にある葉で作られた養分が多く含まれていた。

ア　知識の浅い者たちの噂《うわさ》話を信じ、大きな家では倒壊の危険があると考えたから。

イ　知識の浅い者たちの噂話は信じるに値しないと考え、簡素な家のほうが安全だと判断したから。

ウ　自分の身を守る場所がない町人たちに、安全な場所を提供しようと考えたから。

エ　屋敷は以前の地震で崩れてしまったが、それでもこの地への愛着が捨てきれなかったから。

オ　地震によって財産を失ってしまい、宮中に住み続けられなくなってしまったから。

問23　傍線部3「未の刻ばかり」は、十二支を使った時刻の表記だが、「未の刻」は何時頃を指すか。最も適当なものを**一つ**選びなさい。なお「子《ね》の刻＝0時頃」「午《うま》の刻＝12時頃」である。

ア　6時頃　イ　10時頃　ウ　14時頃
エ　18時頃　オ　20時頃

問24　傍線部4「さればこそ」は、どういうことに対して述べた言葉か。最も適当なものを**一つ**選びなさい。

ア　大地震が起きて、明け方には皆荷物を運び、避難したということ。

イ　大地震が起きて、それにより妻や子供が逃げ遅れてしまうということ。

ウ　再び大地震が起きるので、用心する必要があるということ。

エ　大地震が起きて、それにより人類が滅んでしまうということ。

オ　再び大地震が起きるので、簡素な家に住むべきだということ。

問25　以下の会話文は、本文を読んだ生徒たちが、傍線部5「きもはみなつぶしはてたる大なゆを山にのこして音を聞くかな」の歌について話し合っている場面である。この会話の内、正しくないことを述べているものを**一つ**選びなさい。

ア　「肝を潰す」には、「非常に驚く」という意味があるそうだよ。当時の人々もこの大地震には非常に驚いたんだね。

イ　「山にのこして音を聞くかな」からは、大地震以降、大きな地震が起こらず、山は地鳴りをしているけれども、以前ほど町は揺れてはいないことが分かるよ。

ウ　「山にのこして音を聞くかな」では、人々は地震への恐怖で呆然《ぼうぜん》としてしまい、地鳴りを聞くだけで震え上がるようになったことが読み取れるね。

エ　「かな」は感動を表す言葉だよ。この部分に和歌の作者である「ある人」の地震に対する気持ちが表明されているんだね。

オ　大地震の後には余震が続くけど、それが徐々に落ち着いて、地鳴りだけになって、こうして日常に戻っていく人たちのことがここには描かれているね。

四 次の文章は、寛文二（一六六二）年五月一日に京の都で発生した大地震の被害について述べたものである。これを読んで、後の問いに答えなさい。

※なゐのふらざる間《あひだ》（地震が起こらない間）にも、只《ただ》どうどうと鳴る音は、しばらくも絶《た》ゆることなし。地の底か、山のうちかと思ふ所に、「これは※将軍塚の鳴るなり。只事《ただごと》にはあらず」などいひはやらかせば（言い広めるので、）、上下万民（身分の高い者も低い者も誰もが）いよいよ手をにぎり、足をつまだて（つま先立ちにして）、今更足まとひ（足手まとい）になる心地して、逃げ行くべきところを案じわづらひ（思い悩み）、何の目に見えたる事もなきに（何でもないことに）、1色をうしなひ、ふるひわななく。その中に、なま心ありける（知識の浅い）者ども、「今より後《のち》は、猶《なほ》も大事あるべし（さらに大変なことがあるだろう。）。『来たる四日には、大ゆりして（大地震が起こり）大地ひきさけ、泥わきいで、家々のこらずくづれ、人種《ひとだね》あるまじき（人類は滅んでしまうだろう）』と占ひいだしたり」と沙汰しければ（うわさしたので）、町人共はいふに及ばず、やごとなき（高貴な）上《うへ》つ方《がた》まで、※禁中の焼けあとに小屋をかまへ、杉の青葉にて四方をかこみ、※苫《とま》をもつて上をおほひ、2御殿を出でてうつり住ませ給ふ（移ってお住みになる）。

案のごとく（予想通りに揺れ、）、四日になりては、夜の明方《あけがた》より、上下用心して、物を待ちうくるやう也《なり》ける所に、3未《ひつじ》の刻ばかりに、※乾《いぬゐ》のかたよりどうどうと鳴り出でつつ、ひらにゆりけるほどに、去《さん》ぬる朔日《ついたち》ほどこそなけれ（ではないが）、かたのごとくの（予想と違わない）大ゆりなりければ、上下万民、「4されぱこそ（やっぱりそうだ）」とて気を失ふ。※二条御城の※大手・からめ手、四方ともに大地われさけ、やぐら傾《かたぶ》き、壁こぼれ、少しも大いなる家ほど強くあたりて、柱は※石ずへをはづれ、※指物《さしもの》・鴨居《かもゐ》、抜けくつろぎ、今やひしげ崩るかとぞおぼえける。「四日め、四日めに大ゆりはあるなり。その日が大事ぞ、大事ぞ」とて、それよりこのかたは、日ごとに廿度《にじふど》卅度《さんじふど》、常《ひた》ゆりにゆりけれども、後には馴《な》れたるゆへにや、おどろく事も、そのかみほどには（以前ほど）なし。地はゆらねども、山は常物《ひたもの》（ひたすらに）に鳴りひびきて、どうどうといふを聞きて、ある人、かくぞ思ひつづけける。

5きもはみなつぶしはてたる大なゆを
山にのこして音を聞くかな

（浅井了意『夏難免怡詞《かなめいし》』より一部改変）

※なゐ…地震のこと。「大ゆり」「大なゆ」もこの地震のことを表している。
※将軍塚…桓武天皇が平安京遷都の際に都を守るために造ったとされる塚。
　天変地異の際にはこの塚が鳴動したという。
※禁中…宮中。
※苫…菅《すげ》や茅《かや》を編んで屋根を覆うもの。
※乾のかた…北西の方角のこと。
※二条御城…徳川家康により建てられた城。
※大手・からめ手…表門と裏門。
※石ずへ…柱を立てる土台となる石。
※指物・鴨居…木と木を組み合わせてできた建物の構造材。

問21 傍線部1「色をうしなひ」とはどういうことか。最も適当なものを**一つ**選びなさい。

ア　表情を失うこと。
イ　顔色が悪くなること。
ウ　顔を赤く染めること。
エ　顔を背けること。
オ　顔を隠すこと。

問22 傍線部2「御殿を出でてうつり住ませ給ふ」とあるが、このような行動を貴族がとったのはなぜだと考えられるか。最も適当なものを**一つ**選びなさい。

海で過ごすうちに、そのことも気にならないほどの快適さを感じたから。

問17　空欄 X は次のA～Dの文から成り立っている。正しい順序に並べてあるものを**一つ**選びなさい。

A　おい、よく見ろ、おれは、こいつに勝ったんだぞ。生きるってことは、こういう、この手ごたえのことなんだよ。

B　そのときは、親父も生命《いのち》からがらだったんです。

C　……でもその夜、親父はそのカジキの背をたたきながらぼくにいったんです。

D　牛みたいな大きなカジキを、ふらふらになって担《かつ》ぎながら、親父は精も魂もつき果てたっていう感じでした。

ア　BADC　　イ　BDCA　　ウ　CABD

エ　CDAB　　オ　DCAB

問18　傍線部4「親父がぼくにいったんです」とあるが、その内容として最も適当なものを**一つ**選びなさい。

ア　その人なりの苦労や正義を大切にして、生甲斐を仕事に求め続けることが、人生を輝かせることにつながる。

イ　その人なりの個性は他者には見えないが、そのわからない部分を理解しようとする姿勢が大切である。

ウ　人は人生における様々な決断の場面で、対立する他者からの軽蔑や差別に耐えながら生きる必要がある。

エ　生きるか死ぬかという難しい問題に向き合って生きるということが、大人になることの第一歩である。

オ　人の価値観は他の人間には決してわからないものだから、その人の人生に口を出すべきではない。

問19　本文の表現について誤っているものを**一つ**選びなさい。

ア　波線部a「不断の伴奏」は、海水浴の客たちの笑い声が警笛を鳴らしたくなるほど不愉快なものであることを示している。

イ　波線部b「緑いろの光」は海の黒さとの対比で強調されており、星空の下で淡く光る幻想的な海の景色を読者に想像させる。

ウ　波線部c「まちがいなく」から、視覚では判然としないほど周囲が暗いにもかかわらず、聴覚を頼りに若い女がいることを確信していることが分かる。

エ　波線部d「睨むような目」から、人生を悲観し、生きることがいやになった「女」が、他者からの干渉を拒否している様子が伝わってくる。

オ　波線部e「遠く、波打ち際で砕ける波の音」は、昼間の喧騒《けんそう》とは対照的な、深夜の海の静けさを読者に印象付けている。

問20　本文の内容について最も適当なものを**一つ**選びなさい。

ア　「女」は慎一に恋心を抱いているが、慎一はまだ若く人生経験が浅いため「女」の言葉の真意が理解できず、ただ彼女の車が遠ざかるのを眺めているしかなかった。

イ　真赤なスポーツ・カーは都会で生きていくという「女」の決意の象徴であり、慎一がその車を見送る行為は「女」が都会で幸福をつかむ未来を暗示している。

ウ　慎一が仕事に生甲斐を見出させようと説得したことで、働くことの意味に思い悩んでいた「女」は晴れ晴れとした気持ちで都会に帰っていった。

エ　慎一にとっての「女」はあくまで理解できない他者であり、遠ざかる車を見る描写からも、二人は重なり合うことのないそれぞれの夏を過ごしていることがわかる。

オ　慎一は「女」の気を引こうと重々しい話を披露して自身が精神的に大人であるとアピールしたが、それが「女」に伝わらなかったため、落胆して車を見送った。

「……そう。ありがと。私、あれから一時間近くかかって、やっと岸に着いたわ」

女は慎一の手を握った。

「あなたに、勇気を教えられたわ。それと、働くってことの意味とを」

国道を真赤なスポーツ・カーが小さくなるのを、慎一はぼんやりと見ていた。女の言葉の意味が、よくわからなかった。

彼はただ、小さなその町に今日も溢《あふ》れている無数の都会の人びと、その人びとがそれぞれに生きている夏の一つ、そんな他人の夏の一つが、しだいに視野を遠ざかるのだけを見ていた。

（山川方夫『他人の夏』より一部改変）

※ウクレレ…ギターに似た小型の弦楽器。ハワイアン音楽に用いられることが多い。
※夜光虫…ヤコウチュウ科の原生生物。刺激によって発光する。
※底引き網…網を海の底にたらし、それを船で引いて魚をとる漁法。
※銛…鯨や魚介類を突いたり刺したりしてとる漁具で、ふつう木の柄の先に鉄製の突き具をつける。
※二十八貫…約百五キログラム。
※カジキ…かじきまぐろ。多くは体長二～三メートル。まぐろに似ているが、上あごが剣状に長く伸びている。
※燐光…燐が空気中で酸化する時に発する青白い光。ここでは、それに似た夜光虫の光のこと。

問14 傍線部1「他人の町」という表現から読み取れることはどういうことか。最も適当なものを**一つ**選びなさい。

ア　都会から来た人々が町の住民に対してよそよそしく、田舎を見下す意識が人々の言動から読み取れること。
イ　都会から町へ住民の流入が増加し、人口の半分以上が都会出身者となったため、様相が変わったこと。
ウ　若者や家族のレジャーに現地の住民も参加し、まるで別の町になったかのような繁盛《はんじょう》ぶりを見せていること。
エ　町の賑《にぎ》わいが都会からの観光客によってもたらされたものでしかなく、地元の住民にとっては無縁であること。
オ　町の産業が観光に依存しており、他人である旅行客の消費に頼らざるを得ない状況であったこと。

問15 傍線部2「『休暇』も『避暑地』もなかった」と慎一が感じていたのはなぜか。最も適当なものを**一つ**選びなさい。

ア　母からアルバイトを条件に進学を許可されており、夏の間に貯金する必要があったから。
イ　繁盛期で忙しい同級生の兄の手助けをしながら、進学の準備を進めるという狙いがあったから。
ウ　進路希望を叶えるためには貯蓄の必要があると自身で考え、遊ぶ余裕もなく働いていたから。
エ　夏は町の繁盛期で稼ぎ時であり、休むよりも働いた方が充実した夏休みを過ごせると考えたから。
オ　町は観光客に占領されていて落ち着ける場所がなく、働いた方がましだと考えたから。

問16 傍線部3「やはり、海は親しかった」と慎一が思ったのはなぜか。最も適当なものを**一つ**選びなさい。

ア　夏の観光客に占領されたことで、生まれ育った町の海に疎外感を覚えていたが、海に入ると、忘れかけていた安らぎと心地よさを感じたから。
イ　海で泳ぐことは久しぶりで不安を感じたが、海は幼いころと変わらず冷たく快適で、ブランクを感じることなく泳ぐことができたから。
ウ　観光地化した海を地元の人は敬遠していたが、慎一には、海は観光地化する以前と変わらないことが実感されたから。
エ　深夜の海は冷たく暗く危険で近づくことを恐れていたが、いざ海に入ってみると、深夜まで続いた勤務の疲れを十分に癒やしてくれるものだったから。
オ　父親を亡くした海で泳ぐことに遠慮があったが、誰もいない

「かまわないで」
ほんの二メートルほど先の海面で、波の襞《ひだ》とともに夜光虫の光に顔をかすかに浮きあがらせた女は、d睨《にら》むような目をしていた。ああ、と慎一は思った。彼は、その顔をおぼえていた。
今日、真赤なスポーツ・カーにひとりで乗ってきた女だった。目の大きな、呼吸《いき》をのむほど美しいまだ若い女で、同級生の兄は、あれは有名な映画女優にちがいないぞといった。
「……あなた、この町の人ね？」
女の顔は見えなかった。彼は答えた。
「そうです。だからこの海にはくわしいんです」
「漁師さんなの？」
「……親父《おやじ》が漁師でした」と彼はいった。「親父は、沖で一人※底引き網をやってたんです。※銛《もり》も打ったんです。※二十八貫もある※カジキを、三日がかりでつかまえたこともあります」
自分でも、なぜこんなことをしゃべりはじめたのか、見当がつかなかった。
ただ、なんとなく女を自分とつなぎとめておきたかったのかもしれない。
「［ X ］……あのとき、親父は泣いていました」
「銛で打ったの？」
「そうです。とても重い銛なんです」
「ずいぶん、原始的ね」女はひきつったような声で笑った。「で、お父さんは？」
「死にました。去年」
女はだまった。ゆっくりとその女のそばをまわりながら、彼はいった。
「……あなたは、自殺するつもりですか？」
喘ぐ呼吸が聞こえ、女は反抗的に答えた。
「ほっといてよ。……あなたには、関係ないことだわ」
「べつに、やめなさい、っていうつもりじゃないんですよ」
女は、ヒステリックにいった。
「からかうの？　軽蔑しているのね、私を。子どものくせに」
あわてて、慎一はいった。
「ちがいます。4親父がぼくにいったんです。死のうとしている人間を、軽蔑しちゃいけない。どんな人間にも、その人なりの苦労や、正義がある。その人だけの生甲斐《いきがい》ってやつがある。そいつは、他の人間には、絶対にわかりっこないんだ、って」
女は無言だった。e遠く、波打ち際で砕ける波の音がしていた。
「人間には、他の人間のこと、ことにその生きるか死ぬかっていう肝心のことなんかは、決してわかりっこないんだ、人間は、だれでもそのことに耐えなくちゃいけないんだ、って。……だから、目の前で人間が死のうとしても、それをとめちゃいけない。その人を好きなように死なしてやるほうが、ずっと親切だし、ほんとうは、ずっと勇気のいることなんだ、って……」
女の顔に夜光虫の緑の※燐光《りんこう》が照って、それが呼吸づくように明るくなり、また暗くなった。女は怒ったような目つきで、海をみつめていた。
「ぼくの親父も、自殺したんです。背骨を打ってもう漁ができなくなって、この沖で銛をからだに結《ゆ》わえつけてとびこんじゃったんです。……あなたも、ぼくはとめはしません」
彼は岸に顔を向けた。そのままゆっくりと引きかえした。真暗な夜の中で、ただ夜光虫だけが彼につづき、波間にあざやかに濡《ぬ》れた色の燐光を散らしていた。
真赤なスポーツ・カーが、慎一のいるガソリン・スタンドに止まったのは、翌日の夕暮れ近くだった。ガソリンを入れに近づく慎一の顔を見て、女はサン・グラスをとり、急に目を大きくした。
「昨夜は」といい、女は笑いかけた。「……ねえ、あのお話、ほんとう？」
「ほんとうです」と、慎一は答えた。

三　次の文章は、昭和期を舞台とした小説の全文である。これを読んで後の問いに答えなさい。

海岸のその町は、夏になると、急に1他人の町になってしまう。——都会から、らくに日帰りができるという距離のせいか、避暑客たちが山のように押し寄せてくるのだ。夏のあいだじゅう、町は人口も倍近くにふくれあがり、海水浴の客たちがすっかり町を占領して、夜も昼も、うきうきとそうぞうしい。

その年も、いつのまにか夏がきてしまっていた。ぞくぞくと都会からの海水浴の客たちがつめかけ、例年どおり町をわがもの顔に歩きまわる。大きく背中をあけた水着にサンダルの女。※ウクレレを持ったサン・グラスの男たち。写真機をぶらさげ子どもをかかえた家族連れ。真赤なショート・パンツに太腿《ふともも》をむきだしにした麦藁帽《むぎわらぼう》の若い女たち。そんな人びとの高い笑い声に、自動車の警笛がa不断の伴奏のように鳴りつづける。

そこには、たしかに「夏」があり「避暑地」があり、決して都会では味わえない「休暇」の感触があったが、でも、その町で生まれ、その町で育った慎一には、そのすべてはひとごとでしかなかった。いわば、他人たちのお祭りにすぎなかった。だいいち、彼には2「休暇」も「避暑地」もなかったのだ。

来年、彼は近くの工業高校に進学するつもりでいた。それを母に許してもらうため、すこしでも貯金をしておこうと、その夏、慎一は同級生の兄が経営するガソリン・スタンドに、アルバイトとしてやとわれていた。都会から来た連中が占領していたのは町だけではなく、もちろん、海もだった。海岸に咲いた色とりどりのビーチ・パラソルや天幕《テント》がしまわれるのは、夜も九時をすぎてからだろうか。それからもひとしきり海岸は、ダンスやら散歩やら音楽やらでにぎわう。海辺から人びとのざわめきがひっそりと途絶えるのは、それが終わってから朝までのごく短い時間なのだ。

八月のはじめの、ひどく暑い日だった。その日は夜ふけまで暑さがつづいていた。それで海へ駈《か》けつけてきた連中も多いらしく、自動車を水洗いする仕事が午前一時すぎまでかかった。慎一が、久しぶりに海で泳いだのはその夜だった。

自分の町の海、幼いころから慣れきった海だというのに、こうして人目をさけてこっそりと泳ぐなんて、なんだかよその家の庭にしのびこんでいるみたいだ。「お客さん」たちに遠慮しているようなそんな自分がふとおかしかったが、慎一はすぐそんな考えも忘れた。冷たい海の肌がなつかしく、快かった。

3やはり、海は親しかった。月はなかった。が、頭上にはいくつかの星が輝き、黒い海にはきらきらと※夜光虫が淡いb緑いろの光の呼吸をしている。

夜光虫は、泳ぐ彼の全身に瞬きながらもつれ、まつわりつき、波が崩れるとき、一瞬だけ光を強めながら美しく散乱する。……慎一は、知らぬまにかなり沖にきていた。

ふと、彼は目をこらした。すぐ近くの暗黒の海面に、やはり夜光虫らしい仄《ほの》かな光の煙をきらめかせて、なにかが動いている。

「……だあれ？　あなた」

若い女の声が呼んだ。cまちがいなく若い女がひとり、深夜の海を泳いでいるのだった。

「知らない人ね、きっと。……」

女は、ひとりごとのようにいった。はじめて慎一は気づいた。女の声はひどく疲れ、喘《あえ》いでいた。

「大丈夫ですか？」

慎一はその声の方角に向いていった。

「いいの。ほっといてよ」

女は答え、笑った。だが、声は苦しげで、笑い声もうまく続かなかった。慎一はその方向に泳ぎ寄った。

「……あぶないですよ、この海は。すぐうねりが変わるんです。もっと岸の近くで……」

エ　時間が過ぎていくことがよくある
オ　時間が過ぎていく事実に付き合っていく

問10　傍線部3「不安定であり続けることで、安定が孕まれる」とはどういうことか。最も適当なものを**一つ**選びなさい。
ア　介護者が答えを探しているという状況を持続しかつ当事者とも共有することで、不安が半減し「老い」が反映された制度を受け入れる余裕が生じるということ。
イ　答えが明らかな問題に対しても、介護者があえてわからないふりをし続けることで、「答えを手放す」という心の安らぎを得るということ。
ウ　介護者が「モヤモヤし続ける」ストレスを抱えることで、老いに悩む相手に共感でき、より適したサービスを提供できるということ。
エ　介護される人が受容とも抵抗とも見分けがつかない中途半端な態度をとることで、介護者が自らの判断で自らの行動を正当化できるということ。
オ　介護者が介護のあり方を自問自答しつつも「これで充分である」という手応えを求めないことで、自らの心のゆとりを確保しているということ。

問11　傍線部4「体の意思に手応えをえる」とあるがどういうことか。最も適当なものを**一つ**選びなさい。
ア　介護を受ける人の意思は他者が介入を試みても制御できない生理現象からくみ取ることができるということ。
イ　他者の都合に合わせたくないという介護を受ける人の抗いが生理現象から理解できるということ。
ウ　体に触れることで初めて相手が明確に持っている考えを読み取ることができるということ。
エ　介護を受ける人が自分の心情を相手に察してほしくて、あえて示さないという意思を介護者が見出すということ。
オ　介護者が強引なケアをしようとすると、介護を受ける人の拒否反応が表れるということ。

問12　傍線部5「そんなとき、祈っていました」とあるがなぜか。最も適当なものを**一つ**選びなさい。
ア　荒ぶらないお年寄りは筆者にとっての理想の介護対象者であり、思わず祈りをささげずにはいられないほど自分の気持ちを鎮めてくれたから。
イ　荒ぶるお年寄りから対応をお願いされたことを言い訳にして介護者の都合を優先する身勝手さが、祈ることで許されると思ったから。
ウ　代表を務める施設の危機回避を最優先する事情が理解されないことは承知しつつも、現実的に祈らなければならないほど追い込まれていたから。
エ　言い訳ばかりしている介護者自身を正当化するには、祈るという宗教的行為を引き合いに出すしかないと判断したから。
オ　祈るという行為によって、荒ぶるお年寄りを優先して、荒ぶらないお年寄りのケアが行き届かなくなることへの葛藤から目をそらしたいから。

問13　この手紙の表現の特徴についての説明として誤りを含むものを**一つ**選びなさい。
ア　文末に呼びかけや同意を求める表現を用い、筆者の人格が豊かに表出されている。
イ　伊藤亜紗に対する反論はかっこに入れて、本文を読みやすくしている。
ウ　冒頭の伊藤亜紗の問いかけに答えることにとどまらず、幅広く助言する形で論が展開している。
エ　介護現場の具体的な体験をもとに語ることで、論に説得力を与えている。
オ　短い文や話し言葉により、身近なところから筆者が語りかけているような印象を与えている。

ざるをえない。危機の回避が優先されてしまう。
　後回しになる荒ぶらないぼけのお年寄りに、後ろめたい気持ちになる。5そんなとき、祈っていました。内実は言い訳です。「本当は今、あなたの元に行くべきなのですが、荒ぶるぼけが僕を呼んでいます。お許しを」。言葉にすればこんな感じです。ちょっとだけ、目をつむりそのような気持ちで許しを請《こ》う祈り、協力を請う祈り。そして、部屋を出る。
　同時に「これは僕の都合ではありません。荒ぶるぼけにみまわれたお年寄りに成り代わりお願いしているのです」と言い訳の言い訳をする。信仰とはほど遠く、宗教的とも言い難《がた》い単なる心の呟《つぶや》きでしたが、僕の生活に初めて息づいた、声なき人に対する現実的な祈りでした。少なくとも僕にとっては。「私」を手放したかのように見えるお年寄りは、そんな力を発揮しました。そもそも、僕は祈りをささげるような人間じゃないのです。改めて考えてみれば、荒ぶるぼけに出くわした僕が荒ぶりのないぼけの力を借りて、自分の気持ちを鎮《しず》めるために行ったのかもしれません。

（伊藤亜紗・村瀬孝生『ぼけと利他』より一部改変）

※ぼけ…本書の「はじめに」には、伊藤亜紗による次のような記述がある。
「一般には『認知症』と呼ばれることが多い現象ですが、加齢とともに現れる自然な変化であるかぎり、病気ではない、と村瀬さんは言います。（略）そこで本書では『病気ではない、正常なこと』というニュアンスを込めて、『認知症』ではなく『ぼけ』という言葉を使っています。」
※付託…人に頼んで任せること。
※孕まれる…内に含むこと。
※対談…冒頭の手紙のやりとりのきっかけとなった、村瀬と伊藤とのオンライン対談。

問7　傍線部1「見方を変えると介護しやすいのです」とあるがなぜか。最も適当なものを**一つ**選びなさい。
ア　荒ぶるぼけのある人は実は介護されたがっている人であり、介護者側が判断を委ねることで問題が沈静化するのは明白だから。
イ　荒ぶるぼけのある人の「いまここ」へのこだわりをくむと、介護を受ける人全体のニーズがわかり、荒ぶりのないぼけの人へのサービスにも還元されるから。
ウ　周囲のご都合主義に対して荒ぶるぼけのある人が行う抵抗は、問題行動ではなくむしろ称賛すべき批判精神の理想形だから。
エ　表面化した荒ぶるぼけのある人の意思を尊重して適切な機会をうかがいながら対応することは、関係性を築くチャンスにもなるから。
オ　荒ぶるぼけのある人は抵抗力が目に見えるので、荒ぶりのないぼけの人にくらべて抵抗のパワーの大小が測りやすく、その多少に応じた対応マニュアルを作れるから。

問8　傍線部2「荒ぶりのないぼけの人（老いの深まった人）は介護が難しい」とあるがなぜか。その理由として最も適当なものを**一つ**選びなさい。
ア　自ら生きようという主体性に乏しい状態に相手を追いやった責任を介護者が重く受け止めるしかないから。
イ　相手の無自覚ゆえの無邪気さが気になり、自分のモチベーションの維持が困難になるから。
ウ　相手は介護の困難さを知らない人であるため、気軽に食事や排泄の介助をしてもらえると勘違いしているから。
エ　意思表示をしない相手が物のように見え、そのことが介護者の自己嫌悪を招きうるから。
オ　会話のない状況に耐えきれず、どうして欲しいのか理解できないことを相手のせいにしてしまうから。

問9　空欄［A］に当てはまる正しいものを**一つ**選びなさい。
ア　「利他」の問題を考えるときに、お年寄りとかかわる
イ　お年寄りとかかわることは究極な感じがする
ウ　これで良かったか確証の持てない

一方で、2荒ぶりのないぼけの人（老いの深まった人）は介護が難しい。言葉も発しない全介助。自分から歩かないけど、手を引けば歩く。歩けなくても車いすに乗れば、どこにでも連れて行ける。食べようとしないけど、口元に食事を運べば、だいたい食べる。排泄《せつ》は介助したから出るというわけではありませんが、濡《ぬ》れたパッドは替えさせてくれる。強い抵抗もない人がいます。介護者の思い通りになってしまいます。

ＮＯはないけど、ＯＫもない。もし介護者が食事の手伝いをしなければ死んでしまうでしょう。それでも、恨まないだろうなぁと思います。たとえ献身的に食べる手伝いをしたとしても感謝はないでしょう。そんな「自意識的な要求の無さ」「生きるも死ぬもあなた次第」という他人事《ひとごと》のような無私的態度に途方に暮れます。伊藤さんの言う「［　A　］」状況です。

本当は介護する僕たちが「わかっていない」のですが、その状況に耐えきれずいつのまにか介護されるお年寄りを「わからない人」にすり替えてしまうのです。そうなると介護が作業になり、人が物になっていく。やっぱり、人を物のように扱うわけにはいかないよなぁと葛藤する。

よって、自分を問い続けます。「今、この人とどう過ごすのか」「どう過ごしたらいいのか」「どう過ごしたいのか」。悩むことになります。この無防備な※付託《ふたく》に対して。

自分が問われるというのは、あまり気持ちが良いものではありません。やっぱり、良い面より嫌な面が際立つのです。自分の嫌な面を知れば知るほど、独りよがりになれなくなる。何とか「これでいいですよねぇ」と、手応えが欲しい。よってその模索に勤《いそ》しみ続けることになります。

モヤモヤし続ける。いつも、現在進行形で過去にならない感じです。それが、付き合っていくときの感じでしょうか。介護者も答えを手放して付き合い続けるより他ないのですが、面白いのは、「答えを手放す」と楽になってくるのです。解放感が出てくる。

それでも「わからない」「モヤモヤ」「葛藤」「これでいいよね」と問い続ける感情のループは、不安定であり続けることなのですが、それを手放さないことが大切なのかなぁと感じます。3不安定であり続けることで、安定が※孕《はら》まれるように感じます。

二年ほど働いて、介護する意味を見失った新人職員がいます。「老い」が不在の文化を育んだ社会に、「老い」の反映された制度が生まれるはずもありません。そのあおりもあって介護することに疲れきった彼女は、ぼけや全介助のお年寄りを「ただ食べて出すだけの存在」として負担に感じるようになりました。

生きる意味、存在する価値を見出せない。そんな自分も嫌になってしまった。頭で思考し行動することが「人」であるという人間観だと、そんなお年寄りたちが食べて出すだけの存在に思えてしまい、意思を感じることは難しくなる。本当は彼女の問題に収まらない社会の問題でもあるのですが……。

（略）

生理的な現象にも他者が関わることで明確な主張を孕みます。食べたくなければ口が開かない。たとえ無理に口の中に含ませたとしても喉は飲み込まない。排泄は頼んで出るものじゃないし、かと思えばところかまわず出るときは出ます。睡眠も同様です。食事、排泄、睡眠には、他者がどんなに頑張っても、代わることのできない主体（営み）があります。それは意識でコントロールしきれるものでもありません。よって一般的には反応と呼ばれてしまいますが……。4体の意思に手応えを手で触りながら、体の営みに触れることで、える。これが、※対談で飛び出した生理へとつながる話です。

最後にもうひとつ。

介護の現場では優先事項の選択を迫られることが、多々あります。荒ぶらないぼけのあるお年寄りにとって「今、トイレに行ったほうがいいな」と思って入室すると、同時に荒ぶりやすいぼけのお年寄りが荒ぶり始める。そうなると、やはり、荒ぶるお年寄りを優先せ

□開店当日は、混雑が予想される。

ア　しかし　イ　したがって　ウ　ところで
エ　しかも　オ　あるいは

問4　次のa・bの傍線部の中で誤った漢字が用いられているものをそれぞれ**一つ**選びなさい。

a　ア　刑期を終え出所する。
イ　戦後最長の好景気に沸く。
ウ　この合宿期間は生まれ変わる絶好の契期だ。
エ　飛行機のコックピットには多くの計器がある。
オ　類似の事件が継起する。

b　ア　国連憲章に署名する。
イ　事件の現場検証を行う。
ウ　長年の功労を顕彰する。
エ　ご賢勝をお祈り申し上げます。
オ　雑誌の懸賞に当選する。

問5　次の傍線部の中から慣用表現として正しいものを**一つ**選びなさい。

ア　国語の先生に言葉の大切さを説くのは釈迦《しゃか》に説法だ。
イ　自ら経験しないかぎりどんな大災害も対面の火事だ。
ウ　からあげ専門店が雨土のたけのこのように続出する。
エ　少子高齢化対策が必須であるのは論争をまたない。
オ　親からそんな注意をされるなんて蒼《そう》天の霹靂《へきれき》だった。

問6　「己に如《し》かざる者を友とする無かれ。」と読むように返り点をつけたものとして、正しいものを**一つ**選びなさい。

ア　無　友レ　不レ　如レ　己　者。
イ　無レ　友ニ　不レ　如レ　己　者一。
ウ　無レ　友　不ニ　如　己一　者。
エ　無レ　友　不ニ　如レ　己　者一。
オ　無ニ　友レ　不　如一　己　者。

二　社会福祉施設(宅老所「よりあい」)代表の村瀬《むらせ》孝生に伊藤亜紗が次の問いかけをした。

「利他」の問題を考えるときに、お年寄りとかかわることは究極な感じがしています。自分が働きかけてもフィードバックがいまいちわからなかったり、違う形で返ってきたり、本当にこれで良かったのかと確証が持てないまま時間が過ぎていくことがよくあると思います。その事実に付き合っていくことは、どんな感じですか?

以下の文章はその問いかけに対する村瀬の手紙の一部である。これを読んで後の問いに答えなさい。

荒《あら》ぶる※ぼけのある人は、一般的に介護しにくいと思われています。昔は問題行動のある人と言われて忌《い》み嫌われていました。今もです。確かに介護する側の都合がことごとく通用しない、歩み寄らない(当事者からすれば、歩み寄りたくても、寄れないのですが)。よって共存が難しいと感じられてしまいます。

けれど、1見方を変えると介護しやすいのです。介護する私や家庭、社会の「都合」に対する抗《あらが》いが、当事者の意思として浮き上がるからです。「今、その時間じゃない。ここじゃない」。「それは、私の時間じゃない。私の場所じゃない」と。その理由はわかりかねても、「抗い」という行動が意思であると思える。

荒ぶるぼけには、介護する者が身を委《ゆだ》ねることができます。「委ねる」とは具体的にいうと、介護者が荒ぶりに対して、ちゃんと恐れ慄《おのの》いて引き下がることかなと思います。委ねてしまえば、問題が問題じゃなくなるし、相手を尊重したことになる、と思える。そうすれば、改めて「今ならいいですか、ここでいいですか」と問い直せます。そのタイミングを一緒に見つける努力ができます。それは関係の始まりでもあります。

二〇二四年度 土浦日本大学高等学校

【国語】（五〇分）〈満点：一〇〇点〉

一 次の各問いに答えなさい。

問1 次の文章を読んで、後の各問いに答えなさい。

啄木《たくぼく》が1もし、自分は短歌で身を2立てようなんて思って、3真面目《まじめ》に精進していたら、作品はずいぶんと違ったものになっただろう。もちろん、精進の結果では4ないという5ことは、彼の作品を貶《おとし》めることにはならない。

（俵　万智『言葉の虫めがね』より）

a 文中の「啄木」は石川啄木のことだが、彼の歌集として正しいものを**一つ**選びなさい。

ア『春と修羅』　イ『若菜集』
ウ『みだれ髪』　エ『月に吠《ほ》える』
オ『一握の砂』

b 本文中の傍線部1～5のうち、用言はどれか。正しいものを**一つ**選びなさい。

ア 2・3・4　イ 1・2・4
ウ 1・3・4　エ 2・4・5
オ 1・4・5

問2 次の文章を読んで、後の各問いに答えなさい。

「おっしゃられる」というのを、非常にしばしば耳にする。これは厳密に言うと間違いだ。「言う」の尊敬のかたちは「おっしゃる」か「A」である。「おっしゃる」または「B」で充分なのに、物足りなく思うのだろうか。さらに尊敬の「れる」をつけるのは、二重敬語となってしまう。

二重敬語としては、「拝見させていただきます」といった言い方も多い。「拝見します」か「見せていただきます」で充分だ。

拝見だけでなく、この「〇〇させていただきます」というのは、最近やたらCにつく。「〇日で締め切らせていただきます」とか「商品の発送をもって、当選のお知らせにかえさせていただきます」とか「今回で終了させていただきます」とか。視聴者や客に対して気をつかった表現なのだろうけど、締め切るとか当選発表をわざわざしないとか今回で終わるとかいうのは、みんなそっちが勝手に決めたことである。こちらにはDをはさむ余地がないわけで、一方的に通告される立場の人間は、実質的には全然気をつかわれていない。それなのに、言葉のうえで過剰に丁寧にされると、なんだか逆にしっくりこない。そっちが決めたんだから「今回で終了いたします」で充分じゃないか、と思うのだ。

（同前一部改変）

a 空欄A、Bには「言う」の尊敬語が当てはまる。次の中から「言う」の尊敬語を**二つ**選びなさい。

ア 申し上げる　イ 申される　ウ お言いになる
エ 言います　オ 言われる

b 空欄C、Dに適語を入れて慣用表現を作る時、正しい語の組み合わせを**一つ**選びなさい。

ア C…口 D…耳　イ C…鼻 D…手
ウ C…目 D…手　エ C…耳 D…口
オ C…鼻 D…口

問3 次の文の空欄に入る正しい語句を選ぶ際、使わないものを**一つ**選びなさい。ただし同じ選択肢は一度しか使えないものとする。

1 読書は楽しい。□知識も身につく。
2 今日中にこの本を読まなければならない。□まだ一ページも読み進められていない。
3 この本は読みごたえがあるなあ。□今日は午後から雨のようだね。
4 駅前の図書館に、人気のカフェが新しく併設された。

2024年度／土浦日本大学高等学校

英語解答

1 (1) 4　(2) 3　(3) 3　(4) 2
(5) 1　(6) 4　(7) 2　(8) 2
(9) 4－1－2－3　(10) 2

2 (11) 2　(12) 3　(13) 2，7
(14) 1　(15) 3　(16) 3　(17) 2
(18) 1，7

3 (19) 2　(20) 2　(21) 4　(22) 4
(23) 1　(24) 3　(25) 3　(26) 4
(27) 5，7

4 (28) 1　(29) 2　(30) 1　(31) 3

5 (32) 4　(33) 3　(34) 2

6 (35) ③　(36) ①　(37) ④

7 (38) 5－1－6－3－2－4
(39) 4－2－6－5－1－3
(40) 3－5－4－2－1－6
(41) 5－1－2－4－6－3
(42) 6－1－5－4－3－2

8 (43) 1　(44) 2　(45) 3　(46) 3
(47) 1

1〔長文読解総合─物語〕

≪全訳≫❶ゴードン・ウェストマンは，1850年にアメリカ合衆国バージニア州ブラックスビルの貧しい山間の町の農家に生まれた。農場が非常に小さかったため，彼の家族は非常に貧しかった。そこで，家族はちょっとした臨時収入を稼ぐためによく炭をつくった。彼らが炭づくりに使った窯は泥と石でできていた。ゴードンの父親は，「泥はただでどこにでもある。石もそうだ。私は泥と石の窯が好きだ。実際のところ，高価なレンガの窯をここに置くことはできない」と言った。炭で有名な町，ウッドベリーでつくられた炭に負けず良質であると，彼は自分の炭を誇りにしていた。❷ゴードンは長男ではなかったので，成長すると独立して家族から離れなければならなかった。それで，ゴードンは15歳のときに村を出た。それは村のルールの１つだった。彼はウッドベリーに行くことに決めた。❸ウッドベリーに着いたとき，ゴードンはとても興奮していた。スミス山の頂上に背の高いカシの木がたくさんあるのが見えたのだ。「すごい！　あの美しい古木が，後でウッドベリーの有名な炭になるんだ」と彼は言った。ゴードンはとても興奮していたので，全く休まなかった。彼はジョーンズ家を訪れた。一家は炭づくりで有名だった。❹ジョン・ジョーンズはゴードンに，巨大で高価なレンガづくりの炭焼き窯を見せた。ジョンは，「がっかりしないでほしいのだが，私たちは炭をしょっちゅうつくっているわけではないんだ。最後につくったのは５年ほど前だよ」と言った。ゴードンは「どうしてですか，ジョーンズさん？　山には背の高いカシの木がたくさん見えますよ」と言った。ジョンはすぐ，「それはもうお金を稼ぐのに良い方法ではないんだ。切った木を山から下ろして運ぶには費用がかかりすぎる。今では炭からあまりお金を稼げないんだ」と答えた。❺翌日，ゴードンはウッドベリーの路上で，ジミー・ジェームスという同い年ぐらいの少年に出会った。ジミーはスミス山の頂上にある故郷のウォータータウンに帰ろうとしていた。彼はゴードンをそこの自分の家に招いた。ゴードンは，そこにある古いカシの木を見るために一緒に行くことにした。❻その夜，ゴードンとジミーはウォータータウンのジミーの家に到着した。ジェームス一家は，自分たちの村を訪れる人があまりいなかったので，ゴードンに会ってとても喜んだ。ゴードンは，「僕は父がいつも話していた山のカシの木を見たかったのです」と言った。「そうかい，どうして君があの古くて役に立たない木が好きなのかわからないが，ご自由にどうぞ。私たちは長いこと，１本も切り倒していないんだ」とジミーの父，ウィリアムは言った。家の裏には何千本もの美しいカシの古木があった。❼ウォータータウンの村人たちはとても親切だったが，とても貧しかった。ゴードンは「良いカシの木に囲まれた村が貧しいはずはないのに，実際は貧しい。どうしてこの人たちは炭をつくらないのだろう。この辺には良いカシの木がたくさんあるのに」と思った。❽ゴードンは「どうして炭をつくって臨時収入を得ないのですか？」と尋ねた。ウィリアムは笑って言った。「炭をつくるのはとても難しくて，お金がかかる。大きなレンガの窯が必要だ。木を切り倒すのは簡単だが，その木をウッドベリーのジョーンズ家に持っていくのは大変だ。大勢の人に手伝いの馬を連れてくるよう頼まなければならないが，それは高くつきすぎる。そういうわけで，ジョーンズ家はあまり頻繁に炭をつくらないんだ。もし彼らが私たちに炭づくりのための木の伐採を頼まないなら，それは私たちにとって良い商売になるわけがない」❾ゴードンは「僕は皆さんのためにそれを良い商売にできます！　この村に炭焼き窯をつくるのを手伝ってください。僕たちは自分たちの炭をつくれるんです！」と言った。ウィリアムは，「炭焼き窯をつくるにはたくさんのレンガが必要だということを知らないのかい？　誰がその高価で重いレンガを買ってウォータータウンに持ってくることができる？　私はやらない！　それは不可能だ！」と言った。❿ゴードンはにっこりした。「実は，僕の故郷ブラックスビルでは，泥と石の窯を使って炭をつくっているんです」「ありえない！　炭をつくるにはレンガの窯が必要であることは誰でも知っている！」とウィリアムは言った。ウィリアムとジミーはゴードンの考えを笑った。⓫しかしゴードンは諦めなかった。「本当なんです！」と彼は言った。「ブラックスビルでは炭をつくるために泥と石でできたシンプルな窯を使っています。僕はその方法を教えることができます。そうすれば，この辺の大きなカシの木を使ってたくさんの炭をつくることができます。その炭をウッドベリーで売ることができるんです！」　ウィリアムとジミーは笑うだけだった。⓬しかし翌日，ジミーはゴードンを訪ねた。ジミーの後ろにはウィリアムとウォータータウンの他の多くの人たちがいた。「私たちは炭づくりに興味があるんだ。やり方を教えてもらえるかい？　私たちも手伝うから！」と彼らは言った。ゴードンは同意した。彼はウォータータウンの親切な人々を助けられてうれしかった。⓭２か月間，彼らはこの事業に全力を注いだ。まず，ゴードンは人々に，地面に大きな穴を掘るようにと言った。それから，大量の泥とソフトボールほどの大きさの石を何百も集めるように頼んだ。その後，人々はその石を使って穴の中の壁を覆った。彼らは，石をくっつけるためにその間に泥を入れるのを忘れなかった。「いいね。この壁は絶対に崩れないだろう」と人々の１人が言った。⓮次に，ウォータータウンの人々は大きなカシの木を切り倒した。それから，彼らはそれを非常に小さな断片に切った。ゴードンは新しい窯にカシの木の断片を慎重に詰めた。それから人々は窯の上に泥の屋根をつくった。最後に，ゴードンは窯の中に火をつけた。彼らは６日間，窯を注意深く監視した。７日目，ゴードンは炭ができたとみんなに言った。彼らは慎重に窯を開けた。中には何百キロもの炭が入っていた。「やったぞ！」　みんなが叫んだ。⓯ウィリアムは炭を１つ拾い上げた。彼は驚いて，「おおっ，こんなに軽いとは思わなかった。軽いからウッドベリーまで簡単に運べる。④私たちは自分の炭を自分たちで売ることができる！　たくさん手伝ってもらう必要はないんだ！」と言った。⓰その日以来，ウォータータウンの人々は炭をウッドベリーに持ち込んで販売した。炭づくりでウォータータウンは有名になった。ゴードンは裕福ではなかったが，とても幸せだった。

⑴＜**要旨把握**＞ブラックスビルとゴードン一家については第１段落で述べられている。４．「炭づくりはゴードンの家族が臨時収入を得るのに役立った」は第３文の内容に一致する。

⑵＜**文脈把握**＞第２段落第１～３文参照。ゴードンが村を出なくてはならなかったのは，それが村のルールの１つだったからである。よって，適切なのは３．「村のルールに従わなければならなかった」。‘one of＋複数名詞’「～の１つ」

⑶＜**要旨把握**＞ジョーンズ家の事情については第４段落で述べられている。ジョンはゴードンに，あまりお金を稼げないから炭を頻繁にはつくっていないことを説明している。この内容に一致するの

は3.「彼らは炭をつくって売ることによって多くのお金を稼いでいるわけではなかった」。

(4)＜要旨把握＞第4段落参照。ジョン・ジョーンズは，スミス山のカシの木を山から下ろして運ぶには費用がかかりすぎると言っている(後ろから2文目)。この内容に一致するのは2.「ジョーンズ家はスミス山のカシの木を買いたがらない」。

(5)＜文脈把握＞下線部①の直後の because 以下に理由が述べられている。「自分たちの村を訪れる人があまりいなかった」ということは1.「ウォータータウンへの訪問者は珍しかった」ということ。主語が not many people と否定形であることに注意。

(6)＜語句解釈＞下線部②の「その事業」とは，この前で話題になっている，泥と石で自分たちの窯をつくること。直後の文以降で，その具体的な作業が述べられている。この内容に一致するのは4.「ウォータータウンの人々は自分たちの炭焼き窯をつくっていた」。

(7)＜文脈把握＞人々が穴の壁を石で覆った理由は，続く3文より，壁を丈夫にするためだとわかる。よって，適切なのは2.「彼らは窯を強くするために石を使った」。 'make＋目的語＋形容詞'「～を…(の状態)にする」

(8)＜適文選択＞直後の「たくさん手伝ってもらう必要はない」につながるものを選ぶ。

(9)＜要旨把握＞4.「ジミーはウッドベリーの路上で初めてゴードンに会った」(第5段落第1文)／→1.「ゴードンはウィリアムに，自分と一緒に炭をつくるように頼んだが，ウィリアムはその考えを好まなかった」(第9，10段落)／→2.「ゴードンとウォータータウンの人々によって，最初の炭がつくられた」(第14段落後半)／→3.「ウォータータウンの人々はウッドベリーで自分たちの炭の販売を始めた」(最終段落第1文)

(10)＜内容真偽＞1.「ジミーはゴードンより10歳年上だった」…×　第5段落第1文参照。同い年くらいである。　2.「ゴードンはウィリアムが炭をつくるのを手伝いたいと言った」…○　第9～11段落参照。炭づくりに積極的でないウィリアムを説得しようとしている。　3.「ゴードンとジミーは他の10人と一緒にレンガの炭焼き窯をつくった」…×　ゴードンたちがつくったのは泥と石の窯。また，窯をつくった人数についての記述はない。　4.「ウィリアムはゴードンに家の裏のカシの木を見せてとても興奮した」…×　第6段落第4文参照。ウィリアムはカシの木に興味がない。

2〔長文読解総合―説明文〕

≪全訳≫❶1980年代，私は中米のベリーズという小さな国に住んで働いていた。当時，ベリーズの人口は約25万人と非常に少なかった。ほとんどの人は東海岸沿いのいくつかの小さな都市に住んでいた。この小さな国の西半分にはほとんど誰も住んでいなかった。これは，西半分はジャングルに覆われた山々でいっぱいで，道路がなく，危険な動物や奇妙な昆虫がたくさんいたからだった。❷私の最初の仕事の1つは，このジャングルに道路をつくるのを手伝うことだった。しかし，そこに道路をつくったのは私たちが初めてではなかったことがわかって，私は驚いた。事実，ジャングル中にすでに数千キロメートルの「道路」がつくられていたのだ。しかし，これらは私たちが実際に日本で見るような道路ではなかった。これらの道路，あるいは小道は幅わずか30cmほどだったが，非常に長かった。誰が，あるいは何が，ジャングル中にこれらの非常に小さな道路をつくったのだろうか。❸私がこの道に初めて気づいたのは，大きな木の隣に座ったときだった。その木から森へと続く非常に小さく狭い小道があった。深いジャングルの中で，その小道はとてもきれいで見やすかった。この道は非常に小柄な人によってつくられたのだろうか。私は小道の上に足跡を探した。何もなかった。これらの道は非常に小さな動物によってつくられたのだろうか。私は動物の足跡を探した。何もなかった。誰が，あるいは何がこの小さな道をつくったのだろうか。❹私は現地の作業員の1人にきいてみた。彼は笑いながら，これらの道路は実は「自然界で最も偉大な道路建設者」によってつくられたのだと言った。それから，彼は私をこれらの小さな道の1つに沿ってジャングルの中に連れ出した。10分ほどたって，彼は私に隣の木を見るように言った。最初は何も見えなかった。それから私は，細長い緑色のヘビのようなものが木をまっすぐ登っていることに気づいた。それは何だったのか。近づいてみると，簡単にわかった。アリの大群が木を登り下りしていたのだった。木を下りてくるアリは，小さなあごで小さな葉っぱを運んでいた。葉は長さ3cm，幅4cmほどだった。これらのアリはハキリアリと呼ばれているのだと，友人は私に教えてくれた。❺私たちは葉を運んでいるアリを追った。木の隣が，私がジャングルの中をたどってきた小さな道の1つの始まりだった。この道に沿ってアリの大群は移動していた。道の左側には小さな緑の葉を運ぶアリたちがいた。右側には木に向かって移動する無数のアリがいた。それはまさに日本の非常に混んだ道路のようだった。私たちは小さな葉っぱを運ぶアリを非常に注意深く追跡した。15分ほどたつと，アリの道は地面の穴に通じていた。穴の入り口は一団の大きなアリによって守られていた。彼らはアリの警察官のようだった。❻この小さな穴は，数メートルにわたる巨大なアリの地下都市への入り口だった。おそらく2000万匹以上のアリが暮らしていた。私の友人は，女王アリは1匹しかいないが，無数の働きアリがいると言った。この小さな地下空間には，ベリーズという国にいる人の数よりも多くのアリがいたのだ。実際，そこには東京の人口よりもはるかに多くのアリがいた。❼アリは葉っぱをどうするのだろう。実は彼らはそれを食べない。そうではなく，アリは小さな葉っぱを地下の菜園に運ぶのだ。葉は大きな部屋に置かれ，暗所に放置される。葉にはすぐにアリの食物の一種であるキノコが生える。2000万匹以上のアリの食物をつくるのに十分なキノコを育てるために，アリはたくさんの葉を必要とする。実際，ハキリアリはたった24時間で大木の葉を取り払ってしまうことができる。❽ハキリアリは葉を運びやすくするために小さな道をつくる。実際，ハキリアリは自分の体重の約50倍の重さを，あごだけを使って非常に長い距離を運ぶことができる。これは，あなたが小型車を持ち上げて頭に載せたまま数キロメートル走るようなものだ。驚きである。❾中南米のジャングルを訪れる機会があれば，自然界で最も偉大な道路建設者を探してみてほしい。きっとおもしろいと思うことだろう。

⑾＜英問英答＞「1980年代に，ベリーズの西半分に住もうとする人がほとんどいなかったのはなぜか」—2.「西半分は山が多すぎた」　第1段落後半参照。

⑿＜適語選択＞small「小さな」と並んで trail「小道」を修飾する語として適切なのは「狭い」の意味の形容詞 narrow。3文前に only about 30 cm wide「幅わずか30cm ほど」とある。

⒀＜要旨把握＞第5段落第1文および第4，5文より，「私たち」があとを追っている葉を運んでいるアリは，左側を通行していることがわかる。また，第7段落第3～5文の内容は，ハキリアリが食料であるキノコを栽培する方法を説明したものである。

⒁＜適語選択＞空所の前の3文に，アリの大群が左右に分かれて進む道路の様子が描写されている。そのような道路を表す語として適切なものを選ぶ。　crowded「(場所などが)混んだ」

⒂＜適語(句)選択＞前後が「彼らはそれを食べるのではなく，地下の菜園に運ぶ」という文脈になっていることを読み取る。instead は「その代わりに，そうではなく」という意味。

⒃＜英問英答＞「ハキリアリはどのようにして葉っぱを自分たちの地下都市に持ち帰るか」—3.「あごを使って葉を運ぶ」　第4段落終わりから3文目および第8段落第2文参照。

⒄＜英問英答＞「ハキリアリの都市の生息個体数と東京の人口はどのように比較されるか」—2.「ハキリアリの個体数の方がはるかに大きい」　第6段落最終文参照。'many more＋名詞の複数形' で「ずっと多くの～」。また，much は形容詞〔副詞〕の比較級を修飾して「はるかに，ずっと」と

いう意味を表せる。

⒅＜内容真偽＞1．「筆者は，アリがジャングル中に小さな道路をつくったことを知って驚いた」…○　本文からは，現地で見つけた細く長い小道がハキリアリによるものであったことを知った筆者が驚いている様子が読み取れる。　2．「1980年代，ベリーズの西半分には非常に近代的な道路網があった」…×　第1段落最終文参照。道路はなく，ジャングルに覆われていた。　3．「ハキリアリは生きるために毎日3cm×4cmの葉を食べる必要がある」…×　第7段落第2文参照。ハキリアリは葉を食べない。　4．「典型的なハキリアリの都市は200億の個体数を擁する」…×　第6段落第2文参照。2000万である。　billion「10億」　5．「葉のキノコはアリを死なせることもあるとても危険な病気である」…×　第7段落第5文参照。葉から生えるキノコはアリの食べ物になる。　6．「ハキリアリの都市は通常，多くの女王と少しの働きアリがいる」…×　第6段落第3文参照。女王は1匹だけで無数の働きアリがいる。　7．「アリの地下都市は通常，数メートルにわたる」…○　第6段落第1文に一致する。

3〔長文読解総合─会話文〕

≪全訳≫❶ジョーンズ先生(J)：「有袋類」が何なのか，誰か知っているかな？❷ビリー(B)：①僕は知っています！❸J：オーケー，ビリー，有袋類とは何か私たちに教えてくれ。❹B：有袋類は火星からやってきた宇宙人です！　漫画で彼らの写真を見ました。❺アン(A)：本気で言ってるの？　それが本当だとは思わないわ。❻ヒトミ(Ht)：もちろん，本当よ！　どうしてビリーの言うことを何でも疑うの？❼A：彼はよく間違うから。彼がバナナは野菜だと言ったのを覚えてる？❽Ht：それを言ったのはビリーじゃない，私が言ったのよ。バナナは野菜よ。先生が私にそう言ったわ。それはニンジンのように土の中で育つものだと先生は言ったの。あなたは先生がうそつきだと言うの？❾J：わかった，わかった！　落ち着いて，ヒトミ！　実際は，バナナは木になるんだ。それは野菜ではない。果物だ。そしてビリー，有袋類は火星から来た宇宙人ではない。それは，まさにこの地球上で見つかる非常に興味深い動物だ。❿B：うそつき！⓫Ht：うそつき！⓬A：普通はオーストラリアで見られるんじゃないですか？⓭J：うん，多くの有袋類はオーストラリアとニューギニアで見られるが，南米でも多くの有袋類が見られるんだ。⓮サリー(S)：ジョーンズ先生，北米で見られるものはありますか？⓯J：うん，オポッサムは北米でよく見られる有袋類だ。ミシシッピ州に住んでいた子どもの頃，たくさん見たよ。彼らは夜に非常に活動的で，道路を横断しようとして車にひかれることがよくあるんだ。⓰ヒロシ(Hr)：コアラは有袋類ですか？⓱J：うん，そうだよ。⓲S：ウサギはどうですか？⓳J：いや，ウサギは有袋類ではない。ウサギはまた別種の有袋類であるカンガルーと同類だと考える人がたくさんいるが，それは正しくない。⓴A：わかりません。有袋類とはいったい何なのですか？㉑J：有袋類は，母親の体内で発育しない赤ちゃんを持つ動物だ。代わりに，非常に小さい赤ちゃんのときには，母親の袋，つまり母親の下半身にある小さな皮膚の袋の中で暮らすんだ。非常に小さな赤ちゃんは，発育が完了するまで袋の中で食べて成長し続ける。その後，袋から出ることができるんだ。しかし，多くの有袋類は母親の袋の中で非常に長い間暮らし続ける。㉒Hr：有袋類の他の例をいくつか教えてくれますか？㉓J：いいけれど，それだと簡単すぎるな。有袋類当てゲームをしよう。いいかい？㉔クラス：はい，ジョーンズ先生！　私たちはゲームが大好きです！㉕B：僕はゲームが好きじゃないよ！㉖Ht：私も！　ゲームは小さい子どものためのものだわ！㉗J：よし，これが最初の有袋類だ。この小さな動物はオーストラリアに生息している。それは木々の中にすんでいる。葉っぱを食べる。1日に何時間も眠る。目が非常に小さく，耳にはたくさん毛が生えていて，体の毛は茶色か灰色で，鼻が黒くて，それぞれの手に3本の指と2本の親指がついている。それは何かな？㉘B：サルだ！　それはサルです！㉙

Ht：いいえ！　ゴリラよ！　ゴリラ！30 A：違う！　それらは有袋類じゃないもの！31 J：君たち２人はゲームが好きではないと思っていたけど？32 B：僕たちはゲームをするのは好きだけど，勝つことがない！　それは不公平です！33 Ht：ええ，ゲームが難しすぎます！　誰も答えを推測できません！それは不公平です！　不公平！34 S：答えはコアラです！35 J：そうだ！　正解！36 Hr：サリーに１ポイント。37 J：次はこれだ。これもオーストラリアに生息している。この動物はとても目がいい。耳を簡単にぐるっと動かせるので，とても耳がいい。長くて力強い尾を持っている。丘や森にすんでいる。葉っぱを食べる。涼しい夜に活動する。非常に大きくて強い脚を持っているが，腕は小さい。ある場所から別の場所へジャンプする。それは何かな？38 B：ウシだ！　ウシです！39 Ht：いいえ！　アヒルよ！　アヒル！40 A：また間違ってる！　それらは有袋類じゃないわ！41 Hr：カンガルーですよね？42 J：そう！　正解！　カンガルーだよ！43 S：ヒロシに１ポイント。44 Ht：さあ，ビリー！　彼らを勝たせるわけにはいかないわ！　もっとがんばって！45 B：頭が痛いよ！　このゲームは難しすぎる！　挑戦することでポイントをくれるべきだ！46 J：いいや，正しい答えを言った場合にのみポイントがゲットできる。47 Ht：不公平です！　不公平！　挑戦したらポイントをくれるべきです！48 S：次！49 J：さて，次は難しい問題だよ！　それは木の中にすんでいる。小さい。体長は20センチほどだ。尻尾は体とほぼ同じ大きさだ。体重は90～130グラム。腕と脚の間には飛膜がある。木から木へと滑空するのに役立つ一種の翼としてこの皮膚を使うことができる。甘いものが好きだが，昆虫も食べる。それは何かな？50 B：ワニだ！51 Ht：いいえ！　ネコよ！　ネコ！52 A：いいえ，それはフクロモモンガです！53 J：はい，正解！　⑤君はどうやってそれを知ったのかな？54 A：私は本を読むのと自然について勉強することが好きなんです。55 Ht：不公平よ！　不公平！　彼女は本を読む！　彼女は勉強する！　それはずるいわ！56 J：いいや，それは「賢い」というんだ。もし君とビリーが一日中スマートフォンで遊んでいないで，本を読んだり実際に何か勉強したりしたら，アンと同じくらい賢いかもしれないよ！57 B：先生の質問は難しすぎます！　今，頭が痛いです！58 Ht：頭のいい人は大嫌い！　不公平よ！　不公平！

(19)**<適文選択>**Does anyone know …? に対する答え。この後，ジョーンズ先生がそれについて教えてほしいと言っているので，ビリーは「知っている」と答えたのである。

(20)**<適語選択>**この前でアンはビリーの言ったことに疑問を投げかけている。everything の後に目的格の関係代名詞が省略されている。ここでの question は「～を疑う」という意味の動詞。

(21)**<英問英答>**「誰がバナナは野菜だと言ったか」―４．「ヒトミ」　第７，８段落参照。

(22)**<適語句選択>**直前のヒトミの発言を受けて，ジョーンズ先生は，バナナは木の上で育つという事実を伝えている。in fact は「実際は」という意味を表す。

(23)**<適語選択>**空所④を含む文の主語 they は，前の文の主語 marsupials を指す。この後に続く内容から，marsupials は「動物」であることがわかる。

(24)**<要旨把握>**第19段落参照。ジョーンズ先生が「ウサギは有袋類ではない」と答えている。

(25)**<適文選択>**難しいクイズに正解したアンに対するジョーンズ先生の言葉。この後に続くアンの発言から，フクロモモンガを知った方法を尋ねる文が入る。

(26)**<適語選択>**I like to の後に続く２つの‘動詞の原形＋語句’が and で結ばれた形。１つ目を「本を読む」，２つ目を「自然について勉強する」とする。

(27)**<内容真偽>**１…○　フクロモモンガについて述べた第49段落第５文の内容に一致する。　２…○　１と同じくフクロモモンガについて述べた第49段落後ろから２文目の内容に一致する。　３…○　コアラについて述べた第27段落後ろから２文目の内容に一致する。　４…○　第13段落の内容に一致する。　5…×　第15段落参照。ジョーンズ先生は北米で見られる有袋類としてオポッサムを挙げている。　6…○　カンガルーについて述べた第37段落第2，3文の内容に一致する。　7…×　第37段落参照。「ある場所から別の場所へジャンプ」するとはあるが，空中移動するという記述はない。

4〔英問英答―広告を見て答える問題〕

≪全訳≫メドーランドマンション／新規入居者募集中！／2週間前に建ったばかりの新しいマンション，メドーランドマンションで新しい生活を始めましょう。シンプルなワンルームマンションは学生や社会人に最適です。若くて，街の中心部に近いエキサイティングな場所に住みたいと考えている方は，ぜひ当社のウェブサイトをご覧ください。お急ぎください！　こちらの安くて便利なマンションは大変人気です！／立地：／★メドーランド駅から徒歩10分！／★スーパーや病院，たくさんのすてきな飲食店も徒歩5分圏内！／★メドーランドスタジアムまで徒歩3分。／★メドーランド大学が通りの向かい側！　学生にとっては最高です！／利点：／★車は必要ありません！／★他のマンションに比べて家賃が安いです。／★部屋から市街のすばらしい景色を眺めることができます。／★マンションの近くのお店で必要な物は全てすぐに購入できます。／★メドーランドスタジアムでは，楽しいコンサートやスポーツイベントがたくさんあります。／連絡先：／★Meadowland.apartments.com／オンラインでのみ当方にご連絡いただけます。申し訳ございませんが，お客様がおいでになれるオフィスはありません。

＜解説＞(28)「メドーランドマンションの良い点は何か」―1．「商店や飲食店に簡単に歩いていける」LOCATION「立地」の2つ目の★参照。　(29)「メドーランドマンションを好むのはどの人々か」―2．「運転するのが好きではない人々」　GOOD POINTS「利点」の1つ目の★参照。　(30)「メドーランドマンションに住みたがらないのはどんなタイプの人か」―1．「部屋数の多い，広くて静かな部屋を望む年配の人」　冒頭の紹介文から，若者向きのワンルームマンションだとわかる。

(31)「メドーランドマンションに興味がある場合，どうするべきか」―3．「できるだけ早くマンションのウェブサイトに行くべきだ」　CONTACT「連絡先」参照。連絡はオンラインのみ。　as ～ as possible「できるだけ～」

5〔単語の意味〕

(32)「父はコーチに『うちの息子の上達具合はどうですか』と尋ねた」　progress「進歩する」　improve「よくなる」

(33)「私は学生なので，新しい税法は私に大して影響しない」　affect「～に影響する」　influence「～に影響を及ぼす」

(34)「トモコは英語のスピーチを何度も練習した後，コンテストで優勝した」　many times「何度も」と同様の意味を表すのは repeatedly「繰り返して」。

6〔誤文訂正〕

(35)レストランは「訪問される」ものなので，過去分詞 visited が正しい。　「この場所は2023年に最も多く訪問されたレストランとして選ばれた」

(36)haven't の後に動詞の原形（ここでは speak）を続けることはできない。BはAを励ましているので，「完璧な日本語を話す必要はない」と言ったと考え，don't have to ～「～する必要はない」とする。　A：とても緊張するわ。／B：心配しないで，エイミー。完璧な日本語を話す必要はないんだ，でも，何か言わないといけないよ。

(37)「全ての中で」は of all。一般に，最上級の文で「～の中で」は本問のように‘～’が‘同類・数’を表す語のときは of を用い，‘範囲・場所’を表す語のときは in を用いる。　like ～ the best「～

が一番好きだ」　「私の家族は週末に映画を見るのが好きで，全ての映画の中でもアニメーション映画が一番好きだ」

7〔整序結合〕

(38)「イタリア製の赤いTシャツ」と「赤いTシャツを着た男の子」は，どちらも分詞で始まる語句が前の名詞を後ろから修飾する‘名詞＋分詞＋語句’の形でそれぞれ a red T-shirt made in Italy と the boy wearing a red T-shirt とまとまる。next to ～ で「～の隣に」という意味なので，the boy 以下を to の後ろに続ける。　I'm sitting next to the boy wearing a red T-shirt made in Italy.

(39)まず，「多くの人がタロウのことを秀才と呼ぶかもしれない」を‘call＋*A*＋*B*’「*A*を*B*と呼ぶ」の形で A lot of people may call Taro “smart boy” とする。この後，‘理由’に当たる部分を‘because＋主語＋動詞…’の形で続ける。　A lot of people may call Taro “smart boy” because he always gets …

(40)Please の直後に動詞の原形がくる命令文。‘send＋人＋物’「〈人〉に〈物〉を送る」の形の後ろに for ～「～のために」を続ける。unused は notebooks を修飾する形容詞として，who は the children を先行詞とする主格の関係代名詞として用いる。　Please send us unused notebooks for the children who can't go to school.「学校に行けない子どもたちのために，未使用のノートを私たちに送ってください」

(41)Yuko doesn't know「ユウコはわからない」で始め，know の目的語として what で始まる間接疑問(‘疑問詞＋主語＋動詞…’)を続ける。　Yuko doesn't know what she should do next.「ユウコは次に何をするべきかわからない」

(42)文の動詞として told を置き，‘tell＋人＋(that＋)主語＋動詞…’「〈人〉に～(ということ)を話す」の形をつくる。‘人’を me とすると，‘主語＋動詞…’の部分は助動詞 will の過去形 would を使った文としてまとまる。　My sister told me her boyfriend would come to the party.「姉〔妹〕は私に，ボーイフレンドがパーティーに来るだろうと話した」

8〔語形変化・適語(句)選択〕

(43)主語 people に対応する述語動詞が入る。people は複数なので3単元の s は不要。　「マレーシアの人々は多くの言語を話す」

(44)instead of ～「～の代わりに，～ではなく」　「もし私たちが車の代わりに自転車を使えば，環境に良いだろう」

(45)文意から受け身形(‘be動詞＋過去分詞’)の疑問文をつくる。　「この古い家は世界遺産として登録されていますか」

(46)後ろに than「～よりも」があるので，比較級の文である。　good/well－better－best　「その野球選手は，今日は昨日より良い試合をした」

(47)前置詞 during は‘特定の期間’を表す語の前について「～の間に」という意味を表す。　be prepared for ～「～の備えができている」　A：あなたたちは災害への備えができていますか？／B：はい，私たちは災害時にどうやって互いに連絡を取るかを決めました。

2024年度／土浦日本大学高等学校

数学解答

1 (1) ア…1　イ…9　(2) 2
(3) エ…3　オ…2　カ…1　キ…6
(4) ク…3　ケ…4
(5) コ…5　サ…1

2 (1) (i) ②　(ii) ①
(2) (i) ウ…1　エ…1　オ…0
(ii) カ…2　キ…5
(3) ク…1　ケ…0　コ…1　サ…2

3 (1) ア…1　イ…6　(2) 7
(3) エ…1　オ…9

4 (1) 6　(2) イ…1　ウ…2
(3) エ…4　オ…3

5 (1) ア…2　イ…5
(2) ウ…9　エ…2
(3) オ…7　カ…3

1〔独立小問集合題〕

(1)<数の計算>与式 $=\frac{1}{6}+\left(-\frac{1}{2}\right)^3\div\frac{9}{4}=\frac{1}{6}+\left(-\frac{1}{8}\right)\times\frac{4}{9}=\frac{1}{6}+\left(-\frac{1}{18}\right)=\frac{3}{18}-\frac{1}{18}=\frac{2}{18}=\frac{1}{9}$

(2)<数の計算> $\sqrt{12}=\sqrt{2^2\times3}=2\sqrt{3}$，$\frac{6}{\sqrt{3}}=\frac{6\times\sqrt{3}}{\sqrt{3}\times\sqrt{3}}=\frac{6\sqrt{3}}{3}=2\sqrt{3}$ より，与式 $=(\sqrt{3}+2)(2\sqrt{3}-2)-2\sqrt{3}=2\times3-2\sqrt{3}+4\sqrt{3}-4-2\sqrt{3}=6-4=2$ となる。

(3)<二次方程式> $3x^2-3x=1$，$3x^2-3x-1=0$　解の公式より，$x=\frac{-(-3)\pm\sqrt{(-3)^2-4\times3\times(-1)}}{2\times3}=\frac{3\pm\sqrt{21}}{6}$ である。

(4)<連立方程式> $3x+y=-5$……①，$x-2y=-11$……②とする。①×2 より，$6x+2y=-10$……①′　①′+②より，$6x+x=-10+(-11)$，$7x=-21$　$\therefore x=-3$　これを①に代入して，$3\times(-3)+y=-5$，$-9+y=-5$　$\therefore y=4$

(5)<データの活用>1年生部員7人の記録は，小さい順に，38，40，45，49，52，55，59となるから，中央値は小さい方から4番目の記録の49回である。よって，2年生部員の記録の中央値は，1年生部員の記録の中央値より1回多いので，$49+1=50$(回)となる。また，2年生部員は8人だから，記録の小さい方から4番目と5番目の平均が50回となる。2年生部員8人のうちOを除く7人の記録は，小さい順に，43，46，48，49，56，61，65となる。小さい方から4番目が49回で，中央値の50回より小さいので，8人の記録を小さい順に並べたときも，4番目は49回である。これより，5番目は56回か，Oの a 回のどちらかとなる。5番目が56回とすると，中央値は $\frac{49+56}{2}=52.5$(回)となり，50回にならないので，適さない。5番目がOの a 回とすると，$\frac{49+a}{2}=50$ が成り立ち，$49+a=100$，$a=51$ となる。これは2年生部員の記録の5番目となるので，適する。以上より，$a=51$(回)である。

2〔独立小問集合題〕

(1)<関数―グラフ>(i)一次関数 $y=ax+b$ において，$a>0$ より，傾きが正だから，グラフは，右上がりの直線である。$b<0$ より，切片が負だから，グラフは，y 軸と負の部分で交わる。このようになっているグラフは，②である。　(ii) $ab<0$ より，$a>0$，$b<0$ か，$a<0$，$b>0$ である。$a>0$，$b<0$ のときのグラフは②であり，$a<0$，$b>0$ のときのグラフは，傾きが負，切片が正だから，①である。また，$x=1$ のとき $y=a\times1+b=a+b$ となり，$a+b>0$ だから，関数 $y=ax+b$ のグラフ上の x 座標が1の点の y 座標は正である。①，②のうち，x 座標が1のときの y 座標が正となっているグラフは，①である。

(2)＜**確率―数字の玉**＞(i) 5個の玉から同時に3個の玉を取り出すとき，取り出した玉に書かれた数字の組合せは，(1，2，3)，(1，2，4)，(1，2，5)，(1，3，4)，(1，3，5)，(1，4，5)，(2，3，4)，(2，3，5)，(2，4，5)，(3，4，5)の10通りある。このうち，3個の玉に書かれた数が全て奇数であるのは(1，3，5)の1通りだから，求める確率は$\frac{1}{10}$である。　(ii)(i)の10通りの取り出し方それぞれにおいて，取り出した3個の玉に書かれた数の和と，袋に残った2個の玉に書かれた数の積をまとめると，右表のようになる。このうち，取り出した3個の玉に書かれた数の和が，袋に残った2個の玉に書かれた数の積より小さくなるのは，○をつけた4通りある。よって，求める確率は$\frac{4}{10}=\frac{2}{5}$である。

取り出した3個の玉に書かれた数の和	袋に残った2個の玉に書かれた数の積	
$1+2+3=6$	$4\times5=20$	○
$1+2+4=7$	$3\times5=15$	○
$1+2+5=8$	$3\times4=12$	○
$1+3+4=8$	$2\times5=10$	○
$1+3+5=9$	$2\times4=8$	
$1+4+5=10$	$2\times3=6$	
$2+3+4=9$	$1\times5=5$	
$2+3+5=10$	$1\times4=4$	
$2+4+5=11$	$1\times3=3$	
$3+4+5=12$	$1\times2=2$	

(3)＜**平面図形―長さ，長さの比**＞右図で，∠EAB＝∠DACであり，$\overset{\frown}{BC}$に対する円周角より，∠AEB＝∠ADCである。よって，2組の角がそれぞれ等しいから，△AEB∽△ADCとなり，AE：AD＝AB：ACである。AD＝AB＋BD＝3＋5＝8だから，AE：8＝3：2が成り立ち，AE×2＝8×3，AE＝12となる。これより，CE＝AE－AC＝12－2＝10である。次に，点Cを通り線分EBに平行な直線と線分ABの交点をGとすると，CG∥EBより，CF：FD＝GB：BDとなる。また，

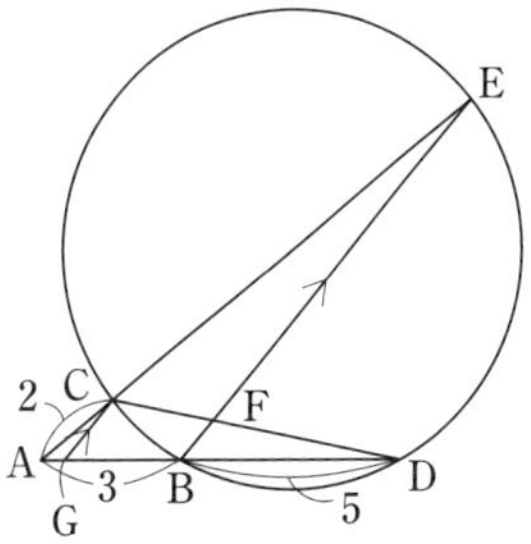

AB：GB＝AE：CE＝12：10＝6：5となるから，GB＝$\frac{5}{6}$AB＝$\frac{5}{6}\times3=\frac{5}{2}$である。したがって，GB：BD＝$\frac{5}{2}$：5＝1：2となるから，CF：FD＝1：2である。

3 〔数と式―連立方程式の応用〕

≪**基本方針の決定**≫(1)　男子，女子の人数を文字でおき，連立方程式を立てる。　(2)　問題①，②の配点を文字でおき，連立方程式を立てる。　(3)　10点満点の生徒は，問題①，②の両方を正解した生徒である。

(1)＜**人数**＞クラスの男子の人数をx人，女子の人数をy人とすると，生徒は40人だから，$x+y=40$……㋐が成り立つ。また，男子の平均点が6.5点より，男子の合計点は$6.5x$点，女子の平均点が8点より，女子の合計点は$8y$点となる。クラス全体の平均点が7.4点より，クラス全体の合計点は$7.4\times40=296$(点)だから，クラス全体の合計点について，$6.5x+8y=296$が成り立ち，$13x+16y=592$……㋑となる。㋐×16－㋑でyを消去すると，$16x-13x=640-592$，$3x=48$，$x=16$となるので，男子の人数は16人である。

(2)＜**配点**＞問題①の配点をs点，問題②の配点をt点とすると，10点満点の小テストなので，$s+t=10$……㋒が成り立つ。また，問題①の正解率が80％より，問題①を正解した生徒は$40\times\frac{80}{100}=32$(人)，問題②の正解率が60％より，問題②を正解した生徒は$40\times\frac{60}{100}=24$(人)である。(1)より，クラス全体の合計点は296点だから，$s\times32+t\times24=296$が成り立ち，$4s+3t=37$……㋓となる。㋒

×3−㋓で t を消去すると，$3s-4s=30-37$，$-s=-7$，$s=7$ となるので，問題①の配点は7点である。

(3)＜人数＞10点満点の生徒は，問題①，②の両方を正解した生徒である。(2)より，問題①を正解した生徒は32人，問題②を正解した人数は24人だから，問題②を正解しなかった生徒は $40-24=16$(人)である。この16人の中には，問題①，②の両方とも正解しなかった生徒と，問題①は正解したが問題②は正解しなかった生徒が含まれる。よって，0点の生徒が3人より，問題②を正解しなかった生徒16人のうち，問題①も正解しなかった生徒は3人だから，問題①は正解したが問題②は正解しなかった生徒は $16-3=13$(人)である。したがって，問題①を正解した生徒32人のうち，問題②を正解しなかった生徒は13人だから，問題①，②の両方を正解した生徒は $32-13=19$(人)となる。つまり，10点満点の生徒の人数は19人である。

4〔関数―関数 $y=ax^2$ と一次関数のグラフ〕

≪基本方針の決定≫(1)　2点B，Cは y 軸について対称な点である。

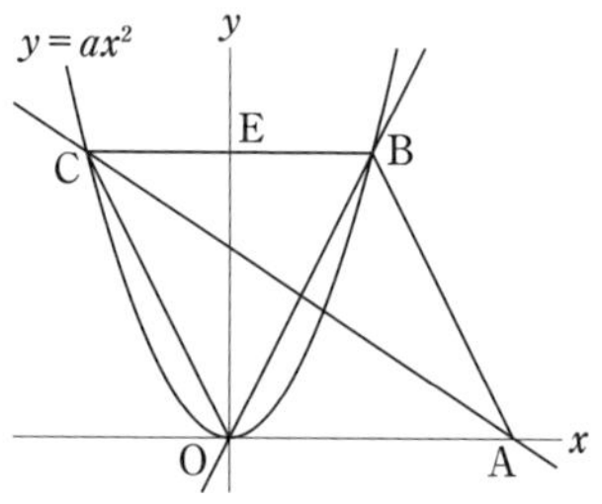

(1)＜切片＞右図で，四角形OABCが平行四辺形より，CB∥OAだから，CBは x 軸に平行である。2点B，Cは放物線 $y=ax^2$ 上にあるので，y 軸について対称な点となる。よって，B(6，9)のとき，C(−6，9)となる。また，$\mathrm{OA}=\mathrm{BC}=6-(-6)=12$ となるから，A(12，0)である。これより，直線CAの傾きは $\dfrac{0-9}{12-(-6)}=-\dfrac{1}{2}$ となるので，その式は $y=-\dfrac{1}{2}x+b$ とおける。点Aを通ることより，$0=-\dfrac{1}{2}\times12+b$，$b=6$ となり，直線CAの切片は6である。

(2)＜比例定数＞右上図で，四角形OABCは平行四辺形だから，$\mathrm{OA}=\mathrm{OC}=4\sqrt{3}$ のとき，$\mathrm{BC}=\mathrm{OA}=4\sqrt{3}$ である。2点B，Cは y 軸について対称だから，$\mathrm{OB}=\mathrm{OC}=4\sqrt{3}$ となる。よって，$\mathrm{OB}=\mathrm{BC}=\mathrm{OC}=4\sqrt{3}$ となるから，△OBCは正三角形である。BCと y 軸の交点をEとすると，OE⊥BCとなるので，△OBEは3辺の比が $1:2:\sqrt{3}$ の直角三角形となる。これより，$\mathrm{BE}=\dfrac{1}{2}\mathrm{OB}=\dfrac{1}{2}\times4\sqrt{3}=2\sqrt{3}$，$\mathrm{OE}=\sqrt{3}\mathrm{BE}=\sqrt{3}\times2\sqrt{3}=6$ となるので，B$(2\sqrt{3}，6)$である。点Bは放物線 $y=ax^2$ 上にあるので，$6=a\times(2\sqrt{3})^2$ が成り立ち，$a=\dfrac{1}{2}$ となる。

(3)＜傾き＞右上図で，直線OBの傾きが4のとき，直線OBの式は $y=4x$ である。点Bの x 座標を t とすると，$y=4t$ となり，B$(t，4t)$となる。これより，C$(-t，4t)$と表せる。また，$\mathrm{OA}=\mathrm{BC}=t-(-t)=2t$ となるから，A$(2t，0)$と表せる。よって，直線CAの傾きは，$\dfrac{0-4t}{2t-(-t)}=\dfrac{-4t}{3t}=-\dfrac{4}{3}$ である。

5〔空間図形―立方体〕

≪基本方針の決定≫(2)　四角形MNHFは，MN∥FH，MF＝NHの台形である。　(3)　辺GC，線分FM，HNを延長してできる三角錐を考える。

(1)＜長さ＞次ページの図で，2点M，Nはそれぞれ辺BC，辺CDの中点だから，$\mathrm{MC}=\dfrac{1}{2}\mathrm{BC}=\dfrac{1}{2}\times2=1$，$\mathrm{CN}=\dfrac{1}{2}\mathrm{CD}=\dfrac{1}{2}\times2=1$ である。これより，$\mathrm{MC}=\mathrm{CN}=1$ であり，$\angle\mathrm{MCN}=90°$ だから，△MCNは直角二等辺三角形である。よって，$\mathrm{MN}=\sqrt{2}\mathrm{MC}=\sqrt{2}\times1=\sqrt{2}$ となる。また，$\mathrm{BM}=\mathrm{MC}=1$，$\angle\mathrm{FBM}=90°$ だから，△BFMで三平方の定理より，$\mathrm{MF}=\sqrt{\mathrm{BM}^2+\mathrm{BF}^2}=\sqrt{1^2+2^2}=\sqrt{5}$ と

なる。

(2)＜**面積**＞右図で，面 ABCD と面 EFGH は平行なので，4点M，N，H，Fを通る平面で立方体 ABCD-EFGH を切り分けたとき，MN∥FH となり，四角形 MNHF は台形となる。また，(1)の MF と同様，$NH=\sqrt{5}$ となるから，MF＝NH である。点M，点Nから FH に垂線 MI，NJ を引くと，四角形 MNJI は長方形となり，$IJ=MN=\sqrt{2}$ である。また，∠MIF＝∠NJH＝90°，MF＝NH，MI＝NJ より，△MFI≡△NHJ だから，FI＝HJ である。△FGH は直角二等辺三角形だから，$FH=\sqrt{2}FG=\sqrt{2}\times2=2\sqrt{2}$ であり，$FI=HJ=(FH-IJ)\div2=(2\sqrt{2}-\sqrt{2})\div2=\frac{\sqrt{2}}{2}$ となる。よって，△MFI で三平方の定理より，$MI=\sqrt{MF^2-FI^2}=\sqrt{(\sqrt{5})^2-\left(\frac{\sqrt{2}}{2}\right)^2}=\sqrt{\frac{18}{4}}=\frac{3\sqrt{2}}{2}$ となるので，四角形 MNHF の面積は，$\frac{1}{2}\times(MN+FH)\times MI=\frac{1}{2}\times(\sqrt{2}+2\sqrt{2})\times\frac{3\sqrt{2}}{2}=\frac{9}{2}$ である。

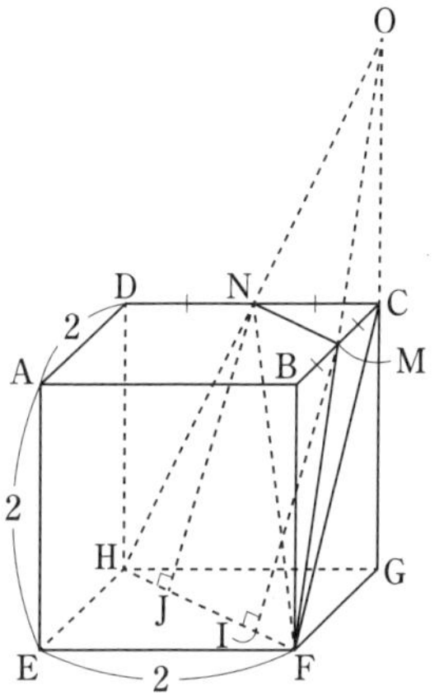

(3)＜**体積**＞右上図で，4点M，N，H，Fを通る平面で切り分けた立体のうち，点Cを含む側の立体は，立体 MCN-FGH である。辺 GC，線分 FM，HN を延長し，その交点をOとすると，立体 MCN-FGH は，三角錐 O-FGH から三角錐 O-MCN を除いた立体と見ることができる。CM＝BM，∠OCM＝∠FBM＝90°，∠OMC＝∠FMB より，△COM≡△BFM だから，OC＝FB＝2 となり，OG＝OC＋CG＝2＋2＝4 である。よって，〔三角錐 O-FGH〕$=\frac{1}{3}\times$△FGH×OG$=\frac{1}{3}\times\frac{1}{2}\times2\times2\times4=\frac{8}{3}$，〔三角錐 O-MCN〕$=\frac{1}{3}\times$△MCN×OC$=\frac{1}{3}\times\frac{1}{2}\times1\times1\times2=\frac{1}{3}$ となり，求める立体の体積は，〔立体 MCN-FGH〕＝〔三角錐 O-FGH〕－〔三角錐 O-MCN〕$=\frac{8}{3}-\frac{1}{3}=\frac{7}{3}$ となる。

≪別解≫右上図で，点Cと点F，点Fと点Nを結ぶと，立体 MCN-FGH は，四角錐 F-CNHG と三角錐 F-MCN を合わせた立体と見ることができる。〔四角錐 F-CNHG〕$=\frac{1}{3}\times$〔台形 CNHG〕×FG$=\frac{1}{3}\times\frac{1}{2}\times(1+2)\times2\times2=2$，〔三角錐 F-MCN〕$=\frac{1}{3}\times$△MCN×FB$=\frac{1}{3}\times\frac{1}{2}\times1\times1\times2=\frac{1}{3}$ だから，〔立体 MCN-FGH〕＝〔四角錐 F-CNHG〕＋〔三角錐 F-MCN〕$=2+\frac{1}{3}=\frac{7}{3}$ となる。

＝読者へのメッセージ＝

5では，立方体を平面で切りました。立方体を平面で切ったとき，切り口として，三角形，四角形，五角形，六角形が考えられますが，七角形以上になることはありません。その理由を説明できますか。立方体の面の数が関係しています。立方体の面の数は6個ですね。

社会解答

1 (1) ①　(2) ④　(3) ①　(4) ③
(5) ③　(6) ②　(7) ②　(8) ①
(9) ①　(10) ②

2 (1) ①，④　(2) ③　(3) ①，②
(4) ③　(5) ④　(6) ①　(7) ②
(8) ③　(9) ②　(10) ③

3 (1) ③　(2) ③　(3) ③　(4) ①
(5) ③　(6) ②　(7) ①　(8) ①
(9) ④　(10) ①

4 (1) ③　(2) ④　(3) ⑤　(4) ④
(5) ①　(6) ③

5 (1) ⑤　(2) ②　(3) ③　(4) ②

6 (1) ④　(2) ②　(3) ③　(4) ②
(5) ③　(6) ①　(7) ④　(8) ③
(9) ③　(10) ③

1〔三分野総合─小問集合問題〕

(1)＜**大西洋憲章**＞第二次世界大戦中の1941年８月，アメリカのローズベルト大統領とイギリスのチャーチル首相は，ナチス・ドイツに対決する決意や戦後の平和構想を示した大西洋憲章を発表した。なお，ポツダム宣言(1945年７月)は連合国が日本の無条件降伏を求めた宣言，大東亜共栄圏は日本が中国や東南アジアへの侵略を正当化するために唱えた構想，日中共同声明(1972年)は日本と中華人民共和国〔中国〕の国交正常化の際に発表された声明である。

(2)＜**ムッソリーニ**＞第一次世界大戦後にファシズムの動きが生まれたイタリアでは，ファシスト党を率いたムッソリーニが1922年に首相となり，独裁政治を行った。なお，ヒトラーはドイツでナチスを率いてファシズム政権を樹立した人物，ケネディはキューバ危機(1962年)が起こったときのアメリカ大統領，スターリンは第一次世界大戦後にソ連で独裁政治を行った人物である。

(3)＜**辛亥革命**＞中国では，三民主義をかかげた孫文の指導の下，1911年に清を倒す革命運動が広がり，翌1912年に孫文を臨時大総統とする中華民国が南京で建国された。これを辛亥革命という。なお，五・四運動(1919年)は中国で起こった反日・反帝国主義運動，三・一独立運動(1919年)は朝鮮で起こった日本の植民地支配からの独立を求める運動，義和団事件(1900年)は中国の華北で外国勢力を排除しようとした義和団が蜂起し，列強に鎮圧された出来事である。

(4)＜**日本国憲法の基本原理**＞日本国憲法は，国民主権，平和主義，基本的人権の尊重の３つを基本原理としている。なお，三権分立は，国の権力を立法，行政，司法の３つに分け，それぞれを独立した機関が担当する仕組みである。

(5)＜**衆議院議員の被選挙権**＞衆議院議員選挙に立候補する権利(被選挙権)を持つのは，満25歳以上の国民である。なお，衆議院議員のほか，市(区)町村長と地方議会議員の被選挙権が満25歳以上であり，参議院議員と都道府県知事の被選挙権は満30歳以上である。

(6)＜**厚生労働省**＞厚生労働省は，社会福祉，社会保障，公衆衛生や，労働環境の整備などに関する仕事を担当している。なお，文部科学省は教育や文化，科学技術の振興などに関する仕事，環境省は環境保全や公害防止などに関する仕事，農林水産省は農林水産業の振興や食料の安定供給などに関する仕事を担当する省である。

(7)＜**モンスーン**＞モンスーン〔季節風〕は，夏と冬で風向きが逆になる風であり，夏は海洋から大陸へ向かって，冬は大陸から海洋へ向かって吹く。なお，偏西風は南北半球の緯度40～50度付近で西から東へ向かって一年中吹く風，台風は日本を含む北西太平洋で夏から秋にかけて発生する熱帯低気圧，やませは東北地方の太平洋側で初夏に吹く冷たい北東風である。

⑻**＜インドネシア＞**インドネシアは，人口が約２億7600万人(2022年)で，９割近くの国民がイスラム教を信仰している。また，米の生産量は世界第４位，パーム油の生産量は世界第１位である(2021年)。

⑼**＜イラン＞**イランは，国土にイラン高原が広がり，降水量の少ない乾燥帯に属する地域が多い。原油の産出量は世界第８位(2022年)であり，国民の大多数が信仰するイスラム教が国教となっている。

⑽**＜エチオピア＞**エチオピアは，人口が約１億2300万人(2022年)であり，コーヒー豆の生産量は世界第５位(2021年)である。コーヒー豆の輸出に頼るモノカルチャー経済となっており，日本への輸出においても輸出総額の約９割をコーヒー豆が占めている(2022年)。

2〔三分野総合―さまざまな文章を題材とした問題〕

⑴**＜資料の読み取り＞**図３から，2050年には日本の人口は１億2000万人を大きく下回っている(①…○)。表１から，日本の合計特殊出生率(1.34)はアメリカ(1.64)やイギリス(1.68)よりも低く，韓国(0.84)よりは高い(④…○)。図１～図３と表１からは，専業主婦世帯と共働き世帯に関する情報は読み取れない(②…×)。図１，図２から，男性，女性とも未婚率は30歳代(30～34歳，35～39歳)よりも20歳代(20～24歳，25～29歳)の方が高い(③…×)。

⑵**＜文字と記録＞**情報を適切に取捨選択し，正しく収集・活用する能力は，情報リテラシーである(①…×)。国会が政府に対して記録の提出を要求したりする権限は国政調査権であり，違憲(立法)審査権は法律や政令などが憲法に違反していないかを裁判所が判断する権限である(②…×)。戸籍に登録した人に土地を与える班田収授法や税，兵役などの仕組みを定めた決まりは律令であり，日本では唐の制度にならって701年に大宝律令が定められた(④…×)。

⑶**＜中国で生まれたもの＞**火薬，羅針盤，紙は中国で発明され，後にイスラム世界を経由してヨーロッパに伝わった。なお，仏教はインドでシャカによって開かれ，鉄砲の発明は諸説あるがヨーロッパで初めて本格的に使用された。

⑷**＜ユダヤ人＞**第一次世界大戦後，ベルサイユ条約によって巨額の賠償金や軍備の制限を課されたドイツでは，経済が混乱する中でこの条約に対する国民の不満が高まり，ファシズムをかかげてユダヤ人の迫害などを行ったナチスが勢力を伸ばした(③…×)。なお，ワシントン条約(1973年採択)は絶滅のおそれがある野生動植物を保護するための条約である。

⑸**＜ポツダム宣言＞**1945年７月，連合国のアメリカ，イギリス，ソ連の首脳がドイツのポツダムで会談(ポツダム会談)を行った結果，アメリカ，イギリス，中華民国の名でポツダム宣言が出された。ポツダム宣言は，日本の無条件降伏を求め，戦争終結の条件を示した宣言であり，日本の領土を本州・北海道・九州・四国とその周辺の島々に限ること，日本から軍国主義を排除し，民主主義の復活強化と基本的人権の尊重を確立することなどを含んでいた。８月に日本がポツダム宣言を受け入れて降伏したことにより，第二次世界大戦は終結した。なお，①は日本国憲法の前文，②はサンフランシスコ平和条約(1951年)，③は二十一か条の要求(1915年)である。

⑹**＜医療・介護分野の課題＞**看護師や介護士は，患者や医師，介護を受ける人などとのやり取りが不

可欠な職種であることから，一定水準以上の日本語能力が必要とされている(①…×)。

(7)＜**災害への備え**＞保護者任せにせず，災害時の連絡方法や避難場所などを家族で話し合って決めておくのがよい(①…×)。多くの人が車で避難すると渋滞が発生して身動きが取れなかったりするため，やむをえない場合を除いて徒歩で避難するのが望ましい(③…×)。災害時には情報を早く正確に収集するためにSNSのみでなく，携帯ラジオも使える方がのぞましい(④…×)。

(8)＜**自衛隊と日本の安全保障**＞パレスチナ問題は，パレスチナ地方(地中海東岸の南部からヨルダン川にかけての地域)の帰属をめぐるイスラエルとアラブ系のパレスチナ人との間の対立であり，現在も紛争が続いている。

(9)＜**世界と日本の地形**＞あ．フォッサマグナは，日本列島の中央部を南北に走る溝状の陥没地帯(大地溝帯)であり，多くの断層(地盤の割れ目がずれ動いたもの)が集まっている。なお，日本アルプスは，飛騨山脈(北アルプス)，木曽山脈(中央アルプス)，赤石山脈(南アルプス)をまとめた呼び方である。　い．プレートは，地球の表面を覆う，十数枚に分かれた厚さ100kmほどの岩盤である。日本列島の付近には４つのプレートの境界があり，海洋プレートである太平洋プレートとフィリピン海プレートが，大陸プレートである北アメリカプレートとユーラシアプレートの下に沈み込んでいる。なお，造山帯は地球上で大地の動きが活発で険しい山地が連なる場所，盆地は山で囲まれた平らな土地である。

(10)＜**文章の読み取り**＞仙石線に乗ろうとしたときに揺れを感じて実家に戻ったとあり，仙石線に乗って逃げたとは書かれていない(①…×)。地震の発生後に実家に戻り，その後に津波が押し寄せてきたと書かれている(②…×)。水や食料については文章中に書かれていない(④…×)。

3〔**三分野総合―土浦日本大学高等学校と日本の歴史を題材とした問題**〕

(1)＜**文章の読み取り**＞日本のGNPが世界第１位になったとは書かれていない(①…×)。細川護熙内閣が誕生したのは，バブル経済が崩壊して「失われた10年」と呼ばれる不況が始まった1991年よりも後の1993年であり，不況の原因とは関係がない(②…×)。平成以降の経済不況について，急速な景気の回復を見せたとは書かれていない(④…×)。

(2)＜**高度経済成長期**＞高度経済成長期には，鉄鋼や造船などの重化学工業が産業の中心となった(①…×)。1960年に「所得倍増」計画を打ち出したのは池田勇人内閣であり，吉田茂内閣はサンフランシスコ平和条約(1951年)が結ばれたときの内閣である(②…×)。東京オリンピックに合わせて建設されたのは，東海道新幹線である(④…×)。

(3)＜**内閣の仕事**＞あ．天皇は政治上の権限を持たず(日本国憲法第４条)，「内閣の助言と承認」(日本国憲法第７条)に基づいて，国事行為と呼ばれる形式的・儀礼的な行為を行う。　い．閣議は，内閣が行政の運営に関する方針などを決める会議である。内閣総理大臣が主宰し，全ての国務大臣が出席して開かれる。閣議での決定は，多数決ではなく全会一致で行われる。

(4)＜**司法権**＞弾劾裁判所を設置する権限を持つのは国会である(②…×)。裁判官は，心身の故障のほか，国会議員による弾劾裁判や，最高裁判所の裁判官に対する国民審査の結果によって辞めさせられる場合がある(③…×)。裁判員は裁判官とともに，被告人が有罪か無罪かを判断し，有罪の場合は刑罰の内容を決定する(④…×)。

(5)＜**資料の読み取り**＞1955年以降，新自由クラブや新生党，新党さきがけ，国民新党など，自由民主党から分裂したいくつかの政党が成立している(③…×)。

⑹＜**資料の読み取り**＞図４から，1947年・1950年・1992年の参議院議員選挙では全国と茨城県の投票率に10%以上の差が生じているが，図３から，衆議院議員選挙では10%以上の差が生じている年はない(②…○)。1990年以降の衆議院議員選挙では，2014年に茨城県の投票率が全国の投票率を上回っている(①…×)。茨城県の投票率が60%を下回った回数は，衆議院議員選挙が７回，参議院議員選挙が15回である(③…×)。1995年・2019年の参議院議員選挙では，全国と茨城県の投票率がともに50%以下となっている(④…×)。

⑺＜**イギリスの人権の歴史**＞イギリスでは1215年にマグナ・カルタが出され，国王による不当な逮捕や監禁が禁じられるなど，王権の制限や貴族の権利が定められた。なお，②は1863年のアメリカ，③は1919年のドイツ，④は1789年のフランスの出来事である。

⑻＜**日本国憲法の人権保障**＞う．基本的人権は，日本国憲法第11条で「侵すことのできない永久の権利」として保障されている。　え．［え］の後に「誰がどんな神様を信じるかはそれぞれの自由」という言葉があることから，信教の自由が当てはまる。信教の自由は，どの宗教を信仰するか，または信仰しないかを自分で決める権利であり，自由権のうちの精神の自由に含まれる。なお，職業選択の自由は，自由に職業を選んで働く権利であり，経済活動の自由に含まれる。

⑼＜**日本の文化**＞文化財保護法は，建造物や絵画などの有形文化財だけでなく，演劇や音楽などの無形文化財についても，その保存や活用などについて定めている(④…×)。

⑽＜**地方財政**＞地方公共団体の歳入のうち，地方税の占める割合はおよそ４割から５割となっている(X…正)。地方交付税交付金は，地方公共団体の間の財政格差を抑えるための交付金で，地方税収入の多い地方公共団体には少なく，地方税収入の少ない地方公共団体には多く配分される(Y…正)。

4 〔地理―世界と日本の諸地域〕

⑴＜**イギリス**＞２つ目の［あ］の後に，インドやパキスタンがこの国の植民地であったという記述があることから，［あ］にはイギリスが当てはまる。第二次世界大戦後，ヒンドゥー教徒の多い地域がインド，イスラム教徒の多い地域がパキスタンとして，それぞれイギリスから独立した。

⑵＜**イスラム教**＞断食は一定の間食事を断つことであり，イスラム教徒はイスラム暦の９月に，日の出から日没まで飲食をしない断食を行う(④…×)。

⑶＜**北アメリカ・南アメリカの地形**＞い．北アメリカ大陸の西部には，高く険しいロッキー山脈が南北に走っている。なお，アパラチア山脈はアメリカ合衆国の東部に位置する低くなだらかな山脈，アンデス山脈は南アメリカ大陸の西部にのびる高く険しい山脈である。　う．アマゾン川は，アンデス山脈を水源とし，ブラジルの北部を東に流れて大西洋に注ぐ，流域面積が世界最大の河川である。なお，ナイル川は，アフリカ大陸の東部を北へ流れて地中海に注ぐ世界最長の河川である。

⑷＜**日本とウルグアイの距離や時差**＞え．図２の地図は，中心からの距離と方位が正しく表される正距方位図法で描かれているため，東京からモンテビデオまでの距離を確認することができる。なお，図１の地図は，緯線と経線が直角に交わり，高緯度ほど面積が実際よりも大きく表されるメルカトル図法で描かれており，２地点間の距離を確認することはできない。　お．経度15度につき１時間の時差が生じ，経度差が大きくなるほど時差も大きくなる。

⑸＜**都道府県の統計**＞Aは，図書館数が最も多く，スキー場数が０であることから，人口が多く，冬

にあまり雪が降らない千葉県である。Bは，海水浴場数が0であり，スキー場数が最も多いことから，海に面しておらず，冬の寒さが厳しい長野県である。Cは，スキー場数が長野県に次いで多いことから，冬の降雪量が多い新潟県である。

⑹**＜資料の読み取りと都道府県＞**まず，「県庁所在地は政令指定都市」とあることから，①の福岡県(県庁所在地：福岡市)と③の宮城県(県庁所在地：仙台市)のいずれかとなる。次に，「2019年の製造品出荷額は約4兆5000億円」とあることから，図3中で「25000(億円)～50000(億円)」に分類されている宮城県が当てはまる。

5 〔日本地理―地形図〕

⑴**＜縮尺の計算＞**図1の地形図の縮尺は2万5千分の1であることから，地形図上で8cmの長さの実際の距離は，8cm×25000＝200000cm＝2kmとなる。

⑵**＜地形図の読み取り＞**図2では，「黄金山」の周囲に小規模な建物(■)が多く見られ，住宅地となっている(①…×)。「広島大学」は，図1と図2で同じ場所にある(③…×)。図2では，「元安川」の河口付近で埋め立てが進んでいるが，港は見られない(④…×)。

⑶**＜地形図の読み取り＞**範囲Aには小・中学校(文)が見られるが，市役所(◎)，図書館(🕮)，博物館(🏛)は見られない。

⑷**＜地域調査の方法＞**個々の建物の損傷度合いや取り壊しの状況などは地形図からはわからないため，調査の手法としては不適切である(Y…誤)。

6 〔歴史―古代～現代の日本と世界〕

⑴**＜古墳時代の出土品，藤原鎌足＞**あ．古墳をはじめとする古墳時代の遺跡からは，玉や銅鏡，銅剣などが多く出土しており，これらは祭祀に使われたと考えられている。このほか，鉄製の武器や馬具，かんむりなどが出土する遺跡もある。なお，土偶は縄文時代につくられた土製の人形である。　い．藤原鎌足(初め中臣鎌足)は，中大兄皇子と協力して645年に蘇我氏を倒し，大化の改新と呼ばれる政治改革を進めた。なお，藤原道長は平安時代の11世紀に摂政となり，摂関政治の全盛期を築いた人物である。

⑵**＜戦後の日本の出来事＞**高度経済成長期にあたる1960年代には，都市部に人口が集中して過密化が進み，ごみ問題や交通渋滞などが発生した(②…○)。地球温暖化防止京都会議が開かれたのは1997年である(①…×)。日ソ共同宣言が調印され，日本が国際連合へ加盟したのは1956年である(③…×)。朝鮮戦争が起こったのは1950～53年である(④…×)。

⑶**＜年代整序＞**年代の古い順に，②(後三年合戦―平安時代)，④(豊臣秀吉―安土桃山時代)，③(江戸幕府―江戸時代)，①(関東大震災―大正時代)となる。

⑷**＜戦国時代～江戸時代の出来事＞**う．応仁の乱(1467～77年)は，室町幕府第8代将軍の足利義政の後継ぎ問題に，有力守護大名の細川氏と山名氏の対立がからんで起こった戦乱である。この戦乱以後，室町幕府の力は衰え，やがて各地に戦国大名が登場した。なお，保元の乱(1156年)は，平安時代に天皇・上皇や藤原氏の勢力争いに平氏・源氏が動員された戦いである。　え．江戸幕府は，大名を親藩，譜代大名，外様大名の3つに分けて支配した。親藩は徳川氏一門の大名，譜代大名は関ヶ原の戦い(1600年)以前から徳川氏に従っていた大名，外様大名は関ヶ原の戦い以降に徳川氏に従った大名である。　お．徳川家康は，豊臣秀吉の死後に力を伸ばし，関ヶ原の戦いに勝利して

全国支配の実権を握った。その後，1603年に征夷大将軍に任命され，江戸幕府を開いた。なお，徳川家光は第３代将軍である。　　か．老中は，江戸幕府の政務を主導した役職であり，譜代大名の中から４，５名が任命された。なお，旗本は将軍直属の家臣で，領地が１万石以下で将軍に直接会うことのできる身分である。

⑸**＜災害の歴史＞**阪神・淡路大震災が起こったのは1995年であり，国家総動員法は日中戦争中の1938年に制定された戦時法規である(③…×)。

⑹**＜エジプト文明＞**エジプト文明は，紀元前3000年頃にナイル川流域で栄えた。毎年夏にはんらんするナイル川によって養分の多い土が運ばれたため，農耕が発達していた。はんらんの時期を知る必要から天文学が発達し，１年を365日とする太陽暦がつくられた。また，ものの形をかたどった象形文字が使われた。なお，メソポタミア文明は紀元前3000年頃にチグリス川・ユーフラテス川の流域で栄えた文明，インダス文明は紀元前2500年頃にインダス川の流域で栄えた文明である。また，中国文明は黄河や長江の流域で生まれ，紀元前16世紀頃に黄河流域で殷がおこった。

⑺**＜利根川と日本の歴史＞**き．奈良時代には，大伴家持がまとめたといわれる『万葉集』がつくられ，天皇や貴族から防人や農民に至るまで，さまざまな身分の人がよんだ和歌が収められた。なお，『古今和歌集』は，平安時代に紀貫之によって編さんされた和歌集である。　　く．かつて東京湾に注いでいた利根川は，流域の新田開発を進めること，水害から江戸を守ること，水上交通を発展させて物流の活性化をはかることなどを目的に，江戸時代に流路を変更する土木工事が行われ，現在のように太平洋に注ぐようになった。なお，下水やごみによる水質汚染が深刻になったのは第二次世界大戦後の高度経済成長期のことである。

⑻**＜ペリー来航＞**アメリカの東インド艦隊司令長官であったペリーは，1853年に浦賀(神奈川県)に来航し，翌1854年に再び来航して江戸幕府と日米和親条約を結んだ。図１は，1854年に来航したペリーが横浜に上陸したときの様子である。沖合に蒸気船(黒船)が並び，隊列を組むアメリカの兵士，幕府の役人などが描かれている。なお，元寇は鎌倉時代に元が２度にわたって日本に攻め寄せた出来事，慶長の役は豊臣秀吉による２度目の朝鮮侵略，ノルマントン号事件は明治時代にイギリス船ノルマントン号が沈没して日本人乗客全員が死亡した事件である。

⑼**＜学徒出陣，東京オリンピック＞**図２は，1943年に始まった学徒出陣の壮行会の様子であり，それまで徴兵を猶予されていた文科系の大学生などが軍隊に召集されて戦地に送られた(X…誤)。図３は，1964年に開催された東京オリンピックの開会式の様子である(Y…正)。

⑽**＜法隆寺＞**法隆寺は飛鳥文化を代表する寺院であり，天平文化は奈良時代に栄えた文化である(③…×)。

2024年度／土浦日本大学高等学校

理科解答

1 (1) ②　(2) ⑤　(3) ④　(4) ②
(5) ①

2 (1) (a)…④　(b)…①　(c)…③　(2) ③
(3) ②　(4) ①

3 (1) (a)…②　(b)…⑧　(2) ④
(3) ③　(4) (a)…⑥　(b)…⑤

4 (1) ⑥　(2) ③　(3) ③　(4) ③
(5) (a)…②，⑤　(b)…①，⑦

5 (1) ③　(2) ④　(3) ①，⑧
(4) ⑤　(5) ④

6 (1) ⑤　(2) ⑦　(3) ⑥　(4) ③
(5) ③

7 (1) ア…0　イ…1　ウ…0　エ…5
(2) ④　(3) ④　(4) ④
(5) オ…0　カ…2　キ…0

8 (1) (a)…⑤　(b)…④　(2) ①
(3) ⑤　(4) ③，⑥

1〔小問集合〕

(1)＜**炭素循環**＞図1で，Aは大気中に二酸化炭素を放出するだけでなく，大気中から取り入れている。二酸化炭素を取り入れるはたらきは植物が行う光合成だから，Aは光合成を行う緑色植物で，自然界のつながりの中では生産者と呼ばれる。また，Bは生産者を取り入れる生物で，消費者と呼ばれ，Cは生物の死がいや排出物を取り入れる，分解者と呼ばれる生物のなかまである。

(2)＜**多細胞生物**＞体が1つの細胞だけでできている生物を単細胞生物といい，多数の細胞からできている生物を多細胞生物という。多細胞生物は細胞分裂によって細胞数を増やすが，分裂直後の細胞は分裂前の細胞よりも小さい。その小さい細胞はやがて分裂前の細胞と同じ大きさに成長し，体が大きくなっていく。よって，①～⑤のうち，最も適当なのは⑤である。なお，成長につれて細胞はそのはたらきに応じて特有の構造や機能を持つようになるので①は誤り。体が成長するときの細胞分裂(体細胞分裂)では，染色体の数が保たれるので②は誤り。

(3)＜**細胞分裂**＞細胞が分裂するときには，核が消える(核膜が消滅する)とともに染色体が形成され(②)，続いて染色体が中央(赤道面)に並び(①)，細胞の両極に分かれる(④)。その後，植物では，細胞の中央に仕切りが生じ(③)，細胞が2つに分かれる。よって，図の①～④を，②を1番目として並べると，3番目にくるのは④である。

(4)＜**刺激と反応**＞動物が感覚器官で受け取った刺激は，運動神経ではなく感覚神経を通じて脳や脊髄に伝わる。よって，誤りを含むものは②である。

(5)＜**節足動物**＞貝殻を持つ貝は軟体動物のなかまであり，節足動物ではない。よって，誤りを含むものは①である。

2〔小問集合〕

(1)＜**化石**＞(a)ブナが分布するのは，陸地で，温帯の中でやや寒冷な地域なので，ブナの化石が見つかった地層は，温帯のやや寒冷な地域で堆積したと考えられる。よって，誤りを含むものは④である。
(b)化石を示相化石として利用できる生物は，生活環境や生活の様子がわかっていることが必要である。同じなかまの生物がすでに絶滅して現在生存していない場合，生活環境や生活の様子を知ることができないおそれがある。よって，誤りを含むものは①である。　(c)アンモナイトは中生代(約2億5000万年前～6600万年前)の代表的な示準化石である。同じ中生代に栄えたのは，キョウリュウのなかまだから，ティラノサウルスが適する。なお，サンヨウチュウ，フズリナは古生代(約5億4000万年前～2億5000万年前)，ナウマンゾウは新生代(約6600万年前～)のそれぞれ代表的な示準化石である。

(2)<**大気中の水蒸気**>雲ができ始めたときの気温は露点に等しく，気温は，雲がない場合は100m当たり1.0℃変化し，雲がある場合は0.5℃変化する。まず，図１で，太平洋側の高さ1000mにおける気温は，$25-1.0\times\frac{1000}{100}=15$(℃)となる。これは，太平洋側の海抜０mにある25℃の空気の露点に等しい。このとき，空気中の水蒸気量は15℃における飽和水蒸気量に等しいので，表１より，12.8g/m^{3}であり，25℃における飽和水蒸気量は23.1g/m^{3}なので，湿度は，$12.8\div23.1\times100=55.4\cdots$より，約55％となる。また，雲ができ始めた高さ1000mでは露点に達しているので，湿度は100％である。次に，空気は，高さ1000mの地点から高さ3000mの山頂までの2000mを，雲をつくりながら上昇するので，山頂での気温は，$15-0.5\times\frac{2000}{100}=5$(℃)であり，山頂までは雲をつくるので湿度は100％である。さらに，山頂で５℃となった湿度100％の空気には，表１より，6.8g/m^{3}の水蒸気が含まれる。この空気が雲をつくらず日本海側の地上まで3000m下降すると，気温は，$5+1.0\times\frac{3000}{100}=35$(℃)となる。35℃における飽和水蒸気量は，表１より，39.6g/m^{3}なので，湿度は，$6.8\div39.6\times100=17.1\cdots$より，約17％である。

(3)<**太陽の動き**>経度が違っても，同じ春分の日における棒の影の先端の位置を記録して線で結ぶと，直線上に並ぶ。また，日本の標準時は東経135°の明石市を基準に決められていて，明石市で太陽が南中したときを正午としている。土浦市は明石市より東にあり，正午の太陽の位置は真南よりも西寄りのため，棒の影は北東に伸びる。経度の差が$140°-135°=5°$で，経度が１°違うと太陽が南中する時間は，$24\times60\div360°=4$(分)変化するから，土浦市で太陽が南中する時刻は，明石市より，$4\times5=20$(分)早く，11時40分となる。よって，最も適当なものは②である。

(4)<**星の動き**>地球の公転により，星は１年(12か月)で再び同じ時刻に同じ方位に見える。そのため，星が同じ時刻に見える方位は１か月後に，$360°\div12=30°$，東から西へ移動する。よって，星が１日のうちで30°移動するのにかかる時間が$24\times\frac{30°}{360°}=2$(時間)より，星が１か月後に同じ方位に見える時刻は，２時間早くなる。したがって，同じ場所で観察したとき，リゲルが，21時に南中した１か月後に南中する時刻は，$21-2=19$(時)となる。

3〔**小問集合**〕

(1)<**アンモニアの性質**>(a)アンモニアは水に非常に溶けやすいので，図１の装置のフラスコの中に少量の水を入れると，フラスコの中に入れた水にアンモニアが溶け，フラスコ内の気圧が下がり，大気がビーカーの水を押す力の方が大きくなる。そのため，ビーカーの中の水がフラスコの中に吸い込まれる。　(b)フェノールフタレイン溶液は，中性と酸性では無色で，アルカリ性では赤色を示す。アンモニアが水に溶けると水溶液はアルカリ性を示すので，ビーカーの中のフェノールフタレイン溶液はフラスコの中に吸い込まれると，無色から赤色に変化する。

(2)<**気体の発生**>うすい過酸化水素水に二酸化マンガンを加えると，二酸化マンガンが触媒としてはたらき，過酸化水素が分解して酸素が発生する。なお，①，②で発生するのは二酸化炭素，⑤，⑥で発生するのは水素である。

(3)<**溶解度**>図２より，100gの水に溶ける砂糖の質量は40℃では約240gだから，40℃の水50gに溶ける砂糖の質量は，$240\times\frac{50}{100}=120$(g)である。よって，40℃の水50gに砂糖を130g加えると，砂糖は一部が溶けずに底に残る。また，溶けた砂糖の粒子は，溶液中に均一に散らばっている。よって，最も適当なものは③である。

(4)＜**炭酸水素ナトリウムの熱分解**＞(a)炭酸水素ナトリウムを加熱すると，分解して炭酸ナトリウム，水，二酸化炭素を生じる。よって，図３の集気びんに集まった気体は二酸化炭素だから，石灰水に通じると石灰水が白く濁ることで確認できる。また，試験管の口の部分についた液体は水だから，青色の塩化コバルト紙につけると赤色に変化することで確認できる。　(b)加熱後，試験管の中に残った固体は炭酸ナトリウムである。炭酸ナトリウムは，炭酸水素ナトリウムより水によく溶け，どちらの水溶液もアルカリ性を示すが，炭酸ナトリウムの水溶液の方がアルカリ性は強い。そのため，フェノールフタレイン液の色は，炭酸水素ナトリウム水溶液より，炭酸ナトリウム水溶液の方が濃い赤色になる。

4〔**小問集合**〕

(1)＜**電流と回路**＞図１の回路では，２本の10Ωの抵抗が直列につながれているので，回路全体の抵抗は，$10+10=20(\Omega)$である。よって，オームの法則$〔電流〕=\frac{〔電圧〕}{〔抵抗〕}$より，$I_A=\frac{10}{20}=0.5(\mathrm{A})$である。また，図２の回路では，２本の10Ωの抵抗が並列につながれているので，各抵抗には電源と同じ10Vの電圧が加わり，$I_B=\frac{10}{10}=1.0(\mathrm{A})$となり，Ｃに流れる電流は２本の抵抗を流れる電流の和になるから，$I_C=1.0+1.0=2.0(\mathrm{A})$である。よって，$I_C>I_B>I_A$となる。

(2)＜**鏡に映る像**＞反射の法則より，鏡に当たった光は，入射角＝反射角となるように反射する。このため，小球から出て鏡の左端に当たった光と，右端に当たった光は，右図のように反射する。よって，小球を鏡で観察することができるのは，影をつけたこれらの反射した光に挟まれた範囲だから，ＢとＣとＥの３か所である。

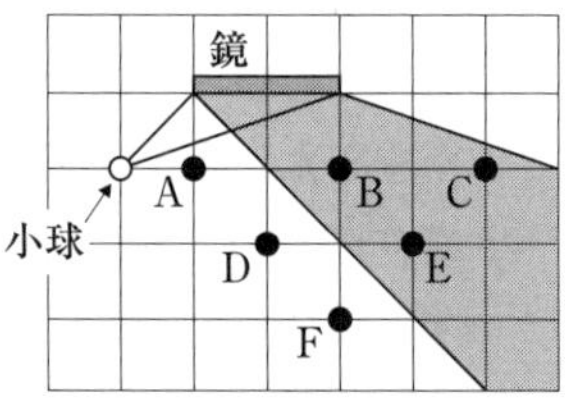

(3)＜**電磁誘導**＞図４のように，棒磁石を一定の速さで水平に動かすと，コイルに電圧が生じる。この現象を電磁誘導といい，流れる電流を誘導電流という。図４で，棒磁石のＮ極がコイルに近づくとき，コイルには上部がＮ極となる向きに誘導電流が流れ，棒磁石がコイルの真上を通過するときはコイル内を貫く磁力線の数がほとんど変化しないため，電流が流れなくなる。さらに，棒磁石のＮ極がコイルから離れるとき，コイルには上部がＳ極となる向きに誘導電流が流れる。よって，検流計の針は，一方向に振れた後，もとの位置に戻り，次は逆方向に振れ，もとの位置に戻る。

(4)＜**物体の運動**＞単位時間での速さの増加量が大きいほど，物体の速さと時間の関係を表すグラフの傾きは大きくなる。よって，図５で，単位時間での速さの増加量が最も大きい区間は，グラフの傾きが最も大きいＣ→Ｄの区間である。

(5)＜**力のはたらきとつり合い**＞(a)作用・反作用の関係にある２力は，それぞれ異なる物体にはたらき，一直線上で，大きさが等しく，向きは反対である。図６で，２力が作用・反作用の関係にあるのは，(ウ)の直方体Ａが直方体Ｂを押す力と(イ)の直方体Ｂが直方体Ａを押し返す力（垂直抗力）と，(カ)の直方体が床を押す力と(オ)の床が直方体Ｂを押し返す力（垂直抗力）である。　(b)つり合いの関係にある２力は，同じ物体にはたらき，一直線上で，大きさが等しく，向きは反対である。図６で，つり合っている力の組み合わせは，(ア)の直方体Ａにはたらく重力と(イ)の直方体Ｂが直方体Ａを押し返す力（垂直抗力）である。また，(ウ)の直方体Ａが直方体Ｂを押す力と(エ)の直方体Ｂにはたらく重力の和が，(オ)の床が直方体Ｂを押し返す力（垂直抗力）とつり合っている。

5〔**気象と天気の変化**〕

(1)＜**実験操作**＞この実験は雲のでき方を確かめるものである。雲は空気中の水蒸気が凝縮して細かい水滴に変わったものなので，図のフラスコの中に少量の水を入れて実験を行う。

(2)＜**実験操作**＞空気中の水蒸気は，核になる細かいチリなどがあると凝結しやすくなる。線香の煙を入れるのは，煙の粒子が，水蒸気が凝結するときの核となるからである。

(3)＜**雲のでき方**＞まず，ピストンを急に引くと，フラスコ内の気圧が下がるため，風船が膨らみ，温度が下がる。温度が下がることでフラスコ内の水蒸気が凝結し，細かい水滴ができてフラスコ内は白くくもる。次に，ピストンを急に押すと，フラスコ内の気圧が上がるため，風船がしぼみ，温度が上がる。温度が上がると，細かい水滴が気化して再び水蒸気となり，白いくもりが消える。

(4)＜**雲のでき方**＞上空では気圧が低いため，空気のかたまりが地上付近から上昇すると，膨張して温度が下がる。温度が下がって露点より低くなると，空気中の水蒸気の一部が凝結して小さな水滴や氷の粒になる。これが集まったものが雲である。逆に空気のかたまりが上空から下降すると，周りの気圧が高くなるため，圧縮され，温度が上がる。そのため，下降気流があるところでは雲は生じにくく，天気がよい場合が多い。

(5)＜**水の循環**＞雲をつくっている小さな水滴や氷の粒は，小さいときは上昇気流に支えられているため地表に落ちてこないが，粒が成長して大きくなり，重くなると支えきれなくなるため，雨や雪などの降水となって地表に落ちてくる。地表に落ちた水は，やがて，太陽の熱エネルギーを吸収して蒸発し，大気中に水蒸気となって含まれる。この空気が上昇すると，再び雲をつくる。このように，水は気体，液体，固体と状態を変化させながら地表と大気の間で循環している。

6 〔運動とエネルギー〕

(1)＜**ばねの伸び**＞図1より，ばねに質量500gの物体をつるすと，ばねは $30-20=10$(cm)伸びている。よって，ばねの伸びが1cmになるときの物体の質量は，$500\div10=50$(g)である。

(2)＜**ばねの伸びと力**＞(1)より，ばねに質量50gの物体をつるすと，ばねは1cm伸びるので，650gの物体をつるすと，$1\times\frac{650}{50}=13$(cm)伸びる。図1より，ばねに物体をつるさないときの長さ(自然長)は20cmだから，13cm伸びたときのばねの長さは，$20+13=33$(cm)である。

(3)＜**力の合成**＞図3の状態でつり合っているとき，右図のように，2つのばねが点Oを引く力の大きさは等しく，これらの合力の大きさは，物体にはたらく重力の大きさに等しい。また，ばねが点Oを引く力を表す矢印を2辺とする平行四辺形はひし形となるから，2つのばねのつくる角度が120°のとき，ばねが点Oを引く力を表す矢印と，2つのばねが点Oを引く力の合力を表す矢印を2辺とする三角形は正三角形となる。この力によって，ばねはそれぞれ，$27-20=7$(cm)伸びているので，ばねにはたらいている力の大きさは，$50\times\frac{7}{1}=350$(g)の質量の物体にはたらく重力と同じ大きさである。よって，物体の質量は350gであり，その重さは，$1\times\frac{350}{100}=3.5$(N)となる。

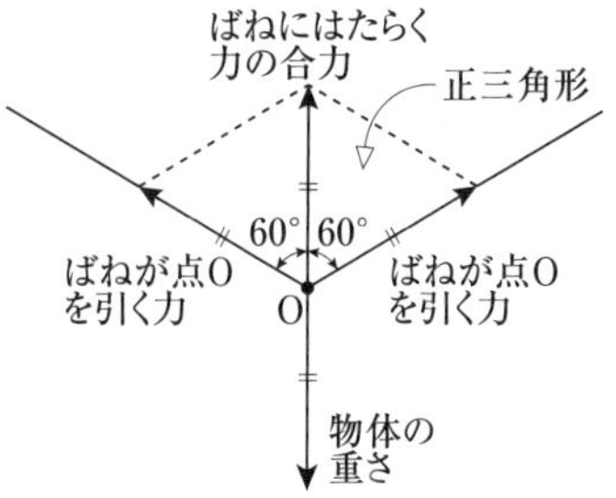

(4)＜**力の分解**＞図4で，ばねにはたらく斜面に平行な力は，$300\times\frac{50}{100}=150$(g)の質量の物体にはたらく重力と同じ大きさである。このとき，ばねは，$1\times\frac{150}{50}=3$(cm)伸びるので，ばねの長さは，$20+3=23$(cm)となる。

(5)＜**仕事率**＞図5で，ばねの伸びは，$28-20=8$(cm)だから，ばねにはたらいている力の大きさは，$50\times\frac{8}{1}=400$(g)の質量の物体にはたらく重力と同じで，$1\times\frac{400}{100}=4$(N)である。ばねにつないで滑車に通している1本のひものどの部分にもこの4Nの力が加わっているので，物体をつるした動滑車は両側のひもで上向きにそれぞれ4Nの力で引き上げられている。つまり，物体は，この力の合力 $4+4=8$(N)で，上向きに30cm，つまり，0.30m引き上げられている。よって，物体に対して引き上げた力がした仕事は，$8\times0.30=2.4$(J)となるから，この仕事を5秒間で行ったときの仕事率は，$2.4\div5=0.48$(W)である。

7〔化学変化とイオン〕

(1)＜**濃度**＞水酸化バリウム水溶液の濃度は0.35%，水溶液全体の質量は300gであるから，溶けている水酸化バリウムの質量は，$300\times0.35\div100=1.05$(g)である。

(2)＜**酸・アルカリ**＞実験結果より，加えた硫酸の質量が20g以下のとき，硫酸の質量が5g増えるごとに，生じた沈殿の質量は約0.36gとほぼ一定の割合で増え，加えた硫酸が20g以上のとき，生じた沈殿の質量は1.43gで一定となっている。これより，水酸化バリウム水溶液300gは，硫酸20gとちょうど中和して中性になることがわかる。また，BTB溶液はアルカリ性で青色，中性で緑色，酸性で黄色を示す。よって，表のAに当てはまる水溶液の色は，加えた硫酸が15g以下のとき，水溶液はアルカリ性なので青色，硫酸が20gのとき，水溶液は中性なので緑色，硫酸が25g以上のとき，水溶液は酸性なので黄色となる。

(3)＜**中和**＞硫酸と水酸化バリウム水溶液の中和では，白色の硫酸バリウムの沈殿が生じる。また，(2)より，硫酸20gと水酸化バリウム水溶液300gがちょうど中和して中性になったと考えられる。

(4)＜**中和**＞硫酸バリウムは水にほとんど溶けないので，水酸化バリウム水溶液300gに硫酸を20g加えてちょうど中和したとき，水溶液中にはほとんどイオンは存在していない。そのため，電流はほとんど流れず，ほぼ0mAになったと考えられる。よって，最も適当なものは④である。

(5)＜**中和と濃度**＞ちょうど中和するときに加える硫酸の質量と濃度は反比例する。3%の硫酸を20g加えたとき，ちょうど中和するので，30gでちょうど中和するようにするためには，濃度を，$3\div\frac{30}{20}=2$(%)にすればよい。

8〔生物の世界〕

(1)＜**単子葉類**＞(a)①〜⑤のうち，単子葉類に分類されるのは，イネ科の植物であるトウモロコシである。他は子葉が2枚の双子葉類に分類される。　(b)子葉が1枚である単子葉類が共通して持つ特徴は，葉脈が平行脈，茎の維管束がばらばらに散らばっている，根がひげ根であることが挙げられる。なお，①，③は双子葉類が共通して持つ特徴で，②は裸子植物が共通して持つ特徴である。

(2)＜**種子をつくらない植物**＞太郎さんの2つ目の質問までは，マツとイヌワラビが当てはまる。これらの植物の最も大きな違いは，種子をつくるかつくらないかという点である。よって，イには「種子をつくる」という質問が当てはまる。

(3)＜**植物の分類**＞図1のうち，種子をつくり，胚珠が子房に包まれ，子葉が1枚の単子葉類に分類されるのは，ユリである。また，根，茎，葉の区別があり，胚珠が子房に包まれておらず，種子をつくらない植物に分類されるのは，シダ植物のなかまであるイヌワラビである。

(4)＜**植物のつくりとはたらき**＞図3より，苗木Aは，維管束のうち，師管の部分を取り除き，道管の部分は残っている。そのため，水を吸収し，体の各部分に送ることはでき，数日間はしおれることはないと考えられる。しかし，葉でつくられた栄養分を，茎の一部を削り取った部分より下部には送ることができず，栄養分は上部にたまって茎が肥大する。一方，苗木Bは，維管束の部分を取り除いたため，水を体の各部分に送ることができず，翌日までにはしおれてしまうと考えられる。

国語解答

一 問1 a…オ b…ア
問2 a…ウ，オ b…エ 問3 オ
問4 a…ウ b…エ 問5 ア
問6 イ

二 問7 エ 問8 エ 問9 ウ
問10 オ 問11 ア 問12 オ
問13 イ

三 問14 エ 問15 ウ 問16 ア
問17 イ 問18 オ 問19 ア
問20 エ

四 問21 イ 問22 ア 問23 ウ
問24 エ 問25 ウ

一〔国語の知識〕

問1．a＜文学史＞『一握の砂』は，明治時代に発表された石川啄木の歌集。『春と修羅』は，大正時代に発表された宮沢賢治の詩集。『若菜集』は，明治時代に発表された島崎藤村の詩集。『みだれ髪』は，明治時代に発表された与謝野晶子の歌集。『月に吠える』は，大正時代に発表された萩原朔太郎の詩集。 b＜品詞＞用言は，自立語のうち活用があるもので，動詞，形容詞，形容動詞のことである。「もし」は，副詞。「立て」は，下一段活用動詞「立てる」の未然形。「真面目に」は，形容動詞「真面目だ」の連用形。「ない」は，形容詞「ない」の終止形。「こと」は，名詞。

問2．a＜敬語＞「申し上げる」は，「言う」の謙譲語。「申される」は，「言う」の謙譲語「申す」に尊敬の助動詞「れる」をつけた二重敬語のため誤り。「言います」は「言う」の丁寧語。 b＜慣用句＞「耳につく」は，何回も同じことを聞いてうるさく思う，という意味。「口をはさむ」は，話に割り込む，という意味。

問3＜語句＞1．「読書は楽しい」うえに，「知識も身につく」のである。 2．「今日中にこの本を読まなければならない」のに，「まだ一ページも読み進められていない」のである。 3．「この本は読みごたえがある」と本について話した後，「午後から雨のようだ」と天気の話題に変える。 4．「人気のカフェが新しく併設された」結果として，「開店当日は，混雑が予想される」のである。

問4＜漢字＞a．「契期」ではなく，「契機」と書く。「契機」は，きっかけのこと。 b．「賢勝」ではなく，「健勝」と書く。「健勝」は，健康で元気なこと。

問5＜慣用句＞「釈迦に説法」は，あることについて知り尽くしている人にそのことを教えるのは愚かである，という意味。イは「対岸の火事」と書き，自分には何の関係も苦痛もないこと。ウは「雨後のたけのこ」と書き，物事が相次いで現れること。エは「論をまたない」と書き，当然である，という意味。オは「青天の霹靂」と書き，突然起こる事件のこと。

問6＜漢文の訓読＞「己」→「如」→「不」→「者」→「友」→「無」の順に読む。「不」は「ざ(る)」と読む。レ点は下から上に一字返るときに使い，一二点は下から二字以上返るときに使う。

二〔論説文の読解─哲学的分野─人間〕出典：伊藤亜紗・村瀬孝生『ぼけと利他』。

≪本文の概要≫介護者は，荒ぶるぼけのある人に対しては，「抗い」という行動で示されるその人の意思を尊重し，適切なタイミングで対応することで，関係を築くことができる。一方，荒ぶりのないぼけの人の場合は，抵抗がないので介護者の思いどおりになる分，介護者は，意思を示さない相手のことがわからないために人を物のように扱ってしまい，そのことに葛藤しがちになる。それゆえ介護者は，どうしたらよいかを自問自答し，その手応えを模索し続けるが，答えを手放すと楽になる。答えを手放して自問自答し続けるという不安定であり続けることは，逆に心の安定を招くように思われる。生理的な現象は，他者が関わることで明確な主張をはらむものなので，介護者は，介護を受ける人の体の営みにふれることで，その人の体の意思に手応えを得ることができる。また，介護の現場では優先事項の選択を迫られることが多々あり，僕は，荒ぶるぼけのある人を優先して，荒ぶりのないぼけの人の介護を後回しにしてしまったとき，荒ぶりのないぼけの人に許しを請う祈りをした。その行為は，後ろめたい気持ちを楽にするために行ったのかもしれない。

問７＜文章内容＞荒ぶるぼけのある人の荒ぶる行動は，介護者や家庭，社会の「都合」に対する「抗い」であり，その人の「意思」が表れたものである。だから，介護者は当事者の意思を尊重して，当事者にとってよい「タイミングを一緒に見つける努力」をすることは，互いの関係を築く「始まり」にもなる。

問８＜文章内容＞荒ぶりのないぼけの人は，強い抵抗もなく介護者の思いどおりになるという「無私的態度」であるため，介護者は，相手を理解できず「人を物のように」扱ってしまうが，それではいけないのではないかと「葛藤」しているうちに，自分の「嫌な面」が見えてきてしまうのである。

問９＜文章内容＞荒ぶりのないぼけの人は，強い抵抗もなく，「他人事のような無私的態度」をする。そのために介護者が「途方に暮れ」てしまうという状況は，伊藤さんの問いかけの中にあった，「自分が働きかけて」もフィードバックが今ひとつわからず，「本当にこれで良かったのかと確証が持てない」状況である。

問10＜文章内容＞介護者は，介護するお年寄りとのつき合い方について，どうしたらよいかを自問自答し，これでよいという「手応え」を模索することになるが，「答えを手放し」て葛藤し「問い続ける」ことで，逆に介護者の気持ちが「楽になってくる」のである。手応えを求めると，「介護する意味」を見失い，介護することに疲れてしまうことがある。

問11＜文章内容＞生理的な現象は，「他者が関わることで明確な主張」を含み持つ。「無理に口の中に含ませたとしても喉は飲み込まない」というように，介護者は，介護を受ける人の「体の営みに触れる」ことによって，その人の意思を感じることができる。

問12＜文章内容＞荒ぶりのないぼけの人を介護しようとしていたのに，荒ぶるぼけのある人を優先しなければならなかったとき，「僕」は「後ろめたい気持ち」になって祈った。荒ぶりのないぼけの人に「許しを請う祈り」をすることで，「僕」は「自分の気持ちを鎮め」ようとしたのである。

問13＜表現＞「(当事者からすれば，歩み寄りたくても，寄れないのですが)」は，荒ぶるぼけのある人が「歩み寄らない」のではなく，歩み寄れないことを説明している(イ…×)。

三〔小説の読解〕出典：山川方夫『他人の夏』。

問14＜表現＞夏になると町はにぎやかになるが，「夏」や「避暑地」や「休暇」を楽しんでいるのは，都会からの観光客だけであり，その町の人々にとっては「他人たちのお祭り」でしかなかった。

問15＜文章内容＞「工業高校に進学するつもり」でいた慎一は，「すこしでも貯金をしておこう」と考え，夏の間はアルバイトをしていた。

問16＜文章内容＞自分の町の「慣れきった海」であるが，昼も夜も観光客が海も「占領して」いたため，人のいない時間を見計らって泳がなくてはならず，慎一は「よその家の庭にしのびこんでいる」ようなよそよそしさを海に感じた。しかし，いざ泳いでみると，慎一はよそよそしく感じていたことを忘れ，海が「なつかしく」，快いものに感じられた。

問17＜文脈＞慎一の父親は，巨大なカジキを「三日がかりでつかまえたこと」があり，そのときは，父親も「生命からがら」だった(…B)。父親は，カジキを担ぎながら「ふらふら」していて「精も魂もつき果てた」感じだった(…D)。しかしその夜，父親は，慎一に「カジキの背をたたき」ながら(…C)，「おれは，こいつに勝ったんだぞ。生きるってことは，こういう，この手ごたえのことなんだよ」と言った(…A)。

問18＜文章内容＞父親は慎一に，人間には「その人なりの苦労や，正義」や「その人だけの生甲斐」

があり，特に生死の問題は，他の人間には「決してわかりっこない」ので，他の人間はその人の生き方に意見したりせずに好きなようにさせ，「耐えなくちゃいけない」と言った。

問19＜表現＞都会から来た大勢の人々が集まり「高い笑い声」が響いている中で，危険を知らせる「自動車の警笛」の音がずっと鳴り続けている様子が，「高い笑い声」に合わせる伴奏にたとえられ，「不断の伴奏」と表現されている(ア…×)。「不断」は，絶え間なく続くこと。

問20＜要旨＞女は，慎一の父親の話から勇気や働くことの意味を教えられたと言って感謝の気持ちを示したが，慎一には「女の言葉の意味が，よくわからなかった」のである。慎一にとって，女は「無数の都会の人びと」の一人であり，都会の象徴である「真赤なスポーツ・カーが小さく」なっていくのも，二人が心を通わせることがなく，他人のままであることを表していると考えられる。

四〔**古文の読解―仮名草子**〕出典：浅井了意『夏難免怡詞』中巻ノ一。

≪現代語訳≫地震が起こらない間にも，ただどうどうと鳴る音は，少しの間も絶えることはない。地の底か，山の中(から聞こえるの)かと思っていると，「これは将軍塚が鳴動している音だそうだ。ただごとではない」などと言い広めるので，身分の高い者も低い者も誰もがますます手を握りしめ，足をつま先立ちにして，日頃から大切にしている妻や子どもも，今では足手まといになる気がして，逃げていくべき所を思い悩み，何でもないことに，(怖がって)青ざめ，震え上がる。そうしている間に，知識の浅い者たちが，「今後は，さらに大変なことがあるだろう。『来る四日には，大地震が起こり大地が引き裂け，泥がわき出て，家々は残らず崩れ，人類は滅んでしまうだろう』という占い(の結果)が出た」とうわさしたので，町人たちは言うまでもなく，高貴な身分の者まで，宮中の焼け跡に小屋を構え，杉の青葉で四方を囲み，苫で屋根を覆い，お屋敷を出て移ってお住みになる。

予想どおりに揺れ，四日になると，夜の明ける頃から，身分の高い者も低い者も用心して，物を待ち受けるようであったところに，午後二時頃，北西の方角からどうどうと鳴動し始め，しきりに揺れるうちに，先日の一日(の地震)ほどではないが，予想と違わない大きな揺れだったので，誰もが，「やっぱりそうだ」と言って正気をなくしてしまう。二条城の表門と裏門，四方のいずれも地面が割れて裂け，やぐらは傾き，壁は壊れ，少しでも大きな家ほどひどく壊れ，柱は土台の石から外れ，指物・鴨居は，抜けてゆるみ，今にもつぶれて崩れるかと思われた。「四日目ごとに大きな揺れがあるそうだ。その日が大事だ，大事だ」ということで，それ以降は，毎日二十回，三十回と，しきりに揺れたが，後になるにつれ慣れたからだろうか，驚くことも，以前ほどではない。地面は揺れないが，山はひたすらに鳴り響いて，どうどうといっているのを聞いて，ある人が，このように思いを歌によんだ。

(驚いて)肝をすっかりつぶした大地震を(今では)山に残った地鳴りの音として聞くことだよ。

問21＜古語＞「色をうしなふ」は，緊張や恐怖で顔が青ざめる，という意味。

問22＜古文の内容理解＞高貴な身分の者たちは，知識の浅い者たちがしていた来る四日に地震が起こるといううわさを信じ，自分たちの屋敷が崩れることを恐れて移住した。

問23＜古典の知識＞十二支を使った時刻の表記では，二十四時間を十二等分し，子の刻を〇時とその前後の二時間として十二支を当てた。一刻は二時間なので，「未の刻」は十四時頃となる。

問24＜古文の内容理解＞うわさどおり，四日目に地震が起こったため，人々は，大地は引き裂け，泥がわき出て，家々は残らず崩れ，人類は滅んでしまうだろうという占いのとおりになるに違いないと思ってしまったのである。

問25＜和歌の内容理解＞「後には馴れたるゆへ」だろうか，人々は，地震に驚くことも以前ほどではなかったのである。「山にのこして音を聞くかな」からは，山の地鳴りの音だけが残っていることが表されている(ウ…×)。

2024年度 土浦日本大学高等学校（併願推薦）

【英　語】（50分）〈満点：100点〉

1 次の英文を読んで，あとの(1)～(8)の問いに答えなさい。

Australia is a really huge country with many different natural environments. Because of this, Australia has a lot of unusual animals that cannot be found anywhere else. Most people know about koalas because they are cute and soft and their image appears on so many souvenirs from Australia. Kangaroos are also well-known around the world as a symbol of Australia.

But there is another animal even more interesting than the kangaroo or koala. How is that possible? Well, this animal has square-shaped *poop! Yes, square-shaped poop! Amazing, right? It's true! How is that possible ?? Well, I don't know, but that is just one of the many things we will learn about today when we look at the interesting life of one of Australia's most unusual animals: the *wombat !!

The wombat is a ①marsupial. That means it is an animal with hair covering its body, and it has a *pouch. The marsupial's baby lives in the pouch until it is old enough to survive without its mother. The baby can live and drink its mother's milk for a long period of time in the pouch. In most marsupials like a kangaroo or koala, the pouch opens up instead of down. However, the wombat is different. ②Its pouch opens down instead of up. Why?

Well, the wombat likes to make a hole in the ground to build its home. Wombat homes begin with a long tunnel that goes deep into the ground. This tunnel is usually 30 meters long. At the end of the tunnel, the wombat makes several other tunnels that lead to small round rooms. It lives in these rooms. The wombat can make these long tunnels because it has long *claws which help it make the tunnel. If its pouch opened up, what would happen when they began making the tunnel? The soil it moved would fill its pouch! However, because its pouch is facing down, it doesn't fill with soil and its baby can live safely while its mother is making the tunnel. The baby can also leave or enter the pouch without stopping its mother's work. So, it has its own back door! Wow!

What do wombats look like? Well, they are actually quite cute. A normal wombat is about 80 to 120 cm long and weighs between 22 to 39 kg. It has thick hair which can be brown, black or gray. Its body is very thick and powerful. The wombat's head is short and V-shaped, not round like a koala. This shape helps the wombat make tunnels. It has a small nose and long, strong teeth like those of a mouse instead of a bear or a dog. This is because the wombat does not eat meat. It only eats leaves and the wood from some trees. The wombat only needs to eat once or twice a week because its body processes the food very slowly. Since the processed food takes a long time to pass through the wombat, ③its poop becomes square shaped before it reaches the exit to the outside. Surprisingly, the wombat may pass 80-100 poop squares every night! WOW! It must be very tired !!

④How does the wombat live? The wombat is not a friendly animal. It likes to spend its day alone inside its home under the ground. The wombat is also nocturnal. This means that it is not active during the daytime. The wombat likes to sleep all day and then go out at night to find food or to make new tunnels. The wombat likes places that are not very hot and not very cold. In the winter time, the wombat may leave its home and lie outside in the sun to get warm. In hot weather it likes to stay in its deepest room because the temperature is usually cooler. The east coast of Australia has warm weather and soft soil, so most wombats can be found there.

How about ⑤wombat babies? The wombat usually has a baby at least once a year, usually in October or November. The tiny baby finds its way to its mother's pouch, and spends the first months of its life there. After 3 months, the baby wombat will spend short periods outside its mother's pouch. At the end of 6 months, the mother will push the young wombat out of its pouch. It will still give the young wombat food for another 6 months, but after this time the young wombat is ready to live alone. It will usually leave its mother's home and find a place to begin building its own home under the ground. A young female wombat is able to have babies when it is 2 years old.

The wombat usually lives for about 5 years. Even though its life is short, the wombat likes to live alone. It does not like being around other animals or even other wombats. It is not usually dangerous, but it can attack a human or another animal if it is surprised or feels scared. In Australia, the wombat is protected by law in most areas. However, some farm workers don't like the wombats because they make holes in their fields. Some people even keep wombats as pets because they are cute. However, this is not only illegal but it is also not a good idea. This is because a pet wombat will try to make holes in your home's floors and walls. Wombats also like to poop a lot at night, so if you keep a wombat as a pet, you should be (⑥) when you walk at night to the toilet!

＊[注] poop フン　wombat ウォンバット(有袋類の動物)　pouch 袋　claw ツメ

(1) 下線部①の動物の説明として，**適切でない**ものを，次の１～４の中から**１つ**選びなさい。

１．袋が左右に開く。　２．子どもが袋の中で育つ。

３．体が毛でおおわれている。　４．子どもの離乳まで長時間を要する。

(2) 下線部②の答えとして，最も適切なものを，次の１～４の中から**１つ**選びなさい。

１．穴掘りで生じる土がたまらないようにするため。

２．穴掘りの際に，子どもが母親の体を登ってこないようにするため。

３．穴掘りの際に，体内から熱を逃がすため。

４．穴掘りの際に，排せつをしやすくするため。

(3) 下線部③の説明として，最も適するものを，次の１～４の中から**１つ**選びなさい。

１．球形である。　２．食べてからすぐつくられる。

３．主食である肉を含んでいる。　４．１晩に80～100個排出される。

(4) 下線部④の内容として，**適切でない**ものを，次の１～４の中から**１つ**選びなさい。

１．樹木を食べて生きる。

２．外部の気温の変化に強い。

３．他の個体と交流することを好まない。

４．夜に食べ物を探したり，トンネルを掘ったりする。

(5) 下線部⑤の内容として，**適切でない**ものを，次の１～４の中から**１つ**選びなさい。

１．生まれやすい時期がある。

２．生まれてから３か月たつと，短時間袋の外に出ることがある。

３．生まれる際には，母親により体内から取り出され，巣穴に移される。

４．生まれてから６か月たつと，母親により強制的に袋から出される。

(6) ウォンバットをペットとして飼うべきではない理由として，**適切でない**ものを，次の１～４の中から**１つ**選びなさい。

１．夜中に大量のフンをするから。

2．法律で保護されているから。

3．家の壁や床に穴を開けるから。

4．畑で育つ野菜しか食べないから。

(7) (⑥)に入れるのに，最も適する語を，次の１～４の中から**１つ**選びなさい。

1．careful　　2．honest　　3．kind　　4．sad

(8) 次の(A)～(C)の問いに対する答えとして，最も適するものを，下の１～４の中から**１つずつ**選びなさい。

(A) Which is **NOT** the author's opinion of wombats ?

1．They look really cute.

2．Their poop is interesting.

3．They should not be kept as pets.

4．They are very friendly animals that like to live in groups.

(B) How are wombats like kangaroos ?

1．They are very dangerous.

2．Their pouches open down.

3．Their poop has a unique shape.

4．They have pouches for their babies.

(C) Which of the following is the best title for this story ?

1．The Eating Habits of Wombats

2．Wombats Are Unique Marsupials

3．Kangaroos and Koalas in Australia

4．The Unique Environment of Australia

2　次の英文を読んで，あとの(9)～(15)の問いに答えなさい。

Life seems very (①) these days. All I do is go to work, and go home, go to work, and go home. Since 2020, I haven't really been able to travel outside of Japan. My life is not very exciting! Some people think this is just fine. They enjoy a quiet life without anything dangerous or interesting. Not me! I have always lived an active life looking for *adventure. My mother told me that this feeling came from my Norse *ancestors.

Who were the Norse? The Norse were the *ancient people of Scandinavia, an area that is today known as Norway, Denmark, and Sweden. Between the years 793 and 1066, the Norse became tired of looking at the same land every day, the same people, and the same boring fields of corn. They decided to leave their homes and go over the seas in their ships to look for adventure in foreign lands. But actually, they really wanted to get rich! This activity was known as "going Viking." Today, we call these people Vikings.

The Vikings built wonderful ships known as "longships," that could either be *rowed or sailed across the oceans. These Viking longships were not like ships today. They were made of wood and had *oars for rowing and sails for sailing. This means that they did not have to depend on the wind. The ships were also long and thin and did not ride deep in the water. This means that the Vikings could sail or row their longships up narrow rivers and in water that was only a meter deep. ②This made it very easy for them to attack towns on the coast and even big cities like Paris and London, which thought they were safe because they were so far from the coast.

The simplest longship used by the Vikings was known as a karvi. It usually had places for 16 people and was used for trips to nearby towns. It was only used to carry supplies and animals for (③) trips. A normal karvi was 21 meters long and 5 meters wide.

The most popular type of longship was known as a snekkja. It usually carried 40 people and was used for long trips, not just over the oceans, but also up rivers and even over land! In many cases, the Vikings would travel down a river until ④they were stopped by *waterfalls. In this situation, the Vikings would pull their ship out of the water, put 10 or 20 pieces of round wood under it and push it over the land until they went past the waterfall. It wasn't easy, but the Vikings were very tough people! The snekkja was the most popular ship for the Vikings because it was light and easy to push over land. It was usually about 25 meters long and about 2.5 meters wide.

The Vikings used these longships to (⑤) to Ireland. They established the city of Dublin in Ireland, and from there they traveled to Europe and North Africa. The Vikings also went to Russia. Later, they used their longships to travel down the rivers in Russia. They later established the city of Kiev in Ukraine. Eventually they reached the rich and powerful city of Constantinople in Turkey.

The Vikings also *settled in Iceland and then traveled to Greenland and finally continued west to Canada 500 years before Columbus! The Vikings grew very rich and famous because of their actions in these foreign lands. But they could not have done any of this without their amazing longships!

*[注] adventure 冒険　ancestor 先祖　ancient 古代の　row (船など)をこぐ
oar オール，櫂(かい)　waterfall 滝　settle 移り住む，定住する

(9) (①)に入れるのに最も適する語を次の1～4の中から**1つ**選びなさい。

1．bored　2．boring　3．excited　4．exciting

(10) 第2段落を読んで，the Norse に関する記述として**適切でない**ものを，次の1～4の中から**1つ**選びなさい。

1．The Norse は，スカンジナビア，現代のノルウェー，デンマーク，スウェーデンに生息していた古代人である。
2．The Norse は，日々同じ風景を見て，同じ人々に会い，何の変哲もない畑を見るのにうんざりしていた。
3．The Norse は，彼らの家を出て，船で海を渡り，見知らぬ土地へ冒険を求めて旅立つことをためらっていた。
4．かつて the Norse の行為は "going Viking" として知られており，現在彼らは Viking と呼ばれている。

(11) 下線部②が指し示す内容として最も適するものを，次の1～4の中から**1つ**選びなさい。

1．Longship は，大きな海での航海に適している。
2．Longship は，風によって進む方向を左右されない。
3．Longship は，水の中に深く沈まないため，川底の浅い川を進みやすい。
4．最も小さい longship は，karvi として知られ，通常16人の漕ぎ手を必要とし，短い航海に使用された。

(12) (③)に入れるのに最も適する語を，次の1～4の中から**1つ**選びなさい。

1．tired　2．beautiful　3．early　4．short

(13) 下線部④の状況を the Vikings はどのように克服しましたか。次の1～4の中から**1つ**選びなさい。

1．40人の漕ぎ手が，船を手で持って運んだ。

2．船を陸にあげ，10本から20本の丸太を船の下に敷き，それを押して滝を回避した。
3．船に積んでいた丸太を，10本から20本捨てた。
4．10本から20本の丸太で作成した車輪を，船底に装着した。

(14)（⑤）に入れる語として**適切でない**ものを，次の１～４の中から**１つ**選びなさい。
1．go　2．stay　3．travel　4．sail

(15)次の(A)～(D)の問いに対する答えとして，最も適するものを下の１～４の中から**１つずつ**選びなさい。

(A) What city in Ireland did the Vikings establish before continuing to North Africa ?
1．Constantinople　2．Dublin　3．Kiev　4．Paris

(B) What city did the Vikings establish before they reached Constantinople ?
1．London　2．Kiev　3．Paris　4．Scandinavia

(C) What area did the Vikings reach at the end of their travels west ?
1．Ukraine　2．Iceland　3．Greenland　4．Canada

(D) What was the secret to the Vikings' success ?
1．fields of corn　2．waterfalls　3．oars　4．longships

3　次の英文を読んで，あとの(16)～(24)の問いに答えなさい。

(Tsukaji is a junior high school student. He's a very bad boy ! Mr. Eton is his teacher.)

Mr. Eton : OK, class ! Let's get started planning for the school festival.
Ann : Where's Tsukaji ?
Hitomi : Who cares where he is !
Mr. Eton : Don't worry about Tsukaji. I gave him a special job to do so that we can talk about the school festival without a lot of trouble.
Rubriko : [①], Mr. Eton ! You're so clever ! Tsukaji does nothing but make trouble ! Our class would be better if he wasn't here !
Ann : I don't think so. Tsukaji may be a little strange sometimes, but he is very funny and clever.
Rubriko : He's not funny and he's not clever ! He doesn't respect this school ! He's always asking tough questions to our teachers and making *jokes that I don't understand ! He's a bad boy ! I HATE HIM ! I HATE HIM ! I HATE HIM !
Mr. Eton : Relax, Rubriko ! Think about happy things !
Rubriko : OK, I will be (②) when Tsukaji's gone !
Hiroshi : Actually, Tsukaji has a good idea for the school festival.
Ann : Really ? What is it ?
Hitomi : Nobody wants to hear Tsukaji's silly ideas.
Rubriko : Hey, everyone ! Let me tell you my ideas for the school festival !!! They're great !!!
Hitomi : Yes, I think we should listen to Rubriko ! He's the smartest person in the world !
Mr. Eton : OK, OK, let's hear your great ideas, Rubriko.
Rubriko : Well, I think we should put some cups on chairs and let people try to throw a 1-yen coin into them.
Hitomi : That's a great idea ! That will be so much fun !
Ann : ③<u>That's it ??</u> That's your great idea ?

Rubriko : No! We could also draw a picture of a *donkey on the wall. Then, people close their eyes and try to put a paper tail on the donkey!

Hitomi : OMG!!! That sounds amazing!!! That will be so much fun!!!

Hiroshi : Actually, I've seen that many times at school festivals. That sounds very boring to me.

Ann : [④] That doesn't sound very exciting.

Hitomi : OMG!!! Why are you attacking Rubriko???? He's super smart!!!

Mr. Eton : Nobody's attacking Rubriko! But those ideas don't sound very interesting. I think you saw them at another school festival. I want us to do something new! Something different! Something that will attract many students to our classroom!

Hiroshi : What about Tsukaji's idea? It's very (⑤) and the other students will love it!

Hitomi : Nobody wants to hear any of Tsukaji's *childish ideas!

Ann : Well, I want to hear his ideas!

Mr. Eton : OK, OK! What is Tsukaji's idea? A scary house? A dance party?

Hiroshi : No, he wants to build a *jet coaster on the stairs from the 3rd floor down to the 1st floor.

Ann : OMG!!!! That sounds great!!!!!! That will be so much fun!!!!!!

Mr. Eton : What??? A jet coaster? I love jet coasters! Do you think we can do it, class?

Class : YES!!!

Rubriko : Hey everyone! [⑥]

Hitomi : Yes, what about Rubriko's great ideas? They are much better than some silly jet coaster!

(Nobody is listening to them anymore. Instead, they are all talking about the jet coaster.)

Mr. Eton : Somebody, go find Tsukaji! I want to find out more about the jet coaster!!!

(A few minutes later, Hiroshi arrives with Tsukaji.)

Mr. Eton : Where was he?

Hiroshi : I found him in the library. He was asleep under a table.

Mr. Eton : Tell us about the jet coaster! We want to build the jet coaster!!

Tsukaji : What jet coaster?

Hiroshi : The one you told me about! Wake up!!

Tsukaji : Oh, that jet coaster!

Mr. Eton : Yes, what does it look like? (⑦) do we build it?

Tsukaji : It's like a long tunnel with a floor and walls made of cheap wood. We can make a little car with two chairs. Two people ride the car down the long tunnel from the 3rd floor to the 1st floor. I saw it on YouTube. Some American students made it. I am sure we can do it! All we need is some wood and some *cardboard.

Ann : What's the cardboard for?

Tsukaji : The cardboard will be used to make *padding for the passengers. We also need some bicycle helmets.

Hiroshi : [⑧]

Mr. Eton : To protect our heads! Tsukaji and I are going down the jet coaster first!!!

Ann : Thanks, Tsukaji!!!

(Everyone cheers, but not Rubriko and Hitomi. They look sad and cry.)

*[注] joke ジョーク，冗談　donkey ろば　childish 幼稚な

jet coaster　ジェットコースター　　cardboard　段ボール　　padding　当て物，詰め物

⑯ [①] に入れるのに最も適するものを，次の１～４の中から**１つ**選びなさい。

1．That's too bad
2．I don't understand
3．That's a great idea
4．That's a terrible idea

⑰ (②)に入れるのに最も適する語を，次の１～４の中から**１つ**選びなさい。

1．sad　　2．shy　　3．bad　　4．happy

⑱ 下線部③のように言った理由として最も適するものを，次の１～４の中から**１つ**選びなさい。

1．内容が素晴らしかったことに同意するため。
2．期待していたほどの内容ではなかったため。
3．内容が聞き取れなかったので聞き直すため。
4．期待していた以上に素晴らしい内容であったため。

⑲ [④] に入れるのに最も適するものを，次の１～４の中から**１つ**選びなさい。

1．I agree.
2．Pardon me.
3．I don't think so.
4．I'm sorry to hear that.

⑳ (⑤)に入れるのに**適切でない**ものを，次の１～４の中から**１つ**選びなさい。

1．exciting　　2．interesting　　3．unique　　4．disappointing

㉑ [⑥] に入れるのに最も適するものを，次の１～４の中から**１つ**選びなさい。

1．What for ?
2．How about you ?
3．What about my ideas ?
4．Which do you like better ?

㉒ (⑦)に入れるのに最も適する語を，次の１～４の中から**１つ**選びなさい。

1．How　　2．When　　3．Which　　4．Why

㉓ [⑧] に入れるのに最も適するものを，次の１～４の中から**１つ**選びなさい。

1．Where are they ?
2．What about my ideas ?
3．How can we find them ?
4．What for ?

㉔ 本文の内容に合っているものを，次の１～７の中から**２つ**選びなさい。(同じ解答欄に**２つ**マークしなさい)

1．Rubriko は Tsukaji の良き理解者である。
2．Rubriko のアイデアは即座にクラス全員に支持された。
3．Ann は Rubriko のアイデアを採用すべきだと主張した。
4．Hitomi と Rubriko は Tsukaji をあまり良く思っていない。
5．クラスの誰もが Tsukaji の子供っぽいアイデアを聞こうとはしなかった。
6．Rubriko と Hitomi を除いたクラス全員が Tsukaji のアイデアを支持した。
7．Mr. Eton は最後まで Tsukaji のアイデアをつまらないものだと思っていた。

4　次の広告の内容について，あとの(25)～(28)の問いに答えなさい。

International Travel Event 2024

@ Ibaraki International Trade Center

5th-7th April, 2024

More than 30 travel companies will be there!!

● You can enjoy:
Fun games, *karaoke contests, and an international cultural performance.
You can buy lots of different foreign foods and drinks!

● The karaoke contest winners will get:
A dinner cruise on Lake Kasumigaura, a new smartphone, a lot of local fruit and a dinner show at Keiko's Seafood Restaurant.

Don't miss your chance to get these prizes!!

● Opening Hours:	5th April (Fri)	10 a.m. - 10 p.m.
	6th April (Sat)	9 a.m. - 10 p.m.
	7th April (Sun)	9 a.m. - 8 p.m.

● Ticket Prices: Adults: 300 yen
Children: 100 yen (12 years old and under)

*Free Tickets: For All Students - ONLY ON APRIL 5th, 2024

There will be a free bus service every day between Ibaraki Station and the Ibaraki International Trade Center from 10 a.m. to 8 p.m.

For more information, please visit our home page.

＊[注]　karaoke　カラオケ　　free　無料の

(25) Which activity can visitors at the event NOT do?
1．Enjoy playing games
2．Sing songs in a competition
3．Eat as much free food as they can

4．Watch an international cultural show

(26) ［　　］に入れるのに最も適するものを，下の1～4の中から**1つ**選びなさい。

Prizes for the karaoke contests **DO NOT** include ［　　　　］.

1．a dinner show
2．a new smartphone
3．fruit grown in Ibaraki
4．an international cruise

(27) ［　　］に入れるのに最も適するものを，下の1～4の中から**1つ**選びなさい。

Two adults, an 11-year-old student and a 5-year-old child who want to visit the event on Sunday will have to pay ［　　　］.

1．600 yen　　2．700 yen　　3．800 yen　　4．900 yen

(28) Which of the following sentences is **NOT** true?

1．You can use the bus service at 7 p.m. on Sunday.
2．Students don't have to pay for a ticket on Friday.
3．If you need more information, call the trade center right away.
4．If you want to spend the longest time there, visit on Saturday.

5 次の(29)～(31)の各文の下線を引いた語(句)とほぼ同じ意味になる語(句)を，下の1～4の中から**1つずつ**選びなさい。

(29) I am against the new law that the government made.

1．am happy with
2．am surprised at
3．disagree with
4．get along with

(30) Mr. Ota is very popular with the listeners of his program.

1．audience
2．billions
3．heritage
4．professors

(31) Alex injured his leg when he was playing basketball.

1．banned
2．hurt
3．spread
4．treated

6 次の(32)～(34)の各文には，下線を引いた部分に誤りが1箇所あります。誤りのある箇所をそれぞれ①～④から**1つずつ**選びなさい。

(32) Mr. Hemingway ①had a problem ②to his computer: it didn't ③work ④in class.

(33) Martin Luther King, Jr. ①influenced a lot of people ②who fought ③under ④human rights.

(34) The story of Gandhi ①made me to think ②that I should do ③something for people who ④need help.

7 (35)～(39)について，(　)内の語(句)を，意味が通るように並べかえなさい。解答は1番目～6番目の語(句)の順に番号で答えなさい。日本文がある場合には，その意味を表すよう完成させなさい。

例題　I (1. you　2. will　3. a　4. give　5. hand　6. tomorrow).

1番目	①●③④⑤⑥
2番目	①②③●⑤⑥
3番目	●②③④⑤⑥
4番目	①②●④⑤⑥
5番目	①②③④●⑥
6番目	①②③④⑤●

この例では，I will give you a hand tomorrow. とするために，上から順に②，④，①，③，⑤，⑥のところにマークしてあります。

(35) あの絵は，コンクールの中で今のところ最高の作品だ。
That (1. so　2. best　3. is　4. work　5. the　6. picture) far in the contest.

(36) そこでの滞在中，私は楽しい時間を過ごした。
I (1. time　2. good　3. during　4. a　5. had　6. my) stay there.

(37) 彼は彼女がドアをたたくのを聞いた。
He (1. on　2. the　3. heard　4. her　5. knock　6. door).

(38) What did you (1. you　2. while　3. were　4. the most　5. in　6. enjoy) the UK?

(39) Let me decide (1. will　2. on　3. perform　4. I　5. what　6. the) street.

8 (40)～(44)について，(　)に入れるのに最も適する語を，下の1～4の中から**1つ**選びなさい。

(40) Hiroki taught me how to (　　) always full of energy.
1. be　2. do　3. see　4. have

(41) I heard that we can't make up (　　) a lack of sleep.
1. for　2. in　3. of　4. with

(42) Takashi turned (　　) and said to Hanako, "Good bye."
1. at　2. around　3. down　4. under

(43) Takako burst (　　) Hanako's room and told her about the accident.
1. away　2. for　3. into　4. out

(44) Hiroshi will (　　) part in a summer camp next summer.
1. be　2. get　3. have　4. take

【数　学】 (50分) 〈満点：100点〉

（注意） (1) 定規，コンパス，分度器，計算機は使用してはいけません。

(2) □の中の１つのカタカナには１つの数字が入ります。その数字をマークしなさい。

(3) 分数で答える場合は必ず約分し，比で答える場合は最も簡単な整数比で答えなさい。また，根号の中はできるだけ小さい自然数で答えなさい。

1　次の□をうめなさい。

(1) $\frac{2}{3}\times(0.7)^2-(0.3)^2\div\frac{3}{2}=\frac{\boxed{\text{ア}}}{\boxed{\text{イ}}\boxed{\text{ウ}}}$

(2) $(\sqrt{3}+\sqrt{2})^2-\frac{15-3\sqrt{6}}{3}=\boxed{\text{エ}}\sqrt{\boxed{\text{オ}}}$

(3) x，y が $\begin{cases}x+2y=2\\9x-3y=11\end{cases}$ をみたすとき，$x+y=\frac{\boxed{\text{カ}}}{\boxed{\text{キ}}}$ である。

(4) ２次方程式 $x^2-2x-17=0$ の解は $x=\boxed{\text{ク}}\pm\boxed{\text{ケ}}\sqrt{\boxed{\text{コ}}}$ である。

(5) 右の表は，Ａ組とＢ組の数学のテストの得点を度数分布表に表したものである。

次の⓪～③のうち，この表から読み取れることとして適切なものは $\boxed{\text{サ}}$ と $\boxed{\text{シ}}$ である。

⓪ 中央値はどちらも同じ階級にある。

① 組全体の人数に対する30点以下の生徒の割合が大きいのはＢ組である。

② 範囲はＡ組の方が小さい。

③ 四分位範囲はＡ組の方が大きい。

得点	Ａ組		Ｂ組	
	度数（人）	累積度数（人）	度数（人）	累積度数（人）
以上　以下 0～10	0	0	2	2
11～20	2	2	1	3
21～30	3	5	3	6
31～40	3	8	0	6
41～50	4	12	5	11
51～60	6	18	6	17
61～70	4	22	12	29
71～80	5	27	3	32
81～90	3	30	3	35
91～100	0	30	1	36
合計	30		36	

2　次の□をうめなさい。

(1) 右の図において，①は関数 $y=\frac{a}{x}$ のグラフである。２点Ａ，Ｂは①上にあり，x 軸上の点をＣとする。Ａ，Ｃの x 座標が６，Ｂの座標が(2, 3)であるとき，△OCAの面積は $\boxed{\text{ア}}$ であり，△OABの面積は $\boxed{\text{イ}}$ である。

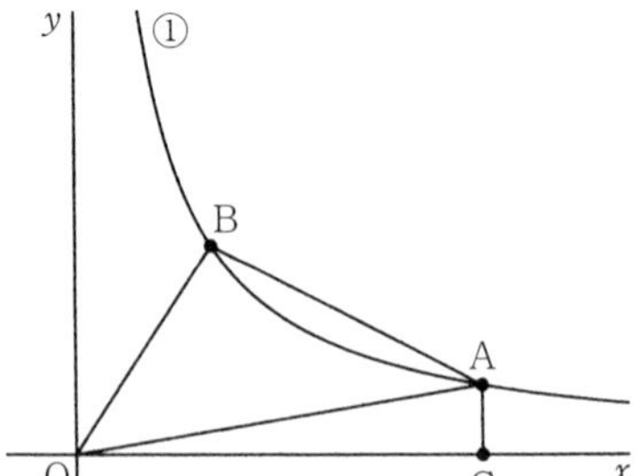

(2) １個のさいころを２回投げて，１回目に出た目の数を x，２回目に出た目の数を y とする。座標平面上の３点O(0, 0)，A(x, 0)，B(x, y)を結んでできる△OABについて，面積が10となる確率は $\frac{\boxed{\text{ウ}}}{\boxed{\text{エ}}\boxed{\text{オ}}}$ であり，面積が４の倍数となる確率は $\frac{\boxed{\text{カ}}}{\boxed{\text{キ}}\boxed{\text{ク}}}$ である。

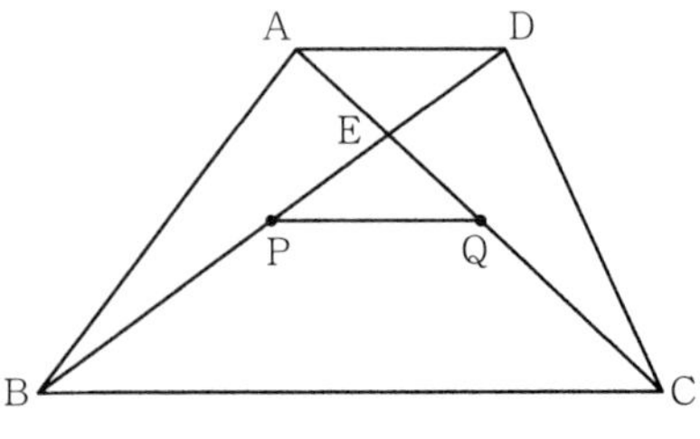

(3) 右の図のように，AD//BCである台形があり，対角線の交点をＥとする。また，２点Ｐ，Ｑはそれぞれ対角線BD，

ACの中点である。

AD＝4，BC＝12であるとき

(i) PQ＝$\boxed{\text{ケ}}$である。

(ii) 台形ABCDの面積は，△EPQの面積の$\boxed{\text{コ}}\boxed{\text{サ}}$倍である。

3 ある商品をx個仕入れた。この商品を三日間に渡り販売した。以下は，その三日間の内容である。

・一日目は，1個y円で販売したところ，仕入れた個数の4割が売れた。

・二日目は，一日目の値段の2割引きで販売したところ，商品が10個売れ残った。

・一日目と二日目の売り上げた個数の比は4：5であった。

・三日目は，二日目の値段から180円引きで販売したところ，すべての商品が売り切れた。

このとき，次の□をうめなさい。

(1) 三日目の値段は，1個あたり$\dfrac{\boxed{\text{ア}}}{\boxed{\text{イ}}}y-\boxed{\text{ウ}}\boxed{\text{エ}}\boxed{\text{オ}}$円である。

(2) $x=\boxed{\text{カ}}\boxed{\text{キ}}\boxed{\text{ク}}$である。

(3) 三日間の売り上げの合計金額が64200円であるとき，$y=\boxed{\text{ケ}}\boxed{\text{コ}}\boxed{\text{サ}}$である。

4 図において，①は原点Oを中心とする半径2の円，②は$y=bx^2$のグラフである。①上の点Aのx座標は正であり，y座標は$\dfrac{8}{5}$である。また，①と②は2点B，Cで交わり，∠BAC＝60°である。

このとき，次の□をうめなさい。

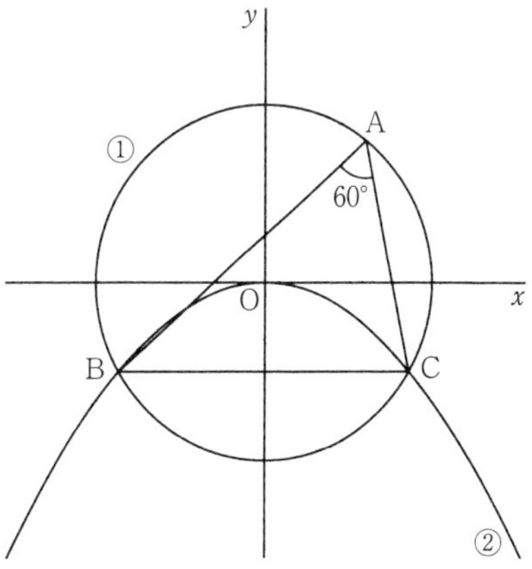

(1) ∠BOC＝$\boxed{\text{ア}}\boxed{\text{イ}}\boxed{\text{ウ}}$°である。

(2) $b=-\dfrac{\boxed{\text{エ}}}{\boxed{\text{オ}}}$である。

(3) 点Aのx座標は$\dfrac{\boxed{\text{カ}}}{\boxed{\text{キ}}}$であり，∠BACの二等分線の式は$y=\boxed{\text{ク}}x-\boxed{\text{ケ}}$である。

5 図は，AB＝AE＝6，AD＝$2\sqrt{7}$の直方体ABCD-EFGHであり，辺CGの中点をMとする。点Pは対角線AG上を毎秒1の速さでAからGまで動き，Gに達したときに停止する。

このとき，次の□をうめなさい。

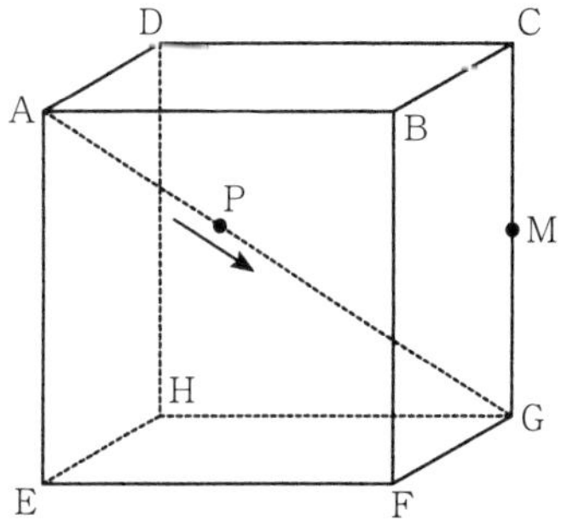

(1) 点Pが停止するのは，点Pが出発してから$\boxed{\text{ア}}\boxed{\text{イ}}$秒後である。

(2) ∠APM＝90°となるのは，点Pが出発してから$\dfrac{\boxed{\text{ウ}}\boxed{\text{エ}}}{\boxed{\text{オ}}}$秒後である。

(3) 点Pが△MHF上にくるのは，点Pが出発してから$\dfrac{\boxed{\text{カ}}\boxed{\text{キ}}}{\boxed{\text{ク}}}$秒後である。

【社　会】（50分）〈満点：100点〉

1　あとの問いに答えなさい。(8)～(10)については，それぞれの説明にあてはまる国名を，以下の①～④のうちから一つずつ選びなさい。なお，(8)～(10)は，図１(地図)中の番号に対応している。

(1)　日清戦争で得た賠償金をもとに建設され，重化学工業発展の基礎となった施設として適切なものを，以下の①～④のうちから一つ選びなさい。

①　日立製作所　　②　長崎造船所

③　八幡製鉄所　　④　愛知紡績所

(2)　米騒動の影響による寺内正毅内閣の退陣後，日本初の本格的な政党内閣を組織した内閣総理大臣として適切なものを，以下の①～④のうちから一つ選びなさい。

①　伊藤博文　　②　大久保利通

③　東条英機　　④　原敬

(3)　明治政府が行った政策として**適切でないもの**を，以下の①～④のうちから一つ選びなさい。

①　学制の公布　　②　徴兵令の公布

③　地租改正の実施　　④　治安維持法の制定

(4)　日本国憲法で保障されている精神(精神活動)の自由として適切なものを，以下の①～④のうちから一つ選びなさい。

①　思想・良心の自由　　②　奴隷的拘束及び苦役からの自由

③　居住・移転・職業選択の自由　　④　財産権の保障

(5)　労働基本権のうち労働者の要求を実現するためにストライキなどを行う権利として適切なものを，以下の①～④のうちから一つ選びなさい。

①　団結権　　②　団体交渉権

③　団体行動権　　④　団体契約権

(6)　部落差別からの解放を目指すために結成された組織として適切なものを，以下の①～④のうちから一つ選びなさい。

①　全国水平社　　②　立憲政友会

③　自由党　　④　大政翼賛会

(7)　降水量の少ない乾燥地域において，河川や地下水などから水が得られ，人間が生活できる場所の名称として適切なものを，以下の①～④のうちから一つ選びなさい。

①　サバナ　　②　オアシス

③　サヘル　　④　カルデラ

(8)　インドシナ半島に位置する社会主義国家である。コーヒー豆や米の生産が盛んなほか，近年では電気機械の製造などの工業化も進んでいる。

①　ベトナム　　②　マレーシア

③　フィリピン　　④　シンガポール

(9)　ペルシャ湾に面する世界最大の石油輸出国である。石油産業の依存から脱却を図り，近年では産業構造の改革が進められている。

①　アラブ首長国連邦　　②　アゼルバイジャン

③　サウジアラビア　　④　イスラエル

(10)　４か国と国境を接し，複数の言語を公用語としている。また，EU の本部がこの国の首都に置かれている。

①　ベルギー　　②　スペイン

③　フランス　　④　ドイツ

図1

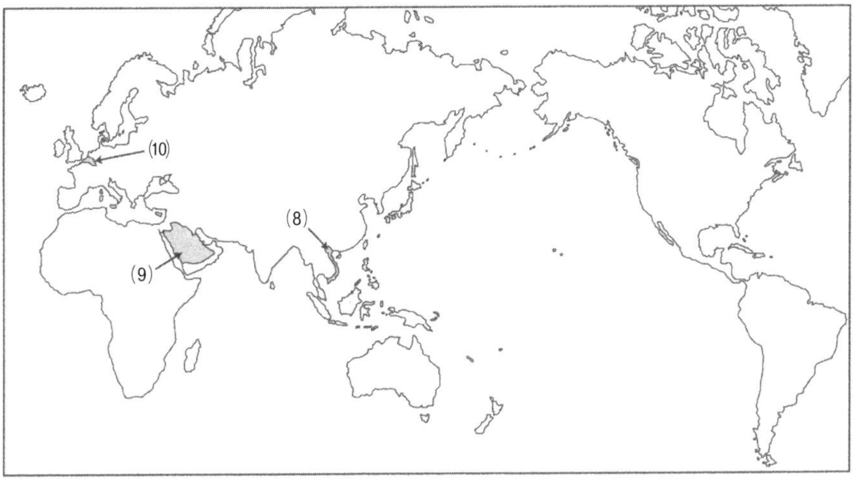

2 次の文章A～Cを読んで，あとの問いに答えなさい。

A

日本で発行される地図を見ると，(a)北海道の北にある樺太(サハリン)の中央部に境界線があります。この境界線は，(b)北緯50度線です。樺太は，1875年の樺太・千島交換条約でロシア領になりましたが，(c)日露戦争の結果，北緯50度線以南は日本領になりました。第二次世界大戦後，連合国との講和条約で，日本は樺太の領有を放棄しましたが，ロシア(ソ連)による領有を認めたわけではありません。境界線は，帰属未定という日本の立場を反映しています。また，現在の地図でも，樺太には日本語の地名が併記される場合があります。

(1) 下線部(a)「北海道」に関する文として**適切でないもの**を，以下の①～④のうちから一つ選びなさい。

① 1792年，ロシアの使節ラクスマンが根室に到着し，漂流民の大黒屋光太夫を送還し，幕府に対して通商を要求した。

② 2019年，アイヌ民族支援法(アイヌ施策推進法)が成立し，アイヌの人たちは先住民族として位置づけられた。

③ 北海道は，夏は短く冬は長い亜寒帯に区分され，梅雨の時期が本州より長く，オホーツク海側を中心に降水量が多い。

④ 牧草や飼料作物を栽培しながら乳牛を飼育する酪農が盛んであり，また石狩平野は日本有数の米の生産地である。

(2) 下線部(b)「北緯50度線」が通る地域に関する文の下線部の内容が適切なものを，以下の①～④のうちから一つ選びなさい。

① ウクライナのほか，ロシアやポーランドなどでラテン系の言語が多く使われている。

② 酸性雨をもたらす排出ガス・ばい煙は，偏西風にのってヨーロッパ各地に広がり，樹木が枯れたり，水質汚染が発生したりした。

③ カナダ西部のバンクーバーは，中国語を話す移民のヒスパニックが多く見られるようになった。

④ ロシアと中国の国境を流れるアムール川からは，冬になると大量の水が北極海に流れ出し，流氷となって北海道に押し寄せる。

(3) 下線部(c)「日露戦争」直後の，日本とその周辺地域を示した図として適切なものを，以下の①～④のうちから一つ選びなさい。

① 明治８年の地図

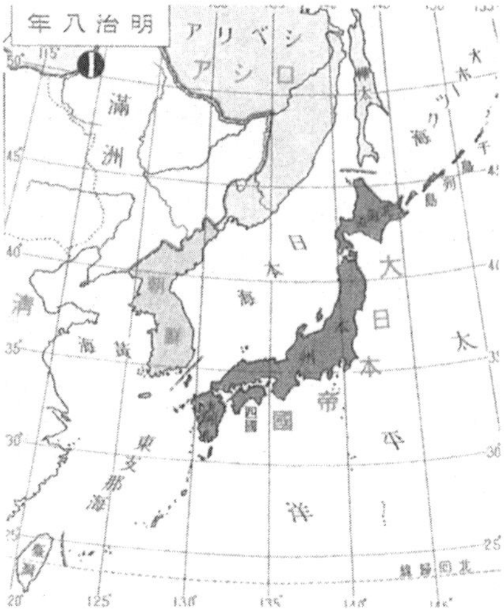

② 明治28年の地図

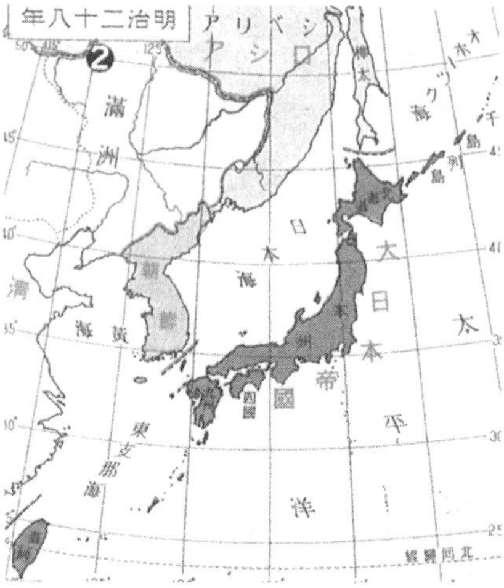

③ 明治38年の地図

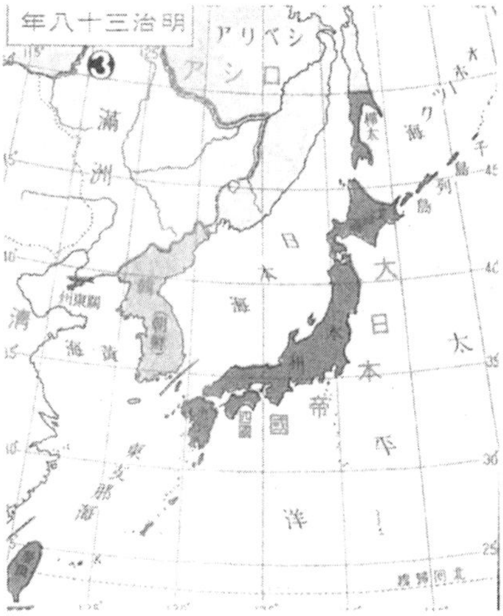

④ 昭和９年の地図

（『昭和９年版復刻版地図帳　帝国之部』により引用）

B

７月14日はフランスの(d)革命記念日です。毎年，(e)首都のパリなどでは，パレードが行われ，花火が打ち上げられるなど盛大に祝われています。1789年のこの日に，パリの民衆が武器庫でもあったバスティーユ牢獄を襲撃し，革命に発展しました。19世紀に各国で「国民」という意識が高まると，(f)フランスでも1880年に，この日が革命記念日となりました。

(4) 下線部(d)に関連して，記念日は国家の歩みを記す上で重要な出来事を振り返るために設けられている。記念日について述べた記述として適切なものを，以下の①～④のうちから一つ選びなさい。

① ５月３日は，憲法記念日である。1947年のこの日に，国民主権・平和主義などを柱とする日本国憲法が施行された。

② 7月4日は，アメリカの独立記念日である。1917年のこの日に，独立宣言が採択されたことを記念するものである。

③ 8月15日は，終戦の日である。1945年のこの日に，サンフランシスコ平和条約締結について天皇がラジオ放送を通じて国民に発表した。

④ 9月18日は，中国の戦勝記念日である。1931年のこの日に，中国東北部で起きた鉄道爆破事件をきっかけに第二次世界大戦が勃発した。

(5) 下線部(e)に関連して，フランス革命記念日のパレードが現地時間の午前10時に始まるとき，日本時間での開始時刻として適切なものを，以下の①～④のうちから一つ選びなさい。なお，フランスの標準時子午線は東経15度であり，サマータイムは考慮しない。

① 14時　② 16時

③ 18時　④ 20時

(6) 下線部(f)「フランス」は国際連合創設時に安全保障理事会の常任理事国になった。現在におけるフランス以外の安全保障理事会常任理事国の組み合わせとして適切なものを，以下の①～④のうちから一つ選びなさい。

① アメリカ合衆国・日本・イギリス・ロシア

② アメリカ合衆国・中国・イギリス・ロシア

③ アメリカ合衆国・日本・イギリス・ドイツ

④ アメリカ合衆国・中国・イギリス・ドイツ

(7) 下線部(f)「フランス」と深いつながりを持つ地域に関する文の下線部の内容が適切なものを，以下の①～④のうちから一つ選びなさい。

① ベトナムは1945年にフランスが撤退すると，北緯38度線を境に南北に分かれて対立し，1965年にはアメリカ軍が介入して大規模な戦争に発展した。

② フランスとドイツの間では，EUの共通通貨であるドルを使うことができる。

③ かつてフランス領であったハイチは，西インド諸島に位置し，プランテーションの労働者としてスラブ人が奴隷として使われた。

④ フランス領タヒチが位置する太平洋は，第一次世界大戦後のワシントン会議で，現状維持が定められた。

C

紛争や(g)条約などでしばしば国境線は変化してきました。東ヨーロッパのポーランドは，ドイツとロシアという大国の狭間にあって，国境線がしばしば変更されました。(h)2度の世界大戦を経て，ポーランドの国土が東や西に移動してきた経緯があります。中東やアフリカの国々を地図帳で見ると，国境線が直線で引かれているところがあります。イギリスやフランスなどヨーロッパの国々が，かつて(i)植民地支配した名残です。

(8) 下線部(g)「条約」の承認手続きは，衆議院の優越が認められている。衆議院の優越として**適切でないもの**を，以下の①～④のうちから一つ選びなさい。

① 憲法改正の発議

② 予算の議決

③ 内閣総理大臣の指名

④ 内閣不信任の決議

(9) 下線部(h)「2度の世界大戦」を経て，世界各国で選挙権は拡大してきた。日本の選挙制度の変遷を説明した文として適切なものを，以下の①～④のうちから一つ選びなさい。

① 1925年に普通選挙法が施行され，満25歳以上の男子に選挙権が認められたが，同時に国家総動

員法が制定され，社会主義者を取り締まった。

② 1946年，満20歳以上の男女に選挙権が認められ，初めて行われた衆議院議員選挙では女性議員が誕生した。

③ 1919年，吉田茂内閣のとき，選挙権を持つのに必要な納税額を３円以上に引き下げた。

④ 平塚らいてうは民本主義を提唱し，1920年代になると女性参政権を求める運動を展開した。

⑽ 下線部(i)に関連して，かつて植民地支配を受けた国々について述べた文として適切なものを，以下の①～④のうちから一つ選びなさい。

① カザフスタンでは，プランテーションでアブラやしやコーヒーなどを生産するため児童労働が行われたことが，国際的に非難されている。

② インドネシアでは，少ない労働力で広大な面積を経営する企業的農業経営が行われ，遺伝子組み換え食品などの技術開発が進んでいる。

③ 南アフリカ共和国は，限られた鉱産資源の生産と輸出に依存するモノカルチャー経済であり，不安定な社会である。

④ インドでは100以上の言語が使われ，現在もかつて植民地支配した国の言語が公用語の一つとして使われている。

3 次の文章を読んで，あとの問いに答えなさい。

現代社会において(a)「AI(人工知能)」という言葉を聞いたことがない人はいないと思います。しかしAIとは一体どういうものなのでしょうか。

AIという言葉は1956年に開かれたダートマス会議にて，(b)アメリカの計算機科学者であるジョン・マッカーシーが初めて使用しました。マッカーシーは「AIとは，知的機械，特に知的コンピューター・プログラムを作る科学と工学のことである」と説明しました。しかし現代では，「知性」や「知能」自体の明確な定義がないことからAIを定義することも困難であると多くの研究者が指摘しています。

AIの研究において，2000年代以降は第三次人工知能ブームと呼ばれ，膨大なデータを用いてAIが知識を獲得する機械学習が実用化されました。なかでもディープラーニングと呼ばれる，深層ニュートラルネットワークを使用した機械学習の手法が誕生し，人類がAIに期待していたものについての実現可能性が高まりました。

AIを活用したものには，インターネットの検索機能や(c)言語の自動翻訳，(d)自動車の自動運転技術などがあります。また今後は，(e)少子高齢化に伴い不足する労働力の補完や医療診断の補助に活用することが求められています。

AIは政治の分野でも活用が始まっています。韓国では，2022年に行われた大統領(f)選挙において，保守系野党「国民の力」が(注)ディープフェイクを駆使し，(g)ソーシャルメディアを活用して尹錫《ユンソン》悦《ニョル》候補を「クール」に見せ，ウェブ上で流行しやすい口癖を喋らせることで若い有権者の関心をひこうとしました。本人ではなく機械の言葉で投票を促すことに対して(h)民主主義に反するという批判もありましたが，尹錫悦候補は当選し，大統領に就任しました。

また同じく2022年に，キーウ(i)市長のふりをした人物が，ビデオ会議でベルリン市長にウクライナ避難民の帰還を要請する事件が起こりました。ベルリン市長は違和感を覚え，ウクライナ政府に確認を取ったところディープフェイクであったことが判明しました。

AIの発展は私たちの生活に大きな恩恵をもたらす一方で，ディープフェイクのような問題も生んでいます。これからも進化し続けるAIと私たちはどのように向き合っていくべきか，よく考えなければいけません。

(注)　ディープラーニングと偽物を意味する「フェイク」を合わせた造語。人物の動画や音声を人工的に合成する技術。

(1)　本文から読み取れることとして適切なものを，以下の①～④のうちから一つ選びなさい。

①　AIの研究は1950年代から始まり，2000年代になるとその研究は完成して，AIとは何かを定義できるようになった。

②　AIの進化は我々の生活を豊かにするものとなったが，ディープフェイクのような問題も起こっている。

③　韓国の大統領選挙では保守系野党がAIを使った選挙活動を行い，若者の関心をひいたが，候補者は当選しなかった。

④　AIはさまざまな分野で応用され，私たちの生活に恩恵のみ与えてきた。

(2)　下線部(a)に関連して，図1～4はAIに対するイメージについての調査結果を示したものである。図1～4から読み取れることとして適切なものを，以下の①～④のうちから一つ選びなさい。

図1　AIに対するイメージ

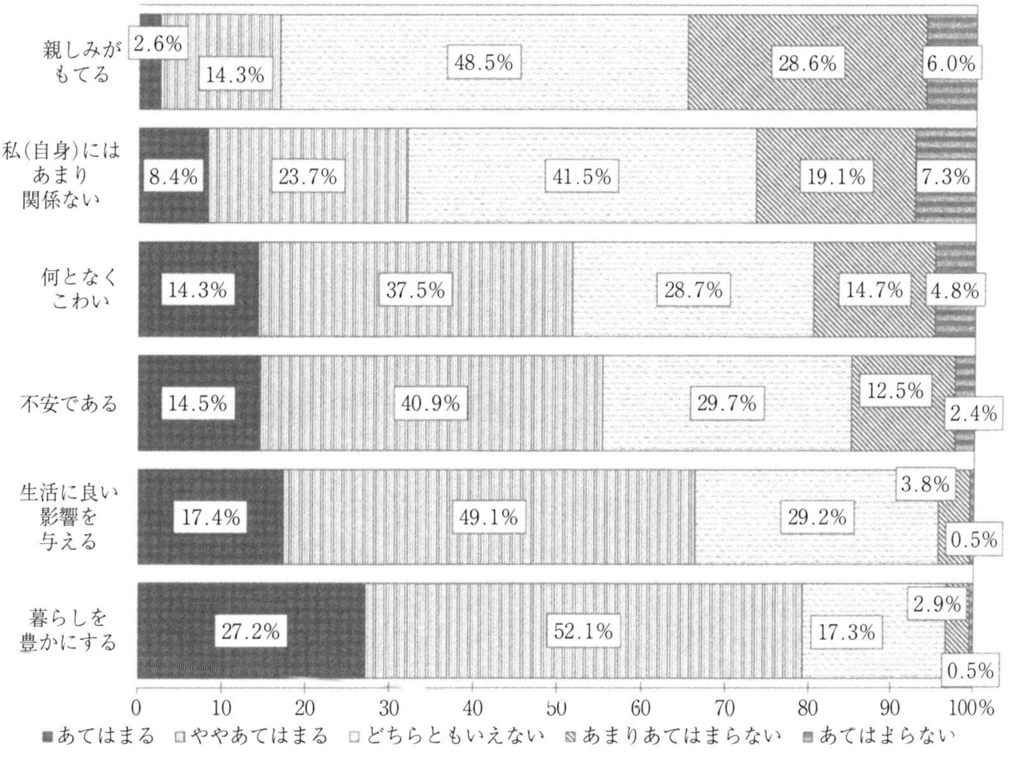

図２　AIに対する理解度とAIは「不安である」というイメージに対する回答の関係

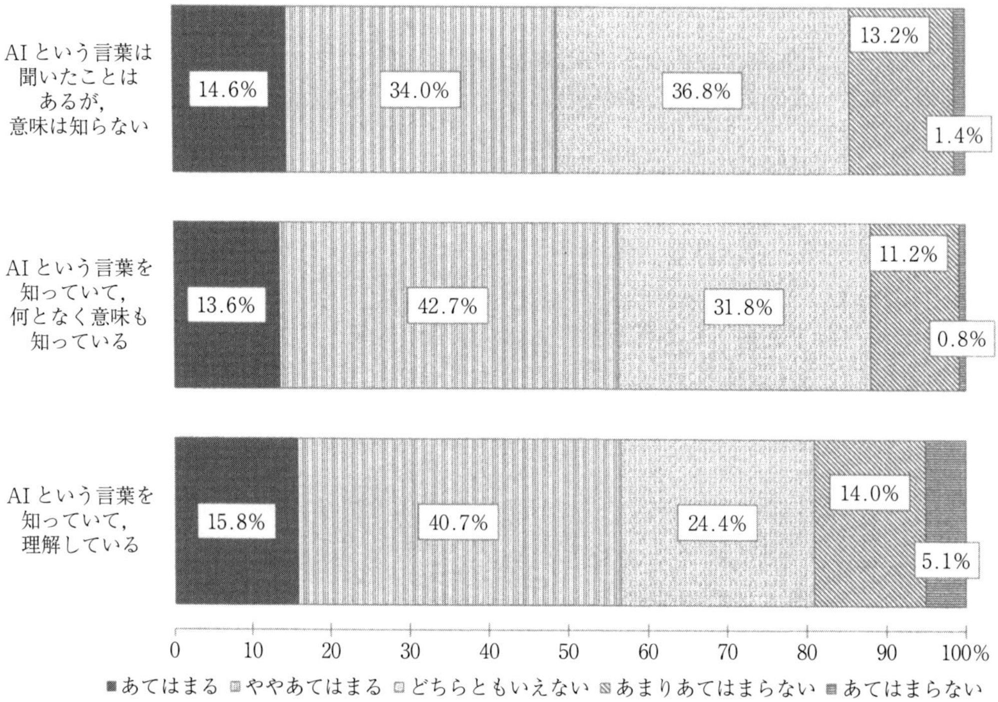

図３　人と比較したAIのイメージ

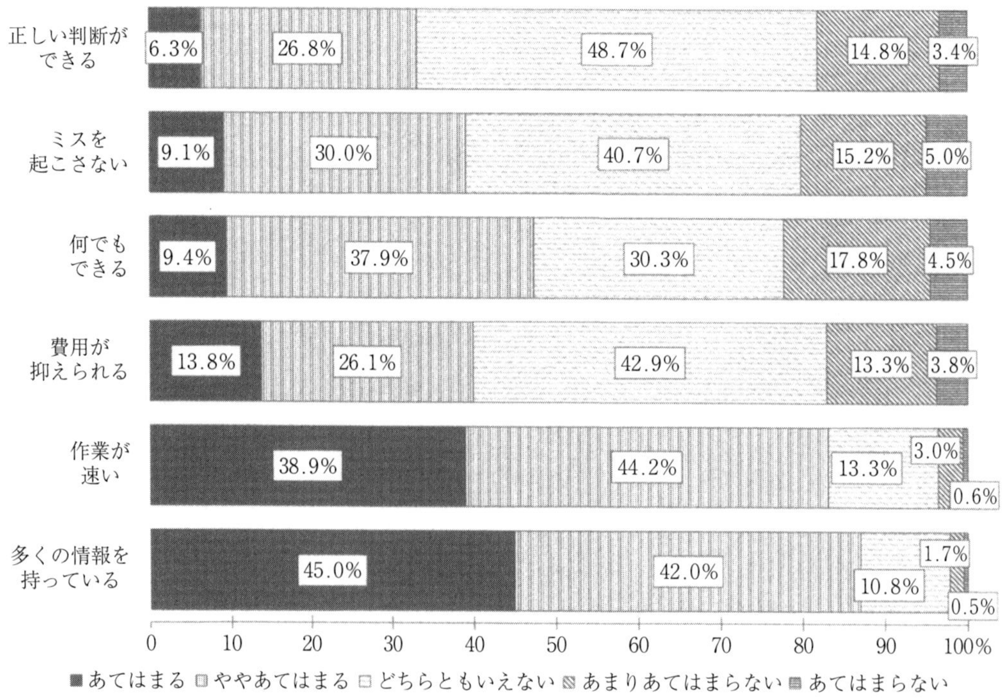

図4　AIに対する理解度と人よりもAIは「何でもできる」というイメージに対する回答の関係

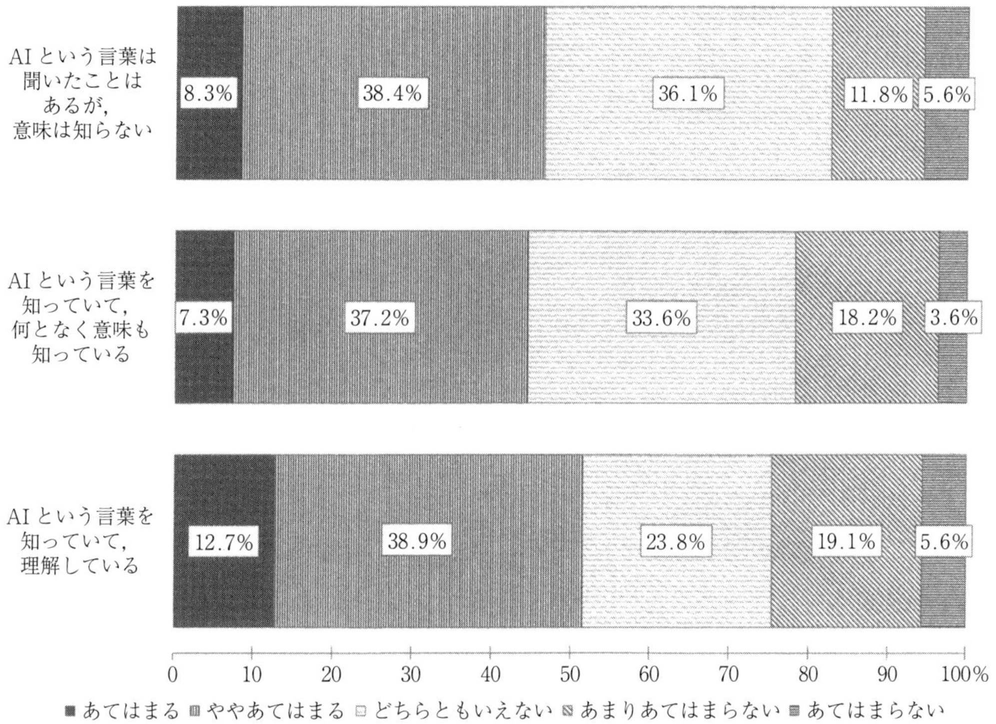

（いずれも「第1回消費者意識調査」により作成）

①　AIは「暮らしを豊かにする」「生活に良い影響を与える」というイメージに対して，「あてはまる」・「ややあてはまる」と回答した人の割合は，どちらも全体の70％以上を占めている。

②　人よりもAIは「多くの情報を持っている」「作業が速い」というイメージに対して，「あてはまる」・「ややあてはまる」と回答した人の割合は，どちらも全体の80％以上を占めている。

③　AIは「不安である」というイメージに対して，「あてはまる」と回答した人は，AIに対する理解度が高いほど，割合が高い。

④　AIは「何でもできる」というイメージに対して，「あてはまる」と回答した人は，AIに対する理解度が高いほど，割合が高い。

(3)　下線部(b)「アメリカ」と日本の政治体制を比較したとき，アメリカにあり，日本にない制度として適切なものを，以下の①～④のうちから一つ選びなさい。

①　議会の解散　　②　国民投票　　③　教書の送付　　④　二院制

(4)　下線部(c)「言語の自動翻訳」は，グローバル化が進む社会において重要な役割を担うツールの一つである。グローバル社会について述べた文として適切なものを，以下の①～④のうちから一つ選びなさい。

①　資源を持つ国が資源を持たない国に分配する国際分業が行われている。

②　考え方や価値観の異なる人々が互いの文化を尊重し，対等な関係を築きながらともに生活していく多文化共生が求められている。

③　物や人，お金の移動が容易になったが，日本で暮らす外国人の数は減少している。

④　言語のみならず障害の有無なども関係なく，だれもが利用しやすいように工夫した製品をダイバーシティデザインという。

(5)　下線部(d)に関連して，次の文章は，自動車の自動運転技術に関する会話文である。空欄［あ］・

い には，以下のA～Dのいずれかが入る。表1を参考にして空欄 あ ・ い にあてはまる記述の組み合わせとして適切なものを，以下の①～④のうちから一つ選びなさい。

表1

自動運転化レベル	概要	運転操作の主体
レベル0	運転者がすべての運転操作を実行	運転者
レベル1	システムがアクセル・ブレーキ操作またはハンドル操作のいずれかを条件下で部分的に実行	運転者
レベル2	システムがアクセル・ブレーキ操作またはハンドル操作の両方を条件下で部分的に実行	運転者
レベル3	システムがすべての運転操作を一定の条件下で実行 作動継続が困難な場合は，システムの介入要求等に運転者が適切に対応	システム(作動継続が困難な場合は運転者)
レベル4	システムがすべての運転操作及び作動継続が困難な場合への対応を一定の条件下で実行	システム
レベル5	システムがすべての運転操作及び作動継続が困難な場合への対応を条件なしで実行	システム

(政府広報オンラインにより作成)

佑磨：自動運転技術についてはレベル0からレベル5までの6段階になっているんだって。
圭太：今の日本ではレベル3までの運用が法律で認められているよ。
佑磨：ということは あ かな。
圭太：今後技術がさらに発展すれば，レベル5での運用も可能になるのだろうか。
佑磨：レベル5になると完全自動化になって運転手がいないから責任の所在が問題になるね。
圭太：だとしたら僕はレベル3までの車を運転したいな。 い と思う。
佑磨：レベル3までは自分で責任を取れるからね。

A　運転手がいない自動運転による無人バスの運用も可能になる
B　運転手はいるけど基本操作が自動運転による無人バスの運用も可能になる
C　運転手がいないから，そのシステムを作った会社が責任を取るべきだ
D　システムが運転していても，人が運転席に乗っているなら乗っている人が責任を取るべきだ

① あ－A い－C　② あ－A い－D
③ あ－B い－C　④ あ－B い－D

(6) 下線部(e)に関連して，今後の日本において有効だと考えられる少子高齢化対策について述べた文X・Yの正誤の組み合わせとして適切なものを，以下の①～④のうちから一つ選びなさい。

X－2人目以降の出産育児一時金の支給額を，1人目よりも増額する。
Y－高齢者が増加しているので，定年年齢を引き上げ，高齢者が働きやすい環境を整備する。

① X－正　Y－正　② X－正　Y－誤
③ X－誤　Y－正　④ X－誤　Y－誤

(7) 下線部(f)に関連して，日本の選挙制度について述べた文として適切なものを，以下の①～④のうちから一つ選びなさい。

① 衆議院議員選挙の小選挙区制では，全国を148の選挙区に分けて実施する。
② 衆議院議員選挙の比例代表制では，3年ごとに定数の半分を改選している。
③ 参議院議員選挙の選挙区制では，全国を289の選挙区に分けて実施する。
④ 参議院議員選挙の比例代表制では，ドント式と呼ばれる方法で各政党に議席を配分する。

(8) 下線部(g)「ソーシャルメディア」とは，ブログやSNS(ソーシャル・ネットワーキング・サービ

ス)などのインターネットを通じて人々が情報を発信しあうメディアを指す。ソーシャルメディアについて述べた文として最も適切なものを，以下の①～④のうちから一つ選びなさい。

① ソーシャルメディアはいつでもどこでも誰でも発信できるため，常に素早く正しい情報を手にいれることができる。

② ソーシャルメディアに一度公開した写真は，自分が消しても誰かが保存していて自分が意図しない形で拡散される可能性がある。

③ ソーシャルメディアでは，マスメディアでは発信されない情報も多いため，ソーシャルメディアだけで情報収集する方がよい。

④ ソーシャルメディアでのコミュニケーションは，相手の顔が見えないことが多いが，すれ違いやコミュニケーション不足に陥ることは全くない。

(9) 下線部(h)「民主主義」の実現のため，国会は「国権の最高機関」としての地位を持つ。日本の国会について述べた文として適切なものを，以下の①～④のうちから一つ選びなさい。

① 常会(通常国会)は毎年１回，１月に召集され，会期の延長がない限り，150日間にわたり開かれる。

② 衆参いずれかの議員の総議員の４分の１以上の要求があった場合に召集される国会を特別会(特別国会)という。

③ 衆議院の解散による総選挙の日から30日以内に召集される国会を臨時会(臨時国会)という。

④ 国会は，ふさわしくない裁判官を辞めさせるかどうかを決める国政調査権を持つ。

(10) 下線部(i)「市長」について述べた文として適切なものを，以下の①～④のうちから一つ選びなさい。

① 市長の解職請求をするためには，有権者の50分の１以上の署名が必要である。

② 市長に立候補するためには，30歳以上でなければならない。

③ 市長は市議会の解散権を持たず，議会とは独立した関係を持つ。

④ 市長は条例の制定・改廃の請求を受ける。

4 次の文章を読んで，あとの問いに答えなさい。

民族や宗教，地域によってそれぞれ多様な食文化が存在する一方で，国や地域を越えて広く親しまれている食文化も存在する。最たる例としてハンバーガーやピザなどのファストフードがある。

マクドナルドは，(a)アメリカのイリノイ州に本社を置く世界的なファストフードチェーンである。アメリカは車社会化しており，マクドナルドで販売しているメニューの多くは，車を運転しながらでも片手で食べられるような工夫がなされ，ドライブインやドライブスルーでの購入が可能となっている店舗が多い。ハンバーガーの材料にもなっている(b)小麦や牛肉の生産は，(c)アメリカの特徴のある農業が支えている。

世界的にチェーン展開しているマクドナルドでは画一的なメニューだけではなく，国や地域の風土や慣習にあったメニューも見られる。例えば，［　あ　］のマクドナルドでは，牛肉を使用したメニューはほとんどなく，代わりに鶏肉や大豆ミート，野菜のみを使用したハンバーガーが販売されている。(d)ニュージーランドでは，生産が盛んなキウイフルーツを使用したメニューがあり，日本でも醤油をベースとした照り焼き味のメニューが存在する。また，過去にロシアではライ麦を使用したハンバーガーが販売されていた。

日本においてもマクドナルドは広く親しまれている。マクドナルドの１号店が日本でオープンしたのが1971年であり，この頃，従来の米食から欧米の食事スタイルへ変化したことは，(e)食の洋風化や欧米化などと呼ばれている。

(1) 空欄［あ］にあてはまる国名として適切なものを，以下の①～④のうちから一つ選びなさい。

① エジプト　② サウジアラビア　③ インド　④ パキスタン

(2) 下線部(a)「アメリカ」の工業について述べた文章中の空欄［い］・［う］にあてはまる語句の組み合わせとして適切なものを，以下の①～④のうちから一つ選びなさい。

アメリカは世界でも有数の工業国である。19世紀からアメリカは豊富な鉄鉱石や石炭などの資源を背景に工業化が進展した。特にデトロイトなどの五大湖周辺の都市は工業の中心として栄えた。20世紀後半になると産業の中心が五大湖周辺から移った。北緯37度付近より南のICTや航空宇宙産業などが盛んな地域を総称して［い］とよんでいる。

アメリカはカナダとメキシコとの経済のつながりを強めるために［う］と呼ばれる協定を1994年に結んだ。2020年には新しくUSMCAという協定を結んでいる。

① ［い］─シリコンバレー　［う］─ASEAN
② ［い］─シリコンバレー　［う］─NAFTA
③ ［い］─サンベルト　［う］─ASEAN
④ ［い］─サンベルト　［う］─NAFTA

(3) 下線部(b)に関連して，表1は世界の小麦の生産量上位10か国とその生産量を示したものである。表1について述べた文X・Yの正誤の組み合わせとして適切なものを，以下の①～④のうちから一つ選びなさい。

表1　(単位：千トン)

1位	中国	134,250
2位	インド	107,590
3位	ロシア	85,896
4位	アメリカ	49,691
5位	カナダ	35,183
6位	フランス	30,144
7位	パキスタン	25,248
8位	ウクライナ	24,912
9位	ドイツ	22,172
10位	トルコ	20,500

(注) 2020年のデータ
(『世界の統計 2023』により作成)

X─小麦の生産量上位3か国は，それぞれ人口上位3か国と対応する。
Y─小麦の生産量上位10か国のなかに，国土に赤道が通る国はない。

① X─正　Y─正　② X─正　Y─誤
③ X─誤　Y─正　④ X─誤　Y─誤

(4) 下線部(c)に関連して，アメリカの農業について述べた文として**適切でないもの**を，以下の①～④のうちから一つ選びなさい。

① 広大な国土において自然環境に適した農作物を栽培する適地適作が行われている。
② 多くの労働力を利用して，面積当たりの収量を上げる工夫を目指した自給的な農業が行われている。
③ フィードロットと呼ばれる肥育場で肉牛が飼育され，牛肉が出荷されている。
④ 乾燥した地域では，センターピボットと呼ばれる地下水をくみ上げる大規模なかんがい施設が見られる。

(5)　下線部(d)に関連して，次の図1はアリススプリングス・クライストチャーチ・ケアンズ・マニラの位置を示している。クライストチャーチの雨温図として適切なものを，以下の①～④のうちから一つ選びなさい。

図1

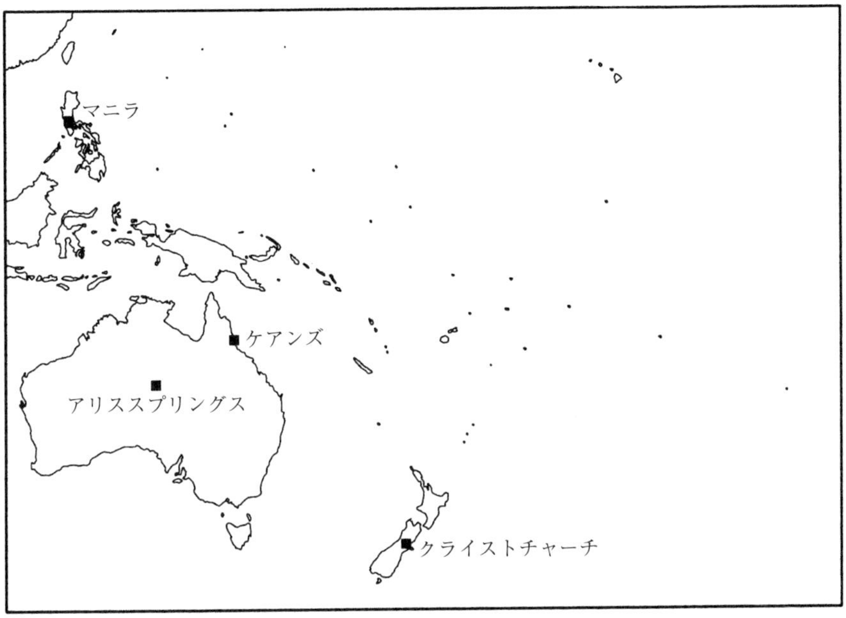

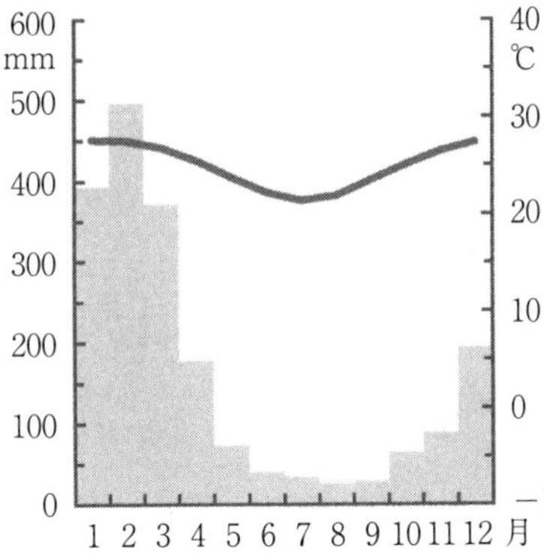

①

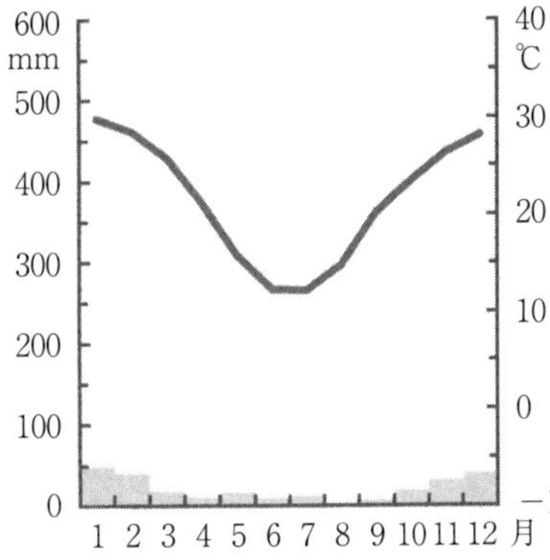

②

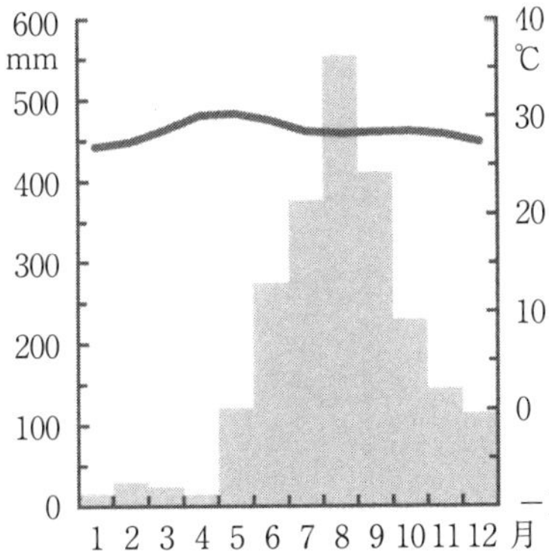

③

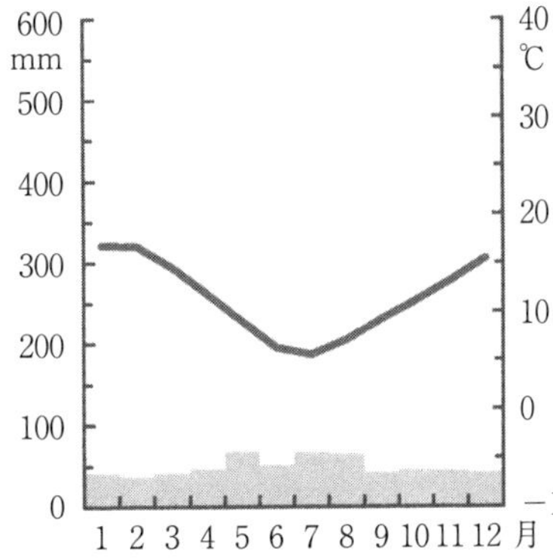

④

(注)　右軸は気温，左軸は降水量を示す

(気象庁ホームページにより作成)

(6) 下線部(e)に関連して，図２は日本の主な食料の品目別自給率の推移を示しており，ア～エは米・小麦・肉類・野菜のいずれかを示している。野菜を示したものとして適切なものを，以下の①～④のうちから一つ選びなさい。

図２

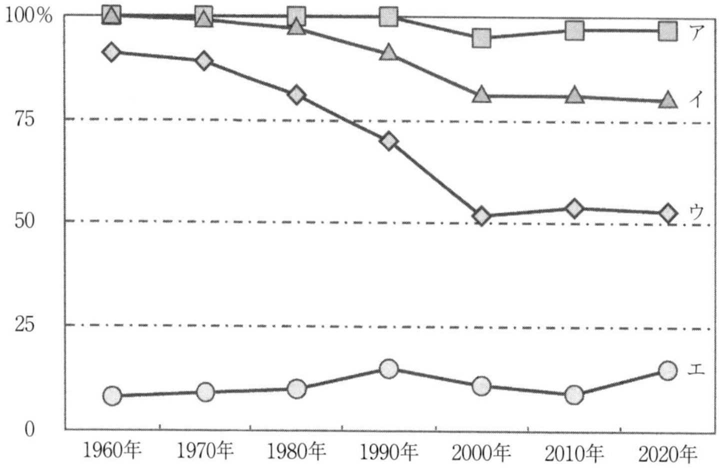

（『データブック オブ・ザ・ワールド 2023』により作成）

① ア　② イ　③ ウ　④ エ

5 岩田さんは，夏休みの課題として地域調査を行うことにした。次の図１・２を読み取り，あとの問いに答えなさい。

図１

（注） 問題の都合により一部加筆

（２万５千分の１地形図「吉祥寺」，昭和29年資料修正，原寸）

図２

（注）　問題の都合により一部加筆

（２万５千分の１地形図「吉祥寺」，平成24年更新，原寸）

⑴　図１において原寸の地図上において３cmの直線の，実際の距離として適切なものを，以下の①～⑥のうちから一つ選びなさい。

①　450m　　②　600m　　③　750m

④　1.5km　　⑤　3km　　⑥　7.5km

⑵　図１・２から読み取れることとして適切なものを，以下の①～④のうちから一つ選びなさい。

①　図１において「みたか」駅の北側の果樹園が広がる場所は，図２において住宅地や工場になっている。

②　図１において「日大學寮」がある場所は，図２において老人ホームや病院になっている。

③　「東京女子大学(東京女子大學)」は，図１・２のいずれにおいても同じ場所にあることがわかる。

④　図１にある「むさしのきょうぎじょうまえ」駅は，図２においては廃止されたことがわかり，周囲には工業団地が見られる。

(3) 図２のＡの範囲において見られる地図記号として**適切でないもの**を，以下の①～④のうちから一つ選びなさい。

① 消防署　② 発電所　③ 寺院　④ 図書館

(4) 岩田さんは，吉祥寺周辺に細長い道が多いのは江戸時代の新田開発が起源だと知り，吉祥寺周辺の土地開発について調べることにした。吉祥寺周辺の土地開発をテーマとして調査する手法や内容について述べた文Ｘ・Ｙの正誤の組み合わせとして適切なものを，以下の①～④のうちから一つ選びなさい。

Ｘ－江戸時代の吉祥寺周辺が描かれた資料から，当時の様子を推察する。

Ｙ－吉祥寺に長く住んでいるお年寄りに聞き取りを行い，江戸時代に新田開発が行われた当時の実体験を調査する。

① Ｘ－正　Ｙ－正
② Ｘ－正　Ｙ－誤
③ Ｘ－誤　Ｙ－正
④ Ｘ－誤　Ｙ－誤

6　次の会話文を読んで，あとの問いに答えなさい。

勇人：先日，家族と一緒に(a)自動車で埼玉県の秩父市に遊びに行きました。先生は秩父市に行ったことがありますか。

先生：あります。(b)歴史に関わりがある場所がたくさんありますよね。私は秩父の伝統的な(c)絹織物である銘仙の着物が欲しくて行きました。勇人さんは，秩父市内のどちらに行きましたか。

勇人：銅山跡へ行きました。そこでとれた銅が朝廷に献上され，これをきっかけに朝廷から［　あ　］が発行されたと言われています。現地では山道を歩いたこともあり，非常に疲れました。

先生：それは大変でしたね。どこかで休憩を取ることはできましたか。

勇人：銅山跡へ行った後，近くのレストランに入り，みそポテトを食べました。秩父のＢ級グルメとして全国的に有名らしいです。

先生：みそポテトですか。Ｂ級グルメとして有名になったのは最近ですが，実は古くから秩父地方に伝わる郷土料理の一つです。

勇人：なるほど。いつ頃から食べられていたのでしょうか。

先生：はっきりとはわかっていませんが，太平洋戦争以前から食べられていたようです。また現在の秩父市では，中津川芋が生産され，これを使用した中津川芋田楽という料理もあります。中津川芋は［　い　］のときにロシアに抑留されていた秩父市出身の兵士が持ち帰り，生産したと言われ，明治時代以降に栽培が始まったものと推定されています。(d)イモとみそを使用した食べ物は古くから秩父にあったようですね。私は(e)三峯神社の茶屋で，この芋田楽を食べました。

勇人：三峯神社ですか！　私も行きました。狛犬が(f)オオカミであったり，入口が(注)三ツ鳥居であったりと，非常に珍しい神社でした。特に三ツ鳥居は，奈良県の(g)大神神社《おおみわじんじゃ》以外では見たことがなかったので，驚きました。

先生：それはよかったですね。ほかに気になった場所はありますか。

勇人：次は武甲山にも行ってみたいです。現地の人から，(h)明治期から武甲山でとれる石灰岩を加工し，セメントを販売していた秩父セメントという企業について聞きました。ぜひ見学に行ってみたいです。

先生：武甲山は秩父神社のご神体という説があります。(i)古代の日本では自然物を神として祀《まつ》る風習がありました。「八百万《やおよろず》の神」という言葉も，このような風習が影響しているのでしょうね。今度，授業で調べてみましょう。

(注)　1つの鳥居の両脇に小規模な2つの鳥居を組み合わせた鳥居の様式の一つ。

(1)　空欄[あ]・[い]にあてはまる語句の組み合わせとして適切なものを，以下の①～④のうちから一つ選びなさい。

①　[あ]—寛永通宝　[い]—日露戦争
②　[あ]—寛永通宝　[い]—南北戦争
③　[あ]—和同開珎　[い]—日露戦争
④　[あ]—和同開珎　[い]—南北戦争

(2)　下線部(a)に関連して，高速道路に関する文章中の空欄[う]・[え]にあてはまる記述の組み合わせとして適切なものを，以下の①～④のうちから一つ選びなさい。

1960年代初頭は自動車の普及が進むとともに高速道路建設の構想が始まった。ドイツでは1933年，ヒトラー政権下でアウトバーンの建設が始まり，高速道路網の整備が行われた。アウトバーンの建設により，新たな雇用が生み出された。当時，[　う　]ドイツの国民は，その状況を改善したヒトラー率いるナチス(ナチ党)を支持するようになった。

ドイツのアウトバーンに影響を受けた日本でも，1938年頃から高速道路の建設は構想されたが，戦況の変化により実施されなかった。実際に日本において高速道路の建設が始まったのは，[　え　]である。1964年の東京オリンピック直前に日本初の高速道路が開通し，その後高速道路網が整備された。

①　[う]—近代化による富国強兵政策を推進していた
　　[え]—高度経済成長期
②　[う]—近代化による富国強兵政策を推進していた
　　[え]—バブル経済期
③　[う]—世界恐慌による失業者の増大に苦しんでいた
　　[え]—高度経済成長期
④　[う]—世界恐慌による失業者の増大に苦しんでいた
　　[え]—バブル経済期

(3)　下線部(b)に関連して，資料Ⅰ～Ⅳとそれと関わる図1中のa～dの場所の組み合わせとして適切なものを，以下の①～④のうちから一つ選びなさい。

Ⅰ　…(羽柴)筑前殿は，最初にそこにきわめて宏壮な一城を築いた。その城郭は，厳密にいえば五つの天守から成っていた。…それらのうちもっとも主要な城に秀吉が住んでおり，その女たちも同所にいた。…

Ⅱ　…清国は朝鮮国を完全無欠な独立国とすることを確認する。…清国は賠償金として銀二億両を日本国に支払うべきことを約束する。…

Ⅲ　…天平十五(743)年…仏教を興隆するという悲願を起こして盧舎那仏(大仏)の金銅像一体を鋳造することとする。国内の銅をすべて使って像を鋳造し，大きな山を削って仏殿を構築し，広く仏法を世界に広め，人々を私の仏道への協力者としよう。…

図1

Ⅳ　…倭の奴国がみつぎ物をもって，朝廷の儀式に参列した。使者は自らを大夫と称した。奴国は

倭の最南端である。光武帝は印綬を与えた。…

① Ⅰ－a　② Ⅱ－b

③ Ⅲ－c　④ Ⅳ－d

(4) 下線部(c)に関連して，図２・３について述べた文Ｘ・Ｙの正誤の組み合わせとして適切なものを，以下の①～④のうちから一つ選びなさい。

図２　絹のみち広域連携プロジェクト

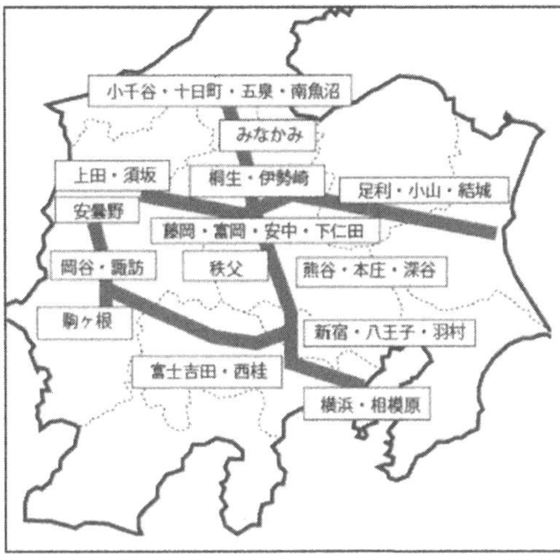

◇　広域関東圏には，かつて「絹の道」があり，絹織物・事業者や絹関連の産業遺産などが多数存在。しかし現状は，産業・観光の両面で低迷。

◇　そこで，「富岡製糸場と絹産業遺産群」の世界遺産登録(平成26年６月)を契機に，2020年東京オリンピック・パラリンピックに向けて，絹関連事業者・施設・地域を結ぶ広域連携プロジェクトを立ち上げた(平成26年８月)。

(関東経済産業局「絹のみち広域連携プロジェクト」資料により作成)

Ｘ－絹のみちと鉄道の路線ルートが重なることから，生糸や絹織物を輸送する際には鉄道が利用されたと考えられる。

Ｙ－富岡製糸場の周辺には，富岡市以外にも絹関連産業が発達していたことがわかる。

① Ｘ－正　Ｙ－正

② Ｘ－正　Ｙ－誤

③ Ｘ－誤　Ｙ－正

④ Ｘ－誤　Ｙ－誤

図３　明治・大正期の鉄道網

(5) 下線部(d)に関連して，イモとみその歴史に関する文をあげた。古いものから時代順に並べ替えたときに**３番目にくるもの**を，以下の①～④のうちから一つ選びなさい。

① 大航海時代に，ジャガイモがアメリカ大陸からヨーロッパに持ち込まれ，ヨーロッパの人々の食生活を大きく変えた。

② 享保の改革において，実学が奨励され，飢きんに強い甘藷(サツマイモ)の栽培が広まった。

③ 大宝律令において，みその語源となる「未醤」という言葉が使用された。

④ 北条時頼と御家人の平宣時が皿についた少しのみそをつまみにして酒を酌《く》み交わした話が『徒然草』に書かれている。

(6) 下線部(e)「三峯神社」の由緒をまとめた表１の お ～ き にあてはまる語句の組み合わせとして適切なものを，以下の①～⑧のうちから一つ選びなさい。

表1

時代	出来事・伝承
古墳時代(と推定されるが，定かでない。)	景行天皇の命により東国平定に遣わされたヤマトタケルノミコトは，甲斐国から上野国を経て，碓氷峠に向かう途中，三峰山に登り，[お]にも登場するイザナギノミコトとイザナミノミコトを祀った。このときにヤマトタケルノミコトの道案内をしたのが山犬であるとされている。
平安時代	真言宗を伝えた[か]が十一面観音の像を刻み，社殿のわきに本堂を建て，本地堂とした。
鎌倉時代	畠山重忠などの東国武士を中心に篤い信仰をうける。
室町時代	[き]時代中の1352年，足利氏を討つ兵を挙げた新田義興・義宗らが，戦うが敗北し，三峯神社に身を潜めた。それがとがめられ，社領を奪われ，山主も絶えて，衰退した時代が約140年続く。
	1503年，修験者の月観道満がこの荒廃を嘆いて，復興資金を募り社殿などの再建を果たした。
	1533年，山主の龍榮が，京都の聖護院へ参じ，「大権現」の称号を受けて，坊門第一の霊山となった。以来，天台修験の関東総本山となり，観音院高雲寺と称した。
江戸時代	日光法印という僧により，「お犬様」信仰が遠隔地まで広まった。
明治時代	神仏分離により，寺院を廃して，三峯神社と号し，現在に至る。

(三峯神社ホームページにより作成)

① [お]—枕草子　[か]—空海　[き]—南北朝
② [お]—枕草子　[か]—最澄　[き]—南北朝
③ [お]—枕草子　[か]—空海　[き]—安土桃山
④ [お]—枕草子　[か]—最澄　[き]—安土桃山
⑤ [お]—古事記　[か]—空海　[き]—南北朝
⑥ [お]—古事記　[か]—最澄　[き]—南北朝
⑦ [お]—古事記　[か]—空海　[き]—安土桃山
⑧ [お]—古事記　[か]—最澄　[き]—安土桃山

(7)　下線部(f)「オオカミ」が建国神話に登場する国について述べた記述として適切なものを，以下の①～④のうちから一つ選びなさい。

①　ローマ帝国は，インダス川のほとりで暮らしていた人々により，建国された国である。道路や水路が整備されただけでなく，神に仕えるバラモンを最高の身分とする制度がつくられた。

②　ローマ帝国は，元々イタリア半島中部に住むラテン人が造った都市国家であったが，徐々に支配を広げ，高度な文明を築いた。法律や暦の整備も進み，のちのヨーロッパでも長く使用された。

③　モンゴル帝国は，フビライ・ハンにより建国された国である。その孫であるチンギス・ハンは国号を元と定めて中国を支配した。

④　モンゴル帝国は，尚氏により建国された国である。日本や中国，朝鮮半島，東南アジアとの中継貿易で栄えた。

(8)　下線部(g)「大神神社」では，第二次世界大戦の戦局悪化に伴い，鉄の灯篭《とうろう》が政府へ渡された。この理由として適切なものを，以下の①～④のうちから一つ選びなさい。

①　民衆の経済力を削減するため　　②　神社の影響力を衰退させるため
③　武力による一揆を防ぐため　　④　兵器を製造するため

(9)　下線部(h)に関連して，表2は，秩父セメント株式会社(現・秩父太平洋セメント株式会社)の歴史についてまとめたものである。A～Dにあてはまる出来事ア～エの組み合わせとして適切なものを，以下の①～④のうちから一つ選びなさい。

表2

西暦	秩父セメント株式会社の歴史	当時の出来事
1922年	渋沢栄一，いとこの諸井恒平(初代社長)とともにセメント工場予定地を視察。	
1923年	秩父セメント株式会社創立。	A
1956年	秩父第二工場竣工，操業開始。	B
1998年	合併。太平洋セメント発足。	C
2011年	普通セメント生産中止。リサイクル燃料事業開始。	D

(秩父太平洋セメント株式会社ホームページにより作成)

ア　国際連合への加盟　　イ　東日本大震災の発生
ウ　冷戦の終結　　　　　エ　関東大震災の発生

①　A－エ　　②　B－ウ　　③　C－イ　　④　D－ア

⑽　下線部(i)に関連して，自然物を信仰の対象としている神社について説明した文章の下線部が**適切でないもの**を，以下の①～④のうちから一つ選びなさい。

①広島県の宮島にある厳島神社は，古くから島そのものが神として信仰されていたといわれている。日本独自の文化を伝える優れた建築であり，島全体が文化的景観を成している点が高く評価され，1996年に②世界遺産に登録された。③日明貿易を行っていた平氏は，海上交通の安全を祈願して，この神社にたびたび参詣していた。平氏は貿易で利益をあげるため，④瀬戸内海の航路や港を整備した。

【理　科】 (50分) 〈満点：100点〉

1　次の各問いに答えなさい。

(1)　図１は，５種類の動物を表１の特徴ア～オによってＡグループからＥグループの５つに分類したものである。ＡグループとＣグループは表１のどの特徴で分類したものか。その特徴の組み合わせとして，最も適当なものを下の①～④から一つ選びなさい。

図１

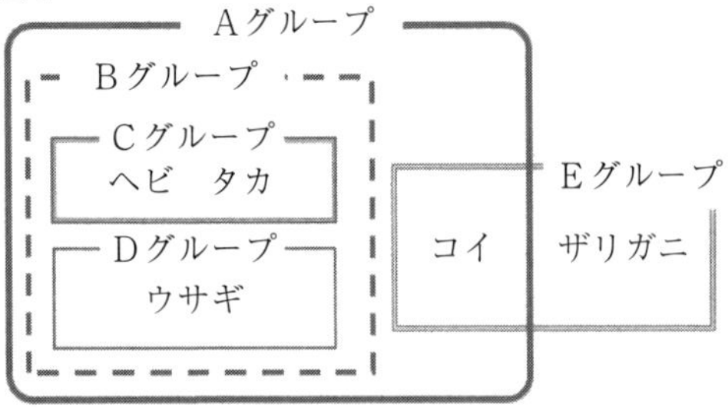

表１

特徴ア	肺呼吸である
特徴イ	えら呼吸である
特徴ウ	背骨をもつ
特徴エ	卵生である
特徴オ	胎生である

	Ａグループ	Ｃグループ
①	特徴ア	特徴エ
②	特徴ア	特徴オ
③	特徴ウ	特徴エ
④	特徴ウ	特徴オ

(2)　有性生殖について説明した文として，最も適当なものを次の①～④から一つ選びなさい。

①　親の体が２つに分裂し，新しい個体をつくる。

②　両親からそれぞれの遺伝子を受けつぎ，いろいろな形質をもつ子ができる。

③　根の一部が変形し，養分をたくわえて新しい個体をつくる。

④　動物は，有性生殖のみを行う生物である。

(3)　表２は，ヒトの血液の成分とそのはたらきについてまとめたものである。この表の ア ～ ウ に入る語句の組み合わせとして，最も適当なものを次の①～④から一つ選びなさい。

表２

成分	はたらき
赤血球	ア
白血球	イ
血小板	ウ
血しょう	養分や不要な物質などを運ぶ

	ア	イ	ウ
①	酸素を運ぶ	出血したときに血液を固める	細菌などの異物をとらえる
②	酸素を運ぶ	細菌などの異物をとらえる	出血したときに血液を固める
③	細菌などの異物をとらえる	出血したときに血液を固める	酸素を運ぶ
④	細菌などの異物をとらえる	酸素を運ぶ	出血したときに血液を固める

(4)　植物の葉で行われる光合成と呼吸についての説明として，最も適当なものを次の①～④から一つ選びなさい。

①　光合成では二酸化炭素の放出が行われる。

② 光合成では酸素の放出が行われる。
③ 暗い場所では光合成も呼吸も行われていない。
④ 呼吸を行った際に葉でデンプンが合成される。

(5) タマネギの根を使った体細胞分裂の観察について述べた次の文のうち，最も適当なものを次の①～④から一つ選びなさい。
① 根の先端に近い部分の細胞より，根の先端から離れた部分の細胞を使う方が様々な大きさの細胞が観察できる。
② 石灰水につける操作を行うことで，細胞どうしの結びつきを弱める。
③ スライドガラスにカバーガラスをかぶせてろ紙をのせ，指で押しつぶすことで，細胞がばらけ観察しやすくなる。
④ 酢酸オルセインや酢酸カーミンを使うと，細胞壁が赤紫色に染まる。

2 次の各問いに答えなさい。

(1) 図1は，ある地域で少し離れた3つの地点A・B・Cの地層のようすを模式的に表したものである。(a)・(b)の各問いに答えなさい。

図1

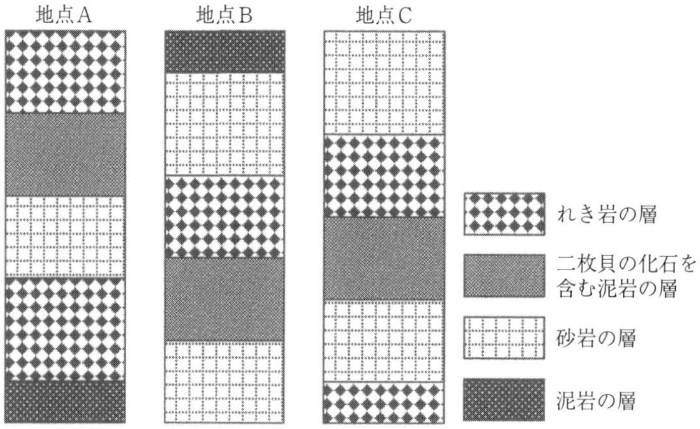

(a) 地点A～Cの地層において，鍵層となる層として，最も適当なものを次の①～④から一つ選びなさい。
① れき岩の層
② 二枚貝の化石を含む泥岩の層
③ 砂岩の層
④ 泥岩の層

(b) 地点A～Cのうち，最も新しい地層を含むものとして，最も適当なものを次の①～③から一つ選びなさい。
① 地点A　② 地点B　③ 地点C

(2) 気温25℃で湿度75％の部屋Aと，気温20℃で湿度50％の部屋Bがある。気温と飽和水蒸気量の関係を示した右のグラフを用いて，(a)・(b)の各問いに答えなさい。ただし，温度変化による空気の体積変化はないものとする。

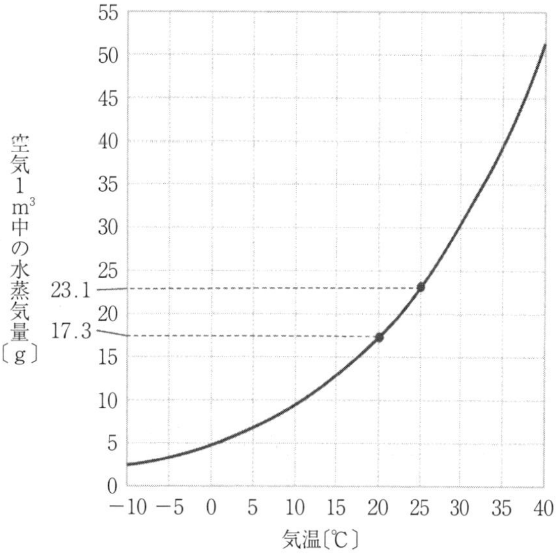

(a)　部屋Ａの空気１m^3に含まれている水蒸気の量は何ｇか。最も適当なものを次の①～④から一つ選びなさい。

①　3.1g　　②　11.6g　　③　17.3g　　④　22.8g

(b)　部屋Ｂの空気を25℃まで温めると，湿度は何％になるか。最も適当なものを次の①～④から一つ選びなさい。

①　37.4%　　②　56.2%　　③　61.8%　　④　66.8%

(3)　次の(a)・(b)の各問いに答えなさい。

(a)　夏至の日の太陽に対する地球の傾きを表した図として，最も適当なものを次の①～④から一つ選びなさい。

①
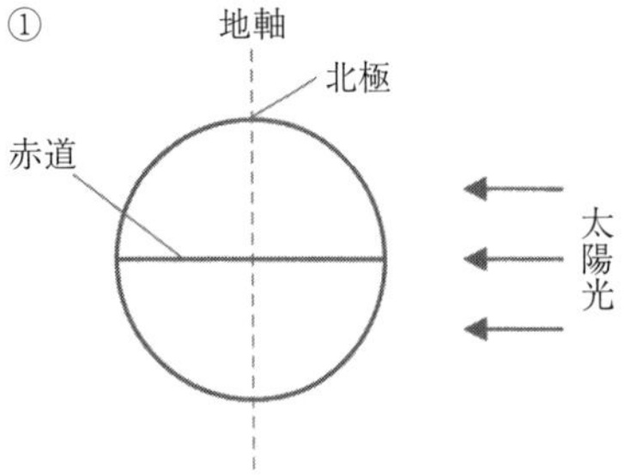

②
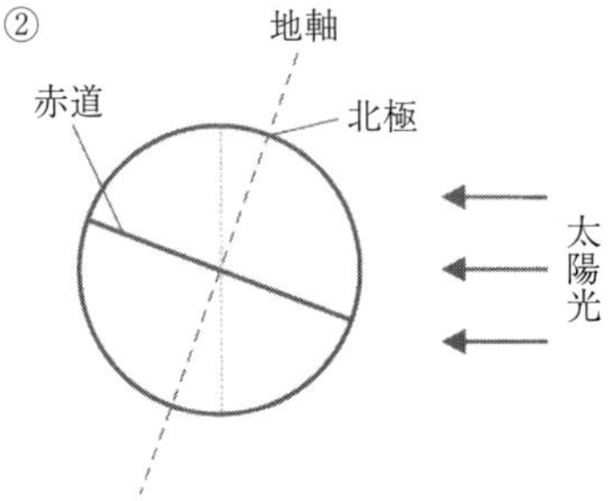

③
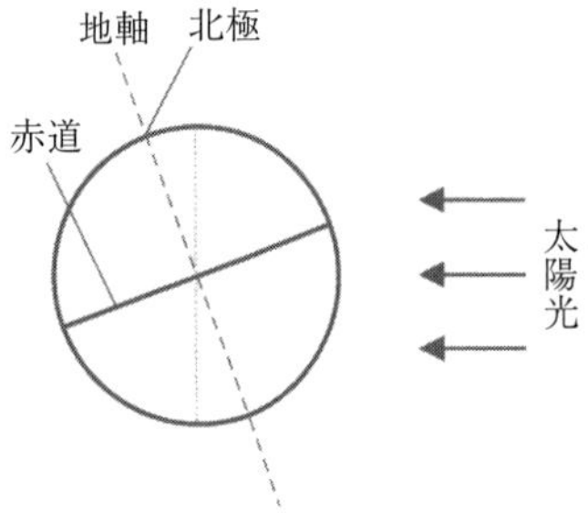

④
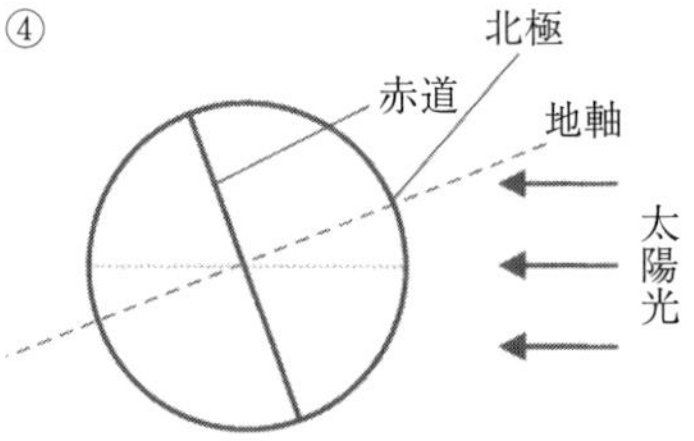

(b)　日本は，夏は日照時間が長くて南中高度が高いため暑く，冬は日照時間が短くて南中高度が低いため寒い。そのため日本家屋の南側には庇《ひさし》を適当な長さに設けて，夏は日差しを遮って縁側付近までを照らすようにし，冬は日差しを部屋の内部まで取り入れるようにしている。北緯35°の地点では，家屋の南側にある庇をどのように設置するのがよいと考えられるか。最も適当なものを次の①～④から一つ選びなさい。ただし，各季節における南中高度と緯度の関係は表のとおりである。

表

季節	南中高度
春分および秋分の日	90°－(その場所の緯度)
夏至の日	90°－(その場所の緯度)＋23.4°
冬至の日	90°－(その場所の緯度)－23.4°

①
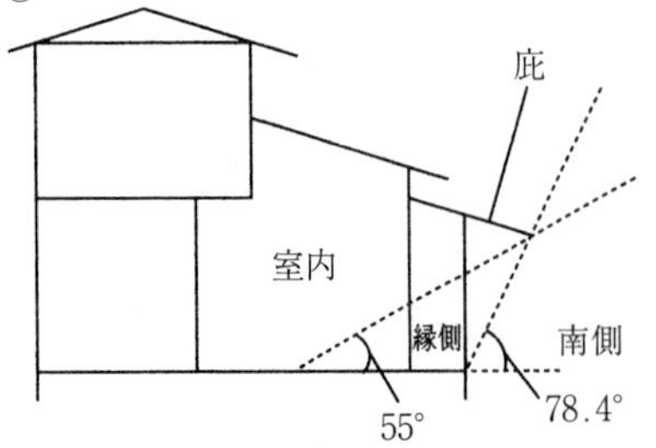

②
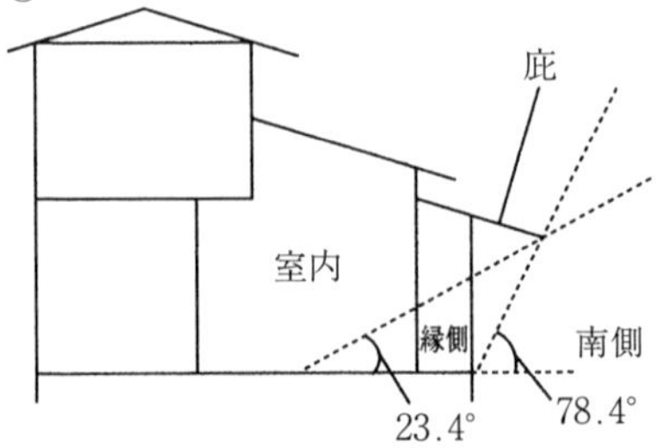

③

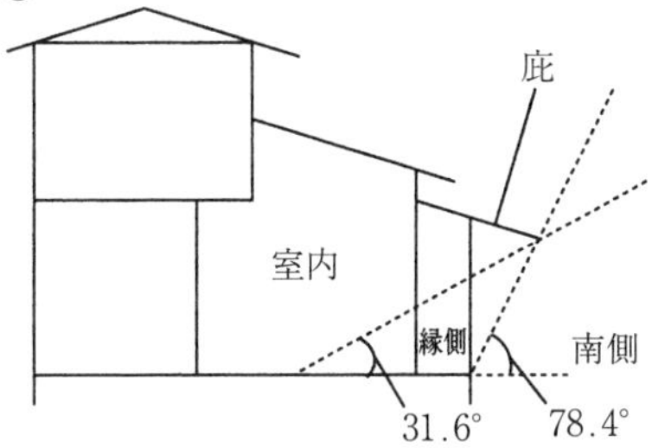

④

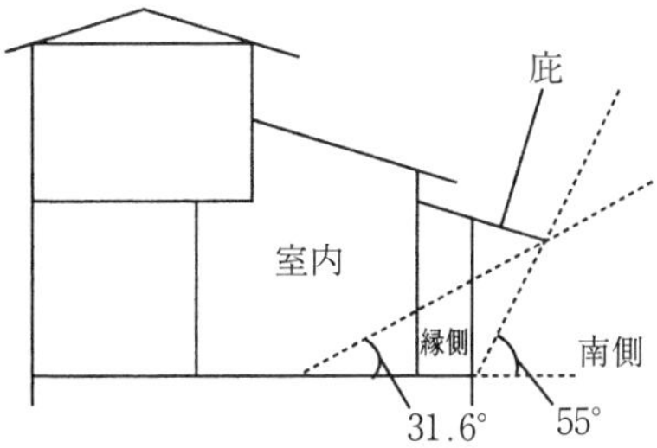

(4)　ある日のある時刻に北斗七星が図２のアの位置に見えた。イの位置に見えるのは何時間前あるいは何時間後か。最も適当なものを次の①～④から一つ選びなさい。

図２

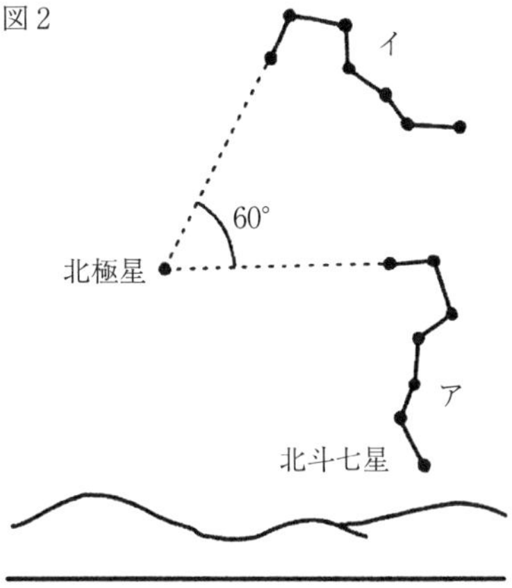

①　４時間前　　②　２時間前
③　２時間後　　④　４時間後

3　次の各問いに答えなさい。

(1)　図１は，うすい塩酸に亜鉛板と銅板を入れてつくった化学電池である。この電池について述べた文として，**誤りを含むもの**を次の①～⑥から一つ選びなさい。

図１

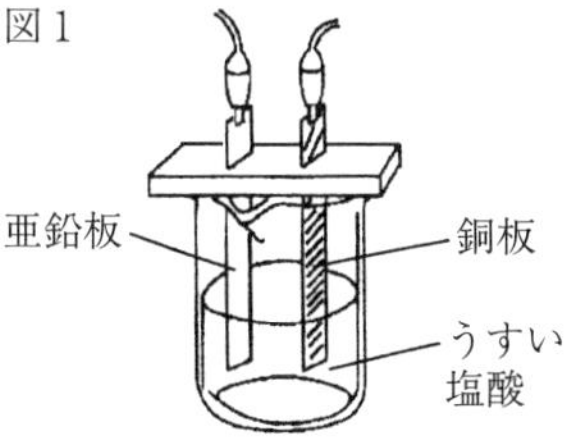

①　亜鉛板が－極，銅板が＋極になる。
②　電流は，銅板から導線を通って亜鉛板へ流れる。
③　電子は，亜鉛板から導線を通って銅板へ流れる。
④　亜鉛板では，塩化物イオンが電子を失う反応が起きて塩素が発生する。
⑤　銅板では，水素イオンが電子を受け取る反応が起きて水素が発生する。
⑥　うすい塩酸を砂糖の水溶液にかえると，電流が流れなくなる。

(2)　ヘリウム原子のつくりを表したものとして，最も適当なものを次の①～⑥から一つ選びなさい。

①

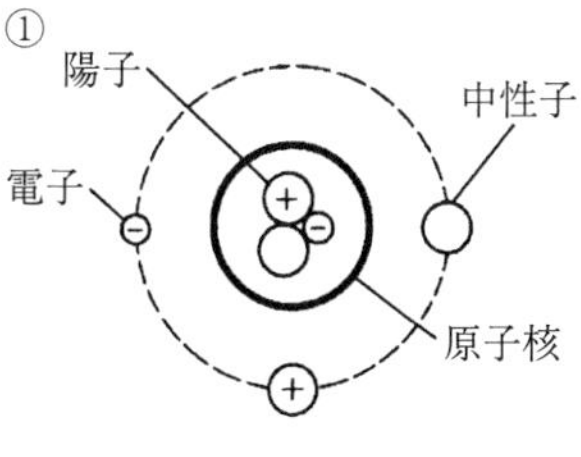

②

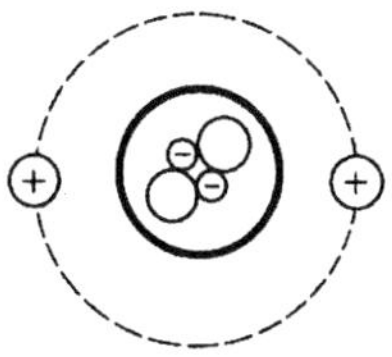

③

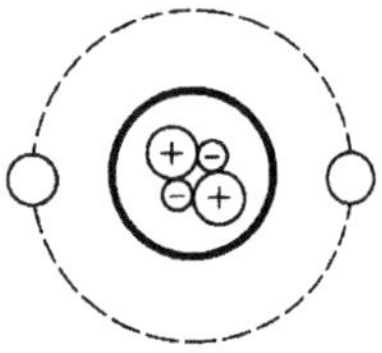

④

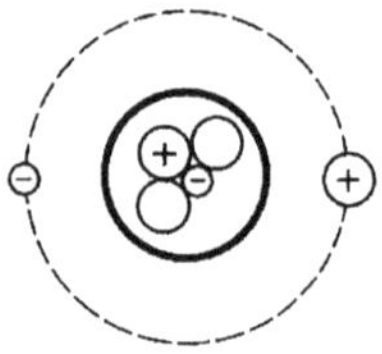

⑤

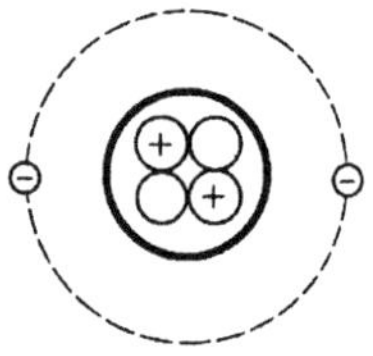

⑥

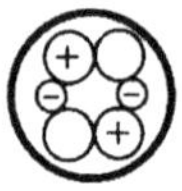

(3) 同じ質量の水を入れたビーカーに，質量の異なる水酸化ナトリウムの結晶を溶かして，水酸化ナトリウム水溶液AとBをつくった。それぞれの水溶液を1 cm³，2 cm³，3 cm³，4 cm³ずつ4本の試験管に移し，決まった濃度の塩酸を水溶液が中性になるまで加えた。図2は，試験管に移したAとBの体積と加えた塩酸の体積の関係を表したグラフである。また，以下に水溶液AとBに含まれる水酸化物イオンの数の比を最も簡単な整数比で表した。この比が正しくなるように，ア と イ に当てはまる数値をマークしなさい。

水溶液Aに含まれる水酸化物イオンの数 : 水溶液Bに含まれる水酸化物イオンの数

＝ ア : イ

図2

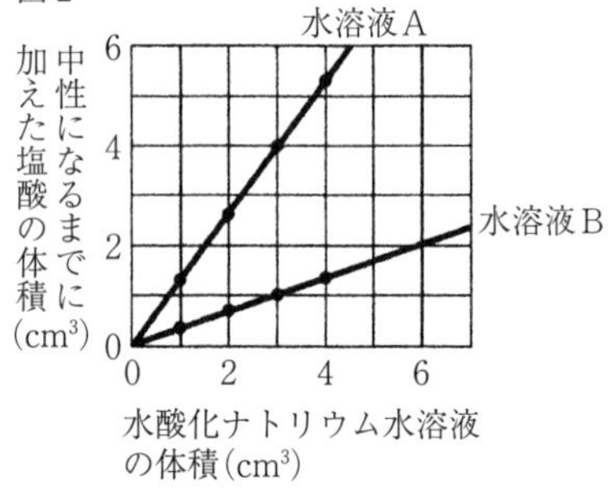

(4) 図3は，水と液体Xについて体積と質量の関係を表したものである。次の(a)・(b)の各問いに答えなさい。

(a) 以下は，水と液体Xの密度の比を最も簡単な整数比で表したものである。この比が正しくなるように，ウ と エ に当てはまる数値をマークしなさい。

水の密度(g/cm³)：液体Xの密度(g/cm³)

＝ ウ : エ

図3

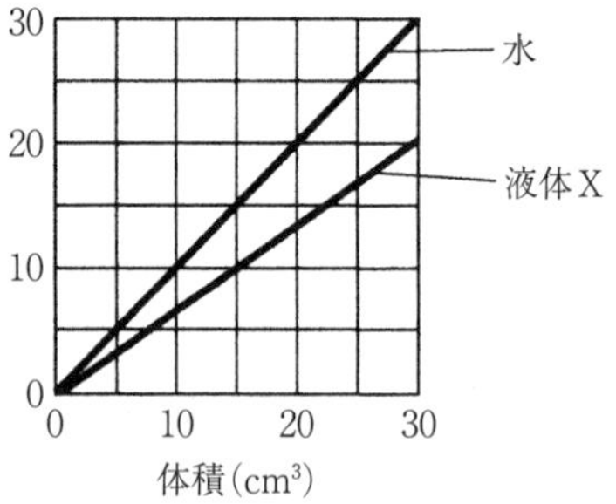

(b) 水と液体Xを同じ質量ずつ取り，一つの試験管の中に入れた。さらに，この試験管の中に密度が0.93 g/cm³の固体Yを加えた。このとき，それぞれの物質が反応したり，混ざり合ったりすることはなかった。この試験管の中のようすを表したものとして，最も適当なものを次の①〜⑥から一つ選びなさい。

① ② ③ ④ ⑤ ⑥

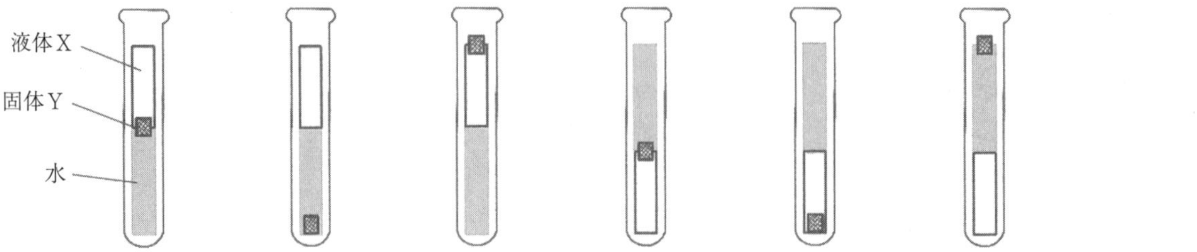

4　次の各問いに答えなさい。

(1)　モノコードの弦をはじいたときに出た音を，マイクロホンを使ってコンピュータに入力したところ，画面には図１のように表示された。画面の左右方向は時間経過を表し，上下方向は振動の幅を表している。

これと同じモノコードの弦を，「弦の張りの強さ」と，「弦をはじく強さ」の２つの条件を変えてはじいたとき，コンピュータの画面には図２のように表示された。このときの２つの条件について正しく述べている文はどれか。下の①～④の中から一つ選びなさい。ただし，図２の画面の目盛りの取り方は，図１と全て同じである。

図１

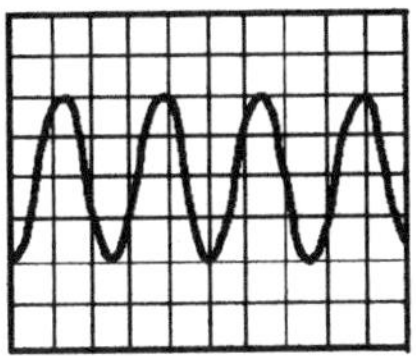

図２

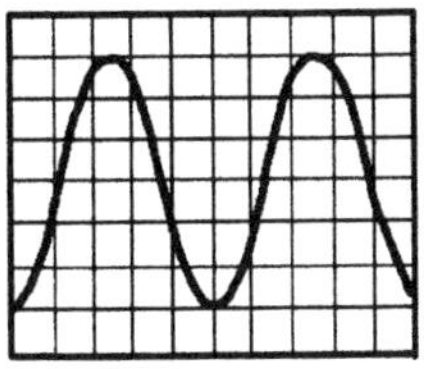

①　弦の張りを弱くして，弦を強くはじいた。
②　弦の張りを弱くして，弦を弱くはじいた。
③　弦の張りを強くして，弦を強くはじいた。
④　弦の張りを強くして，弦を弱くはじいた。

(2)　図３は，水中から空気中へ進む光の道すじを表している。水中にある物体は，実際より浅いところにあるように見える。次の文は，その理由を述べたものである。次の［ア］～［ウ］にあてはまる語句の組み合わせとして，最も適当なものを下の①～⑧から一つ選びなさい。

図３

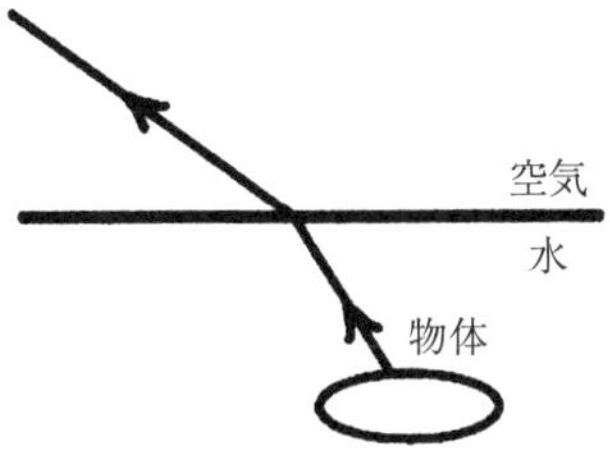

> 水中にある物体の１点から出た光は，水と空気の境界面で［ア］が［イ］より大きくなるように［ウ］するが，私たちの目には，［ウ］した光の道筋を逆にのばした水中の位置から直進してくるように見えるため。

	ア	イ	ウ
①	入射角	反射角	反射
②	反射角	入射角	反射
③	入射角	反射角	屈折
④	反射角	入射角	屈折
⑤	入射角	屈折角	反射
⑥	屈折角	入射角	反射
⑦	入射角	屈折角	屈折
⑧	屈折角	入射角	屈折

(3) 冬の乾燥した日，ドアノブ(金属)に指がふれようとしたとき，バチっと音がし，火花が見られることがある。この現象の説明として，最も適当なものを次の①～④から一つ選びなさい。

① からだにたまっていた電気とドアノブにたまっていた電気が反発し合うことで，火花が見られた。

② からだにたまっていた電気が空気中を通ってドアノブに流れることで，火花が見られた。

③ 指とドアノブとの摩擦によって電気が生じることで，火花が見られた。

④ ドアノブに流れていた電流が指に流れることで，火花が見られた。

(4) 図4のように床の上に置いたおもりにひもをつなぎ，定滑車を通してばねにつないだ。このばねを自然の長さから徐々に下向きに引いた。ばねの伸びを横軸，床がおもりを押す力を縦軸にとったグラフを描いたとき，最も適当なものを次の①～④から一つ選びなさい。

図4

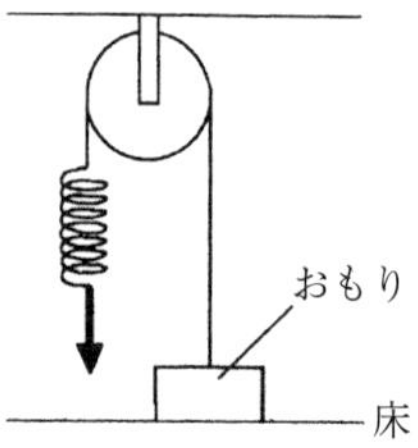

①

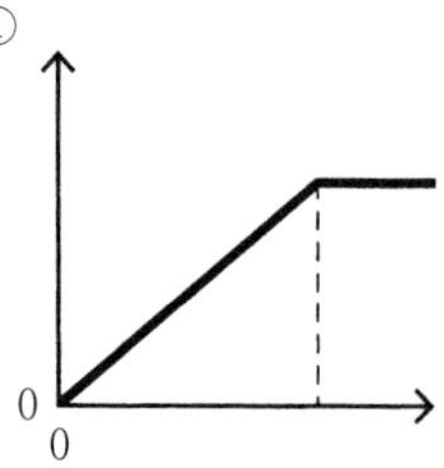

②

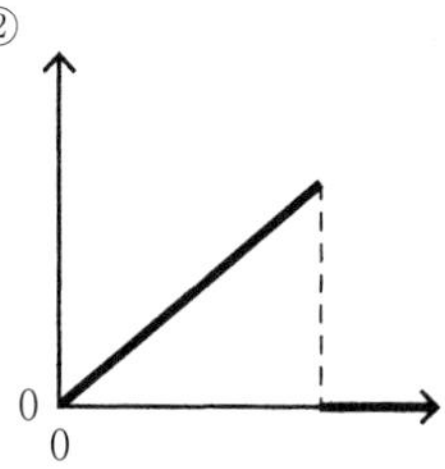

③

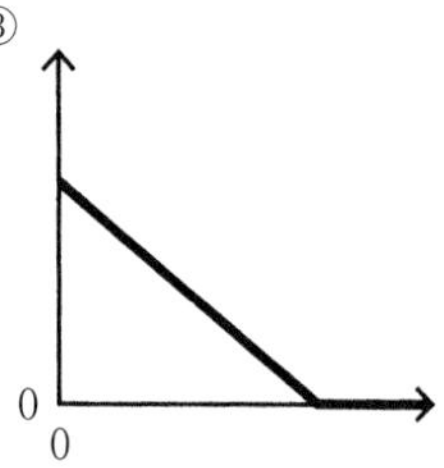

④

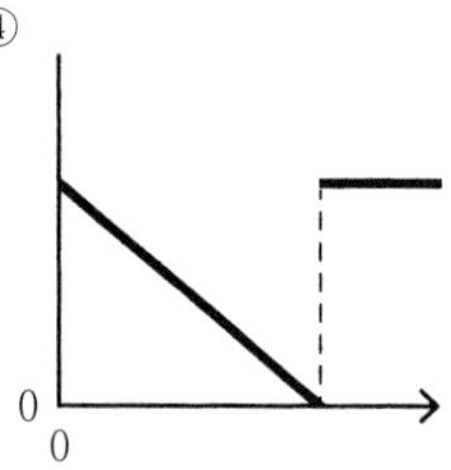

(5) 図5のような斜面をつくり，O点で小球を静かにはなしたところ，小球は斜面に沿って運動し，A，B点を通過したあと，C点から斜めに飛び出した。OAの直線区間とACの曲線区間はなめらかに接続しており，小球にはたらく摩擦や空気抵抗は無視できるものとする。

小球がA，B，C点を通過するときの運動エネルギーをそれぞれK_{A}，K_{B}，K_{C}とする。K_{A}，K_{B}，K_{C}の大小関係を正しく表したものとして，最も適当なものを次の①～⑦から一つ選びなさい。

図5

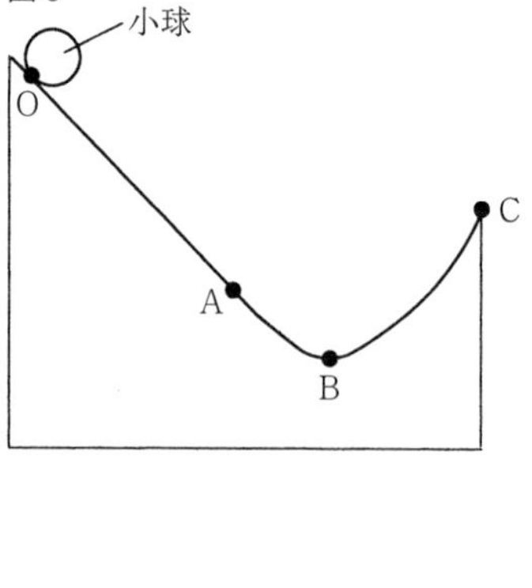

① $K_{\mathrm{A}}>K_{\mathrm{B}}>K_{\mathrm{C}}$　② $K_{\mathrm{A}}>K_{\mathrm{C}}>K_{\mathrm{B}}$

③ $K_{\mathrm{B}}>K_{\mathrm{A}}>K_{\mathrm{C}}$　④ $K_{\mathrm{B}}>K_{\mathrm{C}}>K_{\mathrm{A}}$

⑤ $K_{\mathrm{C}}>K_{\mathrm{A}}>K_{\mathrm{B}}$　⑥ $K_{\mathrm{C}}>K_{\mathrm{B}}>K_{\mathrm{A}}$

⑦ $K_{\mathrm{A}}=K_{\mathrm{B}}=K_{\mathrm{C}}$

5　次の図１～５の天気図は日本の春（４月），梅雨（６月），夏（７月），秋（９月），冬（12月）のいずれかの季節のものである。下の各問いに答えなさい。ただし，天気図に示されてある H は高気圧を，L は低気圧を示している。

図１

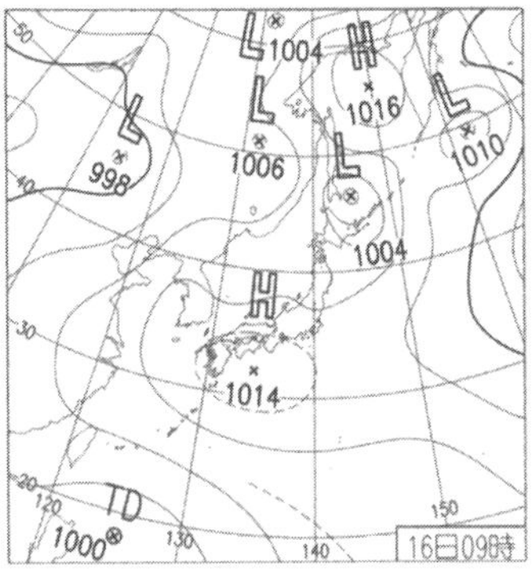

図２

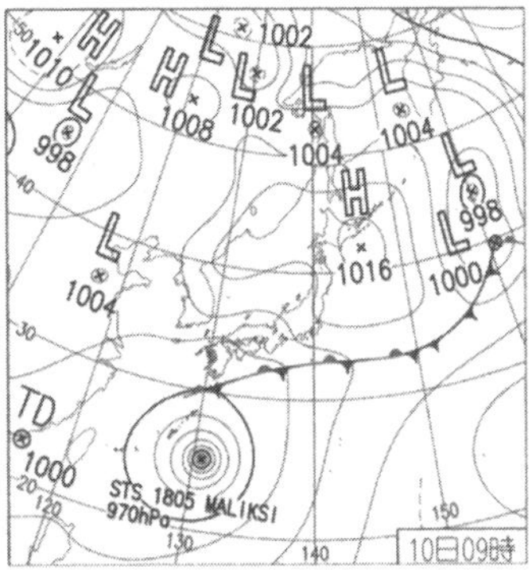

図３

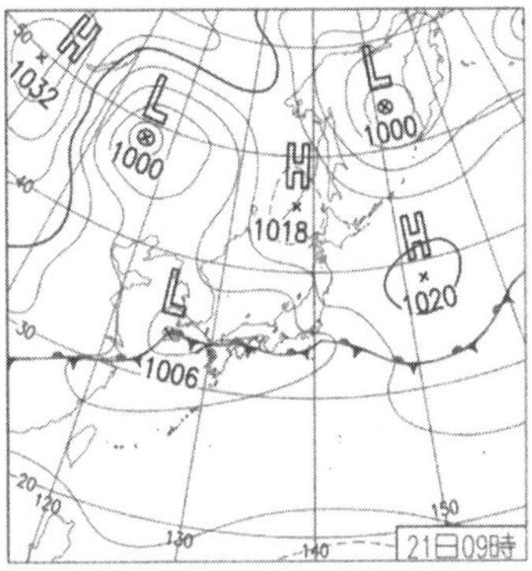

図４

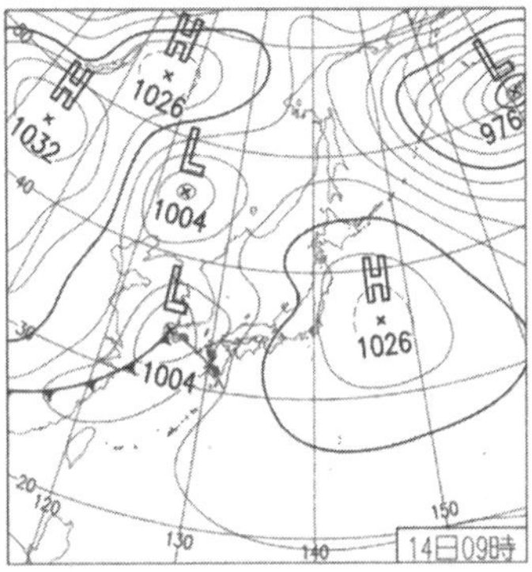

図５

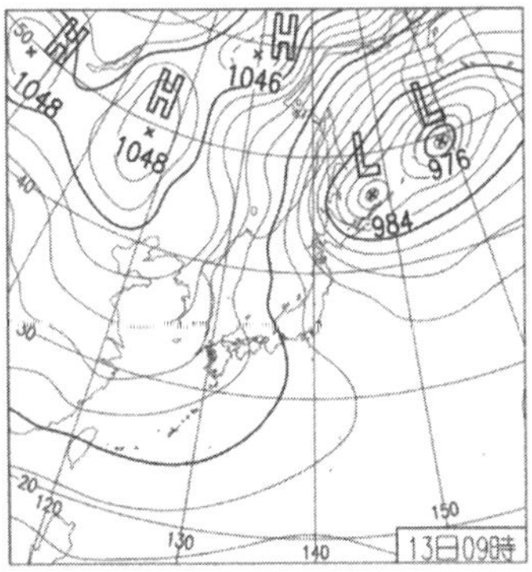

（気象庁ホームページ「日々の天気図」より）

(1)　図１で日本の南にある高気圧と日本列島の天気の特徴を述べている文として，最も適当なものを次の①～④から一つ選びなさい。

①　この高気圧は，乾燥したあたたかい空気を日本列島にもたらす。このため，日本列島では気温は高いが，湿度は比較的低い天気となる。

②　この高気圧は，乾燥した冷たい空気を日本列島にもたらす。このため，日本列島では気温はあまり高くならず，湿度も比較的低い天気となる。

③　この高気圧は，湿っていてあたたかい空気を日本列島にもたらす。このため，日本列島では気温が高く，湿度も比較的高い天気となる。

④　この高気圧は，湿っていて冷たい空気を日本列島にもたらす。このため，日本列島では気温はあまり高くならず，湿度は比較的高い天気となる。

(2)　図１～５の季節を組み合わせたものとして，最も適当なものを次の①～⑧から一つ選びなさい。

	図１	図２	図３	図４	図５
①	春	秋	冬	梅雨	夏
②	春	秋	梅雨	冬	夏
③	春	梅雨	夏	秋	冬
④	夏	春	冬	秋	梅雨
⑤	夏	秋	梅雨	冬	春
⑥	夏	梅雨	秋	春	冬
⑦	冬	梅雨	夏	秋	春
⑧	冬	秋	梅雨	夏	春

(3)　図２の季節の気圧配置に関係の深い気団の組み合わせとして，最も適当なものを次の①～⑤から一つ選びなさい。

①　シベリア気団のみ　　②　小笠原気団のみ

③　オホーツク海気団のみ　　④　シベリア気団とオホーツク海気団

⑤　オホーツク海気団と小笠原気団

(4)　図２では，日本の南側に台風が見られる。台風に関する次の(a)～(c)の各問いに答えなさい。

(a)　台風の中心付近では風雨ともに弱く，青空が見えることがある。ここを台風の目という。台風の断面図に空気の流れを描いたものとして，最も適当なものを次の①～④から一つ選びなさい。ただし，矢印は空気の流れを表すものとする。

①

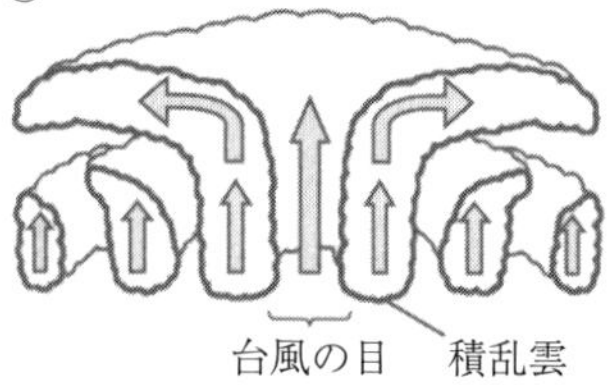

②

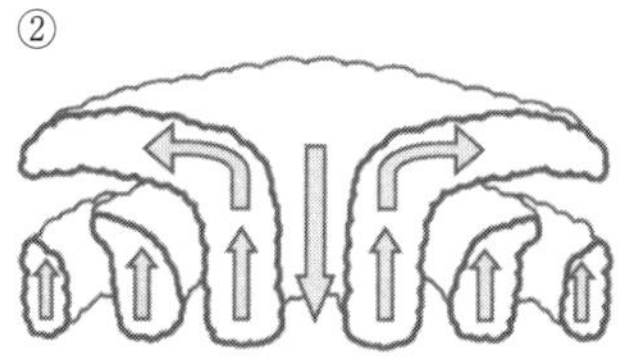

③

④

(b)　観測地点Xの東側の少し離れたところを，図６のように台風が南から北へ通過していった。台風が地点Pから地点Qへ進むにつれ観測地点での風向はどのように変化するか。最も適当なものを次の①～⑧から一つ選びなさい。ただし，図中の矢印は，この台風の中心の経路を表している。

①　北東から南の風向に変化する。

②　北東から北の風向に変化する。

③　北西から南の風向に変化する。

図６

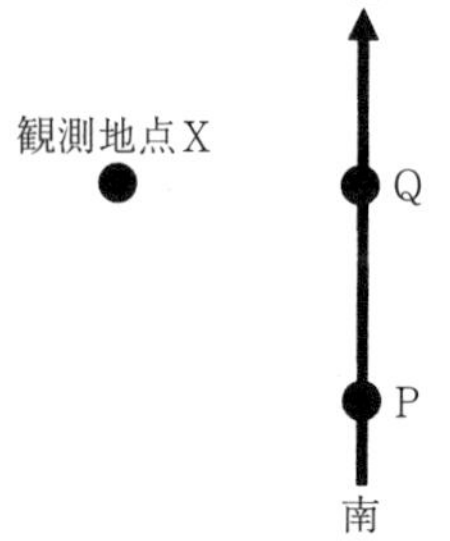

④　北西から北の風向に変化する。
⑤　南東から南の風向に変化する。
⑥　南東から北の風向に変化する。
⑦　南西から南の風向に変化する。
⑧　南西から北の風向に変化する。

(c)　次の文は，台風が図7のような進路をとることの原因について述べた文である。この文中の［ア］・［イ］にあてはまる語句の組み合わせとして，最も適当なものを下の①～⑥から一つ選びなさい。

図7

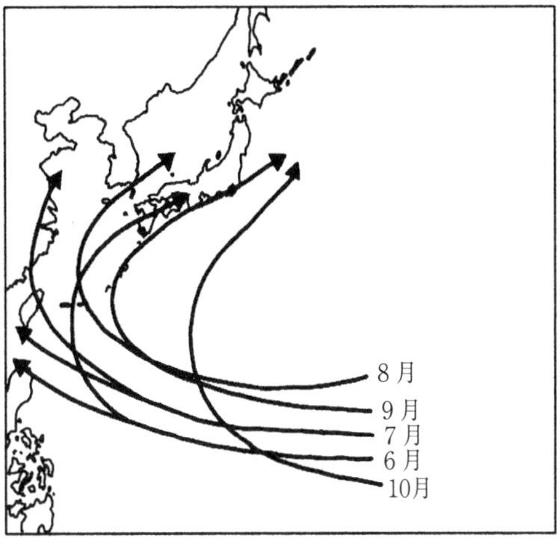

> 台風は，［ア］の西の縁を回るように北上し，中緯度地域において［イ］の影響で北東に進路を変える。［ア］の勢力が弱まる秋頃に台風の進路が日本列島と重なることが多い。

	ア	イ
①	シベリア気団	季節風
②	シベリア気団	偏西風
③	小笠原気団	季節風
④	小笠原気団	偏西風
⑤	オホーツク海気団	季節風
⑥	オホーツク海気団	偏西風

6　次の各問いに答えなさい。

図1，図2のような2つの回路をつくり，容器に一定量の同温の水を入れて，発熱量を比べる実験を行った。電熱線A，Cの抵抗は20Ωで，電熱線B，Dの抵抗は40Ωである。この2つの回路の電源の電圧を12Vにして，5分間電流を流した。次の各問いに答えなさい。ただし，発生した熱はすべて水の温度上昇に使われたものとする。

図1

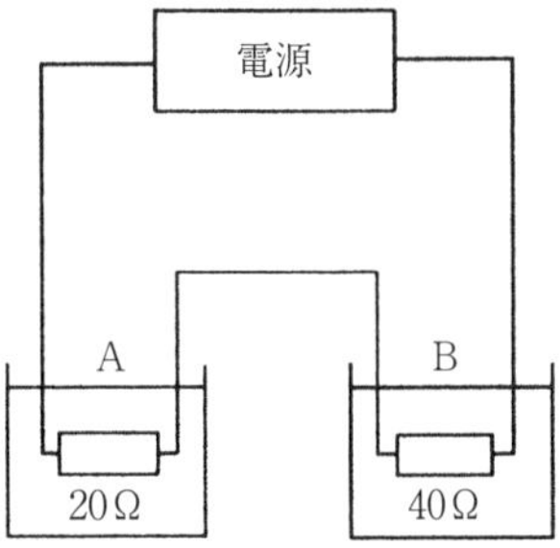

図2

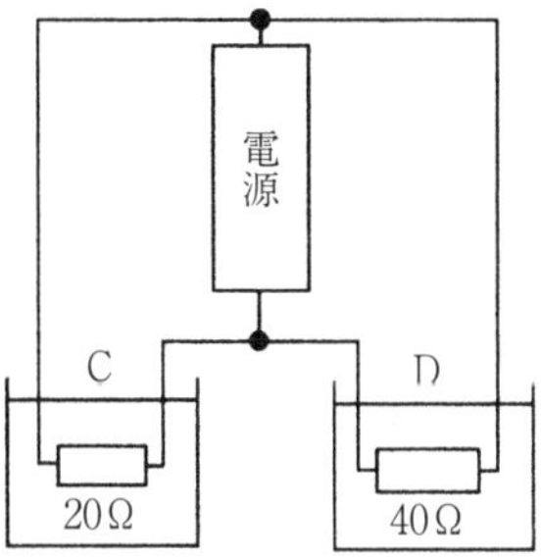

(1)　図1の回路に流れる電流は何Aか。最も適当なものを次の①～⑨から一つ選びなさい。

①　0.2　　②　0.3　　③　0.5
④　0.6　　⑤　1　　⑥　2
⑦　3　　⑧　5　　⑨　6

(2)　電熱線Aにかかる電圧は何Vか。最も適当なものを次の①～⑨から一つ選びなさい。

①　1　　②　2　　③　3　　④　4　　⑤　5
⑥　6　　⑦　7　　⑧　8　　⑨　9

(3)　5分間に電熱線Aから発生する熱量は ア イ ウ Jである。ア，イ，ウ に入る最も適当な数値を以下の例に従ってマークしなさい。

例　10Jの場合
ア：⓪　イ：①　ウ：⓪

(4)　電熱線Cから発生した熱量は，電熱線Aから発生した熱量の何倍か。最も適当なものを次の①～⑨から一つ選びなさい。

①　1　　②　2　　③　3　　④　4　　⑤　5

⑥　6　　⑦　7　　⑧　8　　⑨　9

(5)　電熱線A～Dを入れた水の温度が，「低いもの」→「高いもの」の順になるように記号を並べると，

エ ＜ オ ＜ カ ＜ キ

となる。エ ～ キ に入る最も適当な記号を，次の①～④からそれぞれ一つずつ選びなさい。

①　A　　②　B　　③　C　　④　D

7　中学生の山田さんは身の回りにある物質の成分に興味をもっており，中学校の理科の先生とともに卵のからを用いた実験を行うことになった。以下は，その実験に関する会話文である。会話文を読み，次の各問いに答えなさい。

先　　生：さて，今回は卵のからに含まれている成分について考えていきたいと思います。まず，卵のからには石灰石と同じ化合物が主成分として含まれていますが，この化合物を炭酸カルシウムと呼びます。そして，その化学式は「$CaCO_3$」と表すことができるんですね。この炭酸カルシウムを塩酸と反応させたときに発生する気体は何でしょうか。

山田さん：ア卵のからや石灰石に塩酸を加えて発生する気体ですから，二酸化炭素ですね。

先　　生：正解です。そして，卵のからと塩酸の反応を利用すると，卵のからに含まれる炭酸カルシウムの量が分かります。実際に実験を行ってみましょう。まずは，乾燥させた卵のからを粉々にした後，1gずつ9本のふたまた試験管に正確に測り取って下さい。

山田さん：先生，できました。

先　　生：次に，今回用いる実験装置のイラスト(図)を渡しますので，この通りに組み立ててみましょう。なお，イイラストのXの部分は自分で考えて用意してみて下さいね。

図

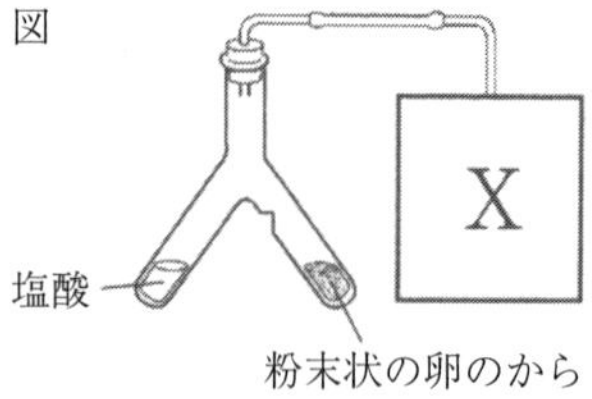

山田さん：これで大丈夫でしょうか。

先　　生：完璧ですね。では，卵のからを入れた9本のふたまた試験管に同じ濃度の塩酸を3 cm^3 ずつ体積を変えて加えていきます。そのときに，発生した気体の体積を記録して下さい。

山田さん：分かりました。

～実験終了後～

山田さん：先生，加えた塩酸の体積と発生した気体の体積の記録表ができました(表1)。

表1

加えた塩酸の体積(cm^3)	3	6	9	12	15	18	21	24	27
発生した気体の体積(cm^3)	37.5	75	112.5	150	187.5	225	225	225	225

先　　生：お疲れさまでした。では，その表1から卵のからと塩酸がどちらも余ることなく反応するときに発生する気体の体積が分かりますね。

山田さん：はい。[A] cm^3 です。

先　　生：その通りですね。では，続いて卵のからの代わりに炭酸カルシウムのみが含まれる粉末を1gずつ用意し，同様の実験を行ってください。

山田さん：分かりました。

～実験終了後～

山田さん：先生，加えた塩酸の体積と発生した気体の体積の記録表ができました(表2)。

表2

加えた塩酸の体積(cm^3)	3	6	9	12	15	18	21	24	27
発生した気体の体積(cm^3)	37.5	75	112.5	150	187.5	225	250	250	250

先　　生：では，その表2から炭酸カルシウムと塩酸がどちらも余ることなく反応するときに発生する気体の体積が分かりますね。

山田さん：はい。[B] cm^3 です。

先　　生：そうですね。あとは，[A] cm^3 と [B] cm^3 の値を利用すると，ウ1gの卵のからに含まれる炭酸カルシウムの量が計算できるはずです。

山田さん：前に，反応する物質の割合を質量から考えられることは学習しましたが，気体の体積で考えたことがないので，計算ができません。

先　　生：なるほど，確かにそうですね。これは高校で学ぶ内容ですが，「アボガドロの法則」というものがあります。この法則は，「温度，圧力，体積が同じであれば同じ数の気体の分子が含まれる」というものになります。つまり，体積が同じであれば含まれる分子の数も同じになり，気体の種類が変わらなければ質量も同じになります。よって，二酸化炭素という気体の種類は変わらないので，体積比と質量比は同じものとして考えて構いません。

山田さん：それなら計算できそうです。やってみます。

(1)　下線部アについて，次の(a)，(b)の各問いに答えなさい。

(a)　卵のからや石灰石に含まれる炭酸カルシウムは塩酸中の塩化水素と，以下の反応式のように反応する。この反応式の係数[ア]～[オ]にあてはまる数値をマークしなさい。なお，係数が1になるところは，省略すると考えずに①をマークすること。

[ア] $CaCO_3$＋[イ] HCl→[ウ] $CaCl_2$＋[エ] H_2O＋[オ] CO_2

(b)　二酸化炭素を発生させる別の方法として，最も適当なものを次の①～⑥から一つ選びなさい。

①　水を電気分解する。
②　うすい過酸化水素水に二酸化マンガンを加える。
③　鉄と硫黄の混合物を加熱してできる化合物に，うすい塩酸を加える。
④　炭酸水素ナトリウムの粉末を加熱する。
⑤　亜鉛にうすい塩酸を加える。
⑥　銅の粉末を加熱する。

(2)　下線部イについて，次の(a)，(b)の各問いに答えなさい。

(a)　一般に二酸化炭素を捕集する方法として，**適当ではないもの**を次の①～③から一つ選びなさい。

①　水上置換法　　②　上方置換法　　③　下方置換法

(b)　(a)で選んだ捕集する方法を用いる気体として，最も適しているものを次の①～⑤から一つ選びなさい。

① アンモニア　② 硫化水素　③ 酸素
④ 窒素　⑤ 塩素

(3) 会話文中の A と B にあてはまる数値として，最も適当な組み合わせを次の①～⑥から一つ選びなさい。

	A	B
①	150	150
②	150	187.5
③	187.5	150
④	187.5	187.5
⑤	225	225
⑥	225	250

(4) 下線部ウについて，1gの卵のからに含まれる炭酸カルシウムの量を求めると，ア.イウgである。ア～ウに入る最も適切な数値を以下の例に従ってマークしなさい。なお，今回使用した卵のからは全て同じ卵から取ったものと考えてよいものとする。

> 例　0.6gの場合
> ア：⓪　イ：⑥　ウ：⓪

8　太郎さんは，学校で「血液の循環について自由なテーマでレポートを作る」という課題が出た。以下に太郎さんのレポートの一部を示す。これを読み，下の各問いに答えなさい。

【太郎さんのレポート(抜粋)】

タイトル：『ヒトとカエルの血液循環の比較』

私はペットにニホンアマガエルを飼っています。ニホンアマガエルは　a　であり　b　動物ですが，ヒトとは違ったしくみで血液循環を行うのではないかと思い，調べてみました。

① ヒトの血液循環

まず，ヒトの血液の循環経路を図1に模式的に表しました。

図1

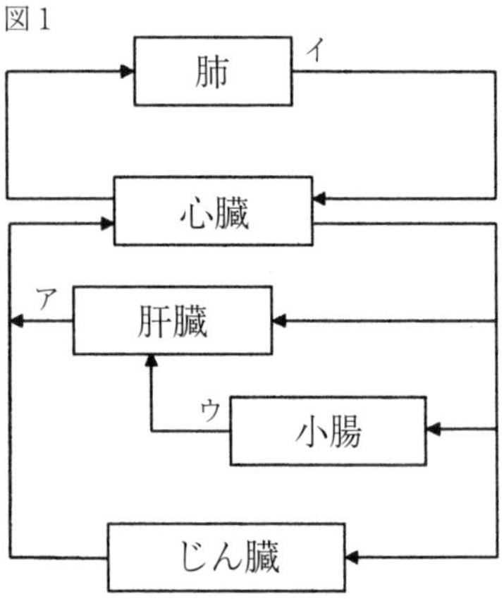

血液は，心臓のはたらきにより体内を循環してさまざまな物質を全身に運んでいます。全身の

細胞は，血液から必要な物質を受け取り，生きるためのエネルギーを取り出しています。

② ヒトとカエルの心臓の比較

次に，血液を循環させるために重要な心臓について調べました。ヒトの心臓を図２に，カエルの心臓を図３に表し，その違いを考えました。

図２

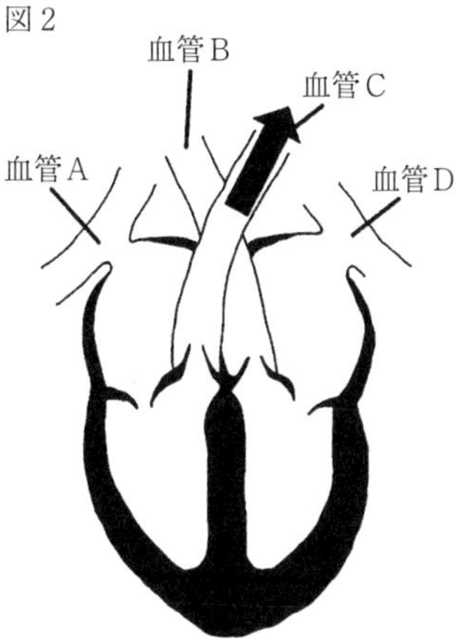

図３

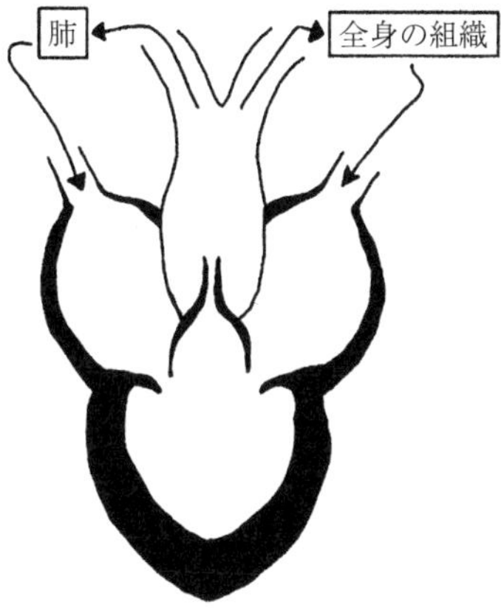

ヒトの血液循環は，心臓から肺を通って心臓にもどる経路と，心臓から肺以外の組織を通って心臓にもどる経路に分かれています。肺から戻ってきた(X)酸素を多く含む血液をそのまま全身に送れるように４つの部屋がある構造をしています。一方，カエルの心臓は部屋が３つになっており，[c]しまいます。そのため，ヒトよりも全身へ酸素を送る効率が悪くなってしまいます。

(1) [a]・[b]に入る語句の組み合わせとして，最も適当なものを次の①～④から一つ選びなさい。

	a	b
①	両生類	セキツイ
②	は虫類	セキツイ
③	両生類	無セキツイ
④	は虫類	無セキツイ

(2) 図１のア～ウの血管を通る血液中の成分において，特に多く含まれるものの組み合わせとして，最も適当なものを次の①～⑥から一つ選びなさい。

	ア	イ	ウ
①	アンモニア	酸素	養分
②	尿素	二酸化炭素	アンモニア
③	養分	酸素	尿素
④	アンモニア	二酸化炭素	尿素
⑤	尿素	酸素	養分
⑥	養分	二酸化炭素	アンモニア

(3) 図２の血管Ａ～血管Ｄのうち，下線部(X)の血液が流れる血管の組み合わせとして，最も適当なものを次の①～④から一つ選びなさい。

① 血管Ａ，血管Ｃ　② 血管Ａ，血管Ｄ　③ 血管Ｂ，血管Ｃ　④ 血管Ｂ，血管Ｄ

(4) 図2の血管C上の矢印は血液の流れる向きを示している。心臓から血管Cへ矢印の向きに血液が流れ出しているときの心臓の拍動の様子と，このときの血管Cにおける血液の流れについて説明したものの組み合わせとして，最も適当なものを次の①～⑥から一つ選びなさい。

	拍動の様子	血管Cにおける血液の流れ
①	心室が縮んでいる	肺へ酸素を多く含む血液が流れる
②	心室が縮んでいる	肺へ酸素が少ない血液が流れる
③	心室が縮んでいる	全身へ酸素を多く含む血液が流れる
④	心房が縮んでいる	肺へ酸素を多く含む血液が流れる
⑤	心房が縮んでいる	肺へ酸素が少ない血液が流れる
⑥	心房が縮んでいる	全身へ酸素を多く含む血液が流れる

(5) レポート内の［c］に入る文として，最も適当なものを次の①～④から一つ選びなさい。

① 肺から心臓に戻ってきた血液の一部が再び肺へ送り出されて
② 肺動脈を流れる血液が，肺静脈を流れる血液よりも多くの酸素を含んで
③ 心室から全身へ送り出された血液が，右心房へ戻って
④ 心室から肺へ送り出された血液が，左心房へ戻って

(6) 提出されたレポートに対して，先生から下のようなコメントが返ってきた。先生のコメントの［d］，［e］に入る語句の組み合わせとして，最も適当なものを下の①～⑥から一つ選びなさい。

【先生のコメント】

ヒトとカエルの比較という，面白い点に目をつけましたね。太郎さんがまとめた通り，カエルの血液循環はヒトに比べて効率が悪くなっているように見えます。しかし，カエルは体表に［d］をもつという特徴があり，その体表から［e］を取り入れる，皮ふ呼吸を行うことができます。そのため皮ふの近くの血管で血液中に［e］を取り込むことができるので，この観点では効率的と考えることもできますね。

	［d］	［e］
①	うろこ	酸素
②	うろこ	二酸化炭素
③	うろこ	養分
④	しめった皮膚	酸素
⑤	しめった皮膚	二酸化炭素
⑥	しめった皮膚	養分

※院の御桟敷…上皇が賀茂祭を見るために設立された高い床。
※闘諍…喧嘩《けんか》。
※そのころ、おしなべて、二三日人のわずらふこと侍りし…この年、インフルエンザのような病が流行したという記録がある。

問24 波線部a「そらごと」と波線部b「ののしりあへり」の意味の組み合わせとして、最も適当なものを**一つ**選びなさい。

ア a—うそ　b—大騒ぎしている
イ a—事実　b—冷めた目でみている
ウ a—作り話　b—ありがたいと拝んでいる
エ a—無駄話　b—恐れおののいて逃げている
オ a—冗談　b—無関心な態度を装っている

問25 傍線部1「女の鬼になりたる」に対して、筆者はどのような態度を示しているか。最も適当なものを**一つ**選びなさい。

ア あちこちに鬼が出現したということを聞き、京都の人々と一緒にあわてふためいている。また、鬼が院に参上したことを聞き、人を派遣して上皇の心配をしている。
イ 本当かどうか分からない情報を鵜呑《うの》みにし、確かではない話を広める民衆に失望している。そして、そのような民衆の態度を見下している。
ウ 京都に鬼が現れたという不確かな情報に惑わされる民衆を蔑視している。そして、人間がどのような理由でうわさを信じてしまうのかを考察している。
エ 京都中の人々が鬼の話題で大騒ぎしている中、人を派遣して真偽を確かめている。その上で、その話題を否定も肯定もせず、混乱する人々の姿を冷静に描いている。
オ いたるところに姿を現す鬼の真相を突き止めるために、人を派遣している。そうすることで京都の人々や生活を鬼から守ろうとしている。

問26 傍線部2「あさましきことどもありけり」とあるが、筆者が「あさましきこと」という感想を抱いた出来事として、適当なものを**一つ**選びなさい。

ア 確証もないのに、人々が鬼を見ようとして騒いだこと。
イ 鬼を見ていないという人の話を誰も信じなかったこと。
ウ 鬼の見物客につられて上皇までもが見物に来たこと。
エ 人々が鬼を見たことで騒ぎ、喧嘩まで起きたこと。
オ 鬼のうわさを信じて集まった人々が、流行病にかかったこと。

問27 傍線部3「このしるし」とは具体的にどのようなことを指すか。最も適当なものを**一つ**選びなさい。

ア 鬼のふりをしている女がいるということ。
イ 鬼が京都から既に立ち去り、もういないこと。
ウ 人々が鬼の出てくる夜更《よふ》けまで騒いだこと。
エ 鬼のせいで人々が正気を失い、奇行に走ること。
オ 京都の人々が鬼の存在を信じて騒いだこと。

問28 本文の内容を説明したものとして、最も適当なものを**一つ**選びなさい。

ア 鬼は伊勢国から上ってきて、地位の高い人間を目当てに西園寺や院の御所といった場所を転々とした。
イ 誰が本当の鬼なのかをめぐって賭け事まで行われ、未確定の情報で社会が混乱した。
ウ 京都の人々は、鬼に恐怖心を抱いているというよりも、鬼を見物したがるなど好奇の目を向けた。
エ 断片的な情報だけで騒動を起こす民衆とは対照的に、地位の高い人間は冷静に対処していた。
オ 鬼と偶然出会ってしまった人は、二、三日の間、寝込むほど驚いてしまった。

を**一つ**選びなさい。

1　高校の入学式のとき
2　オーバーコートを買ったとき
3　白黒猫を抱いている写真を撮ったとき
4　知花のスモックにくるみボタンをつけたとき
5　家の壁を背景にした写真を撮ったとき

ア　5→3→1→4→2
イ　3→5→1→2→4
ウ　5→3→2→1→4
エ　3→1→5→2→4
オ　3→5→1→4→2

問23　傍線部8「温泉、やっぱりいこうかな、とつぶやいて伸びをする」とあるが、このときの紀奈子の心情の説明として最も適当なものを**一つ**選びなさい。

ア　記憶をたどる中で分かった白黒猫の役割とボタンのはたらきから家族とのつながりを再認識し、一度は断った娘の誘いに応じようとしている。
イ　自分を受け入れてくれた猫との信頼関係の大切さをボタンに託して、娘に渡すことで孫たちにもそれを伝えようと思っている。
ウ　お気に入りの猫と触れ合ったと錯覚するくらい交流を深めた満足感から、娘達に猫のことを教えようと思っている。
エ　苦労していたころの自分を支えてくれた感謝を猫に伝えられなかったことを後悔し、娘たちとの旅行で紛らわせようと思っている。
オ　娘や孫たちに冷淡だったことを猫に気づかされ、この旅行の機会をその罪ほろぼしとして活かそうと心を入れ替えている。

四

次の文章を読んで、後の問いに答えなさい。

※応長のころ、伊勢国《いせのくに》より、1女の鬼になりたるをゐてのぼりたり（女が鬼になったのを誰かが京都に連れてきた）といふことありて、そのころ廿日《はつか》ばかり、日ごとに、京・※白川の人、鬼見にとて出でまどふ。「昨日は※西園寺《さいをんじ》に参りたりし」、「今日は※院へ参るべし」、「ただ今はそこそこに」など言ひあへり。まさしく見たりと言ふ人もなく、aそらごとと言ふ人もなし。上下ただ鬼の事のみ言ひやまず。

そのころ、東山より※安居院辺《あぐゐのへん》へ罷《まか》り侍《はべ》りしに（行きましたところ）、※四条よりかみさまの人（四条から北のほうの人々は、）、皆、北をさして走る。「※一条室町に鬼あり」とbののしりあへり。※今出川の辺より見やれば、※院の御桟敷《おんさじき》のあたり、さらに通り得《う》べうもあらず（まったく通れそうになく）、立ちこみたり。はやく、跡なきことにはあらざめり（鬼の話は最初から根拠のないことではなさそうだ）とて、人を遣《や》りて見するに、大方（まったく）逢へる者なし。暮るるまでかくたち騒ぎて、果ては※闘諍《とうじやう》おこりて、2あさましきことどもありけり（あきれ返ることなどもあった）。

※そのころ、おしなべて、二三日人のわずらふ（人々が病気になる）こと侍りしをぞ、「かの鬼のそらごとは3このしるし（病気のまえぶれ）を示すなりけり」と言ふ人も侍りし。

（兼好法師『徒然草』より一部改変）

※応長…花園天皇のときの年号。一三一一年～一三一二年。
※白川…現在の京都の地名の一つ。
※西園寺…京都の上京区にある浄土宗の寺院。
※院…上皇の住まう御所。
※安居院…現在の京都市にあった僧たちが集まった寺。
※四条…京都市内の主要な通りの一つ。
※一条室町…一条と室町の通りにある交差点。
※今出川…京都を流れる川。

が、このときの紀奈子の状況を説明したものとして、最も適当なものを**一つ**選びなさい。

ア　娘が幼かった頃に心引かれた猫とボタンの話題で、現在子どものしつけがうまくいっていない娘の気を慰めている。

イ　意識が過去に引き込まれる中で、幼少期に娘が夢中になっていた猫に出会い、しかも当時のボタンまで手に入れたことに興奮している。

ウ　偶然かかってきた娘からの電話により、今朝の妙ななつかしさの理由に思い至り、気持ちの高ぶりを抑えきれずにいる。

エ　話を聞かない自分をたしなめようとする娘の言葉をさえぎり、空想していたことを気づかれた気まずさをごまかそうとしている。

オ　娘の幼少期に子育てを助けてくれた猫が引き金となり、苦労していた頃を思い出して、図らずも娘を問い詰めるような口調になっている。

問19　傍線部3「記憶をたどる」について、この日と翌朝に紀奈子が過去を回想する場面における表現上の特徴を生徒A～Eが話し合っている。本文に照らして明らかに不適当な生徒の発言を**一つ**選びなさい。

ア　生徒A―呼びかけ調の文末表現や幼児向けと思われる一人称で、優しいお母さんという紀奈子のイメージを描き出しているね。

イ　生徒B―引用や対句表現が多く使われているね。連続するとりとめのない記憶のつながりという回想体の特徴を表しているようだね。

ウ　生徒C―「ボタン」の布地や「猫の毛並み」といった現在の時間の具体的な事物は、過去の記憶を想起させるきっかけとして働いているんじゃないかな。

エ　生徒D―娘が幼い頃の回想から、さらに自分が「社会人」になりたての頃まで思い出しているのも、どんどん記憶を遡ってストーリーを展開させる効果を出しているね。

オ　生徒E―ふーん。僕は、会話にカギかっこが付いてないのに気づいたよ。多分あえて付けないことで、この場面が川のように流れる紀奈子の意識そのものを表したかったのでは？

問20　傍線部4「ひとつ引っかかるのは、猫である」とあるが、最終的に紀奈子は、この「猫」をどのような存在として認識するに至るか。最も適当なものを**一つ**選びなさい。

ア　ボタンを介して家族の縁《ゆかり》を取り持つ貴重な存在。

イ　母と娘の絆《きずな》の大切さを教えてくれたありがたい存在。

ウ　家族が重要視するボタンを与えてくれる神秘的な存在。

エ　輪廻転生《りんねてんしょう》を現実化する能力を持つ不思議な存在。

オ　亡き夫や幼少期の記憶を自在に操る万能な存在。

問21　傍線部5「紀奈子はいつものように朝ごはんを用意したが、猫はこなかった」から、傍線部7「紀奈子は玄関を出て、裏庭にまわる」に至るまでの紀奈子についての正しい説明を**一つ**選びなさい。

ア　気まぐれな猫に振り回されてきた自分の人生を反省するとともに、そんな自分を助けてくれたボタンの価値を実感している。

イ　夫との死別に意気消沈する自分を気遣う猫の優しさに報いようとしたがかなわず、今はもういなくなった猫を過去の写真の中に見ながらなつかしんでいる。

ウ　時空を超える猫の存在には半信半疑だったが、ボタンによってその実在が証明されたことで、猫に尊敬の念を抱くようになっている。

エ　写真を通して蘇《よみがえ》った記憶の中の猫が、実際の「猫ちゃん」と同じ猫であると確信し、その根拠を彼女が過去に抱いた猫の手触りに置いている。

オ　現在目の前にいる猫が神出鬼没な行動によって、自分はかつて出会った猫であると伝えていることに、恐れおののいている。

問22　傍線部6「順不同に過去の写真を見続けていた」とあるが、

り、友人との北海道旅行がある。けれども写真のなかに、もう同じボタンは見つけられずに、今度は時間をさかのぼる。写真は次第にモノクロになり自分はどんどんちいさくなっていく。そうして紀奈子は見つける。記憶にも残っていないほど幼い自分が猫を抱いている写真を。頭のてっぺんと前脚の付け根が黒い白黒猫である。猫を抱いて座る自分の背後に、母親らしき人の膝《ひざ》下が写っていて、写真に切り取られたワンピースの柄が、くるみボタンの花柄と同じであることにも紀奈子は気づく。※モノクロ写真だけれど、はっきりわかる。

　階下で携帯電話の着信音が聞こえ、紀奈子はふと我に返って、アルバムを閉じて階段を下りる。6順不同に過去の写真を見続けていたせいか、紀奈子は、階段を下りているのではなく、時間を巻き戻している錯覚を味わう。ダイニングルームにいくと静まりかえっている。テーブルに置いた携帯電話を確認しても、着信履歴はない。

　携帯電話を手にしたまま、何気なく振り向くと、窓の外にいつもの猫がいる。ぴったりと前脚を揃《そろ》えて座っている。あなたのちいさかった子どもだって、あなたがまだちいさかったころだって、私、知っているのよ、と言いたげな、得意げな顔でじっと紀奈子を見ている。この猫を撫《な》でたことなどないのに、猫の毛並みのさわり心地や、抱いたときのあたたかな重みが、紀奈子の腕やてのひらや膝にじわじわと広がる。この猫はたしかに、幼い私が抱いていた猫だ、と紀奈子は思う。静まりかえったダイニングルームで、それが突拍子もない思いつきだと紀奈子は思わない。だって、この手や膝が、この猫をこんなにも覚えている。

　もしかして、この猫は時空を旅しているのかもしれない。若かった母に会い、幼い私に会い、母になった私に会い、幼かった娘に会い、そしてもしかしたら、今ここにはいない夫にも会い、この先娘の子どもたちに会い、大人になったその子どもたちにも会いにいくのかもしれない。ときどき、このボタンを持って。さみしくないからだいじょうぶだよ。このボタンの向こうに、いなくなったはずのみんなはいるし、ちゃんとあなたを見ているから。そんなことを伝えるために。

　7紀奈子は玄関を出て、裏庭にまわる。その気配を察して猫はさっと逃げていく。朝に置いたごはんの器は空だ。盆がわりの木ぎれの上に、紀奈子はくるみボタンを置いて、胸の内で言う。まただれかに持っていってあげて。さみしくないからだいじょうぶだと、そっと教えてあげて。紀奈子は立ち上がり、8温泉、やっぱりいこうかな、とつぶやいて伸びをする。

（角田光代『ボタンと使者』より）

※くるみボタン…布、または革などで包んで作ったボタン。
※スモック…服が汚れないように着る、子どもの遊び着。
※よしんば…「たとえ」「かりに」の意。
※エンドロール…映画やドラマの終わりに流れる製作関係者名の字幕。
※天袋…部屋の天井に近いところに作られる収納。
※バストアップ…胸から上を撮影すること。バストショット。
※モノクロ…モノクロームの略。ここでは「白黒」。

問17　傍線部1「紀奈子はボタンを取り出して窓越しに見せる」とあるが、紀奈子がこのような行動を取ったのはなぜか。最も適当なものを**一つ**選びなさい。

ア　夫が亡くなった喪失感を埋めるかのようなタイミングで、猫が思い出のボタンを置いていったから。
イ　猫が持ってきたボタンは、自分が子どもの頃につけていたボタンに似ていることに気づいたから。
ウ　白黒模様の猫はなぜか見覚えがあったが、ボタンによって猫との思い出が呼び起こされたから。
エ　普段は触らせてもくれない猫が、自分に気持ちを伝えようとしてボタンを置いたと思ったから。
オ　朝ごはんに感謝する猫の様子から、かつて娘がボタンをあげた猫と同じだと気づいたから。

問18　傍線部2「『猫とボタン！』と紀奈子が声を上げる」とある

ボタンは、紀奈子が社会人になってはじめて買ったオーバーコートのもの。捨てられなくてとっておいたのだ。それを覆った花柄の布地は——なんだっけ。裁縫箱に入っていた余り布だったか。

紀奈子はポケットに入れたままのボタンを取り出して、じっと眺める。まさにこの布地、このボタンだと確信がある一方で、同じボタンのはずがない、つじつまが合わない、とも冷静に思う。

4ひとつ引っかかるのは、猫である。知花が泣かずに保育園にいくようになった理由は、あのボタンではなくて野良猫だったことを、紀奈子は思い出した。園舎の裏にやってくる野良猫がいて、母親の迎えを待つあいだ、知花はよく園舎裏にしゃがみこんで猫を待っていた。おやつをあげているというのは、先生から聞いた。猫が居着いちゃうと困るし、おやつも本人に食べてほしいんですよ、という苦情だった。紀奈子は知花に、おやつをあげてはだめとは言わなかった。先生に隠れてこっそりあげなさい、と言った。猫のおかげで知花は保育園に進んでいくようになったのだ。

その猫が、うちにくる猫と同じ、白と黒の毛並みではなかったか。たしか知花は、おさげちゃんと猫のことを呼んでいた。両前脚の付け根が黒くて、おさげを結っているみたいだったのだろう。……ということはやっぱり、同じ白黒、同じ模様。幼かった知花は、おやつといっしょにスモックのボタンもひとつちぎって猫にあげたのではないか？　さみしくないからだいじょうぶよ。私も見てるから。母親の台詞《せりふ》を真似《まね》て。

そこまで考えて、紀奈子は我に返り、一時停止していたＤＶＤの再生ボタンを押す。なんて馬鹿《ばか》なことを考えているのだろう。三十年前にいた猫が今も同じ姿でいるはずがないし、三十年前のボタンを届けにくるはずがない。※よしんば届けにきたとして、それになんの意味がある？

馬鹿らしい。そうは思うものの、※エンドロールが流れても、映画の内容を紀奈子は思い出せなかった。ボタンのせいであふれ出した過去——初給料で両親と食べた鰻《うなぎ》や、妊娠《にんしん》を告げられた日の空や、伝い歩きをする知花や、夫婦げんかの気まずさや、とめどないそれらについ耽《ふけ》ってしまったのだった。

翌朝、5紀奈子はいつものように朝ごはんを用意したが、猫はこなかった。気まぐれなのだ。自分用の朝ごはんを食べたあと、紀奈子は二階に上がり、寝室にしている和室の※天袋から数冊のアルバムを取り出した。かつては型の古びたオーバーも捨てることのできなかった紀奈子だが、夫の死後は、心を決めて多くのものを処分した。持ち主がいないのに持ちものが残る、そのことのかなしさと残酷さを思い知ったからである。アルバムも、知花が生まれて以降のものは知花に送った。

適当にページを開き、アルバムをめくる。紀奈子が小学校の高学年あたりからカラー写真がまじり、中学生以降はすべてカラーに切り替わっている。久しぶりに見る、さほど枚数の多くない過去の写真に引きこまれ、何をしようとしていたか忘れて見入ってしまう。

「えっ」半世紀ほど前の写真を見ていた紀奈子は、思わず声を出して写真に顔を近づける。頰《ほお》のふっくらした、十二、三歳のころの自分が笑っている、※バストアップの写真である。卒業式とか家族のお出かけとか、とくべつなときの写真しかないのに、この一枚は、家の壁を背景にしたなんということのないもので、もしかしたら、父親があたらしいカメラを買ったばかりだったのかもしれない。そんなことより紀奈子は、笑う少女の着ているジャンパースカートの、肩紐《かたひも》を止める胸当てのボタンに見入る。色あせたカラー写真ではあるが、それがあの、猫が持ってきたボタンとそっくりなのだ。花柄のくるみボタン。その花柄も、そっくりというより、同じ柄。そしてそれは、幼い知花のスモックに縫いつけたものと同じでもある。似ているのではない、同じだ、と紀奈子は確信する。

母親になった私が娘に作ったはずのボタンを、なぜ十二、三歳の私がつけているのだろう？

紀奈子は、その場に座りこんだまま、時間を駆け抜けるようにしてアルバムをめくり続けていく。高校の入学式があり、成人式があ

三　次の文章を読んで、後の問いに答えなさい。

裏庭の、エアコン室外機から一メートル離れたところに紀奈子《きなこ》は毎朝ごはんを置く。ときどき遊びにくる猫用のごはんだ。カリカリというらしいドライフードと水の入った器を、盆がわりに置いてある木ぎれの上に並べる。その日も器を並べようとすると、木ぎれの上に何か載っている。紀奈子はしゃがんで顔を近づけてみた。

ボタンだった。色あせた花柄の※くるみボタンで、紀奈子には妙になつかしく感じられた。つまみあげてスカートのポケットに入れる。朝ごはんのお礼かしらね。ちいさくひとりごとを言って笑い、玄関に戻る。

朝食の食器を洗い、お茶を入れて新聞を読み、ふと裏庭に面した窓をのぞくと、白黒模様の猫が早速ごはんを食べている。じっと見ていると、気配を感じたのか顔を上げ、向こうもじっと紀奈子を見ている。頭のてっぺんが黒く、両前脚の付け根の黒い猫である。「これ」と1紀奈子はボタンを取り出して窓越しに見せる。「ありがとう」と口を動かすと、猫は興味なさそうに目をそらして食事に戻った。

白黒猫は、夫が亡《な》くなり紀奈子がひとり暮らしになってからやってくるようになった。まるで紀奈子のぽっかりした喪失感を埋めるかのようなタイミングで。

決して触らせてはくれないが、毛づやがいいし、どこかで飼われているのだろうと紀奈子は思う。そのおうちのごはんが気に入らないときなんかに、こうして近所を歩いて、顔見知りのだれかれにごはんをもらっているのだろうと想像している。飼い猫ならば、名前をつけるのはなんだか申し訳ない気がして、紀奈子はただ「猫ちゃん」と呼んでいる。

夜、借りてきた洋画のDVDを見ていると、娘の知花《ちか》から電話があった。知花は電車で三十分ほどの町に家族で住んでいる。来月温泉にいかない？　という知花の背後で、桃果《ももか》と亮太《りょうた》の遊ぶ声が聞こえる。テレビの音も。

「耀司《ようじ》さんが出張だから、おかあさんと私たちだけ。箱根《はこね》とか、近場で」

温泉はいきたいけれど出かけるのは億劫《おっくう》だ。八歳の桃果はだいぶしっかりしてきたけれど、三歳の亮太はイヤイヤ期だし、と思うや、甲高《かんだか》い叫び声が電話の向こうから聞こえてきて、「亮太！　大声出すのやめて！」と知花の声が続く。「耳元で叫ばないで！」つい紀奈子も声を荒らげる。「温泉、またにしておくわ。ありがとうね」

ひと息ついて紀奈子が言うと、知花は、家にばかり引きこもっているのはよくないとか、温泉は腰痛に効くはずだとか、ぐずる亮太の声を背景に、とうとうと話す。留守のときに猫がきて、ごはんがなければがっかりだろうし、と、胸の内で紀奈子はつぶやき、そのとき、ふと何かが頭のなかを横切った。なんだっけ。知花。子どものぐずる声。猫。知花の声が遠のいていく。ボタン。そうだ、あのボタン。

「聞いてる？」という知花の声と、2「猫とボタン！」と紀奈子が声を上げるのと、同時だった。

「知花ちゃん、ずっと昔、あなた野良猫をかわいがってたわね？」紀奈子は訊《き》く。

「え？　覚えてない」

「保育園のころよ、保育園のおやつを食べずにとっておいては猫にあげていたじゃない」

「何それ覚えてない」知花はくり返し、またしても近くで亮太の泣き叫ぶ声が聞こえて、「またかけるね、ごめん」と、電話は切られた。

くるみボタン。通話の終了した携帯電話を手にしたまま、静まりかえった部屋で紀奈子は必死に3記憶をたどる。なつかしいと思ったのは、自分の手で作ったからだ。保育園がいやだと毎朝泣く知花の※スモックに、くるみボタンをいくつかつけた。さみしくないからだいじょうぶよ。このボタンはボタンだけどのぞき穴でもあるの。このボタンからママがちゃんと知花を見ていてあげるから。使ったあっても基本的な価値基準には相違がないから。

オ　法律には多数の民意が反映されるため、自らの判断も法律体系に照らして正当化されると考えられるから。

問13　傍線部2「『正しさ』は、ある行為に複数の人間が関わるときに、その人たちの間で合意が形成されることで成立します」とあるが、これはどういうことか。その説明として、最も適当なものを**一つ**選びなさい。

ア　「正しさ」とは、当事者が不正を生じさせないよう十分に配慮し、正しいことを求める努力によって成り立つものであるということ。

イ　「正しさ」とは、同じ文化圏に生きる人たちの間で議論をし、権力者の暴力に抗《あらが》い続けていく中で決まっていくものであるということ。

ウ　「正しさ」とは、規則の影響を受ける人たちの間で意志を合致させ、皆が納得するような答えを対話によって作り上げていくものであるということ。

エ　「正しさ」とは、規則の必要性を感じている人たちの間で話し合いをし、合意点を作り上げていくものであるということ。

オ　「正しさ」とは、不正や不都合が生じたときに、その都度修正を加えて変更することで徐々に達成されるものであるということ。

問14　傍線部3「正しさは人それぞれ」について、筆者はこの言葉に危機感を持っているが、それはなぜか。適当ではないものを**一つ**選びなさい。

ア　正しさは人それぞれという意見を認めることによって、意志決定の際には話し合いでなく暴力に依存するようになるから。

イ　絶対正しいことはないという意見を認めることによって、みんなが合意できるようなより正しい答えを人々が追い求めなくなってしまうから。

ウ　正しさは個人の中にしかないという意見を認めることで、弱い立場にいる人にさえも手をさしのべなくなってしまうから。

エ　誰にも正しさは決めることができないと認めることによって、相手の意見を聞かなくなり、相互理解を放棄するようになるから。

オ　何が正しいか誰にも決められないという意見を認めることによって、「ルールを正当化する手続き」があることの意味さえも分からなくなるから。

問15　傍線部4「社会は分断されてしまいます」とあるが、この原因を、筆者は何であると考えているか。最も適当なものを**一つ**選びなさい。

ア　代議制民主主義

イ　戦前の日本の民法

ウ　各国の法律体系

エ　文化相対主義

オ　不正の告発

問16　この文章の表現や構成の特徴として適当ではないものを**一つ**選びなさい。

ア　この文章は、疑問表現を用いたり読者に語りかけたりすることで、読者を想定して主張を展開している。

イ　この文章は、身近な経験や歴史的事実を具体例として述べることで、抽象的な内容を理解しやすくしている。

ウ　この文章は、比喩表現や擬人法を多く用いることで、読者が本文の内容をイメージできるよう工夫をしている。

エ　この文章は、一般的に共有されている主張を紹介した後に、筆者の視点からその主張に反論をしている。

オ　この文章は、合意形成の取り方を具体的な手順で示すことで、物事を決定する際の公的な手続きも紹介している。

て、その不正を告発する人たちの声が聞き入れられ、改正されたときには、より正しいものになっているでしょう。そうやって、たとえば女性の権利が認められてきたわけです。

もちろん、「不正の告発」それ自体が不正なものである場合もあるでしょう。自分が悪いのに、それを認めずに他人のせいにする人もいます。そうしたとき、相手を尊重するとは、単に相手の言い分を丸呑《まるの》みすることではありません。納得できないことを言っているのに「人それぞれ」といってきちんと反論しないのは、相手を尊重するどころかバカにすることです。まずは相手の言い分をよく聞き、それがもっともだと思えば従い、おかしいと思えば指摘し、相手の再度の言い分を聞く。それを繰り返すことで、お互いに納得のできる合意点を作り上げていく。これが、正しさを作っていくための正しい手続きというべきでしょう。そうした手続きによって、より正しい正しさを実現するよう努力していくことが大切です。

私が「人それぞれ」という言葉にこだわるのは、そうした努力をしないで済ませる態度を助長するからです。もちろん、趣味や好みなど、他人と同じにしなくてもとくに問題ないようなことについては「人それぞれ」でけっこうなのですが、そうでないこと、他人を巻き込むことについては「人それぞれ」で済ませるわけにはいきません。他人と合意を作っていかなければならないことについて、「人それぞれ」などといって十分に話し合う努力をしないでいると、4社会は分断されてしまいます。分断された社会で何かを決めようとすれば、結局のところ暴力に頼るしかなくなってしまいます。

（山口裕之『「みんな違ってみんないい」のか？　相対主義と普遍主義の問題』より、一部改変）

※こうした法律…筆者はこの直前で女性の参政権を認めた法律について述べている。
※ブラウン…アメリカの人類学者。人間の普遍性に関する著作で知られる。
※民法…市民と市民の間における権利や関係性を規定する法律。
※優生保護法…一九四八年～一九九六年までに存在していた法律。障害がある人に対して合意がないままに、妊娠を不可能にする不妊手術を施したことで、人権上の問題があるとされ、廃止になった。
※ナチスによるユダヤ人虐殺…ドイツのナチス政権が行ったユダヤ人の迫害政策のこと。
※ガス室…ナチス政権がユダヤ人を毒殺する際に使用された部屋。

問10 次の文が入る箇所として、最も適当なものを**一つ**選びなさい。

「このように、多くの社会ではルールを正当化する手続きが定められています。」

ア　波線部a「手続きにのっとって定められました。」の後
イ　波線部b「強制するための機関も備えています。」の後
ウ　波線部c「ほとんどの国で認められています。」の後
エ　波線部d「それほど誤りではありません。」の後
オ　波線部e「おおむね普遍的に認識されています。」の後

問11 空欄 A ・ B ・ C に入る語の組み合わせとして、最も適当なものを**一つ**選びなさい。

ア　A　要するに　B　すなわち　C　たしかに
イ　A　また　B　一方で　C　このように
ウ　A　したがって　B　まさに　C　結果的に
エ　A　つまり　B　むしろ　C　もちろん
オ　A　とにかく　B　次に　C　むろん

問12 傍線部1「自分がよかれと思ってやったことがその国では犯罪になるなどということはまずありません」とあるが、これはなぜか。最も適当なものを**一つ**選びなさい。

ア　規則を正当化する手続きはあらゆる国によって異なるが、多様な考えが認められつつあるから。
イ　民主的なものの考え方や法律などは、国が違ってもそれほどかけ離れたものにはなっていないから。
ウ　悪意のない行為を犯罪と認定する法律は、世界的に存在しないと考えられるから。
エ　多くの国の法律体系はおおよそ等しいため、どの国の文化で

律として定められたものです。しかし、だからといって、「それらは正しかったのだ」と即断してよいものでしょうか。とはいっても、正しさは文化によって異なるという文化相対主義の立場からは、そうした発言に反論することは困難です。生徒からそのように言われて、おかしいとは思いつつ、十分に反論や議論ができなかった中学や高校の先生も多いのではないでしょうか。

しかし、考えてみましょう。障害があるなどの理由で不妊手術を受けさせられた人たちは、優生保護法に合意していたのでしょうか。虐殺されたユダヤ人たちは、虐殺されることに合意していたのでしょうか。まさか。かれらがそんな目にあわされたのは、まさしく暴力による強制でした。これまで見てきたように、[2]「正しさ」は、ある行為に複数の人間が関わるときに、その人たちの間で合意が形成されることで成立します。当事者が関わらないところで勝手に決めたルールを強制することは、それ自体として不正です。このように考えると、これらの法律は「ルールを正当化する手続きの正しさ」を満たしておらず、やはり不正だったというべきでしょう。

（中略）

江戸時代の日本やその他の多くの国において、かつて法律は、権力者が一方的に定めてそれに従うことを暴力で強制するものでした。あまりに人々の立場を無視した法律は大きな反感を買うでしょうから、それなりに配慮したかもしれませんが、その場合でも人々の意見を直接聞いたわけではなく、権力者側が勝手に推測しただけだったでしょう。そしてそもそも、そうした権力者の権力自体が、支配される側の人々の合意によって正当化されたものではなく、暴力（武力）によって獲得されたものです。

そうしたあからさまに暴力的な手続きよりは、代議制民主主義の手続きはずいぶんマシなものではあります。しかしやはり、代表されていない立場の人たちも多数います。それどころか、議会においてさえ、代表者全員が納得して合意するまで話し合われないままに、強行採決によって可決されることがままあります。そのようにして定められた法律を無造作に「正しい」と見なすことは、合意していないままに従わされる人たちへの暴力を無造作に肯定することになります。

［C］、自分が納得しない法律には従わなくてよいということにはなりません。しかし、納得できない法律は批判し、その改正を求めていくことはできます。また、ある法律が含んでいる暴力に自分自身では気づけなくても、それに苦しめられている人の声を聞いて気づくこともあります。そうして気づいてしまったときには、たとえ他国のことや昔のことであったとしても、「正しさ」を問い返し、「より正しい正しさ」を実現するように努力していくべきでしょう。

「[3]正しさは人それぞれ」と並んで最近よく聞く言葉に、「絶対正しいことなんてない」とか「何が正しいかなんて誰にも決められない」などというのがあります。これらの言葉を言う人たちは、どうやら「ちょっと気の利《き》いた、よいことを言っている」と思っているようなのですが、私はこうした言葉を聞くたびに背筋が寒くなります。こうした言葉は、より正しいことを求めていく努力をはじめから放棄する態度を示しているように思われるからです。そして、こうした言葉を吐く人たちは、たとえば私が何も悪いことをしていないのに※ガス室に送られそうなとき、決して助けてくれないだろうなと思うからです。

どんなに話し合っても、国民全員が、さらには人類全員が合意することはないかもしれません。たとえいま生きている人たち全員が合意したとしても、まだ生まれていない人は合意していません。その意味では、「絶対正しいことなんてない」のかもしれません。しかし、「より正しい正しさ」はあります。一方的に決めたルールを暴力によって強制するよりは、話し合ってお互いに納得して決めていく方が正しいですし、これまで正しいと思われていたことに対し

問7 次のA～Eを返り点に従って読むとき、三番目に読むものとして、最も適当なものを**一つ**選びなさい。

「A㆑B㆑C㆑DE」

ア A　イ B　ウ C　エ D　オ E

問8 次の各文の傍線部「さえ」のうち、文法上の意味が他と異なっているものはどれか、最も適当なものを**一つ**選びなさい。

ア 時間さえあれば、きっと完成するはずだ。
イ 自転車が壊れてさえいなければ、間に合ったのに。
ウ あなたさえ居てくれれば、他に何もいらない。
エ 私は怒りのあまり、彼と口さえきかなかった。
オ 勉強さえすればよいというのは、貧しい意見だ。

問9 次に示す文章には誤りがある。その誤りを指摘したものとして、最も適当なものを**一つ**選びなさい。

「両親がぜひ先生に会いたいと申しております。」

ア 謙譲語の必要な箇所に、謙譲語が使用されていない。
イ 尊敬語の不必要な箇所に、尊敬語を使用している。
ウ 尊敬語を使うべき箇所に、謙譲語を使用している。
エ 謙譲語を使うべき箇所に、尊敬語を使用している。
オ 意味の続かない二つの敬語を使用したため、不自然な表現になっている。

二

次の文章を読んで、後の問いに答えなさい。

※こうした法律は、※ブラウンの表現を借りれば「集団全体に関わる公的なものごとを決定するための手続き」によって決定されたものです。現在では、日本をはじめ多くの国では代議制民主主義によって法律が制定されることになっています。[A]、選挙によって選ばれた代表者が議会で議論し、最終的に多数の賛成が得られた場合に法律として成立するのです。戦前の日本の※民法も選挙法も、こうしたa手続きにのっとって定められました。この手続きに従って定められたことは「正しい」のだとされます。そして、その手続きはそれぞれの社会や国ごとに定められており、手続きを実行するための機関があります。さらに、決められたルールを人々にb強制するための機関も備えています。

こうしたことから、「正しさは社会により異なる」とか「国により異なる」と言いたくなるかもしれません。しかし、そうした差異も、理解不能なほどに多様なものではないのが通常です。実際問題として、現在では民主的な価値観や基本的人権が世界的に「正しい」と認められているため、多くの国の法律の内容はそれほどかけ離れたものにはなっておらず、たとえば女性の参政権はごく一部の例外を除いてcほとんどの国で認められています。もちろん、各国がまったく同じ法律体系になっているわけではありませんが、私たちにとって理解不可能なほど奇妙な法律体系になっていることはないと思っても、dそれほど誤りではありません。

たとえば、私たちは海外旅行に行くときに、行き先の国の刑法体系について調べておくなどということはしないでしょう。自分の国で犯罪になることを行き先の国でもしないようにすれば十分です。1自分がよかれと思ってやったことがその国では犯罪になるなどということはまずありません。行った先の礼儀作法に反するふるまいを知らずにしてしまうことはあるかもしれませんが、たいていの場合、知らずにやったことはそれほど責められないことも普遍的ですし、礼儀作法などの慣習が文化によって異なること自体がeおおむね普遍的に認識されています。

「正しさは社会や国により異なる」などと唱えるまえに、[B]考えなければならないことは、ルールを正当化する手続きの正しさについてです。

倫理学の授業をしていると時々、日本の旧※優生保護法や※ナチスによるユダヤ人虐殺について、「その時代では正しいことだったのだ」などと発言する学生さんがいて、仰天します。たしかにいずれの場合も、当時の「ルールを正当化する手続き」にのっとって法

二〇二四年度

土浦日本大学高等学校（併願推薦）

【国　語】（五〇分）〈満点：一〇〇点〉

一　次の各問いに答えなさい。

問1　次の詩を読んで、後の各問いに答えなさい。（出題の都合上、一部改変した箇所がある。）

冬が来た　　高村光太郎

きっぱりと冬が来た
※八つ手の白い花も消え
公孫樹《いちょう》の木も箒《ほうき》になった

きりきりともみ込むような冬が来た
人にいやがられる冬
草木に背《そむ》かれ、虫類に逃げられる冬が来た

冬よ
僕に来い、僕に来い
僕は冬の力、冬は僕の餌食《えじき》だ

しみ透《とお》れ、つきぬけ
火事を出せ、雪で埋めろ
刃物のような冬が来た

※八つ手…植物の一種。

a　この詩の中で用いられていない表現技法を**一つ**選びなさい。
ア　隠喩法　　イ　直喩法　　ウ　倒置法
エ　体言止め　　オ　反復法

b　この詩の形式として最も適当なものを**一つ**選びなさい。
ア　文語叙事詩　　イ　文語叙情詩　　ウ　文語叙景詩
エ　口語叙事詩　　オ　口語叙情詩

問2　次の「　」内の傍線部のカタカナ部分を漢字に直した場合、それと同じ漢字を含むものをア～オの中から**一つ**選びなさい。
「彼はユウカンな男だ」
ア　優勝のエイカンに輝く。
イ　悪にカンゼンと立ち向かう。
ウ　引退をカンコクされる。
エ　国会が証人をカンモンする。
オ　この路線はカンジョウ線だ。

問3　次の漢字の送り仮名のうち、不適当なものを**一つ**選びなさい。
ア　整える（ととのえる）　　イ　償う（つぐなう）
ウ　弔う（とむらう）　　エ　専ら（もっぱら）
オ　滞おる（とどこおる）

問4　次の漢字の中で、「本屋」のように、重箱読みになるものを**一つ**選びなさい。
ア　漁師　　イ　雨具　　ウ　試合
エ　鶏肉　　オ　家賃

問5　次の中で、対義語の関係になっていないものを**一つ**選びなさい。
ア　慎重―軽率　　イ　冷淡―親切
ウ　風刺―皮肉　　エ　模倣―創造
オ　削除―添加

問6　次のことわざの□のうち、動植物名が当てはまらないものはどれか、最も適当なものを**一つ**選びなさい。
ア　□につままれる
イ　窮□猫を噛《か》む
ウ　□心あれば水心
エ　画竜《がりょう》□睛《せい》を欠く
オ　火中の□を拾う

2024年度／土浦日本大学高等学校(併願推薦)

英語解答

1
(1) 1　(2) 1　(3) 4　(4) 2
(5) 3　(6) 4　(7) 1
(8) (A)… 4　(B)… 4　(C)… 2

2
(9) 2　(10) 3　(11) 3　(12) 4
(13) 2　(14) 2
(15) (A)… 2　(B)… 2　(C)… 4　(D)… 4

3
(16) 3　(17) 4　(18) 2　(19) 1
(20) 4　(21) 3　(22) 1　(23) 4
(24) 4, 6

4
(25) 3　(26) 4　(27) 3　(28) 3

5
(29) 3　(30) 1　(31) 2

6
(32) ②　(33) ③　(34) ①

7
(35) 6－3－5－2－4－1
(36) 5－4－2－1－3－6
(37) 3－4－5－1－2－6
(38) 6－4－2－1－3－5
(39) 5－4－1－3－2－6

8
(40) 1　(41) 1　(42) 2　(43) 3
(44) 4

数学解答

1
(1) ア… 4　イ… 1　ウ… 5
(2) エ… 3　オ… 6
(3) カ… 5　キ… 3
(4) ク… 1　ケ… 3　コ… 2
(5) ②, ③

2
(1) ア… 3　イ… 8
(2) ウ… 1　エ… 1　オ… 8　カ… 5
キ… 3　ク… 6
(3) (i)… 4　(ii) コ… 1　サ… 6

3
(1) ア… 4　イ… 5　ウ… 1　エ… 8
オ… 0
(2) カ… 1　キ… 0　ク… 0
(3) ケ… 7　コ… 5　サ… 0

4
(1) ア… 1　イ… 2　ウ… 0
(2) エ… 1　オ… 3
(3) カ… 6　キ… 5　ク… 3　ケ… 2

5
(1) ア… 1　イ… 0
(2) ウ… 4　エ… 1　オ… 5
(3) カ… 1　キ… 5　ク… 2

社会解答

1
(1) ③　(2) ④　(3) ④　(4) ①
(5) ③　(6) ①　(7) ②　(8) ①
(9) ③　(10) ①

2
(1) ③　(2) ②　(3) ③　(4) ①
(5) ③　(6) ②　(7) ④　(8) ①
(9) ②　(10) ④

3
(1) ②　(2) ②　(3) ③　(4) ②
(5) ④　(6) ①　(7) ④　(8) ②
(9) ①　(10) ④

4
(1) ③　(2) ④　(3) ③　(4) ②
(5) ④　(6) ②

5
(1) ③　(2) ③　(3) ②　(4) ②

6
(1) ③　(2) ③　(3) ②　(4) ①
(5) ①　(6) ⑤　(7) ②　(8) ④
(9) ①　(10) ③

理科解答

1 (1) ③ (2) ② (3) ② (4) ②
(5) ③

2 (1) (a)…② (b)…②
(2) (a)…③ (b)…①
(3) (a)…② (b)…③ (4) ④

3 (1) ④ (2) ⑤
(3) ア…4 イ…1
(4) (a) ウ…3 エ…2 (b)…①

4 (1) ① (2) ⑧ (3) ② (4) ③
(5) ③

5 (1) ③ (2) ⑥ (3) ⑤
(4) (a)…② (b)…② (c)…④

6 (1) ① (2) ④
(3) ア…2 イ…4 ウ…0 (4) ⑨
(5) エ…① オ…② カ…④ キ…③

7 (1) (a) ア…1 イ…2 ウ…1
エ…1 オ…1
(b)…④
(2) (a)…② (b)…① (3) ⑥
(4) ア…0 イ…9 ウ…0

8 (1) ① (2) ⑤ (3) ④ (4) ②
(5) ① (6) ④

国語解答

一 問1 a…ウ b…オ 問2 イ
問3 オ 問4 ウ 問5 ウ
問6 エ 問7 イ 問8 エ
問9 ア

二 問10 ア 問11 エ 問12 イ
問13 ウ 問14 オ 問15 エ
問16 ウ

三 問17 エ 問18 ウ 問19 イ
問20 ア 問21 エ 問22 イ
問23 ア

四 問24 ア 問25 エ 問26 ア
問27 オ 問28 ウ

2023年度 土浦日本大学高等学校

【英　語】（50分）〈満点：100点〉

1　次の英文を読んで，あとの(1)～(9)の問いに答えなさい。

①England is an interesting place to visit. It's not just because of its beautiful old houses, ancient castles, or interesting museums. It's interesting because it sometimes feels like there are many *ghosts there. A small forgotten village in the countryside is a perfect example. In such a place, there are sometimes more ghosts than people. Let me tell you about an experience I once had in a small English village.

About 20 years ago, I went to England on my holiday. I spent a few days in London, but the crowds and noise were not relaxing. ②I decided to rent a car and just drive around the countryside. I had no plan. I just drove east along the Thames River, which flows through London.

The first night, I reached a small fishing village next to the Thames. There were only a few houses, but I found ③a small *pub near the river and asked for a room for the night. It was an interesting old place that had been there for hundreds of years. The door was made of thick, black wood, and the windows were small and round like those in a ship. There was a large *fireplace and lots of small tables that looked like they had been there forever. In fact, the walls of the pub had many names and dates *scratched into the dark wood. The oldest date I could see was 1688!

The owner gave me ④a room on the second *floor. It was small with a huge old bed. The bed was surrounded by curtains to keep out the cold air from the river. It also had smaller beds that could be pulled from under the bed for children to use. The owner told me that the bed was thought to be over 300 years old. He also explained that in the old days, travelers often had to share their bed with *strangers. Thankfully, the owner explained, I would not have to share my bed with a stranger. But I might have to share it with a ghost or two! I laughed, but the owner's face was suddenly very serious.

Later, I went to sit by the fireplace. By this time, the pub was quite busy with many local people. Most of the customers seemed to be old men sitting in small groups talking and drinking quietly. Nobody seemed to notice me, so I sat alone in the corner by the fireplace and enjoyed my beer. Actually, I was quite happy to sit there and watch such an interesting group of local people.

Suddenly, something touched my leg. I looked down, and near my feet were two very large, very fat, black cats! First, they rubbed themselves against my legs, and then one after another they jumped onto my *lap and then onto the table. They sat happily while I rubbed their heads. After a few minutes, the largest cat looked at my empty plate and then he looked at me. I think he wanted to say, "[　⑤　]" I also looked at my empty plate and then at a big table by the window. There was a large plate of beef and many other nice foods. I picked up my plate and went to the big table.

⑥I was (1) met there by the owner (2) told me to eat (3) as much as (4) I could. I put four large pieces of meat and six small potatoes on my plate and went back to my table. The cats were waiting there quietly, and I could almost see the smiles on their faces when I sat down and put the meat-filled plate between us. The owner arrived soon after with another large beer. He laughed when he saw the cats and said he was glad that I had made friends with his two best customers, Drinker and Stinker.

After he left, the cats and I enjoyed our dinner together while enjoying the heat from the old fireplace. Finally, I had found some peace and quiet.

Later that night, I was asleep in my bed. Suddenly, I heard a strange sound. It sounded like a door had slowly opened. Was it a ghost ? A few seconds later, I felt someone slowly moving the curtains of my bed. I then remembered what the owner had said about sharing my bed. Maybe it really was a ghost ! Suddenly, the bed shook. There was something heavy sitting on the bed near my feet. ⑦I froze ! Someone was actually sitting on my bed !!! After a few seconds, it began to move slowly up the bed. It felt like a small child, and I remembered that children used to sleep under the bed. I could feel the ghost child moving slowly up the bed towards my face. It was getting nearer, but I was (⑧) scared to shout ! Slowly, the ghost child climbed over the thick blankets and then sat on my chest. It was a heavy ghost ! Just as I was getting ready to jump out of the bed, two warm, wet noses touched my face, and I heard the gentle *purring of my two dinner guests, Drinker and Stinker. They were also looking for a warm place to spend the night !

I spent a few days in the village, and each night I shared my dinner and my bed with the pub's two best customers, Drinker and Stinker (but no ghosts !).

*［注］ ghost 幽霊　pub （酒類を提供する小さな）ホテル
fireplace 暖炉　scratch 傷を付ける　floor 階
stranger 見知らぬ人　lap ひざ　purr ゴロゴロのどを鳴らす

⑴ 第１段落を読んで，下線部①の内容として**適切でないもの**を，次の１～４の中から**１つ**選びなさい。

1．美しい古い家々
2．興味深い美術館や博物館
3．幽霊が見られそうな場所
4．人里離れた気味の悪い城

⑵ 下線部②の理由として最も適するものを，次の１～４の中から**１つ**選びなさい。

1．天候がすぐれなかったため。
2．ロンドンの人混みや騒音を避けるため。
3．ロンドンでゆっくりと休暇を過ごすため。
4．イングランドでは鉄道やバスでの移動が困難なため。

⑶ 下線部③の特徴として**適切でないもの**を，次の１～４の中から**１つ**選びなさい。

1．壁には多くの名前や日付が刻まれている。
2．何百年も経っているようなとても古い建物である。
3．真新しい金属製のテーブルが部屋の中央に置いてある。
4．ドアは厚く黒い木材でできており，窓は船室の窓のように丸くて小さい。

⑷ 第４段落を読んで，下線部④の特徴として**適切でないもの**を，次の１～４の中から**１つ**選びなさい。

1．大きなベッドが置いてある。
2．300年以上前に作られた部屋である。
3．小さなサイズの部屋である。
4．子供用の小さな引き出しベッドがある。

⑸ ⑤ に入れるのに最も適するものを，次の１～４の中から**１つ**選びなさい。

1．Fill it up !

2．Guess who？

3．What's your name？

4．You are not welcome！

(6) 下線部⑥の文に who を入れるのに最も適する所を，文中の(1)〜(4)の中から **1 つ**選びなさい。

(7) 下線部⑦の意味に最も近いものを，次の 1 〜 4 の中から **1 つ**選びなさい。

1．I wasn't very cold！

2．I couldn't move！

3．I was so happy！

4．I couldn't see anything！

(8) (⑧)に入れるのに最も適する語を，次の 1 〜 4 の中から **1 つ**選びなさい。

1．too　　2．less　　3．enough　　4．some

(9) 本文の内容と一致するものを，次の 1 〜 7 の中から **2 つ**選びなさい。(同じ解答欄に **2 つ**マークしなさい)

1．There were two dogs in the pub.

2．The writer visited England for pleasure.

3．There are few ghosts in the countryside of England.

4．The only date scratched into the dark wood was 1688.

5．The writer was attacked in his bed by two scary ghosts.

6．The writer had to share his room with a strange person.

7．The writer shared his dinner and his bed with two cats in an old pub.

2 次の crow(カラス)に関する英文を読んで，あとの(10)〜(16)の問いに答えなさい。

One thing I have noticed, as an American living in Japan, is the lack of birds. In the USA, I had many colorful birds singing in my garden every day. We gave them food, and soon it was difficult to count the many different types of birds that shared our garden with us. There were blue ones, red ones, yellow ones, green ones and brown ones. But, one color that we didn't see in our garden was black. There were no crows fighting over the garbage in my neighborhood！ It's different, here in Japan. I see crows every morning picking through the garbage and spreading it all over the street. The crows always seem to find a way to get a snack from someone's garbage bag.

(①), one city in Sweden has found a way to teach the crows how to clean the streets, instead of making the streets dirty. How？ Well, the city of Sodertalje had a problem with people leaving their *cigarette butts on the street. In fact, after studying the garbage found on the street, it was discovered that 62% was cigarette butts. And because the butts are small, it is hard for street-cleaning machines to collect them. Most are carried by rainwater to the ocean. This means that cigarette butts may be eaten by fish who think the butts are food. The *chemicals in the butts are *poisonous and poison the poor fish that eat them. If we eat those same fish, we can also be poisoned. Cigarette butts are bad for humans and for other animals.

The government of Sodertalje decided to find a better way to collect the cigarette butts. They asked local people for ideas. One man, Christian Gunther-Hanssen, thought he had a good idea. Christian liked crows, and he often studied their behavior in his neighborhood. Christian realized that crows think and act like seven-year-old humans. Just like (②), crows like to be given food. Give a crow some food and the crow will remember you. Give food to a crow every day at the same time and the crow will start to trust you. In return for food, crows will sometimes bring small things like trash as "presents" to their human friends. Christian noticed that the crows in his neighborhood often brought him cigarette butts. Could ③this strange crow behavior solve the cigarette butt problem?

Christian decided to try an *experiment. He built a small box. On the right side was a place for the crows to drop their presents. On the left side was a little *drawer that would open and give food to the crows. If the crow dropped some trash into the (④) side, Christian would open the (⑤) side once and the crows would receive a little food. If the crow dropped a cigarette butt into the (⑥) side, Christian would open the (⑦) door twice and the crow could get twice as much food. The crows quickly learned that they would get (⑧) food in return for cigarette butts and (⑨) for regular trash. Soon, crows were coming from other neighborhoods to drop off cigarette butts in return for food. His idea worked!

Christian showed his crow box to the local government. They asked Christian to try his crow box in other parts of the city that had many crows and many cigarette butts. Soon Christian had crows in the city center collecting cigarette butts. The crows were shy at first, but soon learned that to get food, they needed to find cigarette butts. Perhaps the most interesting thing was that the crows taught each other how to get the free food.

Today, Christian has created crow boxes that do not need a human. Crows are helping to solve a problem created by careless *smokers. Maybe we could do the same in Japan? We have many careless smokers and many clever crows!

*[注] cigarette butt 吸いがら　chemicals 化学物質　poisonous 有毒な
experiment 実験　drawer 引き出し　smoker 喫煙者

⑽ 第１段落を読んで，鳥に関する記述として**適切でないもの**を，次の１～４の中から**１つ**選びなさい。

1．アメリカでは，庭にいる鳥にえさを与えるとすぐに多くの鳥が来た。
2．アメリカでは，たくさんのカラスを庭で見かけた。
3．日本では，毎朝，カラスがごみをあさっている。
4．日本では，カラスはいつもゴミ袋から食べ物を得ようとしているようだ。

⑾ (①)に入れるのに最も適する語を，次の１～４の中から**１つ**選びなさい。

1．However　2．More　3．Because　4．Though

⑿ (②)に入れるのに最も適する語を，次の１～４の中から**１つ**選びなさい。

1．what　2．neighbors　3．children　4．her

⒀ 下線部③の具体的な内容として，最も適するものを，次の１～４の中から**１つ**選びなさい。

1．近所のカラスがゴミをあさったこと
2．近所のカラスが小さな箱を作ったこと
3．近所のカラスがよくタバコを買ってきたこと
4．近所のカラスがよくタバコの吸いがらを持ってきたこと

⒁ (④)～(⑦)に入る語の組み合わせとして，最も適するものを，次の１～４の中から**１つ**選びなさい。

1．④ right　⑤ left　⑥ left　⑦ right
2．④ right　⑤ left　⑥ right　⑦ left
3．④ left　⑤ right　⑥ right　⑦ left
4．④ left　⑤ right　⑥ left　⑦ right

⒂　(⑧)，(⑨)に入る語の組み合わせとして，最も適するものを，次の１～４の中から**１つ**選びなさい。

1．⑧　more　⑨　more
2．⑧　more　⑨　less
3．⑧　less　⑨　more
4．⑧　less　⑨　less

⒃　本文の内容と一致するものを，次の１～７の中から**３つ**選びなさい。(同じ解答欄に**３つ**マークしなさい)

1．If a crow is given some food, it will forget you.
2．Crows taught other crows how to get free food.
3．Cigarette butts are not good for the natural environment.
4．Christian Gunther-Hanssen introduced his crow box in Japan.
5．It isn't difficult for street-cleaning machines to collect cigarette butts.
6．In Sodertalje, more than 60% of the garbage on the street was cigarette butts.
7．Christian Gunther-Hanssen didn't like crows, so he didn't want to study them.

3　次の英文を読んで，あとの⒄～㉕の問いに答えなさい。

(A reading class at school)

Suzy　　：Mr. Smith, why does this man have the letters "VIII" after his name? What does it mean?

Mr. Smith：Good question, Suzy. Those are not actually letters, they are *Roman numbers. "V" was the Roman symbol for five, and "III" was their symbol for (①). Together they make the number "8".

Suzy　　：So, Henry number eight?

Mr. Smith：Not really. The correct way to say it is, "Henry the Eighth".

Yoji　　：But what does that mean?

Mr. Smith：It means that there were (②) kings named Henry before him and he became the eighth. Henry VIII was a very important king in England about 500 years ago. His real name was Henry Tudor. He was born in 1491.

Suzy　　：Why should we study him? He sounds very boring to me.

Mr. Smith：Well, is a king that had six wives boring? He *divorced two, *executed two, one died, and one survived.

Suzy　　：What? Six wives??? And he killed two of them???? Tell us more, Mr. Smith!!!

Mr. Smith：Well, it's a long story, but it begins with Henry's older brother, (③). He was going to become King Arthur when his father eventually died. In those days, the king's oldest son would become king as soon as his father died.

Yoji　　：Wait, so Arthur's father was Henry VII, right? He was the seventh king named Henry?

Mr. Smith：Yes, that's right. Arthur was going to become the next king, but he had bad luck. It's a sad story.

Suzy　　：④

Mr. Smith：Arthur was told to *marry a Spanish *princess. Her name was Katherine of Aragon.

She was very beautiful and very clever. They got married in 1501 when he was 15 and Katherine was 16.

Yoji : So, he was lucky !

Mr. Smith : Not really. You see, he spent only a few months with Katherine before he got sick and died. He was only 15.

Suzy : Really ? That's so sad. Arthur died young and (⑤) became king. So, what happened next ?

Mr. Smith : Eight years after Arthur's death, his younger brother, Henry, became king when Henry VII died on April 21st, 1509.

Yoji : So, Arthur's younger brother became King Henry VIII of England in 1509 ?

Mr. Smith : Yes, that is correct. He was then told to marry Katherine of Aragon. They got married on June 11th, 1509. Henry was only 17.

Yoji : Did they have any children ?

Mr. Smith : Yes, a girl named Mary. But Henry got angry with Katherine because she didn't have any boy children. He divorced her in 1533 after being married 24 years.

Suzy : Poor Katherine ! What happened next ?

Mr. Smith : That same year, Henry married his next wife, Anne Boleyn. She was young and beautiful.

Yoji : Did she give Henry a son ?

Mr. Smith : No, only a girl, named Elizabeth. Henry executed Anne in 1536.

Suzy : Wow ! She was killed just because [⑥] ?

Mr. Smith : Yes, and a few days later, Henry married his third wife, Jane Seymour. She quickly produced a son, named Edward, in 1537. However, she died a few days later. But Henry had his son, and that was really what he wanted most of all.

Yoji : So, that leaves three more wives. What happened to them ?

Mr. Smith : Well, in January, 1540, he married a German princess, Anne of Cleves. They had never met, but Henry had been told by his friends that she was beautiful. However, Henry didn't think she was beautiful and divorced her a few days later.

Suzy : OK, two more wives left.

Mr. Smith : The next one was young and foolish. Her name was Katherine Howard. She was 16 and had beautiful green eyes and red hair. Henry married her in July of 1540. But Henry was old and fat, and Katherine was very popular with many young men. Henry became very angry. He had Katherine executed in 1542. She had a very short life. She was only 17.

Suzy : So, one wife left. . . .

Mr. Smith : Yes, her name was Catherine Parr. She married Henry in 1543. She was 31 years old. Henry was 52.

Yoji : Did he kill her too ?

Mr. Smith : No, Henry's health was not good. He died in 1547.

Suzy : So, divorced, executed, died, divorced, executed, (⑦), right ?

Mr. Smith : Yes, that's right.

Suzy : Thanks, Mr. Smith ! Now, I want to read more history !

＊［注］ Roman ローマの　divorce ～と離婚する　execute ～を処刑する　marry ～と結婚する
princess 王女

(17) （①）に入れるのに最も適するものを，次の１～４の中から**１つ**選びなさい。

1．one　2．two　3．three　4．four

(18) （②）に入れるのに最も適するものを，次の１～４の中から**１つ**選びなさい。

1．four　2．five　3．six　4．seven

(19) （③）に入れるのに最も適する語(句)を次の１～４の中から**１つ**選びなさい。

1．Arthur　2．Henry　3．Henry VII　4．Henry VIII

(20) [④] に入れるのに最も適するものを，次の１～４の中から**１つ**選びなさい。

1．Who was she ?
2．Why was he sad ?
3．When was she queen ?
4．What happened to him ?

(21) 次の質問の答えとして，最も適するものを，下の１～４の中から**１つ**選びなさい。
Why is Arthur's story sad ?

1．Arthur couldn't live a long time with his wife.
2．Arthur wanted to marry a Spanish princess but couldn't.
3．Arthur's brother, Henry, killed him and then married his wife.
4．Arthur married a Spanish princess who soon got sick and died.

(22) （⑤）に入れるのに最も適する語を，次の１～４の中から**１つ**選びなさい。

1．did　2．never　3．no　4．not

(23) [⑥] に入れるのに最も適するものを，次の１～４の中から**１つ**選びなさい。

1．she didn't like Henry
2．she couldn't speak English
3．she had a lot of sons
4．she couldn't produce a son

(24) （⑦）に入れるのに最も適する語を，次の１～４の中から**１つ**選びなさい。

1．died　2．divorced　3．executed　4．survived

(25) 本文の内容として**適切でないもの**を次の１～８の中から**３つ**選びなさい。(同じ解答欄に**３つ**マークしなさい)

1．Arthur の兄は，1509年にイングランドの王位に就いた。
2．Katherine of Aragon は Arthur と結婚したが彼の死後，Henry VIII と結婚した。
3．Katherine of Aragon は Henry VIII と24年間の結婚生活の後，離婚した。
4．Anne Boleyn は Henry VIII の２番目の妻であり，娘と共に処刑された。
5．Jane Seymour は Henry VIII の３番目の妻であり，男子を生んだ。
6．Jane Seymour が急死したため，同年，Henry VIII は Anne of Cleves と結婚した。
7．ドイツの王女であった Anne of Cleves は，Henry VIII に一度も会うことなく結婚した。
8．Katherine Howard は５番目の妻として迎えられたが，Henry VIII の怒りを買い処刑された。

4　次の広告の内容について，あとの(26)～(29)の問いに答えなさい。

Thanks Sale!!

It has been three years since we opened this cake shop!!!

We will hold a special sale to show our thanks in January, 2023.

Sale items and dates:

① January 1st – January 7th:

1 original milk pudding is usually $4. Thanks Sale price: **$2**

② January 8th – January 15th:

1 *donut is usually $2. Thanks Sale price: **$1**

We have a *dozen different kinds of donuts!

You need to call us at least an hour before arriving if you want to buy more than five dozen.

③ January 16th – January 23rd:

1 piece of cheesecake is usually $6. Thanks Sale price: **$5**

You need to call us at least one day before if you want to buy more than one whole cheesecake (8 pieces).

If you buy two whole cheesecakes, you will get a 10% *discount!

④ January 24th – January 31st:

1 cupcake is usually $3. Thanks Sale price: **$1**

We have five kinds: chocolate, strawberry, coconut, banana, and coffee.

☆ If you buy anything during this special sale, we will give you a special 20% discount ticket in January that you can use in February, 2023!!!

Cake Shop SAKURA
Address: 1-0-1 Nichidai Street, Tsuchiura, Ibaraki
(Sorry, we don't have any parking spaces.)
TEL: 000-111-222
Website: www.cakeshop-sakura.com.jp
Open every day from 10:00 – 18:00.

＊[注]　donut　ドーナッツ　　dozen　ダース(12コ)　　discount　割引

(26) This sale will be held

1. for 18 hours every day in January.
2. because it is the cake shop's third birthday.

3．because people want to say thanks to the shop.
4．to tell people about the shop's new original milk puddings.

(27) If you buy 16 pieces of cheesecake on Saturday, January 21st, you have to pay
1．82 dollars.
2．72 dollars.
3．80 dollars.
4．96 dollars.

(28) Which is true about the special 20% discount ticket ?
1．You can use it in January.
2．You will be given it in February.
3．You need to visit the website during the sale.
4．You can get it when you buy something during the sale.

(29) You can learn from this advertisement that
1．people can park their cars at the cake shop.
2．people can get a banana cupcake for only one dollar on January 23rd.
3．people can buy two whole cheesecakes on January 17th if they call an hour before.
4．it is cheaper to buy a dozen donuts than one whole cheesecake.

5 次の(30)～(32)の各文の下線を引いた語(句)とほぼ同じ意味になる語(句)を，下の１～４の中から**１つずつ**選びなさい。

(30) The president is not from a well-off family.
1．rich
2．precious
3．special
4．popular

(31) Pakuten is a company with a worldwide staff of about 140,000.
1．offices
2．garages
3．stations
4．employees

(32) Johnny is interested in Japanese history.
1．angry at
2．worried about
3．disappointed in
4．curious about

6 次の(33)～(35)の各文には，下線を引いた部分に誤りが１箇所あります。誤りのある箇所をそれぞれ①～④から**１つずつ**選びなさい。

(33) If you don't ①train your cat, he will ②sharp his nails ③on your ④furniture.
(34) If it ①will sunny ②tomorrow, we ③will walk ④from Tsuchiura Station to our school.
(35) ①When Amy ②stayed in a cheap hotel, she ③had a problem ④on her room.

7 (36)～(40)について，(　)内の語(句)を，意味が通るように並べかえなさい。解答は例にならって１番目～６番目の語(句)の順に番号で答えなさい。日本文がある場合には，その意味を表すよう完成させなさい。

例題　I (①　you　②　will　③　a　④　give　⑤　hand　⑥　tomorrow).

1番目	①●③④⑤⑥
2番目	①②③●⑤⑥
3番目	●②③④⑤⑥
4番目	①②●④⑤⑥
5番目	①②③④●⑥
6番目	①②③④⑤●

この例では，I will give you a hand tomorrow. とするために，上から順に②，④，①，③，⑤，⑥のところにマークしてあります。

(36) What (①　is　②　Japan gave　③　of　④　that　⑤　the name　⑥　the tree) to Washington D.C. in 1912 ?

(37) Kenta doesn't (①　his　②　what　③　do　④　will　⑤　know　⑥　baby) next.

(38) Mike has been (①　since　②　enjoying　③　basketball　④　came　⑤　he　⑥　playing) to Japan.

(39) あそこで彼と話している女性を知っていますか。
Do you (①　the woman　②　know　③　is　④　who　⑤　with　⑥　talking) him over there ?

(40) 我々の理科の先生はアメリカに住んでいるが，青森出身だ。
Our science teacher (①　he　②　in　③　lived　④　but　⑤　the U.S.　⑥　has) grew up in Aomori.

8 (41)～(45)について，(　)に入れるのに最も適する語(句)を，下の１～４の中から**１つ**選びなさい。

(41) I often practice (　　) my favorite songs in the bathroom.
１. sing　２. singing　３. to singing　４. sung

(42) My teacher asked me (　　) a speech in front of the class.
１. give　２. giving　３. to give　４. given

(43) When will the classroom be (　　) by the students ?
１. clean　２. cleaning　３. to clean　４. cleaned

(44) The comic book I bought yesterday was boring and made me (　　).
１. sleepy　２. sleeping　３. to sleep　４. slept

(45) (　　) don't we hold a welcome party for our new students ?
１. What　２. When　３. Where　４. Why

【数　学】（50分）〈満点：100点〉

（注意）(1)　定規，コンパス，分度器，計算機は使用してはいけません。

(2)　□の中の1つのカタカナには1つの数字が入ります。その数字をマークしなさい。

(3)　分数で答える場合は必ず約分し，比で答える場合は最も簡単な整数比で答えなさい。また，根号の中はできるだけ小さい自然数で答えなさい。

1　次の□をうめなさい。

(1)　$\frac{2}{3}+\left(-\frac{3}{4}\right)^2\div(-1.5)^3=\frac{\boxed{ア}}{\boxed{イ}}$

(2)　$\sqrt{75}-\frac{3}{\sqrt{3}}+\sqrt{27}=\boxed{ウ}\sqrt{\boxed{エ}}$

(3)　方程式 $4x^2-x=2$ を解くと，$x=\frac{\boxed{オ}\pm\sqrt{\boxed{カ}\boxed{キ}}}{\boxed{ク}}$ である。

(4)　次のデータは，生徒6人の小テストの得点である。

37，49，20，42，33，41

このデータの中央値は $\boxed{ケ}\boxed{コ}$ 点である。

(5)　次の⓪～③のうち，正しいものは $\boxed{サ}$ と $\boxed{シ}$ である。（$\boxed{サ}$ と $\boxed{シ}$ については，順番は問わない）

⓪　$\sqrt{50}$ は7より大きく8より小さい。

①　正四面体は正方形で囲まれた立体である。

②　半径が r，弧の長さが l の扇形の面積 S は，$S=\frac{1}{2}lr$ である。

③　関数 $y=ax^2$ は，定数 a の絶対値が大きいほど，グラフの開き方も大きい。

2　次の□をうめなさい。

(1)　Aさんは，コンビニで購入した弁当を電子レンジで温めることにした。商品に記載されている加熱時間は，500ワットで3分30秒である。電子レンジの出力（ワット数）と加熱時間が反比例するとき，600ワットの出力で温めるのに必要な加熱時間は $\boxed{ア}$ 分 $\boxed{イ}\boxed{ウ}$ 秒である。

(2)　袋の中に①，②，③と書かれた玉が1つずつ入っている。この袋から無作為に1つの玉を取り出し，数字を記録して袋の中に戻す操作を3回行う。記録された数字を左から順に並べて3桁の整数を作るとき，奇数となる確率は $\frac{\boxed{エ}}{\boxed{オ}}$ であり，4の倍数となる確率は $\frac{\boxed{カ}}{\boxed{キ}}$ である。

(3)　図のように，4点A，B，C，Dが円Oの周上にある。AB＝AC＝15，AD＝12，∠BAC＝∠CADであるとき，CD＝$\boxed{ク}\sqrt{\boxed{ケ}}$ である。

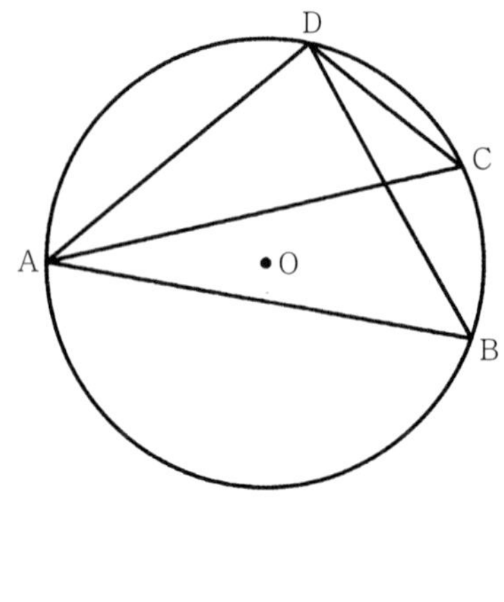

3 図のように東西に一直線に伸びる道路があり，AC 間の距離は x km，BC 間の距離は y km である。ただし，$x>y$ である。佐藤君はA地点からC地点まで自転車で行き，C地点からB地点まで歩いて行く。田村君はB地点からC地点まで自転車で行き，C地点からA地点まで歩いて行く。2人が同時に出発したところ，出発から24分後にすれ違った。歩く速さは時速 5 km，自転車の速さは時速 20km である。このとき，次の□をうめなさい。

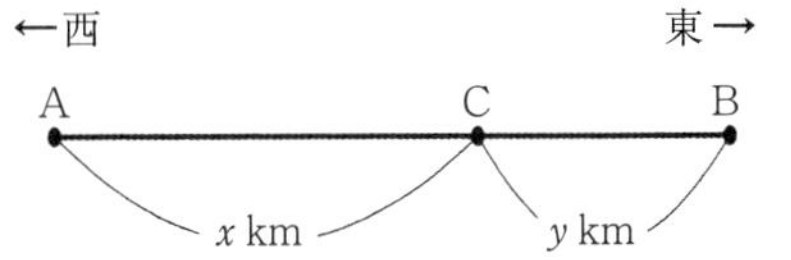

(1) 2人がすれ違ったのは，Aから東に [ア] km の地点である。

(2) 田村君の移動に着目すると，[イ] $x+y=$ [ウ][エ] である。

(3) 佐藤君は，田村君がA地点に到着するより 9 分早くB地点に到着した。このとき，AB 間の距離は [オ][カ].[キ] km である。

4 図において，四角形 ABCD は辺 AB が y 軸に平行で，AB：AD＝3：2 の長方形である。①は関数 $y=ax^2$ のグラフで，2点A，Cを通る。Aの座標は(2, 1)である。また，2点A，Cを通る直線を②とする。次の□をうめなさい。

(1) $a=\dfrac{[ア]}{[イ]}$ である。

(2) ②の方程式は $y=-\dfrac{[ウ]}{[エ]}x+$ [オ] であり，点Cの座標は(－[カ]，[キ][ク])である。

(3) y 座標が正の数である点Pを y 軸上にとる。四角形 ABCD と △ACP の面積が等しいとき，点Pの座標は(0, [ケ][コ])である。

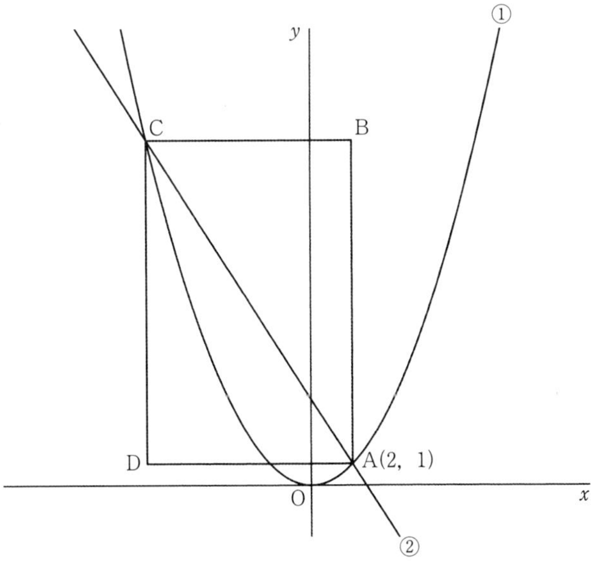

5 図は，１辺の長さが２の立方体 ABCD−EFGH である。頂点 F から対角線 AG に引いた垂線を FI とし，辺 BC の中点を M とする。次の □ をうめなさい。

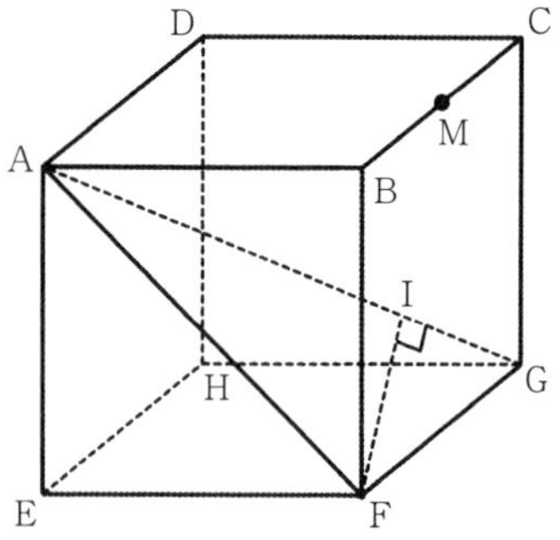

(1) AG＝$\boxed{\text{ア}}\sqrt{\boxed{\text{イ}}}$ である。

(2) △AFI の面積は $\dfrac{\boxed{\text{ウ}}\sqrt{\boxed{\text{エ}}}}{\boxed{\text{オ}}}$ である。

(3) 三角すい M−AFI の体積は $\dfrac{\boxed{\text{カ}}}{\boxed{\text{キ}}}$ である。

【社　会】（50分）〈満点：100点〉

1　次の問いに答えなさい。(8)～(10)については，それぞれの説明にあてはまる国名を，以下の①～④のうちから一つずつ選びなさい。なお，(8)～(10)は，図１(地図)中の番号に対応している。

(1)　中国が二十一か条の要求の取り消しをパリ講和会議で求めたが，拒否されたことに対して起きたこととして適切なものを，以下の①～④のうちから一つ選びなさい。

①　義和団事件　　②　三・一独立運動　　③　五・四運動　　④　南京事件

(2)　バブル経済崩壊後の日本や世界の経済に関連する語句として適切なものを，以下の①～④のうちから一つ選びなさい。

①　高度経済成長　　②　世界金融危機　　③　大戦景気　　④　昭和恐慌

(3)　第四次中東戦争の影響で起きたこととして適切なものを，以下の①～④のうちから一つ選びなさい。

①　キューバ危機　　②　石油危機　　③　朝鮮戦争　　④　冷戦

(4)　権力者による支配を否定し，議会で制定された法には，政府も従わなければならないとする法思想として適切なものを，以下の①～④のうちから一つ選びなさい。

①　帝国主義　　②　人の支配　　③　法の支配　　④　法の下の平等

(5)　日本国憲法を改正する際に必要となる手続きとして適切なものを，以下の①～④のうちから一つ選びなさい。

①　国民審査　　②　国民投票　　③　住民投票　　④　直接選挙

(6)　イスラム教徒が１日５回の礼拝の際に向かう聖地として適切なものを，以下の①～④のうちから一つ選びなさい。

①　エルサレム　　②　カイロ　　③　バグダッド　　④　メッカ

(7)　西アジアが世界の埋蔵量の約半分を占める，ペルシャ湾沿岸地域で産出する化石燃料として適切なものを，以下の①～④のうちから一つ選びなさい。

①　ウラン　　②　原油　　③　石炭　　④　ボーキサイト

(8)　ヨーロッパ有数の穀倉地帯を有する旧ソ連構成国であり，2022年にロシアが軍事侵攻した。

①　ウクライナ　　②　カザフスタン　　③　フィンランド　　④　ポーランド

(9)　世界有数の米の輸出国であるが，電気機械工業や自動車工業を中心に工業が発展したASEANの加盟国である。

①　カンボジア　　②　タイ　　③　マレーシア　　④　フィリピン

(10)　国土は南北に細長く，銅鉱は世界の産出量の約３分の１を占めるほか，レアメタルの一つであるリチウムの世界的な産出国である。

①　エクアドル
②　コロンビア
③　チリ
④　ペルー

図１

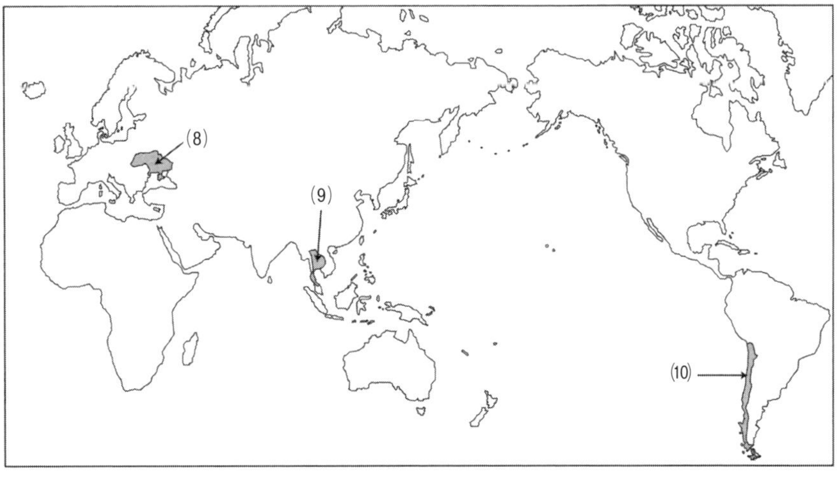

2　正義を実現するとはどういうことだろうか。ある人にとって正しいことも，別のある人にとっては正しくないかもしれない。しかし，明らかに間違っていると思うときは声をあげなくてはならない。世界では貧困や紛争が多く起こっている。社会の一員である我々は，これらの問題に正面から向き合い，解決に向けた努力を重ねる必要がある。こうした課題について述べた文章A～Cを読んで，あとの問いに答えなさい。

A

アフリカは発展の可能性をもちながらも，(a)植民地支配を受けた影響が色濃く残っています。アルジェリアでは，インドシナ戦争の影響を受け，(b)1954年にフランスからの独立を求めて戦争がはじまりました。1957年にはガーナがイギリスからの独立を達成しました。ガーナのエンクルマ大統領は，1960年10月の国際連合総会で次のように演説しました。

我々の時代の一つの基本的事実は，(c)アフリカの(注)覚醒《かくせい》が現代世界にもたらす重大な影響である。アフリカのナショナリズムの潮流はあらゆるものを押し流し，この大陸に行われてきた長年の不正義や犯罪からの回復を植民地保有国に要求するものである。しかし，アフリカは復讐を求めない。悪意を抱く事はアフリカの本性に反している。200万人以上の人民は声を揃《そろ》え，非常な力をもって叫ぶ。彼らは何と言うのだろうか？　(d)我々は抑圧者の死を求めないし，奴隷所有主の不運な末路も願わない。我々は正当で前向きな要求を主張する。その声は海に山に，丘に谷に，砂漠に，人類の住む広大な土地に響き渡り，アフリカの自由を求める。アフリカは自由を望んでいる。アフリカは自由でなければならない。これは単純な叫びだが，これを無視しがちな人たちに強い警告を与える信号でもある。(以下略)

(注)　目覚めること

(1)　下線部(a)「植民地支配」を受けたアフリカは，現在でもその影響が残っている。アフリカの多くの国では少ない種類の農作物や鉱物資源を輸出することで成り立っている。これを何というか。また，鉱物資源の産出国に関する表1・2中の産出国［あ］を示す国は何か。それぞれの解答の組み合わせとして適切なものを，以下の①～⑧のうちから一つ選びなさい。

表1　アフリカの鉱物資源埋蔵量・生産の世界に占める割合等

鉱物資源	アフリカの鉱物資源埋蔵量の世界に占める割合	アフリカの鉱物資源生産の世界に占める割合	アフリカの主な産出国	主な産業用途
プラチナ	95%	77%	［あ］，ジンバブエ	排気ガス触媒
クロム	42%	48%	［あ］，ジンバブエ	特殊鋼，スーパーアロイ
コバルト	54%	60%	コンゴ民主，ザンビア	二次電池，特殊鋼，超硬合金

(経済産業省ホームページにより作成)

表2　金の産出量の多い国(2021年)

順位	国名	産出量(トン)
1	中華人民共和国	370
2	オーストラリア	330
3	ロシア	300
4	アメリカ合衆国	180
5	カナダ	170
6	ガーナ	130
7	メキシコ，［あ］，ウズベキスタン	100
10	インドネシア，ペルー	90

(外務省ホームページにより作成)

① プランテーション農業・南アフリカ
② プランテーション農業・エジプト
③ モノカルチャー経済・エジプト
④ モノカルチャー経済・リビア
⑤ プランテーション農業・ナイジェリア
⑥ モノカルチャー経済・ナイジェリア
⑦ プランテーション農業・リビア
⑧ モノカルチャー経済・南アフリカ

(2) 下線部(b)に関連して，1950年代の世界は，冷戦の緊張が一時的に緩和する一方で，アジア・アフリカ諸国の独立が相次ぎ，国際社会において，一定の勢力を占めるようになった。1950年代の出来事として適切なものを，以下の①～④のうちから一つ選びなさい。

① 日米安全保障条約の締結　　② 日清修好条規の締結
③ ベルリンの壁の崩壊　　④ 日中平和友好条約の締結

(3) 下線部(c)に関連して，アフリカ諸国は，共通の問題を協力して解決するために，ヨーロッパ連合を参考にして，2002年にアフリカ連合を結成した。この英文略称として適切なものを，以下の①～④のうちから一つ選びなさい。

① NATO　② NAFTA　③ APEC　④ AU

(4) 下線部(d)に関連して，日本国憲法第36条では「残虐な刑罰」を禁止する規定があり，被疑者及び被告人の権利が保障されている。これについて述べた文として適切なものを，以下の①～④のうちから一つ選びなさい。

① 被告人は，無罪判決が確定するまでは，有罪かもしれないという疑いがもたれる。
② 被疑者や被告人が弁護人を頼むには，高額な費用がかかるため利用されていない。
③ 被疑者や被告人には，答えたくない質問には答えを拒否する黙秘権がある。
④ 警察官は，裁判官が出す令状がなくても，いつでも逮捕や捜索をすることができる。

B

ナチスの侵略を受け，イギリス首相ウィンストン・チャーチルは議会で次のような演説を行いました。

我々の政策は何か，と諸君は問うでしょう。それに対して私はこう答える。我々のあらん限りの力と神が我々に与えるあらん限りの力とをふるって，海と陸と(e)空で戦うこと，暗い，嘆かわしい人類の犯罪の記録における，比類のない恐るべき圧制に対して戦うことであります。これが我々の政策であります。我々の目的は何か，と諸君は問うでしょう。その答えは，勝利の一語に尽きます。いかなる犠牲を払っても勝つこと，(f)あらゆる恐怖にもかかわらず勝つこと，また，いかに長い困難な道のりであっても勝つことであります。(以下略)

(5) ナチスは，第一次世界大戦後のドイツで成立した政党である。大衆向けに宣伝活動を行い，広く支持を獲得した。大衆が政治に参加した事例として適切なものを，以下の①～④のうちから**すべて**選びなさい。

① 大正デモクラシー　　② 非暴力・不服従運動
③ 皇民化政策　　④ 二・二六事件

(6) 下線部(e)に関連して，第二次世界大戦は「空」での戦いが勝敗を大きく左右した。飛行機が関わった出来事の説明として**適切でないもの**を，以下の①～④のうちから一つ選びなさい。

① アメリカ軍機が，原子爆弾を1945年に広島と長崎に投下した。
② ドイツ軍は，戦争初期に西ヨーロッパ諸国を次々に攻撃し，イギリス本土に対しても激しい空

襲を行った。

③ 戦争後期の東京大空襲では，約10万人が死亡し，100万人以上が住居を失った。

④ 1941年12月，日本軍はミッドウェー島を奇襲攻撃し，太平洋戦争が始まった。

(7) 下線部(f)に関連して，ナチスの台頭に対抗するため，チャーチルと同様に恐怖に打ち勝つことを主張した，同時代のアメリカ合衆国大統領として適切なものを，以下の①～④のうちから一つ選びなさい。

① リンカン　② スターリン　③ ローズベルト　④ ワシントン

C

アメリカ合衆国において，黒人の政治参加を訴えた公民権運動の指導者(g)キング牧師が，1963年にワシントン大行進と呼ばれるデモの際に行った有名な演説があります。

私たちは今日も明日もさまざまな困難に直面するでしょうが，それでもなお，私には夢があります。それは(h)アメリカの夢に深く根差している夢です。私には夢があります。それは，いつの日か，この国は立ち上がり，「(i)われらは，これらの真理を自明のものと信ずる。すなわち，すべての人間は平等に造られている」という，この国の信条を生き抜くようになるだろうという夢です。（中略）私には夢があります。それは，いつの日か自分の四人の小さな子どもたちが，皮膚の色によってではなく，人格の中身によって評価される国に住むようになるであろうという夢です。私には夢があるのです。（以下略）

(8) 下線部(g)「キング牧師」の出身地アラバマ州は，「ディープサウス」と呼ばれるアメリカ合衆国最南部の州である。ICT 産業が発達したこれらの地域の名称として適切なものを，以下の①～④のうちから一つ選びなさい。

① シリコンバレー　② サンベルト

③ プレーリー　④ グレートプレーンズ

(9) 下線部(h)「アメリカの夢」を体現した人物の一人に，アンドリュー・カーネギーという富豪がいる。カーネギーは，ピッツバーグで製鉄業を興し，アメリカの経済的繁栄を支えた。地域(国家)と産業の関係を正しく表している文として**適切でないもの**を，以下の①～④のうちから一つ選びなさい。

① 台湾は，世界中の企業から依頼され，多くの半導体を生産している。

② インドは，英語と数学の教育水準が高く，ICT 産業が発達している。

③ ロシアは，豊かな土壌が広がり，南西部を中心に穀物の生産が盛んである。

④ オーストラリアは，豊富な鉱物資源をもち，宇宙開発で世界をリードしている。

(10) 下線部(i)の文章は，アメリカ合衆国の建国理念を表した独立宣言の一部である。これに関連して，平等な社会の実現に関する記述として**適切でないもの**を，以下の①～④のうちから一つ選びなさい。

① 身体的な性と意識する性との違いを感じる人が，生活の上で不利益を受けることをLGBTという。

② バリアフリー新法が制定され，障がいのある人を含むすべての人が自由に移動し，公共施設を利用できるようにバリアフリー化が進められている。

③ 2019年，アイヌ民族支援法(アイヌ施策推進法)の制定で，アイヌ民族が先住民族として法的に位置づけられた。

④ 江戸時代に，えた身分やひにん身分とされた人は，明治時代に入り，その差別が廃止されたにもかかわらず差別を受けた。これを同和問題という。

3 次の文章を読んで，あとの問いに答えなさい。

科学技術の発達は，人々の生活を豊かにしてきた一方で，新たな社会問題も生んできました。18世紀半ば，(a)イギリスで起こった産業革命はヨーロッパ中に広がり，(b)明治時代には，日本でも産業革命が起こりました。産業革命では，さまざまな技術革新がありましたが，とりわけエネルギーの中心が石炭に移ったことは，環境問題の引き金になりました。

(c)2020年以降の温室効果ガス削減のための国際的な枠組みとして結ばれた協定では，産業革命以前と比べて平均気温の上昇を抑えることを目標に，途上国を含むすべての国に対して，温室効果ガスの削減目標を国連に提出することが義務付けられています。

(d)1990年代には，IT 革命が起き，(e)インターネットが急速に普及しました。また，グローバル化が一層進み，世界が小さくなる一方で，多くの問題が生まれました。その一つがプライバシーの問題です。ネットワーク上で多くの情報が管理されるようになったことで，(f)プライバシーの保護が求められるようになり，日本では個人情報保護法が制定されました。匿名性の問題もインターネットが抱える問題の一つです。近年，(g)SNS(ソーシャルネットワーキングサービス)上の誹謗中傷が問題となり，侮辱罪を厳罰化する法改正がされました。

今後起こりうる問題に，AI(人工知能)の発達による倫理的問題があります。例えば，自動車の自動運転は AI により制御されています。仮に，走行する自動運転車の前に歩行者が飛び出してきてブレーキが間に合わない場合を考えてみましょう。そのまま歩行者に衝突してしまうか，それとも急ハンドルを切ることで乗っている人を犠牲にしてでも歩行者を守るかの二者択一を迫られたとき，AI はどちらの選択をするでしょうか。

マサチューセッツ工科大学の研究チームは，自動運転車の判断について，人々が何を正しいと考えるかは，国の文化や宗教によって異なるという調査結果を報告しています。日本車は世界中で販売されていますが，日本における正しい選択が，世界の他の地域においても正しいとは限りません。(h)国内法の整備だけでなく，(i)国際的な枠組みや取り決めも求められています。

(1) 本文から読み取れることとして**適切でないもの**を，以下の①～④のうちから一つ選びなさい。

① 科学技術の発達が引き起こす問題のなかには，世界中の国々で協力して解決すべき問題もある。
② グローバル化が進んだことが，SNS 上の誹謗中傷の問題が起きた一番の要因である。
③ 自動運転の AI が抱える倫理的問題は，文化や宗教によって考え方が異なる。
④ 法令の制定や協定の締結は，社会問題を解決するための施策の一つである。

(2) 下線部(a)「イギリス」では，上院と下院の二院制を採用しており，下院の議員は小選挙区制の選挙で選ばれる。小選挙区制の特徴について述べた文として**適切でないもの**を，以下の①～④のうちから一つ選びなさい。

① 小政党に不利となり，少数意見が反映されにくい。
② 大政党が多数を占めることが増え，政局が安定する。
③ 同一政党の候補者同士で争うことが多くなる。
④ 落選した候補者の得票(死票)が多くなる。

(3) 下線部(b)「明治時代」に制定された大日本帝国憲法の条文の空欄 [あ] ～ [う] にあてはまる語句の組み合わせとして適切なものを，以下の①～⑥のうちから一つ選びなさい。

第37条 凡《すべ》テ法律ハ [あ] ノ協賛ヲ経ルヲ要ス
第55条 [い] ハ天皇ヲ輔《ほ》弼《ひつ》シ其ノ責ニ任ス
第57条 [う] ハ天皇ノ名ニ於テ法律ニ依リ裁判所之ヲ行フ

① [あ]－国務各大臣 [い]－司法権 [う]－帝国議会
② [あ]－国務各大臣 [い]－帝国議会 [う]－司法権

③ あ―司法権　い―国務各大臣　う―帝国議会
④ あ―司法権　い―帝国議会　う―国務各大臣
⑤ あ―帝国議会　い―司法権　う―国務各大臣
⑥ あ―帝国議会　い―国務各大臣　う―司法権

(4) 下線部(c)の協定が結ばれた都市として適切なものを，以下の①～④のうちから一つ選びなさい。
① 京都
② ジャカルタ
③ パリ
④ ヤルタ

(5) 下線部(d)「1990年代」に起きた出来事として**適切でないもの**を，以下の①～④のうちから一つ選びなさい。
① 国連の平和維持活動(PKO)に初めて自衛隊が派遣された。
② 自民党を与党，社会党を野党第一党とする55年体制が終わった。
③ 日中共同声明によって，日本と中華人民共和国の国交が正常化した。
④ ヨーロッパ共同体が発展して，ヨーロッパ連合が発足した。

(6) 下線部(e)に関連して，次の会話文は，インターネットを利用して選挙の投票を行うインターネット投票について，二人の高校生が議論しているものである。空欄 え ～ き には，以下のA～Dのいずれかが入る。空欄 お・き にあてはまる記述の組み合わせとして適切なものを，以下の①～⑥のうちから一つ選びなさい。

天野：インターネット投票はすぐに導入すべきだよ。 え と思うんだ。
鈴木：一理あるね。でも， お と思うよ。
天野：そうか。君の言うように技術面も考えないといけないんだね。それでも， か と思うんだ。
鈴木：確かにそうだね。でも， き と思うよ。

A　インターネット投票のメリットは大きいよ。記入ミスがなくなるから無効票がなくなるし，開票の手間も省ける
B　セキュリティーの面が心配だな。投票データが改ざんされたら，民主主義が崩れてしまう
C　投票の際，インターネット上で本人確認をすることになるから，誰がどの候補者に投票したかがわかってしまう可能性があるのではないかな。そうなれば，秘密投票の原則が守られない
D　病人や高齢者など投票所に行くことが難しい人でも簡単に投票できるようになるよ。結果として，投票率が上がる

① AとB　② AとC
③ AとD　④ BとC
⑤ BとD　⑥ CとD

(7) 下線部(f)について「プライバシーの侵害」になりうる事例として**適切でないもの**を，以下の①～④のうちから一つ選びなさい。
① 企業が顧客の氏名などの個人情報を流出させる。
② 本人確認のために，銀行が顧客に身分証の確認を求める。
③ マスコミが傷害事件の加害者宅を訪れ，加害者家族の生活状況を明らかにする。
④ 友人と一緒に写った写真をSNSに無断でアップロードする。

(8) 下線部(g)に関連して，次のページの図1～3から読み取れることとして適切なものを，以下の①～④のうちから一つ選びなさい。

図１　情報通信機器の保有状況（世帯）

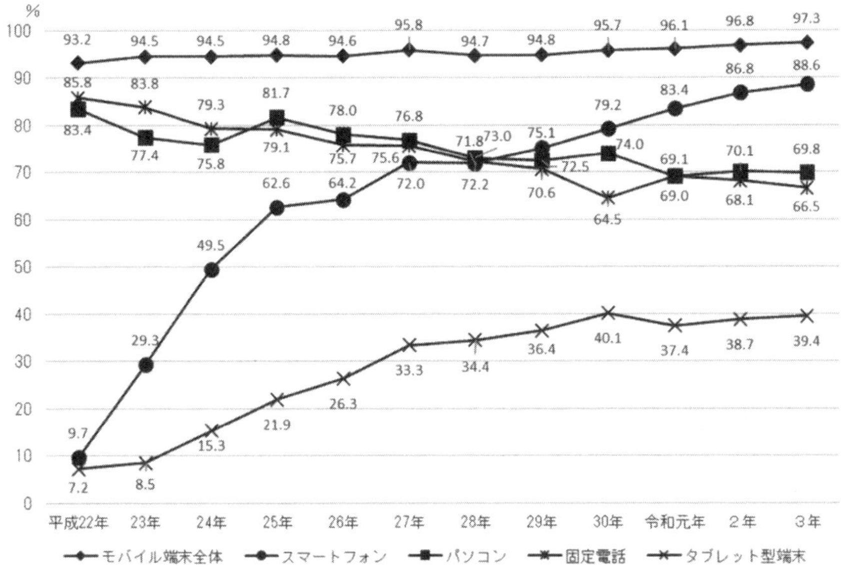

（注）「モバイル端末全体」とは，携帯電話及びスマートフォンのことである。平成21年から平成24年までは携帯情報端末（PDA），令和２年まではPHSを含む。

図２　インターネット利用者に占めるSNSの利用者の割合（個人）

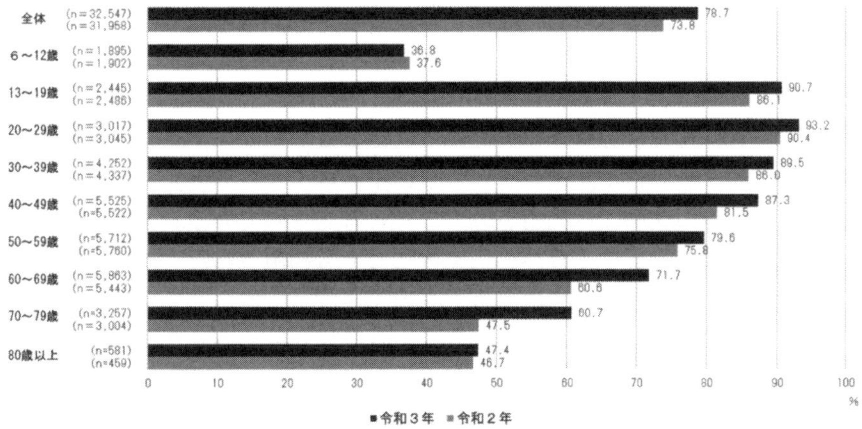

図３　SNS利用目的（複数回答）

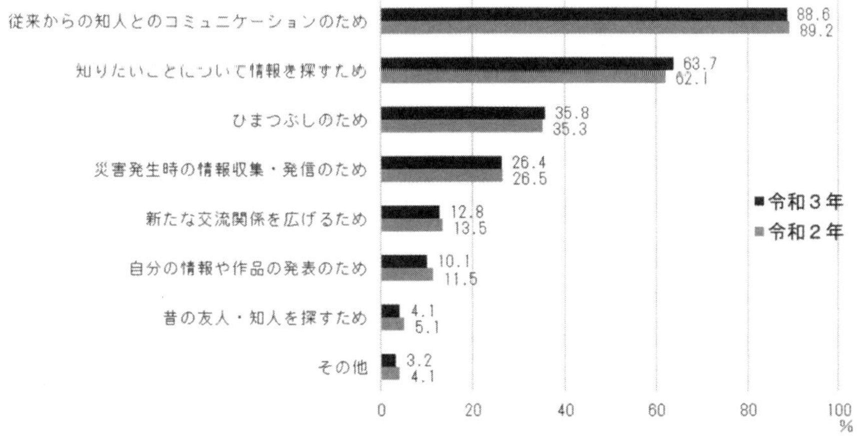

（図１～３のいずれも「令和３年通信利用動向調査」により作成）

① タブレット型端末よりもスマートフォンのほうが，普及のペースが速いことがわかる。
② 令和２年から令和３年にかけて，「従来からの知人とのコミュニケーションのため」にSNSを利用している人の割合が最も増加している。
③ 令和２年から令和３年にかけて，SNSの利用者の割合が最も増加したのは60代である。
④ 令和３年に固定電話を保有している世帯数の割合は，平成24年と比べて約24％増加している。

(9) 下線部(h)「国内法」について述べた文として適切なものを，以下の①～④のうちから一つ選びなさい。
① 政府は特例として，憲法に反する法をつくることができる。
② 地方公共団体は独自の規則である条例を定めることができる。
③ 法律には必ず罰則が設けられており，犯せば刑罰を科せられる。
④ 唯一の立法機関である国会で制定された法律のみが拘束力をもつ。

(10) 下線部(i)に関連して，日本が批准している条約に関する文として**適切でないもの**を，以下の①～④のうちから一つ選びなさい。
① 国際人権規約は，法的拘束力をもたない世界人権宣言に基づいて条約化されたものである。
② 子どもの権利条約では，成人に認められるすべての権利は18歳未満の子どもにも認められることを定めている。
③ 岸信介内閣が締結した日米安全保障条約では，日本の領域に対する武力攻撃には日米が共同で対処することが定められている。
④ 日本では，女子差別撤廃条約を批准するために，男女雇用機会均等法を制定した。

4 次の文章を読んで，あとの問いに答えなさい。

チョコレートは，(a)カカオ豆から作られるカカオマスをベースにココアバター，粉乳，砂糖などを加えた菓子である。チョコレートの歴史は古く，チョコレートの主原料であるカカオ豆は(b)アメリカ大陸原産で，紀元前よりアメリカ大陸の文明では利用されていたと考えられている。当時のカカオ豆は貴重であり，マヤ文明では貨幣や儀式における神への供え物としても利用された。

また，すでに食用としての利用もみられ，焙煎したカカオ豆をすり潰して飲用していた。これが飲むチョコレート「カカワトル」の起源である。しかし，カカワトルは現在広くみられる甘いチョコレートではなく，トウモロコシの粉やスパイスを加えて泡立てた飲み物だった。アステカの皇帝モンテスマは，不老長寿の薬として，カカワトルを愛飲したという。

アメリカ大陸以外に最初にチョコレートが伝わった国は(c)スペインだと言われている。スペインにチョコレートが伝来した正確な年月は不明だが，大航海時代にスペイン本国とアメリカ大陸との間において官僚，商人，(d)キリスト教の聖職者など多くの人々の往来が盛んになり，その過程でスペインに伝わったと考えられている。当初は，スペイン本国に流通するカカオ豆の量は少なく，スペインにおいても王侯貴族などの上流階級のみが口にすることができる貴重品であった。スペイン人コルテスによりアステカ文明が滅ぼされた後，生産量が多くより安価なカカオ豆の品種が広まったことも加えて，庶民の間にもチョコレート飲料が普及した。16世紀には現在のメキシコにも砂糖が伝わり，チョコレートは甘みを加えた飲み物へと変化した。

16世紀以降，カカオ豆の生産はアフリカや東南アジアといった世界各地の(e)熱帯地域に広まり，チョコレートはスペインからヨーロッパ各地に広まった。19世紀には，ヨーロッパにおいてチョコレート製造に関する技術革新が進んだ。1828年，オランダ人クンラート・バンホーテンにより，油分の多いカカオから油分を搾る技術が発明され，ココアが誕生した。1847年，イギリス人ジョセフ・フライは固形チョコレートを発明した。1875年には，スイス人のダニエル・ピーターはネスレ社と共同してミルクチョコレートを開発した。これらの技術革新により，チョコレートは飲み物から口当たりが良い食べ物へと変化した。

日本において初めてチョコレートが伝わったとわかる記録は，江戸時代の長崎で，オランダ人商人から日本人女性への贈り物としての記録である。その後，大正時代にはカカオ豆からの一括生産が始まり，チョコレートは庶民の間にも広まった。(f)現在の日本では，バレンタインデー，受験の験担ぎにも広く浸透した菓子となった。

(1) 下線部(a)に関連して，表1はカカオ豆の生産量の上位5か国を示したものである。上位2か国であるコートジボワール・ガーナの位置を示すものとして適切なものを，以下の①～④のうちから一つ選びなさい。

表1 （単位：千トン）

1位	コートジボワール	2,180
2位	ガーナ	812
3位	インドネシア	784
4位	ナイジェリア	350
5位	エクアドル	284

（注） 2019年のデータ。
（『世界国勢図会 2021/22』により作成）

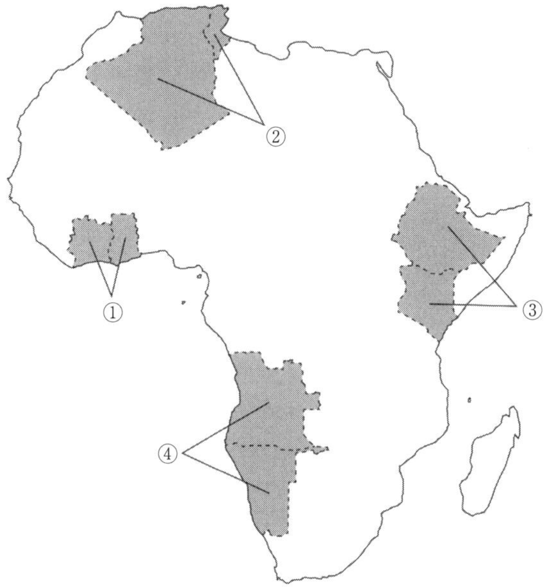

(2) 下線部(b)に関連して，表2は日本におけるアメリカ大陸由来の農作物の生産量の上位5都道府県を示したものである。A～Cは茨城県，鹿児島県，北海道のいずれかである。表2中のA～Cに入る都道府県の組み合わせとして適切なものを，以下の①～⑥のうちから一つ選びなさい。

表2 （単位：千トン）

かんしょ（サツマイモ）		トマト		ばれいしょ（ジャガイモ）	
A	214,700	熊本県	135,300	C	1,732,000
B	182,000	C	66,200	A	85,400
千葉県	90,200	愛知県	43,300	長崎県	84,600
宮崎県	69,100	B	41,700	B	42,100
徳島県	27,100	栃木県	31,500	千葉県	28,100

（注1） かんしょの生産量は主産県の調査。
（注2） いずれも2020年産のデータ。
（『日本国勢図会 2020/21』により作成）

	①	②	③	④	⑤	⑥
茨城県	A	A	B	B	C	C
鹿児島県	B	C	A	C	A	B
北海道	C	B	C	A	B	A

(3) 下線部(c)「スペイン」について述べた文として適切なものを，以下の①～④のうちから一つ選びなさい。

① スペインは，ポルトガルと同じく，バルカン半島に位置する。

② スペインは，ロシアと同じく，現在EUに加盟している。

③　スペイン語は，ドイツ語と同じく，ラテン系の言語である。

④　スペインは，日本列島とほぼ同じ緯度に位置する。

(4)　下線部(d)「キリスト教」が国内において多数派を占める国として適切なものを，以下の①～④のうちから一つ選びなさい。

①　インド　　②　サウジアラビア

③　タイ　　④　ブラジル

(5)　下線部(e)「熱帯」に属する地域にみられる特徴として適切なものを，以下の①～④のうちから一つ選びなさい。

①　降水量が極端に少なく，自然の湧き水などが得られるオアシスという場所がみられる。

②　地中海沿岸などでは，冬に雨が多く降り，夏に雨が少なく乾燥する地中海性気候がみられる。

③　モミやカラマツなどの針葉樹林からなるタイガと呼ばれる森林がみられる。

④　河口や入江の周辺にはマングローブが，沿岸部の浅い海にはサンゴ礁がみられる。

(6)　下線部(f)に関連して，表3は日本の菓子推定生産量および金額を，表4はチョコレート製品の国内生産・輸出入量・消費量と日本の人口の推移を示したものである。表3・4から読み取れることとして適切なものを，以下の①～④のうちから一つ選びなさい。

表3　日本の菓子推定生産量および金額(2020年)

(単位：数量はトン，金額は億円)

品目	生産数量	生産金額	小売金額
飴《あめ》菓子	143,000	1,760	2,360
チョコレート	243,870	3,870	5,470
チューインガム	19,000	510	755
せんべい	40,646	371	544
ビスケット	253,300	2,660	3,805
米菓	219,437	2,796	3,729
和生菓子	253,000	3,280	3,960
洋生菓子	175,832	2,970	3,740
スナック菓子	283,753	3,169	4,557
油菓子	56,066	343	506
その他	207,300	1,984	2,816
合計	1,895,204	23,713	32,242

表4　チョコレート製品の国内生産・輸出入量・消費量と日本の人口の推移

(単位：数量はトン，人口は千人)

年度	国内生産	輸入	輸出	国内消費	日本の人口
1990	180,000	15,311	662	194,649	123,612
1995	187,000	16,228	592	202,636	125,569
2000	217,000	17,960	1,678	233,282	126,919
2005	222,020	19,887	3,813	238,094	127,787
2010	204,990	20,803	3,604	222,189	128,056
2015	231,350	26,336	5,536	252,150	127,110
2020	243,870	25,813	5,741	263,942	125,710

(表3・4のいずれも日本チョコレート・ココア協会ホームページにより作成)

①　表3をみると，チョコレートは生産数量・生産金額・小売金額のすべての項目において，全品

目の中で最も多い。

② 表3をみると，スナック菓子の生産数量が生産数量合計に占める割合は約15％である。

③ 表4をみると，日本におけるチョコレート製品の輸出量は，1990年度以降一貫して増加し続けている。

④ 表4をみると，1人当たりのチョコレート製品の年間消費量は1990年度と2020年度を比較すると，約2倍に増加している。

5 聖奈さんは夏休みの課題として，地域調査を行うことにした。次の図1・2を読み取り，あとの問いに答えなさい。

図1

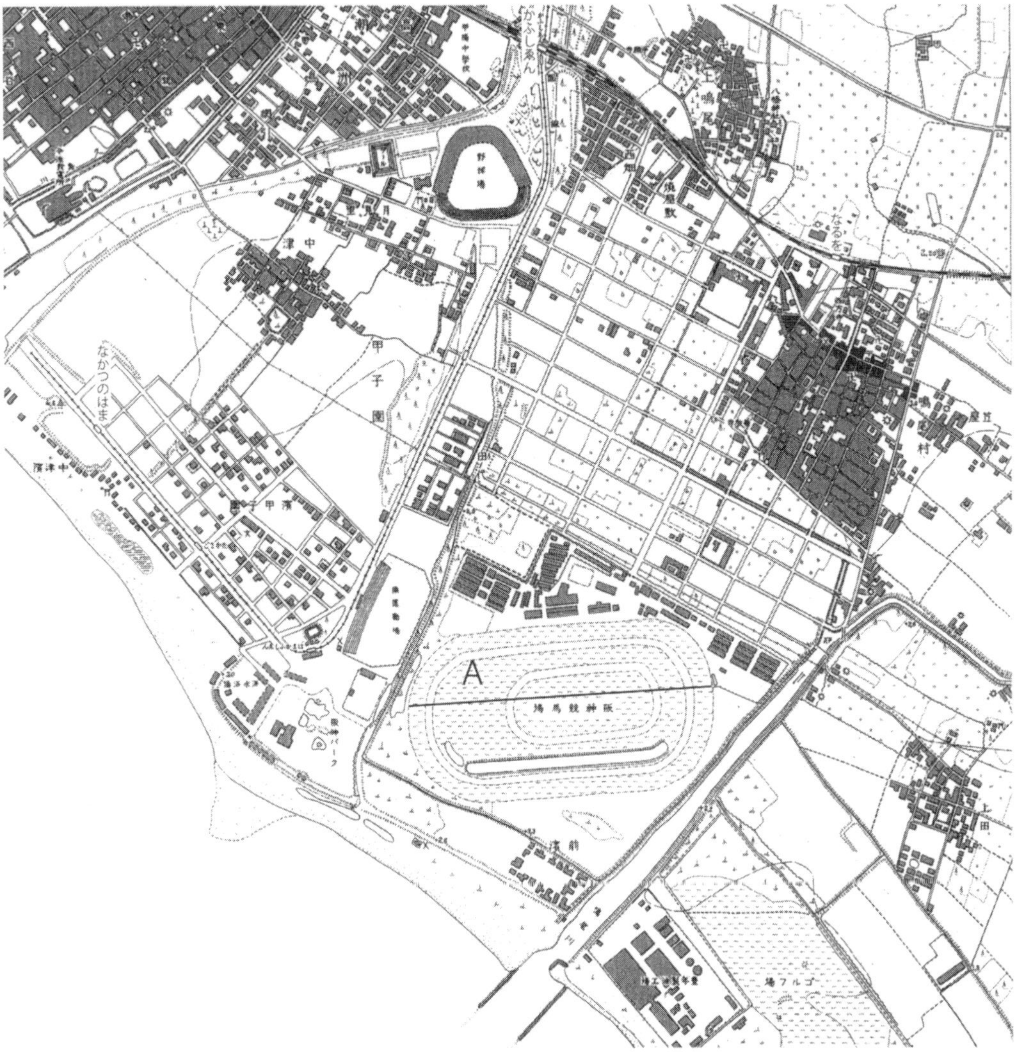

（注） 問題の都合により一部加筆。

（1万分の1地形図「西宮」，昭和7年修正測図，原図を60％に縮小）

図2

（2万5,000分の1地形図「西宮」，平成30年調製，原寸）

(1)　図1中の直線Aは原寸の地図上において約7cmである。直線Aの実際の距離として適切なものを，以下の①～⑥のうちから一つ選びなさい。

①　70m　　②　175m　　③　700m　　④　1,750m　　⑤　7km　　⑥　17.5km

(2)　図1・図2から読み取れることとして適切なものを，以下の①～④のうちから一つ選びなさい。

①　図1における「なるを」駅の北側は桑畑がみられるが，図2においては住宅地となっている。

②　図1において線路の南側に位置する「野球場」は，図2においては線路の北側に位置する「甲子園球場」である。

③　図1における「濱甲子園」という地区は，図2における「鳴尾浜」という地区である。

④　図1において「かふしゑん」駅から「なかつのはま」駅に延びていた路面電車は，図2においてはみられない。

(3)　図1における「阪神競馬場」が，図2において相当する場所として適切なものを，以下の①～④のうちから一つ選びなさい。

①　今津浜公園　　②　鳴尾浜臨海公園　　③　武庫川駅　　④　武庫川女子大

(4) 聖奈さんは図1・図2を比較して，住宅地が拡大したことに気づいた。兵庫県西宮市の住宅地の拡大や人口増加をテーマとして調査する手法と内容についての文X・Yの正誤の組み合わせとして適切なものを，以下の①～④のうちから一つ選びなさい。

X－甲子園駅前において聞き取り調査をして，兵庫県西宮市の人口の推移を調べる。

Y－図1・図2の間の時期の地形図をみて，住宅地の拡大過程を明らかにする。

① X－正　Y－正
② X－正　Y－誤
③ X－誤　Y－正
④ X－誤　Y－誤

6 次の文章は，高校生の優紀さんと先生の会話である。この会話を読んで，あとの問いに答えなさい。

優紀：先日，(a)長野県にある善光寺というお寺で七年に一度の御開帳が行われているというニュースを見ました。この御開帳とはどういったものですか？

先生：善光寺の御開帳では，七年に一度，(注)秘仏である御本尊の身代わりとして(b)鎌倉時代に造られた「前立本尊」を本堂で拝むことができます。また本堂前には「回向《えこう》柱」が置かれ，この「回向柱」に触れることは「前立本尊」に触れることと同じとされ，非常にありがたいこととされています。(c)本来であれば，御開帳は昨年行われるはずでしたが，コロナ対策として1年延期になり，さらに今年は密を避けるため御開帳期間が1か月延長されていました。

優紀：なるほど。いつか行ってみたいです。善光寺の「回向柱」以外に，善光寺周辺のおすすめのスポットはありますか？

先生：長野県立美術館や善光寺の(d)門前町に行ってみてはいかがですか。長野県立美術館では，(e)日本画家の東山《ひがしやま》魁夷《かいい》の作品は一見の価値があります。また善光寺の門前町では，(f)様々なお土産が売っていたり，(g)長野県の郷土料理の「おやき」を食べたりすることができます。

優紀：とても楽しそうです！　長野県でほかに行った方が良い場所はありますか？

先生：(h)諏訪《すわ》大社はいかがですか。諏訪大社は日本書紀にも出てくる，非常に古い歴史をもつ神社です。

優紀：とても興味深いです。日本書紀は［　あ　］と勉強しました。その時代には，すでに名前が知られていた神社ということですね。ぜひ見てみたいです。

先生：長野県は善光寺や諏訪大社以外にも，日本の歴史を感じることができる場所がたくさんあります。色々調べてみてくださいね。

(注) 信仰上の理由で非公開とされた仏像

(1) 空欄［あ］にあてはまる記述として，適切なものを以下の①～④のうちから一つ選びなさい。

① 神話や伝承，記録などをもとに8世紀に作成された歴史書
② 宮廷貴族の生活を題材として，11世紀ごろに作成された仮名文学
③ 後鳥羽上皇の命令で編纂された13世紀の和歌集
④ 日本の古典を通して，古来の精神について18世紀にまとめられた『古事記』の注釈書

(2) 下線部(a)に関連して，善光寺の歴史に関する文をあげた。古いものから時代順に並べ替えたときに**3番目にくるもの**を，以下の①～④のうちから一つ選びなさい。

① 5代将軍の徳川綱吉は，善光寺の再建のため，松代《まつしろ》藩に建立の監督，幕府棟梁の甲良《こうら》氏に建立の指揮を命じた。
② 川中島の戦いの際，武田信玄は善光寺の本尊や宝物を甲斐国に避難させた。

③　長野オリンピックの際には，世界平和の願いを込めて善光寺の鐘が鳴らされた。

④　浄土真宗を開いた親鸞は越後国から関東へ向かう途中に善光寺に滞在し，松の木を奉納した。

(3)　下線部(b)「鎌倉時代」の出来事について述べた文として適切なものを，以下の①～④のうちから一つ選びなさい。

①　全国の大名を支配するために武家諸法度という法律を定めた。

②　承久の乱後，朝廷監視のため六波羅探題が設置された。

③　藤原氏が摂政・関白に就任して政治の実権を握る摂関政治が行われた。

④　明の求めに応じ，倭寇を禁じるとともに，朝貢形式の勘合貿易が始まった。

(4)　下線部(c)に関連して，善光寺御開帳の近代以降の歴史を調べると，実施されなかった年や，「出開帳」（大都市へ出向いて行われる開帳）があったことがわかった。この内容を表1にした。これらの情報について述べた文として適切なものを，以下の①～④のうちから一つ選びなさい。

表1

年	出来事
1847	善光寺地震により中止された。
1865	江戸時代最後の開帳が実施された。
1877	この年以降の開帳の日付は太陽暦に合わせられた。
1936	この年の開帳の1か月前には，二・二六事件が起きた。
1942	開帳が実施されなかった。
1955	丑年と未年の開催が慣例となる。
2003	山梨県の甲斐善光寺，長野県の元善光寺，愛知県の善光寺東海別院をあわせた四善光寺が同時期の開帳となった。
2009	2003年の四善光寺に加え，岐阜県の岐阜善光寺，関善光寺を加えた史上初の六善光寺同時開帳となった。
2013	「復幸支縁」と銘打って，東京都の両国にて出開帳が行われた。

（善光寺ホームページなどにより作成）

①　明治政府が四民平等を進めるために，古代から民衆の間で使用されていた太陽暦を採用したため，御開帳の時期も太陽暦に合わせられた。

②　1936年の開帳前に起きた二・二六事件では，海軍の青年将校らにより，犬養毅首相が暗殺された。

③　太平洋戦争の戦時中であったため，1942年に御開帳が実施されなかった。

④　2013年の出開帳は2年前に発生した阪神・淡路大震災の復興支援を目的に，両国で行われた。

(5)　下線部(d)に関連して，門前町とは，元々は寺社の門前で開かれた定期市が発達して町となったと考えられている。これに関して，中世の定期市の様子を描いた絵として適切なものを，以下の①～④のうちから一つ選びなさい。

①

②

③

④

(6)　下線部(e)「日本画家の東山魁夷」は唐招提寺の障壁画を作成している。唐招提寺とは唐から招かれた僧侶によって造られた寺院である。この僧侶として適切なものを，以下の①～④のうちから一つ選びなさい。

①　最澄　　②　運慶　　③　鑑真　　④　空海

(7)　下線部(f)に関連して，善光寺門前町のお土産の一つとして七味唐辛子がある。この唐辛子について文章でまとめた。空欄[い]・[う]にあてはまる語句の組み合わせとして適切なものを，以下の①～④のうちから一つ選びなさい。

　唐辛子はアメリカ大陸が原産地とされ，中南米では古くから食用とされていた。これをヨーロッパ人として初めてアメリカ大陸に連なる島に上陸した[い]が発見し，ヨーロッパに持ち帰ったとされている。その後，唐辛子はヨーロッパからアジアにもたらされたと考えられている。日本への伝来に関しては諸説あり，ポルトガル人宣教師によってもたらされた説や，豊臣秀吉による[う]の役に加わった者によって日本へもたらされた説などがある。

①　[い]－ザビエル　　[う]－文永・弘安　　②　[い]－ザビエル　　[う]－文禄・慶長

③　[い]－コロンブス　[う]－文永・弘安　　④　[い]－コロンブス　[う]－文禄・慶長

(8)　下線部(g)に関連して，おやきとは，小麦粉とそば粉を水または湯で溶いて練り，薄くのばした皮に小豆あんや野菜などを包み焼いたものである。1930年代から1970年代に至るまでに，おやきの製造方法や材料に変化がみられた。この変化について，表2にまとめた。表2から読み取れる内容X・Yの正誤の組み合わせとして適切なものを，以下の①～④のうちから一つ選びなさい。

表2

年	出来事			
	国の動き	小川村の動き	小麦・皮	調理法
1930～	国内全体で不景気	自給自足の生活	自家製の地粉	囲炉裏での灰焼き
1935～	日中戦争開戦			
1940～	太平洋戦争開戦			
1945～	終戦，食料増産			
1950～	農村人口減少，石炭から石油への転換，都市への人口集中			
1955～		人口流出の進行，小麦の生産量激減	輸入小麦の使用の増加	
1960～				
1965～		暮らしの近代化が進む		ガス・フライパンを使用して焼く
1970～			麦類の生産がほぼゼロになる	

(「農山村における郷土料理の伝承・変遷過程および地域住民の意識の変容に関する考察
－長野県小川村の郷土料理「おやき」を事例として－」により作成)

X―昭和初期には囲炉裏《いろり》を利用した灰焼きという調理法からガスコンロを使用した調理法へ変化したことが読み取れる。

Y―1950年代以降の小川村では，都市への人口流出や輸入小麦の利用などがみられ，村内の小麦の生産が減少し始めたことが読み取れる。

① X―正 Y―正　② X―正 Y―誤
③ X―誤 Y―正　④ X―誤 Y―誤

(9) 下線部(h)に関連して，A・Bは諏訪大社と関係深い人物である。彼らについて述べた文として適切なものを，以下の①～④のうちから一つ選びなさい。

A―坂上田村麻呂　B―持統天皇

① Aは，武士として初めて太政大臣に就任した。
② Aは，征夷大将軍に就任し，蝦夷の指導者アテルイを降伏させた。
③ Bは，蘇我蝦夷・入鹿を倒し，政治改革を行った。
④ Bは，隋の進んだ制度や文化を取り入れるため，小野妹子を隋へ派遣した。

(10) 優紀さんは先生の言葉を受けて長野県にある国宝(図1)について調べ，メモにまとめた。空欄 え・お にあてはまる語句の組み合わせとして適切なものを，以下の①～④のうちから一つ選びなさい。

図1 旧開智学校

メモ

・令和元年9月30日に近代学校建築として初めての国宝指定をされた。
・明治初期の え にわいていた時代，洋風建築が求められるようになり，日本の伝統的な技術をもとに洋風建築が建てられるようになった。
・明治政府が明治5(1872)年に公布した お に基づいた小学校として，明治6(1873)年5月6日に開校した。
・常設展では，建築資料と教育資料がある。明治・大正・昭和の教科書や，当時の生徒作品などを観ることができる。

① え―文化の大衆化　お―学制
② え―文化の大衆化　お―国民学校令
③ え―文明開化　お―学制
④ え―文明開化　お―国民学校令

【理　科】（50分）〈満点：100点〉

1　次の各問いに答えなさい。

(1)　花のつくりとはたらきについて述べた文として，最も適当なものを次の①～④から一つ選びなさい。

①　花は，外側からがく，花弁，めしべ，おしべの順になっている。
②　裸子植物には子房がないので，果実はできない。
③　被子植物のめしべの子房は種子になる。
④　裸子植物も被子植物も花粉は直接胚珠につく。

(2)　肝臓について述べた文として，**誤りを含むもの**を次の①～④から一つ選びなさい。

①　ヒトの肝臓は最も大きな内臓器官で，おとなで1.0～1.5kgもの質量がある，とても大きい器官である。
②　脂肪の消化を助ける胆汁をつくる。
③　タンパク質の分解で生じた尿素をアンモニアに変える。
④　小腸の柔毛から吸収された栄養は門脈に入り，肝臓に運ばれる。

(3)　炭素の循環について述べた文として，最も適当なものを次の①～④から一つ選びなさい。

①　生物の死がい・ふんなどには炭素は含まれていない。
②　植物は，二酸化炭素を吸収するが，放出しない。
③　植物が光合成によって合成した有機物中に含まれる炭素は，食物連鎖を通じて消費者に取り込まれる。
④　消費者が取り込んだ炭素のうち，その生物が呼吸に用いなかった分は土の中に残り，大気中に戻ることはない。

(4)　生物間には，形は異なるが発生上の起源が同じ器官が存在する。次の(a)・(b)の各問いに答えなさい。

(a)　このような器官を何というか，最も適当なものを次の①～④から一つ選びなさい。

①　同類器官
②　相同器官
③　対称器官
④　類似器官

(b)　(a)の器官の組み合わせとして，最も適当なものを次の①～④から一つ選びなさい。

①　タコの外とう膜とザリガニの外骨格
②　ヒトの腕とコウモリの翼
③　スズメの翼とチョウのはね
④　ヒトの腕とヒトの足

2　次の各問いに答えなさい。

(1)　次の(a)～(c)に示す火山噴出物をそれぞれ何というか。最も適当なものの組み合わせを，次のページの①～⑤から一つ選びなさい。

(a)　成分の大部分は水蒸気で，そのほかに二酸化炭素や二酸化硫黄なども含まれる。
(b)　粒の大きさが2mm以下で非常に軽いため，広範囲に広がる。
(c)　地下のマグマが火口から地表に流れ出し，冷えて固まったものでふつう小さい穴がたくさんあいている。

	(a)	(b)	(c)
①	火山れき	火山灰	溶岩
②	火山れき	火山ガス	火山弾
③	火山ガス	火山弾	軽石
④	火山ガス	火山灰	溶岩
⑤	火山ガス	火山灰	軽石

(2) 以下の文は，マグマが冷え固まってできる岩石について説明したものである。文中の空欄 ア ～ ウ に入る語句の組み合わせとして，最も適当なものを下の①～⑧から一つ選びなさい。

> マグマからいろいろな種類の鉱物ができるとき，マグマの冷える速さによってできる結晶の大きさが違ってくる。
> マグマが地表近く，または地表で ア 冷やされて固まったものを イ という。マグマが地表付近に噴出してくる前にできた結晶は比較的大きく成長する。しかし，地表近く，あるいは地表では ア 冷やされるため，ごく小さな結晶やガラス質(石基)にしかならない。石基にこのような結晶が散らばっているつくりを ウ という。

	ア	イ	ウ
①	ゆっくりと	火山岩	等粒状組織
②	ゆっくりと	火成岩	等粒状組織
③	ゆっくりと	火成岩	斑状組織
④	ゆっくりと	深成岩	斑状組織
⑤	急速に	深成岩	等粒状組織
⑥	急速に	火成岩	斑状組織
⑦	急速に	火山岩	等粒状組織
⑧	急速に	火山岩	斑状組織

(3) ある地点の気温は25℃であった。このときの湿度を測るために，次のような【実験】を行った。このときの湿度はおよそ何%か。最も適当なものを，下の①～④から一つ選びなさい。

【実験】 まず，図1のように熱を伝えやすい金属製のコップに水を入れて温度を測った。次に，この中に氷を入れた試験管を入れて水温を下げ，コップとセロハンテープの境界部分に注意して観察したところ，10℃でコップの表面がくもり始めた。以下の表に気温と飽和水蒸気量の関係を示した。

図1

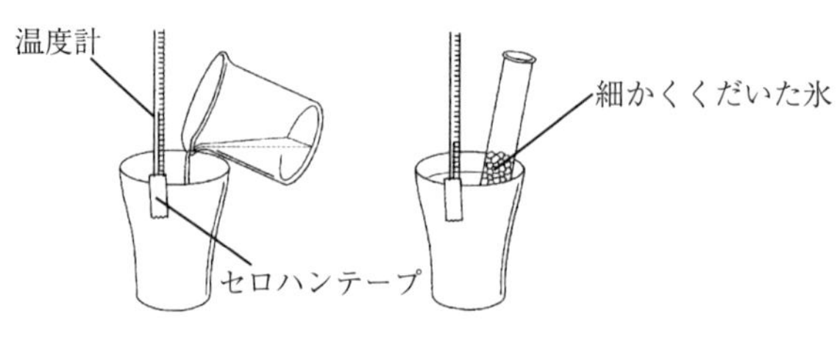

表

気温〔℃〕	0	5	10	15	20	25	30
飽和水蒸気量〔g/m³〕	4.8	6.8	9.4	12.8	17.3	23.1	30.4

① 39.3%　　② 40.7%　　③ 55.5%　　④ 75.0%

(4)　日本のある地点で観測した，冬至の日の太陽の通り道を天球上に表しているものはどれか。最も適当なものを，図2，図3の①～⑥から一つ選びなさい。なお，いずれの図においても点Oが観察地点であり，矢印の向きは太陽の進む方向である。

図2

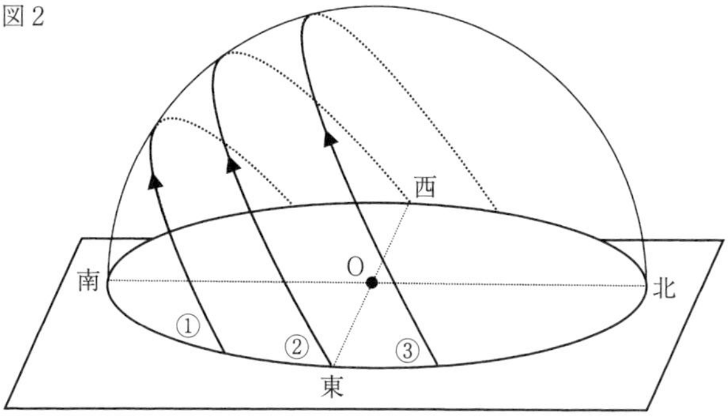

図3

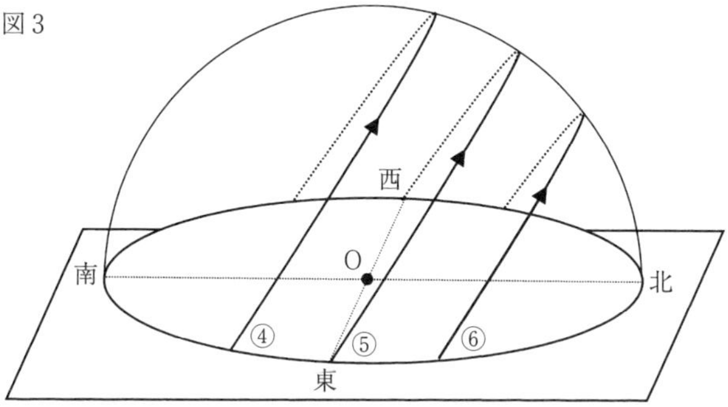

(5)　図4は，太陽の周りを公転する地球と代表的な星座を模式的に表したものである。地球の位置A，B，C，Dは，日本での春分，秋分，夏至，冬至の日のいずれかを示している。下の(a)・(b)の各問いに答えなさい。

図4

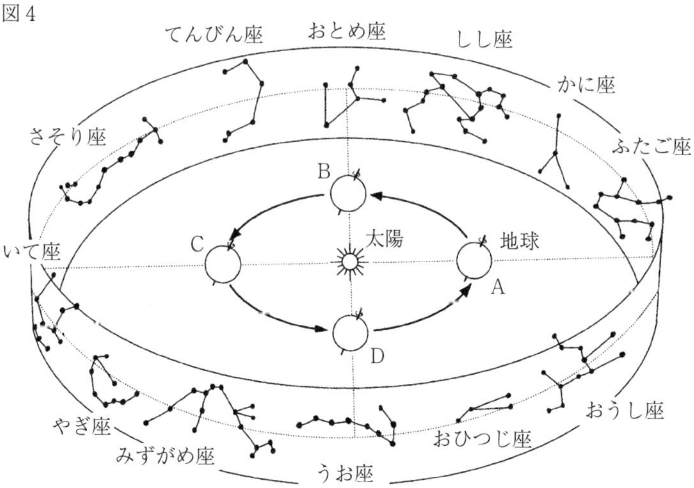

(a)　冬至の日の地球の位置として，最も適当なものは図のA～Dのどれか。最も適当なものを，次の①～④から一つ選びなさい。

①　A　　②　B
③　C　　④　D

(b)　秋分の日の真夜中に，南の空に輝いている星座はどれか。最も適当なものを，次の①～⑥から一つ選びなさい。

①　いて座　　②　うお座
③　ふたご座　④　おとめ座
⑤　やぎ座　　⑥　おうし座

3　次の各問いに答えなさい。

(1)　アルコールランプに火をつけて，以下に示す2つの操作を行い，ようすを観察した。操作1 と 操作2 によって発生を確認することのできる気体の組み合わせとして，最も適当なものを下の①～⑥から一つ選びなさい。

操作1　ろうとの内側に石灰水をつけ，アルコールランプの炎にかざし，石灰水が白くにごったのを確認した(図1)。

操作2　乾いたビーカーをアルコールランプの炎にかざし，ビーカーの内部がくもったのを確認した(図2)。

図1

図2

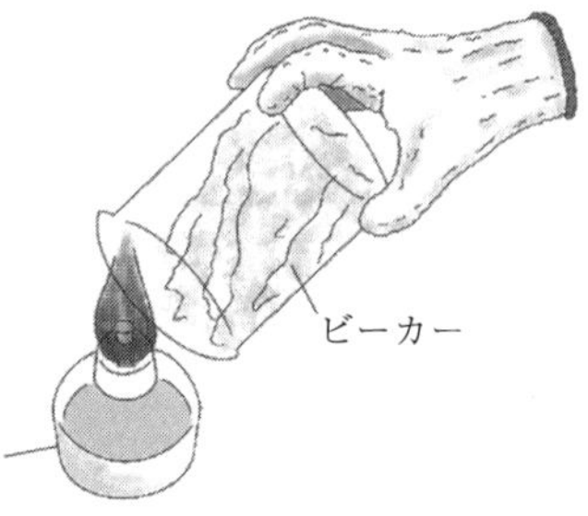

	操作1	操作2
①	二酸化硫黄	水素
②	二酸化硫黄	塩化水素
③	二酸化硫黄	水蒸気
④	二酸化炭素	水素
⑤	二酸化炭素	塩化水素
⑥	二酸化炭素	水蒸気

(2)　表に示すイオン式を組み合わせると，次のページの(ア)～(カ)に示す化合物の化学式を表すことができる。各物質の化学式中に含まれる陽イオンと陰イオンの数の和として，**誤りを含むもの**をあとの①～⑥から一つ選びなさい。

表

名称	イオン式	名称	イオン式	名称	イオン式
ナトリウムイオン	Na^+	アンモニウムイオン	NH_4^+	カルシウムイオン	Ca^{2+}
銅イオン	Cu^{2+}	バリウムイオン	Ba^{2+}	塩化物イオン	Cl^-
炭酸イオン	CO_3^{2-}	硫酸イオン	SO_4^{2-}	水酸化物イオン	OH^-

(ア)　塩化アンモニウム　　(イ)　塩化ナトリウム
(ウ)　塩化カルシウム　　(エ)　炭酸ナトリウム
(オ)　硫酸銅　　(カ)　水酸化バリウム

	物質	化学式中の陽イオンと陰イオンの数の和
①	(ア)	2
②	(イ)	2
③	(ウ)	3
④	(エ)	3
⑤	(オ)	3
⑥	(カ)	3

(3)　原子の構造について述べた文として，**誤りを含むもの**を次の①～⑤から一つ選びなさい。
①　原子は原子核と電子からなる。
②　陽子と電子の質量を比較すると，陽子の方がはるかに大きい。
③　原子核全体は＋の電気を帯びている。
④　原子は電子を放出することで陰イオンになり，電子を受け取ることで陽イオンに変化する。
⑤　原子に含まれる陽子と電子の数が等しいため，原子は全体では電気を帯びていない。

(4)　図３のように乳鉢に鉄粉と硫黄を入れて，十分に混合した。${}_{X}$混合した粉末を試験管Ａと試験管Ｂに半分ずつ分けて入れた。試験管Ｂのみ，図４のように加熱し，加熱部の色が赤く変わり始めたところで加熱をやめた。加熱終了後，試験管Ｂの温度が下がったとき，試験管Ｂの中に${}_{Y}$黒い物質が生じていた。下の(a)・(b)の各問いに答えなさい。

図３
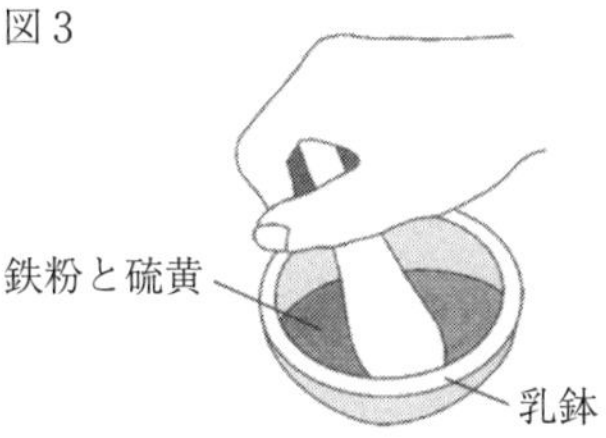

図４
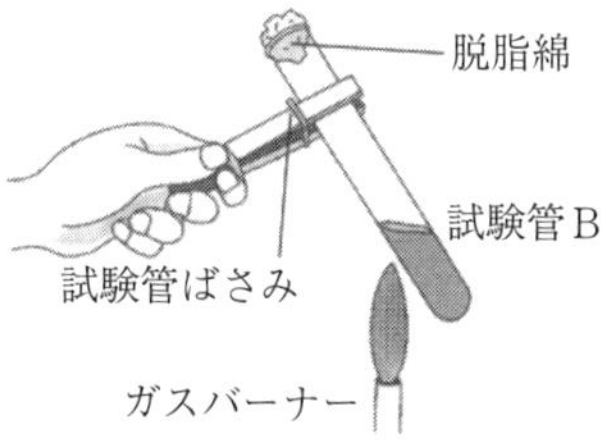

(a)　下線部Ｘのような物質は混合物に分類される。次の①～⑤のうち，**混合物ではないもの**として最も適当なものを一つ選びなさい。
①　塩酸　　②　空気
③　水酸化ナトリウム　　④　海水
⑤　アンモニア水

(b)　下線部Ｘと下線部Ｙに示す物質を少量ずつとり出して，うすい塩酸に入れたときに発生する気体の性質の組み合わせとして，最も適当なものを次の①～④から一つ選びなさい。

	下線部Ｘの物質を少量とり出してうすい塩酸に入れたときに発生する気体の性質	下線部Ｙの物質を少量とり出してうすい塩酸に入れたときに発生する気体の性質
①	無臭	無臭
②	無臭	においがある
③	においがある	無臭
④	においがある	においがある

4 次の各問いに答えなさい。

(1) ストローを使って以下のような実験を行った。次の(a)・(b)の各問いに答えなさい。

(a) 図1のように，2本のストローA，Bをティッシュペーパーで十分にこすり，ストローAを取り出したのち，ストローAだけが回転できるような装置を作った(図2，図3)。図2，図3のように，ストローBやこすったティッシュペーパーを近づけるとストローAはどうなるか。最も適当なものを下の①～⑨から一つ選びなさい。

図1

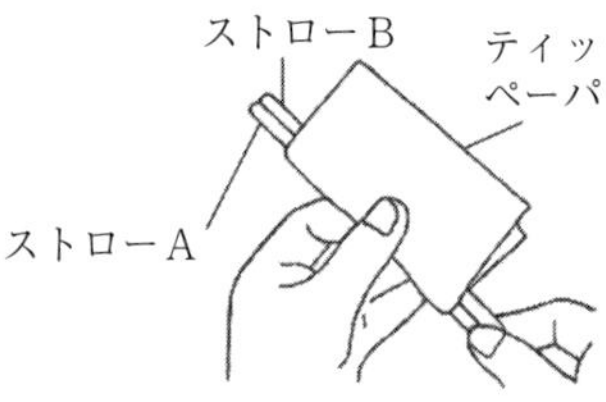

図2

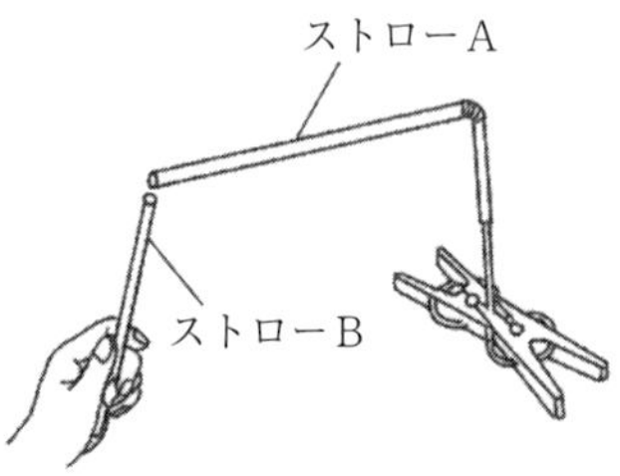

図3

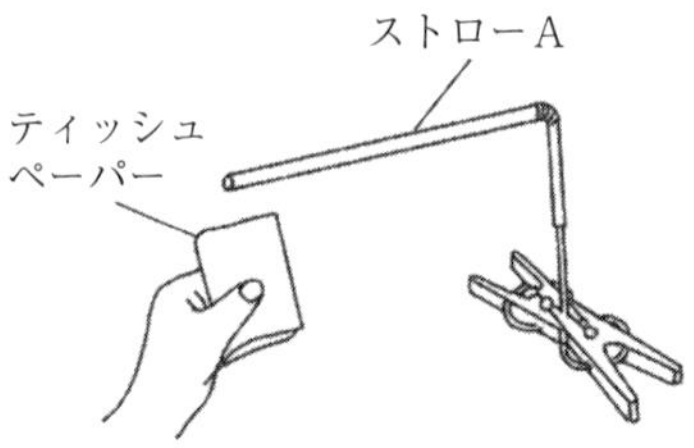

	ストローBを近づけたとき	こすったティッシュペーパーを近づけたとき
①	近づく	近づく
②	近づく	遠ざかる
③	近づく	何も起こらない
④	遠ざかる	近づく
⑤	遠ざかる	遠ざかる
⑥	遠ざかる	何も起こらない
⑦	何も起こらない	近づく
⑧	何も起こらない	遠ざかる
⑨	何も起こらない	何も起こらない

(b) 容器に水を入れ，ストローを水に斜めに入れる実験を行った。図4のように斜めから見ると，ストローはどのように見えるか。最も適当なものを次の①～④から一つ選びなさい。

図4

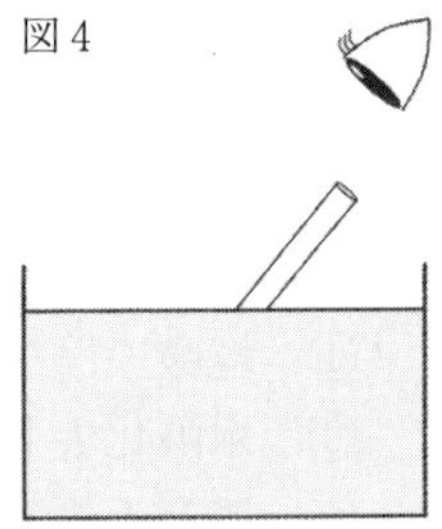

①

②

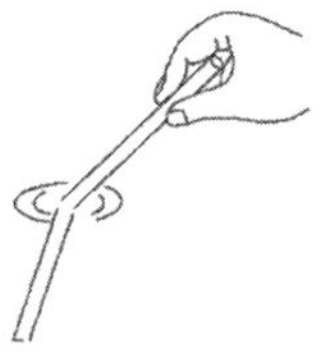

③

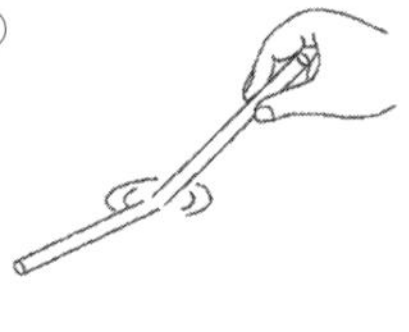

④

(2) 高速道路を自動車が90km/hの速さで走っている。このとき，自動車は［ア］［イ］m/sで走っているともいえる。［ア］・［イ］に入る最も適当な数値をマークしなさい。ただし，答えが

1桁になる場合は下記の例にならってマークすること。

> 例　2 m/s の場合
> ア：⓪　イ：②

(3)　地球上にあるすべての物体には，つねに重力がはたらいている。物体にはたらく重力の向きとして，最も適当なものを右の①～④から一つ選びなさい。なお，地球の自転の影響は考えないものとする。

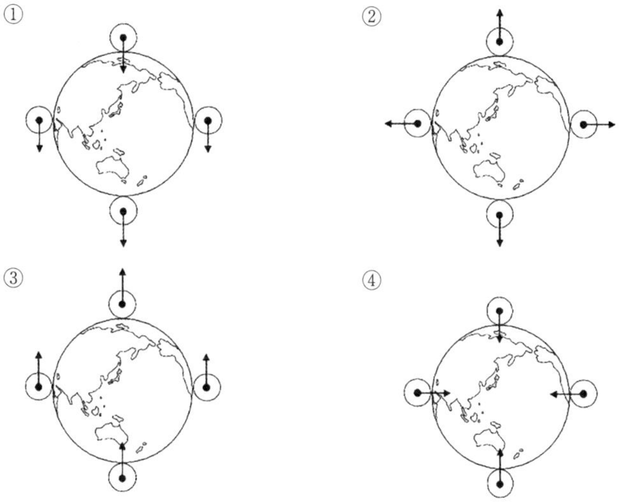

(4)　海の深さを調べるとき，音響測深機を用いる方法がある。これは船底から海底に向けて音波を出し，音が海底で反射して戻ってくるまでの時間を測定することで，海の深さを知ることができるという装置である。船から海底に向かって音を出したところ，4秒後に音が戻ってきたことから，この場所の海の深さは［ウ］［エ］kmということがわかる。［ウ］・［エ］に入る最も適当な数値をマークしなさい。ただし，答えが1桁になる場合は下記の例にならってマークすること。なお，海中での音速は1500m/sとし，船から海底までの間に音の障害物はないものとする。

> 例　2 km の場合
> ウ：⓪　エ：②

(5)　図5は，エネルギーの移り変わりを示している。Ⓐ～Ⓔに当てはまるものとして，最も適当なものを次の①～⑧から一つ選びなさい。

図5

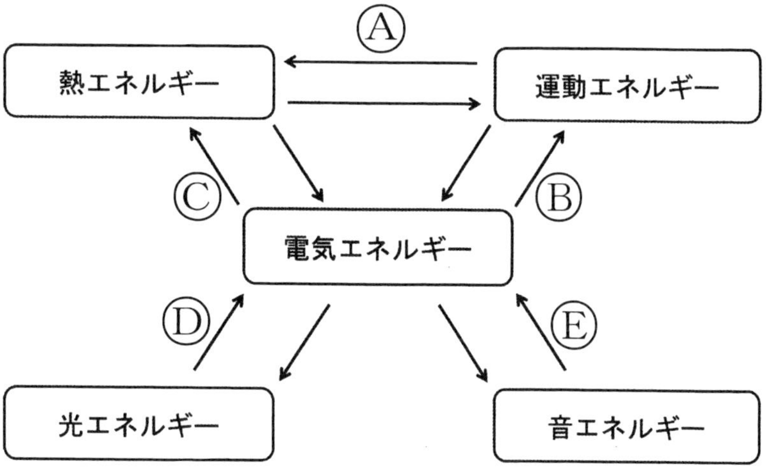

	Ⓐ	Ⓑ	Ⓒ	Ⓓ	Ⓔ
①	火起こし器	発電機	火力発電	太陽電池	マイク
②	火起こし器	モーター	アイロン	太陽電池	マイク
③	火起こし器	発電機	火力発電	電球	スピーカー
④	火起こし器	モーター	アイロン	電球	スピーカー
⑤	エンジン	発電機	火力発電	太陽電池	マイク
⑥	エンジン	モーター	アイロン	太陽電池	マイク
⑦	エンジン	発電機	火力発電	電球	スピーカー
⑧	エンジン	モーター	アイロン	電球	スピーカー

5 図は，ある日の日本付近にできた温帯低気圧を，等圧線を用いて描いたものである。ただし，アは寒冷前線，イは温暖前線を表しているが，前線記号は省略してある。これについて，次の各問いに答えなさい。

図

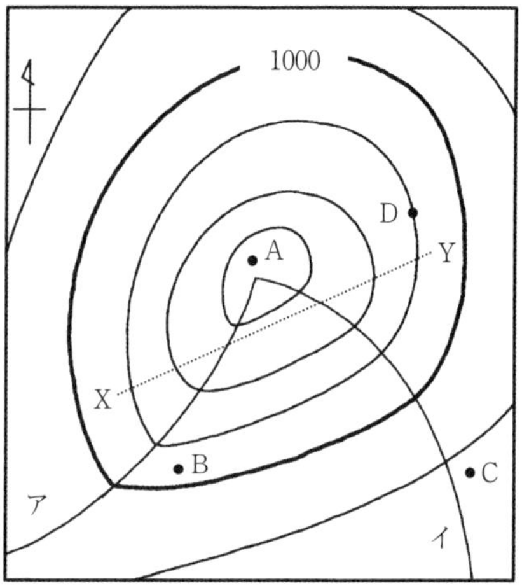

(1) A～Dの地点で最も気圧が高い地点はどの地点か。最も適当なものを，次の①～④から一つ選びなさい。

① A
② B
③ C
④ D

(2) D地点の気圧は何hPaか。最も適当なものを，次の①～④から一つ選びなさい。

① 996hPa
② 998hPa
③ 1002hPa
④ 1004hPa

(3) 前線ア，イの前線記号を正しく表しているものはどれか。最も適当なものを，次の①～④から一つ選びなさい。

①

②

③

④
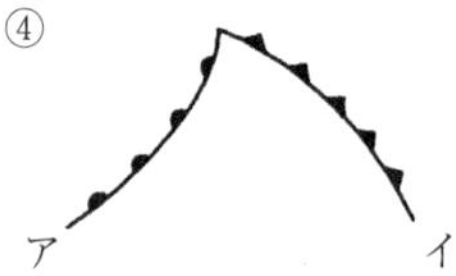

(4) 図のX－Y部分の垂直断面図として，空気のようすを正しく表している模式図はどれか。最も適当なものを，次の①～④から一つ選びなさい。

①
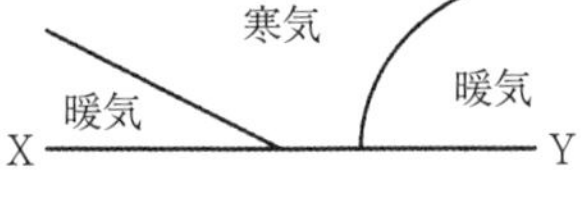

②
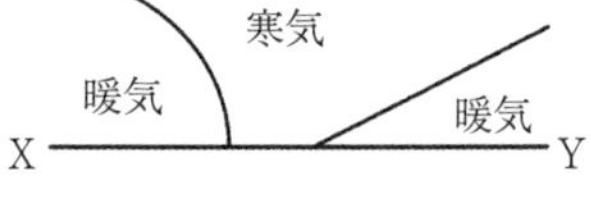

③
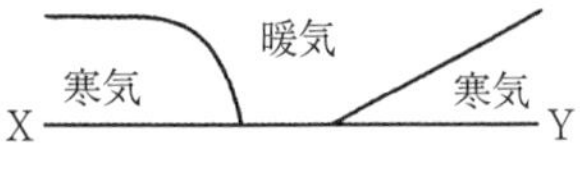

④
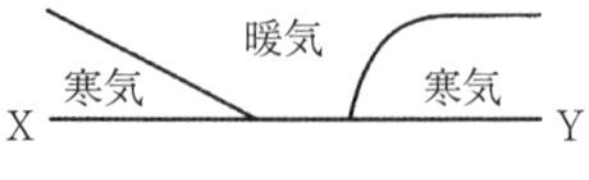

(5) この日，B地点で気象観測を行ったところ，天気はくもり，風向は南西，風力は3であった。B地点の天気，風向，風力を天気図に使う記号を用いて表すとどのようになるか。最も適当なものを，次のページの①～⑥から一つ選びなさい。

① 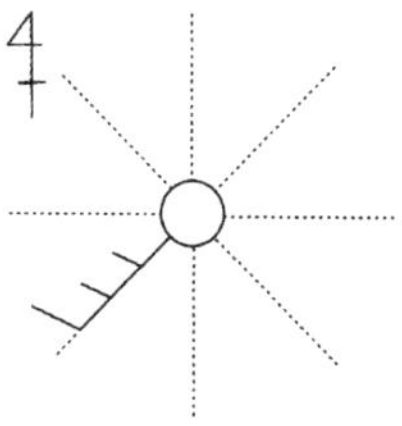

② 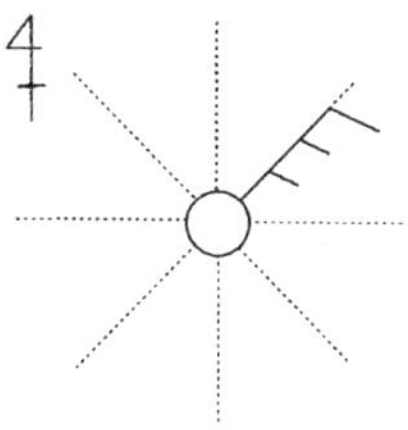

③ 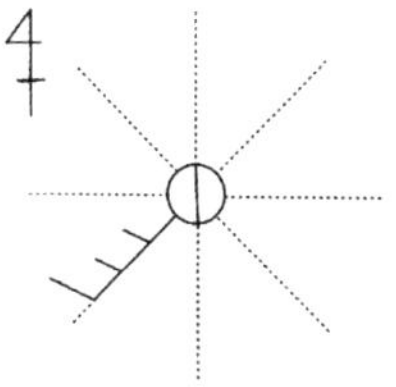

④ 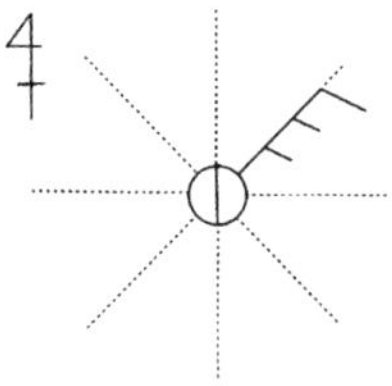

⑤ 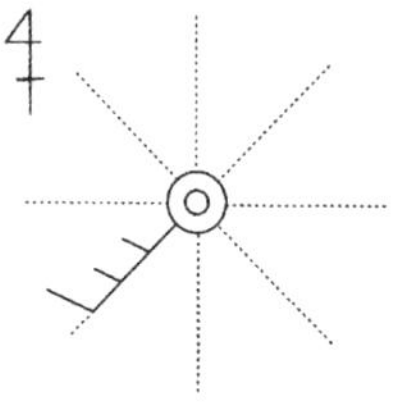

⑥ 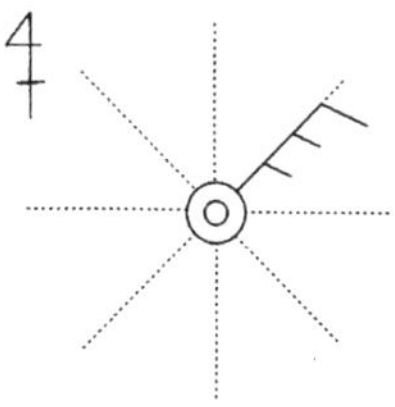

(6)　B地点では，今後どのように天気が変化していくと考えられるか。最も適当なものを，次の①～④から一つ選びなさい。

①　温暖前線で発達する乱層雲などにより，長時間弱い雨が降る。その後，前線の通過とともに雨がやみ，暖気のため気温が上がる。

②　温暖前線で発達する積乱雲などにより，長時間弱い雨が降る。その後，前線の通過とともに雨がやみ，寒気のため気温が下がる。

③　寒冷前線で発達する乱層雲などにより，短時間に激しい雨が降る。その後，前線の通過とともに雨がやみ，暖気のため気温が上がる。

④　寒冷前線で発達する積乱雲などにより，短時間に激しい雨が降る。その後，前線の通過とともに雨がやみ，寒気のため気温が下がる。

6　電熱線を用いて【実験１】～【実験５】を行った。これらの実験について，あとの各問いに答えなさい。

【実験１】　抵抗値が分からない電熱線A，B，C，Dを用意し，図１のような回路を作った。それぞれの電熱線に加える電圧を変え，電流の大きさを調べてみたところ，図２のようなグラフとなった。

図１

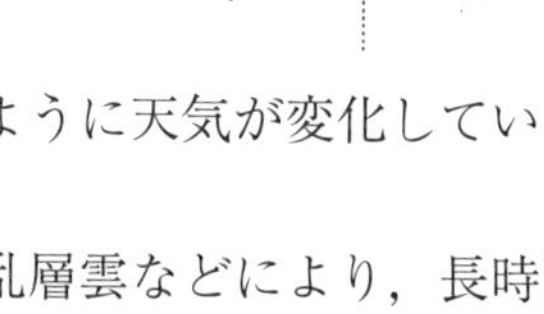

図２

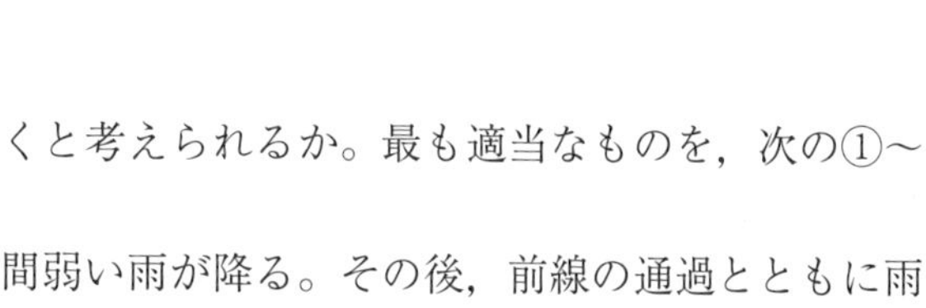

【実験２】　電熱線Ａ，Ｂ，Ｃ，Ｄのいずれかを図１のように３Ｖの電源につないで回路を作ったところ，ある電熱線には２Ａの電流が流れた。

【実験３】　図３のように抵抗値２Ωの電熱線と電熱線Ａ，Ｂ，Ｃ，Ｄのいずれかをそれぞれ直列につなぎ，７Ｖの電源につないで回路を作ったところ，抵抗値２Ωの電熱線には３Ａの電流が流れた。

図３

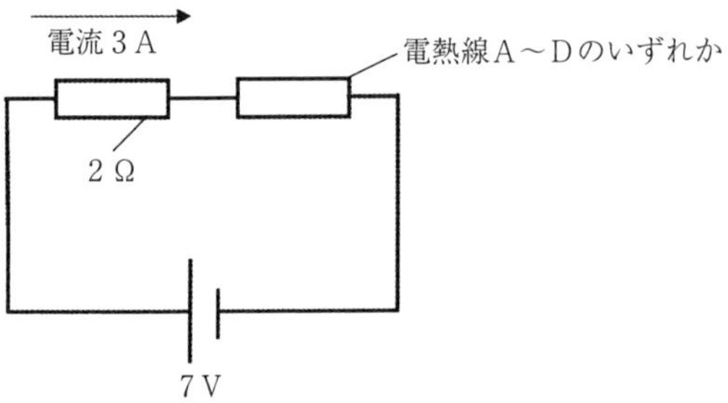

【実験４】　図４のように抵抗値２Ωの電熱線と電熱線Ａ，Ｂ，Ｃ，Ｄのいずれかをそれぞれ並列につなぎ，４Ｖの電源につないで回路を作ったところ，電源に８Ａの電流が流れた。

図４

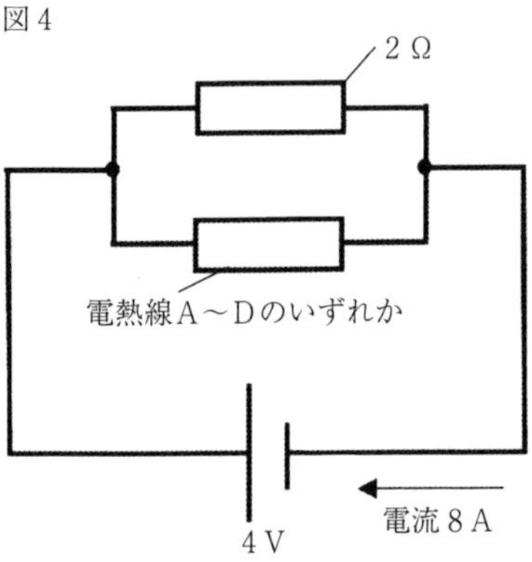

【実験５】　図５のように電熱線Ｃ，Ｄをそれぞれ並列につなぎ，それを抵抗値２Ωの電熱線と直列に接続し，９Ｖの電源につないで回路を作ったところ，電源に３Ａの電流が流れた。

図５

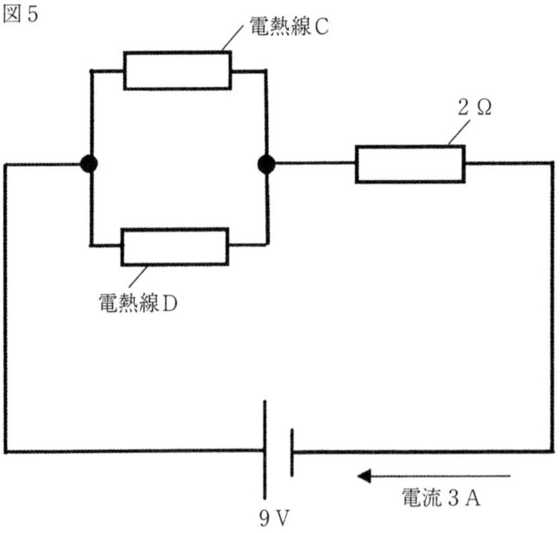

(1) 電熱線A，B，C，Dを抵抗値の大きい順に並べたものとして，最も適当なものを次の①～④から一つ選びなさい。

① 電熱線A＞電熱線B＞電熱線C＞電熱線D
② 電熱線D＞電熱線C＞電熱線B＞電熱線A
③ 電熱線A＞電熱線C＞電熱線B＞電熱線D
④ 電熱線D＞電熱線B＞電熱線C＞電熱線A

(2) 【実験2】において，10秒間電流を流し続けた。使用した電熱線とそのときに発生した熱量の組み合わせとして，最も適当なものを次の①～⑧から一つ選びなさい。

	使用した電熱線	熱量
①	電熱線A	6.0J
②	電熱線A	60J
③	電熱線B	6.0J
④	電熱線B	60J
⑤	電熱線C	6.0J
⑥	電熱線C	60J
⑦	電熱線D	6.0J
⑧	電熱線D	60J

(3) 【実験3】において，使用した電熱線として，最も適当なものを次の①～④から一つ選びなさい。

① 電熱線A　② 電熱線B
③ 電熱線C　④ 電熱線D

(4) 【実験4】において，使用した電熱線として，最も適当なものを次の①～④から一つ選びなさい。

① 電熱線A　② 電熱線B
③ 電熱線C　④ 電熱線D

(5) 【実験5】において，回路全体の抵抗値は [ア][イ] Ωである。[ア]・[イ]に入る最も適当な数値をマークしなさい。ただし，答えが1桁になる場合は下記の例にならってマークすること。

> [例] 2Ωの場合
> ア：⓪　イ：②

(6) 【実験5】において，抵抗値2Ωの電熱線にかかる電圧と電熱線Cに流れる電流の大きさの組み合わせとして，最も適当なものを次の①～⑧から一つ選びなさい。

	抵抗値2Ωの電熱線にかかる電圧の大きさ	電熱線Cに流れる電流の大きさ
①	2V	1A
②	2V	2A
③	4V	4A
④	4V	6A
⑤	6V	1A
⑥	6V	2A
⑦	8V	4A
⑧	8V	6A

7　以下の文章を読んで，下の各問いに答えなさい。

Ａさんとβさんは，アイスティーとホットティーでは砂糖の溶けやすさが異なることに疑問を持ち，物質の溶解度についての実験を行った。２種類の物質Ｘ，物質Ｙと，20℃，40℃，60℃，80℃の水100ｇを用意し，まずは物質Ｘをそれぞれの水に加えて溶ける質量を記録した。物質Ｙについても同様の操作を行うことで，物質Ｘと物質Ｙの溶解度を決定し，図のようなグラフを作成した。

図

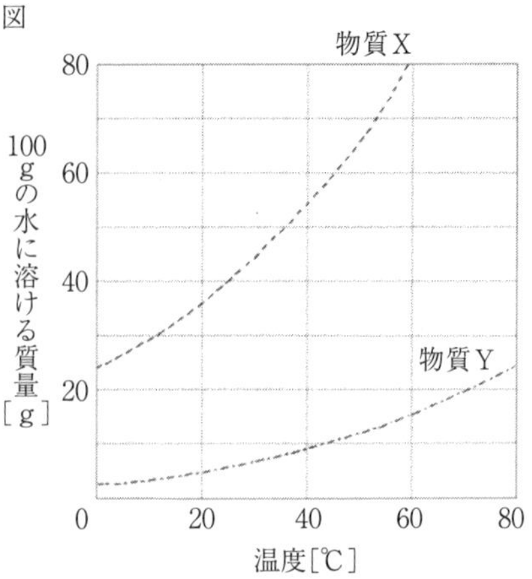

このデータをもとに，ＡさんとＢさんは物質の溶けやすさについて話し合った。以下のやりとりはその内容である。なお，溶解度は100ｇの水に溶ける物質の質量であり，物質Ｘと物質Ｙを混合した状態で同じ水に溶かしても，各物質の溶解度は変化しないものとする。

Ａさん「やはり温度によって，物質Ｘと物質Ｙの溶けやすさが違いますね。この特徴を利用して，混合物から物質Ｘや物質Ｙを１種類ずつ取り出す方法を授業で学びましたね。」

Ｂさん「そうですね。例えば，140ｇの物質Ｘと２ｇの物質Ｙを200ｇの水に入れて温度を上げ，全て溶かします。その後，ゆっくりと20℃まで冷却すれば，物質Ｘの結晶のみを取り出せるはずです。」

Ａさん「物質Ｙが析出しないのは不思議ですね。」

Ｂさん「その理由について説明しましょう。20℃に冷却しても，［　ア　］ため，物質Ｙは全て溶けたままであると考えられるからです。」

Ａさん「なるほど。次に50ｇの物質Ｘと20ｇの物質Ｙを100ｇの水に溶かして先ほどと同様の操作を行うと，どうなるでしょうか。」

Ｂさん「その場合，先ほどと異なり，物質Ｘと物質Ｙの結晶が混ざったものが得られるはずです。」

Ａさん「そこで得られた結晶を，ろ過によって取り出して乾かした後，100ｇの水を入れて温度を上げ，全て溶かして再び20℃まで冷却すれば，［　イ　］のみの結晶が約［　ウ　］ｇ得られることになります。」

(1)　下線部のように，一度溶かした物質を再び結晶として取り出す方法の名称として，最も適当なものを次の①～④から一つ選びなさい。

①　蒸留　　②　蒸発　　③　再結晶　　④　還元

(2)　以下の表は，各温度における塩化ナトリウムの溶解度を示したものである。塩化ナトリウムの飽和水溶液と物質Ｘの飽和水溶液の質量パーセント濃度が同じになる温度はおよそ何℃であると考えられるか。最も適当なものを下の①～⑥から一つ選びなさい。

表

温度（℃）	0	20	40	60	80
溶解度（ｇ）	35.7	35.8	36.3	37.1	38.0

①　15℃　　②　20℃　　③　25℃
④　30℃　　⑤　35℃　　⑥　40℃

(3)　40℃の水100ｇに，物質Ｙを加えて作った飽和水溶液の温度を80℃まで上げると，さらに何ｇの物質Ｙを溶かすことができるか。その質量として，最も適当なものを次の①～⑥から一つ選びなさい。

①　10ｇ　　②　15ｇ　　③　20ｇ

④ 25g ⑤ 30g ⑥ 35g

(4) 文中の[ア]に当てはまる内容として，最も適当なものを次の①～⑤から一つ選びなさい。

① 物質Xと物質Yの質量比は70：1であり，物質Xに比べて物質Yの溶液全体の質量に占める割合が少ない

② 加えた溶質の量が20℃における物質Xの溶解度を上回っている

③ 加えた溶質の量が20℃における物質Yの溶解度を下回っている

④ 加えた溶質の量が20℃における物質Xの溶解度と一致する

⑤ 加えた溶質の量が20℃における物質Yの溶解度と一致する

(5) 次の(a)・(b)の各問いに答えなさい。

(a) 文中の[イ]に当てはまる語句として，最も適当なものを次の①，②から一つ選びなさい。

① 物質X ② 物質Y

(b) 文中の[ウ]に当てはまる数値として，最も適当なものを次の①～⑤から一つ選びなさい。

① 5.0 ② 7.5 ③ 10.0 ④ 12.5 ⑤ 15.0

8 以下の文を読んで，下の各問いに答えなさい。

遺伝の基本的な法則は，オーストリアの修道院の神父であった[ア]によって行われたエンドウ(図)を用いた実験を通して発見された。形質を伝えるものが遺伝子であり，その本体は[イ]に含まれる[ウ]という物質である。

図

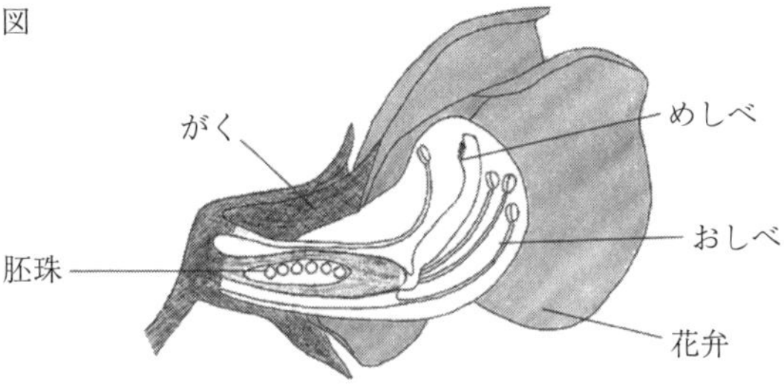

エンドウの種子の形が子や孫にどのように遺伝するかを調べるために，【実験1】・【実験2】を行った。

【実験1】 丸形の種子をつくる純系のエンドウとしわ形の種子をつくる純系のエンドウを交配すると，できた種子(子の代)はすべて丸形であった。

【実験2】 【実験1】でできた丸形の種子をまいて育てたエンドウのめしべに，同じ花の花粉をつけたところ，できた種子(孫の代)の丸形の種子としわ形の種子の数の比は3：1であった。

なお，丸形の種子をつくる遺伝子をA，しわ形の種子をつくる遺伝子をaとする。

(1) 文中の[ア]～[ウ]に当てはまる語句の組み合わせとして，最も適当なものを次の①～⑥から一つ選びなさい。

	ア	イ	ウ
①	フック	DNA	染色体
②	フック	染色体	DNA
③	フック	染色体	タンパク質
④	メンデル	DNA	染色体
⑤	メンデル	染色体	DNA
⑥	メンデル	染色体	タンパク質

(2) エンドウは，遺伝の研究材料として多くの利点をもっている。その利点について述べた文として，**誤りを含むもの**を次の①～④から一つ選びなさい。

① はっきりと見分けられるいくつかの対立した形質をもっている。

② 自然の状態では他の花の花粉を受粉し，雑種の種子ができやすい。

③ 交雑を繰り返しても，生育可能な種子を得ることができる。

④ 栽培することが容易で，一世代の期間が１年と短い。

(3) 【実験１】でできた丸形の種子(子の代)をまいて育てたエンドウの精細胞において，遺伝子Ａとａの割合はどのようになっているか。最も適当なものを次の①～④から一つ選びなさい。

① すべてＡである。

② すべてａである。

③ Ａとａの割合が１：１である。

④ Ａとａの割合が３：１である。

(4) エンドウの種子の形について，【実験２】でできた種子(孫の代)における遺伝子の組み合わせとその割合はどのようになっているか。最も適当なものを次の①～④から一つ選びなさい。

① すべてAaである。

② AAとaaの割合が１：１である。

③ AAとAaの割合が３：１である。

④ AAとAaとaaの割合が１：２：１である。

(5) 【実験２】でできた種子(孫の代)において，おしべに由来するＡとめしべに由来するａをあわせもつ種子は，丸形の種子の中で何％となるか。最も適当なものを次の①～④から一つ選びなさい。

① 25％　② 33％　③ 50％　④ 75％

ア　僧が恋の歌を詠むことは、仏道に背く行いとされているため、俗人としての名で詠むべきである。

イ　和歌は心に思うことを素直に詠み出したものであり、僧の恋の歌でも秀作ならば評価すべきである。

ウ　和歌を論じる際には、その作成者がどのような人物であるのかにも注目して議論すべきである。

エ　和歌は心に思うものを詠み出したものなので、僧のような綺《き》麗《れい》な心の人物は良い歌を作ることができる。

オ　和歌にも善悪というものがあり、自分の心を偽って作られた和歌に優れたものは存在しない。

四

次の文章を読んで、後の問いに答えなさい。

問ふ。古今世を捨てたる（出家をした）※墨染《すみぞめ》の人として、恋の歌詠《よ》めること（恋の歌を詠むことは）、1挙げて数ふべからず。又憚《はばか》ることもせざるは何事ぞや。※色欲《しきよく》は殊《こと》（特に）に深き仏の戒め、あるまじきこと（あってはならないこと）の第一なり。［X］僧の恋歌詠めるも甚《はなは》だ賞す。※遍照僧正《へんぜうそうじゃう》の類ひ、ことに歌道に名高し。かかる不道心の僧をいかで賞美《しゃうび》するや（このような修行をないがしろにする僧をどうして賞美するのか）。憎むべきことにあらずや（憎むべきことではないのか）。

答へて曰く。これ何事ぞや。先にも委《くは》しくいへるごとく、歌は思ふことを程よくいひ出づる物なり。心に思ふことは、善悪に関はらず、詠み出づるものなり。［Y］心に思ふ色欲を詠み出でたる、2何の事かあらん。その歌よろしく出で来たらば、これ又なんぞ美《ほめ》賞《しゃう》せざらんや（どうして賞美しないことがあろうか）。優れたる歌ならば、僧俗選ぶべきにあらず。その行跡の善し悪し、心の邪正美悪は、その道その道にて褒貶議論《ほうへんぎろん》すべきことなり（褒めたりけなしたり議論したりすべきことである）。歌の道にて、とかく論ずべきにあらず。この道にては、ただその歌の善悪をこそいふべきことなれ。僧なれば恋の歌詠むまじき理《ことわり》なりなど、［Z］由《よし》なき議論（意味のない議論）をなすべき。その上すべて出家とさへいへば（出家した僧とさえ）、みな心まで仏《ほとけ》菩薩《ぼさつ》のごとき物ぞと心得たるか。僧の少し好色《かうしょく》がましきことあれば（恋愛を好むようなことがあれば）、人甚だこれを悪《にく》むこと、俗人と3雲泥《うんでい》の如く、大悪《だいあく》のやうに思へり。

（本居宣長『排蘆《あしわけ》小船《おぶね》』）

※墨染の人…出家をした僧のこと。
※色欲…恋愛感情のこと。
※遍照僧正…僧正遍照のこと。平安時代前期の歌人で出家をした僧でもある。六歌仙の一人。

問26 傍線部1「挙げて数ふべからず」の解釈として最も適当なものを**一つ**選びなさい。

ア　数え切れないほど多い
イ　むやみに数えてはならない
ウ　数えることが重要である
エ　数えずにはいられない
オ　数えないように注意すべきだ

問27 本文中の空欄X・Y・Zには、それぞれ、「されば（だから）」、「しかるを（それなのに）」、「なんぞ（どうして）」のいずれかが入る。正しい組み合わせを**一つ**選びなさい。

ア　X　しかるを　Y　されば　Z　なんぞ
イ　X　されば　Y　しかるを　Z　なんぞ
ウ　X　されば　Y　なんぞ　Z　しかるを
エ　X　なんぞ　Y　しかるを　Z　されば
オ　X　しかるを　Y　なんぞ　Z　されば

問28 傍線部2「何の事かあらん」の解釈として最も適当なものを**一つ**選びなさい。

ア　どんな意味があるだろうか。
イ　何の意味もない。
ウ　何か問題があるだろうか。
エ　なんともひどい問題である。
オ　どうすることもできない。

問29 傍線部3「雲泥の如く」とあるが、何と何に「雲泥」の差があるのか。最も適当なものを**一つ**選びなさい。

ア　僧が作る歌と俗人が作る歌
イ　僧の好色と俗人の好色
ウ　僧の好色と俗人の好色に対する世間の反応
エ　僧の好色と俗人の好色に対する作者の評価
オ　僧の歌と俗人の歌に描かれる恋愛

問30 本文の内容を説明したものとして、最も適当なものを**一つ**選びなさい。

を悩ませているから。

ウ　家康が六次郎に仕事を依頼したことで、配水方法が変わってしまい、これまでの藤五郎の努力が無駄になってしまう可能性があるから。

エ　藤五郎がようやく探し当てた水に、外部の土地からの水が流れ込むことで、その水質が悪化する可能性があるから。

オ　家康が水の供給の仕事を、特に秀でた能力のない六次郎にも頼んだことで、主水としての自尊心が傷つけられたから。

問22　空欄 Y は次のA～Dの四つの文から成り立っている。その順番として最も適当なものを**一つ**選びなさい。

A　江戸の発展はのぞめない。

B　水を飲まねば乳が出ないのだ。

C　実際、上水網の末端に位置する町方《まちかた》の井戸ではいくら待っても水がたまらず、母親が赤んぼうをつれて故郷へかえる例があらわれはじめている。

D　こういうことがつづいては男はひとりで暮らさざるを得ず、人口増加は頭打ちになる。

ア　C→D→B→A　　イ　C→B→D→A

ウ　B→D→C→A　　エ　B→C→A→D

オ　B→A→C→D

問23　本文における家康の人柄についての説明として適当でないものを**一つ**選びなさい。

ア　家臣に難しい仕事を頼む一方で、成果が出たときには賞賛するなど、人の扱いに長《た》けた人物。

イ　水を引くためにその地の人々を味方につけようとするなど、前もって入念な準備をする人物。

ウ　身分だけでなく人脈の豊富さも評価するなど、従来の考え方にとらわれない柔軟な思考ができる人物。

エ　身分の低い人々のために、生活水の心配をするなど、広く民のことを思いやる政治ができる人物。

オ　仕事の内実だけでなく、名前の呼び方にまで指示を出すなど、細かいところまで目が行き届く人物。

問24　本文から読み取れる藤五郎の理想とする飲み水の説明として適当でないものを**すべて**選びなさい。

ア　水分量の多い土を持ち、配水も容易な台地に湧くこと。

イ　井戸や貯水池を備えられる広さの所に、水源があること。

ウ　江戸市内に効率よく配水できる立地に湧いていること。

エ　水に泥臭さ、鉄臭さ、生臭さがなく、清涼感があること。

オ　水源となる地に、後世に伝わるような伝承が残っていること。

問25　波線部a～eの表現や表記に関する説明として最も適当なものを**一つ**選びなさい。

ア　a「……」は、藤五郎がこれまで違和感なく良質な水を飲めていたことへの幸せをかみしめていることを表現している。

イ　b「赤坂」「神田明神」は、実存する場所を明記することで、読者に、藤五郎の苦闘の過程を明確にイメージさせている。

ウ　c「うんぬん」は、藤五郎が、水の供給について熱心に計画を立て、それが本文には明記されないほど沢山あることを示唆している。

エ　d「もともと古代律令制の官名である」は、語り手が言葉の由来を丁寧に述べることで、江戸時代の役職の重要性をそれとなく伝えている。

オ　e「百姓あがりが」には、これまで隠れていた藤五郎の本性が表れており、家康への悪感情が増したことが読み取れる。

必要となる。そこまで長い目で見れば、村の名主に役を命じて、いわば家康の側へつけることで、

――村そのものを、抱きこんでしまう。

そういう意図のもと、家康は、六次郎をえらんだ。藤五郎はそのように考えて自分自身を納得させようとしたのだったが、しかしやはり、

――e百姓あがりが

悪感情はどうしても消えぬ。藤五郎は内心、

――こいつとは、いずれ決着をつける。

そう三河武士らしい執念ぶかさで決意するのだった。

ともあれ。

新水道は、もはやすぐそこに迫っている。

（門井慶喜《よしのぶ》『家康、江戸を建てる』より一部改変）

※谷中…江戸の地名。

※弘法清水の伝説…ここでは「弘法大師が密教の力で谷中の泉を開拓した」という言い伝え。藤五郎は近隣の漁師からその伝説を聞き、確かめに来ている。

※開渠…地上に造られた給水・排水を目的とする水路。

※普請…土木・建築の工事。

※余人…ほかの人。

※五体満足でない…藤五郎は、戦でけがを負ったため、歩行が不自由である。

※うつけ者…うっかりしている人。

※六次郎…家康から、水を引くための仕事を任された牟礼の農民であり、名主。名主は地元の名士のこと。

※橋梁…川や道路にかけ渡す橋。かけ橋。

問19　傍線部1「その上『主水』の名をたまわった」とあるが、これ以降の藤五郎についての説明として最も適当なものを**一つ**選びなさい。

ア　家康から、自分だけの特別な名前を与えられたことを光栄に思うと同時に、自尊心が高まり、尊大な態度をとるようになった。

イ　家康から正式に家臣として認められたことで、周囲からの藤五郎に対する評価も変わったため、より仕事がやりやすくなった。

ウ　家康から水道工事の第一人者として認められたことを誇りに思うと同時に、このことが生きていくための力となった。

エ　世界でたった一つの名前を与えられたことに喜びをかみしめると同時に、家康から見放されずに済んだことに安堵《あんど》した。

オ　家康からその仕事ぶりと能力を直々に評価されたことで、今まで以上に出世に貪欲《どんよく》になり、水道工事の仕事に励むようになった。

問20　空欄 X に入る文として最も適当なものを**一つ**選びなさい。

ア　手をくわえれば便利な土地になることが実感としてわかったからだ。

イ　神田付近の水を飲んで、駿府の水よりもおいしいと実感としてわかったからだ。

ウ　国替えの命に背いたら、各々の現在の地位が危ぶまれると実感としてわかったからだ。

エ　江戸での生活に慣れ、故郷よりも娯楽が多いと実感としてわかったからだ。

オ　家臣団のために急いで神田周辺の土地を整備するなど、自分たちは配慮されていると実感としてわかったからだ。

問21　傍線部2「まさしく、外敵」とあるが、藤五郎がそう思ったのはなぜか。最も適当なものを**一つ**選びなさい。

ア　家康が、これまでの藤五郎の仕事ぶりよりも、特に能力のない六次郎の方を高く評価した上に、家臣の一人として認めたから。

イ　人口に対して、水の供給量が足りないという問題が生まれたために、江戸が衰退していく可能性があり、そのことが藤五郎

団がまとまって住む武家地に指定されたからだ。藤五郎はそれに合わせて水道工事をおこない、わずか数か月で完成させた。のちに赤坂のほうも完成させた。

　家臣団は、はじめ落胆していた。

「まさかこの身が、このような荒れ地にながされるとは」

「殿様も、今回ばかりは国替えの命にそむくべきではなかったか」

「あな、駿府なつかし」

　しかし神田近辺に住みつくにあたり、町人ともども、

「江戸も存外よろしいものじゃ」

　少しずつ将来にのぞみを抱きはじめた。［　X　］

　その実感をささえたのが、藤五郎の上水であることはあきらかだった。よその土地では水は遠くへ汲みに行くか、あるいは水売りに高い金を出して買わねばならぬものだったけれども、江戸では逆に、

――水のほうで、飲まれに来てくれる。

　十五年後の現在も。

　藤五郎の上水は、人々ののどをうるおしている。

　厳密には神田明神は郭外《かくがい》（外濠《そとぼり》の外）にあるが、郭内と地つづきの台地上にあるため、人々も郭内という意識をもっている。藤五郎の上水は成熟の域に達した。水源の水の湧出《ゆうしゅつ》量もほぼ安定していたのだった。

　そこへ最近、外敵が来た。

　外濠の向こうどころか西へ五里もはなれている武蔵野《むさしの》の原野から浄水をはるばる引っぱりこんで市内へ配ろうという大計画。現在は江戸市内で完結している水道網をいっきに押しながそうとする、

――2まさしく、外敵。

　いや、藤五郎は、計画そのものには賛成なのだ。江戸はもはや十五年前の江戸ではない。海は埋められ、川（自然河川）はまとめられ、可住面積はほとんど別の地のように増えた。

　屋敷や寺が建ちならび、市《いち》が立ち、人口はあっというまに五万をこえた。こういう激変があってしまっては、

――水が、足りぬ。

そのことは自明だった。

［　Y　］

それならば、水量豊富な武蔵野の源泉から、

――水を、足す。

そのことを計画し実行するのは為政者として当然だろう。問題はその計画を、

――なぜ殿様は、この主水にお命じくださらなかったか。

このことだった。

藤五郎には自負心がある。家康じきじきに上水《じょうすい》※普請《ふしん》を命じられ、くれぐれも※余人《よじん》にはお命じあるなと念を押して、

「大いによし」

とみとめられた誇《ほこ》りがある。こういう誇りが藤五郎のような※五体満足でない男にとってどれほど大きなものであるか、どれほど生きる糧《かて》になっているか。なのに、なのに、

――百歩ゆずって老齢のわしを外すことはやむを得ぬにしろ、かわりの御役に、殿様は、なぜこのような※うつけ者を。

工事の推進《すいしん》能力を評価した、わけではむろんないだろう。※六次郎はただの名主《なぬし》だった。土木工学も、地質学も、※橋梁《きょうりょう》力学もまったくなかった。家康が高く評価したのは、おそらく水源ちかくの牟礼《むれ》の村で、

――顔である。

という一事だったのだろう。

なぜなら、池の水を取るためには、地もとの同意が不可欠である。さらには上水完成後の水質管理においても、そこで身投げが出ないよう、生活排水でよごさないよう、地域ぐるみで監視することが

うなるか、菓子を練《ね》ったらどうなるか。藤五郎の舌はちぢんで奥へひっこんでしまった。考えてみれば、※弘法清水《こうぼうしみず》の伝説など全国に掃《は》いて捨てるほどある。

逆にいえば、

「a……これですら、江戸では名水なのじゃな」

藤五郎は、あの漁民どもがあわれになった。これをうまいと言うなら、ふだんはどんな悪水を口にしているのか。

「こうなればもう、足を棒にしてさがすほかない。土地の者に聞いても役に立たぬ」

むろん藤五郎は馬か輿《こし》の上なのだから、実際に足を棒にするのは馬か足軽なのだけれども、藤五郎自身、ゆられるだけで体力を消《しょう》耗《もう》した。

――低地よりも、台地。

それが探索《たんさく》の基本方針だったからだ。台地のほうが潮がささず、土がかかえこむ水量が多い。配水もやりやすいだろう。そうして江戸の地はもともと台地が多いのが特徴なのだから、根気よく見てまわれば、かならず、

――よい水にあたる。

三か月の苦闘の結果、藤五郎の舌に堪《た》え得たのは、

b赤坂《あかさか》の溜池《ためいけ》

神田明神山岸《みょうじんやまぎし》の細流《さいりゅう》

のふたつだった。前者は江戸城の南西方《がた》、赤坂台地からしみ出した地下水が北へながれ落ちて池をなしたもの。後者の神田明神は、江戸城の北東、こんにちでいう駿河台《するがだい》の上に建っている原住民鎮守《ちんじゅ》の神なのだが、この駿河台、およびその西どなりの本郷《ほんごう》台地のあいだに小さな谷水の川があるのが、

――これは、よい。

藤五郎を満足させた。泥くささもなく、鉄くささもなく、清涼の気みなぎる味わいだった。山岸は「崖」の意。やはり斜面からの浸出水があつまって川をなしたのだったろう。

この両者は、立地もまた最高だった。

前者の水を城の南西地域にめぐらし、後者の水を北東地域にめぐらせば、地域的なかさなりがなく、江戸市中を効率的に網羅《もうら》することができる。

「この二味《にみ》じゃ。これしかない」

藤五郎はさっそく神田に住みつき、書面で家康へ策を献じた。配水方式はさしあたり※開渠《かいきょ》でじゅうぶんでしょう。ところどころに貯水池や井戸をもうけて水が汲めるようにしておけば、人々の生活は便利になる。工期もみじかくてすむでしょう。cうんぬん。

むろんこの献策書には、水そのものも添えたのである。家康はそれを飲んだのだろう、よろこびようはたいへんなもので、

――藤五郎に、褒美《ほうび》を。

そう何べんも言ったという。藤五郎はこの結果、山越という名の馬をもらい、宮島という名の茶釜《ちゃがま》をもらい、1その上「主水《もんと》」の名をたまわった。

主水とは、dもともと古代律令《りつりょう》制の官名である。

宮内《くない》省に属し、飲み水や氷のことを担当する役所が「もい取りのつかさ」と呼ばれたのだ。「もい」は古語で飲み水の意。その役所の長官は、もい取りのかみと呼ばれ、主水正《もいとりのかみ》の字をあてられた。この「もい取り」が変化してモンドとなり、藤五郎のころには一般的な読みになっていたのだ。

家康はこういう由来《ゆらい》を知った上で、さらに、

「藤五郎の主水は、モンドにあらず。モントと読め」

と命じた。真澄《ますみ》の水を得た者の名がにごりを含むのはおもしろくない、今後も澄んだ水を供給せよ。そういう意味をこめたのだった。藤五郎は天下唯一《ゆいいつ》の名を得た。

天正十八年八月朔日《ついたち》。

家康、公式に入国。

ただちに――実際は少し前から――江戸のあちこちで土地造成がおこなわれたが、とりわけ早かったのが神田地域だった。徳川家臣

セントのどちらでも誤りではなく、これまでの元号の伝統をふまえている。

オ　漢字2字、2拍＋1拍であり、日本語が好む〔強弱強弱〕と〔強弱強〕が交互に選ばれるという元号の最近の傾向に合致している。

問15　傍線部3「短短短〔強強強〕のリズム」の例として適当でないものを**一つ**選びなさい。

ア　つくし　イ　ひばり　ウ　さくら
エ　まぐろ　オ　おうむ

問16　傍線部4「頭高アクセント」、5「平板アクセント」の組み合わせとして最も適当なものを**一つ**選びなさい。

ア　4…理念　5…剣道
イ　4…時計　5…鉛筆
ウ　4…全部　5…形態
エ　4…雑誌　5…介抱
オ　4…日光　5…関東

問17　本文の内容に合致するものとして、最も適当なものを**一つ**選びなさい。

ア　日本人好みの日本語のリズムに合わせる形で最終選考に残された6つの候補の中でも「令和」という元号は、特にリズミカルなものである。

イ　元号における長短（2＋1）と短長（1＋2）の数の差は、〔強弱強弱〕のリズムを好む日本語の特徴から考えると気にするほどのことではない。

ウ　日本語のリズムが〔強弱強〕を好むことは、既存の〔強強〕のリズムの語の発音を結果的に変化させてしまったことからも見て取れる。

エ　日本文化の独自性を育み、新たな日本語を創出するために、今後の元号は漢字の読み方について音読み以外も認めるべきだ。

オ　「大化」や「明治」と異なり「昭和」が例外的なアクセントなのは、「令和」と同様頭高アクセントも許容するからである。

問18　この文章は、国立国語研究所に寄せられた国民からの日本語に関する疑問や質問に専門家が答えたものである。どのような疑問・質問であったと考えられるか。次の文の空欄に入る最も適当なものを**一つ**選びなさい。

【疑問・質問】
新しい元号が「令和」になりましたが、［　　　　］。

ア　日本の元号に言葉の規則性はありますか
イ　日本の元号はなぜ漢字2文字なのですか
ウ　どうすれば日本の元号に親しみが持てますか
エ　日本の元号のリズムは誰が決めていますか
オ　日本の元号は日本文化固有のものですか

三　次の文章を読んで、後の問いに答えなさい。

天正十八年の夏、家康は秀吉から国替えの命を受け、駿府《すんぷ》（現在の静岡県）から江戸へ移ることとなった。そこで、家康は家臣の藤五郎《とうごろう》に、飲み水を探すよう命令した。藤五郎は、その命令を受けた十五年前を振り返っている。

藤五郎は、いそいそと※谷中《やなか》へ向かった。

台地のふもとの森へふみこんだ。なるほど赤土の斜面のぬれぬれとむき出しになっているその下に朽《く》ちかけの祠《ほこら》があり、手前に池がひろがっている。水はよく澄《す》んでいた。

「どれ」

足軽に命じ、椀《わん》に汲《く》ませた。その椀にひとくち唇《くちびる》をつけた瞬間、

「げっ」

噴《ふ》き出した。

――のどを通るしろものではない。

泥くさく、鉄《かね》くさく、生ぐさかった。この水でめしを炊いたらど

ありながら平板で発音されています(図2)。

なぜ「昭和」が例外的なアクセントを持つのでしょうか。この問いに答えるのはむずかしいのですが、一つの可能性として考えられるのが「和」です。

普通名詞を見ても「平和、温和、緩和、漢和」のように、「〇和」の語は平板アクセントが多く、また過去の元号でも「明和《めいわ》、永和《えいわ》、弘和《こうわ》」のように「〇和」のものは、頭高と並んで平板も許容するようです。

一般に標準語のアクセントは最後の要素によって決まるという原則がありますので、「和」が平板アクセントを作り出すと考えてもおかしくありません。「令和」が「昭和」と同じアクセントで発音されても不自然ではないのです。

また、標準語の名詞は馴染《なじ》み度が高くなるにつれて、平板化する傾向があることを考えると、「令和」という元号も、人々の中に定着するにつれて、徐々に頭高アクセントから平板アクセントへ推移していく可能性が高いと思われます。

(国立国語研究所 編『日本語の大疑問
眠れなくなるほど面白いことばの世界』
回答者 窪薗晴夫の項 より一部改変)

※国書…漢籍などに対して、日本で記された書物のこと。
※漢籍…主に漢文で書かれた書物のこと。

問11 傍線部1「予想通りの元号」とあるが、どういうことか。その説明として最も適当なものを**一つ**選びなさい。

ア 新元号はこれまでのように漢籍からではなく、国書から選ばれるということ。
イ 2+2と2+1が多く〔強弱強弱〕か〔強弱強〕のリズムという元号の傾向をふまえているということ。
ウ これまでの最近の傾向から考えて、新元号のリズムが〔強弱強弱〕の長短構造であったということ。
エ 元号は基本的に漢字二字で構成され、音読みで読まれなければならないということ。
オ 元号が好むリズムは、日本語全般に見られる傾向と完全に一致するということ。

問12 空欄 A ・ B ・ C に入る語の組み合わせとして最も適当なものを**一つ**選びなさい。

ア A しかし B つまり C 次に
イ A また B このように C ちなみに
ウ A とにかく B まさに C 加えて
エ A つまり B ところで C 最後に
オ A さて B 奇妙なことに C 改めて

問13 空欄 a ・ b に入る語の組み合わせとして最も適当なものを**一つ**選びなさい。

ア a〔強弱〕 b〔強弱強〕
イ a〔強強弱〕 b〔強弱〕
ウ a〔弱弱強〕 b〔強弱強弱〕
エ a〔弱強〕 b〔強強弱〕
オ a〔強弱強強〕 b〔強弱強〕

問14 傍線部2「これまでの元号の歴史と構造にも、また日本語のリズムにもとてもうまく合致している」についての説明として最も適当なものを**一つ**選びなさい。

ア 過去の元号と同様2拍と1拍の組み合わせからできており、〔強弱強弱〕と〔強弱強〕に偏っているという日本語の傾向に当てはまっている。
イ 文久以前になかった傾向だが、日本語の特徴である〔強弱強弱〕と〔強弱強〕のリズムが元号として順番に選ばれる状況が続いている。
ウ 〔強強弱〕を避けて、〔強弱強〕や〔強弱強弱〕といった長短リズムを作り出すという日本語のあり方にまさに一致している元号になっている。
エ 「明治」のような頭高アクセント、「昭和」のような平板アク交互に選ばれています。

この流れで行くと、平成に続く元号は、明治や昭和と同じ長短〔強弱強〕という構造を持つことが予想されました。「令和」はまさにこの予想通りの元号です。

［B］〔強弱強弱〕の長長構造と〔強弱強〕の長短構造を好むのは、元号だけではなく、日本語の一般的な特徴です。

たとえば、赤ちゃん言葉はマンマ、オンブ、ダッコ、クック、バーバ、ジージのような長短（強弱強）の語と、ポンポンやブーブー、ハイハイ、ナイナイのような長長（強弱強弱）の語に二分されます。〔強弱強〕は出てきても、［a］は出てこないのが赤ちゃん言葉の際立った特徴です。たとえば赤ちゃん言葉にバーバはありますが、ババーはありません。

また発音の変化を見ても、詩歌（しいか）や富貴（ふうき）、三つ（みっつ）、四つ（よっつ）などは母音を伸ばしたり促音（っ）を入れたりして、短短（強強）の構造から長短（強弱強）の構造を作り出しています。

漫画『ドラゴンボール』で、魔人ブウの生まれ変わりがウブではなくウーブと呼ばれるのも同じ現象です。野球の声援でも、阿部のような2拍の名前は、「かっとばせえ　あべー」ではなく「あーべ」と前の母音を長くして長短（強弱強）の構造が作り出されます。

一方、女王の発音がジョオーからジョーオーへ変化しつつあるのは短長（強強弱）から長長（強弱強弱）への変化です。〔強弱強弱〕のリズムも日本語では好まれており、たとえばピコ太郎の「ＰＰＡＰ（ペンパイナッポーアッポーペン）」は、見事なまでに［b］の連続です。

このように、日本語にはいたるところに〔強強弱〕を避けて、〔強弱強〕や〔強弱強弱〕を作り出す力が働いています。

このように見てみると、長短（強弱強）という構造を持つ「令和」は、[2]これまでの元号の歴史と構造にも、また日本語のリズムにもとてもうまく合致していることがわかります。マスコミでは漢籍ではなく国書に由来するという点が、ことのほか強調されていましたが、言語学的に見ると新元号はこれまでの伝統を忠実に守っており、日本語が好むリズム構造と一致しているのです。

日本固有の文化を尊重するというのであれば、同じ漢字2文字でも、思い切って中国語の発音に基づいた音読みだけでなく、日本語独自の読み方（訓読み、和語読み）を模索《もさく》するのも一つの道かもしれません。たとえば「大和」という漢字をヤマトと和語読みすると、これまでの音読みの元号とは一味違った新鮮な響き――[3]短短短（強強強）のリズム――が出てきます。

［C］新元号のアクセントについて述べます。

テレビを見ていると、「令和」を「明治」と同じ頭高《あたまだか》（高低低）のアクセントで発音している人と、「昭和」のような平板《へいばん》（低高高）のアクセントで発音している人に、二分できるようです。政府やマスコミ関係者は前者が多く、一般市民は後者が多いような印象を受けます。

言語学的にはどちらが正しいということはありませんが、一般に2字漢語はその構造によって、アクセントが決まるという傾向が見られます。

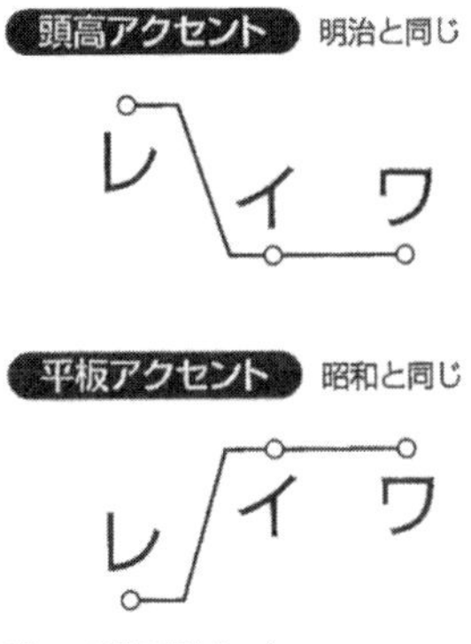

図2●令和のアクセント

元号に限らず、2＋1の構造を持つ3拍漢語の約8割は、[4]頭高アクセントで発音され（たとえば政府、文化、詩歌など）、一方2＋2の漢語の多くは、[5]平板アクセントで発音されています（たとえば構造、伝統、傾向など）。

この傾向は過去の元号の発音にも現れており、「大化、元治、明治」など2＋1のものは頭高がほとんどで、一方「応仁、大正、平成」など2＋2のものは平板が多いのです。その例外となるのが「昭和」であり、これは「大化」や「明治」と同じ2＋1の構造で

エ　さらさらと小川が流れる。

オ　老人は静かな口調で話し始めた。

問10　次の中で、熟語の構造が他と異なるものを**一つ**選びなさい。

ア　循環　　イ　錯誤　　ウ　丘陵　　エ　経過　　オ　激励

二　次の文章を読んで、後の問いに答えなさい。

2019年4月1日に新しい元号「令和」(Reiwa)が発表されました。「令和」ははじめて※漢籍ではなく※国書(今回は『万葉集』)から選ばれたということで、新聞等では「元号1300年の転換」などと話題になっていましたが、言葉のリズム(韻律《いんりつ》)という点から見ると、これまでの伝統からはずれるものではありません。むしろ言語学的には1予想通りの元号であり、これまでの元号と同じようにリズミカルな構造を有しています。

元号のリズムを理解するためには、漢語の構造を理解する必要があります。元号は基本的に漢字2文字で、訓読みではなく音読みです。たとえば「明治」「昭和」は「あきはる」「あきかず」ではなく「メイジ」「ショウワ」となります。

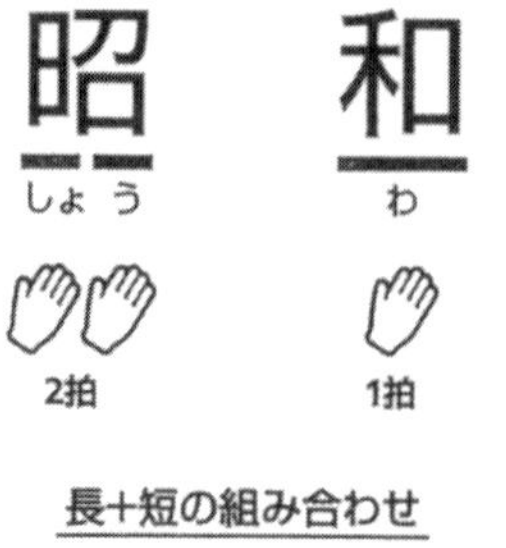

図1●漢語の構造と元号のリズム(拍)

音読みの漢字には昭和の「昭」のように2拍の長さのものと、「和」のように1拍のものしかありません(図1)。2字漢語となると、2拍+2拍、2拍+1拍、1拍+2拍、1拍+1拍の4種類しか組み合わせがないのですが、過去の日本の元号は、この点において大きな偏《かたよ》りを示しています。

250近い元号を調べてみると、その約7割が2+2(長長)の構造のもので、それに続くのが2+1(長短)の2割強です。これに対し、1+2(短長)の元号(たとえば和銅《わどう》や治承《じしょう》)は全体の7%しかなく、1+1(短短)に至っては皆無です。

さらに詳しく調べてみると、2+2の元号の大半が、慶応、大正、平成のように〔強弱強弱〕(○○○○)のリズムを持つものです(弱の部分は長音〈ー〉や撥音《はつおん》〈ん〉、促音《そくおん》〈っ〉、二重母音後半〈い〉のような語頭に立ちえない音、すなわち言語学で特殊拍と呼ばれる弱い音です)。

また2+1の元号のほとんどが、明治や昭和のように〔強弱強〕(○○○)という構造を持つものです。

A、過去の元号は2+2と2+1の2種類で全体の9割強を占め、その大半が〔強弱強弱〕か〔強弱強〕というリズムを持っています。

このように過去の元号は初めから構造的な偏りを示しています。2+2が多いのは、音読み漢字の多くが1文字2拍であることによるもので、特に不思議な偏りではありません。つまり「和」のような1拍の漢字より「昭」のような2拍の漢字の方がはるかに多いのです。たとえば「国立国語研究所」という音読みの名前では、「国、立、国、研、究」の5つが2拍で、「語、所」の2つが1拍です。

注目すべきは長短(2+1)と短長(1+2)の差です。明治や昭和のような長短の元号があれば、治明や和昭のように短長の元号も同数あっておかしくないのですが、実際には両者の間に3倍強の開きがあります。

全体として2+2と2+1を好み、とりわけ〔強弱強弱〕と〔強弱強〕の2つのリズムを好むというのが、日本の元号の大きな特徴として浮かび上がります。

今回最終選考に残った6つの候補を見ても、令和、万和《ばんな》、広至《こうし》、久化《きゅうか》の4つが〔強弱強〕の長短リズム、英弘《えいこう》と万保《ばんぽう》の2つが〔強弱強弱〕の長長リズムであり、〔強強弱〕(つまり1+2の短長リズム)や〔強強〕(1+1の短短リズム)のものは皆無でした。

元号のもう一つの特徴は、過去160年間、上記の2種類の元号の現れ方に規則性が見出されるという事実です。文久《ぶんきゅう》(1861〜64年)から元治《げんじ》、慶応、明治、大正、昭和、平成と続く中で、長長(文久、慶応、大正、平成)と長短(元治、明治、昭和)の元号が、

二〇二三年度
土浦日本大学高等学校

【国語】（五〇分）〈満点：一〇〇点〉

一 次の各問いに答えなさい。

問1 次の傍線部のカタカナ部分を漢字に直した場合、「　」と同じ漢字を含むものをア～オから**一つ**選びなさい。

「ジョウキを逸する。」

ア 絶好のキカイを逃す。
イ 投げた球のキドウを測定する。
ウ 人生のキロに立つ。
エ コウキシンにかられる。
オ キカイ体操を習い始める。

問2 次の中で、漢字の読みとして正しくないものを**一つ**選びなさい。

ア 直訴（じきそ）　イ 幾重（いくえ）
ウ 境内（けいだい）　エ 為替（かわせ）
オ 官吏（かんし）

問3 次の慣用句の□に入る語が他と異なるものを**一つ**選びなさい。

ア □写真を描く　イ □菜に塩
ウ □筆を入れる　エ □天の霹靂《へきれき》
オ □二才

問4 次の四字熟語の□に正しく数字を当てはめ、その数を小さいものから順に並べ替えたとき、三番目に大きい数字が入るものを**一つ**選びなさい。

ア □面楚歌　イ □里霧中　ウ 四□時中
エ 二束□文　オ 四苦□苦

問5 次の中で、夏の季語が含まれている俳句を**一つ**選びなさい。

ア 目には青葉《あおば》山ほととぎす初鰹《はつがつお》
イ 草の戸も住み替《か》はる世ぞ雛《ひな》の家
ウ 化けそうな傘かす寺の時雨《しぐれ》かな
エ 菜の花や月は東に日は西に
オ 白露もこぼさぬ萩《はぎ》のうねりかな

問6 故事成語「白眉《はくび》」の意味として最も適当なものを**一つ**選びなさい。

ア 多くの中でも特に優れたもの。
イ めったに見られないほど珍しいもの。
ウ 質が悪くて頼りにならないもの。
エ 一つだけ他と違って異質なもの。
オ 真偽《しんぎ》不明で信用できないもの。

問7 次の中で、敬語の使い方として最も適当なものを**一つ**選びなさい。

ア 私は先日、かぜを召して病院に行きました。
イ 会長は控え室にいらっしゃられます。
ウ 部長はお菓子をおいしそうにいただきました。
エ 明日の朝、社長の家までお迎えに参ります。
オ 私は先生にお考えを申し上げました。

問8 日本銀行券に肖像《しょうぞう》として描かれた人物とその作品の組み合わせとして適当なものを次の中から**一つ**選びなさい。

ア 福沢諭吉《ふくざわゆきち》『浮雲』
イ 夏目漱石《なつめそうせき》『伊豆の踊子』
ウ 樋口一葉《ひぐちいちよう》『たけくらべ』
エ 紫式部《むらさきしきぶ》『枕草子』
オ 新渡戸稲造《にとべいなぞう》『雨月物語』

問9 次の傍線部の中から連体詞を**一つ**選びなさい。

ア 父は小さなことにこだわる人だ。
イ 当社は外国人も多く在籍している。
ウ もっとゆっくり食べてください。

英語解答

1 (1) 4　(2) 2　(3) 3　(4) 2
(5) 1　(6) (2)　(7) 2　(8) 1
(9) 2，7

2 (10) 2　(11) 1　(12) 3　(13) 4
(14) 2　(15) 2　(16) 2，3，6

3 (17) 3　(18) 4　(19) 1　(20) 4
(21) 1　(22) 2　(23) 4　(24) 4
(25) 1，4，6

4 (26) 2　(27) 2　(28) 4　(29) 4

5 (30) 1　(31) 4　(32) 4

6 (33) ②　(34) ①　(35) ④

7 (36) ①－⑤－③－⑥－④－②
(37) ⑤－②－①－⑥－④－③
(38) ②－⑥－③－①－⑤－④
(39) ②－①－④－③－⑥－⑤
(40) ⑥－③－②－⑤－④－①

8 (41) 2　(42) 3　(43) 4　(44) 1
(45) 4

〔学校発表解答〕

1〔長文読解総合―エッセー〕

≪全訳≫❶イングランドは訪問するのにおもしろい場所である。美しく古い家々や古城，あるいは興味深い博物館や美術館があるからというだけではない。そこに多くの幽霊がいるように感じることがあるからおもしろいのだ。田舎の小さな忘れられた村が完璧な例だ。そのような場所には人間よりも多くの幽霊がいたりする。かつて私が小さなイングランドの村で経験したことをお話ししよう。❷20年ほど前，私は休暇でイングランドに行った。ロンドンで数日過ごしたが，人混みと騒音のせいでリラックスできなかった。私はレンタカーを借りて田舎をドライブしてみることにした。計画はなかった。私はロンドンを流れるテムズ川に沿ってただ東に車を走らせた。❸最初の夜，テムズ川の横の小さな漁村に着いた。家は数軒しかなかったが，川べりに小さなパブを見つけ，一晩泊めてくれるよう頼んだ。それは何百年も前からそこにある，古くて興味深い建物だった。ドアは黒くて厚い木材でできており，窓は船の窓のように小さくて丸かった。大きな暖炉と，まるで永遠にそこにあるかのような小さなテーブルがたくさんあった。実際，パブの壁にはたくさんの名前と日付が黒い木材に刻まれていた。見えた範囲で一番古い日付は1688年だった！❹そこの主人は私に２階の部屋をあてがった。部屋は小さくて，巨大な古いベッドがあった。ベッドは，川からの冷気が入らないようにカーテンに囲まれていた。子どもたちが使うためにベッドの下から引っ張り出せる小さいベッドもあった。主人は私に，そのベッドは300年以上前のものらしいと話した。また，昔は，旅行者が知らない人と同じベッドを使わなければならないことも多かったと述べた。ありがたいことに，主人によると，私はよその人とベッドを共有する必要はなかった。でも，１人か２人の幽霊と一緒に寝なければならないかもしれないですね！　私は笑ったが，主人は急に真顔になった。❺その後，私は暖炉のそばに行って座った。このときまでに，パブは多くの地元の人々で大いににぎわっていた。客の多くは老人のようで，小さいグループに分かれて話しながら静かに飲んでいた。誰も私を気にとめないようだったので，私は１人で暖炉近くの隅に座って自分のビールを楽しんでいた。実際，私はそこに座って，こんなに興味深い地元の人々の集まりを眺めているのがとても楽しかった。❻突然，何かが私の足に触れた。見下ろすと，足のそばにとても大きくて太った黒猫が２匹いた。はじめ，彼らは私の足に体をこすりつけ，それから私の膝，そしてテーブルの上へと相次いで飛び乗った。私が頭をなでている間，彼らは満足そうに座っていた。数分後，一番大きい猫は私の空の皿をながめ，それから私の顔を見た。「⑤それをいっぱいにしろ！」と言いたいのだと私は思った。私も空の皿を見て，それから窓のそばの大きなテーブルに目をやった。そこには牛肉のほか，おいしそうな料理がたくさん載った大きな皿があった。私は自分の皿を取り上げ，大きなテーブルに向かった。❼私はそこで主人に迎えられ，彼は私に食べられるだけ食べるように言った。私は大きな肉を4切れと小さいじゃがいもを6つ皿に載せ，自分のテーブルに戻った。猫たちはそこで静かに待っており，私が腰を下ろして肉でいっぱいの皿を私たちの間に置くと，彼らの顔に笑みが浮かんだように見えた。すぐに主人がたっぷりのビールのお代わりを持ってきた。猫たちを見て彼は笑い，私が彼の一番のお得意さんたちであるドリンカーとスティンカーと友達になったのがうれしいと言った。彼が去った後，猫たちと私は古い暖炉の温もりの中で一緒に食事を楽しんだ。ようやく私は安らぎを見出した。❽その夜，私はベッドで眠っていた。突然，奇妙な音が聞こえた。それはドアがゆっくり開いたような音だった。幽霊か？　数秒後，誰かがベッドのカーテンをゆっくり動かしているように感じた。そのとき，主人がベッドの共有について話していたことを思い出した。本当に幽霊かもしれない！　不意にベッドが揺れた。ベッドの上，私の足元に何か重いものが座っていた。私は凍りついた！　本当に誰かが私のベッドにいたのだ！　数秒後，それはベッドの頭の方にゆっくり動き始めた。それは幼い子どものようで，私は昔，子どもたちがベッドの下で寝ていたことを思い出した。子どもの幽霊が私の顔に向かってベッドをゆっくり上ってくるのが感じられた。それはどんどん近づいてきたが，私は恐ろしすぎて叫ぶことができなかった。ゆっくりと，子どもの幽霊は厚い毛布に上り，私の胸の上に座った。重い幽霊だった！私がベッドを飛び出そうとしたちょうどそのとき，2つの温かく湿った鼻が私の顔に触れ，私の夕食の客2人，ドリンカーとスティンカーが優しくごろごろとのどを鳴らすのが聞こえた。彼らも夜を過ごすための暖かい場所を探していたのだ！❾私はその村で数日を過ごし，パブの一番の常連客であるドリンカー，スティンカーと毎晩，食事とベッドを共有したのだった(しかし，幽霊はいなかった！)。

(1)＜**要旨把握**＞「気味の悪い城」という記述はない。

(2)＜**文脈把握**＞下線部の直前で，ロンドンの人混みと騒音はリラックスさせてくれるものではなかったと述べている。relaxing は「くつろがせる，リラックスさせる」という意味の形容詞。

(3)＜**要旨把握**＞パブの特徴は，下線部の次の文からこの段落の最後にかけて説明されている。真新しい金属製のテーブルが部屋の中央に置いてあるという記述はない。

(4)＜**要旨把握**＞300年以上前につくられたのは部屋ではなく，ベッドである(第5文)。

(5)＜**適文選択**＞空っぽの皿を見ていた猫が言いたそうにしていると筆者が思った言葉を選ぶ。この後，筆者は皿を持って料理のある大テーブルに向かっている。

(6)＜**適所選択**＞the owner の直後に who を置くと，the owner を先行詞とする主格の関係代名詞としてはたらく。

(7)＜**英文解釈**＞froze は freeze「凍る」の過去形(freeze－froze－frozen)。いるはずのない何者かがベッドにいることを感じて怖くて動けなかったということ。単語の意味を知らなくても文脈から推測できる。

(8)＜**適語選択**＞'too ～ to …'「～すぎて…できない」の形。scared は「おびえた，怖い」という意味。

(9)＜**内容真偽**＞1．「パブには犬が2匹いた」…×　犬ではなく猫がいた。　2．「筆者はイングランドを観光で訪れた」…○　第2段落第1文の内容に一致する。　holiday「休み，休暇」　3．「イングランドの田舎には幽霊はほとんどいない」…×　第1段落第3～5文参照。　4．「黒い木材に刻まれた唯一の日付は1688年だった」…×　第3段落終わりから2文目参照。他にも多くの日付が刻まれていた。　5．「筆者はベッドで2人の恐ろしい幽霊に襲われた」…×　第8段落終わりから2文目参照。ベッドに乗ってきたのは2匹の猫だった。　6．「筆者は見知らぬ人と同じ部屋を使わなければならなかった」…×　第4段落終わりから3文目参照。 thankfully「ありがたいことに」　7.「筆者は古いパブで夕食とベッドを2匹の猫と共有した」…○　最終段落の内容に一致する。

2〔長文読解総合―説明文〕

≪全訳≫❶日本で暮らすアメリカ人として私が気づいたことの1つは，鳥がいないことである。アメリカでは，うちの庭で毎日色とりどりの鳥がたくさんさえずっていた。私たちはそれにエサをやり，まもなく，うちの庭に来るさまざまな種類の多くの鳥たちを数えるのが難しくなった。青，赤，黄色，緑，茶色の鳥がいた。しかし，うちの庭で見かけない色が黒だった。ゴミを奪い合って争うカラスはうちの近所にはいなかった。日本では違う。毎朝，カラスがゴミをあさり，道路一面にまき散らしているのを目にする。カラスは常に誰かのゴミ袋から食べ物を手に入れる方法を見つけるようだ。❷しかし，スウェーデンのある市では，道路を汚すのではなくきれいにする方法をカラスに教えるやり方を見つけた。どのようにしたのだろうか。実は，セーデルテリエ市はたばこの吸い殻を道路に捨てる人々で困っていた。実際，路上で見つかるゴミを調べると62%が吸い殻だった。そして吸い殻は小さいので，道路清掃機で集めるのは難しい。ほとんどが雨水によって海に運ばれてしまう。これは，吸い殻が，それをエサだと思った魚に食べられてしまうということだ。吸い殻に含まれる化学物質は有毒で，それを食べたかわいそうな魚を毒で汚染してしまう。もし私たちがその同じ魚を食べたら，私たちも毒で汚染される。たばこの吸い殻は人間にも他の動物にも有害なのだ。❸セーデルテリエ市の役所は吸い殻を集めるより良い方法を探すことにした。役所は地元の人々からアイデアを募った。クリスチャン・ギュンター・ハンセンという男性が，いい考えがあると思った。クリスチャンはカラスが好きで，近所のカラスの行動をしばしば観察していた。カラスは7歳の人間と同じように考えて行動することにクリスチャンは気づいた。まるで子どものように，カラスは食べ物をもらうのが好きだ。カラスにエサを与えたら，カラスはあなたのことを覚えるだろう。毎日同じ時間にカラスにエサを与えれば，カラスはあなたのことを信用するようになる。エサのお返しに，カラスはゴミのような小さな物を人間の友達への「贈り物」として持ってくることもある。クリスチャンは，近所のカラスがよく吸い殻を彼のところに持ってくることに気づいた。このカラスの不思議な行動で吸い殻問題を解決できるだろうか。❹クリスチャンはある実験をしてみることにした。彼は小さな箱をこしらえた。右側はカラスが贈り物を落とす場所だった。左側は開けてカラスにエサを与える小さな引き出しだった。もしカラスが右側にゴミを落とすと，クリスチャンは左側を1回開けて，カラスはエサを少しもらえた。もしカラスが右側に吸い殻を落とせば，クリスチャンは左側のドアを2回開けて，カラスは2倍のエサをもらえた。カラスたちはすぐに，吸い殻の方がお返しにエサがたくさんもらえ，普通のゴミだともらえるエサが少ないことを学習した。まもなく，カラスは他の近隣からもやってきてお返しのエサを求めて吸い殻を落とすようになった。彼のアイデアはうまくいったのだ。❺クリスチャンは彼のカラス箱を役所に見せた。役所はクリスチャンに，市内のカラスと吸い殻の多い他の場所で，彼のカラス箱を試すように求めた。まもなくクリスチャンは，市の中心部のカラスに吸い殻を集めさせた。カラスたちは最初用心深かったが，エサをもらうためには吸い殻を見つける必要があることをすぐに学習した。最も興味深かったのは，カラスたちがただでエサをもらう方法を互いに教え合ったことかもしれない。❻現在，クリスチャンは人の手を必要としないカラス箱をつくり出した。カラスは無頓着な喫煙者が生み出した問題の解決に役立っている。同じことを日本でもやってみたらどうだろうか。多くの無頓着な喫煙者と多くの賢いカラスがいるのだから。

(10)＜要旨把握＞第5，6文参照。筆者はアメリカでカラスを見かけなかった。

(11)＜適語選択＞直前の2文では，カラスが道路上にゴミを散らかすことについて述べられているのに対し，空所の後ではカラスが道路をきれいにするという反対の内容になっているので，However「しかしながら」を選ぶ。　instead of ～「～の代わりに」

⑿＜**適語選択**＞直前に「カラスは7歳の人間と同じように考えて行動する」とあるので，「子どものように，食べ物をもらうのが好き」とする。ここでの like は前置詞で「～のように」という意味。

⒀＜**指示語**＞直前の文参照。　strange「不思議な，奇妙な」　behavior「行動」

⒁＜**適語選択**＞第4段落第3，4文参照。カラスが物を落とすのは箱の右側，クリスチャンが開けてエサを与える引き出しは箱の左側である。

⒂＜**適語選択**＞直前の2文から，カラスが吸い殻を箱に落とせば普通のゴミのときの2倍のエサがもらえたことがわかる。　‘twice as much ～ (as …)’「(…の) 2倍の量の～」

⒃＜**内容真偽**＞1.「エサをもらったら，カラスはあなたを忘れるだろう」…×　第3段落第7文参照。カラスはエサをくれた人を覚える。　2.「カラスたちはただでエサをもらう方法を他のカラスに教えた」…○　第5段落最終文の内容に一致する。　3.「吸い殻は自然環境に良くない」…○　第2段落終わりの3文の内容に一致する。　4.「クリスチャン・ギュンター・ハンセンは，自分のカラス箱を日本に紹介した」…×　そのような記述はない。　5.「吸い殻を集めるのは道路清掃機にとって困難ではない」…×　第2段落第5文参照。　‘It is ～ for … to ―’「…が〔…にとって〕―することは～だ」　6.「セーデルテリエでは，道路上のゴミの60％以上が吸い殻だった」…○　第2段落第4文の内容に一致する。　7.「クリスチャン・ギュンター・ハンセンはカラスが好きではなかったので，カラスの研究をしたくなかった」…×　第3段落第4文参照。

3　〔**長文読解総合―会話文**〕

≪**全訳**≫❶(学校のリーディングの授業で)❷**スージー(S)**：スミス先生，なぜこの男の人は名前の後に「Ⅷ」という文字がついているのですか？　これはどういう意味ですか？❸**スミス先生(Mr)**：いい質問だね，スージー。それは実は文字ではなく，ローマ数字なんだ。「Ⅴ」は5を表すローマの記号で，「Ⅲ」は3を表す記号だ。合わせると「8」になる。❹**S**：ということは，ヘンリー8番ですか？❺**Mr**：いや，そうじゃない。正しい言い方は「ヘンリー8世」だよ。❻**ヨウジ(Y)**：でもそれはどういう意味ですか？❼**Mr**：彼の前にヘンリーという名前の王が7人いて，彼が8人目になったということだよ。ヘンリー8世は500年ほど前のイングランドの重要な王だ。彼の本当の名前はヘンリー・チューダー。1491年に生まれた。❽**S**：なぜ彼について勉強するのですか？　私にはすごく退屈に思えます。❾**Mr**：おや，6人の妻がいた王が退屈かい？　彼は2回離婚し，2人を処刑し，1人は死に，1人が生き延びた。❿**S**：何ですって？　妻が6人？　その中の2人を殺した？　もっと教えてください，スミス先生！⓫**Mr**：そうだね，長い話になるが，始まりはヘンリーの兄，アーサーだった。いずれ父親が死んだら，彼はアーサー王になるはずだった。当時，王が死ぬとすぐにその長男が王になったんだ。⓬**Y**：待ってください，ではアーサーのお父さんはヘンリー7世ですよね？　彼はヘンリーという名の7人目の王様だったんですね？⓭**Mr**：そう，そのとおり。アーサーは次の王になるはずだったが，彼は運が悪かった。それは悲しい話だ。⓮**S**：④彼に何があったんですか？⓯**Mr**：アーサーはスペインの王女と結婚するように命じられた。彼女の名前はキャサリン・オブ・アラゴンといった。彼女はとても美しく，とても賢かった。2人は1501年に結婚したが，そのとき彼は15歳，キャサリンは16歳だった。⓰**Y**：なら，彼はラッキーですね！⓱**Mr**：そうじゃないんだ。実は，わずか数か月をキャサリンと過ごしたところで彼は病気になって死んでしまったんだ。たった15歳だった。⓲**S**：本当ですか？　それは悲しいですね。アーサーは若くして死に，王にはならなかった。それで，次はどうなったのですか？

19Mr：アーサーの死から８年後，1509年４月21日にヘンリー７世が死んで，弟のヘンリーが王になった。20Y：つまり，1509年にアーサーの弟がイングランド王ヘンリー８世になったのですね？21Mr：そう，そのとおり。そして，彼はキャサリン・オブ・アラゴンと結婚するように命じられた。1509年の６月11日に彼らは結婚した。ヘンリーはまだ17歳だった。22Y：彼らに子どもはいたのですか？23Mr：うん，メアリーという女の子がいた。でもキャサリンが男の子を産まなかったため，ヘンリーは腹を立てた。1533年，結婚後24年で，彼は彼女と離婚した。24S：気の毒なキャサリン！　次は何が起こったのですか？25Mr：同じ年，ヘンリーは次の妻，アン・ブーリンと結婚した。彼女は若くて美しかった。26Y：彼女はヘンリーに男の子を与えることができたのですか？27Mr：いや，女の子１人だけで，エリザベスと名づけられた。1536年にヘンリーはアンを処刑した。28S：まあ！　⑥息子を産めなかったというだけで彼女は殺されたのですか？29Mr：そうだよ，そしてその数日後，ヘンリーは３人目の妻，ジェーン・シーモアと結婚した。1537年，彼女はすぐにエドワードと名づけられた息子を産んだ。しかし，彼女は数日後に死んでしまった。でもヘンリーは息子を持つことができ，そしてそれこそが彼が最も望んでいたことだった。30Y：では，あと３人の妻が残っています。彼女たちはどうなったのですか？31Mr：うん，1540年の１月に，彼はドイツの王女アン・オブ・クレーブズと結婚した。彼らは会ったことがなかったが，ヘンリーは友人たちから彼女は美しいと聞いていた。ところが，ヘンリーは彼女を美しいと思わず，数日後に彼女と離婚した。32S：わかりました，妻はまだあと２人います。33Mr：次の妻は若くて愚かだった。彼女の名前はキャサリン・ハワード。彼女は16歳で美しい緑の目と赤い髪をしていた。1540年の７月にヘンリーは彼女と結婚した。しかしヘンリーは年を取って太っており，キャサリンは多くの若い男たちにとても人気があった。ヘンリーは非常に腹を立てた。1542年に彼はキャサリンを処刑した。彼女の一生はとても短かった。たった17歳だったんだ。34S：それで，あと１人の妻は…35Mr：うん，彼女の名前はキャサリン・パーといった。彼女はヘンリーと1543年に結婚した。彼女は31歳だった。ヘンリーは52歳だった。36Y：彼は彼女も殺したのですか？37Mr：いや，ヘンリーは健康状態が悪かった。彼は1547年に死んだ。38S：では，離婚，処刑，死亡，離婚，処刑，生き延びた，これで合ってますか？39Mr：そう，そのとおりだよ。40S：ありがとうございます，スミス先生！　今はもっと歴史を読みたくなってきました！

(17)＜**適語選択**＞「Ⅲ」が表す数が入る。次の文に「Ⅴ」（＝５）と合わせて「８」になるとある。

(18)＜**適語選択**＞ヘンリー８世が８人目なので，その前に７人いたことになる。

(19)＜**適語選択**＞直後の文に「アーサー王になるはずだった」とある。

(20)＜**適文選択**＞直前でスミス先生が「それは悲しい話だ」と発言し，空所の後でその内容を具体的に話していることから，スージーはアーサーに何が起きたのか，話の詳細を尋ねたとわかる。

(21)＜**英問英答**＞「アーサーの話はなぜ悲しいのか」―１．「アーサーは妻と一緒に長く生きられなかった」　第17段落参照。病気になって15歳で死ぬまで数か月しか一緒に過ごせなかった。

(22)＜**適語選択**＞アーサーが死んだとき，父のヘンリー７世はまだ生きているので，アーサーは王にならなかった。空所の後が動詞の過去形になっていることに着目する。never は動詞の前に置いて「決して～ない」という強い否定を表す。

(23)＜**適文選択**＞直前のスミス先生の発言内容から，男の子を産めなかったことが処刑の理由だとわかる。

(24)＜**適語選択**＞ここでスージーは，ヘンリー８世の６人の妻がどうなったかを順に述べている。最後の妻はヘンリー８世が死んだ時点で生きていたので，survived「生き延びた」となる。

(25)＜**内容真偽**＞１…×　第20，21段落参照。王位についたのはアーサーの弟ヘンリー。　２…○

第15，17，21段落の内容に一致する。　3…○　第23段落最終文の内容に一致する。　4…×　第27段落参照。「娘と共に」という記述はない。　5…○　第29段落第1，2文の内容に一致する。　6…×　第29，31段落参照。同じ年ではない。　7…○　第31段落第1，2文の内容に一致する。　8…○　第33段落第4～7文の内容に一致する。

4〔内容一致・英問英答─広告を見て答える問題〕

≪全訳≫

感謝セール！！
当店が開店して3年がたちました！
2023年1月，感謝を込めて特別セールを開催します。

セール品と日取り
①1月1日～1月7日
オリジナルミルクプリンの通常価格は1個4ドル。感謝セール価格：2ドル
②1月8日～1月15日
ドーナツの通常価格は1個2ドル。感謝セール価格：1ドル
ドーナツは12種類ございます！
5ダース以上お買い求めの際は少なくともご来店の1時間前にお電話ください。
③1月16日～1月23日
チーズケーキの通常価格は1ピース6ドル。感謝セール価格：5ドル
ホール1台(8ピース)より多くお買い求めの際は，少なくとも1日前にお電話ください。
ホール2台お買い求めの場合は10％割引になります！
④1月24日～1月31日
カップケーキの通常価格は1個3ドル。感謝セール価格：1ドル
チョコレート，イチゴ，ココナッツ，バナナ，コーヒーの5種類がございます。
☆特別セール期間にお買い物された場合，2023年2月に使える特別20％割引のチケットを差し上げます！

ケーキショップさくら
住所：茨城県土浦市日大通り1－0－1
(申し訳ありませんが，駐車場はございません)
電話：000-111-222
ウェブサイト：www.cakeshop-sakura.com.jp
毎日10時から18時まで営業

＜解説＞㉖「このセールは(　)開催される」─2．「ケーキ店が3周年を迎えるため」　広告の冒頭部分参照。‘It has been＋期間＋since ～’「～から〈期間〉が過ぎた〔たつ〕」　㉗「もしあなたが1月21日の土曜日にチーズケーキを16ピース買うなら，(　)払う必要がある」─2．「72ドル」　広告の③から，1月21日はチーズケーキが1ピース5ドルである。さらに16ピースはホール2台に当たるので10％割引になる。　㉘「特別20％割引チケットについて正しいものはどれか」─4．「セール中に何かを買えばもらえる」　☆の文より，セール期間中に買い物をすれば2月に使えるチケットがもらえることがわかる。　㉙「この広告から(　)ことがわかる」─4．「チーズケーキのホール1台より，ドーナツを1ダース買う方が安い」　ドーナツ1ダースは通常価格でも24ドル，チーズケーキのホール1台(＝8ピース)はセール価格でも40ドル。

5〔単語の意味〕

㉚「大統領は裕福な家庭の出身ではない」　well-off「裕福な」　precious「貴重な」

㉛「パクテンは世界に約14万人の従業員を抱える会社である」　staff は集合的に「従業員」を意味する。同様の意味を表すのは employees。

㉜「ジョニーは日本の歴史に興味がある」　interested in ～「～に興味がある」に近いのは curious about ～「～に好奇心がある」。

6〔誤文訂正〕

(33)助動詞 will の直後なので形容詞の sharp「鋭い」は不適切。動詞の原形 sharpen「～をとぐ，鋭くする」とする。 「あなたのネコをしつけないと，家具で爪をとぐでしょう」

(34)‘条件’や‘時’を表す副詞節(if や when で始まる副詞のはたらきをする節)では未来のことでも現在形で表すため，it <u>is</u> sunny とするのが正しい。 「もし明日晴れたら，私たちは土浦駅から学校まで歩きます」

(35)have a problem <u>with</u> ～で「～に問題がある，～のことで困る」。 「エイミーが安いホテルに泊まったとき，部屋のことで困った」

7〔整序結合〕

(36)the name of the tree とまとめて What is の後に続け「その木の名前は何ですか」という疑問文をつくる。残りは that を目的格の関係代名詞として that Japan gave とまとめ，先行詞となる the tree の後ろに置く。 What is the name of the tree that Japan gave to Washington D.C. in 1912 ?「日本が1912年にワシントンに贈った木の名前は何ですか」

(37)Kenta doesn't know「ケンタはわからない」とし，know の目的語を‘疑問詞＋主語＋動詞…’の間接疑問の形で，what his baby will do とまとめる。 Kenta doesn't know what his baby will do next.「ケンタは自分の赤ちゃんが次に何をするかわからない」

(38)have/has been ～ing の形で「(…から)ずっと～している」という現在完了進行形の文にする。‘～ing’の部分には enjoying を当てはめて enjoy ～ing「～することを楽しむ」の形をつくり，残りは‘since＋主語＋動詞…’「～が…して以来」の形にまとめる。 Mike has been enjoying playing basketball since he came to Japan.「マイクは日本に来てからずっとバスケットボールをするのを楽しんでいる」

(39)Do you know the woman ?「女性を知っていますか」が文の骨組み。「女性」を修飾する「彼と話している」は，who を主格の関係代名詞として，who is talking with him とまとめ，woman の後に続ける。 Do you know the woman who is talking with him over there ?

(40)「アメリカに住んでいる」を‘have/has＋過去分詞’の現在完了形で表した後，接続詞 but を使って「青森出身だ(←青森で育った)」という文をつなぐ。 grow up「成長する」 Our science teacher has lived in the U.S. but he grew up in Aomori.

8〔語形変化・適語(句)選択〕

(41)practice は「～すること」という意味の目的語に to不定詞ではなく動名詞(～ing)をとる。practice のほかに to不定詞ではなく動名詞を目的語にとる動詞として enjoy，finish，stop などがある。 「私はよくお風呂で好きな歌を歌う練習をする」

(42)‘ask ～ to …’で「～に…するよう頼む」を表す。 「先生は私にクラスの前でスピーチをしてほしいと言った」

(43)助動詞のある受け身形(‘助動詞＋be＋過去分詞＋by ～’)の疑問文である。 「教室はいつ生徒たちによって掃除されますか」

(44)‘make＋目的語＋形容詞’「～を…(の状態)にする」の形。made me sleepy で「私を眠くさせた」となる。 「昨日買った漫画は退屈で，私は眠くなった」

(45)Why don't we ～？で「～しませんか，～しましょう」という‘提案’の表現になる。 「新入生たちのために歓迎会を開きましょう」

数学解答

1 (1) ア…1　イ…2
(2) ウ…7　エ…3
(3) オ…1　カ…3　キ…3　ク…8
(4) ケ…3　コ…9　(5) ⓪，②

2 (1) ア…2　イ…5　ウ…5
(2) エ…2　オ…3　カ…2　キ…9
(3) ク…3　ケ…5

3 (1) 8　(2) イ…4　ウ…4　エ…0
(3) オ…1　カ…5　キ…4

4 (1) ア…1　イ…4
(2) ウ…3　エ…2　オ…4　カ…8
キ…1　ク…6
(3) ケ…3　コ…4

5 (1) ア…2　イ…3
(2) ウ…4　エ…2　オ…3
(3) カ…8　キ…9

〔学校発表解答〕

1〔独立小問集合題〕

(1)＜**数の計算**＞与式 $=\frac{2}{3}+\frac{9}{16}\div\left(-\frac{3}{2}\right)^3=\frac{2}{3}+\frac{9}{16}\div\left(-\frac{27}{8}\right)=\frac{2}{3}+\frac{9}{16}\times\left(-\frac{8}{27}\right)=\frac{2}{3}+\left(-\frac{1}{6}\right)=\frac{4}{6}-\frac{1}{6}=\frac{3}{6}=\frac{1}{2}$

(2)＜**数の計算**＞与式 $=\sqrt{5^2\times3}-\frac{3\times\sqrt{3}}{\sqrt{3}\times\sqrt{3}}+\sqrt{3^2\times3}=5\sqrt{3}-\frac{3\sqrt{3}}{3}+3\sqrt{3}=5\sqrt{3}-\sqrt{3}+3\sqrt{3}=7\sqrt{3}$

(3)＜**二次方程式**＞$4x^2-x-2=0$ として，解の公式を用いると，$x=\frac{-(-1)\pm\sqrt{(-1)^2-4\times4\times(-2)}}{2\times4}=\frac{1\pm\sqrt{33}}{8}$ となる。

(4)＜**データの活用―中央値**＞生徒 6 人の得点なので，中央値は，得点を小さい順に並べたときの 3 番目と 4 番目の平均値となる。生徒 6 人の得点は，小さい順に，20，33，37，41，42，49となり，3 番目が37点，4 番目が41点だから，その平均値が$(37+41)\div2=39$(点)より，中央値は39点である。

(5)＜**正誤問題**＞⓪…正。$7=\sqrt{49}$，$8=\sqrt{64}$ だから，$\sqrt{49}<\sqrt{50}<\sqrt{64}$ より，$7<\sqrt{50}<8$ であり，$\sqrt{50}$は 7 より大きく 8 より小さい。　①…誤。正四面体は，右図 1 のように，正三角形 4 個で囲まれた立体である。　②…正。右図 2 で，おうぎ形の中心角を x とすると，おうぎ形の面積 S は，$S=\pi r^2\times\frac{x}{360°}$ と表せる。また，弧の長さ l は，$l=2\pi r\times\frac{x}{360°}$ と表せ，これより，$\frac{x}{360°}=\frac{l}{2\pi r}$ となる。よって，$S=\pi r^2\times\frac{l}{2\pi r}$ となり，$S=\frac{1}{2}lr$ である。

図 1

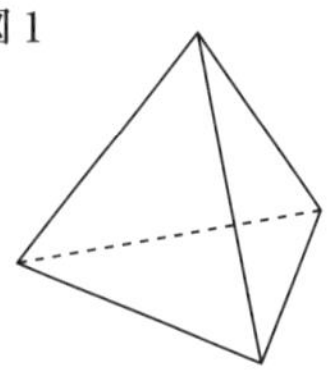

図 2

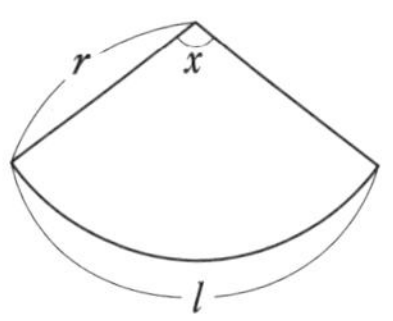

③…誤。右図 3 で，$a>0$ のとき，関数 $y=ax^2$ のグラフは上に開く放物線で，a の値を大きくすると，グラフは y 軸に近づくので，開き方は小さくなる。また，右図 4 で，$a<0$ のとき，関数 $y=ax^2$ のグラフは下に開く放物線で，a の値を小さくすると，グラフは y 軸に近づくので，開き方は小さくなる。つまり，$a>0$，$a<0$ において，a の絶対値が大きくなると，グラフの開き方は小さくなる。

図 3（$a>0$）

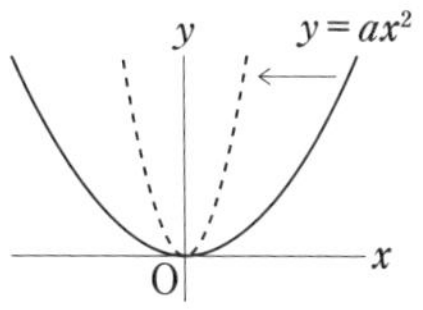

図 4（$a<0$）

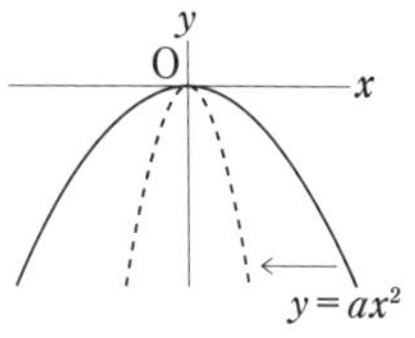

2〔独立小問集合題〕

(1)＜**数量の計算**＞電子レンジで弁当を温めるときの加熱時間は，電子レンジの出力に反比例するので，出力を，500ワットから600ワットに $\frac{600}{500}=\frac{6}{5}$(倍)にすると，加熱時間は $\frac{5}{6}$ 倍となる。500ワットのときの加熱時間が3分30秒，つまり $60\times3+30=210$(秒)だから，600ワットのときの加熱時間は，$210\times\frac{5}{6}=175$(秒)となる。$175\div60=2$ あまり55より，求める加熱時間は，2分55秒である。

(2)＜**確率―数字の玉**＞袋の中に3個の玉が入っているので，この中から玉を1個取り出すときの取り出し方は3通りあり，取り出した玉を袋に戻すので，2回目，3回目の取り出し方も3通りある。よって，操作を3回行ったときの玉の取り出し方は全部で $3\times3\times3=27$(通り)あり，3けたの整数も27通りつくれる。このうち，奇数となるのは，3回目に奇数の玉を取り出すときである。このとき，1回目，2回目の取り出し方は3通り，3回目の取り出し方は①，③の2通りより，$3\times3\times2=18$(通り)となるから，その確率は $\frac{18}{27}=\frac{2}{3}$ である。また，4の倍数となるのは，112，132，212，232，312，332となる6通りだから，その確率は $\frac{6}{27}=\frac{2}{9}$ である。

(3)＜**平面図形―長さ**＞右図で，線分ACと線分BDの交点をEとする。$\mathrm{AB}=\mathrm{AC}=15$，$\angle\mathrm{BAE}=\angle\mathrm{CAD}$ であり，$\overset{\frown}{\mathrm{AD}}$ に対する円周角より $\angle\mathrm{ABE}=\angle\mathrm{ACD}$ だから，$\triangle\mathrm{ABE}\equiv\triangle\mathrm{ACD}$ である。これより，$\mathrm{AE}=\mathrm{AD}=12$ となり，$\mathrm{CE}=\mathrm{AC}-\mathrm{AE}=15-12=3$ となる。また，$\overset{\frown}{\mathrm{BC}}$ に対する円周角より，$\angle\mathrm{BAC}=\angle\mathrm{CDE}$ だから，これと $\angle\mathrm{BAC}=\angle\mathrm{CAD}$ より，$\angle\mathrm{CAD}=\angle\mathrm{CDE}$ である。さらに，$\angle\mathrm{ACD}=\angle\mathrm{DCE}$ だから，$\triangle\mathrm{ACD}\backsim\triangle\mathrm{DCE}$ となる。よって，CA：CD＝CD：CE だから，15：CD＝CD：3 が成り立ち，$\mathrm{CD}^2=15\times3$，$\mathrm{CD}=\pm3\sqrt{5}$ となる。$\mathrm{CD}>0$ より，$\mathrm{CD}=3\sqrt{5}$ である。

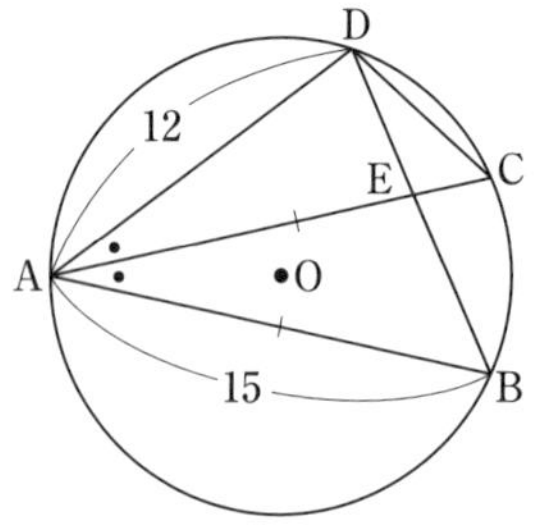

3〔**数と式―連立方程式の応用**〕

≪基本方針の決定≫(1) すれ違った地点はA地点とC地点の間である。　(2) 田村君が，B地点を出発してからすれ違うまでにかかった時間を，x，y を用いて表してみよう。

(1)＜**距離**＞$x>y$ より，BC間の距離はAC間の距離より短い。また，佐藤君はA地点，田村君はB地点を同時に出発し，ともにC地点まで時速20kmの速さで自転車で行くので，C地点に着くのは田村君の方が早い。よって，2人がすれ違ったのはA地点とC地点の間である。A地点からすれ違った地点まで，佐藤君は自転車で行き，出発してから24分後にすれ違っているので，このとき佐藤君が自転車で走った距離は $20\times\frac{24}{60}=8$(km)であり，すれ違った地点は，A地点から東に8kmの地点である。

(2)＜**関係式**＞AC間の距離が x kmで，(1)より，A地点から2人がすれ違った地点までの距離は8kmだから，C地点からすれ違った地点までの距離は $x-8$kmである。田村君は，B地点からC地点までの y kmを時速20kmの自転車で，C地点からすれ違った地点までの $x-8$kmを時速5kmの速さで歩いて行き，出発してから24分後にすれ違ったので，B地点からすれ違った地点までにかかった時間について，$\frac{y}{20}+\frac{x-8}{5}=\frac{24}{60}$ が成り立つ。これより，$y+4(x-8)=8$，$y+4x-32=8$，$4x+y=40$……①となる。

(3)＜**距離**＞佐藤君は，A地点からC地点までの x kmを時速20kmの自転車で，C地点からB地点までの y kmを時速5kmの速さで歩いて行ったので，A地点からB地点までにかかった時間は，$\frac{x}{20}$

$+\dfrac{y}{5}$時間と表せる。同様に考えて，田村君がB地点からA地点までにかかった時間は，$\dfrac{y}{20}+\dfrac{x}{5}$時間と表せる。佐藤君がB地点に到着するのは，田村君がA地点に到着するより9分早いので，佐藤君のかかった時間は田村君のかかった時間より9分短い。よって，$\dfrac{x}{20}+\dfrac{y}{5}=\dfrac{y}{20}+\dfrac{x}{5}-\dfrac{9}{60}$が成り立ち，$x+4y=y+4x-3$，$-3x+3y=-3$，$x-y=1$……②となる。(2)の①と，②を連立方程式として解くと，①+②より，$4x+x=40+1$，$5x=41$，$x=\dfrac{41}{5}$となり，これを②に代入して，$\dfrac{41}{5}-y=1$，$y=\dfrac{36}{5}$となるので，AB間の距離は，$x+y=\dfrac{41}{5}+\dfrac{36}{5}=\dfrac{77}{5}=15.4$(km)である。

4〔**関数─関数 $y=ax^2$ と一次関数のグラフ**〕

≪**基本方針の決定**≫(2)　AB：AD＝3：2より，直線②の傾きがわかる。　(3)　点Pのy座標を文字でおき，その文字を使って△ACPの面積を表す。

(1)＜**比例定数**＞右図で，A(2, 1)は関数$y=ax^2$のグラフ上にあるので，$x=2$，$y=1$を代入して，$1=a\times2^2$より，$a=\dfrac{1}{4}$である。

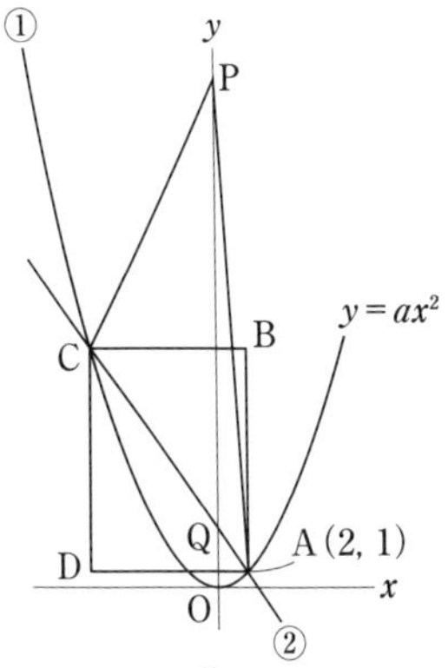

(2)＜**直線の式，座標**＞右図において，四角形ABCDが長方形で，AB：AD＝3：2だから，AB：BC＝3：2である。辺ABがy軸に平行だから，辺BCはx軸に平行であり，直線②の傾きは$-\dfrac{AB}{BC}=-\dfrac{3}{2}$となる。直線②の式を$y=-\dfrac{3}{2}x+b$とおくと，A(2, 1)を通るので，$1=-\dfrac{3}{2}\times2+b$より，$b=4$となる。よって，直線②の式は$y=-\dfrac{3}{2}x+4$である。(1)より，①のグラフの式は$y=\dfrac{1}{4}x^2$だから，点Cは，関数$y=\dfrac{1}{4}x^2$のグラフと直線$y=-\dfrac{3}{2}x+4$の交点である。この2式より，$\dfrac{1}{4}x^2=-\dfrac{3}{2}x+4$，$x^2+6x-16=0$，$(x-2)(x+8)=0$となり，$x=2$，$-8$となるから，点Cの$x$座標は$-8$である。$y$座標は$y=\dfrac{1}{4}\times(-8)^2=16$となるので，C$(-8,\ 16)$である。

(3)＜**座標**＞右上図で，四角形ABCDは長方形であり，A(2, 1)，C$(-8,\ 16)$より，AD＝$2-(-8)=10$，AB＝$16-1=15$だから，〔四角形ABCD〕＝AD×AB＝$10\times15=150$である。よって，△ACP＝〔四角形ABCD〕＝150である。次に，直線②とy軸の交点をQとし，P$(0,\ t)$とおく。(2)より，直線②の切片は4だから，Q(0, 4)であり，PQ＝$t-4$となる。PQを底辺と見ると，点Aのx座標が2，点Cのx座標が-8より，△APQの高さは2，△CPQの高さは8となり，△ACP＝△APQ＋△CPQ＝$\dfrac{1}{2}\times(t-4)\times2+\dfrac{1}{2}\times(t-4)\times8=5t-20$と表せる。したがって，$5t-20=150$が成り立つ。これより，$5t=170$，$t=34$となるので，P(0, 34)である。

5〔**空間図形─立方体**〕

≪**基本方針の決定**≫(2)　△AFIと△AGFに着目する。　(3)　三角錐M-AFIと四面体MAGFの体積比を考える。

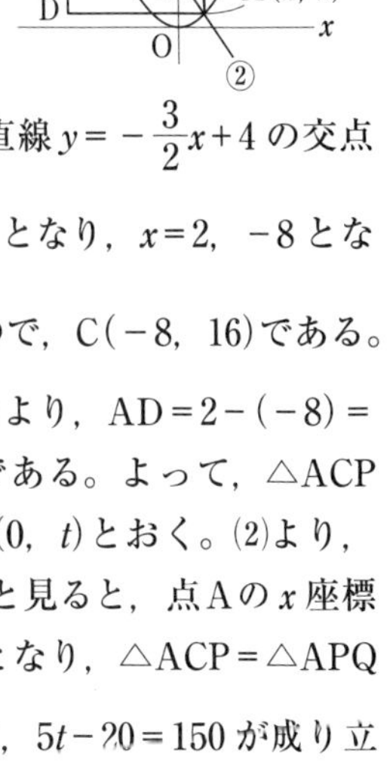

(1)＜**長さ─三平方の定理**＞右図で，立体ABCD-EFGHが立方体より，FG⊥〔面AEFB〕だから，∠AFG＝90°である。よって，△AGFで三平方の定理より，AG＝$\sqrt{AF^2+FG^2}$である。四角形AEFBは正方形だから，△AEFは直角二等辺三角形であり，AF＝$\sqrt{2}$AE＝$\sqrt{2}\times2=2\sqrt{2}$である。

よって，$AG=\sqrt{(2\sqrt{2})^2+2^2}=\sqrt{12}=2\sqrt{3}$ となる。

(2)＜**面積—相似**＞前ページの図で，$\angle AIF=\angle AFG=90°$，$\angle IAF=\angle FAG$ より，$\triangle AFI \backsim \triangle AGF$ である。(1)より，相似比は $AF:AG=2\sqrt{2}:2\sqrt{3}=\sqrt{2}:\sqrt{3}$ だから，面積比は，相似比の2乗より，$\triangle AFI:\triangle AGF=(\sqrt{2})^2:(\sqrt{3})^2=2:3$ である。よって，$\triangle AFI=\frac{2}{3}\triangle AGF$ となる。$\triangle AGF=\frac{1}{2}\times AF\times FG=\frac{1}{2}\times 2\sqrt{2}\times 2=2\sqrt{2}$ なので，$\triangle AFI=\frac{2}{3}\times 2\sqrt{2}=\frac{4\sqrt{2}}{3}$ となる。

(3)＜**体積**＞前ページの図で，三角錐 M-AFI と四面体 MAGF は，底面をそれぞれ△AFI，△AGF と見ると，高さが等しい三角錐である。よって，体積の比は底面積の比と等しくなるので，(2)より，〔三角錐 M-AFI〕：〔四面体 MAGF〕＝△AFI：△AGF＝2：3 であり，〔三角錐 M-AFI〕$=\frac{2}{3}$〔四面体 MAGF〕となる。四面体 MAGF は，底面を△MFG，高さを AB＝2 とする三角錐と見ることもできるので，〔四面体 MAGF〕$=\frac{1}{3}\times\triangle MFG\times AB=\frac{1}{3}\times\left(\frac{1}{2}\times 2\times 2\right)\times 2=\frac{4}{3}$ である。したがって，〔三角錐 M-AFI〕$=\frac{2}{3}\times\frac{4}{3}=\frac{8}{9}$ となる。

＝読者へのメッセージ＝

関数 $y=ax^2$ のグラフは放物線です。放物線は，英語でパラボラ(parabola)といいます。パラボラアンテナは放物線の形を利用してつくられています。

社会解答

1 (1) ③　(2) ②　(3) ②　(4) ③
(5) ②　(6) ④　(7) ②　(8) ①
(9) ②　(10) ③

2 (1) ⑧　(2) ①　(3) ④　(4) ③
(5) ①，②　(6) ④　(7) ③
(8) ②　(9) ④　(10) ①

3 (1) ②　(2) ③　(3) ⑥　(4) ③
(5) ③　(6) ④　(7) ②　(8) ①
(9) ②　(10) ③

4 (1) ①　(2) ③　(3) ④　(4) ④
(5) ④　(6) ②

5 (1) ③　(2) ④　(3) ④　(4) ③

6 (1) ①　(2) ①　(3) ②　(4) ③
(5) ①　(6) ③　(7) ④　(8) ③
(9) ②　(10) ③

〔学校発表解答〕

1 〔三分野総合―小問集合問題〕

(1)＜**五・四運動**＞第一次世界大戦後，中国は，日本の二十一か条の要求の撤回をパリ講和会議で求めたが拒絶された。これに対して，1919年５月４日に日本が引きついだ山東省の旧ドイツ権益の中国への直接返還などを求める反日国民運動である五・四運動が起きた(③…○)。なお，義和団事件は，義和団が1900年に北京の各国の公使館を包囲したのに乗じて，清(中国)が列強に宣戦布告した事件である(①…×)。三・一独立運動は，1919年３月１日，学生・知識人を中心に，京城(ソウル)で独立が宣言されたのをきっかけに，朝鮮全土で日本からの独立を求めて展開された運動である(②…×)。南京事件は，1937年，日本軍が中国国民政府の首都南京を占領した過程で，多数の中国人一般住民や捕虜を殺害した事件である(④…×)。

(2)＜**世界金融危機**＞世界金融危機は，バブル経済が1991年に崩壊した後の2008年，アメリカの投資銀行の経営破綻をきっかけに発生した世界的な金融危機のことである(②…○)。なお，高度経済成長は，1955～73年，日本の経済が年平均で10％前後の経済成長をとげたことを指している(①…×)。大戦景気は，第一次世界大戦(1914～18年)による日本経済の好況のことである(③…×)。昭和恐慌は，1929年に始まった世界恐慌の影響が日本に及ぶなどして発生した深刻な不況である(④…×)。

(3)＜**石油危機**＞1973年，第四次中東戦争が起こると，石油価格が大幅に上昇したため，先進国の経済が大きな打撃を受ける石油危機〔オイル・ショック〕が発生した(②…○)。なお，キューバ危機は1962年にキューバでのミサイル基地建設をめぐって米ソ間で一挙に核戦争への緊張が高まった事件(①…×)，朝鮮戦争は1950年に北朝鮮軍が南北統一を目指して韓国に侵攻したことで始まった戦争(③…×)，冷戦〔冷たい戦争〕は第二次世界大戦後のアメリカを中心とする資本主義の西側と，ソ連を中心とする共産主義の東側の対立・緊張状態のことである(④…×)。

(4)＜**法の支配**＞法の支配とは，権力の行使を国民の制定した法に従わせることで，国民の自由や権利を確実に守ろうとする考え方のことである(③…○)。なお，帝国主義とは，19世紀後半，資本主義諸国がアジア・アフリカなどに進出し，植民地や勢力圏を打ち立てた動きである(①…×)。人の支配とは，絶対的権力を握った人物が政治権力を行使することである(②…×)。法の下の平等とは，法のもとでは全ての人が平等であり，権利を得ることや義務を負うことについて差別的扱いをしてはいけないという考え方である。日本国憲法では第14条で定められている(④…×)。

(5)＜**国民投票**＞憲法改正は，衆議院と参議院それぞれの総議員の３分の２以上の賛成で国会が発議し，18歳以上の日本国民による国民投票で有効投票の過半数が賛成した際に成立する(②…○)。なお，国民審査とは，最高裁判所の裁判官を，国民の投票によって，辞めさせるかどうか審査することである(①…×)。住民投票とは，住民が地方公共団体の政策について投票によって直接その意思を表す手段である(③…×)。直接選挙とは，有権者が直接公職者を選出する制度である(④…×)。

⑹＜**メッカ**＞イスラム教徒は，１日５回，サウジアラビアに位置する聖地のメッカに向かって礼拝する(④…○)。なお，エルサレムは西アジアに位置する都市で，ユダヤ教，キリスト教，イスラム教の聖地である(①…×)。カイロはエジプトの首都である(②…×)。バグダッドはイラクの首都である(③…×)。

⑺＜**原油の産地**＞原油は，西アジアのペルシャ湾沿岸からカスピ海沿岸の地域や，カリブ海沿岸の地域などで多く産出される(②…○)。なお，ウランはカザフスタンやカナダ，オーストラリアなどで(①…×)，石炭は中国をはじめとして広い地域で(③…×)，ボーキサイトはアルミニウムの原料となる金属鉱でオーストラリアや中国などで産出される(④…×)。

⑻＜**ウクライナ**＞ヨーロッパ有数の穀倉地帯を有する旧ソ連構成国で，2022年にロシアが東部の地域に軍事侵攻したのは，ウクライナである(①…○)。なお，カザフスタンは中央アジアにある旧ソ連構成国で，ウランや原油など鉱産資源が豊富である(②…×)。フィンランドは北ヨーロッパにあるEU加盟国で，森林資源が豊富である(③…×)。ポーランドは中央ヨーロッパにあるEU加盟国で，石炭が豊富で工業化が進んでいる(④…×)。

⑼＜**タイ**＞選択肢①～④は全てASEAN加盟国である。タイは，米の輸出量が世界第３位で，機械類や自動車など工業製品の輸出量が５割近くを占める(②…○)。なお，カンボジアはインドシナ半島南東部の国で，稲作は盛んだが，米の輸出量は世界第12位で，機械類の輸出量は少ない(①…×)。マレーシアはマレー半島南部とカリマンタン島北部からなる国で，世界有数のパーム油の輸出国ではあるが，米の輸出量は少ない(③…×)。フィリピンはインドシナ半島の東に位置する島国で，主要産業は農林水産業ではあるが，米の輸出量は少ない(④…×)。(2020年)

⑽＜**チリ**＞チリは南アメリカ州の国で，国土が南北に細長く，銅の生産量が世界第１位，リチウムの生産量は世界第２位で，モノカルチャー経済の国である(③…○)。なお，エクアドルは南アメリカ州の赤道直下の国で，石油産出国であり，バナナの生産が多い(①…×)。コロンビアは南アメリカ州の国で，コーヒー豆の生産が盛んな国である(②…×)。ペルーは，南アメリカ州の国で，銅の生産量は世界第２位で鉱業が盛んであるほか，製造業や水産業なども盛んである(④…×)。(2019年)

2〔**三分野総合―正義の実現を題材とした問題**〕

⑴＜**モノカルチャー経済，南アフリカ**＞少ない種類の農作物や鉱産資源を輸出することによって成り立っている経済をモノカルチャー経済という。また，プラチナやクロムなどのレアメタルの産出量が多いのは南アフリカである。なお，プランテーション農業とは，主に熱帯の地域に開かれた，特定の商品作物を大量に生産する大規模な農園で行われる農業のことである。

⑵＜**1950年代の出来事**＞サンフランシスコ平和条約と同時に結ばれた日米安全保障条約が締結されたのは，1951年の出来事である(①…○)。なお，日清修好条規の締結は1871年(②…×)，ベルリンの壁の崩壊は1989年(③…×)，日中平和友好条約の締結は1978年(④…×)の出来事である。

⑶＜**アフリカ連合**＞アフリカ連合の略称はAUである。なお，NATOは北大西洋条約機構，NAFTAは北米自由貿易協定，APECはアジア太平洋経済協力の略称である。

⑷＜**身体の自由**＞日本国憲法第38条では，自己に不利益なことは話さなくてもよいという黙秘権が認められている(③…○)。なお，何人も有罪を宣言されるまで無罪と推定される無罪推定の原則が存

在する(①…×)。日本国憲法第37条では，被告人が経済的事情などで弁護人を依頼できない場合は，国の費用で弁護人をつけることになっている(②…×)。日本国憲法第33，35条では，現行犯の場合を除いて，理由を明示した裁判官の発する令状がなければ，誰も逮捕されないことや家宅捜索を受けないことが保障されている(④…×)。

⑸**＜大衆の政治参加＞**大正デモクラシーは，第一次世界大戦後の日本で政党政治や普通選挙を実現に導いた風潮のことである(①…○)。また，非暴力・不服従運動は，第一次世界大戦後のインドで，ガンディーの指導によって，暴力的手段を用いずにイギリスの支配への非協力を示した運動のことである(②…○)。なお，皇民化政策は，日中戦争開始後の日本の植民地で日本政府によって進められた同化政策のことである。朝鮮では，日本語教育の徹底や，姓名を日本風に改めさせる創氏改名などが行われた(③…×)。二・二六事件は，1936年，陸軍の青年将校たちが，兵を率いて大臣などを殺傷し，東京の中心部を4日間にわたって占拠した事件である(④…×)。

⑹**＜飛行機が関わった出来事＞**太平洋戦争は，1941年12月8日，日本軍がアメリカの海軍基地があるハワイの真珠湾を奇襲攻撃するとともに，イギリス領のマレー半島に上陸したことで始まった。なお，ミッドウェー海戦は1942年6月に戦われ，それまで優位に戦いを続けてきた日本が大敗北を喫したことで戦局が転換し，日本が劣勢となった戦いである。

⑺**＜ローズベルト大統領＞**フランクリン=ローズベルトは，1933〜45年のアメリカ大統領で，1941年にイギリスのチャーチル首相とともに大西洋憲章を発表してドイツに対抗する決意と戦後の平和構想を示した(③…○)。なお，リンカンは，1861〜65年のアメリカ大統領で，南北戦争中に奴隷解放宣言を発表し，北部を勝利に導いた(①…×)。スターリンは，レーニンの死後にソ連の指導者となり，「五か年計画」によって国力をのばした人物である(②…×)。ワシントンは，アメリカ独立戦争で植民地側の最高司令官を務め，独立後の1789年には，初代の合衆国大統領に選ばれた(④…×)。

⑻**＜サンベルト＞**アメリカ合衆国で北緯37度付近から南に位置し，アラバマ州を含むICT産業や航空宇宙産業などが発達した地域をサンベルトという(②…○)。なお，シリコンバレーは，サンベルトの中でもサンフランシスコの南に位置し，ICT関連企業が集中している地域のことである(①…×)。プレーリーは，北アメリカ中央部の温帯草原で，肥沃な土が広がっており，西経100度線に沿って小麦地帯が広がっている(③…×)。グレートプレーンズは，ロッキー山脈東側にあるステップ気候に属する台地状の大草原で，肉牛の放牧や大規模なかんがい農業が行われている(④…×)。

⑼**＜オーストラリア＞**オーストラリアは，石炭・鉄鉱石・天然ガスなどの豊富な鉱産資源と，羊毛・肉類・穀物・綿花などの農畜産物に恵まれ，それらの多くをアジアへ輸出して経済的な利益を得ている(④…×)。

⑽**＜LGBT＞**LGBTとは，同性愛，両性愛，出生時の性と自認する性の違いなど，性の多様性を表す呼称である(①…×)。

3〔公民─総合〕

⑴**＜SNS＞**本文第3段落から，SNS上の誹謗中傷の問題が起きた一番の要因は，匿名性の問題であることがわかる。

⑵**＜小選挙区制＞**小選挙区制は，1選挙区から1名の代表者を選出するしくみであるため，同一政党から2名以上が立候補することは考えにくい。

⑶**＜大日本帝国憲法＞**大日本帝国憲法では，帝国議会は天皇の立法権に協賛(同意)し，各国務大臣は個別に天皇を輔弼(補佐)し，司法権は天皇の名において裁判所が行使するとされた。

(4)＜**パリ協定**＞2020年以降の温室効果ガス削減のための国際的な枠組みを決めたのは，第21回気候変動枠組条約締約国会議(COP21)で，2015年にパリで開催された。この会議で採択されたパリ協定によって，産業革命前からの気温上昇を地球全体で2℃未満に抑えることが目標とされ，途上国を含む各国・地域はそれぞれに温室効果ガスの削減目標を立てて取り組むことを義務づけられた。

(5)＜**1990年代の出来事**＞田中角栄内閣が日中共同声明によって中国との国交を正常化したのは，1972年である。なお，国連平和維持活動〔PKO〕に初めて自衛隊の部隊が派遣されたのは1992年，細川護熙を首相とする非自民連立内閣が成立し，55年体制が終わったのは1993年，ヨーロッパ共同体〔EC〕がヨーロッパ連合〔EU〕に発展したのは1993年のことである。

(6)＜**会話文の読解**＞会話文全体から，天野はインターネット投票に肯定的で，鈴木は否定的であることがわかる。空欄［お］・［き］はともに鈴木の発言なので，否定的な意見が入る。A～Dのうち，否定的な意見はBとCである。

(7)＜**プライバシーの権利**＞プライバシーの権利とは，私生活をみだりに公開されない権利であり，自己に関わる情報を開示する範囲について選択できる権利である。銀行による本人確認は，銀行と顧客による契約に必要な手続きであり，身分証の開示には顧客の同意があるので，プライバシーの侵害には当たらない。

(8)＜**資料の読み取り**＞図1より，スマートフォンは平成22年から令和3年の間に，9.7%から88.6%まで保有割合が高まっているが，タブレット型端末は同じ期間に7.2%から39.4%までしか保有割合が高まっていない(①…○)。なお，図3のSNS利用目的を見ると，「従来からの知人とのコミュニケーションのため」にSNSを利用している人の割合は，令和2年の89.2%から令和3年の88.6%に減少している(②…×)。図2のインターネット利用者に占めるSNSの利用者の割合を見ると，60代では令和2年の60.6%から令和3年の71.7%まで11.1%上昇しているが，同じ期間に70代では47.5%から60.7%まで13.2%上昇している(③…×)。図1の情報通信機器の保有状況を見ると，固定電話の保有割合は，平成24年の79.3%に対して，令和3年の66.5%にまで減少している(④…×)。

(9)＜**国内法**＞日本国憲法は国の最高法規であり，憲法に違反する法律などは効力を持たない(①…×)。法律には，罰則規定のないものも多く存在する(③…×)。国会の制定する法律だけでなく，内閣の出す命令や締結する条約，地方議会が制定する条例などにも拘束力はある(④…×)。

(10)＜**子どもの権利条約**＞例えば投票権は，子どもの権利条約を批准している国でも一定の年齢に到達しなければ行使できない(②…×)。

4 〔地理―チョコレートを題材とした問題〕

(1)＜**アフリカの国々**＞①はコートジボワールとガーナ，②はアルジェリアとチュニジア，③はエチオピアとケニア，④はアンゴラとナミビアである。

(2)＜**農作物の生産上位道県**＞ばれいしょ〔ジャガイモ〕について圧倒的な割合を占めるCは北海道である。トマトは，新鮮さが求められるため，近郊農業向きの作物である。したがって，Bは茨城県である。残ったAは，かんしょ〔サツマイモ〕の伝統的な産地である鹿児島県である。

(3)＜**スペイン**＞スペインは，北緯40度線が国土の中央部にある首都マドリード付近を，日本では秋田県の男鹿半島付近を通過している。したがって，日本列島とほぼ同じ緯度に位置すると判断できる(④…○)。なお，スペインはポルトガルと同じくイベリア半島に位置する(①…×)。スペインはEUに加盟しているが，ロシアは加盟していない(②…×)。スペイン語はラテン系の言語だが，ドイツ語はゲルマン系の言語である(③…×)。

(4)＜**キリスト教の分布**＞キリスト教の中でも特にカトリックは，ヨーロッパのラテン民族の国々と，ブラジルを含むメキシコ以南の国々で多数の信者を抱えている(④…○)。なお，インドの民族宗教はヒンドゥー教である(①…×)。サウジアラビアを含む西アジア，北アフリカ，中央アジアなどでは，イスラム教の信仰が盛んである(②…×)。タイを含む東南アジアの大陸地域やスリランカでは，仏教の信者が多い(③…×)。

(5)＜**熱帯**＞熱帯では，マングローブやサンゴ礁が見られる(④…○)。なお，オアシスは乾燥帯に見られる(①…×)。地中海性気候は温帯に属する(②…×)。タイガは冷帯〔亜寒帯〕に見られる(③…×)。

(6)＜**資料の読み取り**＞表３より，スナック菓子の生産数量が合計に占める割合は，283753÷1895204×100＝14.97…で，約15％である(②…○)。なお，表３より，チョコレートはビスケット・和生菓子・スナック菓子よりも生産数量が少ない(①…×)。表４より，チョコレート製品の輸出量は，1990年度から1995年度にかけてと，2005年度から2010年度にかけて減少している(③…×)。表４より，1990年度の１人当たりのチョコレート製品の年間消費量は194649(トン)÷123612(千人)＝1.57…より1.6キログラム，2020年度は263942(トン)÷125710(千人)＝2.09…より2.1キログラムなので，2.1÷1.6＝1.31…より約1.3倍である(④…×)。

5 〔日本地理―地形図〕

(1)＜**実際の距離**＞地図上の長さの実際の距離は，(地図上の長さ)×(縮尺の分母)で求められる。図１は縮尺が１万分の１であるため，地図上において７cmの直線の実際の距離は，7×10000＝70000cm＝700mである。

(2)＜**地形図の読み取り**＞図２においては，「甲子園〔かふしゑん〕」駅は図１と同じ場所に存在するが，「なかつのはま」駅は存在せず，図１で路面の鉄道のあった場所も図２では道路になっている(④…○)。なお，図１の「なるを」駅の北側は，桑畑(Y)ではなく水田(||)になっている(①…×)。図２において，「甲子園球場」は線路の南側に位置する(②…×)。図１で「濱甲子園」という地区のある場所は，図２でも「浜甲子園」として存在している(③…×)。

(3)＜**地形図の読み取り**＞特にことわりのないかぎり，地形図では上が北を表している。図１を見ると，「阪神競馬場」は「野球場」，すなわち図２における「甲子園球場」の南に位置していたことがわかる。図２で「甲子園球場」の南に位置するのは「武庫川女子大」である(④…○)。なお，「今津浜公園」は「甲子園球場」の南西に位置する(①…×)。「鳴尾浜臨海公園」は「甲子園球場」の南東に位置し，図１にはほとんど表示されていない地域である(②…×)。「武庫川駅」は「甲子園球場」の東に位置し，図１には表示されていない地域である(③…×)。

(4)＜**地域調査の手法**＞西宮市の人口は，聞き取り調査では正確にはつかめない。国勢調査の結果など公的機関の統計を用いて調べる必要がある。

6 〔歴史―長野県の寺社を題材とした問題〕

(1)＜**日本書紀**＞宮廷貴族の生活を題材にして，平安時代中期の11世紀頃に作成された仮名文学は，紫式部『源氏物語』や清少納言『枕草子』が有名である(②…×)。後鳥羽上皇の命令で鎌倉時代初期の13世紀に編纂《へんさん》された和歌集は，『新古今和歌集』である(③…×)。江戸時代後期の18世紀にまとめられた『古事記』の注釈書は，本居宣長の『古事記伝』である(④…×)。

(2)＜**年代整序**＞年代の古い順に，④(鎌倉時代)，②(戦国時代)，①(江戸時代)，③(平成時代)となる。

(3)＜**鎌倉時代の出来事**＞1221年に起こった承久の乱の後に六波羅探題が設置されたのは，鎌倉時代である(②…○)。なお，武家諸法度が定められたのは江戸時代(①…×)，摂関政治が行われたのは平安時代(③…×)，勘合貿易が始まったのは室町時代(④…×)のことである。

⑷**＜年表の読み取り＞**太平洋戦争は1941～45年の出来事であるため，1942年はその最中である(③…○)。なお，太陽暦は，明治政府が文明開化を進めるために採用した(①…×)。海軍の青年将校らにより，犬養毅首相が暗殺されたのは，1932年の五・一五事件である(②…×)。2013年の２年前の2011年に発生したのは，東日本大震災である(④…×)。

⑸**＜定期市＞**鎌倉時代の定期市の様子を描いた絵は，小屋に品物が並べられた様子のわかる①である。なお，②は江戸時代の長崎の出島，③は戦国時代の祇園祭，④は江戸時代の堂島の米商いである。

⑹**＜鑑真＞**奈良時代，遣唐使に伴われて来日し，唐招提寺を建立したのは，鑑真である(③…○)。なお，最澄は平安時代初期，比叡山に延暦寺を建て天台宗を開いた僧である(①…×)。運慶は鎌倉時代，金剛力士像などの作品を残した仏師である(②…×)。空海は平安時代初期，高野山に金剛峯寺を建て真言宗を開いた僧である(④…×)。

⑺**＜コロンブス，朝鮮侵略＞**1492年，ヨーロッパ人として初めてアメリカ大陸に連なるカリブ海の島に上陸したのはコロンブスである。また，豊臣秀吉が行った２度の朝鮮侵略は，当時の元号から1592～93年は文禄の役，1597～98年は慶長の役と呼ばれる。なお，ザビエルは1549年，キリスト教を伝えるために日本にやってきたイエズス会の宣教師である。また，文永の役は1274年の，弘安の役は1281年の元寇の呼称である。

⑻**＜年表の読み取り＞**表２を見ると，ガス・フライパンを使用して焼く調理法が現れるのは1965年以降である。これは，昭和後期の高度経済成長期に当たる時期である。

⑼**＜坂上田村麻呂＞**坂上田村麻呂は平安時代初期，桓武天皇から征夷大将軍に任命されて蝦夷の指導者アテルイを降伏させた人物である。なお，持統天皇は飛鳥時代末期，藤原京を完成させた天皇，武士として初めて太政大臣に就任したのは平安時代末期の平清盛，蘇我蝦夷・入鹿を倒して大化の改新という政治改革を行ったのは飛鳥時代中期の中大兄皇子，小野妹子を隋(中国)へ派遣したのは飛鳥時代前期の聖徳太子〔厩戸皇子〕である。

⑽**＜文明開化，学制＞**明治初期の西洋文明の摂取によってもたらされた国民生活の新しい風潮を文明開化という。また，明治初期の1872年，学制が公布され，小学校教育の普及に力が入れられた。なお，文化の大衆化は，大正時代の文化を表す言葉である。また，国民学校は，日中戦争開始後の1941年，小学校にかえて設置された。

2023年度／土浦日本大学高等学校

理科解答

1 (1) ② (2) ③ (3) ③
(4) (a)…② (b)…②

2 (1) ④ (2) ⑧ (3) ② (4) ①
(5) (a)…① (b)…②

3 (1) ⑥ (2) ⑤ (3) ④
(4) (a)…③ (b)…②

4 (1) (a)…④ (b)…③
(2) ア…2 イ…5 (3) ④
(4) ウ…0 エ…3 (5) ②

5 (1) ③ (2) ① (3) ① (4) ③
(5) ⑤ (6) ④

6 (1) ② (2) ⑥ (3) ① (4) ②
(5) ア…0 イ…3 (6) ⑥

7 (1) ③ (2) ② (3) ② (4) ③
(5) (a)…② (b)…③

8 (1) ⑤ (2) ② (3) ③ (4) ④
(5) ②

〔学校発表解答〕

1〔小問集合〕

(1)<**植物のつくり**>果実は，被子植物のめしべの子房が成長したものである。そのため，子房がない裸子植物には果実はできない。なお，一般に，花は，外側からがく，花弁，おしべ，めしべの順になっている。また，花粉は，裸子植物では胚珠に直接つくが，被子植物ではめしべの柱頭につく。

(2)<**肝臓のはたらき**>細胞で行われる呼吸によってタンパク質やアミノ酸が分解されて生じた有害なアンモニアは，肝臓で無害な尿素に変えられる。

(3)<**食物連鎖**>植物(生産者)が光合成によって合成した有機物中の炭素は，食物連鎖によって消費者に取り込まれる。そして，消費者に取り込まれた炭素は，呼吸によって二酸化炭素として大気中に放出される。なお，生物の死がいやふんに含まれる有機物(炭素)は，分解者によって，二酸化炭素や水などの無機物に分解される。また，植物も呼吸をして二酸化炭素を放出する。

(4)<**相同器官**>形は異なるが発生上の起源が同じ器官を，相同器官という。ヒトの腕とコウモリの翼などが相同器官に当たる。なお，スズメの翼とチョウのはねのように，起源は異なるが，形やはたらきが似ている器官を相似器官という。

2〔小問集合〕

(1)<**火山噴出物**>火山噴出物のうち，(a)のマグマから出てきた気体を火山ガス，(b)の粒の直径が2mm以下のものを火山灰，(c)の地表に流れ出したマグマが冷えて固まったものを溶岩という。なお，火山れきは直径2～64mmの岩石，火山弾は直径64mmより大きい岩石，軽石は穴がたくさんあいた密度の小さな岩石をいう。

(2)<**火成岩**>マグマが冷え固まってできた岩石を火成岩といい，火成岩のうち，マグマが地表や地表付近で急速に冷やされて固まった岩石を火山岩，地下深くでゆっくりと冷え固まった岩石を深成岩という。火山岩は，ごく小さな鉱物がガラス質になった部分(石基)に，比較的大きな鉱物の結晶(斑晶)が散らばったつくりをしている。このようなつくりを斑状組織という。なお，深成岩は，同じくらいの大きさの鉱物が組み合わさったつくり(等粒状組織)をしている。

(3)<**湿度**>実験で，コップの表面がくもり始めた温度が，凝結が始まり水滴ができ始める露点だから，この地点の空気の露点は10℃である。空気1m^3中に含まれる水蒸気量は，露点での飽和水蒸気量に等しいので，表より，このときの空気1m^3中に含まれる水蒸気量は9.4g/m^3とわかる。また，気温25℃での飽和水蒸気量は23.1g/m^3である。よって，湿度は，〔湿度(%)〕=〔空気1m^3中に含まれる水蒸気の量(g)〕÷〔その気温での空気1m^3中の飽和水蒸気量(g/m^3)〕×100で求めることができるから，このときの湿度は，9.4÷23.1×100=40.69…より，約40.7%である。

(4)＜**太陽の日周運動**＞日本では，太陽は東から昇り，南の空を通って西に沈む。また，太陽の南中高度は，夏至の日に最も高くなり，冬至の日に最も低くなる。よって，日本のある地点で観察した冬至の日の太陽の通り道は，図2の①である。なお，夏至の日の太陽の通り道は③であり，春分・秋分の日の太陽の通り道は②である。

(5)＜**四季と星座**＞(a)図4で，冬至の日の地球の位置は，地軸の北極側が太陽と反対側に傾いているAである。なお，地軸の北極側が太陽の方に傾いているCが夏至の日の地球の位置である。　(b)(a)より，秋分の日の地球の位置はDだから，このときに真夜中に南の空に輝いている星座は，太陽と反対側にあるうお座である。

3〔小問集合〕

(1)＜**気体の検出**＞アルコールランプに火をつけると，アルコールが燃えて二酸化炭素と水蒸気が生じる。石灰水に二酸化炭素を通すと石灰水は白くにごるので，操作1では二酸化炭素が発生したことが確認できる。また，操作2で，ビーカーの内側がくもったのは，水蒸気が水滴になったためなので，操作2では水蒸気が発生したことが確認できる。

(2)＜**化学式**＞硫酸銅($CuSO_4$)の化学式中には，陽イオンである銅イオン(Cu^{2+})と陰イオンである硫酸イオン(SO_4^{2-})がそれぞれ1個含まれている。よって，化学式中に含まれる陽イオンと陰イオンの数の和は2である。

(3)＜**イオン**＞陽子1個の持つ電気の量と電子1個が持つ電気の量は等しいため，+の電気を持つ陽子の数と−の電気を持つ電子の数が等しい原子は，全体では電気を帯びていない。よって，原子が−の電気を持つ電子を放出すると，全体が+の電気を帯びて陽イオンとなり，原子が電子を受け取ると，全体が−の電気を帯びて陰イオンとなる。

(4)＜**鉄と硫黄の反応**＞(a)混合物は2種類以上の物質が混ざり合っているものだから，①〜⑤のうち，混合物ではないものは，1種類の物質である水酸化ナトリウムである。なお，塩酸は塩化水素と水，空気は窒素や酸素など，海水は塩化ナトリウムなどと水，アンモニア水はアンモニアと水の混合物である。　(b)鉄粉と硫黄の混合物にうすい塩酸を加えると，鉄と塩酸が反応して無臭の水素が発生する。また，鉄粉と硫黄の混合物を加熱してできた黒い物質は硫化鉄である。硫化鉄にうすい塩酸を加えると，硫化鉄と塩酸が反応して，卵の腐ったようなにおいがある硫化水素が発生する。

4〔小問集合〕

(1)＜**静電気，光の屈折**＞(a)プラスチック製のストローをティッシュペーパーでこすると，ティッシュペーパーからストローへ，−の電気を持つ電子が移動するので，ティッシュペーパーは+の静電気を，ストローは−の静電気を帯びる。よって，図2のように，ストローAにストローBを近づけると，同じ種類の電気の間にはしりぞけ合う力がはたらくので，ストローAは遠ざかる。一方，図3のように，ストローAにティッシュペーパーを近づけると，異なる種類の電気の間には引き合う力がはたらくので，ストローAは近づく。　(b)光が水中から空気中に出るとき，屈折角は入射角より大きくなるので，光は境界面に近づくように屈折する。そのため，ストローの水中にある部分は，③のように，本来の位置より浅い位置にあるように見える。

(2)＜**速さ**＞90km/hで走る自動車は，1時間，すなわち，$60\times60=3600$(s)間に，$90\times1000=90000$(m)移動する。よって，$90000\div3600=25$(m/s)で走っているともいえる。

(3)＜**重力**＞重力は，地球が物体を地球の中心に向かって引く力である。

(4)＜**音の速さ**＞音は，音響測深機から海底までを4秒で往復するから，音響測深機から海底まで，音が進むのにかかる時間は$4\div2=2$(s)である。よって，海中での音速が1500m/sより，この場所の海の深さは$1500\times2=3000$(m)となるから，3kmである。

(5)＜**エネルギーの変換**＞図5で，Ⓐの運動エネルギーを熱エネルギーに変換する装置は火起こし器，Ⓑの電気エネルギーを運動エネルギーに変換する装置はモーター，Ⓒの電気エネルギーを熱エネルギーに変換する装置はアイロン，Ⓓの光エネルギーを電気エネルギーに変換する装置は太陽電池，Ⓔの音エネルギーを電気エネルギーに変換する装置はマイクである。

5〔**気象とその変化**〕

(1)＜**低気圧**＞図の温帯低気圧では，中心に近いほど気圧が低くなる。よって，最も気圧が高い地点は，中心から最も離れたC地点である。

(2)＜**気圧**＞等圧線は1000hPaを基準に，4hPaごとに細い実線を，20hPaごとに太い実線を引く。よって，図の各地点の気圧は，A地点では986hPa，B地点では998hPa，C地点では1005hPa，D地点は996hPaである。

(3)＜**前線の記号**＞日本付近を通過する温帯低気圧は，一般に低気圧の中心から南東に温暖前線，南西に寒冷前線が生じ，温暖前線は北東に，寒冷前線は南東に進んでいく。温暖前線の記号は半円，寒冷前線の記号は三角で表し，記号は前線が進む向きにかく。

(4)＜**前線の断面**＞図のX－Yの断面を南東側から見ると，寒冷前線の西側と温暖前線の東側に寒気があり，寒冷前線と温暖前線の間に暖気がある。また，③のように，寒冷前線面では，寒気は暖気の下に潜り込むため前線面の傾きは急になり，温暖前線面では，暖気が寒気の上にはい上がるため前線面は緩やかになる。

(5)＜**天気図記号**＞くもりを表す天気記号は◎である。また，南西の風向は中心の○から矢羽根を南西の側にかくことで表せ，風力3は矢羽根を3つかくことで表せる。なお，天気記号の○は快晴，⦶は晴れを表す。

(6)＜**天気の変化**＞日本を通過する温帯低気圧は，偏西風によって西から東へ移動する。よって，B地点は，今後，寒冷前線が通過すると考えられる。寒冷前線付近では積乱雲が発達するため，前線が通過するとき，短時間のうちに激しい雨が降る。また，寒冷前線が通過した地点は寒気の中に入るので，気温が下がる。

6〔**電流とその利用**〕

(1)＜**抵抗**＞抵抗値は電流の流れにくさを表す数値だから，同じ電圧をかけたとき，抵抗値が大きい電熱線ほど流れる電流は小さくなる。よって，図2で，それぞれの電熱線に1Vの電圧をかけたときに流れる電流の大きさを比べると，電熱線D＜電熱線C＜電熱線B＜電熱線Aとなっていることから，抵抗値の大きい順に並べると，電熱線D＞電熱線C＞電熱線B＞電熱線Aとなる。

(2)＜**電熱線の発熱量**＞図2より，実験2で3Vの電圧をかけたときに2Aの電流が流れた電熱線は電熱線Cである。また，電流により発生した熱量は，〔熱量(J)〕=〔電力(W)〕×〔時間(s)〕=〔電圧(V)〕×〔電流(A)〕×〔時間(s)〕で求められるから，実験2で10秒間電流を流し続けたときに発生した熱量は，$3\times2\times10=60$(J)となる。

(3)<**直列回路**>実験3で，図3の抵抗値2Ωの電熱線に3Aの電流が流れたことから，この電熱線にかかっている電圧は，オームの法則〔電圧〕=〔抵抗〕×〔電流〕より，$2\times3=6$(V)である。よって，直列回路では各電熱線にかかる電圧の和が電源の電圧に等しいから，電源の電圧が7Vのとき，使用した電熱線にかかっている電圧は，$7-6=1$(V)である。また，直列回路では回路を流れる電流はどこでも同じだから，使用した電熱線に流れている電流も3Aである。したがって，図2より，使用した電熱線は，1Vの電圧をかけたときに3Aの電流が流れる電熱線Aである。

(4)<**並列回路**>実験4で，図4は並列回路だから，各電熱線にかかる電圧は電源の電圧に等しい。よって，各電熱線には4Vの電圧がかかっているので，抵抗値2Ωの電熱線を流れる電流は，$4\div2=2$(A)となる。また，並列回路では回路全体を流れる電流は各電熱線を流れる電流の和になるから，使用した電熱線に流れる電流は，$8-2=6$(A)である。したがって，図2より，使用した電熱線は，4Vの電圧をかけたときに6Aの電流が流れる電熱線Bである。

(5)<**抵抗**>実験5で，電源の電圧を9Vにしたときに回路全体を流れている電流は3Aより，回路全体の抵抗値は，$9\div3=3$(Ω)となる。

(6)<**電流，電圧**>図5の回路では，2Ωの電熱線に流れる電流は回路全体を流れる電流に等しく3Aなので，この電熱線にかかる電圧は，$2\times3=6$(V)である。また，並列につながれた電熱線Cと電熱線Dの部分にかかる電圧と2Ωの電熱線にかかる電圧の和が電源の電圧に等しいので，電熱線Cと電熱線Dの部分にかかる電圧は，$9-6=3$(V)である。よって，電熱線Cにかかる電圧は3Vだから，図2より，流れる電流は2Aである。

7〔**身の回りの物質**〕

(1)<**再結晶**>水溶液を冷却すると溶解度が小さくなるため，溶けていた固体が溶けきれなくなり結晶となって現れる。このように，1度溶かした物質を再び結晶として取り出す方法を再結晶という。

(2)<**質量パーセント濃度**>溶解度は100gの水に溶ける溶質の限度の質量で，飽和水溶液は限度まで溶質が溶けた水溶液である。よって，塩化ナトリウムの飽和水溶液と物質Xの飽和水溶液の質量パーセント濃度が同じになるのは，これらの物質の溶解度が等しいときである。表より，塩化ナトリウムの溶解度は温度が変わっても35.7～38.0gとあまり変化しない。したがって，物質Xの溶解度が35.7～38.0gとなるときの温度が，それぞれの飽和水溶液の質量パーセント濃度が等しくなる温度である。図より，物質Xの溶解度が35.7～38.0gとなるときの温度はおよそ20℃である。

(3)<**飽和水溶液**>図より，物質Yの溶解度は，40℃で9.0g，80℃で24.0gである。つまり，40℃では，水100gに物質Yを9.0g溶かすと飽和水溶液になり，この水溶液の温度を80℃まで上げると物質Yを24.0gまで溶かすことができる。よって，40℃の物質Yの飽和水溶液を80℃にすると，さらに物質Yを，$24.0-9.0=15.0$(g)溶かすことができる。

(4)<**再結晶**>図より，物質Yは20℃の水100gにおよそ5.0g溶けるので，20℃の水200gには2倍の10.0gまで溶ける。よって，水200gに物質Yを2.0g溶かした水溶液の温度を20℃に冷却しても，結晶は現れない。

(5)<**再結晶**>図より，20℃の水100gに対する溶解度は，物質Xがおよそ30.0g，物質Yがおよそ5.0gだから，物質X 50.0gと物質Y 20.0gを100gの水に全て溶かしてから20℃まで冷却すると，物質Xの結晶が$50.0-30.0=20.0$(g)，物質Yの結晶が$20.0-5.0=15.0$(g)得られる。それぞれの得られた結晶を水100gに全て溶かして再び20℃まで冷却すると，溶けている物質Xの質量20.0gは20℃での溶解度30.0gより小さいため結晶は得られないが，溶けている物質Yの質量15.0gは，20℃での溶解度5.0gより大きいため，15.0－5.0＝10.0(g)の結晶が得られる。

8〔生命の連続性〕

(1)<**遺伝の研究**>エンドウを用いた実験を通して，遺伝の基本的な法則を発見したのは，19世紀のオーストリアの修道院の神父であったメンデルである。また，形質を伝える遺伝子の本体は，染色体に含まれるDNA(デオキシリボ核酸)という物質である。

(2)<**遺伝の実験**>エンドウはめしべとおしべが花弁に包まれているため，自然の状態では，同じ花の花粉が受粉し(自家受粉)，ほとんど他の花の花粉が受粉することはない。

(3)<**遺伝の規則性**>実験１では，AAの遺伝子を持つ丸形の純系と，aaの遺伝子を持つしわ形の純系を交配させたので，できた丸形の種子が持つ遺伝子は全てAaである。この種子をまいて育てたエンドウでは，Aを持つ精細胞とａを持つ精細胞がつくられ，その個数の割合は１：１となる。

(4)<**遺伝の規則性**>実験２で，Aaの遺伝子を持つエンドウを自家受粉させたとき，孫の代の遺伝子の組み合わせと個数の割合は，右表のように，AA：Aa：aa＝１：２：１となる。

	A	a
A	AA	Aa
a	Aa	aa

(5)<**遺伝の規則性**>実験２で，Aaの遺伝子を持つエンドウを自家受粉させたとき，おしべに由来する遺伝子をA_mとa_m，めしべに由来する遺伝子をA_wとa_wとすると，孫の代の遺伝子の組み合わせと個数の割合は，A_mA_w：A_ma_w：A_wa_m：a_ma_w＝１：１：１：１となる。このうち，Aを持つA_mA_wとA_ma_w，A_wa_mが丸形の種子だから，おしべに由来する遺伝子A_mと，めしべに由来する遺伝子a_wを合わせ持つ種子A_ma_wは，丸形の種子の中で，$\frac{1}{3}\times100=33.3\cdots$より，およそ33％である。

2023年度／土浦日本大学高等学校

国語解答

一	問１ イ	問２ オ	問３ ウ	三	問19 ウ	問20 ア	問21 オ
	問４ イ	問５ ア	問６ ア		問22 イ	問23 エ	問24 イ，オ
	問７ エ	問８ ウ	問９ ア		問25 ウ		
	問10 オ			四	問26 ア	問27 ア	問28 ウ
二	問11 イ	問12 エ	問13 イ		問29 ウ	問30 イ	
	問14 オ	問15 オ	問16 ウ				
	問17 ウ	問18 ア					

〔学校発表解答〕

一〔国語の知識〕

問１＜漢字＞「常軌」と書く。アは「機会」，イは「軌道」，ウは「岐路」，エは「好奇心」，オは「器械」。

問２＜漢字＞「官吏」は，「かんり」と読み，役人のこと。

問３＜慣用句＞「青写真」は，心に描いている将来の姿のこと。「青菜に塩」は，元気をなくして打ちしおれているさま。「朱筆を入れる」は，朱で書き入れをして，文章などを訂正する，という意味。「青天の霹靂」は，突然起こる事件のこと。「青二才」は，年が若くて経験の少ない人のこと。

問４＜四字熟語＞「四面楚歌」は，敵の中に孤立して助けがないこと。「五里霧中」は，現在の状態がわからず，見通しが立たないこと。「四六時中」は，一日中，常に，という意味。「二束三文」は，数が多くて値段が非常に安いこと。「四苦八苦」は，ありとあらゆる苦しみのこと。

問５＜俳句の技法＞アは，「青葉」「山ほととぎす」「初鰹」が夏の季語。イは，「雛」が春の季語。ウは，「時雨」が冬の季語。エは，「菜の花」が春の季語。オは，「萩」が秋の季語。

問６＜故事成語＞「白眉」は，多くの中で一番優れた人や物のこと。

問７＜敬語＞ア．「召す」は，尊敬語。動作主が「私」なので，尊敬語は用いない。　イ．「いらっしゃられる」は，尊敬語の「いらっしゃる」に，尊敬の意味の助動詞「られる」が重なった二重敬語。「いらっしゃいます」が正しい。　ウ．「いただく」は，謙譲語。動作主は「部長」なので，尊敬語の「召し上がる」を使う。　オ．「お考え」は，尊敬語。動作主が「私」なので，尊敬語は用いない。

問８＜文学史＞『たけくらべ』は，明治時代に発表された樋口一葉の小説。『浮雲』は，明治時代に発表された二葉亭四迷の小説。『伊豆の踊子』は，大正時代に発表された川端康成の小説。『枕草子』は，平安時代に成立した清少納言の随筆。『雨月物語』は，江戸時代に成立した上田秋成の読本。

問９＜品詞＞「小さな」は，自立語で活用せず，「こと」という名詞を修飾している連体詞。「多く」は，形容詞「多い」の連用形。「ゆっくり」と「さらさらと」は，自立語で活用せず，それぞれ「食べ」「流れる」という用言を修飾している副詞。「静かな」は，形容動詞「静かだ」の連体形。

問10＜熟語の構成＞「激励」は，上の字が下の字を修飾している熟語。「循環」と「錯誤」と「丘陵」と「経過」は，似た意味の漢字を組み合わせた熟語。

二〔**説明文の読解―芸術・文学・言語学的分野―日本語**〕出典；国立国語研究所編『日本語の大疑問』。

≪本文の概要≫新元号の令和は，漢籍ではなく，初めて国書から選ばれたということで話題になったが，言語学的にはこれまでの元号と同じようなリズミカルな構造を持っている。元号は，基本的には漢字２文字の音読みである。音読みには，「昭」のような２拍の長さのものと「和」のような１拍の長さのものがある。日本の元号は「２拍＋２拍(長長)」と「２拍＋１拍(長短)」で９割強を占める。しかもその大半が「強弱強弱」か「強弱強」のリズムを持つ。また，元号のもう一つの特徴は，元号の現れ方に規則性があることであり，過去160年間では，「長長」と「長短」の元号が交互に現れている。ところで，「強弱強弱」の長長構造と「強弱強」の長短構造を好むのは，日本語の一般的な特徴である。発音の変化も，「強強弱」を避けて「強弱強」や「強弱強弱」をつくり出すために生まれている。令和という元号は，元号の歴史と構造にも，日本語のリズムにもうまく合致しているのである。最後に，新元号のアクセントに関して，頭高アクセントで発音している人と平板アクセントで発音している人がいるが，令和が定着するにつれて，平板アクセントに推移していくかもしれない。

問11＜文章内容＞日本の元号の特徴は，漢字の読みが「２拍＋２拍」か「２拍＋１拍」がほとんどであり，特に「強弱強弱」と「強弱強」のリズムを好むことにある。新しい元号の令和も，これまでの元号と同じ「強弱強」というリズムを持つものであった。

問12＜接続語＞Ａ．250近い元号のうち，約７割が「２拍＋２拍」，２割強が「２拍＋１拍」であり，「２拍＋２拍」の元号の大半が「強弱強弱」のリズム，「２拍＋１拍」の元号のほとんどが「強弱強」のリズムであるということは，要するに，過去の元号は「２＋２と２＋１の２種類で全体の９割強を占め，その大半が〔強弱強弱〕か〔強弱強〕というリズム」である。　Ｂ．元号から離れ，日本語の特徴を考えてみても，「強弱強弱」と「強弱強」を好むのが一般的である。　Ｃ．「漢語の構造」から新元号をリズムで考え，次に元号の「規則性」を考え，終わりに「アクセント」について考える。

問13＜文章内容＞ａ．赤ちゃん言葉には，「バーバ」のように「強弱強」はあるが，「ババー」のように「強強弱」はない。　ｂ．「PPAP」は，ペンパイナッポーアッポーペンと，「強弱」の繰り返しである。

問14＜文章内容＞令和という元号は，漢字２文字で「２拍＋１拍」であり，「強弱強」のリズムを持つ。また，過去160年間の元号を見ると，日本語が好む「強弱強弱」と「強弱強」のリズムが「交互」に現れるという規則性があるので，平成に令和が続くのは伝統を守っているといえる。

問15＜文章内容＞「おうむ」は，オームと発音するので，「強弱強」のリズムである。

問16＜文章内容＞頭高アクセントは，「明治」や「政府」のように「高低低」のアクセントで発音するものであり，「理念」と「全部」と「日光」が当てはまる。平板アクセントは，「構造」や「伝統」のように「低高高」のアクセントで発音するものであり，「鉛筆」と「形態」が当てはまる。

問17＜要旨＞日本語のリズムは「強弱強」を好むので，「詩歌」を母音を伸ばして「しいか」と発音したり，「三つ」を促音を入れて「みっつ」と発音したりして，「強強」から「強弱強」の構造をつくり出している。

問18＜主題＞令和が，これまでの元号の歴史と構造，日本語のリズムに「とてもうまく合致」していることが述べられているので，日本の元号の言葉としての規則性を質問されたと考えられる。

三〔小説の読解〕出典；門井慶喜『家康，江戸を建てる』。

問19＜文章内容＞家康は，水の確保についての藤五郎の功績を認め，「主水」を「もんと」と読む唯一無二の名を与えた。さらに，上水普請は藤五郎だけが請け負うこととした。こういう誇りが，藤五郎の「生きる糧」になっていたのである。

問20＜文章内容＞家康の家臣団は，江戸を荒れ地と思っていたが，実際に住んでみると案外住むのに「よろしいものじゃ」と将来に望みが持てるようになった。家臣団は，「藤五郎の上水」のおかげでおいしい水が飲め，土地造成や上水工事によって住みやすくなったと実感したのである。

問21＜文章内容＞藤五郎は，上水工事の第一人者であるという自負があり，水の確保が大事な課題だということも理解していた。それなのに，家康が，自分をさしおいて武蔵野の村の名主にすぎない六次郎に工事を命じたので，藤五郎は，誇りが傷つき，六次郎を敵のように感じたのである。

問22＜文脈＞江戸に住むようになって十五年がたち，人口は増え，水が足りないことが目に見えてわかるようになった。井戸に水がたまらず，「母親が赤んぼうをつれて故郷へかえる」話も出た。「水を飲まねば乳が出ない」からである。妻が江戸を離れれば，「男はひとりで暮らさざるを得ず，人口増加は頭打ちになる」のであり，このままでは「江戸の発展はのぞめない」のであった。

問23＜文章内容＞家康は，命令に応えて水の供給元を見つけた藤五郎に褒美を与え，飲み水に携わった証として「もんと」という唯一無二の名を与えた(ア・オ…○)。家康は，江戸の水不足を解消するために，武蔵野から浄水を引く計画を立て，武士ではなく水源近くの村の名主を取り立てて，工事の監督をさせるように命じた(イ・ウ…○)。

問24＜文章内容＞低地よりも台地の方が，土が抱え込む水量が多く配水もしやすい(ア…○)。赤坂の溜池は，城の南西地域に配水でき，神田明神山岸の細流は，城の北東地域に配水できて，江戸市中に効率よく配水できる立地であった(ウ…○)。おいしい水は「泥くささもなく，鉄くささもなく，清涼の気みなぎる味わい」のものである(エ…○)。

問25＜表現＞「うんぬん」は，一言では言いきれないさまざまなことを表すときに用いられる表現である。

四〔**古文の読解―評論**〕出典；本居宣長『排蘆小船』。

≪現代語訳≫問う。昔から今にいたるまで，出家をした僧が，恋の歌をよむことは，数えきれないほど多い。また(自分からよむことを)遠慮することをしないのはどういうことか。恋愛感情は特に深い仏の戒めで，あってはならないことの第一である。〈それなのに〉僧が恋の歌をよんでいるのを非常に賞賛する。遍照僧正のような人は，特に歌の道では有名である。このような修行をないがしろにする僧をどうして賞美するのか。憎むべきことではないのか。／答えて言う。これはどういうことか。前にも詳しく言ったように，歌は思うことをちょうどよいように言い出すものである。心に思うことは，善悪にはかかわらずに，よみ出すものである。〈だから〉心に思う恋愛感情を歌によみ出したのは，何か問題があるだろうか。その歌がよくできたならば，これはまたどうして賞美しないことがあろうか。優れている歌であるならば，僧か俗世間の人かを選ぶ必要はない。その行動の善悪や，心の邪正や美悪は，その道その道で褒めたりけなしたり議論したりすべきことである。歌の道で，何やかんやと論じるべきではない。この(歌の)道では，ただその歌のよしあしを言うべきなのである。僧であるので恋の歌をよんではいけない道理であるなどと，〈どうして〉意味のない議論をするべきか。そのうえ，そもそも出家した僧とさえいうと，全て心まで仏や菩薩のようなものだと理解しているのか。僧が少し恋愛を好むようなことがあれば，人は非常にこれを憎む(が，この)ことは，俗人(に対する世間の反応)と比べて雲泥の差があるかのようで，大きな悪のように(世間の人は)思っている。

問26＜現代語訳＞「挙げて」は，一つ一つ取りあげて，という意味。「挙げて〜べからず」は，(多すぎて)全部は〜しきれない，という意味。

問27＜古文の内容理解＞X．恋愛感情を持ってはいけないというのが仏の戒めであるというのに，僧が恋歌をよんでいることが多く，しかも賞賛されている。　Y．歌とは，物事の善悪とは関係なく心に思うことをよむものであるから，心に恋愛感情があれば，歌によむこともある。　Z．僧だから恋の歌をよんではいけないなどという意味のない議論を，なぜするべきか。

問28＜現代語訳＞「か」は，反語を表す係助詞。「あらん」の「ん」は，推量を表す助動詞。直訳すると，何のことがあるだろうか，いや，ない，となる。

問29＜古文の内容理解＞俗人が恋愛を好んでも批判はされないが，僧が恋愛を好むことに対しては，人々は大きな悪のように思ってしまうのである。

問30＜古文の内容理解＞歌は，心に思うことをよむものであり，歌がよければ賞賛される。したがって，僧が恋の歌をよんでも非難する必要はなく，歌そのものがよければ評価すればよいのである。

2023年度 土浦日本大学高等学校(併願推薦)

【英　語】(50分)〈満点：100点〉

1　次の英文を読んで，あとの(1)～(8)の問いに答えなさい。

Have you ever met ①an eccentric person? An eccentric person is an unusual person who sees the world in a way that other people do not. Eccentric people are often very intelligent, but they find it difficult to accept the rules of society. Their clothes may be colorful or their hairstyle unusual. They are often very creative and enjoy spending much of their time enjoying their hobbies which are also unusual. For example, I had an eccentric friend who enjoyed photographing every single thing he ate. He put these photos on his computer and could see every meal he had eaten for the past 20 years. I had another unusual friend who would visit a shop and buy a package of eggs. He would then take them home and paint very small, but very beautiful pictures on the eggs. He would then put them back in the package, take them back to the shop, and put them on the shelf for someone else to find. I can only imagine what the person who bought the eggs thought when they got home and found those beautiful eggs!

One very interesting eccentric was the Scottish poet, Ivor Cutler. Ivor was born in 1923 in Glasgow, Scotland. ②His grandparents came to Scotland from Eastern Europe. They had bought tickets to go to the USA, but when the ship stopped in Glasgow, they thought it was America and got off the ship. It left for America before they realized their mistake. Ivor grew up in a bad area. His neighborhood was very poor, and many of his neighbors thought he was a little strange. He didn't like sports or playing games with the other children. Instead, he liked to read *poetry and dream. At school he was often *punished by his strict teachers who beat him with a belt for doing badly on tests. Of course, Ivor hated school and wanted to quit. However, after he won a prize in a poetry contest, he decided to stay in school.

When World War Ⅱ began in 1939, Ivor and his brothers and sisters were sent to the countryside to escape the *bombing of Glasgow by the German *air force. It was the first time Ivor breathed fresh air and enjoyed the peace and quiet of the countryside. He could walk in the forests and write poetry all day long. However, Ivor thought his country needed his help in the war, so in 1941, he joined the air force to become a pilot.

Unfortunately, Ivor did not like air force life because it reminded him of school. Instead of teachers beating him, now he was beaten by soldiers. He also wasn't a very good pilot because he liked to look at the beautiful clouds and at the wonderful mountains far below him. He wasn't interested in flying the airplane. He also wrote poetry on the wings of his airplane. He wore flowers in his uniform. He sang his own original songs while he was flying. ③The other pilots thought he was very strange. He was soon told that perhaps his country didn't really need him as a pilot. Instead, in 1943, he was sent to work in a factory.

After the war, Ivor became a school teacher. However, he soon lost his first job because he didn't want to beat the students with a belt. Instead, Ivor cut the belt into pieces and gave it to his students. Ivor then joined ④another school that did not have strict rules and did not allow teachers to punish students. Instead, teachers and students created the rules and decided what subjects would be taught. Ivor taught drama and music. He told the children that anyone could be an artist and that anything could be art. He used his own poems as examples :

"I think very deeply,
I'm a really good thinker,
*People don't * bother me much,*
They can see that I'm using my mind."

Sometimes he played music and read his poems to his class. Sometimes he just told strange stories about his childhood in Glasgow. Sometimes he just sang strange songs. His students liked his strange performances and encouraged him to perform on a TV talent program. Paul McCartney, a member of the Beatles musical group, saw Ivor on TV and asked him to appear in one of the Beatles' films, *Magical Mystery Tour.*

Suddenly, ⑤Ivor was famous ! He appeared on many TV programs. People were surprised at his strange performances and by his unusual clothing and unusual behavior. For example, he told his audience not to cheer because he hated the noise. He also never changed his serious facial expression. He always looked like an angry old man. However, he spoke softly like a child without any loud shouting. His audiences wondered, "Was Ivor a serious but strange poet, or an eccentric * comic who wrote strange poetry ?"

Ivor often visited bookshops that sold his books and records. He would then quietly add new poems or simply sign books. Sometimes he changed the prices to "FREE" or "Buy one book, get two books free !" He once visited the local zoo and changed the zoo's explanations and announcements to his own unusual announcements and signs. Sometimes he dressed like a zoo worker and gave his own eccentric tour of the zoo to visitors. Ivor wanted people to enjoy some humor in our very serious world.

Although Ivor died in 2006, many of his performances can be found on YouTube. Please watch a couple of my favorites : *Life in a Scotch Sitting Room, Vol.2.* or *A Doughnut in My Hand.* The stories are strange, as are his songs and poems. But in these serious times, it is good to enjoy the unusual and eccentric people we meet. The world would be a very (⑥) place without them.

＊［注］ poetry 詩　punish ～を罰する　bombing 爆弾投下
air force 空軍　bother ～を悩ます　comic コメディアン

(1) 下線部①の説明として，**適切でないもの**を，次の１～４の中から**１つ**選びなさい。
　１．大金を趣味に費やす。
　２．とても創造的な人が多い。
　３．独特の視点で世界を見ている。
　４．社会のルールを受け入れにくい。

(2) 下線部②の説明として，最も適するものを，次の１～４の中から**１つ**選びなさい。
　１．1923年に生まれた。
　２．西ヨーロッパの出身である。
　３．グラスゴーをアメリカだと勘違いして船を降りた。
　４．スポーツやゲームをするのが好きではなかった。

(3) 下線部③の理由として，**適切でないもの**を，次の１～４の中から**１つ**選びなさい。
　１．飛行機で飛ぶことが好きだったから。
　２．飛行機の羽に詩を書いていたから。

3．制服に花をつけていたから。
4．飛行中に自作の歌を歌っていたから。

(4) 下線部④について述べたものとして，**適切でないもの**を，次の１～４の中から**１つ**選びなさい。
1．Ivor は演劇と音楽を教えていた。
2．教師と生徒で校則を決定していた。
3．授業科目を生徒だけで決定していた。
4．Ivor は自作の詩を教材として使っていた。

(5) 下線部⑤の理由として，最も適するものを，次の１～４の中から**１つ**選びなさい。
1．Paul McCartney が自分のコンサートに Ivor を誘ったから。
2．Paul McCartney がテレビで Ivor を紹介したから。
3．Paul McCartney が the Beatles の映画に出るよう Ivor を招待したから。
4．Paul McCartney が the Beatles のツアーで Ivor を見たから。

(6) ユーモアを楽しんでもらいたいと考えた Ivor が人々にしたこととして，最も適するものを，次の１～４の中から**１つ**選びなさい。
1．本屋に立ち寄り，自作の詩を朗読した。
2．彼自身の紹介を動物園の入場者に行った。
3．動物園の飼育員のような格好をして現れた。
4．自分の本を無料にするよう，店員にお願いした。

(7) (⑥)に入れるものとして最も適する語を，次の１～４の中から**１つ**選びなさい。
1．beautiful
2．colorful
3．boring
4．usual

(8) 次の(A)～(C)の問いに対する答えとして，最も適するものを，下の１～４の中から**１つずつ**選びなさい。

(A) Why did Ivor hate school when he was a student ?
1．Because he didn't like to beat his teachers.
2．Because his teachers often hit him.
3．Because he never won a prize for anything.
4．Because he always got prizes in the poetry contests.

(B) What did Ivor do in 1941 ?
1．He was sent to the countryside.
2．He was asked not to work in a factory.
3．He began enjoying a peaceful life.
4．He began learning how to fly airplanes.

(C) Which sentence about the story is true ?
1．The writer had a friend who painted small pictures of a store.
2．All of Ivor's neighbors had a lot of money.
3．Ivor's students didn't like his strange performances.
4．People can watch Ivor's performances on YouTube.

2 次の英文を読んで，あとの(9)～(17)の問いに答えなさい。

Have you ever wondered what your cat would say to you if it could speak ? I know what mine would say : "GIVE ME FOOD !" or "GIVE ME FOOD NOW !" or even "GIVE ME MORE FOOD NOW !"

Well, cat researchers (and I) have studied cats for many years, and we have learned some interesting things :

1 . Cats do not like living with a person who likes to keep the design of their home (①). In other words, cats don't like a person who doesn't need much furniture and likes clean, open rooms. Cats are, of course, outdoor animals, and like to think they are still living in the forest even when they are living inside your home. Cats like to have sofas to hide under, plants to hide behind, shelves to climb on, and lots of other hidden areas for them to relax in. An empty room without any furniture is *stressful for a cat. However, a room full of empty boxes is actually (②) for a cat. So what if my apartment is full of empty boxes ? My cat is happy, and that's the important thing, right ?

2 . Cats also don't like clean people, for example, a person who is (③) cleaning and washing things. Yes, it's nice to be clean, but it's not good for your cat. Cats mark their space by *rubbing their *scent all over doors, sofas, chairs, your computer, your face, and any other place they can reach. They do this to tell other cats that this is THEIR home, and no other cats are welcome. If you are always cleaning, you are removing their scent, and this means they will have to go back all over the house re-marking their space. This can be *frustrating to a cat, so ④<u>STOP CLEANING ALL THE TIME !</u> I did, and my cat is much happier.

3 . Cats also don't like "furniture people." What are "furniture people" ? These are people who have a cat and who have expensive furniture and are always worried about it. Every day it's, "OH MY GOD !!! Look at what the cat did to our expensive sofa !!!" or "OH MY GOD !!! Look at what the cat did to our 200-year-old table !" This is completely foolish. Cats need to *scratch your furniture ! That's part of their *routine that keeps them strong and healthy. So, if you are going to invite a cat into your home, just remove all your expensive furniture and buy lots of cheap things. Or better still, just make your furniture out of *cardboard, like I did. Your cat will be (⑤), and you will be happy, too ! Problem solved !

4 . Cats also do not like *organized people. These are people who place everything that belongs to the cat in one place. Don't do this ! Cats want everything to be in its (⑥-a) place, and (⑥-b) is not organized like a supermarket. In nature, cats have to go to different places to get different things. Water is in one place, food in (⑦). Cat sleeping areas are usually in high places. This is so they can safely see things without being seen. Also, cats like different food each day. They don't eat fish every day in nature. They may eat a rabbit one day and an elephant the next. Cats also like to catch their food ! So, you should take that can of cat food, show it to your cat, and then run around inside your house so your cat will feel like he is *hunting. Climb up on the bed ! Jump onto the kitchen table ! Climb onto the top of the TV ! Hide under the sink, etc. Make your cat work for his food ! Do this three times a day and you will have a body like an Olympic athlete (like me). You will be

healthy, and your cat will be happy!　Everyone's a winner!

I could add more to this list, but that would be too easy.　Just like my cat, you should also have to work for your brain food.　Please do your own research, and find out what other cat experts say about cat behavior.　You may be surprised to discover what your cat is really thinking when you pick him up and rub your nose into his face!

＊[注]　stressful　ストレスの多い　　rub　〜をこすりつける　　scent　におい
frustrating　いらいらさせる　　scratch　〜をひっかく　　routine　いつもの手順
cardboard　ダンボール　　organized　几帳面な　　hunt　狩りをする

(9)　(①)に入れるのに最も適する語を，次の1〜4の中から**1つ**選びなさい。
1．forgetful　　2．noisy　　3．curious　　4．simple

(10)　(②)に入れるのに**適当でない語**を，次の1〜4の中から**1つ**選びなさい。
1．scary　　2．good　　3．exciting　　4．perfect

(11)　(③)に入れるのに最も適する語を，次の1〜4の中から**1つ**選びなさい。
1．always　　2．no　　3．having　　4．never

(12)　下線部④の理由として，最も適するものを，次の1〜4の中から**1つ**選びなさい。
1．部屋を掃除すると，猫のにおいが消されてしまうから。
2．部屋を掃除すると，猫の隠れる場所がなくなってしまうから。
3．猫自身のにおいがなくなると，他の猫を他へ追いやってしまうから。
4．猫自身のにおいがなくなると，自分の場所へ帰って来られなくなってしまうから。

(13)　次の質問の答えとして，最も適するものを，下の1〜4の中から**1つ**選びなさい。
Why do cats not like people who have expensive furniture?
1．Those people are always strong and healthy.
2．Those people are always worried about their health.
3．Those people think their furniture is more important than their cat.
4．Those people think their cat is foolish because it doesn't like cheap boxes.

(14)　(⑤)に入れるのに最も適する語を，次の1〜4の中から**1つ**選びなさい。
1．angry　　2．disappointed
3．glad　　4．sad

(15)　(⑥-a)と(⑥-b)に入れるのに最も適する語を，次の1〜4の組み合わせの中から**1つ**選びなさい。
1．a．interesting　　b．interested
2．a．interested　　b．interesting
3．a．nature　　b．natural
4．a．natural　　b．nature

(16)　(⑦)に入れるのに最も適する語を，次の1〜4の中から**1つ**選びなさい。
1．another　　2．other　　3．next　　4．near

(17)　本文の内容に**合わないもの**を，次の1〜6の中から**2つ**選びなさい。(同じ解答欄に**2つ**マークしなさい)
1．猫は，元来，野生動物なので，ものかげに隠れたり，高いところに登ったりするのが好きである。
2．猫は部屋をきれいにするタイプの人たちをあまり好きではない。
3．もし家具を猫が傷つけるのを防ぎたければ，段ボールで周囲をおおうのがよい。

4．猫は整理整頓が好きなタイプの人をあまり好きではない。

5．猫は，狩りをしているつもりで，エサを探すためにベッドや流し台に飛び乗る。

6．猫の特徴は，ここに挙げた4つの特徴のみであり，それを覚えておくのは簡単だ。

3　次の英文を読んで，あとの(18)～(26)の問いに答えなさい。

Mr. Miller : OK, everyone, sit down and stop (①) so much noise !

Ann : Mr. Miller, can I ask a question ?

Mr. Miller : Of course, you can ask a question. However, that doesn't mean that I will give you an answer.

Sally : But, Mr. Miller, Mr. Eaton says that you are a *genius ! That means that you are really clever ! [②]

Mr. Miller : Yes, that's true, but don't forget, I am also very very *modest.

Ann : Well, if it isn't too much trouble, could you please answer my simple question ?

Mr. Miller : Well, (③) me check my smartphone. Hmmm. . . . I have a few minutes free at the moment. Will this take long ?

Ann : Not really, but. . . .

Mr. Miller : Chop ! Chop ! I want to go to the café to eat before it gets busy.

Ann : Oh, OK. It won't take a minute.

Mr. Miller : I'm waiting. . . .

Ann : Mr. Eaton told us that people have played golf on the Moon. Is that true ? Or, is Mr. Eaton *lying ?

Mr. Miller : Mr. Eaton told you that ? You can't believe anything that he tells you ! He's old and he lies about everything ! Just the other day he said to me, "Mr. Miller, I am a *liar !" You can't believe anything he says.

Ann : But, Mr. Miller, if Mr. Eaton told you he was a liar, then he was lying when he told you that he was a liar. Doesn't that mean he's telling the truth ?

Mr. Miller : What ? Wait, let me think about that. . . .

Yuta : Actually, people HAVE played golf on the Moon, Mr. Miller.

Mr. Miller : OMG ! No way !

Yuta : No. Mr. Eaton said he remembers seeing an ④astronaut playing golf on the Moon when he was a child. An astronaut is a person sent into space.

Mr. Miller : He probably dreamed it ! That guy is so old that his first watch was a *sundial ! His first car was a horse ! The photo on his *driver's license is a painting ! Mr. Eaton is (⑤) ! He used to walk to school with *dinosaurs ! He was around when they invented the wheel ! He remembers when they discovered fire ! He's so old that he went to school before they had a history class ! The candles on his birthday cake cost more than the cake itself ! You shouldn't believe anything that old guy says !

Sally : Really ? Are you sure, Mr. Miller ?

Mr. Miller : Absolutely !

Yuta : But [⑥] when Mr. Eaton is lying ?

Mr. Miller : Easy ! His lips are moving ! Anytime he opens his mouth he is lying !

Yuta : But Mr. Miller, I actually searched about this on the Internet. People really did play golf on the Moon.

Mr. Miller : Nope! Never happened!

Yuta : Well, actually ⑦it did. Here's an article about it and here's a video of the astronaut hitting the golf balls. It happened in 1971.

Mr. Miller : No, it didn't! We didn't go to the Moon until 1989!

Sally : Really? Are you sure, Mr. Miller? I read in my history book that people went to the Moon in 1969.

Mr. Miller : Look, who is the GENIUS here, ME or you?

Yuta : Well, here is a web page from NASA and one from the US Golf Museum. Both have the same information.

Mr. Miller : *FAKE NEWS!

Ann : Really? I don't think so. It was reported all over the world. I think it is a well-known fact. Look, here is a photo of a newspaper from 1969. It shows an astronaut, Neil Armstrong, walking on the Moon. He was the first human to visit the Moon. Here is a video that shows how the news was reported all over the world.

Mr. Miller : Neil who? Never heard of him!

Yuta : Here is a report about the astronaut playing golf on the Moon. His name was Alan Shepard. He did it in 1971. He hit two golf balls. The first one went 22 meters and the second went 37 meters. You can see it on YouTube. It's very famous.

Ann : That's right, Mr. Miller. Here's a list of books written by famous scientists about man's first visit to the Moon in 1969. Are you saying these scientists are wrong?

Mr. Miller : I can't hear you because I have my hands over my ears!

Yuta : Mr. Eaton remembers watching man walk on the Moon for the first time when he was a kid back in 1969. He said his mother made him watch it because it was such an amazing event. He remembers it very clearly.

Mr. Miller : What? I can't hear you!!! I'm now putting my head between these two comic books! I CAN'T HEAR ANYTHING YOU'RE SAYING!!!

Sally : Maybe Mr. Miller isn't really a genius after all.

Yuta : Well, Mr. Eaton told us Mr. Miller was a genius, but he also told Mr. Miller that he was a liar. So, maybe Mr. Eaton was lying when he said Mr. Miller was a genius!

Ann : Wow! That's right, Yuta! I didn't think of that! Maybe you are a (⑧), too!!!

*［注］ genius 天才　modest 控えめな　lie うそをつく　liar うそつき　sundial 日時計
driver's license 運転免許証　dinosaur 恐竜　fake でっち上げられた

(18) (①)に入れるのに最も適するものを，次の１～４の中から**１つ**選びなさい。

1．make　2．making　3．to make　4．made

(19) ［②］に入れるのに最も適するものを，次の１～４の中から**１つ**選びなさい。

1．You must be a liar!

2．You must ask us some questions!

3．You must know about everything!

4．You are too old to remember anything!

(20) (③)に入れるのに最も適する語を，次の１～４の中から**１つ**選びなさい。

1．let　2．do　3．be　4．get

(21) 下線部④の語の意味を表すものとして最も適するものを，次の１～４の中から**１つ**選びなさい。

１．someone who creates art

２．someone who travels into space

３．someone who is very good at sports

４．someone who performs in plays and films

(22) (⑤)に入れるのに最も適する語を，次の１～４の中から**１つ**選びなさい。

１．ancient　　２．shy　　３．newest　　４．interested

(23) ［⑥］に入れるのに最も適するものを，次の１～４の中から**１つ**選びなさい。

１．why do we like

２．what can we do

３．how can we know

４．where can we go

(24) 下線部⑦の内容として最も適するものを，次の１～４の中から**１つ**選びなさい。

１．People played golf on the Moon.

２．People went to the Moon in 1989.

３．Mr. Eaton lied about the Moon.

４．Yuta searched about the Moon on the Internet.

(25) (⑧)に入れるのに最も適する語を，次の１～４の中から**１つ**選びなさい。

１．scientist　　２．genius　　３．kid　　４．astronaut

(26) 本文の内容に合っているものを，次の１～７の中から**２つ**選びなさい。(同じ解答欄に**２つ**マークしなさい)

１．Neil Armstrongが初めて月面を歩いたのは1960年代のことである。

２．Mr. Millerは1969年に人類が月に到達したことを本で読み知っていた。

３．Mr. Millerは時間が十分にあったので，生徒たちの質問に丁寧に答えていた。

４．月面でゴルフボールを打ったと言われている人の名前はAlan Shepardである。

５．1969年，月面着陸のニュースは，YouTubeで全世界に配信された。

６．Mr. Eatonは近い将来，彼自身が月面を歩くよう母親から言われていた。

７．Mr. MillerはNASAのウェブページの情報は信じたが，US Golf Museumの情報は信じなかった。

4 次の広告の内容について，あとの(27)〜(30)の問いに答えなさい。

Tsuchibaraki Original T-Shirt Shop

You can make your own **original T-shirts**!!! You can use your own designs and colors!

T-shirt Colors: Yellow, Red, Blue, White, and Black

Ink Colors: Yellow, Red, Blue, Green, White, and Gray

Prices:

◆ 1 original design + 1 color on a T-shirt:

More than 20 T-shirts:	**$10 each**	More than 30 T-shirts:	**$9 each**

◆ 2 original designs + 2 colors on a T-shirt:

More than 20 T-shirts:	**$15 each**	More than 30 T-shirts:	**$12 each**

- You must order more than 20 T-shirts.
- The price of your original-design T-shirts includes free delivery.
- If you order 14 days before you need them, you can get a **20%** *discount.

How to Order :

1) Draw your original design(s)/color(s) on the back of this paper.

2) Fill in all the information in the box below.

3) Email photos of this paper (front and back) to **T-shirts01@tsuchibaraki.jp**

Name : ____________________

Address : ____________________

Phone Number : ____________________

Size :	S	M	L	XL
How many :				

If you have any questions, please come to our shop or call this number: 012-012-012

＊[注] discount 割引

(27) To order T-shirts with your original designs, you

1．should draw your own design on another piece of paper.

2．may choose from the special designs at the shop.

3. must send photos of your design by email to the shop.
4. cannot call the shop for answers to any questions.

(28) If you have any questions, you can
1. take photos of this paper.
2. come to the shop directly.
3. send an e-mail to the shop.
4. fill in all the blanks on this paper.

(29) If you order 25 T-shirts with one original design and one color, three weeks before you need them, you will only have to pay
1. 200 dollars.　2. 225 dollars.　3. 300 dollars.　4. 375 dollars.

(30) This advertisement says that you can
1. pay only five dollars each for more than 30 original-design T-shirts.
2. order 10 original-design T-shirts with one design and one color.
3. get 25 T-shirts without paying delivery costs.
4. select from only three sizes.

5

次の(31)～(33)の各文の下線を引いた語(句)とほぼ同じ意味になる語(句)を，下の1～4の中から**1つずつ**選びなさい。

(31) I understand your point, but I think we will need AI someday.
1. fever　2. situation　3. opinion　4. topic

(32) Tom is afraid to go against his parents.
1. apologize to　2. disagree with　3. get over　4. look for

(33) We have to preserve the environment for our children.
1. produce　2. pursue　3. save　4. develop

6

次の(34)～(36)の各文には，下線を引いた部分に誤りが1箇所あります。誤りのある箇所をそれぞれ①～④の中から**1つずつ**選びなさい。

(34) My host father ①put too ②many food ③on my plate, so I couldn't finish ④it all.

(35) If you continue ①to study things ②that you like, it will be ③very helpful ④on the future.

(36) ①According to my teacher, a lot of professional baseball players watched Ichiro ②when they ③are ④children.

7 (37)～(41)について，(　)内の語(句)を，意味が通るように並べかえなさい。解答は例にならって1番目～6番目の語(句)の順に番号で答えなさい。日本文がある場合には，その意味を表すよう完成させなさい。

例題　I (① you　② will　③ a　④ give　⑤ hand　⑥ tomorrow).

1番目	①●③④⑤⑥
2番目	①②③●⑤⑥
3番目	●②③④⑤⑥
4番目	①②●④⑤⑥
5番目	①②③④●⑥
6番目	①②③④⑤●

この例では，I will give you a hand tomorrow. とするために，上から順に②，④，①，③，⑤，⑥のところにマークしてあります。

(37) 私たちがこれらの数学の問題を解くことは不可能だと思います。
I think it (① impossible　② is　③ solve　④ to　⑤ for　⑥ us) these math problems.

(38) これは私がインターネットで探すことができた最も安価な時計です。
This is (① least　② watch　③ the　④ could　⑤ I　⑥ expensive) find on the Internet.

(39) 私は学校に行く途中で事故を見た。
I (① accident　② saw　③ an　④ my　⑤ on　⑥ way) to school.

(40) I will (① decide　② do　③ to　④ my　⑤ what　⑥ on) holiday after I talk to Bob.

(41) We should try (① is　② find　③ to　④ bus station　⑤ where　⑥ the) in this town.

8 (42)～(46)について，(　)に入れるのに最も適する語を，下の1～4の中から**1つ**選びなさい。

(42) Takeshi looked all night (　　) his math book because he needed to study for his test.
1．near　2．around　3．for　4．toward

(43) Naomi was so tired (　　) she could not cook her dinner.
1．as　2．because　3．that　4．which

(44) Kenji slept only 5 hours last night, so he is going to (　　) up for his lack of sleep today.
1．look　2．make　3．pick　4．stand

(45) Tom went to see a doctor yesterday, but his health is getting (　　).
1．tired　2．hurt　3．sick　4．worse

(46) Yoji sat down and (　　) a TV drama after finishing all of his homework.
1．looked　2．watched　3．listened　4．went

【数　学】（50分）〈満点：100点〉

（注意）⑴　定規，コンパス，分度器，計算機は使用してはいけません。

⑵　□の中の１つのカタカナには１つの数字が入ります。その数字をマークしなさい。

⑶　分数で答える場合は必ず約分し，比で答える場合は最も簡単な整数比で答えなさい。また，根号の中はできるだけ小さい自然数で答えなさい。

1　次の□をうめなさい。

⑴　$-0.6^2 \div \dfrac{3}{5} + 2.6 = \boxed{\text{ア}}$

⑵　$(\sqrt{5}+\sqrt{2})^2-(\sqrt{5}-\sqrt{2})^2=\boxed{\text{イ}}\sqrt{\boxed{\text{ウ}}\boxed{\text{エ}}}$

⑶　方程式 $(3x-1)^2=3x$ を解くと，$x=\dfrac{\boxed{\text{オ}}\pm\sqrt{\boxed{\text{カ}}}}{\boxed{\text{キ}}}$ である。

⑷　右の表は，ある20人のクラスで実施した５点満点のテストの結果を度数分布表に整理したものである。テストの得点の四分位範囲は $\boxed{\text{ク}}.\boxed{\text{ケ}}$ 点である。

得点(点)	度数(人)
5	1
4	3
3	6
2	5
1	3
0	2
計	20

⑸　次の⓪～③のうち，正しいものは $\boxed{\text{コ}}$ と $\boxed{\text{サ}}$ である。（$\boxed{\text{コ}}$ と $\boxed{\text{サ}}$ については，順番は問わない）

⓪　関数 $y=2x^2$ の変化の割合は一定である。

①　正八角形の１つの内角の大きさは135°である。

②　４の倍数はすべて８の倍数である。

③　回転体である円すいを，回転の軸を含む平面で切ると，切り口は二等辺三角形になる。

2　次の□をうめなさい。

⑴　y が x に反比例するとき，x の値が20％減少すると，y の値は $\boxed{\text{ア}}\boxed{\text{イ}}$ ％増加する。

⑵　右の図のように，４点A，B，C，Dが円Oの周上にある。直線ABと直線CDの交点をEとし，AB＝AE＝x，BC＝BD＝6のとき，$x=\boxed{\text{ウ}}\sqrt{\boxed{\text{エ}}}$ である。

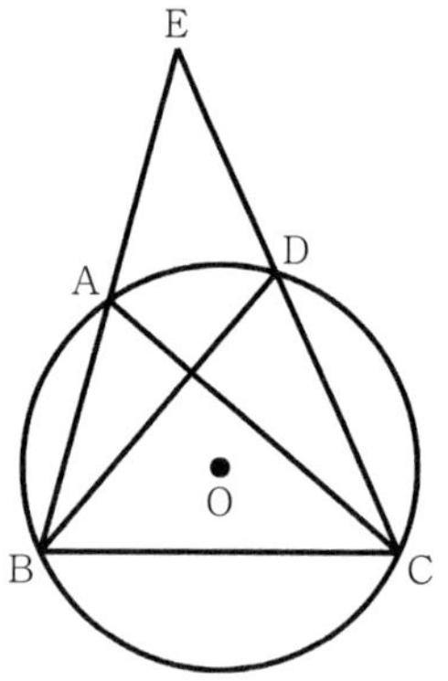

⑶　右の図のように，○が書かれたカード３枚，△が書かれたカード２枚，□が書かれたカード１枚がある。この６枚のカードをよくきって１枚取り出す。次にそのカードを戻し，よくきって再び１枚取り出す。このとき，次の⓪～⑤のうち起こる確率が最も大きいことがらは $\boxed{\text{オ}}$ であり，そのときの確率は $\dfrac{\boxed{\text{カ}}}{\boxed{\text{キ}}}$ である。

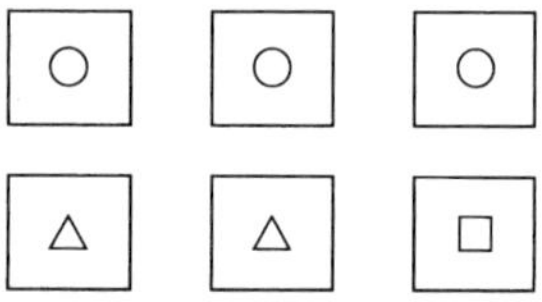

⓪　○が２回出る　　①　△が２回出る　　②　□が２回出る

③　○と△が１回ずつ出る　　④　○と□が１回ずつ出る　　⑤　△と□が１回ずつ出る

3　A，B，Cの３つの中学校の生徒が，あるスポーツ大会に参加した。参加した人数は，男子が120人，女子が156人の合計276人であった。また，B中学校の参加人数はA中学校の $\dfrac{7}{12}$ 倍，C中学校の参加人数はA中学校の $\dfrac{1}{3}$ 倍であった。次の□をうめなさい。

(1)　スポーツ大会に参加したＡ中学校の人数は[アイウ]人である。

また，スポーツ大会に参加したＡ中学校の女子とＣ中学校の男子の人数の和は，Ｂ中学校の男子とＣ中学校の女子の人数の和に等しかった。スポーツ大会に参加したＡ中学校の男子の人数をx，Ｂ中学校の男子の人数をyとする。

	男子	女子	合計
Ａ中学校	x		
Ｂ中学校	y		
Ｃ中学校			
合計	120	156	276

(2)　xとyの関係を表す式は，$x+y=$[エオカ]である。

さらに，スポーツ大会に参加したＢ中学校の男子とＡ中学校の女子の人数の比が3：5であった。

(3)　このとき，$x=$[キク]である。

4　図において，①は関数$y=\frac{1}{2}x^2$，②は関数$y=-x+4$のグラフである。①と②は２点Ａ，Ｂで交わっており，線分ABの中点をＭとする。x軸上に点Ｐをとり，ABを対角線とする平行四辺形APBQをつくる。このとき，次の□をうめなさい。

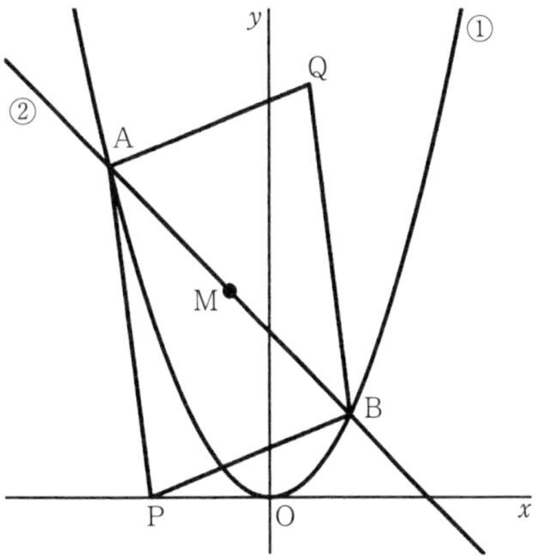

(1)　Ｍの座標は(－[ア]，[イ])である。

(2)　Ｑが①上の点でx座標が正のとき，Ｑの座標は([ウ]$\sqrt{[エ]}$，[オカ])である。

(3)　平行四辺形APBQの周の長さが最小になるとき，

BP$=\frac{[キ]\sqrt{[クケ]}}{[コ]}$である。

5　図は，１辺の長さが6の立方体CDEF-GHIJの上に，AC＝AD＝$3\sqrt{2}$の三角柱ACD-BFEを重ねたものである。ただし，５点Ａ，Ｃ，Ｇ，Ｈ，Ｄは同じ平面上にある。このとき，次の□をうめなさい。

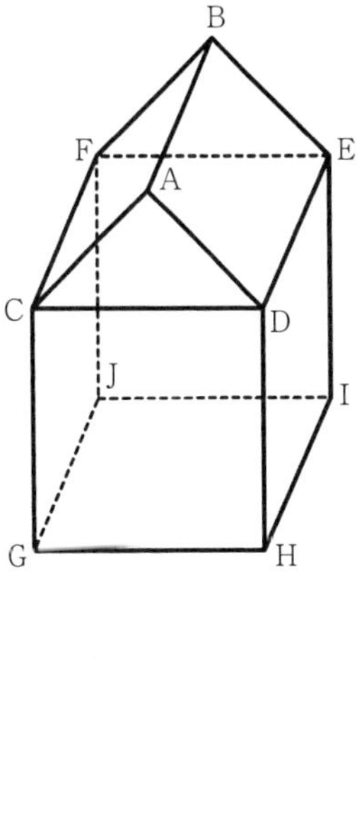

(1)　BC＝[ア]$\sqrt{[イ]}$，CE＝[ウ]$\sqrt{[エ]}$より∠CBE＝[オカ]°である。

(2)　３点Ｂ，Ｅ，Ｈを通る平面でこの立体を切るとき，その切り口の形は[キ]である。ただし，[キ]には次の⓪～③から当てはまる図を１つマークしなさい。

⓪

①

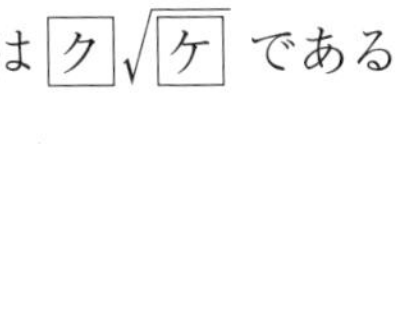

②

③

(3)　△BEHの面積は[ク]$\sqrt{[ケ]}$である。

【社　会】（50分）〈満点：100点〉

1　次の問いに答えなさい。(8)～(10)については，それぞれの説明にあてはまる国名を，以下の①～④のうちから一つずつ選びなさい。なお，(8)～(10)は，図1（地図）中の番号に対応している。

(1)　五・一五事件で暗殺された人物として適切なものを，以下の①～④のうちから一つ選びなさい。

①　犬養毅　　②　伊藤博文　　③　板垣退助　　④　浜口雄幸

(2)　第二次世界大戦直後の日本の出来事として**適切でないもの**を，以下の①～④のうちから一つ選びなさい。

①　食料不足　　②　復員　　③　国家総動員法の制定　　④　極東国際軍事裁判の審議

(3)　世界恐慌時のソ連でとられた経済政策として適切なものを，以下の①～④のうちから一つ選びなさい。

①　ニューディール政策　　②　五か年計画　　③　ファシズム体制　　④　所得倍増政策

(4)　社会権に分類される権利として**適切でないもの**を，以下の①～④のうちから一つ選びなさい。

①　教育を受ける権利　　②　勤労の権利　　③　財産権　　④　生存権

(5)　日本国憲法が規定する国民の三大義務として**適切でないもの**を，以下の①～④のうちから一つ選びなさい。

①　子どもに教育を受けさせる義務　　②　勤労の義務

③　納税の義務　　④　兵役の義務

(6)　2020年にEUを離脱した国として適切なものを，以下の①～④のうちから一つ選びなさい。

①　アメリカ合衆国　　②　イギリス　　③　スイス　　④　ノルウェー

(7)　スカンディナビア半島の西岸にみられる氷河によって削られた谷に海水が入り込んだ地形として適切なものを，以下の①～④のうちから一つ選びなさい。

①　ツンドラ　　②　三角州　　③　フィヨルド　　④　リアス海岸

(8)　インド半島の南東に位置する島国で，仏教徒が多く，米・茶・天然ゴムの生産が盛んである。

①　インドネシア　　②　スリランカ　　③　ネパール　　④　フィリピン

(9)　国土の約70％が森林で針葉樹林など林産資源が豊富であり，ロシアと国境を接するため，長年にわたりNATO非加盟国であったが，2022年にNATO加盟が承認された。

①　ウクライナ　　②　デンマーク　　③　ノルウェー　　④　フィンランド

(10)　国内をナイル川が流れ，イスラム教徒が多く，内戦の末に南部10州が2011年に分離独立した。

①　アルジェリア　　②　エジプト　　③　エチオピア　　④　スーダン

図1

2 危機や困難に直面したとき，われわれはどのように乗り越えたらよいのか。歴史に学ぶ意義の一つに，生きるための羅針盤を求めるということがあるように思う。過去の事実に，未来の生き方の指針を探すことはとても有益なことではないだろうか。次の文章A～Cを読んで，あとの問いに答えなさい。

A

右の写真は，江戸時代に無病息災のお守りとして家の入り口などに貼られたものである。とりわけ，(a)コレラなどの疫病《えきびょう》が大流行したときには大量に出回った。この人形魚は，人間の上半身に魚体が結びついた妖怪だという。この人形魚には(b)「悪病除」「是《これ》をみれは寿命なかし(長し)」とある。類似の妖怪に人の顔に牛の体をしたものが知られている。その人顔牛が描かれる(c)瓦版には作柄と流行病を予言し，難を逃れるには自らの姿を家の中に貼っておくとよいと記されている。

国立歴史民俗博物館「人形魚　悪病除」
（怪談・妖怪コレクション）F-320-770

(1) 下線部(a)に関連して，感染症の流行は，誤解や偏見などによって，しばしば差別を生んできた。差別に関する文として適切なものを，以下の①～④のうちから**すべて**選びなさい。

① 20世紀になるとハンセン病患者の強制的な隔離は行われなくなり，政府が治療薬の開発を推進し，効果的な治療がされることで病気への理解が進んだ。

② 2016年に障害者差別解消法が施行され，障がい者に対する差別は解消したことが宣言された。

③ 日本国憲法では，すべての国民は個人として尊重され，法の下に平等であることが定められ，どのような差別も否定されている。

④ 被差別部落出身者に対する差別を解消しようと，1922年に京都で全国水平社が結成された。

(2) 下線部(b)に関連して，豊作祈願や厄払いなど様々な目的で，地域ごとに特色ある伝統文化が育まれてきた。藤原さん，増川さん，升さん，直井さんは，夏休みの自由研究として，これらを訪ねることにした。各自の計画書を見て，下線部に関する説明として**誤りがあるもの**を，以下の①～④のうちから一つ選びなさい。

テーマ：伝統文化に学ぶ旅

藤原さんの計画

5月3日(火)　土浦→羽田→(①航空機)→福岡
博多どんたくを見学

5月4日(水)　福岡→(航空機)→羽田→土浦

増川さんの計画

7月20日(水)　土浦→東京→(新幹線)→岡山→②本州四国連絡橋経由
→徳島　阿波おどりを見学

7月21日(木)　徳島→本州四国連絡橋経由→岡山→(新幹線)→東京
→土浦

升さんの計画

8月5日(金)　土浦→上野→(新幹線)→青森
③ねぶた祭りを見学

8月6日(土)　青森→秋田→(新幹線)→上野→土浦
竿燈《かんとう》まつりを見学

直井さんの計画

8月16日(火)　土浦→東京→(新幹線)→名古屋→高山
④白川郷を見学

8月17日(水)　高山→名古屋→(新幹線)→東京→土浦

① 東京と福岡を結ぶ航空路線は利用者が多いため，新幹線よりも移動にかかる時間は長い。

② 本州四国連絡橋を使って岡山から徳島まで最短ルートで向かうためには，瀬戸大橋を通るのがよい。

③ ねぶた祭りは収穫を前に，豊作を祈る祭が起源であり，台車に乗せられた豪華な装飾が知られている。

④ 白川郷は合掌造りの集落で知られ，屋根のふきかえは集落の住民による共同作業で行われる。

(3) 下線部(c)「瓦版」は，江戸時代の新聞のようなもので，情報を庶民に伝える手段の一つであった。マスメディアやインターネットに関する説明として適切なものを，以下の①～④のうちから**すべて**選びなさい。

① 政党がインターネットを使って，自らの政策を宣伝することは禁止されている。

② ソーシャルメディアは，政治家が自分の考えを直接，有権者に訴える手段としても使われている。

③ マスメディアの情報を正しく理解し，活用する能力をメディアリテラシーという。

④ 候補者が電子メールを使って，自らへの投票を有権者に呼びかける行為は法律違反である。

B

長野県上田市に無言館という美術館があります。ここは，画家を目指しながらも戦争で亡くなった学生の作品を展示しています。作品が世に知られる前に亡くなったために，作者は，正確にいえば「画家」ではありませんが,「絵を描きたい」という一心で絵筆を取った青年の思いがつまっています。館長の窪島誠一郎さんは，無言館の開設を思いついた経緯を以下のように記しています。

何カ所めのご遺族訪問に当ったときだったか，1945年4月に(d)フィリピンのルソン島で27才で戦死した画学生日高安典さんのご遺族を，(e)鹿児島県種子島の生家に訪ね，安典さんの実弟稔典さんと一夜語りあかしたときだったと思う。安典さんは種子島南端の南種子町の旧制中学校を出て上京，(f)東京美術学校(美校，現在の東京芸術大学)を卒業して(注1)応召するまでは「(注2)池袋モンパルナス」近くの椎名町に住んで絵を描いていた。そして召集令状がとどいた日，美校に職業モデルとしてやってきていた恋人の裸体像を描いて戦地に発つのだ。そのときのこしたスケッチブックの片隅には,「小生は生きて帰らねばなりません。絵を描くために」そんな二行が記されてあった。

(注1) 召集されて兵になること。

(注2) 東京・池袋近くにあった画家志望の人が多く集まって住んでいた一角を指す。

(4) 下線部(d)「フィリピン」の宗教別人口構成として適切なものを，以下の①～④のうちから一つ選びなさい。

(単位：%)

	ヒンドゥー教	キリスト教	イスラム教	仏教・道教	その他	合計
①	80	2	14	1	3	100
②	0	93	5	0	2	100
③	7	9	61	21	2	100
④	2	11	86	1	0	100

(外務省ホームページにより作成)

(5) 下線部(e)「鹿児島」に関する文として適切なものを，以下の①～④のうちから一つ選びなさい。

① 九州南部には，カルデラという古い火山の噴出物が50～100ｍにもなるほど厚く積もってできた大地が広がる。

② 種子島には，16世紀にポルトガル人から鉄砲が伝わった。その後，戦国大名の間に急速に鉄砲技術が広まった。

③ 桜島は現在でも噴火が頻繁に起こり，噴石や火砕流などの被害をもたらすことがある。その一方で，地中に多く埋蔵されている石炭を使って電力を生み出している。

④ 知覧《ちらん》に置かれた航空基地からは，第二次世界大戦末期に，特別攻撃隊として，体当たり攻撃をする航空機が飛び立ち，アメリカ軍の撃退に成功した。

(6) 下線部(f)に関連して，大学には学問の自由があり，不当に権力が干渉することはできない。下線部の内容が学問の自由を含め，憲法に規定されている精神の自由に関わる文として**適切でないもの**を，以下の①～④のうちから一つ選びなさい。

① 著名人のプライバシーを記載した図書の出版を差し止めるように訴えた裁判で，出版社側は表現の自由を根拠に反論した。

② かつては政府が，本や新聞を検閲し，政府に都合の悪い書物は出版させなかった。現在の憲法ではこうした行為は禁止されている。

③ 強盗事件が起きた隣の家に住んでいた人が，警察官の訪問を受け，令状を示さないまま，家の中を調べ始めたので抗議した。

④ SNSに掲載した自分の写真を見た友人が，密かに悪口を言っていることを知ったＡさんは，友人に抗議したが，何を言おうと自由だと反論された。

C

宇宙や空へのあこがれは，危険と隣りあわせでもあった。(g)1970年４月に行われたアメリカ合衆国のアポロ計画の３度目の有人月飛行として，アポロ13号が打ち上げられた。搭乗員が打ち上げ直前で変更になり，打ち上げ後の事故により月の探査が中止になるなど数多くの深刻な危機的状況を脱し，乗組員全員が無事に地球に帰還した。現在では，民間企業が参入して新たな(h)宇宙開発が進んでいる。

(i)1985年８月12日午後７時前，羽田発(j)大阪行きの日本航空123便が，群馬県上野村に墜落し，乗客・乗員500名以上が死亡するという国内航空史上最悪の事故が起きた。航空機メーカーの修理ミスが原因で，圧力隔壁が破損し，操縦不能になったと判定された。後にボイスレコーダーに記録された操縦席内部の音声が公開され，墜落に至る機長と副操縦士との緊迫したやり取りが衝撃を与えた。

(7) 下線部(g)「1970年」代の出来事を説明した文Ｗ～Ｚの組み合わせとして適切なものを，以下の①～⑥のうちから一つ選びなさい。

Ｗ GHQの草案をもとに，帝国議会の審議を経て，日本国憲法が制定された。

Ｘ 国連の平和維持活動として初めて自衛隊の部隊がカンボジアに派遣された。

Ｙ 佐藤栄作内閣のとき，アメリカから沖縄が日本に返還された。

Ｚ 田中角栄首相が中国を訪問し，日中国交回復を実現した。

① ＷとＸ　② ＸとＹ　③ ＷとＹ

④ ＹとＺ　⑤ ＸとＺ　⑥ ＷとＺ

(8) 下線部(h)に関連して，2017年12月，日本人宇宙飛行士・金井宣茂さんたち３人が搭乗したソユーズ宇宙船は，カザフスタン共和国バイコヌール宇宙基地から宇宙へと飛び立った。カザフスタンについて説明した文として**適切でないもの**を，以下の①～④のうちから一つ選びなさい。

① カザフスタンは，ソビエト社会主義共和国連邦が1991年に解体され，独立した。

② カザフスタンは，輸出品の中で原油が多くの割合を占めている。

③ カザフスタンの草原地帯は，かつてシルクロードと呼ばれた交易路が整備された。

④　カザフスタンの人々の大半は，仏教やキリスト教を信じている。

(9)　下線部(i)に関連して，1980年代の日本について説明した文として適切なものを，以下の①～④のうちから一つ選びなさい。

①　余った資金を土地や株に投資し，地価や株価が異常に高くなるバブル経済が発生した。

②　国民生活への統制が強められ，米・砂糖・マッチなどが配給制や切符制になった。

③　第四次中東戦争が起き，石油価格が大幅に上昇したため石油危機が発生した。

④　アメリカの金融危機を始まりとして，日本を含めた世界各国が不況になった。

(10)　下線部(j)「大阪」空港では，かつて，騒音に苦しむ地元住民が，飛行機の夜間飛行差し止めを求めて訴訟を起こした。この裁判に関する記述として**適切でないもの**を，以下の①～④のうちから一つ選びなさい。

①　地元住民が原告となり，国を被告として訴えた。大阪地方裁判所と大阪高等裁判所は原告の訴えを認めたが，国が上告し，最高裁判所は訴えを退けた。

②　地元住民が裁判を起こすと，国民から選ばれた裁判員が参加し，有罪か無罪かを判断した。

③　空港を管理する国は，多数の利用者の利便性や幸せを挙げ，公共の福祉という観点から必要性を主張した。

④　地元住民は，良好な環境の下で生きる権利として環境権を主張し，夜間の飛行差し止めを求めた。

3　次の新聞記事を読んで，あとの問いに答えなさい。なお，出題の都合上，一部改変している。

罪を犯した18，19歳を厳罰化する(a)改正少年法が4月1日，施行された。成人と同様の刑事手続きをとる検察官送致(逆送)の対象犯罪を拡大した。18，19歳が起訴(略式を除く)された段階で，これまで禁止されていた(b)実名報道も可能となる。

改正[あ]の施行で(c)成人年齢は同日，20歳から18歳に引き下げられた。(d)裁判員や(e)検察審査会審査員に選ばれる年齢も現行の20歳から18歳になるが，少年法の適用年齢の引き下げは見送られた。成長と発達の途上にある少年に対し，(f)刑罰よりも立ち直りを重視してきた同法の理念を重視する意見が根強かったためだ。

半面，18，19歳は「社会で責任ある主体として積極的な役割を果たすことが期待される立場になった」((g)法務省)として「特定少年」と位置づけ，17歳以下とは異なる特例を定めた。

改正法では特定少年についても全事件を[い]に送致し，成育環境などを詳しく調査する現行の枠組みは維持する。一方で，[い]から原則逆送する対象を「故意に人を死亡させた罪」から「(h)死刑，無期または1年以上の懲役・禁錮の罪」に拡大した。

……（中略）……

少年の更生を妨げるとして少年法が禁じてきた実名や顔写真などの報道も，特定少年については起訴後に解禁される。(注)最高検は全国の高検，地検に対し，実名公表を検討するのは裁判員裁判の対象事件など「犯罪が重大で地域社会に与える影響も深刻な事件とすべきだ」とする通知を出した。

(注)　最高検察庁のこと。

(日本経済新聞(2022年4月1日)より一部抜粋)

(1)　記事の内容から読み取れることとして適切なものを，以下の①～④のうちから一つ選びなさい。

①　最高裁判所は，実名報道の対象を重大事件に制限するべきだという見解を示している。

②　18，19歳は「特定少年」となり，少年法が適用されなくなった。

③　改正少年法の施行は，成人年齢の引き下げに伴って行われた。

④　特定少年の犯罪については，逮捕されるまで実名報道ができない。

(2)　空欄[あ]・[い]にあてはまる語句の組み合わせとして適切なものを，以下の①～④のうちから一つ選びなさい。

①　[あ]―刑法　[い]―家庭裁判所
②　[あ]―刑法　[い]―地方裁判所
③　[あ]―民法　[い]―家庭裁判所
④　[あ]―民法　[い]―地方裁判所

(3)　下線部(a)に関連して，法律の改正手続きは新しい法律を制定するときと同様に行われる。図1は，法律案が提出されてから法律として公布されるまでの過程を表したものである。図1中の[う]～[お]にあてはまる語句の組み合わせとして適切なものを，以下の①～④のうちから一つ選びなさい。

図1

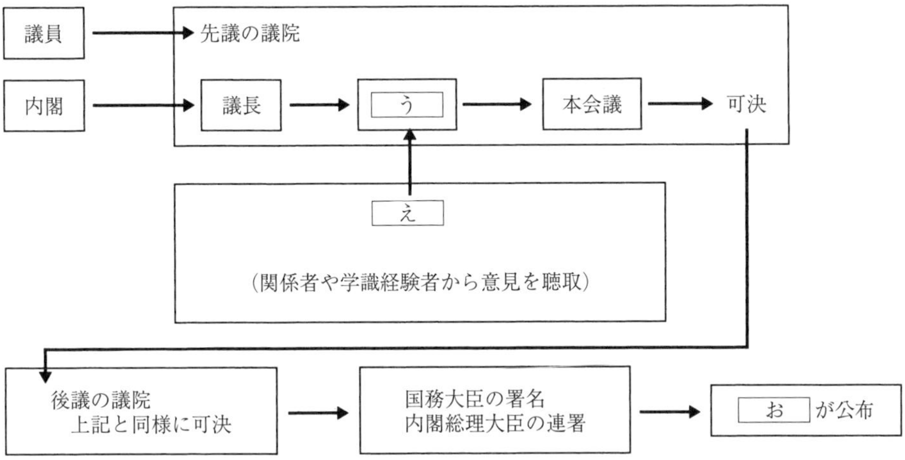

①　[う]―委員会　[え]―公聴会　[お]―天皇
②　[う]―委員会　[え]―公聴会　[お]―内閣総理大臣
③　[う]―公聴会　[え]―委員会　[お]―天皇
④　[う]―公聴会　[え]―委員会　[お]―内閣総理大臣

(4)　下線部(b)「実名報道」に対する賛成意見として適切なものを，以下の①～④のうちから一つ選びなさい。

①　実名報道が解禁されれば，少年たちにとって，犯罪行為をするリスクは高まるはずだ。悪いことをして捕まったとき，全世界の人に非難される可能性があるのだから，結果として，実名報道は犯罪行為を抑止するに違いない。

②　実名報道が解禁されれば，犯罪行為をした少年が社会に復帰する際の障害になりかねない。少年の氏名をインターネットで検索するだけで，誰でも少年の過去の犯罪行為を知ることができてしまうのだから。

③　実名報道は，少年による犯罪数の減少に貢献するかもしれない。しかし，少年法の存在意義は，未熟な少年たちの更生を促すことにあるはずだ。社会復帰する際の障害はできる限り取り除くべきだ。

④　実名報道は，報道の正確性や信ぴょう性を高めることができるが，その影響力についても考慮しなくてはならない。少年犯罪の報道は，少年法が適用されない犯罪の報道よりも同世代の少年たちに影響を与えるのではないだろうか。模倣犯の増加につながらないか心配だ。

(5)　下線部(c)に関連して，2022年4月1日から成人年齢が18歳に引き下げられたことで変わったこととして適切なものを，以下の①～④のうちから一つ選びなさい。

① 18歳でも，お酒が飲めるようになった。

② 18歳でも，憲法改正のための国民投票で，投票できるようになった。

③ 18歳でも，参議院選挙で投票できるようになった。

④ 18歳でも，保護者の同意なく，携帯電話の契約ができるようになった。

(6) 下線部(d)に関連して，図２～４は「裁判員等経験者に対するアンケート」の調査結果の一部を表したものである。図２～４から読み取れることとして適切なものを，以下の①～④のうちから一つ選びなさい。

図２　裁判員に選ばれる前の気持ち

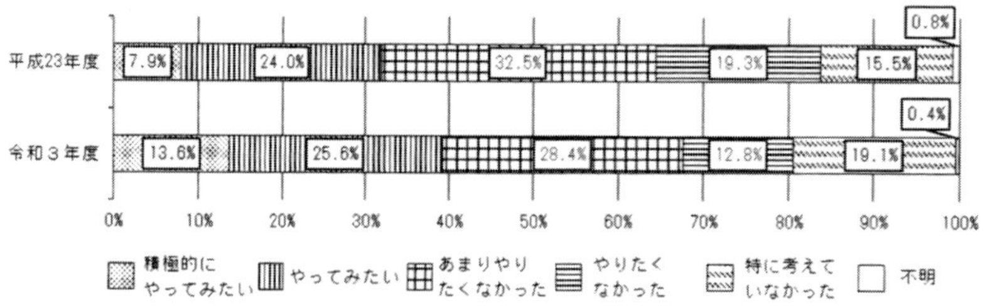

図３　裁判員として裁判に参加した感想

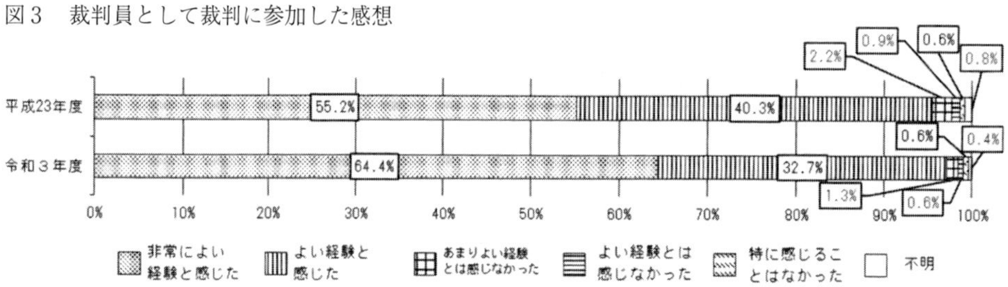

図４　裁判所の対応に対する全体的な印象

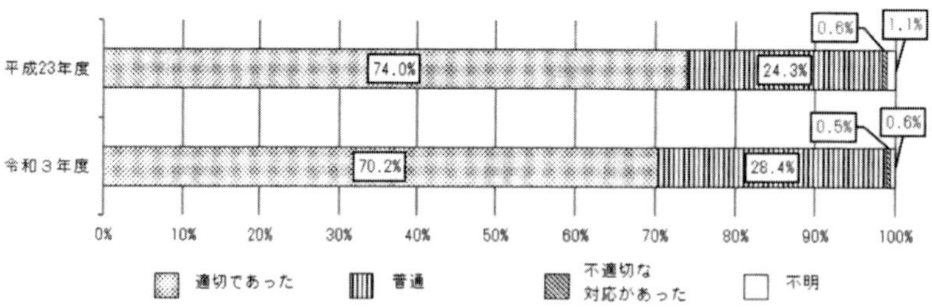

（注）データは出典通りに引用したため，合計で100％にならないものがある。

（図２～４のいずれも「裁判員等経験者に対するアンケート」により作成）

① 裁判員として裁判に参加したことを「よい経験と感じた」割合は，増加している。

② 裁判員に選ばれる前に「積極的にやってみたい」または「やってみたい」と思っていた人の割合は，増加している。

③ 裁判員に選ばれる前の気持ちが前向きな人ほど，裁判員裁判を経験してよかったと感じている。

④ 裁判所の対応に対する全体的な印象がよくなると，裁判員として裁判に参加したことをよい経

験と感じた割合も増えている。

(7) 下線部(e)「検察審査会」制度の目的と考えられるものとして適切なものを，以下の①～④のうちから一つ選びなさい。

① 証拠が不十分でも，疑わしい者を裁判にかけるため。
② 適切な判断をすることで，冤罪を防ぐため。
③ 犯罪被害者の意見を尊重し，優遇するため。
④ 被疑者の起訴・不起訴の判断について，民意を反映させるため。

(8) 下線部(f)に関連して，次の日本国憲法の条文から読み取れることとして適切なものを，以下の①～④のうちから一つ選びなさい。

第18条　何人も，いかなる奴隷的拘束も受けない。又，犯罪に因る処罰の場合を除いては，その意に反する苦役に服させられない。

第31条　何人も，法律の定める手続によらなければ，その生命若しくは自由を奪はれ，又はその他の刑罰を科せられない。

第36条　公務員による拷問及び残虐な刑罰は，絶対にこれを禁ずる。

第39条　何人も，実行の時に適法であつた行為又は既に無罪とされた行為については，刑事上の責任を問はれない。又，同一の犯罪について，重ねて刑事上の責任を問はれない。

第40条　何人も，抑留又は拘禁された後，無罪の裁判を受けたときは，法律の定めるところにより，国にその補償を求めることができる。

① 刑罰は苦役であるため，憲法では認められていない。
② 刑罰を受けた後，何人も国に対して慰謝料を請求することができる。
③ 刑罰を科すには，事前に法律が制定されていなければならない。
④ 法律の手続きにしたがっていれば，どのような刑罰でも許容される。

(9) 下線部(g)に関連して，内閣のもとに設置される行政機関が省や庁である。2023年４月には，新しい行政機関として「こども家庭庁」の設置が予定されている。「こども家庭庁」に関する法案の制定過程では，縦割り行政が続いている幼稚園と保育園にかかわる行政の一元化を目指す議論もあったが，見送られた。従来，幼稚園や学校教育，スポーツ振興や文化財保護などにかかわる行政を担当している省として適切なものを，以下の①～④のうちから一つ選びなさい。

① 厚生労働省　② 総務省　③ 法務省　④ 文部科学省

(10) 下線部(h)に関連して，次の会話文は死刑制度について二人の高校生が議論しているものである。空欄 [か] ～ [け] には，A～Dのいずれかの文が入る。空欄 [か] と [け] にあてはまる記述の組み合わせとして適切なものを，以下の①～④のうちから一つ選びなさい。

大山：[か] と思うんだ。死刑ではその目的を達成できないのではないかな。

三島：私はそうは思わないな。[き] と思うよ。重罰があることで，その目的が達成されるのではないかな。

大山：重罰が必要なことに異論はないよ。でも，[く] と思うんだ。

三島：たしかにそういう面もあるのかもしれないね。でも，[け] と思うよ。

A　刑罰の目的は，罪を犯した人を更生させることで，再犯を防ぐことだ
B　刑罰の目的は，犯罪を抑止することだ
C　死刑制度は，国家が死刑囚の生きる権利を奪っている
D　死刑制度は，被害者やその家族の気持ちに応える面もあるのではないか

① [か]－A　[け]－C　② [か]－A　[け]－D
③ [か]－B　[け]－C　④ [か]－B　[け]－D

4 次の文章を読んで，あとの問いに答えなさい。

アイスクリームとは，(a)牛乳や(b)砂糖などを原料として，冷やしながら空気を含むように混ぜてクリーム状にして，これを凍らせた食べ物である。アイスクリームの起源は古く，古代ローマの時代には，雪や氷を冬に貯蔵し，夏に食べていた。暴君として知られるローマ皇帝ネロは，アルプスから奴隷に万年雪を運ばせ，バラやスミレの花水，果汁，蜂蜜，樹液などをブレンドしてつくった氷菓「ドルチェ・ビータ」を愛飲したと言われ，これはローマ市民の間にも広まった。

16世紀，アイスクリームの歴史は技術面において大きな転換点を迎えた。マルク・アントニウス・ジマラによって，水に硝石を入れるとその溶解熱により水の温度が下がることが発見された。これにより，(c)ものを冷やす技術は大きく発展した。後に，氷に硝石を混ぜることで冷却時間を短縮できる技術が開発されて，飲み物を凍らせることができるようになり，天然氷を利用しないシャーベットができるようになった。

近代のアイスクリーム産業は，［ あ ］で発展した。1851年，牛乳屋のヤコブ・フッセルは余ったクリームの処理に困り，アイスクリームの生産・販売を思いついた。採算性が見合うことから，フッセルは牛乳工場をアイスクリーム工場に転換し，これによりアイスクリームの産業化が始まった。

日本人で初めてアイスクリームを食べたのは，1860年，日米修好通商条約の批准書交換のために渡米した幕府の使節団だと言われている。幕末以前の時代にも，古代ローマのように冬に貯蔵した氷が夏に利用されていた。『枕草子』には，削った氷に甘いシロップをかけた，現在のかき氷のようなものを食べていた記述があり，また江戸時代には，(d)加賀藩が将軍家に雪氷を献上していた。

明治に入った1869年，(e)横浜の馬車道通りで氷と塩を使用して，日本で最初のアイスクリームの製造・販売が始まった。その後，日本においてアイスクリームの工業化が始まったのは大正時代の1920年である。東京の深川にあった冨士食料品工業(現在，森永乳業グループの冨士森永乳業)のアイスクリーム工場が，米国製アイスクリームフリーザーを導入して，アイスクリームの生産を開始した。

(1) ヒントを参考にして，空欄［ あ ］にあてはまる国名として適切なものを，以下の①～④のうちから一つ選びなさい。

［ヒント］
・世界で3番目に人口が多い国である。
・日本の国土面積の約26倍の国土面積を有する。
・国土の西側は乾燥した気候がみられ，国土の東側は湿潤な気候がみられる。

① アメリカ合衆国　② イギリス
③ インド　④ スイス

(2) 下線部(a)に関連して，表1は日本における生乳の生産量の上位5位の都道府県を示したものである。表1中のAに入る都道府県の県庁所在地の雨温図として適切なものを，次のページの①～④のうちから一つ選びなさい。

表1　(単位：トン)

1位	A	4,265,600
2位	栃木県	347,879
3位	熊本県	267,173
4位	岩手県	211,532
5位	群馬県	208,496

(注) 2021年のデータ。
(『日本国勢図会 2022/23』により作成)

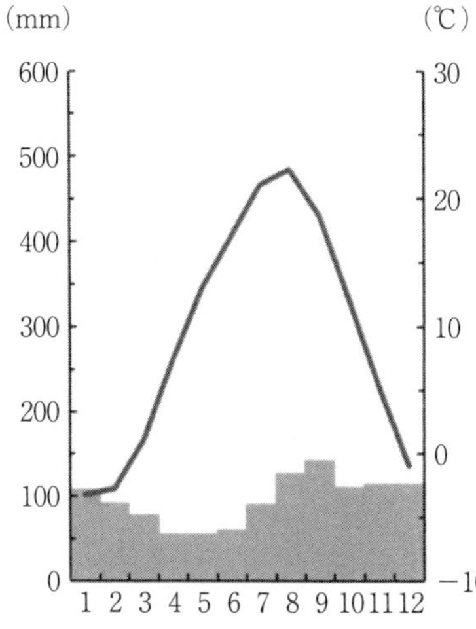

①

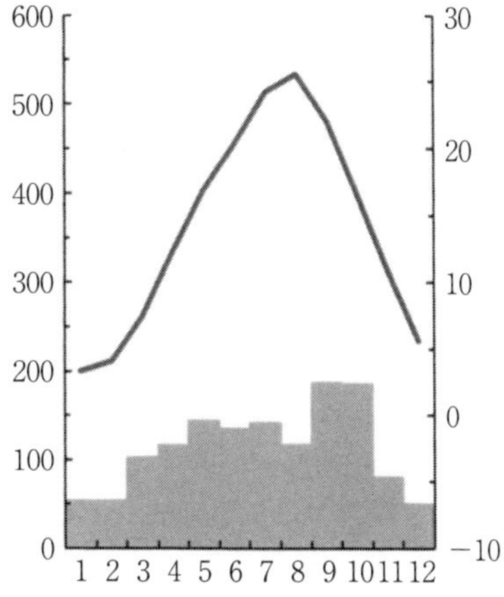

②

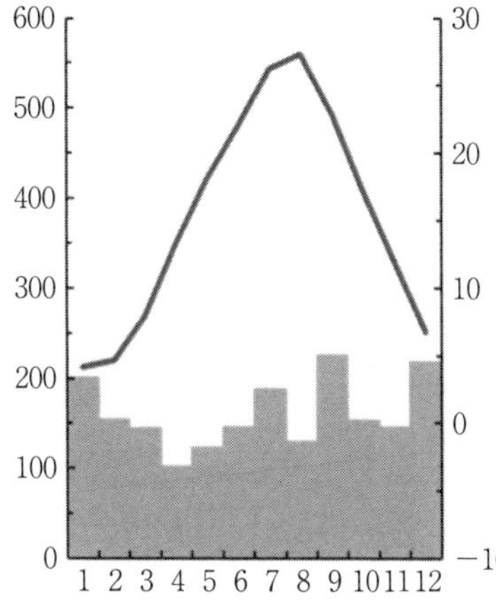

③

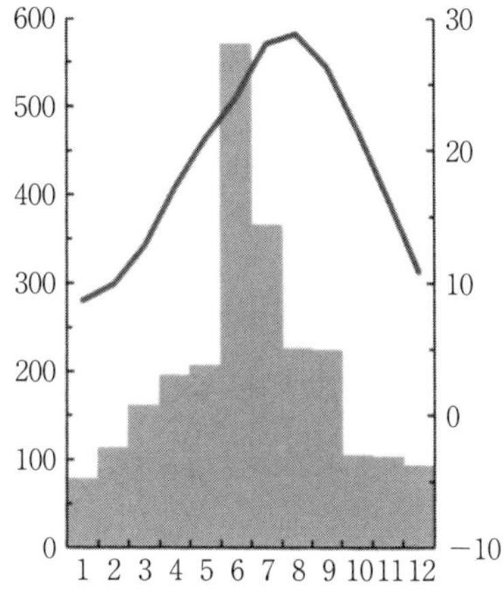

④

(雨温図はいずれも気象庁ホームページにより作成)

(3) 下線部(b)に関連して，砂糖と呼ばれるものには様々な種類がある。表2は粗糖の，表3は精製糖の生産量の上位2都道府県とその生産量を示したものである。北海道が精製糖の生産量で上位となる理由について説明した文章中の い ・ う にあてはまる語句の組み合わせとして適切なものを，以下の①〜⑥のうちから一つ選びなさい。

表2　粗糖の都道府県別生産量

(単位：トン)

沖縄県	15,237
鹿児島県	8,138
全国	26,963

表3　精製糖の都道府県別生産量

(単位：トン)

北海道	666,605
徳島県	628
全国	676,609

(注)　いずれも2019年のデータ。

(いずれも「工業統計調査(品目別統計表)」，2020年により作成)

粗糖とは，加工段階にある砂糖の一種で，原料糖とも呼ばれる。一方の精製糖は，ミネラルなどを含む糖蜜を結晶と分離し，ショ糖だけを精製した砂糖である。私たちが食卓でよく目にするグラニュー糖，上白糖などは精製糖に含まれる。北海道が精製糖の生産量日本1位である理由は，北海道は[い]に属し，冷涼な気候であるため，砂糖の原料となる[う]の生産が盛んであるためだと考えられる。

① [い]―冷帯　[う]―サトウキビ
② [い]―冷帯　[う]―てんさい
③ [い]―冷帯　[う]―ばれいしょ
④ [い]―寒帯　[う]―サトウキビ
⑤ [い]―寒帯　[う]―てんさい
⑥ [い]―寒帯　[う]―ばれいしょ

(4) 下線部(c)に関連して，冷凍技術の発達は世界における牧畜業の発展に影響を与えた。表4はある畜産物の生産量の上位5か国とその生産量を示したものである。表4が示す畜産物として適切なものを，以下の①～④のうちから一つ選びなさい。

① 牛肉　② 鶏肉
③ 豚肉　④ 羊肉

表4　(単位：千トン)

1位	中国	2,468
2位	オーストラリア	732
3位	ニュージーランド	449
4位	トルコ	389
5位	アルジェリア	332

(注) 2019年のデータ。
(『世界国勢図会 2021/22』により作成)

(5) 下線部(d)に関連して，かつての加賀藩領である現在の石川県・富山県について述べたものとして適切なものを，以下の①～④のうちから一つ選びなさい。

① 石川県・富山県のいずれも県名と県庁所在地名が同じである。
② 石川県・富山県のいずれも新幹線の路線が通っている。
③ 石川県では製薬，富山県は輪島塗といった地場産業や伝統産業がみられる。
④ 石川県は長野県と，富山県は福井県と隣接している。

(6) 下線部(e)に関連して，横浜と同様に幕末の日米修好通商条約により開港し，近代以降，港町として発展した都市として適切なものを，以下の①～④のうちから一つ選びなさい。

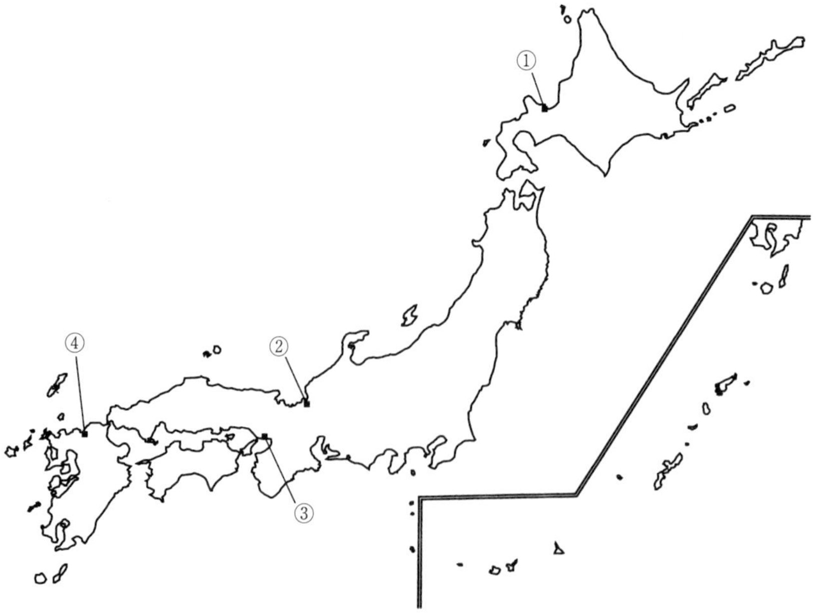

5　圭太さんは夏休みの課題として，地域調査を行うことにした。下の図１・２を読み取り，次の問いに答えなさい。

(1)　図１において原寸の地図上において約５cm の直線の，実際の距離として適切なものを，以下の①～⑥のうちから一つ選びなさい。

①　100m　　②　125m　　③　1km　　④　1.25m　　⑤　10km　　⑥　12.5km

(2)　図１・２から読み取れることとして適切なものを，以下の①～④のうちから一つ選びなさい。

①　図１・２を比較すると，「根岸」の海岸部は埋め立てが進み，田畑に変化したことがわかる。

②　図１・２を比較すると，図１で横浜の市街地から海につながる「堀割川」は，図２においても変わらない位置を流れている。

③　図１における「西波止場」・「東波止場」という地区は，図２における「みなとみらい」という地区である。

④　図１における「よこはま」駅は，図２において駅の場所は変わっていないが，名称は「関内」駅に変わっている。

図１

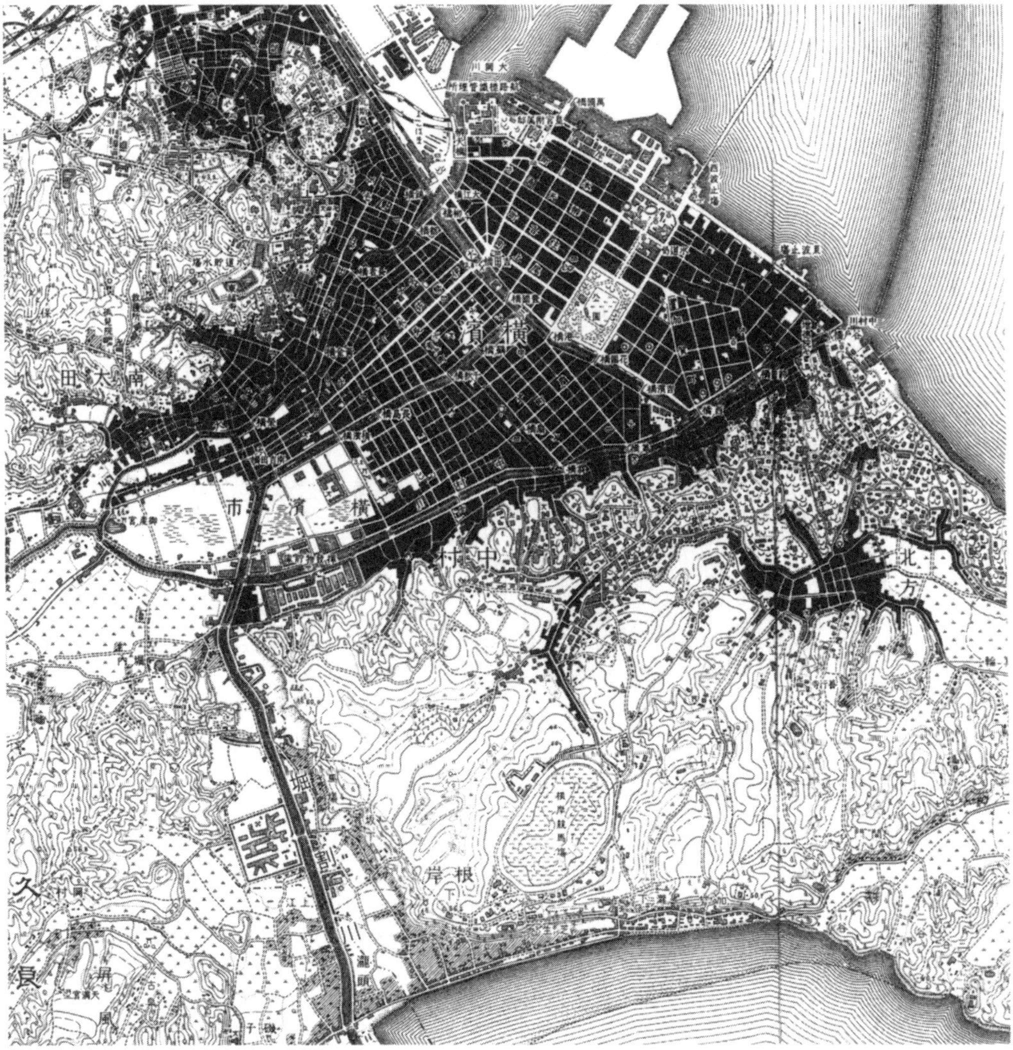

（注）　問題の都合により一部加筆。

（２万分の１正式図「横濱」，明治39年測図，原図を60％に縮小）

(3)　図１における「根岸競馬場」が，図２において相当する場所として適切なものを，以下の①～④のうちから一つ選びなさい。

①　根岸森林公園　　②　フェリス女学院大

③　本牧山頂公園　　④　横浜スタジアム

(4)　圭太さんは横浜港の発展について興味をもった。横浜港の発展をテーマとして調査する手法や内容についての文Ｘ・Ｙの正誤の組み合わせとして適切なものを，以下の①～④のうちから一つ選びなさい。

Ｘ－統計資料を用いて，横浜港の主な取扱貨物の品目の変化を明らかにする。

Ｙ－横浜市や客船ターミナルのホームページをみて，現在のクルーズ船の入港数を調べる。

①　Ｘ－正　Ｙ－正　　②　Ｘ－正　Ｙ－誤

③　Ｘ－誤　Ｙ－正　　④　Ｘ－誤　Ｙ－誤

図２

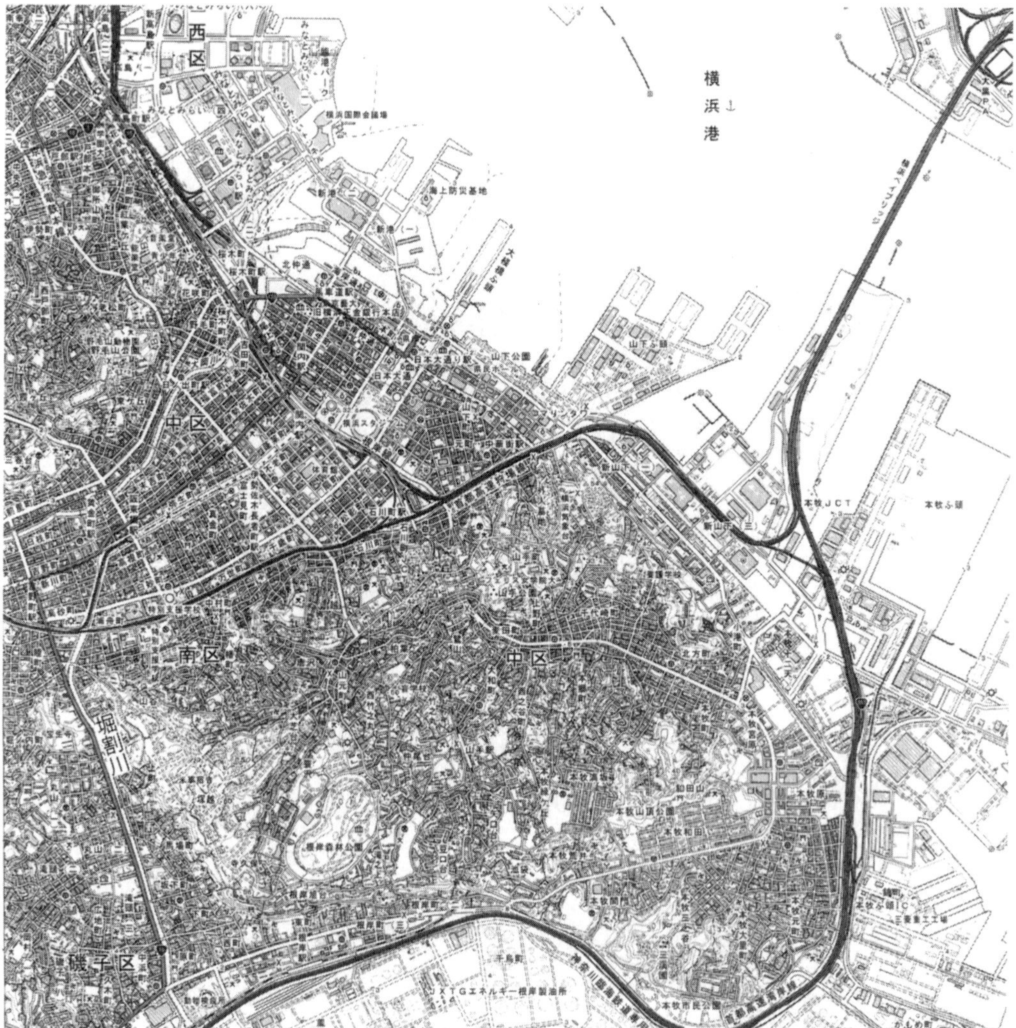

（注）　問題の都合により一部加筆。

（２万5,000分の１地形図「横浜東部」，令和元年調製，原図を60％に縮小）

6　次の文章は，光さんと高校の先生の会話である。これを読んで，あとの問いに答えなさい。

光　：先日，家族で鎌倉に行ってきました。歴史の授業で鎌倉時代について習ったばかりだったのでとても楽しかったです。

先生：光さん，鎌倉は(a)鎌倉時代に幕府が置かれたところとして有名ですが，(b)旧石器時代の石器が発掘されていることから，旧石器時代には人がいた跡が残っています。非常に歴史に関わりの深い地域ですよね。

光　：なるほど。現在のような観光地になったのはいつ頃なのでしょうか。

先生：それは江戸時代だと言われています。鎌倉は，室町時代以降衰退し，(c)農業と漁業の町となりましたが，(d)江戸時代に入ると，徳川家によって社寺の復興・保護が行われ，観光地化が進んでいきました。

光　：あ！　鶴岡八幡宮は行ってきました。私が行ったときには舞殿と若宮で(e)結婚式も行われていました。

先生：若宮は江戸幕府２代将軍の徳川秀忠により造営され，(f)国の重要文化財にも指定されている建物ですよ。貴重な瞬間を見ることができて良かったですね。

光　：良かったです。先日は鶴岡八幡宮しか行けなかったのですが，鎌倉で他に行っておくべき場所はありますか。

先生：(g)建長寺や円覚寺，高徳院の大仏は一見の価値がありますよ。

光　：今度鎌倉へ行くときには，ぜひ行ってみたいです。今回，お昼にしらす丼をいただいたのですが，鎌倉ではしらすが有名なのでしょうか。

先生：現在の鎌倉ではしらすやいわし，わかめなどが有名ですが，昔はかつおが有名だったようです。(h)鎌倉は様々な文学者が訪れていたり，暮らしていたりした土地なのですが，書物や和歌の中に鎌倉のかつおについて書かれることもあったようです。

光　：鎌倉の歴史は想像以上に古くて驚きました。少し調べてみたいと思います。

先生：ぜひ調べてみてください。鎌倉の(i)交通や近隣の都市や観光地について調べてみても面白いかもしれませんよ。

(1)　下線部(a)に関連して，鎌倉幕府の役職・機関として**適切でないもの**を，以下の①～④のうちから一つ選びなさい。

①　執権　　②　老中

③　評定衆　　④　六波羅探題

(2)　下線部(b)に関連して，旧石器時代を説明する文章をあげた。空欄 [あ]・[い] にあてはまる語句の組み合わせとして適切なものを，以下の①～④のうちから一つ選びなさい。

旧石器時代，現在の日本列島はユーラシア大陸と陸続きで，マンモス・[あ]・オオツノジカなどの大型の動物が大陸と同じように住んでいた。これらの動物を追って大陸から移り住んできた人々は [い] などを使用して動物をとらえたり植物を採集したりして暮らしていた。人々は簡易なテントや岩かげに住み，食べ物を求めて，移動しながら生活していた。１万年ほど前になると，最後の氷期が終わり，陸地にあった氷が解けて，海面が上昇した。大陸とつながっていた部分が海になり，現在の日本列島の形がほぼできあがった。

①　[あ]―ナウマンゾウ　[い]―打製石器　　②　[あ]―ナウマンゾウ　[い]―磨製石器

③　[あ]―いのしし　[い]―打製石器　　④　[あ]―いのしし　[い]―磨製石器

(3)　下線部(c)「農業」について述べた文として**適切でないもの**を，以下の①～④のうちから一つ選びなさい。

①　太閤検地により，全国の土地の生産力を示す石高という統一的な基準で表されるようになった。

② 江戸時代に入ると，幕府や藩は新田開発を進めるなど農業の発展に力を入れた。

③ 明治時代の北海道では農業兼業の兵士である屯田兵により開拓が進められた。

④ 第二次世界大戦後に実施された農地改革の結果，戦前よりも小作農が増加した。

(4) 下線部(d)に関連して，江戸幕府と宗教に関する文をあげた。古いものから時代順に並べ替えたときに**3番目にくるもの**を，以下の①～④のうちから一つ選びなさい。

① 徳川家康は，当初キリスト教の信仰を認めていたが，のち禁教とし，宣教師を国外へ追放したり，キリシタンを迫害したりした。

② 徳川吉宗が亡くなると，幕府ゆかりの上野の寛永寺に葬られた。

③ 参勤交代を制度化した徳川家光は，現在の栃木県日光市に日光東照宮を造った。

④ 徳川綱吉は，寺院造営のためにばく大な資金投入を行い，幕府の財政難を引き起こす一因となった。

(5) 下線部(e)に関連して，資料１・２は結婚に関して規定した法令の条文内容をまとめたものである。なお資料１は1898年施行，資料２は1948年施行のものである。これらの資料について述べた文として適切なものを，以下の①～④のうちから一つ選びなさい。

資料１ 1898年施行

・婚姻適齢は，男が17歳，女が15歳である。
・婚姻には常に，戸主の同意が必要とされた。
・妻は婚姻によって夫の家に入る。
・長男が戸主の地位とともに単独で相続した。
・夫婦の財産については夫が妻の財産を管理する。

資料２ 1948年施行

・男は18歳に，女は16歳にならなければ，婚姻をすることができない。
・未成年の子が婚姻するには，父母の同意を得なければならない。
・夫婦は，婚姻の際に定めるところに従い，夫または妻の氏を称する。
・夫婦は同居し，互いに協力し扶助しなければならない。
・相続人が数人いるときは権利の平等に基づいて均分相続される。

① 資料１は明治時代に施行されている。よって資料１から父母を一家の中心とする考え方が存在したとうかがえる。

② 資料１では，戸主や長男の権利について定められ，財産や家業などを相続するときは，戸主または長男が兄弟・姉妹の分まで平等に分割相続していた。

③ 資料２は男女の権利が平等に扱われる部分がある。これは当時進められた民主化政策の影響であると考えられる。

④ 婚姻年齢の規定に関して，資料１は資料２と比べて，年齢が低く規定されていたため，より多くの国民の人権が尊重されたものとなっていたことがわかる。

(6) 下線部(f)に関連して，重要文化財に指定された工場(図１)の写真と説明文をあげる。この文化財がある場所として適切なものを，次のページの図２中の①～④のうちから一つ選びなさい。

図１

明治政府は，富国強兵を実現するため，殖産興業政策を進め，その一環として官営模範工場を造った。図１は，当時の日本において，生糸の品質・生産向上と技術者の育成を目指して造られた。また図１の建設には，「日本資本主義の父」と呼ばれた渋沢栄一が関わっていることでも有名である。

図2

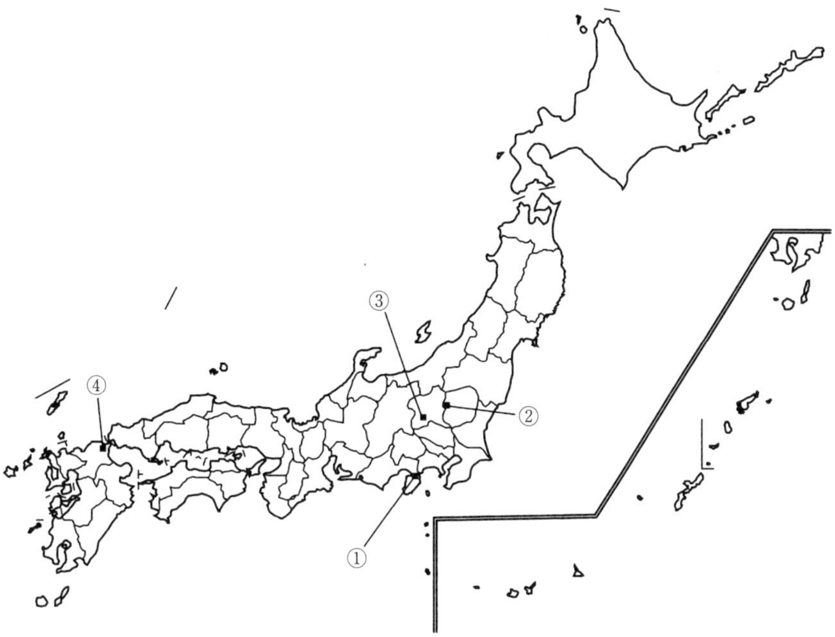

(7)　下線部(g)「建長寺や円覚寺，高徳院」は，いずれも鎌倉時代に建立された仏教寺院である。これに関連して，鎌倉時代の宗教について述べた文として適切なものを，以下の①～④のうちから一つ選びなさい。

①　聖武天皇と光明皇后は仏教の力により，伝染病や災害などの不安から国家を守ろうと考え，国ごとに国分寺と国分尼寺を建てた。

②　法然は，「南無阿弥陀仏」と念仏を唱えれば，だれでも極楽浄土へ往生できると説いて，浄土宗を開いた。

③　遣唐使に従って唐に渡った最澄は，帰国後に天台宗を開き，比叡山に延暦寺を建てた。

④　親鸞や一遍は，座禅によって自分の力で悟りを開こうとする禅宗を宋から伝え，臨済宗や曹洞宗を開いた。

(8)　下線部(h)に関連して，A・Bは鎌倉にゆかりのある人物である。彼らについて述べた文として適切なものを，以下の①～④のうちから一つ選びなさい。

A－兼好法師

B－川端康成

①　Aは，『平家物語』を琵琶の伴奏で語りながら旅をしていた人物である。

②　Aは，人生のはかなさを記した『方丈記』を著した人物である。

③　Bは，『鉄腕アトム』などの物語性の高い作品を生み出した漫画家である。

④　Bは，『雪国』，『伊豆の踊子』などを著し，ノーベル文学賞を受賞した作家である。

(9)　下線部(i)「交通」について述べた文として**適切でないもの**を，以下の①～④のうちから一つ選びなさい。

①　中国を統一した漢には，シルクロードを通って，西方の物産やインドで起こったイスラム教がもたらされた。

②　江戸時代の日本では，西廻り航路や東廻り航路が開かれ，大量の物資が安く輸送されるようになった。

③　産業革命期のイギリスでは，蒸気機関車が発明され，鉄道を用いた迅速な物資の運搬に活用さ

れた。

④　1964年の日本では，東京オリンピック・パラリンピック直前に東海道新幹線が開業し，東京・新大阪間をつないだ。

⑽　先生との会話を受けて光さんは，観光地・箱根について調べ，メモにまとめた。空欄［う］・［え］にあてはまる語句の組み合わせとして適切なものを，以下の①〜④のうちから一つ選びなさい。

［メモ］

・　江戸時代，この地は［う］の宿場町であり，江戸の治安維持を目的に関所が設置された地でもあった。江戸時代後期には，温泉地として有名になり，伊勢神宮や富士山に行く旅人たちでにぎわった。大正時代から始まり，現在でも実施されている駅伝大会の地として有名である。昭和30年代後半〜昭和40年代にかけて，日本の［え］を背景に，観光地開発が進められた。

①　［う］－中山道　［え］－高度経済成長

②　［う］－中山道　［え］－大戦景気

③　［う］－東海道　［え］－高度経済成長

④　［う］－東海道　［え］－大戦景気

【理　科】（50分）〈満点：100点〉

1　次の各問いに答えなさい。

(1)　顕微鏡の使い方について述べた文として，**誤りを含むもの**を次の①～④から一つ選びなさい。

①　直射日光があたらない明るい場所の水平なところに顕微鏡を置く。

②　レンズを顕微鏡に取り付けるときには，接眼レンズ，対物レンズの順に取り付ける。

③　しぼりは，低倍率の観察では閉じて，高倍率の観察では開き，見やすい明るさに調節する。

④　対物レンズとプレパラートの間の距離を大きく離しておき，調節ねじで距離を縮めながらピントを合わせる。

(2)　次の４種類の細胞を大きい順に並べたとき，３番目に大きいものはどれか。次の①～④から一つ選びなさい。

①　ニワトリの卵　　②　ヒトの赤血球

③　大腸菌　　④　ゾウリムシ

(3)　ヒトの血液の特徴に関する次のa～cの記述のうち，正しいものはどれか。最も適当なものを下の①～⑦から一つ選びなさい。

a　血液は，赤血球などの固形の成分と血しょうという液体の成分からなる。

b　リンパ液は首の下で動脈と合流する。

c　動脈と静脈は，毛細血管でつながっている。

①　a　　②　b　　③　c

④　aとb　　⑤　aとc　　⑥　bとc

⑦　aとbとc

(4)　植物の蒸散は，気孔からだけでなく，一部は葉以外の部分からも行われている。蒸散について，以下の手順で実験を行った。まず，葉の大きさと枚数および茎の太さと長さがそろったアジサイの枝ア～ウを準備した。次に，枝ア～ウを表のようにワセリンで処理した後，それぞれを同量の水が入った試験管にさして水面に油を数滴たらした(図)。数時間後に枝ア～ウをさした試験管の水の量を確認するといずれも減少していた。次の(a)・(b)の各問いに答えなさい。

表

枝	ワセリンのぬり方
ア	何もぬらない
イ	すべての葉の表側だけにぬる
ウ	すべての葉の裏側にぬる

図

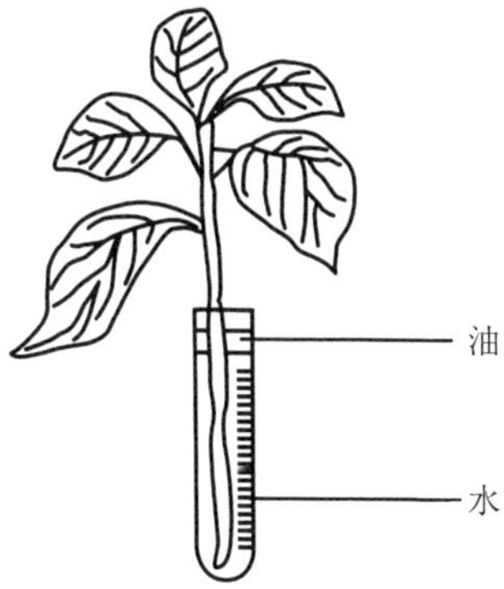

(a)　この実験における，ワセリンをぬる理由を述べた文として，最も適当なものを次の①～④から一つ選びなさい。

①　ワセリンの成分が葉に与える影響を調べるため。

②　葉からゴミが入るのを防ぐため。

③　気孔からの蒸散を防ぐため。

④　葉の細胞をウイルスから守るため。

(b)　それぞれの試験管において減少した水の量を比較すると，葉の裏側から蒸散した水の量を求めることができる。どの枝をさしたものを用いればよいか。最も適当なものを次の①～③から一つ選びなさい。

①　アとイ　　②　アとウ　　③　イとウ

2　次の各問いに答えなさい。

(1)　雲仙普賢岳や有珠山のような形の火山のマグマと噴火のようすについて述べた文として，最も適当なものを次の①～④から一つ選びなさい。

①　マグマのねばりけが非常に弱いため，多数の火口や割れ目から大量の溶岩が静かに流れ出す。

②　マグマのねばりけが弱いため，溶岩が噴出すると，うすく広く流れ出るだけで爆発的な噴火はしない。

③　マグマのねばりけが中程度のため，爆発的な噴火とおだやかな噴火を交互に繰り返し，溶岩と火山砕せつ物が交互に積み重なる。

④　マグマのねばりけが強いので気体成分がマグマから抜け出しにくくなり，空高くまで火山弾や火山れき，火山灰を噴き上げる爆発的な噴火を起こす。

(2)　マグマが冷えて固まった岩石の一つである花こう岩は，ほぼ同じ大きさの大きい結晶がすき間なくつまっている。このような岩石のでき方を述べた文として，最も適当なものを次の①～④から一つ選びなさい。

①　マグマが地下の深いところでゆっくりと冷え固まり，固まらなかった残りのマグマが地表近く，または地表に来て急速に冷え固まってできた。

②　マグマが地下の深いところで急速に冷え固まり，固まらなかった残りのマグマは地表近く，または地表でゆっくりと冷え固まってできた。

③　マグマが地下の深いところでゆっくりと冷え固まってできた。

④　マグマが地下の深いところで急速に冷え固まってできた。

(3)　太朗くんは，日本のある地域での夏至の日，春分の日，冬至の日の太陽の通り道を観察した。図１は，透明半球の中心Ｏと油性ペンの先端の影が一致する位置を透明半球上に記録して滑らかな線で結んだものである。図１のＡ，Ｂ，Ｃは夏至の日，春分の日，冬至の日のいずれかの太陽の通り道である。

図１

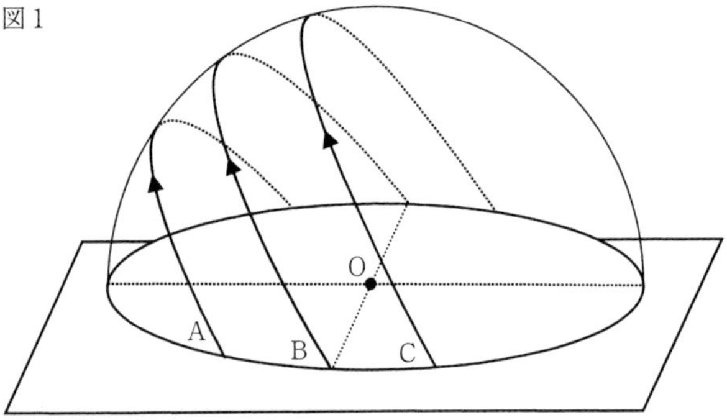

太朗くんは太陽の動きを観察するのと同時に，いずれの日の観察においても同じ棒を地面に垂直に立てて影の長さも調べた。太陽が南中したときの棒の影の長さについて述べた文として，最も適当なものを次の①～④から一つ選びなさい。

①　Ａで最も長くなる。

②　Ｂで最も長くなる。

③　Ｃで最も長くなる。

④　Ａ・Ｂ・Ｃですべて同じ長さになる。

(4)　オリオン座の動きに関する(a)・(b)の各問いに答えなさい。

(a)　２月５日の午後８時に，オリオン座が南中した。２月６日の午前０時のオリオン座の位置として，最も適当なものを次のページの図２の①～⑤から一つ選びなさい。

図2

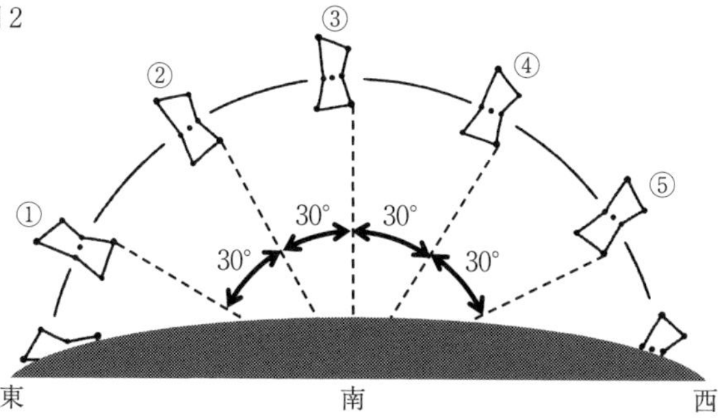

(b)　2月6日の午前0時から10か月後の12月6日の午前0時に(a)と同じ地点で観測したとき，オリオン座はどの位置にあるか。最も適当なものを(a)の図2の①～⑤から一つ選びなさい。ただし，1か月を30日として考えなさい。

3　次の各問いに答えなさい。

(1)　図1の装置を用いて，塩化銅水溶液に2Vの電圧で10分間電流を流した。この間，豆電球は点灯し続けており，A一方の電極には赤い固体が付着した。また，B他方の電極からは気体が発生した。

図1

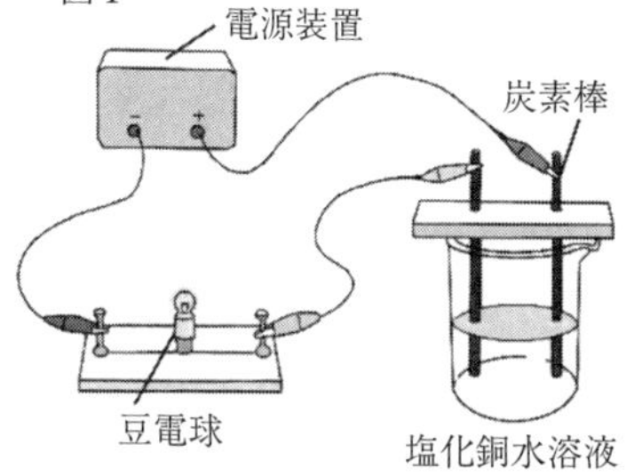

(a)　以下の文章は，下線部Aの現象が確認された理由を述べたものである。［ア］・［イ］・［ウ］に当てはまる語句の組み合わせとして，最も適当なものを下の①～⑧から一つ選びなさい。

> 赤い固体の化学式は［　ア　］である。こちら側の電極は［　イ　］である。塩化銅水溶液に電流を流したことにより［　ウ　］イオンが炭素棒にひきつけられたことで，赤い固体が生じたと考えられる。

	ア	イ	ウ
①	Cl_2	陽極	陽
②	Cu	陽極	陽
③	Cl_2	陰極	陰
④	Cu	陰極	陰
⑤	Cl_2	陽極	陰
⑥	Cu	陽極	陰
⑦	Cl_2	陰極	陽
⑧	Cu	陰極	陽

(b)　下線部Bに示す気体の性質として，最も適当なものを次の①～⑤から一つ選びなさい。

①　水に溶けにくく，水上置換法で気体を集めることができる。

②　赤インクをつけたろ紙を近づけると色が消える。

③　水でぬらした赤色リトマス紙をかざすと青色になる。

④　体積で空気のおよそ20％を占めている。

⑤　空気中で火をつけると爆発して燃える。

(2) 砂糖と食塩の粉末を区別するのに有効な方法として，最も適当なものを次の①～⑤から一つ選びなさい。

① 磁石を近づけて違いを調べる。
② 各粉末を加熱し，違いを調べる。
③ 各粉末を少量とり，においの違いを調べる。
④ 各粉末を水溶液にし，塩化コバルト紙をつけて違いを調べる。
⑤ 各粉末を水溶液にして，BTB 溶液を数滴加えて違いを調べる。

(3) 砂糖 40g を水に溶かして，200g の砂糖水を作った。この水溶液の質量パーセント濃度を10%にするためには，水をさらに何 g 加えればよいか。最も適当なものを次の①～⑤から一つ選びなさい。

① 50g　② 100g　③ 150g　④ 200g　⑤ 250g

(4) 水 100g に砂糖を 10g 加えた水溶液の質量パーセント濃度のおよそ 2 倍の濃度の水溶液を作るには，水 100g に砂糖を何 g 加えればよいか。最も適当なものを次の①～⑥から一つ選びなさい。

① 20g　② 22.2g　③ 25g
④ 27.5g　⑤ 30g　⑥ 32.5g

[4] 次の各問いに答えなさい。

(1) 10g のおもりをつるすと，1 cm 伸びるばねを使ってばねの伸びを測った。次の(a)・(b)の各問いに答えなさい。ただし，100g の物体にはたらく重力の大きさを 1 N とする。

(a) 図 1 のように，滑車を用いて 180g のおもりをばねにつるし，ばねの伸びを測定したところ [ア][イ] cm であった。[ア]・[イ] に入る最も適当な数値をマークしなさい。ただし，答えが 1 桁になる場合は下記の例にならってマークすること。

[例] 2 cm の場合
ア：⓪　イ：②

図 1

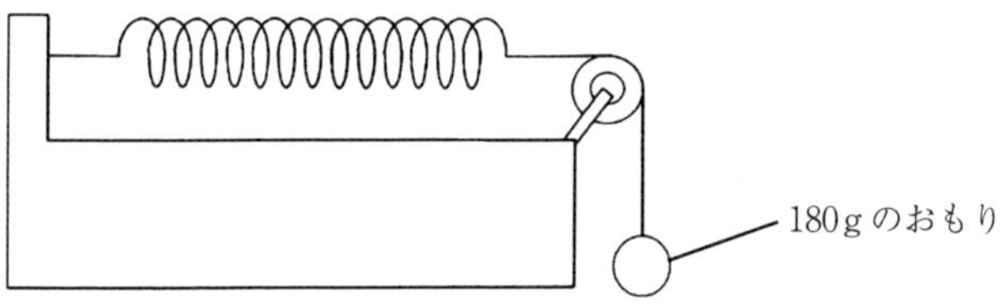

(b) 図 2 のように，滑車を用いてばねの左右に 180g のおもりをばねにつるし，ばねの伸びを測定したところ [ウ][エ] cm であった。[ウ]・[エ] に入る最も適当な数値をマークしなさい。ただし，答えが 1 桁になる場合は下記の例にならってマークすること。

[例] 2 cm の場合
ウ：⓪　エ：②

図 2

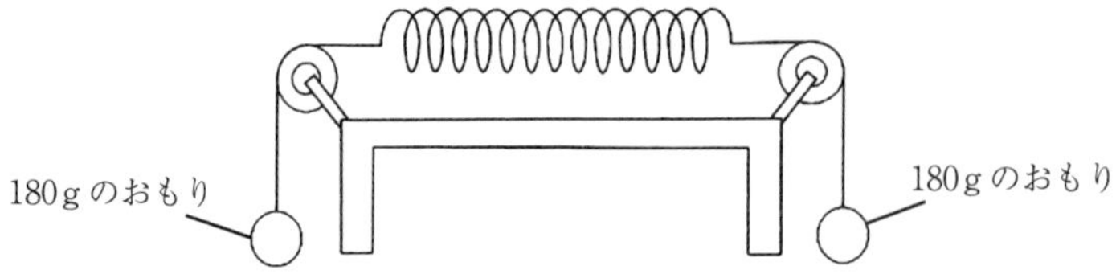

(2) 図3のように前面に「土」と書かれた画用紙，凸レンズ，スクリーンを用意した。これらを図4のように，凸レンズから焦点距離の2倍の位置になるように画用紙とスクリーンをそれぞれ置いた。このときスクリーンに映る像として，最も適当なものを下の①～④から一つ選びなさい。

図3

図4

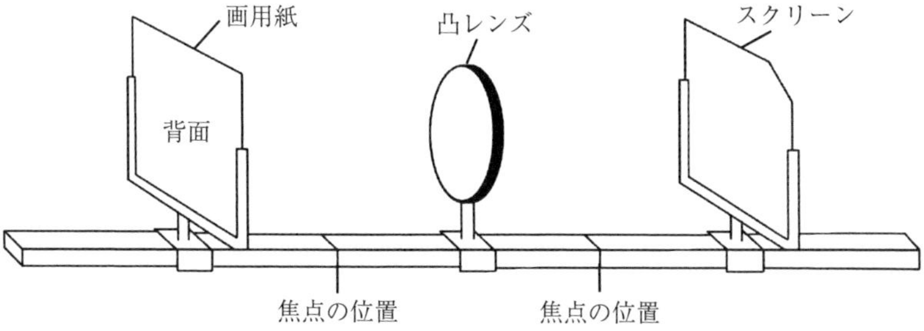

①

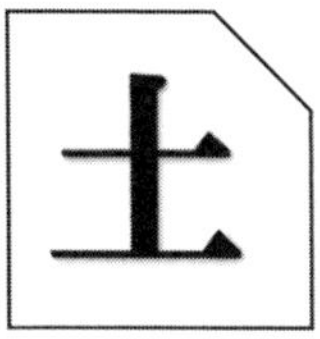

②

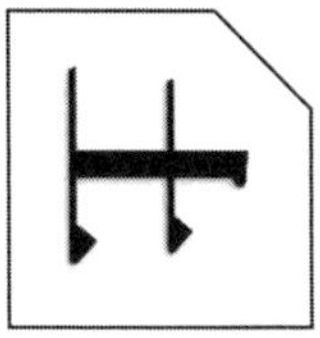

③

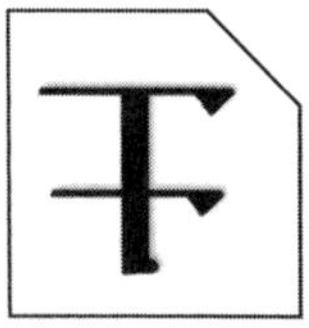

④

(3) 電流計と電圧計のつなぎ方・－端子の選び方として，最も適当なものを下の①～⑧から一つ選びなさい。

電流計のつなぎ方

ア：測りたい部分に対して並列につなぐ

イ：測りたい部分に対して直列につなぐ

電圧計のつなぎ方

ウ：測りたい部分に対して並列につなぐ

エ：測りたい部分に対して直列につなぐ

電流計の－端子の選び方

オ：－端子を 50 mA→500 mA→ 5 A の順番でつなぐ

カ：－端子を 5 A→500 mA→50 mA の順番でつなぐ

電圧計の－端子の選び方

キ：－端子を 3 V→15 V→300 V の順番でつなぐ

ク：－端子を 300 V→15 V→ 3 V の順番でつなぐ

	電流計のつなぎ方	電圧計のつなぎ方	電流計の－端子の選び方	電圧計の－端子の選び方
①	ア	ウ	オ	キ
②	ア	ウ	カ	ク
③	ア	エ	オ	キ
④	ア	エ	カ	ク
⑤	イ	ウ	オ	キ
⑥	イ	ウ	カ	ク
⑦	イ	エ	オ	キ
⑧	イ	エ	カ	ク

(4) 熱の伝わり方には伝導(熱伝導)，対流，放射(熱放射)の３つがある。次のＡ～Ｃは，熱の伝わり方のいずれかについて説明したものである。正しい組み合わせとして，最も適当なものを下の①～⑥から一つ選びなさい。

Ａ：温度の異なる物体が接しているとき，熱は温度の高い方から低い方へ移動する。

Ｂ：加熱された水や空気は上へ移動して，冷たい水や空気は下へ移動する。

Ｃ：湯や熱いアイロンは，直接ふれなくてもあたたかさを感じる。

	伝導(熱伝導)	対流	放射(熱放射)
①	A	B	C
②	A	C	B
③	B	A	C
④	B	C	A
⑤	C	A	B
⑥	C	B	A

(5) 音の伝わり方や性質に関する説明として，**誤りを含むもの**を次の①～④から一つ選びなさい。

① ブザーを鳴らした状態で容器の中に入れ，容器内の空気を抜いていくと，音が大きくなる。

② 音は空気中以外にも，水などの液体中や金属などの固体中も伝わる。

③ 光の速さと音の速さを比べると，音の速さの方が光の速さに比べて遅い。

④ くらしの中で音波は，漁業や医療などで利用されている。

5 次の図１～図３は，連続した３日間の同時刻の天気図である。ただし，観測した順に並んでいない。下の各問いに答えなさい。

図１

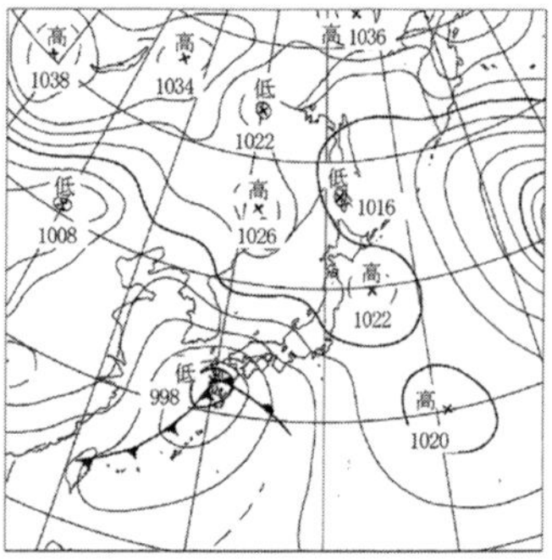

図２

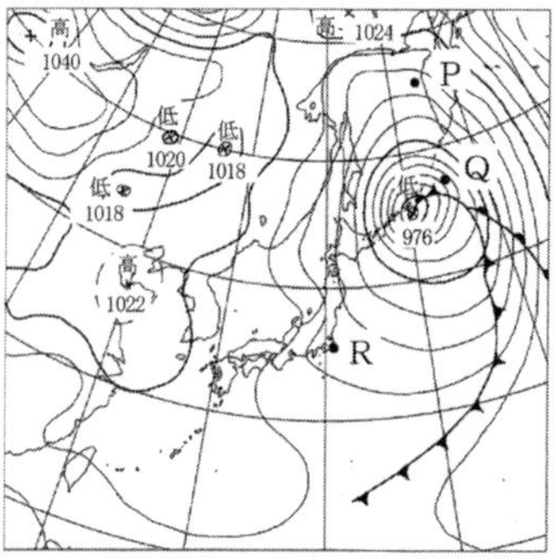

図３

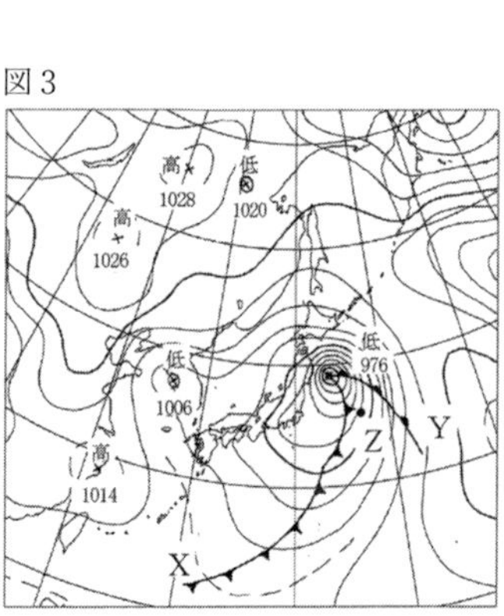

(気象庁「日々の天気図」を加工して作成)

⑴　図１～図３を観測した順となるように並べたものとして，最も適当なものを次の①～⑥から一つ選びなさい。

①　図１→図２→図３
②　図１→図３→図２
③　図２→図３→図１
④　図２→図１→図３
⑤　図３→図１→図２
⑥　図３→図２→図１

⑵　⑴のような順になる理由を説明した文として，最も適当なものを次の①～⑤から一つ選びなさい。

①　寒気団と暖気団の勢力がほぼ同じで，上空の風の向きが前線とほぼ平行になっているから。
②　低気圧の方が高気圧より勢力が強く，大陸へ押し戻してしまうから。
③　低気圧と高気圧の勢力がほぼ拮抗しているので，高気圧が大陸から日本海側に張り出したり，大陸に押し戻されたりするから。
④　日本が位置する中緯度の上空には，偏西風がふいているので前線をともなう低気圧が西から東，または北東へ移動するから。
⑤　日本が位置する中緯度の上空には，北東貿易風がふいているので前線をともなう低気圧が東から西，または南西へ移動するから。

⑶　図２中の地点Ｐ～Ｒの風の強さを不等号で表したものとして，最も適当なものを次の①～④から一つ選びなさい。

①　Ｐ＞Ｑ＞Ｒ　　②　Ｐ＝Ｒ＞Ｑ
③　Ｑ＞Ｐ＞Ｒ　　④　Ｒ＞Ｐ＞Ｑ

⑷　図３の前線Ｘ付近と前線Ｙ付近での雲のようすについて述べた文として，最も適当なものを次の①～⑤から一つ選びなさい。

①　前線Ｘ付近では積乱雲，前線Ｙ付近では乱層雲が発達する。
②　前線Ｘ付近では積乱雲，前線Ｙ付近では積雲が発達する。
③　前線Ｘ付近では乱層雲，前線Ｙ付近では積乱雲が発達する。
④　前線Ｘ付近では積雲，前線Ｙ付近では積乱雲が発達する。
⑤　前線Ｘ付近では高層雲，前線Ｙ付近では巻層雲が発達する。

⑸　図３のＺ地点では，数時間後に前線が通過すると考えられる。このときの気温，風向きについて述べた文として，最も適当なものを次の①～⑥から一つ選びなさい。

①　Ｚ地点では温暖前線が通過するので，前線通過後は気温が高くなる。風向きについては，南または南西よりの風から，西または北西よりの風に変化する。
②　Ｚ地点では温暖前線が通過するので，前線通過後は気温が低くなる。風向きについては，東よりの風から，西よりの風に変化する。
③　Ｚ地点では温暖前線が通過するので，前線通過後は気温が低くなる。風向きについては，南よりの風から，西よりの風に変化する。
④　Ｚ地点では寒冷前線が通過するので，前線通過後は気温が低くなる。風向きについては，東よりの風から，西または北よりの風に変化する。
⑤　Ｚ地点では寒冷前線が通過するので，前線通過後は気温が低くなる。風向きについては，南よりの風から，西または北よりの風に変化する。
⑥　Ｚ地点では寒冷前線が通過するので，前線通過後は気温が高くなる。風向きについては，東よりの風から，西または北よりの風に変化する。

6　太郎くんと花子さんは，斜面と水平面をなめらかにつないだ装置を作り，台車を滑らせる実験を行った。下の文章は，実験の内容と実験を行った後の二人の会話である。後の各問いに答えなさい。ただし，この実験では空気抵抗や斜面・水平面からはたらく摩擦は考えないものとする。また，重心とは物体にはたらく重力の作用点であり，同じ質量の物体の重心が同じ高さになると位置エネルギーの大きさは等しくなる。

【実験1】　図1のような装置を作り，質量1kgの台車を手で支え，高さ2mの位置まで4秒かけて移動させ，静かに手を離した。

図1

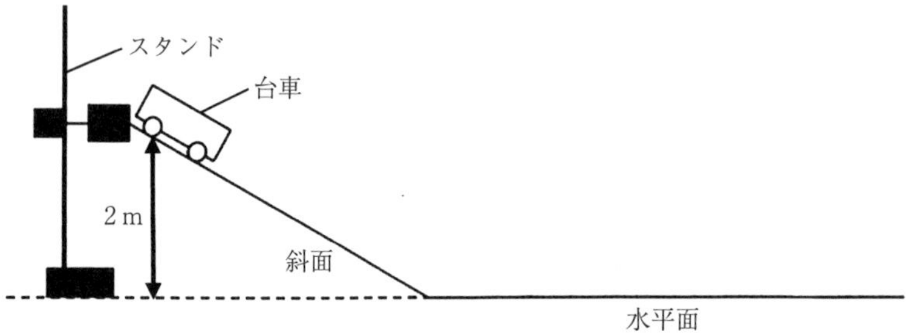

【実験2】　図2のように，【実験1】で使用した装置の斜面の傾斜角を大きくし，質量1kgの台車を手で支え，高さ2mの位置まで移動させた後，静かに手を離した。

図2

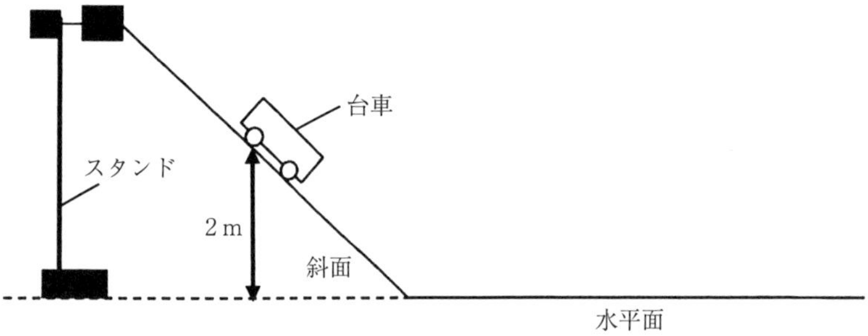

【実験3】　【実験2】で使用した装置の反対側に傾斜角が同じ斜面Xをなめらかにつなぎ，水平面に図3のように台車が通れるような大きさのコイルを置き，コイルと検流計をつなげた。次に，質量1kgの台車の上に，棒磁石をN極が斜面の下向きになるように固定した。その台車を手で支え，高さ2mの位置まで移動させた後，静かに手を離した。斜面を下った台車が水平面に達し，コイルに近づくと，検流計の針は左に振れた。

図3

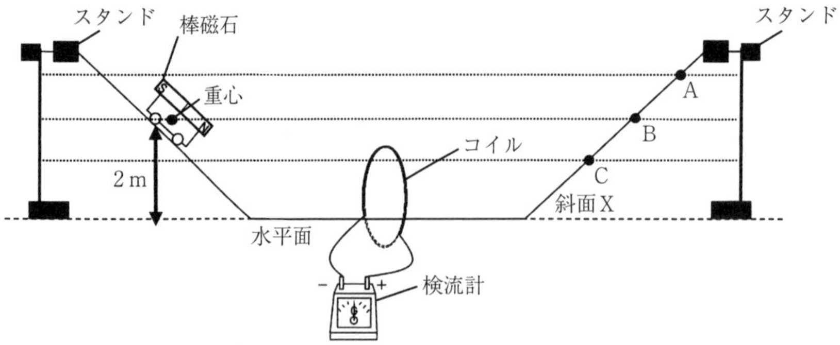

太郎くん：いろいろな実験を行ったけど，まずは【実験１】の台車を持ち上げたときの仕事と仕事率について考えてみようよ。

花子さん：質量１kgの台車を手で支え，高さ２mの位置まで４秒かけて移動させたわけだから，仕事は［　ア　］で仕事率は［　イ　］になりそうね。

太郎くん：次は【実験２】について考えてみようか。【実験２】では斜面の傾斜角を大きくして実験を行ったわけだけど，【実験１】に比べて，台車を持ち上げるときの仕事と台車の位置エネルギーはどうなるのかな？

花子さん：斜面の傾斜角は大きくなっているけど，台車から手を離した高さは同じだから［　ウ　］はずで，［　エ　］はずね。

太郎くん：なるほど。じゃあ【実験１】に比べて，水平面に達したときの台車の速さと水平面に達するまでの時間はどうなるのかな。

花子さん：水平面に達したときの台車の速さは［　オ　］はずで，水平面に達するまでの時間は［　カ　］と思うわ。

太郎くん：水平面に達した後の台車の運動は等速直線運動をすると思うけど，台車にはたらく力の関係はどうなるのかな。

花子さん：水平面に達した後の台車にはたらく力を描くと次のページの［　図A　］のようになると思うわ。

太郎くん：最後に【実験３】について考えていこうか。このとき，コイルを通過した後の検流計の針の振れと斜面Xから戻ってきてコイルに近づいたときの針の振れはどうなるのかな。

花子さん：N極が近づくと検流計の針が左に振れたということは，コイルを通過した後の検流計の針は［　キ　］という結果になるはずで，斜面Xから戻ってきてコイルに近づいたときの針は［　ク　］という結果が得られると思うわ。

太郎くん：水平面に達した棒磁石を乗せた台車の速さはどうなるのかな。摩擦も考えないし，やっぱり等速直線運動するのかな。

花子さん：いやちょっと待って，検流計の針が振れるということはコイルに電流が流れているってことだよね。確かコイルに電流が流れると磁界が生じるはずよ。ということはその磁界によって，台車の上にある棒磁石は力を受けているということになるわけだから，［　ケ　］はずだわ。

太郎くん：だから，【実験３】を行ったとき，コイルを通過した後の台車の重心は斜面の［　コ　］の位置まで上がるわけだね。納得したよ。ありがとう花子さん。

花子さん：こちらこそ勉強になったわ，ありがとう太郎くん。

(1)　会話文中の空欄［ア］・［イ］に入る組み合わせとして，最も適当なものを次の①～⑥から一つ選びなさい。ただし，100gの物体にはたらく重力の大きさを１Nとする。

	ア	イ
①	2J	0.5W
②	2J	2W
③	2J	8W
④	20J	0.4W
⑤	20J	5W
⑥	20J	80W

(2) 会話文中の空欄[ウ]・[エ]に入る組み合わせとして，最も適当なものを次の①～⑨から一つ選びなさい。

	ウ	エ
①	仕事は大きくなる	位置エネルギーも大きくなる
②	仕事は大きくなる	位置エネルギーは変わらない
③	仕事は大きくなる	位置エネルギーは小さくなる
④	仕事は変わらない	位置エネルギーは大きくなる
⑤	仕事は変わらない	位置エネルギーも変わらない
⑥	仕事は変わらない	位置エネルギーは小さくなる
⑦	仕事は小さくなる	位置エネルギーは大きくなる
⑧	仕事は小さくなる	位置エネルギーは変わらない
⑨	仕事は小さくなる	位置エネルギーも小さくなる

(3) 会話文中の空欄[オ]・[カ]に入る組み合わせとして，最も適当なものを次の①～⑨から一つ選びなさい。

	オ	カ
①	速くなる	長くなる
②	速くなる	変わらない
③	速くなる	短くなる
④	変わらない	長くなる
⑤	変わらない	変わらない
⑥	変わらない	短くなる
⑦	遅くなる	長くなる
⑧	遅くなる	変わらない
⑨	遅くなる	短くなる

(4) 花子さんが会話文中で描いた[図A]として，最も適当なものを次の①～④から一つ選びなさい。

①
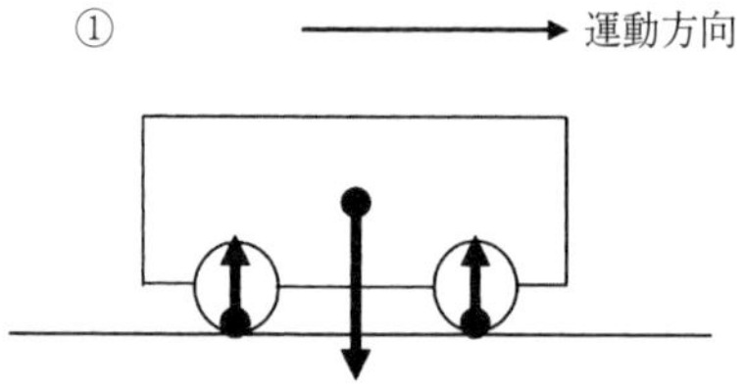

②
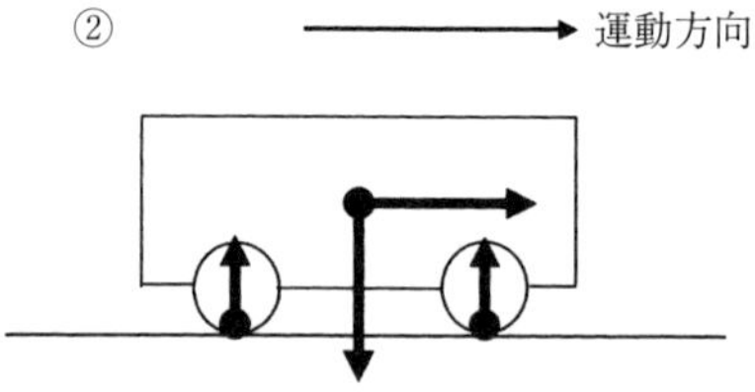

③
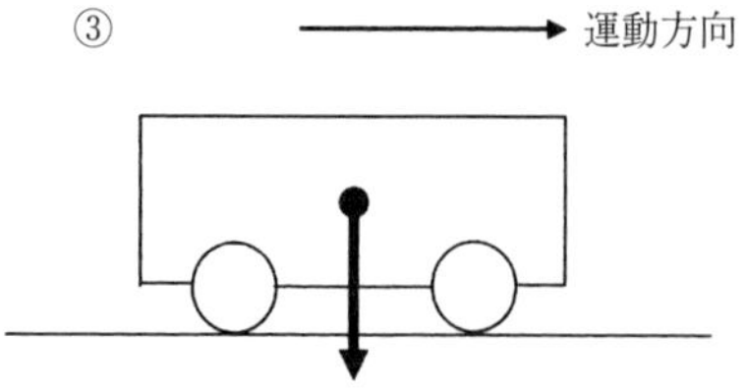

④
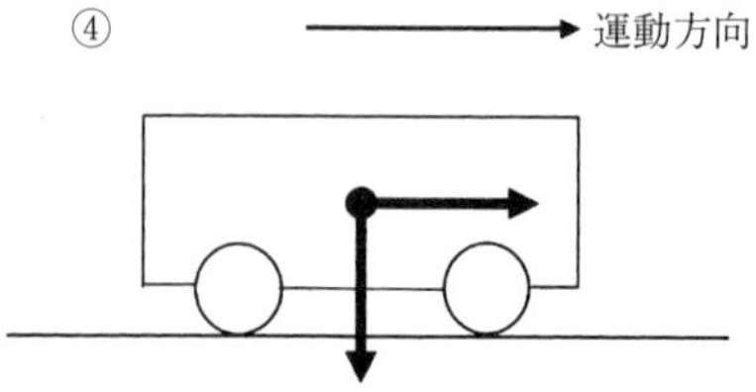

(5) 会話文中の空欄 キ ・ ク に入る組み合わせとして，最も適当なものを次の①～⑨から一つ選びなさい。

	キ	ク
①	右に振れる	右に振れる
②	右に振れる	どちらにも振れない
③	右に振れる	左に振れる
④	どちらにも振れない	右に振れる
⑤	どちらにも振れない	どちらにも振れない
⑥	どちらにも振れない	左に振れる
⑦	左に振れる	右に振れる
⑧	左に振れる	どちらにも振れない
⑨	左に振れる	左に振れる

(6) 会話文中の空欄 ケ ・ コ に入る組み合わせとして，最も適当なものを次の①～⑨から一つ選びなさい。

	ケ	コ
①	コイルを通過する前の速さは増加するはずで， コイルを通過後の速さも増加する	A
②	コイルを通過する前の速さは増加するはずで， コイルを通過後の速さは変わらない	B
③	コイルを通過する前の速さは増加するはずで， コイルを通過後の速さは減少する	C
④	コイルを通過する前の速さは変わらないはずで， コイルを通過後の速さは増加する	A
⑤	コイルを通過する前の速さは変わらないはずで， コイルを通過後の速さも変わらない	B
⑥	コイルを通過する前の速さは変わらないはずで， コイルを通過後の速さは減少する	C
⑦	コイルを通過する前の速さは減少するはずで， コイルを通過後の速さは増加する	A
⑧	コイルを通過する前の速さは減少するはずで， コイルを通過後の速さは変わらない	B
⑨	コイルを通過する前の速さは減少するはずで， コイルを通過後の速さも減少する	C

7 銅を加熱したときに起こる化学変化について理解を深めるために，以下の【実験1】・【実験2】を行った。下の各問いに答えなさい。

【実験1】

操作1

銅粉末を1.20g取り，容積が500mLの丸底フラスコに加え，フラスコの内部を$_{A}$<u>酸素</u>で満たしてからピンチコックで栓をした(図1)。このときのフラスコ全体の質量を測定したところ，X[g]であった。

図1

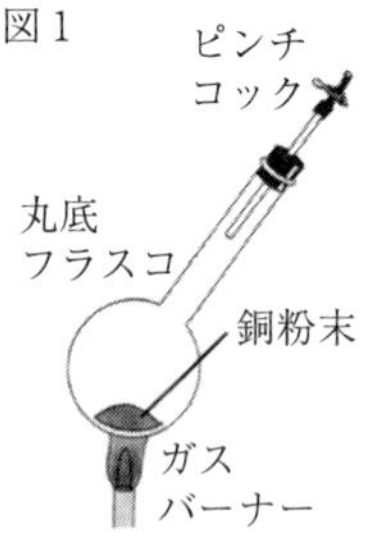

操作2

操作1のフラスコをピンチコックを閉じたままの状態でガスバーナーで加熱すると，銅粉末の色が黒に変化した。加熱が終了した後，十分にフラスコを冷ました上で，全体の質量を測定したところ，Y[g]であった。

操作3

操作2を終えた後にフラスコからゴム栓を外して，再びフラスコ内を酸素で満たしてからピンチコックで栓をし，全体の質量を測定したところ，Z[g]であった。

【実験2】

教科書を見ると，銅を十分に熱したときの質量の変化を示したグラフ(図2)が載っていることがわかった。そこで実験班A～Dに分かれて，図3のように銅粉末をステンレス皿に取って加熱し，同様の結果が得られるか確かめることにした。加熱前後の質量は，それぞれ表1のようになった。

図2

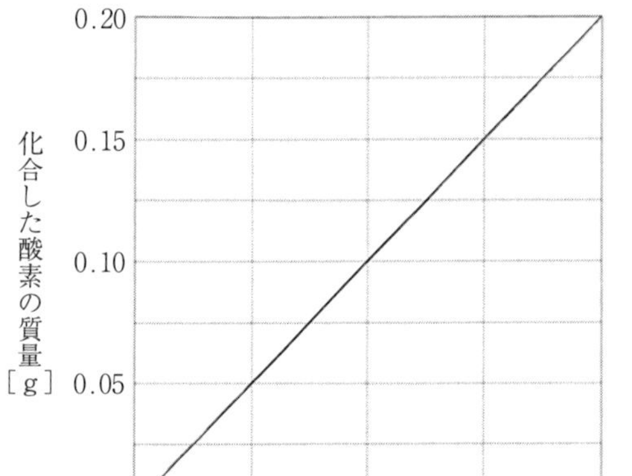

図3

表1

実験班	実験班A	実験班B	実験班C	実験班D
加熱前の質量[g]	1.00	1.20	1.40	1.60
加熱後の質量[g]	1.19	1.47	1.67	1.89

(1) 下線部Aの気体について述べた文として，**誤りを含むもの**を次の①～⑤から一つ選びなさい。

① この気体は，水上置換法で集めることができる。

② この気体は，水を電気分解すると発生する。

③ ガスバーナーを用いてこの気体を有機物と完全に反応させると，二酸化炭素と水が発生する。

④ この気体は，ものが燃えるのを助けるはたらきがある。

⑤ この気体は亜鉛の小片に，うすい塩酸を加えると発生する。

(2) 銅と酸素の化学反応式は以下のように示される。

(a)Cu＋(b)O_2→(c)CuO

上記の化学反応式の係数(a)～(c)に当てはまる適切な数値をマークしなさい。ただし，係数が「1」になる場合は「1」をマークすること。

(3) 【実験1】のX[g]，Y[g]，Z[g]の大小関係を不等式で表したものとして，最も適当なものを次の①～⑦から一つ選びなさい。

① $X=Y=Z$　② $X>Y>Z$　③ $X<Y<Z$　④ $X>Y=Z$

⑤ $X=Y>Z$　⑥ $X<Y=Z$　⑦ $X=Y<Z$

(4) 図2を参考にして，【実験1】における銅と酸素が完全に反応した場合に生じる酸化銅の質量として，最も適当なものを次の①～⑥から一つ選びなさい。

① 0.15g　② 0.30g　③ 0.45g　④ 0.75g　⑤ 1.5g　⑥ 2.25g

(5) 【実験2】について，次の(a)・(b)の各問いに答えなさい。

(a) 実験班A～Dのうち，加熱が最も不十分であったと考えられる班として，最も適当なものを次の①～④から一つ選びなさい。

① 実験班A　② 実験班B

③ 実験班C　④ 実験班D

(b) (a)で選んだ班の加熱後の物質について，理論上はあと何gの酸素が結びつくことができるか。最も適当なものを次の①～⑥から一つ選びなさい。

① 0.03g　② 0.06g　③ 0.08g

④ 0.11g　⑤ 0.13g　⑥ 0.15g

8 太郎さんと先生の会話文を読み，下の各問いに答えなさい。

先　　生：前回の授業では，A無性生殖について学びました。今日は，被子植物の有性生殖について，柱頭についた花粉がどのように胚珠にはたらきかけるのか，考えてみましょう。

太郎さん：花粉がつく柱頭は，胚珠と離れています。花粉はどうやって胚珠にたどりつくのでしょうか？

先　　生：今日，理科室に来てもらったのはそれを調べるためです。植物が受粉した後の花粉の変化を調べてみましょう。ポイントは，花粉が時間の経過とともにどのように変化していくかになります。それでは手順書にしたがって，実験を開始しましょう。

【手順書】

手順1　スライドガラスに，8％のショ糖水溶液を1滴落とし，その上にホウセンカの花粉がまばらになるように落とす。

手順2　Bスライドガラスを水の入ったペトリ皿の中に入れ，ふたをしてしばらく置く(図1)。

図1

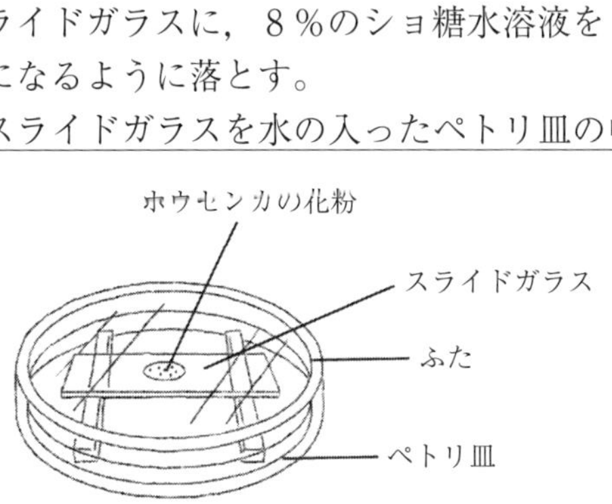

手順3　20分後にスライドガラスをペトリ皿から取り出し，花粉を顕微鏡(100倍)で観察し，スケッチする。

～観察後～

太郎さん：花粉から管が伸びているようすをスケッチすることができました(図2)。

図2

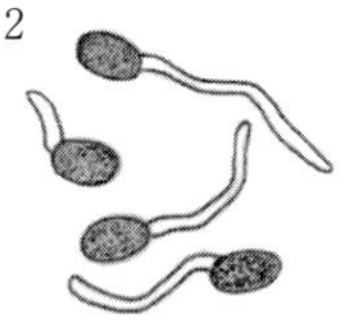

先　　生：被子植物では，おしべのやくの中で花粉がつくられ，花粉の中に精細胞ができます。また，めしべの子房にある胚珠の中に卵細胞ができます。そして，花粉はめしべの柱頭につくと，花粉管という管を伸ばします。これが胚珠に向かって伸びていくわけですね。

太郎さん：これは被子植物の話ですが，裸子植物ではどうなるのでしょうか？

先　　生：裸子植物の場合は，胚珠がむきだしになっているので，花粉は直接胚珠につきますね。受精すると受精卵ができますが，分裂して胚になります。胚を含む胚珠全体が種子となりますが，種子が発芽すると，胚は成長し，やがて親と同じような植物のからだをつくります。この過程を何と言いますか？

太郎さん：［　ア　］です。

先　　生：そうですね。生物の成長とそのふえ方については，紛らわしい用語が多いので気をつけましょう。次回は，C磯で見られる生物の代表例であるバフンウニを使って，受精とその後のようすを観察してみましょう。

(1)　下線部Aに関する次のa～cの記述のうち，正しいものはどれか。最も適当なものを下の①～⑦から一つ選びなさい。

a　ゾウリムシはからだが2つに分裂し，新しい個体をつくる。

b　体細胞分裂によって新しい個体をつくるので，子は親の特徴をそのまま受け継ぐ。

c　無性生殖をおこなう生物は有性生殖をおこなうことはない。

①　a　　②　b　　③　c

④　aとb　　⑤　aとc　　⑥　bとc

⑦　aとbとc

(2)　下線部Bのように，スライドガラスを入れるペトリ皿の中に，水を入れた。この理由について述べた文として，最も適当なものを次の①～④から一つ選びなさい。

①　ほこりがつかないようにするため。

②　花粉が乾燥しないようにするため。

③　他の植物の花粉が入らないようにするため。

④　温度が上昇しないようにするため。

(3)　太郎さんは，追加の実験として蒸留水や濃度の異なるショ糖水溶液を用い，時間経過に伴う花粉管の長さの変化を測定した。以下の表はその結果である。この実験結果から推測できることとして，最も適当なものを下の①～④から一つ選びなさい。

表

	花粉管の長さ(mm)			
	10分	20分	30分	40分
蒸留水	0.3	0.4	0.45	0.45
8％ショ糖水溶液	0.35	0.45	0.7	0.9
16％ショ糖水溶液	0.05	0.08	0.1	0.1

①　ショ糖が存在しない条件下では，花粉管は伸びない。

②　ショ糖が存在する条件下では，花粉管は伸びない。

③　いずれの条件でも，単位時間あたりの花粉管の伸び率は一定である。

④ ショ糖が存在すれば花粉管の伸びは促進されるが，ショ糖水溶液の濃度が高すぎると抑制される。

(4) 会話文中の空欄 ア に入る語句として，最も適当なものを次の①～④から一つ選びなさい。

① 進化　② 発生　③ 栄養生殖　④ 複製

(5) 下線部Cに関して，磯で見られる生物について述べた文として，最も適当なものを次の①～④から一つ選びなさい。

① イソギンチャクやナマコなどの脊椎動物は，内骨格でからだを支えている。

② ウニやヒトデなどの脊椎動物は，外骨格でからだを支えている。

③ アサリやイカなどの節足動物は，内骨格でからだを支えている。

④ フナムシやカニなどの節足動物は，外骨格でからだを支えている。

ウ　C「なべ也」　エ　D「しりしにや」
オ　E「うかがふ」

問24　本文の内容の説明として正しいものを**一つ**選びなさい。

ア　弓をたしなむ人は、信心深かったために、不審な生き物に対しても、慌てずに対応できた。

イ　自分の技術に自信がないうちは、一本でも多くの矢を持っておくべきだ。

ウ　たぬきのような生き物は、たとえ知恵があっても人間と違い悪用するので、信用してはいけない。

エ　人間と同じように修行を重ねると、動物でも武器や防具を扱うことができる。

オ　成功の秘訣《ひけつ》は自分の身近にあるささやかなものだが、多くの人はそのことに気付いていない。

問25　次の生徒たちの体験談のうち、筆者の見解を反映したものとして最も適当なものを**一つ**選びなさい。

ア　先週、水泳の県大会で優勝した。コーチも喜んでくれたので、頑張ったかいがあった。次は全国大会を目指したい。

イ　高校のパンフレットを読んだら、2年生では文系クラスか理系クラスかを選択すると分かった。進路に関わることだから慎重に決めないといけない。

ウ　体育の授業中に、友人が転んでけがをしてしまった。私はすぐに保健室に行って絆創膏《ばんそうこう》をもらい、それを友人に貼ってあげた。後で感謝されて嬉しかった。

エ　昨晩は大雨で、一晩中雨が降っていた。弟は気にならなかったようだが、私は雨の音がうるさくて眠れなかった。おかげで今朝は寝不足だ。

オ　受験の日は雪の予報だったので、一本早い電車で会場へ向かった。そうしたら、電車の遅延に巻き込まれないで済み、落ち着いて受験ができた。

四 次の文章を読んで、後の問いに答えなさい。

むかしゆみをたしむ人（たしなむ人）あり。ひとり夜みちゆく。をのがわざ（習慣）なれば、ひめにしゆみに（隠し持った弓に）矢を十筋取《とり》そへていでけるが、また道にて※小竹原に入て、※篠《しの》を一本切《きり》、矢のたけにくらべ、ねをそぎ、※筈《はず》をつけて（矢の長さに合わせて、根をそぎ落し、筈をつけて）、十筋の箭《や》にとりそへてもちけり。

さてゆくに、みちの真中《まんなか》に、そのいろくろきものあり。人よりはちいさふして、さらにうごかず。「のけ」といへどいらへず（声をかけたが、返事がない）。「いかさまに、きつね※むじななるべし」とおもひ、矢をはなちているに（矢を放って射ると）、手ごたへしてあたると見しも、飛《とび》のくをと、かねなどいるがごとし（矢の跳ね返る音が金物などを射た時のようである）。

1しかれども、やをらはたらきもせず。またいるもはじめのごとし。一筋一筋といるほどに、十筋みないて、ただ一本Aのこれり。このとき、かのものうごきて（その物が動いて）、うへにかづきし物（かぶった物）をわきへのけて、飛かかるを、のこる一すぢにてBいとめたり。さて間ぢかく見れば、たぬきにて、うへにかづきしはCなべ也。2おそろしきたくみにあらずや（恐ろしく知恵が働くではないか）。その十の数Dしりしにや（知っていたのであろうか）。また十はかずの常にして（数のまとまりの常で）、ものごとに是《これ》を用ゆ。たぬきすらそれをくりて（数えて）Eうかがふ。まして人なんどの智《ち》には（ましてや人の悪知恵には十分気をつけた方がよい）かんがふべきをや。きりそへて十一にしてゆきしは心にくく侍《はべ》る（憎らしいほど見事だ）。秘事《ひじ》はまつげのごとく、これ、弓法の徳なりといへり。

惣《すべ》て人にぬきでて芸ある人は、つねづねの心がけも各別《かくべつ》なりけらし。この事にかぎらず。気をつけ心をくばらば、ものごとよくととのふべきものをや。

（『仮名草子集』より一部改変）

※小竹原…竹やぶ。
※篠…竹の一種。細くて丈の低いもの。
※筈…矢の上端にある、弓の弦をかける部分。
※むじな…タヌキまたは、アナグマの俗称。

問21 傍線部1「しかれども、やをらはたらきもせず」とはどういうことか。最も適当なものを**一つ**選びなさい。

ア 矢が命中したはずだが、狙いを定めた対象が姿を消して全く見えなくなったということ。
イ 何度も矢を放っているにもかかわらず、その矢がどこかへいってしまうということ。
ウ 確かに矢が当たっているはずだが、暗いために相手の様子が確認できないということ。
エ 矢が当たった感触があるにもかかわらず、射たはずの相手が全く動かないということ。
オ 矢を放ったとき金属音がしたものの、射た対象が柔らかい生き物のようだったということ。

問22 傍線部2「おそろしきたくみにあらずや」とあるが、それはなぜか。最も適当なものを**一つ**選びなさい。

ア たぬきが、十がひとまとまりの数であることを理解しているような様子だったから。
イ 鍋をかぶり生き物ではないような動きをして、たぬきが人をだましていたから。
ウ 相手が矢を十一本持っていると分かった上で、たぬきは確実に逃げられる機会を狙っていたから。
エ たぬきが、夜道にひそんで、恨んでいる人間を襲う機会をうかがっていたから。
オ たぬきが、人間の射る姿勢を見て、弓道をする者の癖を見抜いていたから。

問23 本文を「弓をたしなむ人」の一連の出来事と、それに対する筆者の考えとに分けるとすると、どこで切るのがよいか。波線部A～Eの中から最も適当なものを**一つ**選びなさい。

ア A「のこれり」　イ B「いとめたり」

本能に目覚めたから。

ウ　ピーターパンと自分を重ねることで感じた痛みを少しでも和らげたいと思ったから。

エ　推しが本物のピーターパンのように思え、あまりの演技のたくみさに心が動かされたから。

オ　推しと自分を同一視し、彼と同じ動きを無意識的にとってしまったから。

問17　傍線部3「間の抜けた独り言が出る」のはなぜか。最も適当な説明を次の中から**一つ**選びなさい。

ア　映像とはいえ大好きなアイドルと目が合い、思わず興奮が抑えられなかったから。

イ　船長を海に叩き落すという大胆な推しのアドリブが思いもよらないことだったから。

ウ　子どもらしくない推しの冷ややかな目線が、「あたし」には気品があるものとして映ったから。

エ　たとえ演技とはいえ、推しの非情な振る舞いを受け入れることができなかったから。

オ　鋭い目線から伝わってきた推しの冷酷な感情のエネルギーに思わず圧倒されたから。

問18　傍線部4「言葉の羅列が新しく組み替えられる」とはどういうことか。最も適当な説明を次の中から**一つ**選びなさい。

ア　ピーターパンのセリフに自分を重ね、推しと同じように生きようと決意を新たにしたということ。

イ　ピーターパンのセリフに共感し、実感をもって受け止められるようになったということ。

ウ　ピーターパンのセリフの真意を、舞台の映像を見返すことで、より深く理解できたということ。

エ　ピーターパンのセリフを久々に聞き、その言葉の持つ重みを改めてかみしめたということ。

オ　ピーターパンのセリフに感動し、自分と向き合って殻を打ち破る勇気をもらったということ。

問19　傍線部5「その軽さはテレビの前で下着にワイシャツだけ羽織った十六歳のあたしにもやどっていた」とあるが、それはなぜか。最も適当な説明を次の中から**一つ**選びなさい。

ア　推しを見ることで、一時今の辛さを忘れ子供の頃の無邪気さを思い出したから。

イ　思い通りにならなかった「あたし」の病気の肉体が、推しを見ているうちに楽になるように感じられたから。

ウ　軽やかに動く推しを見ているうちに、「あたし」も扱い難《がた》いほど重かった肉体を扱えるようになってきたから。

エ　何事も億劫なままの「あたし」で良いと、推しに励まされたように思ったから。

オ　学校からの重圧によって動けなくなっていた「あたし」だったが、推しによってそのストレスから解放されたから。

問20　本文の内容の説明として正しくないものを次の中から**一つ**選びなさい。

ア　推しはアイドルであるが、彼がいつから芸能活動を開始したのかは、この文章からは読み取れない。

イ　推しは子供の頃と比べ、その風貌は変わったが、アイドルとして様々なメディアに露出している。

ウ　「あたし」は推しから生きる気力をもらい、体操着紛失の件も乗り越えられると思えた。

エ　「あたし」は四歳で上野真幸を推し始め、今も推し続けていることに変わりない。

オ　推し始めるまでの「あたし」は最低限の生活をすることも難しく、自身の病気も治療しようという気力に欠けていた。

ていたわけではない。それでも音と音のあいだが僅《わず》かずつ長くなり、いつか何も聞こえなくなることをあのときあたしはどこかで待ち続けていた。着地するまでのあいだだけ体に軽やかさがやどり、5 その軽さはテレビの前で下着にワイシャツだけ羽織《はお》った十六歳のあたしにもやどっていた。

　上野真幸。揺すり動かされるように手にとったパッケージには丸いフォントでそう書かれていて、検索をかけるとテレビで何度か見かけたことのある顔が出てきた。そうかこの人が、と思う。若葉を抜けてきた風が、この頃遅れがちだった体内時計の螺子《ねじ》を巻き直して、あたしは動き出す。体操着は見つからなかったけど強固な芯が体のなかを一本つらぬいて、なんとかなる、と思う。

　上野真幸くんはアイドルグループ「まざま座」のメンバーとして活躍しているという。現在の※宣材写真を見ると、十二歳だった男の子は頬《ほお》が落ち、落ち着いた雰囲気のある青年になっている。ライブを観た。映画を観た。テレビ番組を観た。声も体格も違っていたけど、ふとした瞬間に見せる眼球の底から何かを睨《にら》むような目つきは幼い頃と変わっていなかった。その目を見るとき、あたしは、何かを睨みつけることを思い出す。自分自身の奥底から正とも負ともつかない莫大《ばくだい》なエネルギーが噴き上がるのを感じ、生きるということを思い出す。

（宇佐見りん『推し、燃ゆ』より）

※推し…特に贔屓《ひいき》にしている芸能人やキャラクターなど。
※ばっくれる…逃げ出す。姿をくらます。
※ピーターパン…イギリスの劇作家、ジェームス・マシュー・バリーの幻想劇に登場する少年。永遠に年を取らず、架空の国ネバーランドで冒険する。
※やばい、えぐい…ここでは「非常に刺激が強い」という意味の感想。
※ウェンディ…ピーターパンにあこがれる劇中の少女。
※宣材写真…宣伝材料用写真の略称。芸能人を売り出すために芸能事務所が顧客向けに撮影する写真のこと。

問14　傍線部1「重さから逃れられる」とはどういうことか。最も適当な説明を次の中から**一つ**選びなさい。

ア　通院の面倒臭さを忘れて推しに没頭できるということ。
イ　人生のやるせなさを解消する方法を推しが教えてくれるということ。
ウ　肉体的な痛みが消え、やっかいな病が完治したということ。
エ　生きることのわずらわしさから解放されるということ。
オ　薬の副作用が和らぎ、推しを推すのに集中できるということ。

問15　「あたし」が予行練習を休んだ際の描写の説明として、最も適当なものを、次の中から**一つ**選びなさい。

ア　波線部a「かさついた疲労」という表現は、「あたし」の慢性的な体調不良が水分不足から来るものであることを暗に示している。
イ　波線部b「キャッチボールの音」は、活発に過ごす健康な者の存在を聴覚的に表現し、かえって「あたし」の不活発さを際立たせている。
ウ　波線部c「一・五センチ」は、外から聞こえてくるキャッチボールの音でハッと目が覚めた様子を、具体的数値で表現している。
エ　波線部d「体操着が、なかった」では、体操着がなかった驚きと、その事実を受け止めようとする「あたし」の覚悟が読み取れる。
オ　波線部e「手のつけようがない」とは、汚い部屋の中から体操着を見つけられるはずがないという「あたし」の諦めを表している。

問16　傍線部2「抱きとめてあげたくなる」のはなぜか。最も適当な説明を次の中から**一つ**選びなさい。

ア　ピーターパンの影を失った悲しみが、とても他人事とは思えなかったから。
イ　ピーターパンが泣いている姿を見て、彼を守ろうとする母性の洗い場のようで、e手のつけようがない。

　ベッドの下をあさると、埃《ほこり》にまみれた緑色のＤＶＤが出てきた。子供の頃に観《み》たピーターパンの舞台のＤＶＤ。プレイヤーに吸い込ませると、カラーのタイトル映像が無事に映し出された。傷がついているのか、時折線が入る。

　真っ先に感じたのは痛みだった。めり込むような一瞬の鋭い痛みと、それから突き飛ばされたときに感じる衝撃にも似た痛み。窓枠に手をかけた少年が部屋に忍び込み、ショートブーツを履いた足先をぷらんと部屋のなかで泳がせたとき、彼の小さく尖《とが》った靴の先があたしの心臓に食い込んで、無造作に蹴《け》り上げた。この痛みを覚えている、と思う。高校一年生の頃のあたしにとって、痛みはすでに長い時間をかけて自分の肉になじみ、うずまっていて、時折思い出したように痺《しび》れるだけの存在になっていたはずだった。それが、転んだだけで涙が自然に染み出していた四歳の頃のように、痛む。一点の痛覚からぱっと放散するように肉体が感覚を取り戻してゆき、粗い映像に色と光がほとばしって世界が鮮明になる。緑色の小さな体が女の子の横たわるベッドへふわりと駆け寄り、肩をちょんと叩く。揺すぶる。ねえ、と、愛らしく澄《す》んだ声が突き抜けて、ピーターパンだ、と思った。まぎれもなく、あの日あたしの頭上を飛んだ男の子だった。

　ピーターパンは生意気そうな目を爛々《らんらん》と輝かせ、毎回、勢いをつけて訴えかけるようにせりふを叫ぶ。どのせりふも同じように発音する。一本調子で動きも大げさだったけど、息を吸い、ひたすら声を出すということに精いっぱいな姿が、あたしに同じように息を吸わせ、荒く吐き出させる。あたしは彼と一体化しようとしている自分に気づいた。彼が駆け回るとあたしの運動不足の生白い腿《もも》が内側から痙攣《けいれん》する。影が犬に噛《か》みちぎられてしまった、と泣く彼を見て、伝染した悲しみごと2抱きとめてあげたくなる。柔らかさを取り戻し始めた心臓は重く血流を押し出し、波打ち、熱をめぐらせた。外に発散することのできない熱は握りしめた手や折りたたんだ太腿に溜《た》まる。彼がむやみに細い剣を振り回し、追いつめられ、その脇腹を相手の武器がかすめるたびにひやりと臓器に刃をあてられたような気がする。彼が船の先端で船長を海に叩き落して顔を上げたとき、その子どもらしくない視線の冷たさに武者震いのようなものが背筋を走った。うええ、と3間の抜けた独り言が出る。※やばい、えぐい、とわざと頭の中で言葉にした。たしかにこの子なら船長の左手を切り落としてワニに食べさせるな、なんて思う。やばい、えぐいと、家に誰もいないのをいいことに声に出した。調子に乗って「ネバーランド行きたいな」と言ってみると、うっかり本気になりかけた。

　ピーターパンは劇中何度も、大人になんかなりたくない、と言う。冒険に出るときにも、冒険から帰って※ウェンディたちをうちへ連れ戻すときにも言う。あたしは何かを叩き割られるみたいに、それを自分の一番深い場所で聞いた。昔から何気《なにげ》なく耳でなぞっていた4言葉の羅列《られつ》が新しく組み替えられる。大人になんかなりたくないよ。ネバーランドに行こうよ。鼻の先に熱が集まった。あたしのための言葉だと思った。共鳴した喉《のど》が細く鳴る。目頭にも熱が溜まる。少年の赤い口から吐き出される言葉は、あたしの喉から同じ言葉を引きずり出そうとした。言葉のかわりに涙があふれた。重さを背負って大人になることを、つらいと思ってもいいのだと、誰かに強く言われている気がする。同じものを抱える誰かの人影が、彼の小さな体を介して立ちのぼる。あたしは彼と繋《つな》がり、彼の向こうにいる、少なくない数の人間と繋がっていた。

　ピーターパンが舞台を蹴り、浮き上がった彼の両手から金粉がこぼれ落ちる。四歳だったあたしが舞台を実際に観たあと、地面を蹴って飛び跳ねていた感覚が戻る。そこは祖父母の家のガレージで、夏になると生い茂ったどくだみの、鼻を刺激する独特のにおいがたちこめている。売店で買ってもらった金色の「妖精の粉」を体にふりまき、三度、四度、跳ねる。幼い頃どこへ行くにも履かされた底の鳴る靴は、着地するたびに空気が抜け高く鳴いた。飛べると思っな家庭を築くことに専念したいという願望。

エ　幸福であることを維持する努力にくたびれ、労せずとも幸せが転がり込んできてほしいと考える風潮。

オ　地位の高い男性と結ばれて幸せに過ごし、死ぬときは苦しまずに亡くなりたいという他力本願な態度。

問13　次の日本国憲法の条文を見ながら、生徒たちが本文を読んだ感想を述べている。本文の内容を正しく踏まえている意見を後から**一つ**選びなさい。

「第97条　この憲法が日本国民に保障する基本的人権は、人類の多年にわたる自由獲得の努力の成果であつて、これらの権利は、過去幾多の試錬に堪へ、現在及び将来の国民に対し、侵すことのできない永久の権利として信託されたものである。」

ア　Aさん―人権は「日本国民に保障」されているわ。でも女性は過去にその権利を失ったこともあるのだから、権利を自ら放棄してはいけないのね。

イ　Bさん―大根を口の中で大根卸しにしろ、だなんて失礼な話ね。料理は「人類の多年にわたる」文化の積み重ねなのだから、尊重すべきよ。

ウ　Cさん―本文で紹介されている公論では男性が女性の権利について述べているのが目立つわ。女性は「自由獲得の努力」をしてこなかったのかしら。

エ　Dさん―女性の参政権は「過去幾多の試錬に堪」え、摑み取ってきたものだけれど、もっと積極的に政治に参加して女性の地位向上に努めるべきよね。

オ　Eさん―女性は幸せになることを「永久の権利として信託」されているけれど、その権利を行使するかどうかは個人の自由であるべきよ。

三　次の文章を読んで、後の問いに答えなさい。

「あたし」はアイドルの上野《うえの》真幸《まさち》の大ファンであり、彼を「※推し」と呼んでいる。

寝起きするだけでシーツに皺《しわ》が寄るように、生きているだけで皺寄せがくる。誰かとしゃべるために顔の肉を持ち上げ、垢《あか》が出るから風呂に入り、伸びるから爪を切る。最低限を成し遂げるために力を振り絞っても足りたことはなかった。いつも、最低限に達する前に意志と肉体が途切れる。

保健室で病院の受診を勧められ、ふたつほど診断名がついた。薬を飲んだら気分が悪くなり、何度も予約を※ばっくれるうちに、病院に足を運ぶのさえ億劫《おっくう》になった。肉体の重さについた名前はあたしを一度は楽にしたけど、さらにそこにもたれ、ぶら下がるようになった自分を感じてもいた。推しを推すときだけあたしは1重さから逃れられる。

人生で一番最初の記憶は真下から見上げた緑色の姿で、十二歳だった推しはそのとき※ピーターパンを演じていた。あたしは四歳だった。ワイヤーにつるされた推しが頭の上を飛んで行った瞬間から人生が始まったと言ってもいい。

とはいえ推し始めたのはそれからずいぶんあとのことで、高校に上がったばかりだったあたしは五月にある体育祭の予行練習を休み、タオルケットから手脚をはみ出させていた。長いこと切っていない足の爪にaかさついた疲労が引っ掛かる。外から聞こえるbキャッチボールの音がかすかに耳を打つ。音が聞こえるたびに意識がc一・五センチずつ浮き上がる。

予行練習にそなえて二日前に洗濯しておいたはずのd体操着が、なかった。ワイシャツ姿のまま部屋を探し、荒らし回ったのが朝の六時で、見つからないまま逃げるように寝て、昼に起きた。現実は変わらない。掘り起こした部屋そのものがバイト先の定食屋

ア　波線部a「自ら摑《つか》み取るもの』なのだ、と。」の後
イ　波線部b「受け皿となりました。」の後
ウ　波線部c「『さいはひ』だったのです。」の後
エ　波線部d「運頼みの人生。」の後
オ　波線部e「意味したのでしょう。」の後

問8　空欄［A］に当てはまるものを次の中から**一つ**選びなさい。

ア　「月とすっぽん」を思い出してみなさい
イ　「とらぬたぬきの皮算用」の通りに
ウ　「棚からぼた餅」は落ちてこない
エ　「絵に描いた餅」は食べられない
オ　「一富士二鷹《たか》三なすび」はうそなのだと

問9　傍線部1「『幸運』から『幸福』へ」とあるが、ここでの「幸運」と「幸福」の説明として最も適当なものを次の中から**一つ**選びなさい。

ア　「幸運」とは大切な誰かと幸せを共にすることであり、「幸福」とは自分なりの幸せを追求し、深めていくことである。
イ　「幸運」とは受け身のままでも他者が与えてくれる幸せのことであり、「幸福」とは自らが求めて初めて得られる幸せのことである。
ウ　「幸運」とは誰かとの幸せな結婚生活を夢見ることであり、「幸福」とは自分のできる範囲で追い求める幸せのことである。
エ　「幸運」とは己を磨き、理想の誰かを射止めて幸せになることであり、「幸福」とは幸せな生活が送れるよう励むことである。
オ　「幸運」とは誰かが自分に幸せをおすそ分けしてくれることであり、「幸福」とは裕福な家に嫁ぐ努力をして得た幸せのことである。

問10　傍線部2「安部磯雄」の主張として最も適当なものを次の中から**一つ**選びなさい。

ア　男性から人としての人格を認められれば、女性は今の幸福な生活を更に幸福にできる。
イ　男性から一方的に愛される生活を強いられている点で、女性と人形とは同じである。
ウ　女性はそもそも男性から同じ人間として認められておらず、見下されて扱われている。
エ　女性は人間として劣っているわけではなく、一人で稼いで自活できる力を持っている。
オ　女性を使役することで得られる幸福は多くの犠牲を伴うため、決して認められない。

問11　傍線部3「『幸福の問題を大っぴらに取上げることさえも遠慮』していた」とあるが、それはなぜか。最も適当なものを次の中から**一つ**選びなさい。

ア　戦争の勝利という全体の幸福に女性達が価値を見出し、個人の幸福の追求を身勝手なものとして反省したから。
イ　日本の勝利こそが女性に幸福をもたらすという国の考え方が浸透し、女性達もその雰囲気に逆らえなかったから。
ウ　女性は家庭内の問題ばかりを追求する狭い視野しかなく、そのような軽薄さを当時の男性は軽蔑《けいべつ》していたから。
エ　戦時中の日本は、女性を出産する機械としてしか見ておらず、機械が幸福を語るなどありえないことだったから。
オ　戦争という国の存亡の危機を前に、個人の幸福の追求などもってのほかだという風潮が日本人の中にあったから。

問12　傍線部4「100年分の幸運をあなたに」とあるが、筆者はこのタイトルが付けられた背景に何があると考えているか。最も適当なものを次の中から**一つ**選びなさい。

ア　女性は幸せを追求するべきだという同調圧力に疲れ、自分らしく気楽に暮らしたいと思う心理。
イ　一通り幸福を求める経験をした女性達が、結局は玉の輿に乗ることを望むようになったという皮肉。
ウ　多様な幸福感の間で思い悩むことなく、専業主婦として幸せ

になりました。新しい憲法のもとで女性にも人権というものが与えられ、『婦人公論』の当初の目標は達成されたかのようにも思えるのです。

　しかし自由に幸福を追求できるようになると、今度は何が正解かがわからなくなってきます。何度も発生した専業主婦論争は、そのあらわれだったのでしょう。晩婚化、少子化、高齢化……といった時代の変化によって、幸福の形もまた人それぞれになってきたのであり、昔の基準で幸福を語ることができなくなったのです。

　たとえば平成二十八年十二月十三日号の特集タイトルは「100歳以上が6万人！　今から備えたい『長寿で幸せ』な生き方」。このタイトルからは、長寿が必ずしも幸せとは言えなくなってきた空気を感じます。人生五十年時代であれば、長寿は幸せの象徴だったはずですが、「今から備えたい」という文からは、長寿がほとんど災厄であるかのようなムードが。

　同年一月二十六日号の特集タイトルが「4 100年分の幸運をあなたに」であるのは、そのような時代と無関係ではありません。『婦人公論』は、女性が「幸運」ではなく「幸福」を自分の手で摑むことができる世を求めて、創刊された雑誌です。しかしその後、女性の地位は向上。今や制度的にはかなり整備され、何かを戦って勝ち得なくては女性は奴隷のまま、という悲壮感はなくなりました。

　そうなった時、女性達が改めて欲しくなったのが、「幸運」なのかもしれません。玉の輿にのりたい。長く生きすぎずに、ポックリ死にたい。棚から落ちてくるぼた餅が欲しい……、と。

　昔の女性は〝幸福〟を摑むためのスタートラインにつくことができず、苦悩していました。しかし百年後の今、女性達は、〝幸福〟であり続けるための努力に疲れて、〝幸運〟を求めています。

　その感覚もよくわかるのですが、太平洋戦争の時代を振り返れば、時の政権や時代の空気によって、女性を巡る環境は封建時代に戻ってしまうことを、私達は既に知っています。昭和初期に女性達が謳《おう》歌《か》した自由も、戦争中は簡単に取り上げられてしまったのです。

　美輪明宏は前述のインタビューで、「『ありのままの私を受け入れて』というのはなまけもの」と言いました。それは「畑から抜いてきた泥つき大根を食え食えと言っているのと同じ」であり、料理してきれいに盛り付けるからこそ美味しいのだ、と。

　しかし戦争の只中《ただなか》、昭和十八年九月号の「必勝食生活」には、女に大根を与えたら、料理しようなどと考えるのがけしからん、とありました。「決戦下、正しい食い方というものは生齧《かじ》りで口の中で嚙《か》んで大根卸《おろ》しにする」ことだ、と。

　時代は、戻る。だからこそ私達は、幸福を追求する権利を、この先も手放してはいけないのでしょう。大根を料理することすらも一つの大切な権利であることを、『婦人公論』の百年は、私たちに教えてくれているのです。

（酒井順子『百年の女―『婦人公論』が見た大正、昭和、平成』より一部改変）

※『婦人公論』…中央公論新社が発行する婦人・女性誌。
※宮沢りえ…女優、ファッションモデル。
※美輪明宏…歌手、俳優。
※しょっぱな…物事のいちばん初め。
※平塚らいてう…婦人運動をした女性。
※女大学…旧式な女子教育のこと。
※公論…人々が正当であるとする議論。世論。
※社会民衆党…社会民主主義派の政党。
※イプセン…ノルウェーの劇作家。

問7　次の文章が入る箇所として最も適当なものを後の中から**一つ**選びなさい。

「明治の文明開化後もなお、その状態は続きます。女性には選挙権はおろか、ろくな人権は与えられていませんでした。と言うより、人権という感覚が日本ではまだ普及していなかったのであり、男性に従って当然の生き物が『婦人』（当時『女性』という言い方は一般的ではなかった）だったのです。」

決まるという、d運頼みの人生。

らいてう達がそのような世に対して異を唱えるようになったことは、画期的な動きでした。女性達が自分で声をあげて自分の立場を変えようとするということはつまり、女性がハピネスに目覚めたことをe意味したのでしょう。

『婦人公論』創刊号の目次を見ると、最初に並ぶのは何本かの「※公論」。そのトップを占めるのが、2安部磯雄による「現代婦人の行くべき道」です。安部は東京専門学校(現・早稲田大学)の教授で、後に※社会民衆党から立候補して衆議院議員となった人。

この中で安部は、はからずも「幸福」という言葉を何度も使用しています。人間の幸福とは何かといえば、「是《これ》は決して衣食住という如《ごと》き物質上の幸福をのみ指すのでは無い」。そこで例にとられるのは、※イプセン『人形の家』の、ノラです。「小鳥のように愛せられる計《ばか》りでなく、同時に人としての人格を認めて貰《もら》い度《た》いというのがノラの要求」であり、彼女は、

「私は妻たり母たる前に、先《ま》ず人間として立たなければならぬ」

と言ったのだ、と。

一方日本の女性はといえば、「人形のようにでも愛せられて生活をして居《い》る女は寧《むし》ろ幸福な方であって、人形どころかもっと酷《ひど》い待遇を受けて居る」。そして、「日本婦人は幸福なりや否《いな》やと言えば、私は幸福でないと答える。何故《なぜ》ならば日本人は婦人を独立したる人格として認めないで、之《これ》を服従せしめて行こうとする」とあるのでした。

日本の男性の幸福が、女性の従属によって成立するものなのであれば、「奴隷を使役することが人間の最大幸福でなくてはならない」。女性が幸福を得るためには、「婦人は先ず人間としての人格を男子から認めて貰うようにせねばならぬ。侮辱や軽蔑を受けないようにせねばならぬ」のだ、と。

(中略)

しかし時代が昭和に変わっても、その希望は実現されませんでした。戦争の足音が次第に大きくなり、日中戦争そして太平洋戦争へと、日本は突入することとなります。

戦争中、女性の幸福などは、国にとってどうでもよいものとなりました。ただ一つ、女性の手を借りなくてはどうにもならなかったのは、兵力増強のための人口増加。女性はまさに「産む機械」と目され、「最低五人は産め」と促されたのです。

『婦人公論』における女性の幸福感も、当然のように変化していきます。昭和十七年(一九四二)六月号「日本女性文化の伝統と革新」という座談会において、文芸評論家の河上徹太郎は、「今の女は幸福だと思います」と述べます。四、五年前までの平和な時代の女は「何をなすべきか困ってい」たけれど、今の女は「身近に戦争という壁があるから、それに凭《もた》れかかって生きていることが出来る。それは大変幸福なことです」と。

また昭和十八年(一九四三)四月号には、哲学者の柳田謙十郎が「女性の責任感」との文章を寄せていますが、そこには「女性はまだまだ自覚が足りない」とありました。国が大変な時だというのに「着物のことお化粧のことに思いわずらい一身一家の幸福のことを無上の問題として生きてゆくものは、何といっても男でなくて女」であり、「女性の精神はまだまだあまりにも狭小な自己の小範囲に閉《とざ》されている」とありました。

個人の幸福は捨てて全体の利益のために尽くせ、という戦争の時代は、しかしやがて終わります。『婦人公論』も休刊を余儀《よぎ》なくされていた時期を経て、復刊。昭和二十二年(一九四七)一月号の対談「自由と幸福」では、哲学者の谷川徹三と天野貞祐が、今までの日本人は3「幸福の問題を大っぴらに取上げることさえも遠慮」していた、と語り合います。「すべて楽しむということをよくないことのように思」ってきたのだ、と。

戦争が終わると、人々はようやく、個人の幸福を追求できるよう

ア　ケア　　―優しい行い
イ　エピソード―たとえ話
ウ　キャリア　―学歴
エ　ニュアンス―微妙な意味合い
オ　ポジティブ―精神的な

問3　次の中で、対義語の関係になっていないものを**一つ**選びなさい。
ア　理性―感情　　イ　特殊―普遍
ウ　需要―供給　　エ　干渉―放任
オ　故意―任意

問4　ある「漢字」について漢字辞典を用いて詳しく調べるとき、手がかりになりにくいものを次の中から**一つ**選びなさい。
ア　音読み　　イ　品詞　　ウ　訓読み
エ　総画数　　オ　部首

問5　次の四字熟語を漢字に直したとき、傍線部Ａ・Ｂの関係が他と異なるものを**一つ**選びなさい。
ア　にっＡしんげっＢぽ
イ　いっＡきいちＢゆう
ウ　りゅうＡとうだＢび
エ　Ａせいこう Ｂうどく
オ　Ａしゅう Ｂしいっかん

問6　次のア〜オの傍線部「で」の文法的説明として正しくないものを**一つ**選びなさい。
ア　とてもおめでたい出来事だ。　　―形容詞の一部
イ　私の心中は穏やかでない。　　―形容動詞の一部
ウ　で、君は何がしたいの。　　―感動詞
エ　彼女は委員長に適任ではない。　―助動詞
オ　土浦駅で待ち合わせている。　　―助詞

二　次の文章を読んで、後の問いに答えなさい。

平成二十八年(二〇一六)、※『婦人公論』は創刊百周年を迎えました。この年、最初の号の表紙モデルは、※宮沢りえ。特集は、
「100年分の幸運をあなたに」
というものです。

平成十年(一九九八)に大幅なリニューアルを行って以降、新年の一号目に「幸運」「幸福」関連の特集を続けてきた、『婦人公論』。百周年の年であるからこそ、「100年分の幸運」なのでしょう。

巻頭には※美輪明宏のインタビューが載っていますが、※しょっぱなから美輪は、
「『婦人公論』の創刊100周年にちなんで、『100年分の幸運』がテーマのようですが、残念ながら、そんなものはありません」
と、特集タイトルに異を唱えています。　Ａ　。「幸福は、研究と努力でａ自ら掴《つか》み取るもの」なのだ、と。

美輪の言葉は、はからずも『婦人公論』百年の歩みを示しているように思います。『婦人公論』が創刊されたのは、大正五年(一九一六)であり、※平塚らいてう達が『青鞜《せいとう》』を創刊したのは、明治の末。大正とは、「※女大学」的な旧来の価値観に女性達が異を唱えだした、女性達にとっての転換期でした。やがて『青鞜』は休刊となりましたが、『婦人公論』はその執筆陣のｂ受け皿となりました。

それは、女性が求めるものが１「幸運」から「幸福」へと変化する転換期でもあったように思います。「幸い」すなわち「さいはひ」という言葉は平安時代から存在していますが、それは「自らの手で掴み取る幸福」ではなく、女性が自分より身分の高い人と玉の輿《こし》的な結婚をする等、他者から与えられる「幸運」でした。つまり、「ハピネス」ではなく「ラック」こそが、女性にとってのｃ「さいはひ」だったのです。

「幸い」＝「ラック」、という感覚は、その後延々と続くことになります。封建社会の中では、一般の女性が自分の努力によって生き方を切り拓《ひら》くことは難しく、生まれた家や結婚相手次第で幸不幸が

二〇二三年度 土浦日本大学高等学校（併願推薦）

【国　語】　（五〇分）　〈満点：一〇〇点〉

一　次の各問いに答えなさい。

問1　次の生徒どうしの会話を読み、後の①～⑤の各問いに答えなさい。

ユミコ：私は「風」という言葉のさまざまな意味について調べたわ。
タダシ：夏休みの国語の自由研究は何について調べたの？
タダシ：え？　「風」ってあの1空気の流れの？
ユミコ：そうよ。いろいろな意味があってとても面白かった。その土地のならわしやしきたりという意味の「ア風宗」や、うわさを表す「イ風聞」、けしきという意味の「ウ風景」、病気の意味を持つ「風疹《ふうしん》」とか…。
タダシ：僕だって読み方はいろいろ知ってるよ。「ふう」以外にもエ風上《かざかみ》（風が吹いてくる方向）やオ突風《とっぷう》（いきなり吹いてすぐに収まる風）なんかもある。
ユミコ：ええ。「かざ」は「かぜ」が複合語を作るときの読み方で、「ぷう」は「ふう」が変化した読み方ね。
タダシ：へえ。複合語ってはじめて聞いたよ。熟語とは違うの？
ユミコ：熟語は複合語の中で特に漢語どうしが結合したものを指すことが多いのよ。
タダシ：漢語って、2音読みする語だよね。
ユミコ：よく知っているわね。中国語の発音をまねたものよ。
タダシ：そういえば中国に「漢」っていう王朝があったな。
ユミコ：「漢字」や「漢文」の「漢」は中国のこと。
タダシ：『土佐日記』では、筆者の3紀貫之《きのつらゆき》が冒頭で「男もすなる日記といふものを女もしてみむとてするなり」って書いてたけど、当時の男性の書く日記は普通漢文だったんだよね。
ユミコ：そう。漢字は男の人が多く使ったことから「男手《おとこで》」とも言ったの。「漢」には男という意味もあるのね。
タダシ：じゃあ「女手《おんなで》」は？
ユミコ：自分で考えてごらんなさい。日本で作られた文字ね。さっき自分で答えを言ったようなものだわ。
タダシ：え？　そういえば話がずいぶん4ヒヤクしちゃった。
ユミコ：「風」に吹きとばされたようね。

①　傍線部1「空気の流れ」を意味する「風」を含まないものを一つ選びなさい。
ア　風速　　イ　疾風　　ウ　風流人
エ　馬耳東風　　オ　風林火山

②　波線部ア～オのうち、誤った漢字を含むものを**一つ**選びなさい。
ア　「風宗」　　イ　「風聞」　　ウ　「風景」
エ　「風上」　　オ　「突風」

③　傍線部2「音読みする語」であるものを**一つ**選びなさい。
ア　脂（あぶら）　　イ　影（かげ）　　ウ　革（かわ）
エ　損（そん）　　オ　仏（ほとけ）

④　傍線部3「紀貫之」が中心となって編集した和歌集を**一つ**選びなさい。
ア　古今和歌集　　イ　万葉集　　ウ　新古今和歌集
エ　おくのほそ道　　オ　今昔物語集

⑤　傍線部4「ヒヤク」を漢字に直したとき、同じ漢字を含むものを**一つ**選びなさい。
ア　秘密　　イ　役得　　ウ　約束
エ　避難　　オ　躍起

問2　次の中で、カタカナ語とその意味の組み合わせが正しいものを**一つ**選びなさい。

2023年度／土浦日本大学高等学校（併願推薦）

英語解答

1 (1) 1　(2) 3　(3) 1　(4) 3
(5) 3　(6) 3　(7) 3
(8) (A)… 2　(B)… 4　(C)… 4

2 (9) 4　(10) 1　(11) 1　(12) 1
(13) 3　(14) 3　(15) 4　(16) 1
(17) 3, 6

3 (18) 2　(19) 3　(20) 1　(21) 2
(22) 1　(23) 3　(24) 1　(25) 2
(26) 1, 4

4 (27) 3　(28) 2　(29) 1　(30) 3

5 (31) 3　(32) 2　(33) 3

6 (34) ②　(35) ④　(36) ③

7 (37) ②－①－⑤－⑥－④－③
(38) ③－①－⑥－②－⑤－④
(39) ②－③－①－⑤－④－⑥
(40) ①－⑤－③－②－⑥－④
(41) ③－②－⑤－⑥－④－①

8 (42) 3　(43) 3　(44) 2　(45) 4
(46) 2

〔学校発表解答〕

数学解答

1 (1) 2　(2) イ…4　ウ…1　エ…0
(3) オ…3　カ…5　キ…6
(4) ク…1　ケ…5　(5) ①, ③

2 (1) ア…2　イ…5
(2) ウ…3　エ…2
(3) オ…③　カ…1　キ…3

3 (1) ア…1　イ…4　ウ…4
(2) エ…1　オ…1　カ…2
(3) キ…6　ク…4

4 (1) ア…1　イ…5
(2) ウ…2　エ…5　オ…1　カ…0
(3) キ…2　ク…3　ケ…4　コ…5

5 (1) ア…3　イ…6　ウ…6　エ…2
オ…9　カ…0
(2) ②　(3) ク…9　ケ…3

〔学校発表解答〕

社会解答

1 (1) ①　(2) ③　(3) ②　(4) ③
(5) ④　(6) ②　(7) ③　(8) ②
(9) ④　(10) ④

2 (1) ③, ④　(2) ①　(3) ②, ③
(4) ②　(5) ②　(6) ③　(7) ④
(8) ④　(9) ①　(10) ②

3 (1) ③　(2) ③　(3) ①　(4) ①
(5) ④　(6) ②　(7) ④　(8) ③
(9) ④　(10) ②

4 (1) ①　(2) ①　(3) ②　(4) ④
(5) ②　(6) ③

5 (1) ③　(2) ②　(3) ①　(4) ①

6 (1) ②　(2) ①　(3) ④　(4) ④
(5) ③　(6) ③　(7) ②　(8) ④
(9) ①　(10) ③

〔学校発表解答〕

理科解答

1 (1) ④　(2) ②　(3) ⑤

(4) (a)…③　(b)…②

2 (1) ④　(2) ③　(3) ①

(4) (a)…⑤　(b)…③

3 (1) (a)…⑧　(b)…②　(2) ②

(3) ④　(4) ②

4 (1) (a) ア…1　イ…8

(b) ウ…1　エ…8

(2) ③　(3) ⑥　(4) ①　(5) ①

5 (1) ②　(2) ④　(3) ③　(4) ①

(5) ⑤

6 (1) ⑤　(2) ⑤　(3) ⑥　(4) ①

(5) ③　(6) ⑨

7 (1) ⑤　(2) (a)…2　(b)…1　(c)…2

(3) ⑦　(4) ⑤

(5) (a)…④　(b)…④

8 (1) ④　(2) ②　(3) ④　(4) ②

(5) ④

〔学校発表解答〕

国語解答

一 問1 ①…ウ　②…ア　③…エ　④…ア

⑤…オ

問2 エ　問3 オ　問4 イ

問5 ア　問6 ウ

二 問7 エ　問8 ウ　問9 イ

問10 ウ　問11 オ　問12 エ

問13 ア

三 問14 エ　問15 イ　問16 ア

問17 オ　問18 イ　問19 ア

問20 エ

四 問21 エ　問22 ア　問23 ウ

問24 オ　問25 オ

〔学校発表解答〕

2022年度 土浦日本大学高等学校

【英　語】（50分）〈満点：100点〉

1　次の英文を読んで，あとの(1)〜(9)の問いに答えなさい。

These days we read about important events on *social media almost as soon as they happen. There is always someone using their cellphone to spread this information within a few seconds of the actual event. We have no time to understand events before there is something new for us to think about. We are also never sure that the news we hear is true. We live in a very difficult world. So, what can we do to make sure that news is true or not true?

First, we should understand the two basic types of *fake news: stories that are 100% not true and stories that have both true and *false information. Stories that are 100% not true are sometimes the easiest to find because they usually try to make you believe something that is hard to believe, for example, stories about UFOs, ghosts, or other strange or unusual things. A few years ago, there was a popular video on the Internet that showed an *alien from another *planet that had been found here on Earth. The video looked real and many believed it. However, ①scientists pointed out some very big problems in the video. For example, the people in the video, who were studying the alien, were not wearing special high-tech clothes or masks to protect themselves from an alien *virus or to protect the alien from a human virus. Clearly, the first thing real scientists would want to do is to protect Earth from alien viruses. This showed that the video was fake. So, we must learn to think carefully about everything and not believe everything we see even when it looks real.

Another type of fake information is something that has both true and false information. ②This is often very difficult to recognize. However, this type of fake news is the most popular form that we are likely to find in our everyday lives. A news story, for example, may be 95% true and 5% false. However, ③this false 5% is dangerous. This is because the 5% often has very *tricky information that can be used to trick you into believing something false. Think of it this way. If your parents want you to take some medicine that tastes bad, they may put it into something sweet like a piece of chocolate to hide the taste of the medicine. Bad guys do the same thing. When they want to spread a dangerous lie, they often hide it in some facts that are exciting and easy to understand. So, we must think carefully about each piece of information and question if it is 100% true or not.

Social media is now a very popular place to find news, especially for young people. Bad guys know that young people will often share something that looks exciting with their friends. Young people don't really worry if the story they share is true. ④They are more interested in getting more *followers or attracting attention online. This makes it very easy for bad guys to spread bad information. This has created a lot of big problems, and many people have done crazy things because of fake news and false information.

How can we recognize fake news and false information in the media? There are 3 simple ways:

1. Always look at the sources of information. Is it a ⑤good news source with a long history (BBC, CNN, Reuters, AFP) or something else? Is the person writing this information an expert on this subject? Did he / she go to a real university? Use the Internet to see who they are and if they are experts.

2. Are other news sources reporting this information?　⑥If some information comes from social media and only social media, then you should be careful. If good news sources (BBC, CNN, Reuters, AFP) do not report the story within 24 hours, it may not be real or it may not be completely true.

3. Is this information a fact or an opinion?　Social media often reports opinions, not scientific information.　Remember: an opinion is not a fact.　A fact is information that is produced by scientists.　⑦Photos and videos are not always facts.　They usually only show part of the story and can be easily faked using simple technology.

Today, false information from social media is like fast food.　It looks good and tastes good, but too much of it will harm your health.

＊［注］ social media　ソーシャルメディア　fake　偽の　false　正しくない　alien　異星人
planet　惑星　virus　ウィルス　tricky　ごまかしの多い　follower　支持者

(1)　第1段落を読んで，情報に関する記述として**当てはまらないもの**を，次の1～4の中から**1つ**選びなさい。

1．何かが起こればすぐに情報が入る。
2．得ることができる情報量が人によって違う。
3．得られる情報が正しいかどうかわからない。
4．情報の信ぴょう性について十分に吟味する時間がない。

(2)　下線部①の具体的な内容として，最も適するものを，次の1～4の中から**1つ**選びなさい。

1．ビデオの中の研究者が防護服を着ている。
2．ビデオの中の研究者が防護服を着ていない。
3．ビデオの中のエイリアンが防護服を着ている。
4．ビデオの中のエイリアンが防護服を着ていない。

(3)　下線部②の指し示す内容として，最も適するものを，次の1～4の中から**1つ**選びなさい。

1．100パーセント真実の情報　　2．100パーセント誤った情報
3．情報源のはっきりしない情報　　4．真実と虚偽が混在した情報

(4)　下線部③の理由として，**適当でないもの**を，次の1～4の中から**1つ**選びなさい。

1．信頼度5パーセントのニュースは危険だから。
2．5パーセントの虚偽の情報が誤った考えを誘発するから。
3．危険な誤情報というのは，魅力的な事実の中に含まれているから。
4．95パーセントの情報が正しいため，安易に信じてしまうから。

(5)　下線部④の指し示す内容を，次の1～4の中から**1つ**選びなさい。

1．bad guys　　2．news sources
3．social media　　4．young people

(6)　下線部⑤の単語の意味として，**適当でないもの**を，次の1～4の中から**1つ**選びなさい。

1．信ぴょう性が高い　　2．精度の高い
3．迅速な　　4．適切な

(7)　下線部⑥の理由として，**適当でないもの**を，次の1～4の中から**1つ**選びなさい。

1．信頼できる情報源からの情報が必要だから。
2．1つのメディアからの情報だけでは信ぴょう性が低いから。
3．ソーシャルメディアの情報よりも信ぴょう性が高いものはないから。
4．24時間以内に信頼できるメディアからの情報があるかどうかを知る必要があるから。

(8) 下線部⑦の理由として，最も適するものを，次の１～４の中から**１つ**選びなさい。

１．写真やビデオは常に事実でないから。

２．写真やビデオは誰でも撮影できるから。

３．写真やビデオは貴重な証拠として扱うことができるから。

４．写真やビデオは技術を駆使して簡単に加工することができるから。

(9) 本文の内容に**合わないもの**を，次の１～７の中から**２つ**選びなさい。（同じ解答欄に**２つ**マークしなさい）

１．誤った情報には，２つのタイプがある。

２．携帯電話を用いて情報拡散をする人が絶えない。

３．今日の誤った報道とは，ファストフードのようなものである。

４．UFO や幽霊などに関する情報は，すぐに真実か否かを見分けるのは難しい。

５．事実とは，意見とは異なり，科学的情報のことである。

６．真偽を確認する時間を十分にとるため，信頼できるメディアは事件発生から24時間以内に報道することを避ける。

７．支持者を増やしたいという思いから興味深い話をネットに上げる行為は結果として誤情報の拡散に加担してしまうことがある。

2 次の英文を読んで，あとの(10)～(17)の問いに答えなさい。

Teachers are always busy. They have almost no free time to have hobbies. Most teachers get to school around 7 a.m. and leave school around 8 or 9 p.m. Some even sleep at school ! I feel sorry for them. However, I always leave school around 5 p.m. This gives me time to enjoy my hobbies and to forget about school for a while.

Now, I would like to introduce some interesting hobbies that you have probably never heard of. Let's begin with something that anyone can do. It's called mudlarking.

Mudlarkers are people who walk in the areas next to rivers. They are looking for old things that were thrown into the river a long time ago. You see, back in the old days, people often used rivers as a place to throw their *garbage. Most of this garbage floated away to the sea, but some of it spread to the sides of the river. Mudlarkers like to walk along rivers that have beaches or muddy areas because they often find some very interesting things that were thrown away thousands of years ago. (①), the Thames River in England passes through the center of London. The Romans built London 2,000 years ago, and people have lived there ever since that time. That means, there is 2,000 years' worth of garbage buried in the mud and sand next to the Thames River. And every day, because the Thames is connected to the sea, the level of the river rises and falls. This means we can easily find things that have never been seen since they were thrown in the river hundreds or even thousands of years ago.

Now, I know what you are saying, "That is garbage ! Who wants to look at garbage ?" ②Well, think about it. Yes, it was garbage 2,000 years ago, but today, it may be a valuable *treasure ! I have walked along the Thames River when the water was low and have found hundreds of old things. I have found broken pieces of Roman dishes, Roman glass, and Roman coins. I have not only found lots of coins but also old tools, very old children's toys, and even human *bones ! It is amazing what you can find in just a few minutes in a very small area. If you want to experience mudlarking but don't live near a river, then I suggest you search "mudlarking" on YouTube. There are many interesting videos of people finding amazing things.

The next interesting hobby I want to introduce is ③ *magnet fishing. This hobby is not catching fish but instead, catching some amazing things. All you need is a very strong magnet and some *rope. Simply *tie the rope onto the magnet and drop the magnet into a river or lake from a low bridge. The magnet will stick to any metal in the water. When you feel something heavy pulling on the rope, simply pull it up and see what you have found. Easy!

Again, I know what you are saying, "It's just more garbage!" Well, yes and no. Yes, you cannot pick and choose what you pick up. But the same thing is true about fishing. Sometimes you get a big fish, sometimes you get a little fish, sometimes you get nothing at all. That is what makes it exciting! You never know what you are going to catch! 9 out of 10 times, it's just garbage. But, maybe, on the 10th time it's going to be (④)!

There are lots of videos about magnet fishing on YouTube. I find it really relaxing and exciting to watch people in Europe doing this in the rivers and lakes there. There are two men that do this in Holland. There are many old rivers and many small bridges there. They often find garbage like bicycles and pieces of cars, but sometimes they find old coins, guns, rings and other expensive things. Some men in Russia even found a *WWⅡ airplane in a lake. The *pilot was still sitting in the plane!

The good point about these hobbies is that [⑤] in Japan. There are many rivers and lakes. All you need is some luck!

*[注] garbage ゴミ　treasure 宝物　bone 骨　magnet 磁石　rope ロープ　tie ～を縛る
WWⅡ 第２次世界大戦　pilot パイロット

⑽ (①)に入れるのに最も適する語(句)を，次の１～４の中から**１つ**選びなさい。

１．However　２．For example

３．Finally　４．As a result

⑾ 筆者が下線部②のように言った理由として，最も適するものを，次の１～４の中から**１つ**選びなさい。

１．見つけたものが単にゴミだから。

２．誰もゴミなど探したくないから。

３．水深が深くて，価値のあるものを探せそうにないから。

４．大昔はゴミであっても，現在はとても価値のあるものかもしれないから。

⑿ 筆者が mudlarking によって見つけたものの中で，本文の内容に**当てはまらないもの**を，次の１～４の中から**１つ**選びなさい。

１．紙幣

２．ローマ時代のコイン

３．人間の骨

４．とても古い子供のおもちゃ

⒀ Mudlarking を体験したくてもロンドンに行けない場合，筆者が薦めているものとして，最も適するものを，次の１～４の中から**１つ**選びなさい。

１．古い歴史を持つローマについて調べること。

２．YouTube で "mudlarking" と検索すること。

３．The Thames River につながっている海岸を歩くこと。

４．多くの古い運河や小さな橋があるオランダに行くこと。

(14) 下線部③について，最も適するものを，次の１～４の中から**１つ**選びなさい。
１．時々磁石を引きあげる必要がある。
２．磁石の力を利用して魚をおびき寄せる漁法である。
３．湖や川の水面に磁石を浮かべるだけの簡単な漁法である。
４．必要なものは，強力な磁石とロープのみである。

(15) （④）に入れるのに最も適した語を，次の１～４の中から**１つ**選びなさい。
１．serious
２．treasure
３．anything
４．cheap

(16) ［ ⑤ ］に入れるのに最も適した語句を，次の１～４の中から**１つ**選びなさい。
１．you can't find the sites
２．you can do the same thing
３．you have many kinds of fish
４．you have to spend some money

(17) 次の(A)～(C)の問いに対する答えとして，最も適するものを，下の１～４の中から**１つずつ**選びなさい。

(A) Which of the following statements is true about mudlarking ?
１．Anyone can do mudlarking because it is so simple.
２．Special skills and many tools are needed to do mudlarking.
３．You need to be over twenty years old to do mudlarking.
４．Mudlarking in London is impossible because there is no river there.

(B) Which of the following statements is NOT true about the Thames River ?
１．The river flows right through London.
２．The level of the river changes every day.
３．You cannot find any garbage in the river because it's too clean.
４．People have thrown away garbage into the river for about 2,000 years.

(C) What did some men in Russia find in a lake ?
１．They found magnets.
２．They found a lot of fish.
３．They found an old airplane.
４．They found bikes and cars.

3 次の英文を読んで，あとの(18)～(24)の問いに答えなさい。

Mr. Smith : Good morning students. Today we are going to talk about a famous writer from the USA. His name is Ray Bradbury. Have any of you read his stories ?
John : Did he write stories about the sea ?
Mr. Smith : No, he didn't write stories about the sea.
Suzy : Didn't he write stories about school life ?
Mr. Smith : No, I don't remember any stories about school life. Any other guesses ?
Peter : I think he wrote stories about the future and time travel. ［ ① ］
Mr. Smith : Yes, that's right. He wrote many stories about space travel, time travel, technology, and

life on other worlds.

Suzy : He doesn't sound like a serious writer. Why should we study him ? Science fiction is for kids, isn't it ?

Mr. Smith : No, some people may think so, but they are (②). Science fiction can teach us many things especially about the future.

Suzy : Like what ?

Mr. Smith : Well, Bradbury began writing in the 1930s when he was a teenager. This was many years before computers and the Internet. Few people could imagine a future with these amazing things. However, Bradbury began writing about these technologies 50 years before they became popular.

John : Are you saying that he was able to *predict the future ?

Mr. Smith : Yes and no. Not all of his *predictions have come true. But he was right about many things.

Suzy : [③]

Mr. Smith : Well, in the 1950s he wrote about computers, *earbuds, smart phones and smart watches, websites like Facebook and Instagram, *self-driving cars, robots, and electronic books. These are just a few examples, but there are many others.

Peter : Was he right about everything or did he get some things wrong ?

Mr. Smith : He wasn't right about time travel. He believed that we would be able to travel back in time by 2020, but that didn't happen. However, it may be possible in the future.

John : Why did he write these kinds of stories ? How was he able to predict the future ?

Mr. Smith : It is difficult to say. When he was a kid, his aunt read stories to him. Bradbury said that this made him want to read more. In the 1920s and 1930s, science fiction became popular. There were many science fiction writers who wrote exciting stories. Bradbury read many of these stories and was influenced by them. He began thinking about the future from a very early age.

Suzy : But many science fiction writers have been right about the future. What makes Bradbury so special ? Why should we study him and not the other writers ?

Mr. Smith : Bradbury is special because he wrote a lot about how useful technology could become a danger to humans.

Suzy : How could useful technology become dangerous to us ? Isn't useful technology a good thing ?

John : [④] Technology is not always 100% good.

Suzy : What do you mean ?

John : Think about how much time we spend on the Internet or playing with our smartphones. We don't play outside or talk to each other as much as we used to. I watch the people on the train I use every day. Nobody is talking. They are either sleeping or looking at their smartphones. Almost everyone is wearing earbuds or headphones. Sometimes they forget to (⑤) the train at their station because they are too busy looking at their smartphones.

Suzy : That's not good, but it isn't dangerous. I like to use my smartphone to play games while I am on the train. It makes the time go by faster.

Mr. Smith : I understand, Suzy, but this is one of the things that worried Bradbury.

Suzy : What do you mean ?

Mr. Smith : Well, Bradbury believed that technology would soon control our lives and cause us to stop thinking. Online games don't encourage thinking. He was also very afraid that people would stop reading books because of technology. Bradbury grew up in the 1930s when some governments burned books that made people think about serious problems. Bradbury believed that governments would not need to burn books if no one was interested in reading them. Technologies like online games, online movies, and Internet websites can *replace books. Then, people don't think much about serious problems. [　⑥　]

John : I think Bradbury was right. We spend too much time playing games on our cell phones and not enough time thinking.

*[注] predict ～を予測する　prediction 予測　earbud イヤホン　self-driving 自動運転の
replace ～に取って代わる

(18) [①] に入れるのに最も適するものを，次の１～４の中から**１つ**選びなさい。

1．He was an actor, wasn't he ?
2．He was a song writer, wasn't he ?
3．He was a funny singer, wasn't he ?
4．He was a science fiction writer, wasn't he ?

(19) (②)に入れるのに最も適切な語(句)を，次の１～４の中から**１つ**選びなさい。

1．wrong
2．right
3．not interesting
4．safe

(20) [③] に入れるのに最も適するものを，次の１～４の中から**１つ**選びなさい。

1．What was wrong about him ?
2．Do you really think about it ?
3．Why did he start writing songs ?
4．Could you give us some examples ?

(21) [④] に入れるのに最も適するものを，次の１～４の中から**１つ**選びなさい。

1．I don't think we should know the good points of technology.
2．I think we should only look at the good points of technology.
3．I think no one in the world can live without using good technology.
4．I think some technologies that we use every day have their bad points.

(22) (⑤)に入れるのに最も適切な語句を，次の１～４の中から**１つ**選びなさい。

1．get off
2．pick up
3．take care of
4．turn off

(23) [⑥] に入れるのに最も適するものを，次の１～４の中から**１つ**選びなさい。

1．This is not what Bradbury needed.
2．This is not what Bradbury predicted.
3．This is exactly what Bradbury needed.

4．This is exactly what Bradbury predicted.

(24) 次の(A)～(D)の問いに対する答えとして最も適するものを，下の１～４の中から**１つずつ**選びなさい。

(A) What did Bradbury write about ?

1．He wrote stories about the sea.
2．He wrote stories about school life.
3．He wrote stories about children at his school.
4．He wrote stories about the future and time travel.

(B) Why is Bradbury special ?

1．He didn't influence many writers.
2．He wrote many books when he was a little kid.
3．He was able to travel to the past and to the future.
4．He wrote about the possible dangers of useful technology.

(C) Why did Bradbury worry about the future ?

1．He was afraid that he would lose his job in the future.
2．He was afraid that some governments would burn useless books.
3．He was afraid that everyone would have smartphones in the future.
4．He was afraid that technology would take over our lives and make us stop thinking.

(D) Which sentence is NOT talked about in the story ?

1．Bradbury was influenced by many other science fiction writers.
2．Bradbury never used a smartphone or played online games.
3．Bradbury started writing science fiction stories about 90 years ago.
4．Bradbury was able to predict the future of technology but he wasn't 100% correct.

4

次の(25)～(27)の各文の下線を引いた語とほぼ同じ意味になる語を，下の１～４の中から**１つずつ**選びなさい。

(25) I didn't go out because dinner was served to me in my hotel room.

1．asked　　2．changed
3．given　　4．known

(26) When I rode on a bike for the first time, I was really scared.

1．afraid　　2．disappointed
3．excited　　4．turned

(27) We want to give a warm welcome to our special guest.

1．frank　　2．friendly
3．hot　　4．serious

5

次の(28)～(30)について，文法的に**誤りがある**のはどれか，下線部①～④の中からそれぞれ**１つずつ**選び，番号で答えなさい。

(28) ①What ②make you happy ③when you ④feel very sad ?
(29) It ①rained ②heavily last night. It was ③very noisy that I ④couldn't sleep well.
(30) I can't ①believe I was ②chose ③as the best player ④in this game.

6 広告の内容について，あとの(31)～(34)の問いに答えなさい。

TN Photo Contest 2022

Tsuchiura Nihon University High School will hold a photo contest for its students. We are looking forward to seeing your best photo.

Theme

Why I Like Ibaraki

Rules

- The photo may be either color or black and white.
- It must be original.
- You can enter only 1 photo.

How to Enter

- Please send your photo to the email address below by December 25th.
  Email : **photo-contest2022@nichidai.jp**
  Only the first 30 students can take part, so you should send us your photo as soon as possible.
- The photo size must be less than 10 MB.
- Your email subject has to be “TN Photo Contest 2022”.
- Please put your name in the photo title.

How to Judge

- Your photos will be judged by people who visit the website for this contest.
  The address is : **www.tnphotocontest.tn.jp**
- Photos will be judged online from January 3rd to 17th.

Prize

	Prize Money :	The Number of People :
1st Prize	50,000 yen	1
2nd Prize	40,000 yen	1
3rd Prize	30,000 yen	1
Special Prize	10,000 yen	2
Ibaraki Prize	10,000 yen	5

- If you have any questions, please send an email to : TNPC2022@nichidai.jp

(31) If you want to judge photos, you need to (　　　　　).

1 . send an email to the TN Photo Contest
2 . visit the website for the TN Photo Contest
3 . come to Tsuchiura Nihon University High School
4 . be a Tsuchiura Nihon University High School student

(32) We can learn from this advertisement that ( ).
1 . the time for judging is 15 days
2 . photos don't have to be original
3 . there is no problem if the photo is over 10 MB
4 . people must put their names as the email subject when they send a photo

(33) If you are the manager of this contest, you have to prepare ( ) for prize money.
1 . 140,000 yen　2 . 150,000 yen　3 . 190,000 yen　4 . 200,000 yen

(34) This advertisement says that you can ( ).
1 . ask a question by email
2 . send 2 photos
3 . get 50,000 yen if you win the Ibaraki Prize
4 . send your photo to the website for the TN Photo Contest 2022

7 下の(35)～(39)について，( )内の語(句)を，意味が通るように並べ替えなさい。解答は例にならって１番目～６番目の語(句)の順に番号で答えなさい。日本文がある場合には，その意味を表すよう完成させなさい。ただし文頭にくる語も小文字で書いてある。

例題 I (① you ② will ③ a ④ give ⑤ hand ⑥ tomorrow).

１番目	①●③④⑤⑥
２番目	①②③●⑤⑥
３番目	●②③④⑤⑥
４番目	①②●④⑤⑥
５番目	①②③④●⑥
６番目	①②③④⑤●

この例では，I will give you a hand tomorrow. とするために，上から順に②，④，①，③，⑤，⑥のところにマークしてあります。

(35) Do you (① know ② of ③ in ④ singing ⑤ the bird ⑥ the name) the tree ?

(36) Would you tell (① can ② go ③ her ④ how ⑤ she ⑥ to) your house from the bus stop ?

(37) (① been ② have ③ how ④ many ⑤ times ⑥ you) to Osaka ?

(38) あなたが先週，私に貸してくれたマンガはとても面白かった。
The comic (① last ② lent ③ me ④ book ⑤ which ⑥ you) week was very funny.

(39) あなたの新しい家は，どれくらい大きいのですか。
(① big ② house ③ how ④ is ⑤ new ⑥ your) ?

8 次の(40)～(44)について，(　)に入れるのに最も適する語(句)を下の1～4の中から**1つずつ**選びなさい。

(40) (　　) don't you go to the aquarium next Sunday ?

1. Where　2. What　3. Why　4. How

(41) It is easy for me to understand this letter (　　) in English.

1. to write　2. writing　3. wrote　4. written

(42) She finished (　　) her homework at 8 o'clock last night.

1. doing　2. done　3. to do　4. do

(43) An American student doesn't understand (　　) Japanese students have to wear the uniform at school.

1. every　2. why　3. who　4. for

(44) Paul (　　) a speech in front of a lot of people for the first time.

1. gave　2. said　3. spoke　4. went

【数　学】（50分）〈満点：100点〉

（注意）(1) 定規，コンパス，分度器，計算機は使用してはいけません。

(2) □の中の1つのカタカナには1つの数字が入ります。その数字をマークしなさい。

(3) 分数で答える場合は必ず約分し，比で答える場合は最も簡単な整数比で答えなさい。また，根号の中はできるだけ小さい自然数で答えなさい。

1　次の□をうめなさい。

(1) $-12+4\div\left(-\dfrac{2}{5}\right)^2=\boxed{\text{ア}}\boxed{\text{イ}}$

(2) $(\sqrt{6}-\sqrt{2})(\sqrt{15}+\sqrt{5})=\boxed{\text{ウ}}\sqrt{\boxed{\text{エ}}\boxed{\text{オ}}}$

(3) $(x+1)^2-5(x+1)-6=(x+\boxed{\text{カ}})(x-\boxed{\text{キ}})$

(4) 方程式 $(x-2)(x+1)=3$ を解くと，$x=\dfrac{\boxed{\text{ク}}\pm\sqrt{\boxed{\text{ケ}}\boxed{\text{コ}}}}{\boxed{\text{サ}}}$ である。

(5) 次の⓪～③のうち，正しいものは $\boxed{\text{シ}}$ と $\boxed{\text{ス}}$ である。（$\boxed{\text{シ}}$ と $\boxed{\text{ス}}$ については，順番は問わない）

⓪　負の数は，絶対値が大きいほど小さい。

①　空間内の2直線が交わらないとき，その2直線は平行である。

②　直線 $y=2x+3$ と，y 軸に関して対称な直線の式は $y=-2x+3$ である。

③　2枚のコインを同時に投げるとき，1枚は表で1枚は裏となる確率は $\dfrac{1}{3}$ である。

2　次の□をうめなさい。

(1) 右の図において，Oは原点，Aの座標は(2, 1)である。x 軸上の点B，y 軸上の点Cを，四角形OBACが長方形となるようにとる。また，y 軸上の点D(0, −1)と辺AC上の点Eを結ぶ直線①を引き，①と辺OBの交点をFとする。

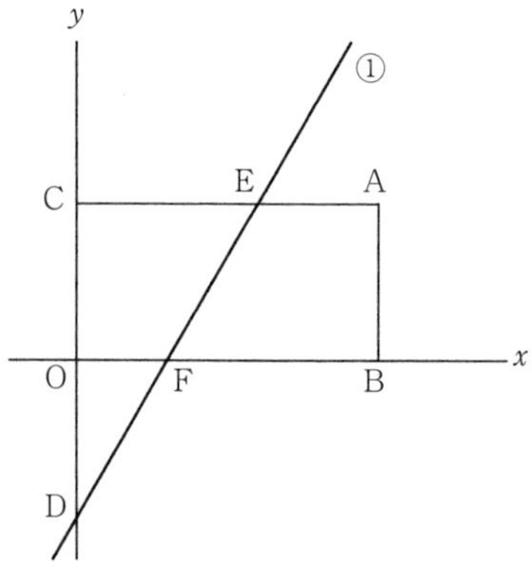

(i) △ODFと四角形OFECの面積の比は $\boxed{\text{ア}}:\boxed{\text{イ}}$ である。

(ii) △EFBがEF＝EBの二等辺三角形となるとき，①の傾きは $\dfrac{\boxed{\text{ウ}}}{\boxed{\text{エ}}}$ である。

(2) 大小2つのさいころを投げて，大きいさいころの出た目を a，小さいさいころの出た目を b とする。このとき，$2a+b$ が3の倍数となる確率は $\dfrac{\boxed{\text{オ}}}{\boxed{\text{カ}}}$ であり，$\sqrt{3(2a+b)}$ が自然数となる確率は $\dfrac{\boxed{\text{キ}}}{\boxed{\text{ク}}}$ である。

(3) 右の図のように円Oの周上に4点A，B，C，Dがあり，線分ACは円Oの直径である。また，点Eは線分ACと線分BDの交点である。$\angle\text{AEB}=125^\circ$，$\overset{\frown}{\text{BC}}:\overset{\frown}{\text{CD}}=1:2$ のとき，$\angle\text{CDB}=\boxed{\text{ケ}}\boxed{\text{コ}}^\circ$ である。

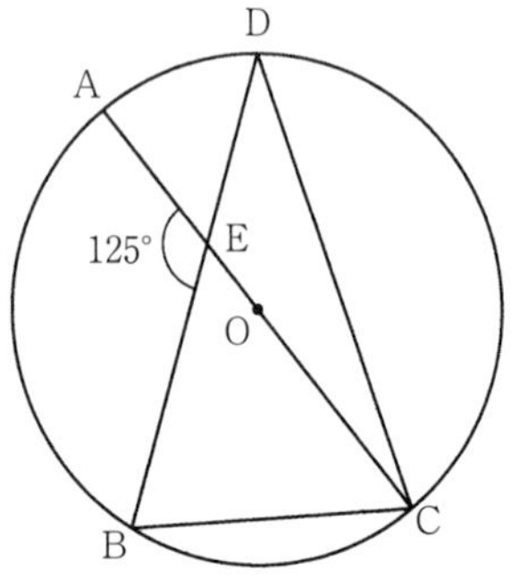

3　定価 a 円の商品Aと定価 b 円の商品Bがある。いま持っている金額で，Aならちょうど30個，Bならちょうど20個買うことができる。このとき，次の□をうめなさい。

(1)　a：b＝[ア]：[イ]である。

(2)　いま持っている金額全部でAとBのどちらも同じ個数買うと，[ウエ]個ずつ買える。

(3)　Aを7個とBを6個買うと残金が3360円になるとき，いま持っている金額は[オカキク]円である。

4　図において，①は $y=x^2$ のグラフである。点Aの座標を(2, 0)とし，四角形ABCDは辺ABが x 軸上にある正方形である。直線BDと①の交点のうち，Dでない点をEとし，直線EAと y 軸の交点をFとする。このとき，次の□をうめなさい。ただし，Oは原点とする。

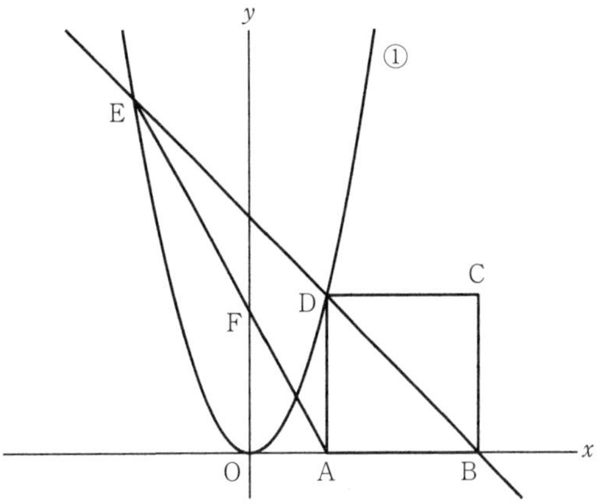

(1)　点Bの座標は，([ア], 0)である。

(2)　点Fの座標は，$\left(0,\ \dfrac{[イウ]}{[エ]}\right)$である。

(3)　△OEFと△FEDの面積比は，[オ]：[カキ]である。

5　図のような三角柱の形をした，ふたのない容器ABC-DEFがある。容器の底である△DEFについて，DE＝DF＝3 cm，EF＝4 cmであり，点Dから辺EFに下ろした垂線と辺EFの交点をHとする。容器は水平な台の上に置いてあり，容器の厚さは考えないものとする。このとき，次の□をうめなさい。

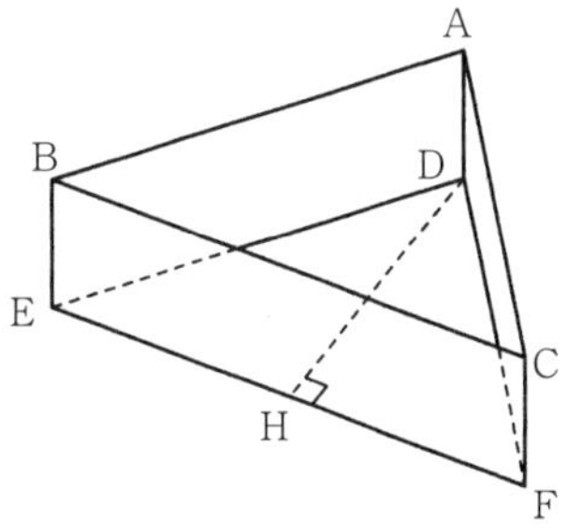

(1)　△DEFの面積は $[ア]\sqrt{[イ]}$ cm^2 である。

(2)　この容器に水をいっぱいに満たしたあと，図1のように，辺EFの位置を動かさないまま，静かに容器を傾けて水をこぼしていく。このとき，点Dがもとあった位置をPとする。

∠DHP＝30°となるように容器を傾けて水をこぼしたところ，水面が△BCDと一致した。図2は3点D，H，Pを通る断面の様子である。

図1

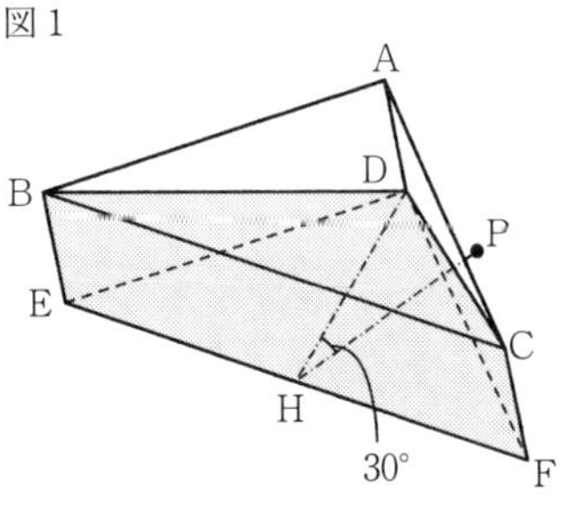

図2

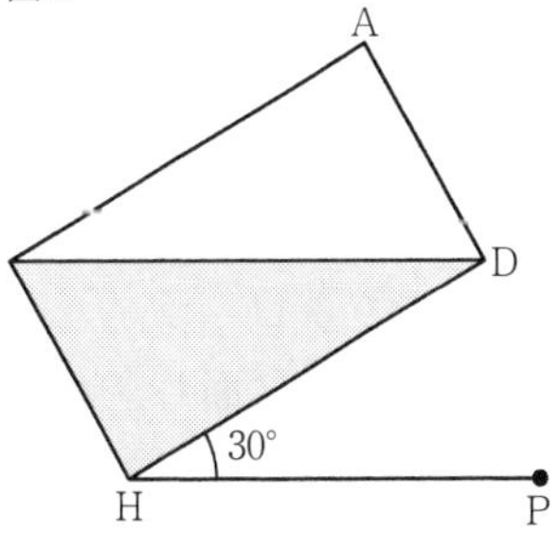

(i)　容器ABC-DEFの高さADは $\dfrac{\sqrt{[ウエ]}}{[オ]}$ cmである。

(ii)　図1の状態において，容器ABC-DEFに入っている水の体積は $\dfrac{[カキ]\sqrt{[ク]}}{[ケ]}$ cm^3 である。

【社　会】（50分）〈満点：100点〉

1　あとの問いに答えなさい。(8)～(10)については，それぞれの説明にあてはまる国名を，以下の①～④のうちから一つずつ選びなさい。なお，(8)～(10)は，図（地図）中の番号に対応している。

(1)　女性差別からの解放を目指した平塚らいてうが結成した組織として適切なものを，以下の①～④のうちから一つ選びなさい。

①　青鞜社
②　全国水平社
③　日本社会主義同盟
④　日本労働総同盟

(2)　世界恐慌に対応するため，アメリカ合衆国ではニューディール政策がとられた。このときの大統領として適切なものを，以下の①～④のうちから一つ選びなさい。

①　ウィルソン
②　リンカン
③　ローズベルト
④　ワシントン

(3)　非核三原則の提唱や沖縄返還を実現し，ノーベル平和賞を受賞した人物として適切なものを，以下の①～④のうちから一つ選びなさい。

①　犬養毅　　②　田中角栄
③　佐藤栄作　　④　吉田茂

(4)　自由権に分類される権利として適切なものを，以下の①～④のうちから一つ選びなさい。

①　環境権　　②　財産権
③　請願権　　④　労働基本権

(5)　天皇の国事行為として**適切でないもの**を，以下の①～④のうちから一つ選びなさい。

①　栄典の授与　　②　最高裁判所長官の指名　　③　衆議院の解散　　④　内閣総理大臣の任命

(6)　自国の利益を守るために，1960年に主に西アジアの産油国を中心に結成された国際機構の略称として適切なものを，以下の①～④のうちから一つ選びなさい。

①　APEC　　②　ASEAN
③　EU　　④　OPEC

(7)　熱帯・亜熱帯の気候がみられる地域の入り江や河口などで，満潮時に海水に覆われながらも生育する常緑広葉樹として適切なものを，以下の①～④のうちから一つ選びなさい。

①　オアシス
②　サバナ
③　タイガ
④　マングローブ

(8)　ギニア湾に面し，かつてはヨーロッパ諸国と奴隷や金の交易を行っていた国であり，現在はカカオ豆の産地や金の産出国としても知られる。

①　アルジェリア　　②　ガーナ
③　ケニア　　④　セネガル

(9)　この国は，北米自由貿易協定（NAFTA）の加盟国だった。16世紀にこの地域で産出した銀は，世界経済に大きな影響を与え，現在も銀や原油の産出国である。

①　カナダ
②　キューバ

③　コロンビア

④　メキシコ

(10)　イスラム教を信仰する少数民族の民族問題を抱えた国であり，近年は民主化が進んだが，2021年2月，軍部によるクーデターが起きた。

①　カンボジア

②　タイ

③　バングラデシュ

④　ミャンマー

図

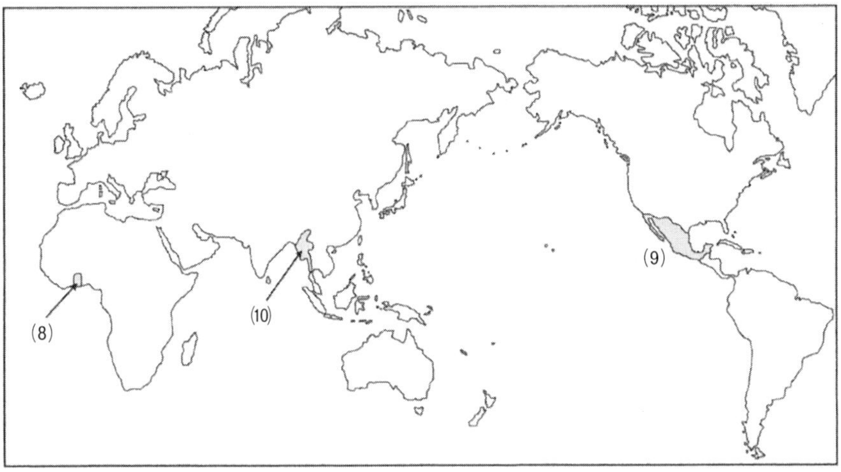

2

20世紀は「航空機の時代」である。第一次世界大戦で登場した航空機は，第二次世界大戦で，勝敗を決する重要な兵器となった。次の文章Ⅰ～Ⅳを読んで，あとの問いに答えなさい。

Ⅰ

土浦駅西口から阿見町へ続く国道125号線に桜川橋があります。これは1923年に架けられた茨城県初の(a)<u>コンクリート製の橋</u>です。この国道は通称「海軍道路」と呼ばれ，(b)<u>霞ヶ浦</u>海軍航空隊の軍用道路として整備されました。1939年には同隊に飛行予科練習部(予科練)が置かれ，翌年には予科練教育を専門に行う土浦海軍航空隊として独立しました。

長野県の野辺山では，土浦に加えて新たに予科練教育を行うことになった三重海軍航空隊が，この地で飛行訓練を重ねました。野辺山は，西側に(c)<u>八ヶ岳連峰</u>が連なり，東側は関東山地が続きます。後者を水源として，千曲川が北に向かって流れています。

(1)　下線部(a)に関連して，鉄やレンガ・コンクリートなどでつくられた近代建築は，機能や景観などの面から高く評価されている。これに関連する文として適切なものを，以下の①～④のうちから**すべて**選びなさい。

①　原爆ドームは，もとは広島県産業奨励館として使われていた建物で，戦争の記憶を継承する遺産である。

②　明治時代に，製糸業が盛んであった富山県に富岡製糸場が設立され，日本の近代化に貢献した。

③　本州四国連絡橋は，神戸と鳴門を結ぶ瀬戸大橋を含め，全部で5つの橋が建設された。

④　飛驒山脈の山々に源流をもつ黒部川に築かれた黒部ダムは，水力発電用の巨大ダムとして，長期に及ぶ大工事の末に完成した。

(2)　下線部(b)に関連して，1929年8月19日，当時世界最大の飛行船ドイツのツェッペリン伯号が世界一周の途中，霞ヶ浦海軍飛行場に着陸した。1920年代のドイツや日本について述べた文として適切なものを，以下の①～④のうちから一つ選びなさい。

① ワイマール憲法を否定するナチスが政権を獲得した。

② ドイツに軍備の制限や巨額の賠償金の支払いを命じたベルサイユ条約が調印された。

③ 大正時代には文化の大衆化が進み，モボやモガという言葉が流行した。

④ 国際的な孤立が進んだ日本は，ドイツと防共協定を結んだ。

(3) 下線部(c)「八ヶ岳連峰」は長野県と山梨県の境に位置し，標高3,000m近い山々が連なり，豊かな自然環境がみられる。これに関連した文として適切なものを，以下の①～④のうちから一つ選びなさい。

① 海から離れた内陸の気候に区分され，雨が少なく，冬は温暖な地域である。

② 高速道路など交通網が整備され，都市部への農産物の出荷が盛んである。

③ 戦前はぶどうや桃など果樹が栽培されたが，戦後は桑が栽培され養蚕業が発達した。

④ 高原の涼しい気候を利用して，レタスなどの促成栽培が盛んに行われている。

Ⅱ

第二次世界大戦は，(d)航空機が戦争の勝敗を左右した戦争です。各国は空軍を独立した部隊にして強化し，戦争中の宣伝用ポスターにも航空機が描かれるようになりました。1941年12月，日本海軍の航空隊がハワイの真珠湾を奇襲攻撃し，太平洋戦争が始まりました。(e)アメリカ合衆国では，ボーイング社が爆撃機の開発を進め，B29という飛行機が，(f)東京大空襲をはじめ，日本各地を爆撃したことでよく知られています。

(4) 下線部(d)に関連して，戦後，海外旅行が自由化されて航空輸送の需要が高まり，千葉県成田市に国際空港が建設されることになった。政府は，個人が所有する土地を強制的に買い上げようとしたため，大きな反対運動が起きた。この運動と資料1～3との関係について述べた文として適切なものを，以下の①～④のうちから**すべて**選びなさい。

資料1　日本国憲法第13条

すべて国民は，個人として尊重される。生命，自由及び幸福追求に対する国民の権利については，公共の福祉に反しない限り，立法その他の国政の上で，最大の尊重を必要とする。

資料2　日本国憲法第29条3項

私有財産は，正当な補償の下に，これを公共のために用ひることができる。

資料3　土地収用法の主要手続　制度の概要

土地収用法は，公共事業の用地取得に当たって地権者の同意が得られない場合等に，当該土地を取得するための法的手段を規定。

① 資料2を根拠に，個人の土地を取り上げることになるので，空港が必要だと考えたとしても，話し合いを重ね，現地の住民の意見によく耳を傾けることが大切だ。

② 自らの土地を取り上げられるのは資料1の権利を侵害するのだから，暴力に訴えてでも政府に反対を訴えていくべきだ。

③ 資料2の考えから，政府と地域住民の関係だけでなく，空港を利用する人たちも自らの問題として考えなければならない。

④ 公共の福祉という観点から，個人の権利を制限する可能性がある場合は，資料3で示したように，法律で要件を定める必要がある。

(5) 下線部(e)に関連して，次の表は戦争を経験したアメリカ大統領の経歴をまとめたものである。表から読み取れることとして適切なものを，以下の①～④のうちから一つ選びなさい。

表

出来事	レーガン大統領(共和党)	ケネディ大統領(民主党)	ブッシュ(父)大統領(共和党)	ブッシュ(子)大統領(共和党)
誕生	1911年生まれ	1917年生まれ	1924年生まれ	1946年生まれ
学歴	ユーリカ大学卒業	ハーバード大学卒業	イェール大学卒業	イェール大学卒業
第二次世界大戦	ハリウッド俳優	海軍士官	海軍航空兵	
朝鮮戦争		上院議員		
キューバ危機		大統領		
ベトナム戦争	カリフォルニア州知事		下院議員	テキサス州州兵
中距離核戦力全廃条約	大統領			
マルタ会談			大統領	
湾岸戦争			大統領	テキサス州知事
イラク戦争				大統領

① レーガン大統領のときに，マルタ会談が開かれ，冷戦の終結を宣言した。

② ケネディ大統領は，キューバ危機(ソ連との核戦争の危機)に直面した。

③ ブッシュ(父)大統領は，中距離核戦力全廃条約を結び，核軍縮を進めた。

④ ブッシュ(子)大統領は，大量破壊兵器を保有しているとしてベトナム戦争を開始した。

(6) 下線部(f)「東京大空襲」は，資料館がつくられ，その歴史を後世に伝えている。こうした戦争の記憶を継承することは，体験者が減少するにつれて重要な課題になっている。これに関連した文として**適切でないもの**を，以下の①～④のうちから一つ選びなさい。

① アウシュビッツ強制収容所は，ユダヤ人などを虐殺した歴史を今に伝えている。

② 戦争体験者の証言を直接聞く機会は減りつつあり，デジタル化された資料や，戦争を知らない世代が語り継ぐ活動が行われている。

③ 中国残留日本人孤児は，戦後の混乱の中で日本人の子供たちが中国人の養父母に育てられたものである。

④ ひめゆり平和祈念資料館では，原爆投下の体験者が語り継ぐ活動を行ってきたが，高齢化により難しくなっている。

Ⅲ

2009年，ニューヨーク中心部を流れる(g)ハドソン川に民間航空機が不時着する事故が起きました。鳥が衝突したことでエンジンが停止したものの，機長の冷静な判断により無事に着水し，奇跡的に死者・負傷者はゼロでした。ただ，川に不時着するという機長の判断について，法律上の責任があったかどうかも問題になりました。その一方で，2014年には，クアラルンプールから北京に向かっていた(h)マレーシア航空機が突然消息を絶ち，インド洋に墜落したと推測されていますが，いまだ発見されていないという事故も起こっています。

(7) 下線部(g)「ハドソン川」と，カナダとの国境にある五大湖との間は運河で結ばれ，ニューヨークの発展に重要な役割を果たした。水上交通の歴史に関する説明として適切なものを，以下の①～④のうちから一つ選びなさい。

① スエズ運河は全長160kmに及び，アフリカ南端をまわる航路に比べて大幅に距離が短縮され，フランスによるインド支配の要として重視された。

② 琵琶湖疏水は，明治時代に完成した水路で，琵琶湖と北陸地方を結び，飲料水や工業用水を供給している。

③ ニューオーリンズはミシシッピ川河口の港町で，かつてはアフリカの黒人奴隷が集められ，アメリカ南部の綿花畑などの労働力として取引されていた。

④　鎌倉時代に，平清盛が現在の神戸港である大輪田泊を整え，瀬戸内海を経由した西廻り航路が発達した。

(8)　下線部(h)「マレーシア」は先住民のマレー人が多数を占める一方で，華人と呼ばれる中国系住民やインド系住民などの移民も多くいます。次の図を見て，各項目の組み合わせとして適切なものを，以下の①～④のうちから一つ選びなさい。

図　マレーシアの宗教構成

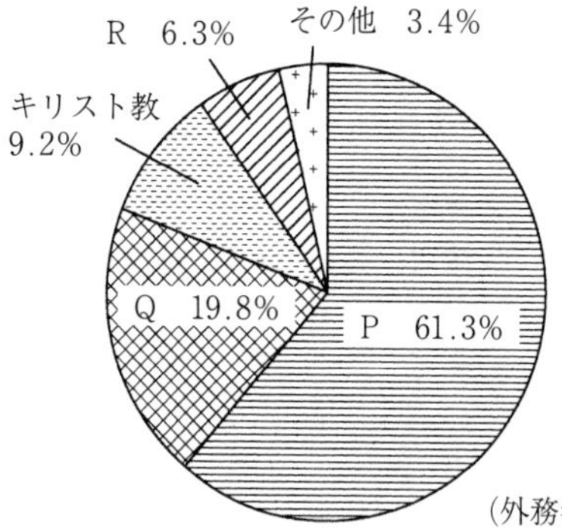

（外務省ホームページにより作成）

①　P－ヒンドゥー教徒　Q－イスラム教徒　R－仏教徒
②　P－イスラム教徒　Q－仏教徒　R－ヒンドゥー教徒
③　P－ヒンドゥー教徒　Q－仏教徒　R－イスラム教徒
④　P－イスラム教徒　Q－ヒンドゥー教徒　R－仏教徒

Ⅳ

現在の世界は，多くの航路で結ばれています。航空機が，他国の領空を通過することもありますが，紛争や災害などで，その安全が危ぶまれることもあります。(i)日本は近隣諸国と平和な関係を築いてきた一方で，さまざまな問題を抱えているのも事実です。多くの国によって成り立つ国際社会には(j)国際法というルールが定められています。国と国が互いの主権を尊重し，信頼関係を築くことで，平和や経済発展の実現につながります。

(9)　下線部(i)に関連して，日本と近隣諸国の歴史について述べた文として**適切でないもの**を，以下の①～④のうちから一つ選びなさい。

①　ソ連はサンフランシスコ講和会議に出席したものの，平和条約には調印しなかった。北方領土問題は，日ソ共同宣言でも解決せず，現在に至っている。

②　第二次世界大戦後，蔣介石率いる共産党と，毛沢東率いる国民党との間で内戦が起き，中国と台湾に分断されたまま，現在に至っている。

③　1972年に田中角栄内閣が日中共同声明によって国交を正常化し，1978年には福田赳夫内閣が日中平和友好条約を結んだ。

④　1965年に，韓国と日韓基本条約を結び，韓国政府を朝鮮半島の唯一の政府として承認した。

(10)　下線部(j)に関連して，国内法においては，法律の解釈を最終的に判断するのは最高裁判所である。過去には憲法に基づいて法律が適切かどうかを判断した結果，憲法違反とされたものもある。これに関連する文として**適切でないもの**を，以下の①～④のうちから一つ選びなさい。

①　親などを殺す罪について，それ以外の人を殺す罪よりも重い刑罰を科すことを定めた刑法200条は，法の下の平等を定めた憲法第14条に違反する。

②　女性だけ，離婚や死別後6か月以内の再婚を禁止する民法の規定は，家族生活における両性の平等を定めた憲法第24条に違反する。

③　法律上の結婚関係にない男女の子の相続分を，結婚関係にある男女の子の2分の1とする民法

の規定は，法の下の平等を定めた憲法第14条に違反する。

④　父が日本人で，母が外国人の子が，父母が法律上の結婚関係にないため，日本国籍を取得できないとする国籍法の規定は，憲法違反ではない。

3　次の略年表は，日本大学の学祖(創始者)である山田顕義に関するものである。これを見て，あとの問いに答えなさい。

西暦	山田顕義の事跡	国内の動き
1844	長州・萩(現(a)山口県)に生まれる。	
1868	鳥羽伏見の戦いで，長州藩兵を指揮する。	明治政府成立。
1871	岩倉使節団に，兵部省理事官として派遣される。	
1873	帰国後，(b)教育の整備と(c)法律の制定の重要性を指摘する。	
1875		司法省法学校設立。
1881		(d)フランス系法学を特徴とする明治法律学校(明治大学の前身)を創立。
1883	司法卿に就任し，(e)裁判官の資格制度を整備。無資格の関係者推薦による採用を廃止。	
1885	初代司法大臣に就任。	(f)内閣制度発足。伊藤博文が初代内閣総理大臣に就任。 (g)イギリス系法学を特徴とする英吉利法律学校(中央大学の前身)を創立。
1889	日本の歴史・(h)文化に立脚した日本法学を特徴とする日本法律学校(日本大学の前身)を創立。	(i)ドイツの憲法を模範に起草された大日本帝国憲法を発布。

(日本大学ホームページにより作成)

(1)　下線部(a)に関連して，次の表1・2から読み取れることとして適切なものを，以下の①～④のうちから一つ選びなさい。

表1　府県の歳入とその内訳(平成30年度)

	歳入(十億円)	地方税(%)	地方交付税(%)	国庫支出金(%)	地方債(%)	その他(%)
茨城県	1,063	39.7	17.6	12.1	11.2	19.4
千葉県	1,722	47.6	10.5	9.0	10.2	22.8
大阪府	2,580	49.5	9.1	7.9	10.2	23.3
山口県	617	29.5	27.4	12.5	12.6	18.0
高知県	445	18.0	38.9	14.8	16.4	11.9

表2　府県の人口(平成30年度)

	人口(千人)
茨城県	2,936
千葉県	6,311
大阪府	8,848
山口県	1,383
高知県	717

(表1・2ともに総務省「地方財政統計年報」により作成)

① 大阪府への地方交付税交付金の額が，５府県の中で最も大きい。

② 人口が多い府県ほど，自主財源の割合は小さくなっている。

③ 千葉県の地方債による歳入の額は，茨城県の地方債による歳入の額より小さい。

④ 山口県の地方税による歳入の額は，600億円を下回っている。

(2) 下線部(b)「教育」に関連する文として適切なものを，以下の①～④のうちから一つ選びなさい。

① 憲法で保障される教育を受ける権利は，学校教育を通して市民としての生き方を学ぶ権利であることから，参政権の一つと解釈されている。

② 小学校教育および中学校教育を義務教育と呼び，保護する子女に普通教育を受けさせることを義務付けている。

③ 日本国憲法公布の翌年には教育勅語が出され，現在も国民道徳の支柱となっている。

④ 1972年に学制が公布され，小学校から大学までの学校制度が確立した。

(3) 下線部(c)「法律」案を審議する際に利害関係者や学識経験者などから意見を聞く国会の制度として適切なものを，以下の①～④のうちから一つ選びなさい。

① 委員会

② 憲法審査会

③ 公聴会

④ 本会議

(4) 下線部(d)「フランス」の思想や宣言について述べた文として適切なものを，以下の①～④のうちから一つ選びなさい。

① フランス人権宣言では，世界で初めて社会権が保障された。

② モンテスキューが唱えた三権分立の概念は，フランス人権宣言に影響を与えた。

③ ルソーは，著書『法の精神』で抵抗権を唱えた。

④ ロックは，著書『社会契約論』の中で，人民主権を唱えた。

(5) 下線部(e)の取り組みは，公正な裁判を行うために欠かせないものであった。現在，公正な裁判を行うための原則の一つに，司法権の独立がある。司法権の独立と最も関連の深い文を，以下の①～④のうちから一つ選びなさい。

① 下級裁判所の裁判官は，心身の故障や弾劾裁判を除いて辞めさせられることはなく，身分が保障されている。

② 家庭内の争いや少年事件については，最初に家庭裁判所で審理される。

③ 裁判員裁判では，裁判員は有罪無罪の判断だけでなく，量刑まで決定する。

④ 三審制によって，同一の内容について３回まで裁判を受けることができる。

(6) 下線部(f)「内閣」について述べた文として**適切でないもの**を，以下の①～④のうちから一つ選びなさい。

① 行政権は，内閣に属する。

② 内閣総理大臣は，国会議員の中から国会で指名される。

③ 内閣は，裁判官を罷免するために弾劾裁判所を設置することができる。

④ 内閣は，法律案を国会に提出することができる。

(7) 下線部(f)「内閣」に対する不信任決議案は，戦後50件以上提出されたが，可決されたのは，2021年５月現在で４件に留まる。次の表３と図を参考にして，内閣不信任決議について述べた文として**適切でないもの**を，以下の①～④のうちから一つ選びなさい。

表３　内閣不信任決議案が可決された例

時期	内閣総理大臣	内容
1948年12月	吉田茂	「不信任案を可決し，解散する」という与野党のシナリオに従って可決。可決後に解散。
1953年３月	吉田茂	衆議院予算委員会で吉田首相が与野党議員に「バカヤロー」と口走ったのがきっかけ。可決後に解散。
1980年５月	大平正芳	自民党内の対立が残る中，自民党反主流派が衆議院本会議を欠席したことで可決。可決後に解散。
1993年６月	宮沢喜一	自民党竹下派内の権力闘争が頂点に達し，羽田・小沢派の賛成票などで可決。可決後に解散。

（日本経済新聞（2011年６月１日）により作成）

図　衆議院会派別所属議員数（2021年８月11日現在）

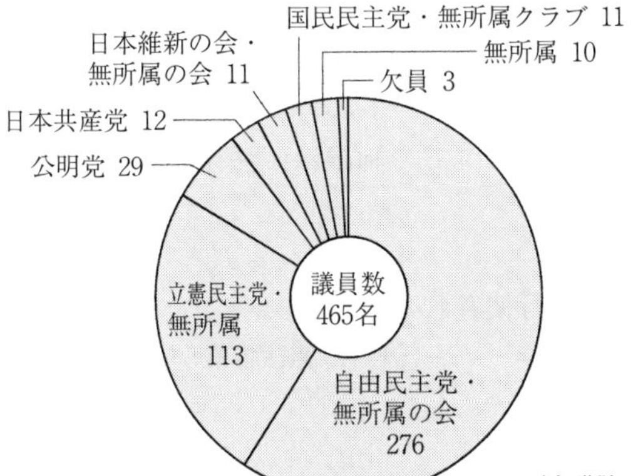

（衆議院ホームページにより作成）

①　大平内閣に対する内閣不信任決議案は，与党内の反対派が本会議に出席しなかったことで，全体の票数における与党の票数の割合が小さくなり，賛成票が上回ったといえる。

②　内閣不信任決議案が可決された過去４回の事例から，可決された場合には必ず内閣は総辞職しなければならないとわかる。

③　宮沢内閣に対する内閣不信任決議案は，与党内の一部が賛成票を投じたことで，賛成票が上回ったといえる。

④　2021年６月に提出された内閣不信任決議案が否決されたのは，与党の議席が衆議院の過半数を占めているためであると考えられる。

(8)　下線部(g)に関連して，次のＡ～Ｃは，イギリスで実現している政治制度である。これらのうち，日本の政治制度と共通しているものとして適切なものを，以下の①～⑦のうちから一つ選びなさい。

Ａ　議院内閣制を採用している。

Ｂ　二大政党制が実現している。

Ｃ　選挙権年齢は18歳である。

①　Ａ　　②　Ｂ

③　Ｃ　　④　ＡとＢ

⑤　ＡとＣ　　⑥　ＢとＣ

⑦　ＡとＢとＣ

(9)　下線部(h)「文化」の重要な要素の一つである宗教について述べた文として適切なものを，以下の①～④のうちから一つ選びなさい。

①　日本では，身体の自由の一つとして信教の自由が保障されており，信仰する宗教を自分で決め

ることができる。

② 日本人の多くは，特定の宗教を信仰していないため，生活の中で宗教を信仰している人への配慮をする必要はない。

③ イスラム教の教えでは食べることを禁じられている物があり，日本のスーパーマーケットの中には，イスラム教徒でも食べられるハラルフードを販売しているところがある。

④ 世界三大宗教であるキリスト教，イスラム教，ユダヤ教はすべて平和を望む宗教であり，第二次世界大戦後，これらの宗教が対立した戦争は起きていない。

⑽ 下線部(i)に関連して，次のプロイセン憲法と大日本帝国憲法の条文を読んでわかることとして**適切でないもの**を，以下の①～④のうちから一つ選びなさい。

プロイセン憲法

第12条 宗教上の信仰告白，宗教団体の結成並びに家屋及び公開の場で共同して宗教活動をする自由は，これを保障する。〔以下略〕

第27条① すべてのプロイセン人は，言語，文書，印刷物及び具象的表現により，自己の意見を自由に表明する権利を有する。

② 検閲は行われてはならない。出版の自由その他のすべての制限は，法律制定の方法によってのみなされうる。

第46条 国王は，軍の最高指揮をとる。

第62条① 立法権は，国王と２つの議院によって共同して行使される。

（『ドイツ憲法集第８版』により作成）

大日本帝国憲法

第５条 天皇ハ帝国議会ノ協賛ヲ以テ立法権ヲ行フ

第11条 天皇ハ陸海軍ヲ統帥ス

第28条 日本臣民ハ安寧秩序ヲ妨ケス及臣民タルノ義務ニ背カサル限ニ於テ信教ノ自由ヲ有ス

第29条 日本臣民ハ法律ノ範囲内ニ於テ言論著作印行集会及結社ノ自由ヲ有ス

第31条 本章ニ掲ケタル条規ハ戦時又ハ国家事変ノ場合ニ於テ天皇大権ノ施行ヲ妨クルコトナシ

① ドイツの国王と日本の天皇はともに，統帥権を有していたことがわかる。

② ドイツの国王と日本の天皇はともに，立法権を有していたことがわかる。

③ 両国とも，侵すことのできない永久の権利として信教の自由を認めていたことがわかる。

④ 両国とも，法律によって言論の自由を制限することができたとわかる。

4 次の文章を読んで，あとの問いに答えなさい。

(a)中国における餃子の歴史は古く，春秋時代の紀元前６世紀頃，山東省で誕生したと考えられている。日本において餃子が一般庶民に広く食されるようになったのは，第二次世界大戦後のことである。戦後に満洲からの引揚者によって，中国の餃子が紹介されたことにより，広まったとされている。中国東北部における餃子は茹でて調理した水餃子が一般的だが，日本における餃子は焼き餃子が一般的である。日本の餃子は，(b)小麦粉を原料とする薄目の皮を使い，(c)豚挽《ひき》肉，(d)キャベツ，ニンニク，ニラを餡《あん》として包んだものが多い。日本や中国にみられる餃子に似た料理は，朝鮮半島，中央アジア，ヨーロッパ，ロシアなどにもみられる。

日本には，餃子を名物とする「餃子のまち」と呼ばれる地域がいくつか存在する。代表的な都市は，宇都宮市である。宇都宮市のホームページによれば，市内に駐屯していた第14師団が中国に出兵したことで餃子を知り，帰郷後広まったことが「餃子のまち」となったきっかけとされている。宇都宮市とともに餃子の消費量のトップを争うまちが浜松市である。浜松市の餃子の歴史は古く，大正～昭和戦前期において市内の中国料理店で焼き餃子が提供されていたと言われている。

近年，宇都宮市，浜松市に並んで「餃子のまち」として注目を集めているのが宮崎市である。宮崎市は，総務省が発表する「家計調査統計」において，2021年上半期の１世帯当たりの餃子購入額で２年連続首位となった。宮崎市は元々，餃子の購入額は上位で，元々買った餃子を家で食べる習慣があった。これに加えて，コロナ禍の影響で餃子購入額が増加したと考えられている。この他に(e)北九州市八幡地区も，「餃子のまち」として知られている。

(1) 文章中に登場した市がある都道府県を示す図として適切なものを，以下の①～④のうちから一つ選びなさい。

①

②

③

④

(2) 下線部(a)に関連して，中国について述べた文として適切なものを，以下の①～④のうちから一つ選びなさい。

① 中国は世界で最も人口密度が高い国である。

② 中国の人口の約90％が漢民族で，約10％が少数民族である。

③ 現在，急速な人口増加を抑えるために一人っ子政策が行われている。

④ 中国の北部では主に稲作，南部では主に畑作が行われている。

(3) 下線部(b)に関連して，次の表１～４は日本における麦類生産や輸出入に関するものである。これらから読み取れることとして適切なものを，以下の①～④のうちから一つ選びなさい。

表１　麦類の収穫量

（単位：千トン）

	小麦	大麦	はだか麦	計
1980年	583	332	53	968
1990年	952	323	23	1,297
2000年	688	192	22	903
2010年	571	149	12	732
2019年	1,037	202	20	1,260

表2　日本における小麦収穫量の上位5道県(2019年)

(単位：トン)

北海道	677,000
福岡県	68,900
佐賀県	46,200
愛知県	31,600
三重県	23,000
全国	1,037,000

表3　小麦供給の内訳(2018年度の概算値)

(単位：千トン)

飼料用	種子用	加工用	粗食料
803	20	269	5,255

表4　日本における小麦の需給

(単位：千トン)

	1980年度	1990年度	2000年度	2010年度	2017年度
生産	583	952	688	571	907
輸入	5,564	5,307	5,688	5,473	5,939
輸出	5	0	0	0	0
供給量	6,054	6,270	6,311	6,583	6,577

(注1)　0は単位に満たないことを示す。
(注2)　小麦粉の輸出入は麦に換算している。
(注3)　供給量は在庫の増減を考慮している。

(表1～表4のいずれも『日本国勢図会 2020/21』により作成)

① 1980年～2019年において，日本の小麦収穫量と麦類すべての収穫量は増加し続けている。

② 道県別の小麦収穫量では北海道が最も多く，全国の収穫量の60%以上を占める。

③ 日本の小麦の用途は，そのほとんどが飼料として用いられている。

④ 1980年度～2017年度のいずれの年度においても，日本の小麦供給量のうち，国内生産で賄《まかな》っている量は10%に満たない。

(4) 下線部(c)に関連して，表5は日本における家畜の飼育頭数上位5道県とその飼育頭数を示したものであり，表5中のA～Cは鹿児島県，栃木県，北海道のいずれかである。表5中のA～Cに入る道県の組み合わせとして適切なものを，以下の①～⑥のうちから一つ選びなさい。

	①	②	③	④	⑤	⑥
鹿児島県	A	A	B	B	C	C
栃木県	B	C	A	C	A	B
北海道	C	B	C	A	B	A

表5　日本における家畜の飼育頭数の上位5道県(2019年)

(単位：万頭，万羽)

乳用牛		肉用牛		豚		肉用若鶏	
A	80.1	A	51.3	C	126.9	宮崎県	2,824
B	5.2	C	33.8	宮崎県	83.6	C	2,797
熊本県	4.4	宮崎県	25.0	A	69.2	岩手県	2,165
岩手県	4.2	熊本県	12.5	群馬県	63.0	青森県	694
群馬県	3.4	岩手県	8.9	千葉県	60.4	A	492

(『日本国勢図会 2020/21』により作成)

(5) 下線部(d)に関連して，表6はキャベツの生産量の上位5県とその生産量を示したものである。表6を踏まえて，日本におけるキャベツの生産量上位に入る県について述べた文X・Yの正誤の組み合わせとして適切なものを，以下の①～④のうちから一つ選びなさい。

X　群馬県や千葉県では，山間部の冷涼な気候を生かした生産が多いと考えられる。

Y　愛知県や茨城県では，名古屋や東京といった大消費地への出荷を想定した生産が多いと考えられる。

①　X－正　Y－正　　②　X－正　Y－誤

③　X－誤　Y－正　　④　X－誤　Y－誤

表6　キャベツの生産量の上位5県(2018年)

(単位：トン)

群馬県	276,100
愛知県	245,600
千葉県	124,900
茨城県	109,500
鹿児島県	75,800
全国	1,467,000

(『日本国勢図会 2020/21』により作成)

(6)　下線部(e)に関連して，北九州市とその周辺の工業について述べた文章の下線部の内容が適切なものを，以下の①～④のうちから一つ選びなさい。

九州北部では，①鉄鉱石が豊富に産出したため，②日露戦争後の1901年，八幡村(現在の北九州市)に官営の八幡製鉄所が操業を開始した。これ以降，現在の北九州市では鉄鋼業が発展し，鉄鋼業を中心とした工業地域が形成された。高度経済成長期の1960年代には，鉄鋼生産が増加した一方で，大気汚染や水質汚濁といった公害が発生した。

現在も北九州市を中心とする北九州工業地域は，日本の工業地帯・工業地域の中で③最も製造品出荷額等が多い工業地域である。北九州市周辺では，従来の鉄鋼業から転換し，④自動車や電子部品の工場が進出した。

5　ひかりさんは夏休みの課題として，地域調査を行うことにした。次の図1・2を読み取り，あとの問いに答えなさい。

図1

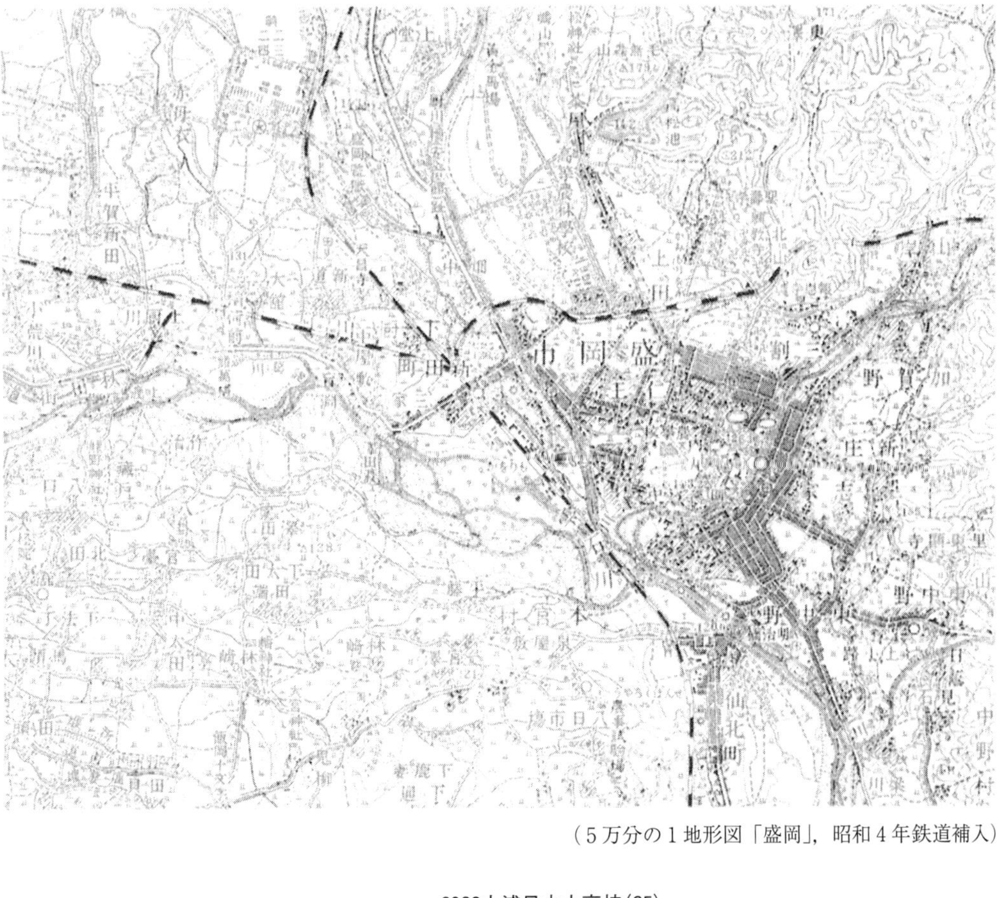

(5万分の1地形図「盛岡」，昭和4年鉄道補入)

図2

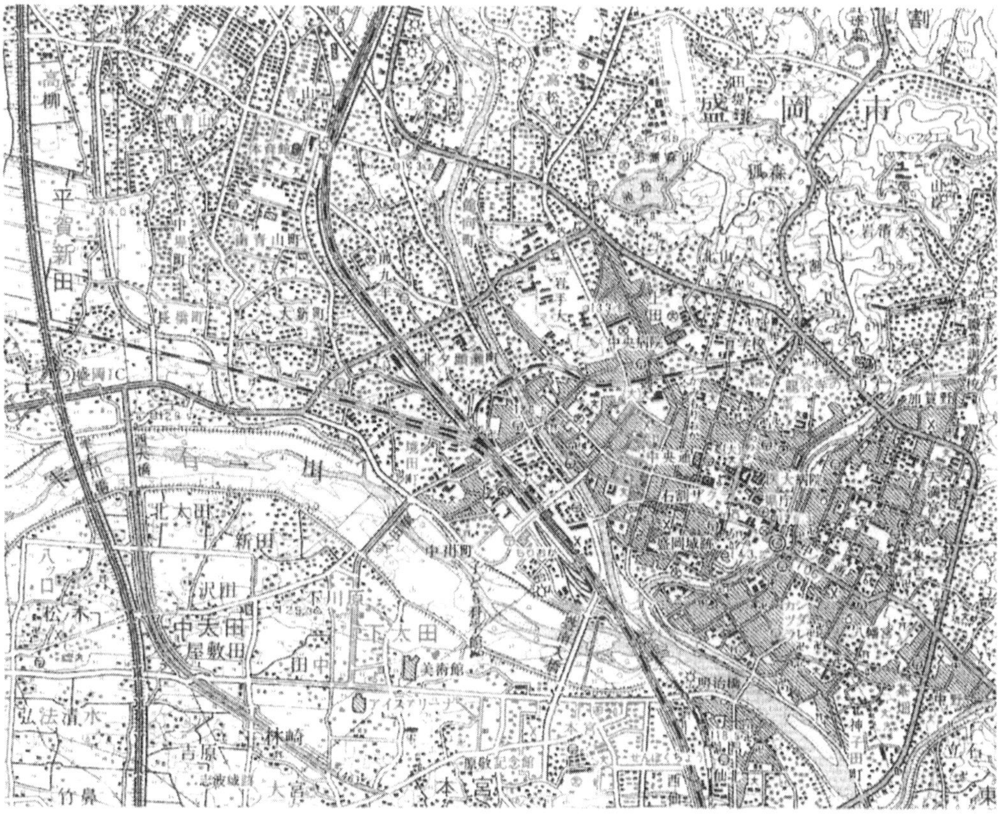

（5万分の1地形図「盛岡」，平成15年要部修正）

(1) 「もりおか」駅から「県庁」までの実際の直線距離は約1.5kmである。図2において「もりおか」駅から「県庁」までの直線距離を地図上で示したときの直線の長さとして適切なものを，以下の①～⑥のうちから一つ選びなさい。

① 約0.3cm　② 約0.6cm
③ 約3cm　④ 約6cm
⑤ 約13cm　⑥ 約16cm

(2) 図1・2から読み取れることとして適切なものを，以下の①～④のうちから一つ選びなさい。

① 図1の「厨川柵(安倍氏館)址」，図2の「前九年」という地名から，盛岡市は鎌倉時代に起きた前九年の役(前九年合戦)と関係がある地域だと考えられる。

② 図1と図2を比較すると，山田線の「もりをか(もりおか)」駅と「かみもりをか(かみもりおか)」駅の間に新しい駅ができている。

③ 図1と図2を比較すると，図1の「高等農林學(学)校」の場所が，図2の「岩手大」にあたることがわかる。

④ 図1と図2を比較すると，図2の「もりおか」駅の南東にある「原敬記念館」の周辺は，図1をみると桑畑が広がる農村だったことがわかる。

(3) 図1・2を比較したひかりさんは，盛岡市の交通網が変化したことに気づいた。盛岡市における交通網の変化により生じたと考えられる仮説として最も**適切でないもの**を，以下の①～④のうちから一つ選びなさい。

① 東北自動車道が開通したことによって，工業団地が形成された。

② 東北自動車道が開通したことによって，大型のショッピングモールが開業した。

③ 東北新幹線が開業したことにより，東京からの観光客が増加した。

④ 東北新幹線が開業したことにより，土地の価格が大きく下がった。

(4) ひかりさんは，図2中より雫石川の南に田が広がっていることを知った。近年は北海道など，寒い地域でも米が収穫できるようになった。右のグラフのうち，東北地方の米の生産量を表すものを，グラフの①～④のうちから一つ選びなさい。

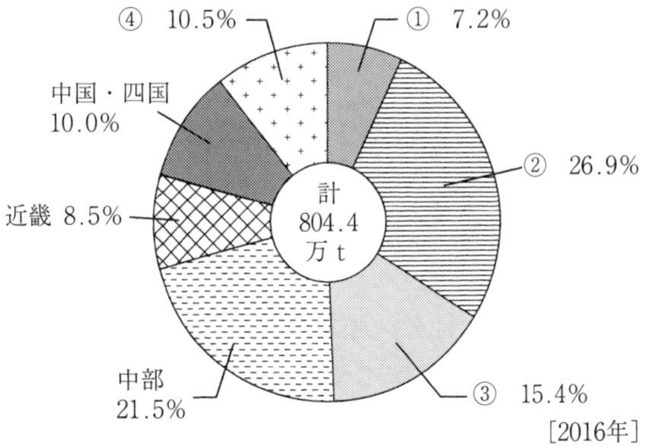

［2016年］

米の生産量の地方別割合(「作物統計」平成28年産)より

6 中学生の将平さんは，社会科の課題で感染症に関して調査し，プレゼンテーションを行った。このとき将平さんが作成した発表原稿が次の文章である。これを読んで，あとの問いに答えなさい。

(a)天然痘とは，紀元前から疫病として(b)人々から恐れられてきた伝染病である。

世界を調べてみると，紀元前1100年には(c)エジプトのラムセス2世のミイラに天然痘のあとがみられることから，このころには天然痘という病気があったことがわかる。天然痘がどこから発症したのかは定かではないが，古代ギリシャなどでも紀元前から天然痘の記録が確認されている。［ あ ］教会の呼びかけによって行われた十字軍遠征の影響で，西ヨーロッパへ天然痘が持ち込まれ，(d)12世紀以降，流行したと考えられている。

このように天然痘は人々の移動によってさまざまな地域へ拡大している。日本には6世紀ごろに渡来人によってもたらされ，奈良時代に大流行したと言われている。(e)この時代に東大寺の大仏が造られたのは，こうした伝染病などの社会不安から，仏教の力を借りて，国家を守ろうと考えたためである。

大航海時代以降，［ い ］がアメリカ大陸に到達し(f)植民地化が進むと，アメリカ大陸においても天然痘の患者がみられるようになった。

(g)18世紀末にワクチンが完成すると，徐々にワクチンが普及するようになり，20世紀の先進国では天然痘を根絶する地域も現れた。(h)日本においても1955年に根絶している。1958年にはWHO(世界保健機関)において，「世界天然痘根絶決議」が可決され，その22年後にWHOは総会で「世界天然痘根絶」を宣言した。

(1) 下線部(a)「天然痘」について，A・Bは天然痘に感染したと考えられている人物である。これらの人物について述べた文として適切なものを，以下の①～④のうちから一つ選びなさい。

A 豊臣秀吉　　B 夏目漱石

① Aは，安土の市での税を免除し，特権的な座を廃止した。

② Aは，キリスト教に改宗し，キリシタンの少年4人をローマ教皇の元へ派遣した。

③ Bは，『たけくらべ』を著し，個人の感情を重視するロマン主義小説の作家として有名になった。

④ Bは，『吾輩は猫である』や『坊っちゃん』などを書いた人物である。明治の文豪として，千円札の肖像にも使用された。

(2) 下線部(b)に関連して，伝染病について述べた文をあげた。古いものから時代順に並べ替えたときに**3番目にくるもの**を，以下の①～④のうちから一つ選びなさい。

① 第一次世界大戦中，当時「スペイン風邪」と呼ばれたインフルエンザの世界的大流行が起きた。

② ユダヤ人のアンネ・フランクが送られたベルゲン・ベルゼン強制収容所ではチフスなどの伝染病が流行していた。

③ 言い伝えによると，戦国大名の伊達政宗は幼少期にかかった天然痘が原因で右目を失明した。

④ 長崎に入港したアメリカ船からコレラがもたらされると，攘夷運動が盛んになる一因となった。

(3) 下線部(c)に関連して，エジプト文明について述べた文として適切なものを，以下の①～④のうちから一つ選びなさい。

① 「目には目を，歯には歯を」という考えを示したハンムラビ法典が作られた。

② ナイル川の増水や種まき，収穫の時期を予測するために，1年を365日とする太陽暦が作られた。

③ 王は占いによる政治を行い，その記録については甲骨文字が使用された。

④ アテネやスパルタのようにポリスと呼ばれる都市国家が作られた。

(4) 下線部(d)「12世紀」の日本の歴史について述べた文として**適切でないもの**を，以下の①～④のうちから一つ選びなさい。

① 鎌倉を拠点とした源頼朝は，無断で朝廷から官位を受けた弟の義経を許さず，義経をかくまった平泉の奥州藤原氏を滅ぼした。

② 鎌倉幕府は，家来となることを誓った武士を御家人とし，御恩と奉公による主従関係を結んだ。

③ 平清盛は，後白河上皇の院政を助け，武士として初めて太政大臣になった。

④ 鳥羽上皇の死後，壬申の乱と承久の乱という二つの内乱が起こり，朝廷内の対立が武士どうしの戦いによって解決された。

(5) 空欄 あ ・ い にあてはまる語句の組み合わせとして適切なものを，以下の①～④のうちから一つ選びなさい。

① あ ―プロテスタント　い ―コロンブス

② あ ―プロテスタント　い ―バスコ・ダ・ガマ

③ あ ―カトリック　い ―コロンブス

④ あ ―カトリック　い ―バスコ・ダ・ガマ

(6) 下線部(e)に関連して，図1・2は東大寺の大仏と同時期に制作されたものである。これらについて述べた文として適切なものを，以下の①～④のうちから一つ選びなさい。

図1

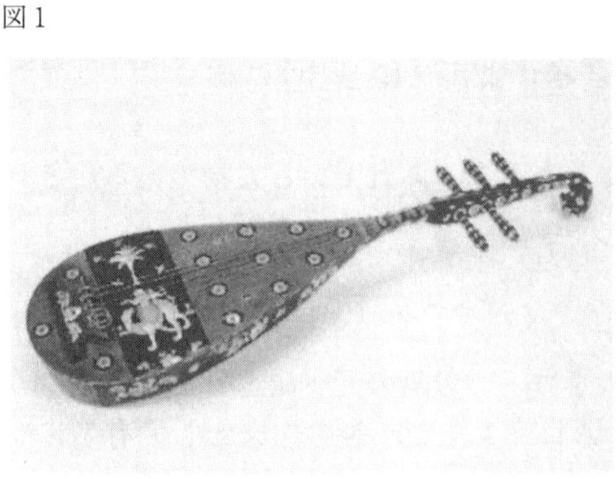

図2

① 図1は，国風文化期の作品である。

② 図1は，東大寺の正倉院に収められている宝物の一つである。

③ 図2は，聖徳太子(厩戸皇子)がいた時代に造られた作品である。

④ 図2は，当時流行していた浄土信仰の影響で造られた。

(7) 下線部(f)に関連して，次の文章はイギリスの植民地についてまとめたものである。文章中の空欄[う]・[え]にあてはまる語句の組み合わせとして適切なものを，以下の①～④のうちから一つ選びなさい。

右の絵は，インド人反乱軍の拠点を攻撃するイギリス軍を描いたものである。イギリスは，18世紀末から19世紀初めにかけて，戦争と征服によって，インド各地を植民地にしていった。インドには，イギリスの安い[う]が大量に流入し，伝統的な産業が打撃を受けた。インドの人々の不満が高まり，反乱が起きた。この反乱をおさえたイギリスは，インド全体を自国の植民地とすることに成功した。

第一次世界大戦が起こると，イギリスは，インドへ自治を与える約束と引き換えに，インド人兵士を戦場に動員した。しかし，大戦後にイギリスが行った当地の改革は，インドの人々の期待に及ばず，[え]らは，完全な自治を求めて「非暴力・不服従」を主張し，イギリスからの独立運動を推し進めた。

① [う]─茶　[え]─ネルー

② [う]─茶　[え]─ガンディー

③ [う]─綿織物　[え]─ネルー

④ [う]─綿織物　[え]─ガンディー

(8) 下線部(g)「18世紀」の日本で活躍したある人物の説明をあげた。この人物として適切なものを，以下の①～④のうちから一つ選びなさい。

旗本から大名に取り立てられて，第10代将軍の側近・老中として政治を行った。幕府の財政難を解決するために，商人に株仲間を作ることをすすめ，特権を与えるかわりに，営業税を納めさせた。また長崎貿易を活発にするため，銅を専売にして，金・銀にかわる輸出品としたり，蝦夷地の調査を行って俵物の輸出を拡大したりした。一方，印旛沼の干拓を始め，年貢を増やすことも試みた。

この時代は経済の発展を背景に，学問や芸術が発展したが，その一方で，地位や特権を求めてわいろが横行し，政治に対する批判が高まった。

① 徳川吉宗　② 田沼意次　③ 松平定信　④ 新井白石

(9) 下線部(h)に関連して，1955年の日本で起きたこととして適切なものを，以下の①～④のうちから一つ選びなさい。

① 自由民主党の結成　② 朝鮮戦争の開始

③ 東京オリンピックの開催　④ 阪神・淡路大震災の発生

(10) 将平さんの発表を聞いた社会科の先生から次の課題が出された。この課題中の空欄[お]・[か]にあてはまる文・記号の組み合わせとして適切なものを，以下の①～④のうちから一つ選び，記号で答えよ。

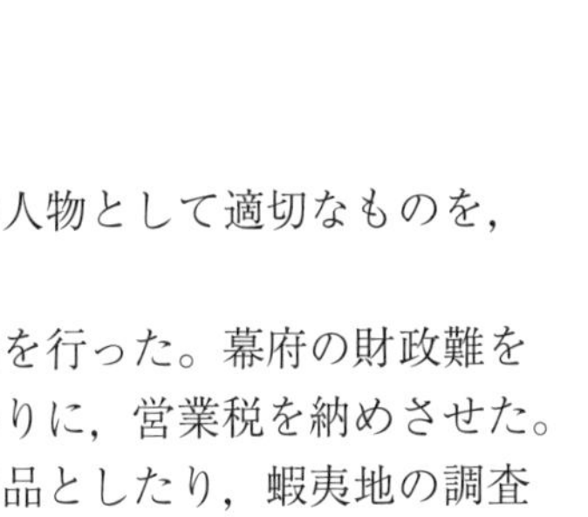

天然痘はワクチンが完成するまで，民間療法がとられていました。また，ある地域では天然痘などの疫病対策として，[お]。これが製作された地域を地図中のA～Dのうちから，一つ選びなさい。なお，この地域のヒントを以下にあげておきました。

ヒント
・この地域は古代において陸奥国と呼ばれていた。
・幕末期に新政府軍と旧幕府軍の戦闘があった場所である。
・明治時代に政府に対して激しい民権運動が行われた。
・東日本大震災の原発事故が起きた場所から約100km 離れた地であったが，激しい風評被害を受けた。

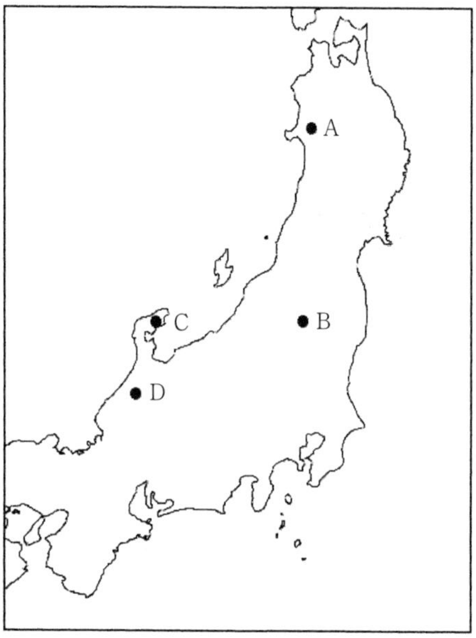

解答欄	か

① お —右の写真のような「赤べこ」が製作されました。背中の黒い点は天然痘のあとを示していると言われています
か —A

② お —右の写真のような「赤べこ」が製作されました。背中の黒い点は天然痘のあとを示していると言われています
か —B

③ お —右の写真のような「さるぼぼ」が製作されました。「ぼぼ」とは方言で，「赤ちゃん」を意味し，疫病から子どもを守ると言われています
か —C

④ お —右の写真のような「さるぼぼ」が製作されました。「ぼぼ」とは方言で，「赤ちゃん」を意味し，疫病から子どもを守ると言われています
か —D

【理　科】（50分）〈満点：100点〉

1　次の各問いに答えなさい。

(1)　図1は，ホウセンカの茎の断面を示した模式図である。図中で水の通り道になる部分を示したものと，その名称の組み合わせとして，最も適切なものを次の①～④から一つ選びなさい。

図1

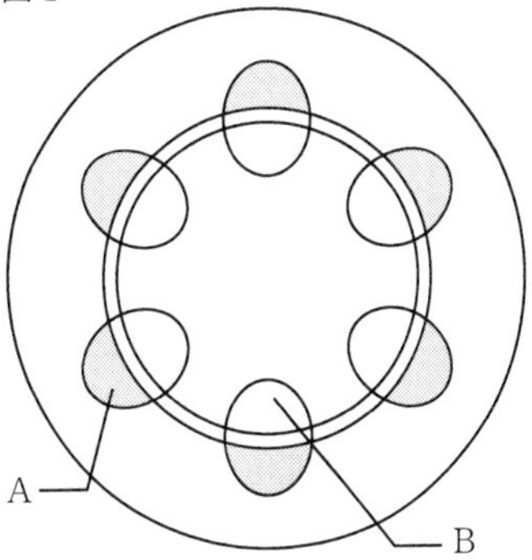

	水の通り道になる部分	名称
①	A	師管
②	A	道管
③	B	師管
④	B	道管

(2)　細胞分裂について述べた文として，**誤りを含むもの**を次の①～④から一つ選びなさい。

①　細胞が分裂するときには，ひも状の染色体が見られる。

②　細胞が分裂する前に，染色体の複製が行われる。

③　植物の根の先端に近い部分では，細胞分裂が活発に行われている。

④　精細胞は体細胞分裂によってつくられる。

(3)　鏡筒が上下する顕微鏡の使い方について説明した以下の文の空欄に入る語句の組み合わせとして，最も適切なものを下の①～④から一つ選びなさい。

> プレパラートをステージの上にのせ，できるだけ［　ア　］に近づける。
> 調節ねじを回して鏡筒を［　イ　］に動かし，ピントが合ったところで止める。

	ア	イ
①	接眼レンズ	上
②	接眼レンズ	下
③	対物レンズ	上
④	対物レンズ	下

(4)　図2は，ある生態系において，生物間の数量のつり合いが保たれた関係を表した模式図である。仮に草食動物が一時的に図3のように増加した場合，どのような増減の過程を経ながら元の状態に戻ると考えられるか。最も適切なものを下の①～④から一つ選びなさい。なお，各図中の点線は図2における生物間の数量を示す。

図2

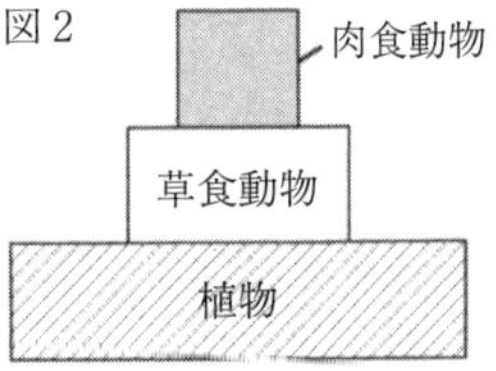

図3

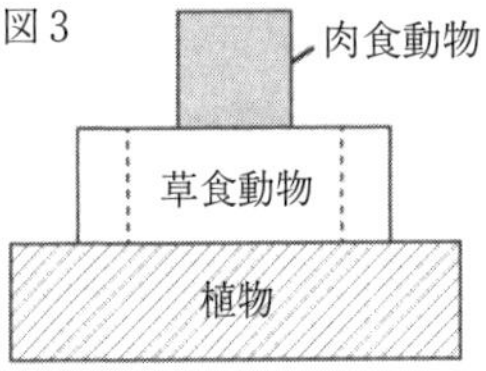

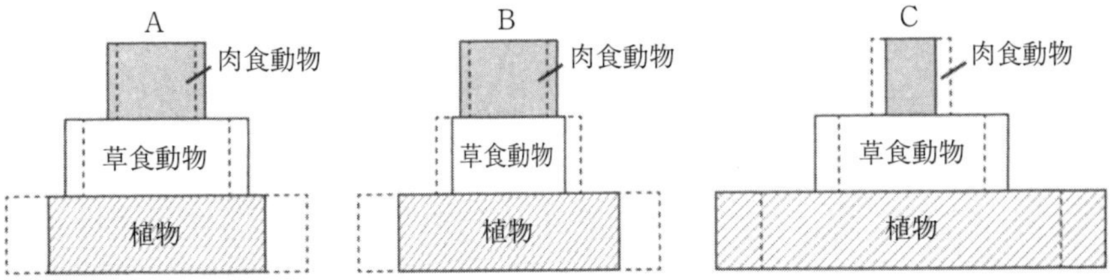

①　A→B→元の状態　　②　A→C→元の状態

③　C→A→元の状態　　④　C→B→元の状態

(5)　動脈と静脈の特徴をまとめた右の表1の空欄に入る語句の組み合わせとして，最も適切なものを次の①～④から一つ選びなさい。

表1

	壁の厚さ	弁の有無
動脈	ア	イ
静脈	ウ	エ

	ア	イ	ウ	エ
①	厚い	有	うすい	無
②	うすい	有	厚い	無
③	厚い	無	うすい	有
④	うすい	無	厚い	有

2　次の各問いに答えなさい。

(1)　岩石の特徴について，次の(a)・(b)の各問いに答えなさい。

(a)　主に生物の死がいが固まってできた岩石として，適切なものを次の①～④から**二つ**選びなさい。

①　カンラン石　　②　チャート　　③　石灰岩　　④　斑れい岩

(b)　(a)の答えのうち，かたい方の岩石について説明している文として，最も適切なものを次の①～④から一つ選びなさい。

①　主成分は炭酸カルシウムであり，うすい塩酸をかけても泡が出ない。

②　主成分は炭酸カルシウムであり，うすい塩酸をかけると泡が出る。

③　主成分は二酸化ケイ素であり，うすい塩酸をかけても泡が出ない。

④　主成分は二酸化ケイ素であり，うすい塩酸をかけると泡が出る。

(2)　短時間に局地的な激しい雨をもたらす雲として，最も適切なものを次の①～④から一つ選びなさい。

①　積乱雲　　②　乱層雲　　③　巻積雲　　④　層積雲

(3)　へいそく前線について述べた文として，最も適切なものを次の①～④から一つ選びなさい。

①　この前線は時期によって梅雨前線と呼ばれる。その前線記号は  である。

②　この前線は時期によって梅雨前線と呼ばれる。その前線記号は  である。

③　この前線の影響で地上は全体的に寒気に覆われることが多い。その前線記号は  である。

④　この前線の影響で地上は全体的に寒気に覆われることが多い。その前線記号は  である。

(4)　茨城県のある地域において，北極星の方向にカメラを向けて固定し，シャッターを開放して写真を撮影した。図1は，その写真を模式的に表したものである。星の動きについて述べた文として，最も適切なものを次の①～④から一つ選びなさい。

図1

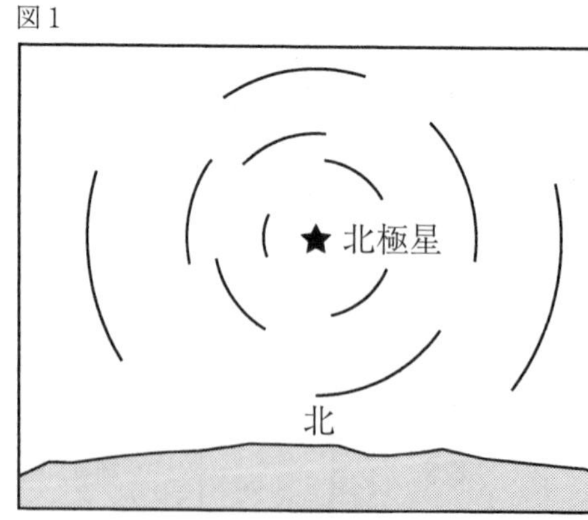

①　北極星の周りの星は，1時間に30°だけ回転するように見える。

②　北極星の周りの星は，1時間に15°だけ回転するように見える。

③　北極星の周りの星は，基本的に北極星を中心に時計回りに回って見えるが，一部例外的に反時計回りに回って見えるものがある。

④　北極星の周りの星は，基本的に北極星を中心に反時計回りに回って見えるが，一部例外的に時計回りに回って見えるものがある。

3　次の各問いに答えなさい。

(1)　形や大きさが異なる６つの純粋な物質Ａ～Ｆがある。これらの物質の質量［ｇ］と体積［cm^3］を測定した結果を図１に示した。物質Ａ～Ｆについて，次の(a)・(b)の各問いに答えなさい。

図１

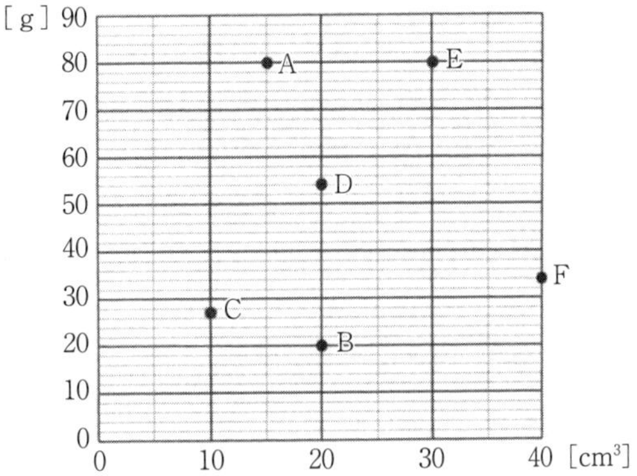

(a)　物質Ａ～Ｆのうち，同じ密度［g/cm^3］であるものの組み合わせとして，最も適切なものを次の①～④から一つ選びなさい。

①　ＡとＥ　　②　ＢとＣ

③　ＢとＤ　　④　ＣとＤ

(b)　図１に示された物質Ａ～Ｆのいずれかである物質Ｘを，エタノールの入ったビーカーと水の入ったビーカーにそれぞれ静かに入れ，そのようすを観察した。下記の【観察結果】をもとに，物質Ｘとして最も適切なものを下の①～④から一つ選びなさい。

【観察結果】

(i)　エタノール（密度0.79g/cm^3）の入ったビーカーに物質Ｘを入れたところ，物質Ｘはビーカーの底に沈んだ。

(ii)　水（密度1.0g/cm^3）の入ったビーカーに物質Ｘを入れたところ，物質Ｘは水面に浮いた。

①　Ａ　　②　Ｃ　　③　Ｅ　　④　Ｆ

(2)　図２のようにマグネシウム粉末0.90ｇをステンレス皿にうすく広げた後，ガスバーナーで加熱して完全に反応させた。反応後，ステンレス皿をよく冷まし，加熱後に生じた物質の質量を測定したところ，1.5ｇであった。マグネシウム粉末の質量を変えながらこの操作を繰り返し行った結果を表１に示す。ただし，ステンレス皿は，加熱してもマグネシウムや酸素と反応しないものとする。下の(a)～(c)の各問いに答えなさい。

図２

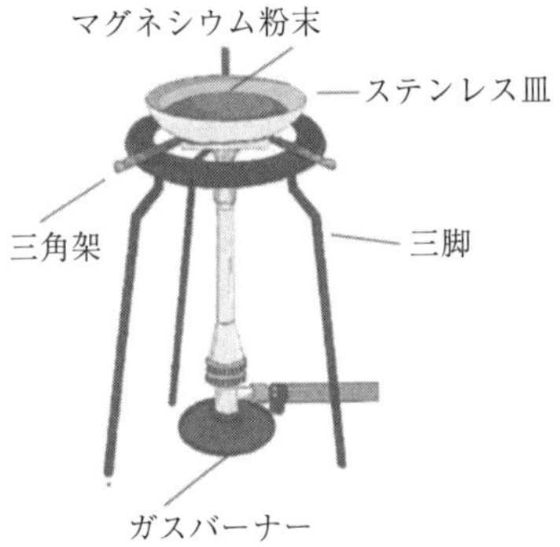

表１

マグネシウム粉末の質量（ｇ）	0.90	1.2	1.5	……	2.7
反応後の質量（ｇ）	1.5	2.0	2.5	……	ア

(a)　マグネシウム粉末0.90ｇを反応させるために必要な酸素の質量として，最も適切なものを次の①～④から一つ選びなさい。

①　0.45ｇ　　②　0.60ｇ

③　2.6ｇ　　④　3.5ｇ

(b)　表１の ア に当てはまる数値として，最も適切なものを次の①～④から一つ選びなさい。

①　4.5　　②　5.5

③　6.5　　④　10.5

(c)　マグネシウムを加熱して完全に反応させた後に残った物質のモデル図として，最も適切なものを次の①～④から一つ選びなさい。

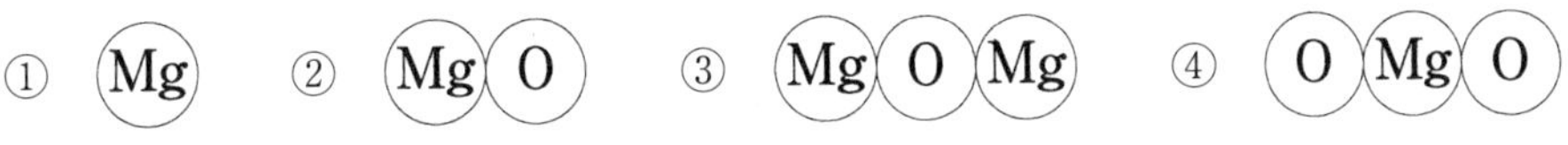

4　次の各問いに答えなさい。

⑴　右の図1は空気中から水中に光が進むとき，図2は水中から空気中に光が進むときのようすを表したものである。図1および図2の光の道すじの組み合わせとして，最も適切なものを次の①～⑨から一つ選びなさい。

図1

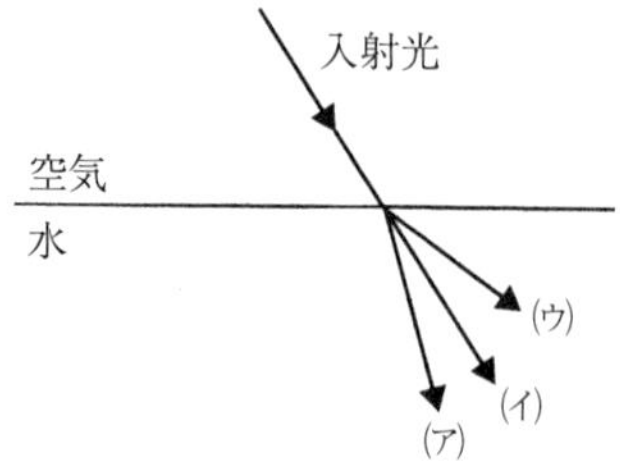

図2

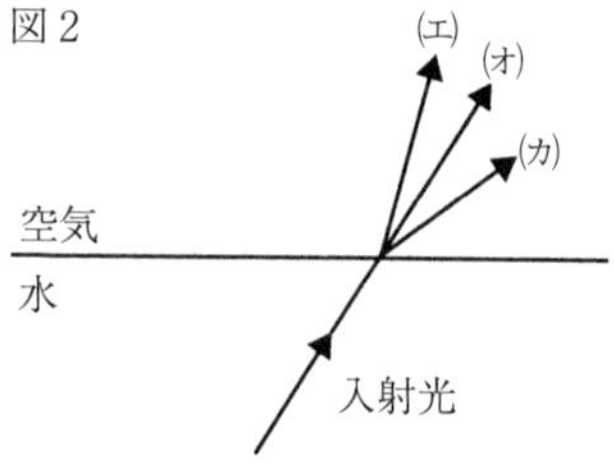

	図1	図2
①	(ア)	(エ)
②	(ア)	(オ)
③	(ア)	(カ)
④	(イ)	(エ)
⑤	(イ)	(オ)
⑥	(イ)	(カ)
⑦	(ウ)	(エ)
⑧	(ウ)	(オ)
⑨	(ウ)	(カ)

⑵　図3は，質量2kgの直方体を示したものである。この直方体について(a)・(b)の各問いに答えなさい。なお，以下の問いでは大気圧の影響は考えないものとする。

図3

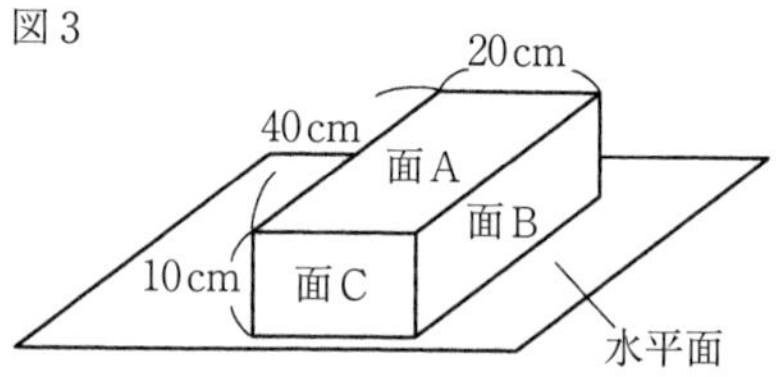

(a)　面A，面B，面Cの面をそれぞれ下にして水平面に置いたとき，直方体が水平面におよぼす圧力について，その大きさを大きい順に並べたものとして，最も適切なものを次の①～⑥から一つ選びなさい。

①　面A＞面B＞面C
②　面A＞面C＞面B
③　面B＞面A＞面C
④　面B＞面C＞面A
⑤　面C＞面A＞面B
⑥　面C＞面B＞面A

(b)　図4のように，図3における直方体の面A上におもりを置いたとき，直方体によって水平面に加わる圧力は400Paであった。このとき，おもりの質量として最も適切なものを次の①～⑥から一つ選びなさい。ただし，質量100gの物体にはたらく重力の大きさを1Nとする。

図4

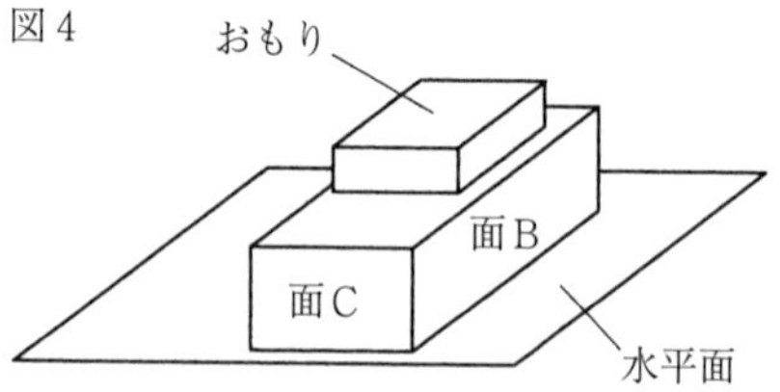

①　0.4kg　　②　0.8kg
③　1.2kg　　④　1.6kg
⑤　2kg　　⑥　2.4kg

⑶　図5は棒磁石をコイルの上で1回転[(ア)→(イ)→(ウ)→(エ)]させるようすを示している。(ア)では，検流計の針は－側にふれる。(ウ)，(エ)では検流計の針は－側，＋側のどちらにふれるか。針がふれる向きの組み合わせとして最も適切なものを下の①～④から一つ選びなさい。

図5

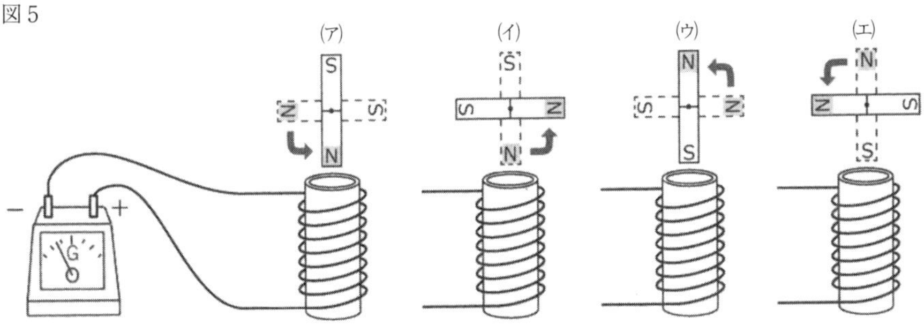

	(ウ)	(エ)
①	−側	−側
②	−側	＋側
③	＋側	−側
④	＋側	＋側

(4) 小球に伸び縮みしない糸をつけて振り子をつくった。次の(a)・(b)の各問いに答えなさい。ただし，運動中は糸のたるみや，糸とくぎの間の摩擦や空気抵抗を考えないものとする。

(a) 図6は，運動中の振り子のようすを表したものである。図中のA～Dの位置における小球がもつ力学的エネルギーをそれぞれE_A～E_Dとおく。E_A～E_Dの大小関係について，最も適切なものを次の①～④から一つ選びなさい。ただし，AとDの高さは等しいものとする。

① $E_A=E_D>E_C>E_B$　② $E_B>E_C>E_A=E_D$

③ $E_A=E_B=E_D>E_C$　④ $E_A=E_B=E_C=E_D$

図6

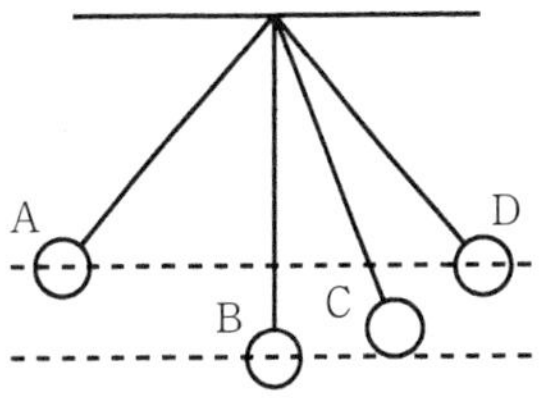

(b) 図7のように，くぎを取りつけて実験をしたところ，Aを離れた振り子がBにきたとき，糸がくぎに引っかかった。その後，小球は図中のどの位置まで上がるか。最も適切なものを次の①～④から一つ選びなさい。ただし，Aとウの高さは等しいものとする。

① ア　② イ　③ ウ　④ エ

図7

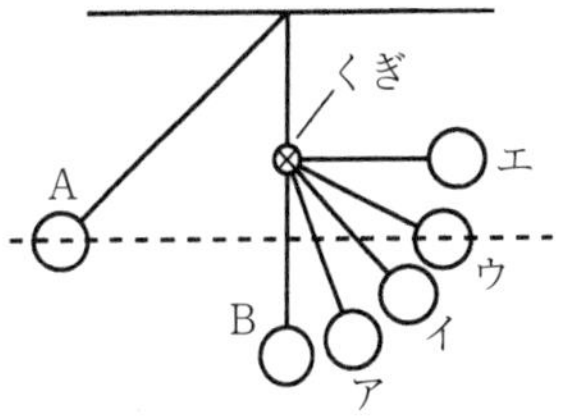

5 以下は，茨城県のとある中学校での先生と太郎さんの会話である。会話文を読み，下の各問いに答えなさい。

太郎さん：先生，太陽の動き方について詳しく知りたいのですが。

先　　生：では，今度の週末に調べてみましょう。9時半に校庭に集合です。

太郎さん：わかりました。

～週末　9:30～

先　　生：今日の明け方は，南にオリオン座が見えてきれいでした。

太郎さん：そうだったんですか。すみません。明け方は寝ていました。

先　　生：いえ，問題ありません。それでは，太陽の動きを調べていこうと思います。厚紙の上に固定した透明半球を用意しました(図1)。10時から1時間おきに，ペン先の影が円の中心に来るようにして透明半球上に●印で点を打っていきます。方位磁針を使って，東西南北の配置を固定して扱うようにお願いします。

太郎さん：わかりました。

～15:10～

太郎さん：親から電話がありまして，16時までに帰らなければいけなくなりました。

先　　生：仕方ありません。しかし，十分に記録は取れたと思います。まとめましょう。打った点を結ぶと，太陽の動きがわかります。結んでみてください。

太郎さん：結びました(図２)。

先　　生：10時と11時の点を結んだ曲線の長さは何 cm ですか。

太郎さん：大体 3.3cm です。

先　　生：太陽の通り道で，最も高く太陽が上がった場所に×印をつけてください。それをＱ点と呼ぶこととします。

太郎さん：つけました。Ｑ点は11時から大体２cm 離れているところです。

先　　生：ありがとう。結んだ線を伸ばして，10時の点と東側の厚紙との交点を結んだ曲線の長さは何 cm になっていますか。

太郎さん：大体 17.5cm です。

先　　生：おや，今日の日の出は５時20分頃のはずですから，そんなはずはないですね。もう一度確認してみてください。

太郎さん：あ，すみません。a 測り間違えていました。

先　　生：正しく記録しておいてくださいね。後日，結果を元に詳しい考察をしましょう。

図１

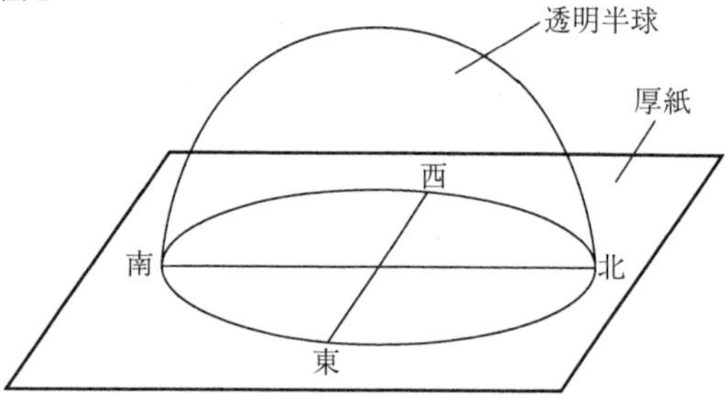

図２

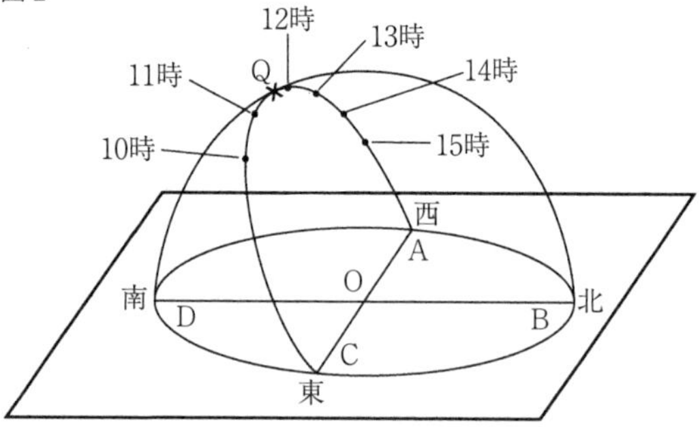

(1)　図３を参考にして，この観測を行なった日付として最も適切なものを次の①～④から一つ選びなさい。

①　３月20日

②　６月20日

③　９月20日

④　12月20日

図３

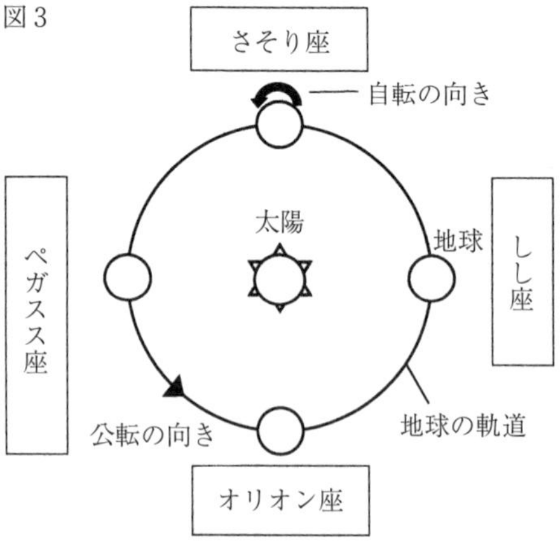

(2)　太陽が最も高く上がったＱ点における高度を南中高度と呼ぶ。図２において，南中高度を表す角度として，最も適切なものを次の①～④から一つ選びなさい。

①　∠QOB　　②　∠QOD

③　∠QDO　　④　∠QBO

(3)　文中の下線部ａについて，透明半球に沿って10時の点と東側の厚紙との交点を結んだ曲線の長さとして，最も適切と考えられるものを次の①～④から一つ選びなさい。

①　約 15.5cm　　②　約 16.5cm　　③　約 18.5cm　　④　約 19.5cm

(4)　図４は，春分・夏至・秋分・冬至のときの公転面に対する地軸の傾きと南中高度の違いを表したものである。今回の観測地点の緯度が 36° であるとき，この日の南中高度として，最も適切なものを下の①～④から一つ選びなさい。

図4

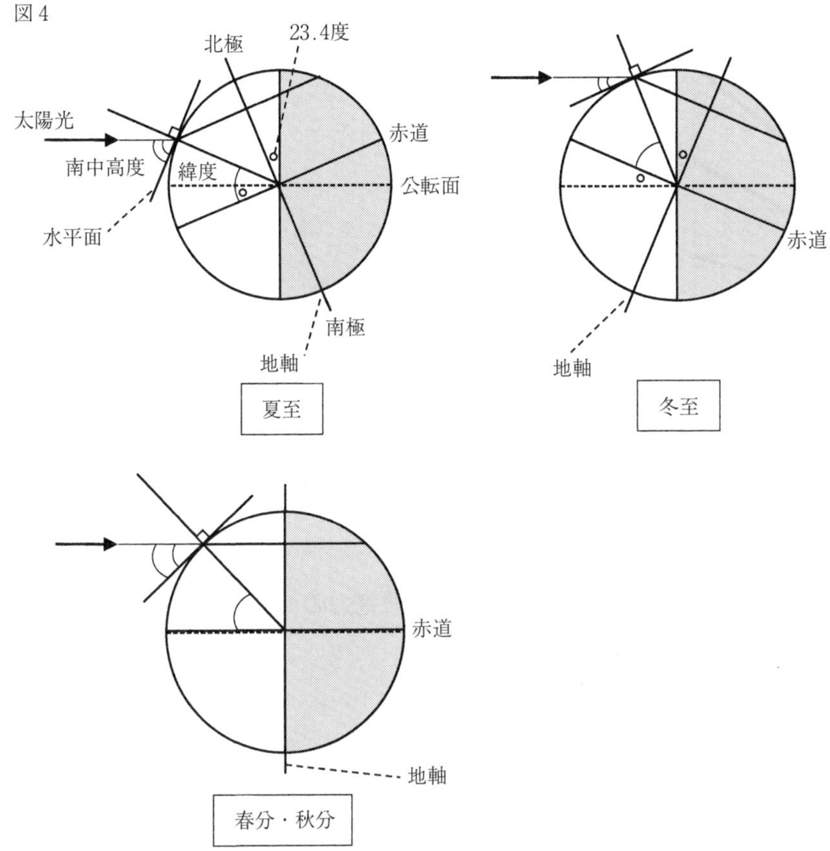

① 30.6°　② 36°　③ 54°　④ 77.4°

(5) 今回調べた太陽の動きを南半球で観測した場合，太陽が見える方角の変化として，最も適切なものを次の①～④から一つ選びなさい。

① 西→南→東　② 西→北→東　③ 東→南→西　④ 東→北→西

6 電圧と電流の関係を調べるために，5Ω，10Ωの抵抗を使って，【実験1】・【実験2】を行った。この実験について，下の各問いに答えなさい。

【実験1】

図1のような回路をつくり，電源の電圧を変化させて，A点に流れる電流を測定した。

【実験2】

図2のような回路をつくり，電源の電圧を変化させて，B点とC点に流れる電流をそれぞれ測定した。

図1

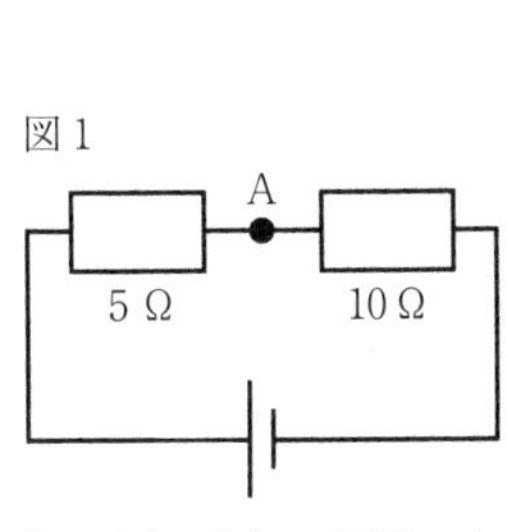

図2

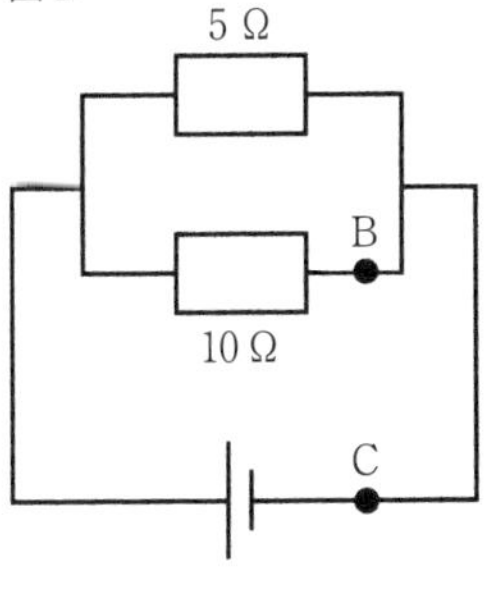

(1) 【実験1】について，電源の電圧が12Vのとき，次の(a)・(b)の各問いに答えなさい。

(a) A点に流れる電流の大きさとして，最も適切なものを次の①～⑥から一つ選びなさい。

① 0.4A　② 0.8A　③ 1.2A　④ 1.6A　⑤ 2A　⑥ 2.4A

(b) 10Ωの抵抗に加わる電圧の大きさとして，最も適切なものを次の①～⑥から一つ選びなさい。

① 2V　② 4V　③ 6V　④ 8V　⑤ 10V　⑥ 12V

(2) 【実験２】について，電源の電圧の大きさと，Ｂ点およびＣ点に流れる電流の大きさの関係を表したグラフとして，最も適切なものをそれぞれ次の①～⑤から一つ選びなさい。

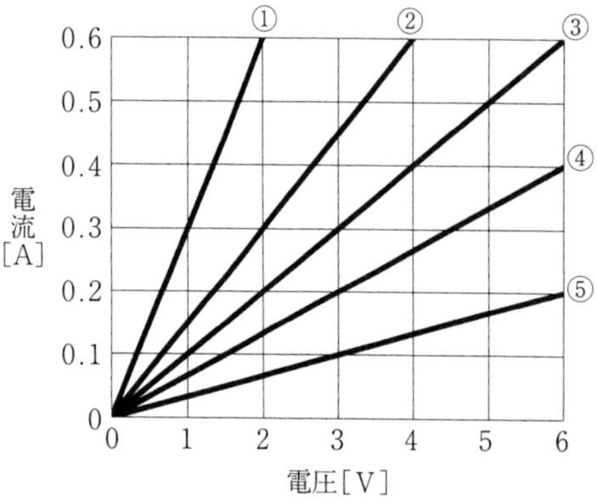

(3) 図１，図２で電源の電圧を同じにしたとき，Ａ～Ｃの各点に流れる電流を大きい順に並べたものとして，最も適切なものを次の①～⑥から一つ選びなさい。

① Ａ＞Ｂ＞Ｃ　② Ａ＞Ｃ＞Ｂ　③ Ｂ＞Ａ＞Ｃ
④ Ｂ＞Ｃ＞Ａ　⑤ Ｃ＞Ａ＞Ｂ　⑥ Ｃ＞Ｂ＞Ａ

(4) 図２において，10Ωの抵抗の消費電力は，５Ωの抵抗の消費電力の何倍になるか。最も適切なものを次の①～⑥から一つ選びなさい。

① 0.3倍　② 0.5倍　③ １倍
④ 1.5倍　⑤ ２倍　⑥ 3.3倍

7 図１のような装置を用いて，電池に関する【実験１】・【実験２】を行った。この実験について，下の各問いに答えなさい。

図１

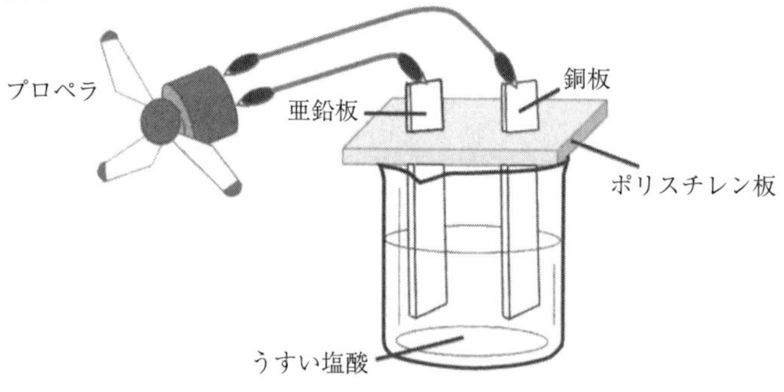

【実験１】

図１のようにうすい塩酸を入れたビーカーに，銅板，亜鉛板を入れ，それぞれ導線を用いて光電池用のプロペラ付きモーターに接続したところプロペラが回転した。

【実験２】

金属板は変えずに，うすい塩酸を食塩水，砂糖水，エタノール水溶液，うすい硫酸に変えたときに，プロペラが回転するかどうかを調べた。

(1) 導線内の電子と電流の流れについて述べた文として，最も適切なものを次の①～④から一つ選びなさい。

① 電子は，銅板から亜鉛板へと移動し，電流の向きは電子の流れの向きと逆になっている。
② 電子は，亜鉛板から銅板へと移動し，電流の向きは電子の流れの向きと逆になっている。
③ 電子は，銅板から亜鉛板へと移動し，電流の向きは電子の流れの向きと同じになっている。
④ 電子は，亜鉛板から銅板へと移動し，電流の向きは電子の流れの向きと同じになっている。

(2) 図１に示された電池の各金属板上で起こる変化のようすについて述べた文として，最も適切なものを次の①～④から一つ選びなさい。

① －極では，亜鉛原子が電子を放出し亜鉛イオンとなる。
② －極では，銅原子が電子を放出し銅イオンとなる。
③ ＋極では，水素原子が電子をもらって水素分子となる。
④ ＋極では，銅イオンが電子をもらって銅原子となる。

(3) 下記の文章は，【実験１】におけるエネルギーの流れについて述べたものである。文中の［ア］～［ウ］にあてはまる語句の組み合わせとして，最も適当なものを下の①～④から一つ選びなさい。

> 電池は，物質が持っている［ア］エネルギーを化学変化によって［イ］エネルギーとして取り出す。【実験１】では，その［イ］エネルギーがプロペラの［ウ］エネルギーに変わっている。

	ア	イ	ウ
①	運動	電気	化学
②	電気	化学	運動
③	電気	運動	化学
④	化学	電気	運動

(4) 【実験２】において，プロペラが**回らない**水溶液は何種類あるか。最も適切な数値をマークしなさい。

8 太郎さんと花子さんは，理科で学んだ生物の分類について興味を持ち，夏休みの自由研究のテーマとして，それぞれレポートにまとめた。以下に，２人のレポートの一部と先生のコメントを示す。これを読み，下の各問いに答えなさい。

【太郎さんのレポート(抜粋)】

まとめ

下の図１は，セキツイ動物の分類を簡単にまとめたものです。

図１

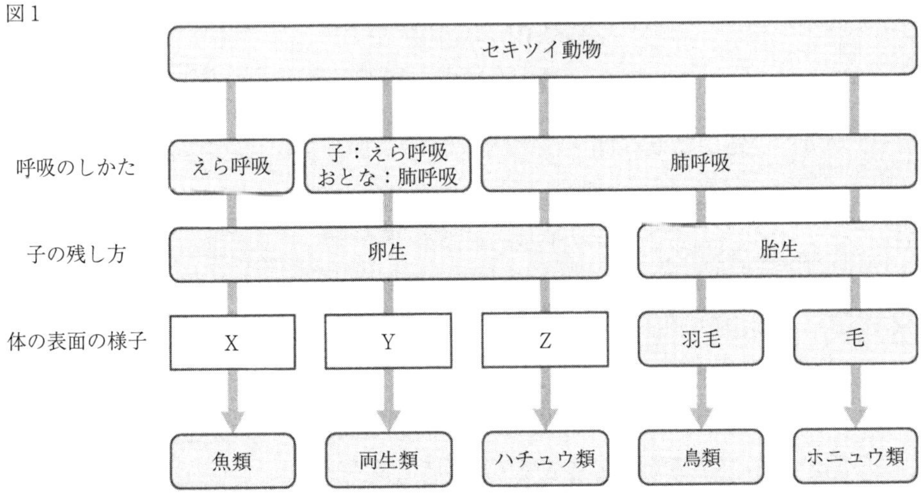

同じグループの動物は，呼吸のしかたや子の残し方に共通した特徴があることがわかりました。また，セキツイを持たない無セキツイ動物の中では a節足動物の種類が多く，100万種類以上いることがわかりました。

【花子さんのレポート(抜粋)】

> 私は植物が大好きです。地球上に多くの植物が存在していることに興味を持ったので，種子植物と，種子をつくらない植物についてそれぞれ表にまとめてみました。
>
> 表1　種子植物の特徴
>
> | | |
> |---|---|
> | 被子植物 | アサガオやサクラなどの仲間で，胚珠が子房につつまれている。 |
> | 裸子植物 | イチョウやマツなどの仲間で，胚珠がむき出しになっている。 |
>
> 表2　種子をつくらない植物の分類
>
> | | 維管束 | 根・茎・葉 |
> |---|---|---|
> | シダ植物 | なし | 区別がない |
> | コケ植物 | あり | 区別がある |
>
> 被子植物は子葉の数によって，さらに双子葉類と単子葉類にわかれています。双子葉類と単子葉類は，子葉の数以外にも［　ア　］などの特徴で区別することができるとわかりました。

【レポートに対する先生のコメント(抜粋)】

> 2人ともよくまとめられています。
> しかし，太郎さんのレポートの図1の［　イ　］には間違いがあります。また，花子さんのレポートの［　ウ　］にも間違いがあります。どのように間違えているのかをぜひ調べてみてくださいね。

(1)　セキツイ動物の五つのグループは長い年月をかけて共通の祖先から変化してきたと考えられている。このように長い年月をかけて生物が変化することを何というか。最も適切なものを次の①～④から一つ選びなさい。

①　複製　　②　進化　　③　遺伝　　④　発生

(2)　下線部aについて，節足動物の例として最も適切なものを次の①～④から一つ選びなさい。

①　ヤリイカ
②　アサリ
③　アメリカザリガニ
④　バフンウニ

(3)　【太郎さんのレポート(抜粋)】中の，空欄［X］～［Z］に入る語句の組み合わせとして，最も適切なものを次の①～④から一つ選びなさい。

	X	Y	Z
①	うろこ	うろこ	しめった皮ふ
②	うろこ	しめった皮ふ	うろこ
③	しめった皮ふ	うろこ	うろこ
④	うろこ	しめった皮ふ	羽毛

(4)　【花子さんのレポート(抜粋)】中の［ア］に入る語句として，最も適切なものを次の①～④から一つ選びなさい。

①　花弁の付き方や葉脈
②　花弁の付き方や根の形状
③　根の形状や維管束の有無
④　根の形状や葉脈

(5) 【レポートに対する先生のコメント(抜粋)】中の空欄に入る適切な語句の組み合わせとして，最も適切なものを次の①～④から一つ選びなさい。

	イ	ウ
①	子の残し方	表1
②	子の残し方	表2
③	呼吸のしかた	表1
④	呼吸のしかた	表2

イ　なさけないだろう
ウ　かわいらしいだろう
エ　あきれてしまうだろう
オ　もったいないだろう

問25　傍線部2「二つのわざ」が指すものの組み合わせとして最も適当なものを**一つ**選びなさい。

ア　早歌と説経　　イ　乗馬と学問
ウ　学問と説経　　エ　学問と早歌
オ　乗馬と早歌

問26　傍線部3「大きなる道をも成じ」とあるが、どういうことか。最も適当なものを**一つ**選びなさい。

ア　出家をしてから、仏道の世界で有名になること。
イ　道徳を学び、思いやりの心を身につけること。
ウ　出世をし、専門家の域に到達できるほどになること。
エ　先人の知識や行動を真似して、生活に役立てること。
オ　死後の世界で安らかに暮らせるよう、修行をすること。

問27　傍線部4「走りて坂を下る輪のごとく」とあるが、どういうことか。最も適当なものを**一つ**選びなさい。

ア　決められた人生を生きていくことになるということ。
イ　あっという間に人生は過ぎ、老いてしまうということ。
ウ　人生がますます悪い方向に向かっていくということ。
エ　人生には様々な危険が待ち受けているということ。
オ　人生には自分で決められないことが多いということ。

問28　この話から読み取れる教訓として、最も適当なものを**一つ**選びなさい。

ア　様々な能力や知識を持っていると、あとで役に立つことが多いので、当初の目的とは異なるものに対しても、意欲的に挑戦するのがよい。
イ　自分の当初の目的を達成できないかもしれないので、目の前の課題にとらわれず、自分が本当に成し遂げたいことに専念するのがよい。
ウ　親に決められた仕事に就こうとすると、うまくいかないことが多いので、将来の仕事は自分で決め、責任感を養うべきだ。
エ　法師は説経や乗馬など色々な方面の能力が求められる専門的な仕事なので、なろうとするときにはそれなりの覚悟が必要だ。
オ　将来どんなことが役立つかわからない以上、若いうちは積極的に挑戦して視野を広げ、判断力を身に着けてから、そのうちの一つを極めるのがよい。

ウ　ガイドとしてのママは本文中では登場しないが、僕がママを心配し再会を心待ちにしていることで、一定の存在感を示している。

エ　一見軽薄とも受け取れるタクシー運転手の態度は、車内の雰囲気をある程度和らげ、僕と男の会話の間をもたせる働きがある。

オ　タクシーから眺める風景が次々に移り変わっていく描写によって作品に軽快な印象を与え、僕のガイドとしての説明はこの地域の歴史を感じさせる。

問23　本文中の波線部a～dは、ある生徒が本文を読む際にある観点から線を引いた所である。どのような観点から線を引いた部分だと考えられるか。最も適当なものを**一つ**選びなさい。

ア　その場しのぎのつれない男の反応によって、僕がガイドの仕事に対して徐々に後ろ向きになっていると思われる部分。

イ　今日という長い一日を後から振り返って、男に対する対応を改善すべきだったと僕が反省していると思われる部分。

ウ　大人のように振るまおうとする中にかいま見える、子供らしく素直でストレートな心情が表れていると思われる部分。

エ　男の立場からはうかがい知ることのできない、僕が男に悟られまいと必死に隠そうとしていると思われる部分。

オ　僕が自身を冷静に自己分析しながらも、その生真面目さゆえに、ユーモラスな雰囲気をもたらしていると思われる部分。

四　次の文章を読んで、後の問いに答えなさい。

或者《あるもの》、子を法師になして、「学問して因果の理《ことわり》をも知り、※説経などして世わたるたづきともせよ（生活する手立てにもせよ）」と言ひければ、教《をしへ》のままに、説経師にならんために（説経師になろうとするために）、先《ま》づ馬に乗りならひけり。輿《こし》・車は持たぬ身の、※導師に請《しやう》ぜられん時（人を運ぶためのかごや車を持っていない身で、導師として招かれるようなとき）、馬など迎へにおこせたらんに、桃尻にて落ちなんは（馬などを迎えによこすようなら、馬に乗るのが下手で落ちてしまうようでは）、1心憂かるべしと思ひけり。次に、仏事ののち、酒などすすむる事あらんに、法師の無下に能なきは、檀那《だんな》すさまじく思ふべしとて（法師でまったく芸のないのは、施主が興ざめに思うだろう）、※早歌《さうか》といふことを習ひけり。2二つのわざ、やうやう境に入りければ（熟達の境に達してきたので）、いよいよよくしたく覚えて嗜《たしな》みけるほどに、説経習ふべき隙《ひま》なくて、年寄りにけり。

この法師のみにもあらず、世間の人、なべてこの事あり（皆、これと同じことがあるものだ）。若き程は、諸事につけて（色々なことについて）、身を立て、3大きなる道をも成《じやう》じ、能をもつき、学問をもせんと、行末久しくあらます事ども（将来まで遠く思いめぐらす色々な事を）心にはかけながら、世を長閑《のどか》に思ひてうち怠りつつ、まづさしあたりたる目の前の事にのみまぎれて月日を送れば、ことごと成す事なくして、身は老いぬ。終《つひ》にものの上手にもならず、思ひしやうに身をも持たず、悔ゆれども取り返さるる齢《よはひ》ならねば、4走りて坂を下る輪のごとくに衰へゆく。

（兼好法師『徒然草』より）

※説経…人々に経文を説き聞かせて、仏教の教えを伝えること。
※導師…仏の教えを説く人。
※早歌…鎌倉時代に流行した歌謡の一つ。

問24　傍線部1「心憂かるべし」の意味として最も適当なものを**一つ**選びなさい。

ア　おもしろいだろう

し訳なく感じ、その分丁寧なガイドを心がけようという僕の心優しい面が表れている。

イ　困難な対応をするために焦り、多弁になったが落ち着きを取り戻した僕と、ツアーからはぐれたことを気にせずのんびりと旅を楽しむ男が対照的に描かれている。

ウ　二度と見ることができないものとして男が食い入るように眺める風景を、意を尽くして説明しようというママ譲りのガイドとしての誇りが印象的である。

エ　予期せぬトラブルにも動じない堂々とした僕の対応ぶりを怪しむ男を信用させたいという思いから、緊張を隠しきれない代役としての未熟さが読み取れる。

オ　他の客からはぐれた動揺を隠して風景に見入るふりをしている男を心から楽しませようというサービス精神で、題名屋の秘密に迫ることに成功している。

問19　傍線部3「得意な気持ち」とあるが、僕がこのような気持ちになった理由として、最も適当なものを**一つ**選びなさい。

ア　さわやかな気候と美しい車窓の風景のおかげで気持ちよくガイドの仕事ができたから。

イ　こうした非常事態を想定した、ガイドになるためのふだんからの予習が役に立ったから。

ウ　豊富な知識と滑らかな弁舌で、大人たちを圧倒することができたから。

エ　僕のガイドに男が聞き入り、その説明に合った眺めに目をこらしていたから。

オ　自分を馬鹿にしていた運転手がいつの間にかガイドに聞きほれていたから。

問20　傍線部4「そうじゃないかな?」とあるが、男がこの発言に至った経緯についての説明として、最も適当なものを**一つ**選びなさい。

ア　自分の職業を意味のあるものとして受け止めてほしいという思いから、慎重に言葉を選びその思いを届けようとした。

イ　なれなれしい僕の態度に平静を失い呼吸が乱れたので、気持ちを落ち着かせようと一呼吸置いて予定通りの返事をした。

ウ　詩人という夢がかなわなかった過去を思い起こし、僕に現実の厳しさを教えておくことが大人としての義務であるという結論に達した。

エ　詩人よりも題名屋としての才能があることを理解しない僕の幼さに気づき、次の質問が来る前に自分の考えを示してこの場をしのいだ。

オ　年老いてはいるが経験豊富な題名屋としての気の利いた格言により僕を感心させ、詩人にはない仕事の魅力を僕に伝えたいと願った。

問21　傍線部5「ゆっくり考えてから僕は続けた」とあるが、ここでの僕の心情の説明として、最も適当なものを**一つ**選びなさい。

ア　男が自分のガイドとしての仕事ぶりを評価し感謝していることを恥ずかしく感じ、照れ臭さをごまかしたい。

イ　題名屋として多忙な日々を送っている男と出会って、自分もその仕事の素晴らしさを実感したい。

ウ　男にした無礼な質問という罪を帳消しにするために、何とか依頼を考え出して男の気持ちに応えたい。

エ　自分との別れを惜しみ気落ちする男を、得意な題名をつけるという仕事を依頼することで元気づけたい。

オ　出会った男と親交を深め、自分でも納得のいく働きができた意義深い一日を忘れないようにしたい。

問22　この文章について説明したものとして誤っているものを**一つ**選びなさい。

ア　男ははぐれた自分を見つけ出し一生懸命ガイドをしてくれる僕に感謝し、頼りになる一人前のガイドとして認めている。

イ　僕の描写には利発さを感じる描写が多く見られ、想像される年齢よりも精神的に大人びた面があることを表している。

「4そうじゃないかな?」
「はい、分かります」
　彼をがっかりさせないために、あるいは、罪滅ぼしをするように、僕はそう答えた。
「あっ」
　不意に男が叫んだ。遊覧船だった。甲板にいる人影のどれがママなのかは見分けられないが、間違いなく、僕たちが乗るはずの遊覧船だった。スクリューからのびる白い波が、流線型の模様を描き出していた。
「dよかった……。これで先回りできる」
「坊っちゃん、俺に任せておけば、大丈夫なのさ」
　僕のつぶやきを聞いて運転手は、バックミラーに向かって合図を送ってきた。
「おっと、見逃すところでした。前方、丘の中腹に見えている木造建築。川下りツアー最後の名所、十六世紀に作られた武器庫です。なぜこのような場所に武器庫が必要だったか、理由は当時の勢力分布と戦法に関係があるのです。つまり……」
　僕がガイドしている間に、遊覧船は後ろへ遠のいていった。
　夜の七時、湖水地帯と川下りコースツアーは、すべての日程を予定どおり終え、観光局の駐車場にて解散した。
「君にぜひ、お礼がしたいんだが」
　別れ際、男が言った。
「とんでもない。僕は何にもしてません」
「いや。君のおかげで忘れられない旅になったよ。だから、感謝の気持を表したい。ただ、それだけなんだ」
　男の横顔は夕暮れの中で半分陰に沈んでいた。
「野球のボール、本、お菓子、何でも遠慮せず言ってくれたら助かるよ。明日、ここを出発するまでに用意して、観光局へ預けておこう」
「明日、帰っちゃうんですか?」
「残念だが、長居はできないんだ。予約が入っているのでね」
「そうですか……。僕……今、特別にほしいものはないんです。ただ一つ、小父さんにお願いが……」
　5ゆっくり考えてから僕は続けた。
「今日の僕の一日に、題名をつけてほしいんです」
　男は黙ってうなずき、夜の闇がすぐそこまで迫っている空の一点を見据えた。瞬《まばた》きもせず、声も漏らさず、息さえ聞こえてこなかった。彼の作業を邪魔しないよう、僕はじっと動かずにいた。
　やがて男は杖の先で地面を一つ叩《たた》いた。それが合図だった。長身をかがめ、僕の耳元に近付き、真っすぐ鼓膜へ届く声で言った。
「『思い出を持たない人間はいない』」
　それが題名なのだと、すぐに分かった。今日一日を記憶に刻み付けておくための、僕の題名だと。

（小川洋子『ガイド』より一部改変）

問17　傍線部1「力を込めて、僕は答えた」とあるが、この時の僕の心情として最も適当なものを**一つ**選びなさい。

ア　男が自分勝手な行動でツアーを離れたことを少しも反省していないことに、あきれている。
イ　見つけてもらったうれしさを隠して平静を装う男の姿に、やり場のない怒りを抑えきれずにいる。
ウ　男を見つけ、母の代わりにガイドをするという自分の職務を全《まっと》うしようと、使命感を持っている。
エ　自分の的確な推測通りに男が見つかったことを誇らしく感じ、アピールしようとしている。
オ　ツアーからはぐれた男が孤独から解放されたのは、自分のおかげだと満足している。

問18　傍線部2「ガイドの代役」とあるが、文中で「僕」がガイドをしている部分の描写についての説明として、最も適当なものを**一つ**選びなさい。

ア　ツアーから外れて一人になれた男の孤独を邪魔したことを申

「勉強になるよ、坊っちゃん」

ウインクする運転手の顔が、バックミラーに映った。

喋《しゃべ》り過ぎてイガイガする喉を鎮《しず》めるためと、3得意な気持ちが表情に出ないようにするために、僕は咳払《せきばら》いをした。ａもっと飲み物を買っておけばよかったと後悔した。

「ところで君は、どうしてあれこれと、何でも詳しいのかね」

ズボンに落ちたパン屑《くず》を払いながら、男は質問した。

「社会の時間に習ったり、ママの勉強用のガイドブックを横目で見たりして、覚えたんです」

「じゃあやっぱり、あのガイドさんは君のお母さんなんだね」

「なぜ分かったんですか？」

「あれだけ顔が似ていれば、誰にだって分かるさ」

秘密を守るために払っていた細心の注意が、何の役にも立っていなかったのを知って、僕は拍子抜けした。でも今さら、そんなことはどうでもいい気分だった。

何台ものキャンピングカーとすれ違った。サイクリングしている自転車の車輪に、日光が反射していた。河原では人々が、バーベキューをしたり、水遊びで濡《ぬ》れた服を乾かしたり、昼寝をしたりしていた。

僕はこのあたり一帯に自生する植物を紹介し、主だった名所(見張り塔、霊廟《れいびょう》、動物公園……等々)の説明をしつつ、合間には石器時代から始まる歴史の概略を差しはさんだ。自分でも不思議なくらい、滑らかに喋っていた。それでいて知識があいまいなところは、間違いを口にしないよう、慎重に言葉を選ぶことができた。

ｂけれど正直に告白すれば、ずっと緊張は続いていたのだと思う。無意識のうちに何度もポケットに手を突っ込み、ママから預かったお金を落としていないか確かめていた。どんなに大丈夫だと言い聞かせても、そうする自分を止められなかった。

時折、林に遮《さえぎ》られることはあっても、いつでも川は僕たちの右手に見えた。ママの乗った遊覧船には、まだ追い付けなかった。

次の説明ポイントまで間があくと、僕は口をつぐみ、男が静かに風景を眺められる時間を作った。人の話ばかり聞かされたら、お客さんだってくたびれると、いつかママが言っていた。男は窓の縁に指を掛け、気持よさそうに風に当たっていた。運転手は鼻歌を再開した。僕たちの足元には、杖《つえ》が大人しく横たわっていた。

それでもあまりに長く沈黙が続きそうな場合は、題名屋について質問した。

「題名は、どうやってお客さんに渡すのですか？」

「口で、だよ」

窓から手を離し、シートにもたれて男は答えた。

「紙に書くとか、額縁に入れるとか、しないで？」

「ああ。自分だけの思い出に捧《ささ》げられた題名なんだ。そんなことをしなくても、すぐに覚えられる。お客の耳元で、一言一言、慎重にしっかりと発音する。それで十分だよ」

「小父さんのつけた題名に、満足しない人がいたら？」

「幸いにも、過去に一件のクレームもなかった。なかなか、優秀な題名屋なんだ」

男は風で乱れた髪を整えた。

「ｃなぜ、詩人をやめちゃったんですか？」

男は返答に困り、顎《あご》に手をやったままうつむいた。図々《ずうずう》しい質問に気分を害したのか、子供でも分かる言葉を探しているのか、僕には区別がつかなかった。つまらないことを聞いてすみませんと謝ろうとした時、やっと男は口を開いた。

「詩など必要としない人は大勢いるが、思い出を持たない人間はいない」

同意を求めるように、男は僕の目を見やった。間近で見ると、第一印象よりも老けているのが分かった。皺《しわ》は深く、唇はひび割れ、呼吸が浅かった。気管支の奥の方で、骨の軋《きし》むような嫌な音が聞こえた。やはり遊覧船に乗る時、ちゃんとそばについて、手を貸してあげるべきだった。

1力を込めて、僕は答えた。
「本当なら船で下るコースなんですが、非常事態のために、遊覧船の終点まで、車で川沿いを走ることになりました。御免《ごめん》なさい」
「どうして君が謝るのかね」
「2ガイドの代役だからです」
「ほお、それは大役だ。じゃあこれからは、君の足手まといにならないよう、愚図愚図《ぐずぐず》していては駄目だな」
「いいえ。ゆっくり旅を楽しんでくれていいんです。乗り遅れたのは、小父《おじ》さんのせいじゃありません」
「君にぴったりくっついて、離れないようにしよう」
「困ったことがあったら、遠慮せず言って下さい。解決方法をお探しします」
と、僕は言った。
スタンドでホットドッグと飲み物を買い、タクシーに乗ってすぐ食べた。運転手には事情を説明し、少し急いでもらうように頼んだ。ソーセージを一口飲み込んでから初めて、自分が空腹なのに気付いた。もう昼をかなり回っていた。
「遊覧船には、川魚のコース料理が用意されていたんだけど……。あっ、もちろん、船代と食事代も含めて、今日のツアー代金は全部払い戻しします」
「まあお互い、細かいことを気にするのはやめようじゃないか。川魚はあまり好きじゃないんだ。それに遊覧船に乗らなくとも、ちゃんと川はよく見える。水の匂いもかげる」
男はホットドッグを齧《かじ》るたび、紙ナプキンで口元を押さえた。
川岸は野草の花々に覆われ、そのすぐ脇をサイクリングロードと平行して道路がのびていた。開け放たれた窓から、川面《かわも》を伝う風が吹き込んできた。水量は豊かで、流れは穏やかだった。幸い道は混んでいなかった。タクシーの運転手は、長距離の客なので機嫌がいいのか、鼻歌を歌っていた。
「右の前方、あそこを見て下さい」
僕はオレンジジュースの入った紙コップを持ったまま指差した。
「木のあまり生えていない、ゴツゴツした岩山があるでしょう? あれは昔の石膏《せっこう》の採掘場跡です。そこであの有名な、三万五千年前の女神の石像が発掘されました。坑員《こういん》が偶然に見つけたんです。石像は前史博物館に展示してあったのですが、見ましたか?」
「ああ、もちろん」
男は大きくうなずいた。
「岩山を過ぎると、しばらくなだらかな丘が続きます。そこも、あそこも、斜面はたいてい果樹園です。桃とか、枇杷《びわ》とか、杏《あんず》とか。日当たりがいいし、川の水面から適度な湿り気が上がってきて、いい果物が採れるんです。所々に見える黒い屋根の建物は、果実酒の醸造所です」
次の説明ポイントが来る前に、急いで僕はオレンジジュースを飲み干した。
ママのガイドを聞いていた時と変わらず、男は僕が指し示すものすべてに熱心な視線を向けた。それが車窓を流れて視界から消えるまで、目を離さなかった。
「あっ、あれ。崖に引っ掛かるみたいに建っている廃墟《はいきょ》。百年前まで、この世で一番死に近い場所として恐れられた牢獄《ろうごく》でした。拷問室や死刑台も当時のまま残っていて、一時は見学できたらしいんですが、残酷すぎるという理由で閉鎖されました。昔、恋敵に無実の罪を着せられ、投獄された樵《きこり》が、毎夜、恋人のことを思いながら涙を流していると、やがて涙が月の光を受け、乳白色の石になって河原を埋めるようになりました。樵が処刑されたあと、真実を知った恋人は、その石を両手一杯に抱いて川へ身を投げたそうです。今でもあのあたりの河原では、乳白色の小石がよく見つかるんです」
「何とも味わい深い伝説じゃないか」
男は言った。
「ほお……」
運転手までが一緒にうなずいた。

を養うことにつながる。

ウ　利他的な行為は、それに相手がどのような感情を抱くかはわからないと自覚しながら行わないかぎり、押しつけや暴力になってしまう。

エ　自分が他者のために行った行為はめぐりめぐって自分にかえってくるという考えを推し進めることは、すべての人にとっての利益につながる。

オ　利他的な行為に見返りはまったく期待できないのではなく、相手が喜ぶ顔を見ることができるということ自体が見返りとなっている。

問15　次のうち、本文の内容を踏まえ、筆者と同じ立場にある感想を**一つ**選びなさい。

ア　自分と違う世界に生きている人は、自分と違う価値観を持っているのだから、傷つけ合う可能性があるということをきちんと理解しておくべきなんだ。

イ　他者を支配しないための想像力を身につけると、善意からの行動が相手のためにならないというすれ違いは起こらずに済みそうだね。

ウ　利他的な行為をする際、見返りを求めてしまうという心の動きは自然なものである気もするけれど、だからこそ気を付けなければならないね。

エ　筆者が、相手のための行動を警戒し始めたのは、他人のために何かしなければならないという姿勢が強迫観念から生じていると気づいたからなんだ。

オ　自分の行動に対して、相手がどう思うかはわからない以上、行動の動機は、自己満足を得るということが基本になるね。

問16　この文章の説明として、正しくないものを**一つ**選びなさい。

ア　山岸氏の著書の引用を行った後に筆者自身の言葉で説明を加えることで、類似する語の定義の違いが正確かつ簡潔に理解できるようになっている。

イ　読者を想定し語りかけるような文体で書かれ、挙げた例についても筆者が解説していることにより、文章の難解さが和らいでいる。

ウ　冒頭で示された様々な観点が最終段落でまとめられるという構成になっており、読者に興味を失わせないようになっている。

エ　筆者が障害のある人に行ったインタビューなどから、障害のある人自身の考えが明瞭に描き出されており、主張に説得力が増している。

オ　「つまり」や「要するに」等の語を用いて言い換えを行い、強調したい語にはカギカッコをつけるなど、重要な部分が目立つようになっている。

三

次の文章を読んで、後の問いに答えなさい。

「僕」は、ツアーガイドをしているママが担当した「湖水地帯と川下りコースツアー」に、客に内緒で同行した。途中バスで隣席に座っていた、題名屋という仕事(客が持ち込む記憶に題名をつける職業)をしている男と知り合いになった。遊覧船乗り場付近で「男」がツアー一行からはぐれ、「僕」はママに頼まれて男を探していた。

男はすぐに見つかった。切符売場の脇のベンチに腰掛け、川を眺めていた。

「おや、君も、置いてきぼりを食ったのかい？」

「あなたをお迎えに来たんです」

予想どおり、男は憤慨などしていなかった。焦《あせ》ってもいなかったし、これからどうしようかと、思案に暮れてもいなかった。ただ川が眺めたいからこうしているのだ、という様子だった。

「わざわざ、私一人を？」

「ええ、そうです」

他人の感染を確実に防ぐ必要があります」と述べ、利他的であることは、ひいては自己の利益につながるため、利他主義は合理的な利己主義であると考えた。

問10 次のエピソードが入るのに最も適当な部分を文中のア～オから**一つ**選びなさい。

「私がうまく授乳できなかったのも、赤ん坊の力を信じられていなかったからです。」

問11 傍線部1「特定の目的に向けて他者をコントロールすること。私は、これが利他の最大の敵なのではないかと思っています」とあるが、他者をコントロールすることが、「敵」となるのはなぜか。最も適当なものを**一つ**選びなさい。

ア　自分の利益のために他者を利用することは、他者にとって心地よいものでないばかりか、自分にとっても不利益となるから。

イ　利他的な行為の結果はコントロールできないものであるため、時に自分を苦しめることにつながるから。

ウ　人を助けたいという思いから起こされた行動が、相手に特定のふるまいを強制させてしまうことがあるから。

エ　他者を気づかって起こした行動が、実は相手を支配することにつながり、その結果人間関係の悪化を招くから。

オ　健常者の考える通りに物事を進めると、障害者は健常者の思う「正義」を実行するための道具になってしまうから。

問12 傍線部2「周りの人のやさしさが、当事者を追い込んでいる」のはなぜか。その説明として最も適当なものを**一つ**選びなさい。

ア　周りの人にやさしくされればされるほど、その見返りを求められ、その対応のために疲弊してしまうから。

イ　周りの人が障害のある人を助けすぎることで、当事者は自分で何かに挑戦する機会を奪われ、自己肯定感を得られなくなるから。

ウ　周りの人にやさしくされることで当事者が得られる安心は一時的なものであり、いつかはなくなってしまうものだから。

エ　周りの人にやさしくされると、当事者は自分が見下されたような気持ちになり、いら立ちを感じるから。

オ　周りの人が障害のある人を助けすぎることで、障害のある人は何もできないという認識が世間に広がることになるから。

問13 傍線部3「信頼と安心はまったく別のものだ」について、筆者の「信頼」と「安心」に関する考え方として、最も適当なものを**一つ**選びなさい。

ア　信頼することはリスクを意識しながらも、大丈夫だと考える不合理なものであると考える一方、安心の追求は自分に不利益が生じることがないため合理的だと考えている。

イ　信頼することは自分の価値観の押しつけが生じないようにすることであると考える一方、安心を追求することは結果として自他ともに尊重しあうことだと考えている。

ウ　信頼することには、他者を手放しで信じなければいけないという条件を含むため、リスクがあると考える一方、安心を追求することはリスクを含まないと考えている。

エ　信頼することは相手の行動をコントロールしてしまう可能性があり、注意すべきだと考える一方、安心は自由に行動できる環境を求める上で必要であると考えている。

オ　信頼することには確実性はなく、リスクを負うものである一方、安心の追求には終わりがないため、ある程度の基準においては信頼すると判断することの方が合理的だと考えている。

問14 傍線部4「利他の大原則」について説明した文として最も適当なものを**一つ**選びなさい。

ア　利他的な行為は意図的に行うものではなく、無自覚に行われたことが偶然他者のためになった場合にのみ存在するものである。

イ　利他的な行為は見返りを求めないものである一方で自己を犠牲にしてしまうが、このことは他者を支配しないための想像力していないと感じることを意味します。

安心は、相手が想定外の行動をとる可能性を意識していない状態です。要するに、相手の行動が自分のコントロール下に置かれていると感じている。

それに対して、信頼とは、相手が想定外の行動をとるかもしれないこと、それによって自分が不利益を被るかもしれないことを前提としています。つまり「社会的不確実性」が存在する。にもかかわらず、それでもなお、相手はひどい行動をとらないだろうと信じること。これが信頼です。

つまり信頼するとき、人は相手の自律性を尊重し、支配するのではなくゆだねているのです。これがないと、ついつい自分の価値観を押しつけてしまい、結果的に相手のためにならない、というすれ違いが起こる。相手の力を信じることは、利他にとって絶対的に必要なことです。[ウ]

もちろん、安心の追求は重要です。問題は、安心の追求には終わりがないことです。一〇〇%の安心はありえない。[エ]

信頼はリスクを意識しているのに大丈夫だと思う点で、不合理な感情だと思われるかもしれません。しかし、この安心の終わりのなさを考えるならば、むしろ、「ここから先は人を信じよう」という判断をしたほうが、合理的であるということができます。

利他的な行動には、本質的に、「これをしてあげたら相手にとって利になるだろう」という、「私の思い」が含まれています。

重要なのは、それが「私の思い」でしかないことです。

思いは思い込みです。そう願うことは自由ですが、相手が実際に同じように思っているかどうかは分からない。「これをしてあげたら相手にとって利になるだろう」が「これをしてあげるんだから相手は喜ぶはずだ」に変わり、さらには「相手は喜ぶべきだ」になるとき、利他の心は、容易に相手を支配することにつながってしまいます。

つまり、4利他の大原則は、「自分の行為の結果はコントロールできない」ということなのではないかと思います。やってみて、相手が実際にどう思うかは分からない。分からないけど、それでもやってみる。この不確実性を意識していない利他は、押しつけであり、ひどい場合には暴力になります。[オ]

「自分の行為の結果はコントロールできない」とは、別の言い方をすれば、「見返りは期待できない」ということです。「自分がこれをしてあげるんだから相手は喜ぶはずだ」という押しつけが始まるとき、人は利他を自己犠牲ととらえており、その見返りを相手に求めていることになります。

私たちのなかにもつい芽生えてしまいがちな、見返りを求める心。先述の※ハリファックスは、警鐘を鳴らします。「自分自身を、他者を助け問題を解決する救済者と見なすと、気づかぬうちに権力志向、うぬぼれ、自己陶酔へと傾きかねません」(『Compassion』)。

※アタリの言う合理的利他主義や、「情けは人のためならず」の発想は、他人に利することがめぐりめぐって自分にかえってくると考える点で、他者の支配につながる危険をはらんでいます。ポイントはおそらく、「めぐりめぐって」というところでしょう。めぐりめぐっていく過程で、私の「思い」が「予測できなさ」に吸収されるならば、むしろそれは他者を支配しないための想像力を用意してくれているようにも思います。

(伊藤亜紗『「利他」とは何か』より一部改変)

※「利他ぎらい」…筆者はこの文以前の箇所で、自分が利他について研究を始めたきっかけとして、利他主義に対する疑いや警戒心があったことを述べている。

※晴眼者…視覚に障害がない人を、視覚障害者との対比で述べる言葉。

※ハリファックス…ジョアン・ハリファックス。アメリカの人類学者で禅僧。世界各地で移動診療の活動を行っている。

※アタリ…ジャック・アタリ。フランスの経済学者。新型コロナウイルスの感染拡大に際し、「みずからが感染の脅威にさらされないためには、

二　次の文章を読んで、後の問いに答えなさい。

[1]特定の目的に向けて他者をコントロールすること。私は、これが利他の最大の敵なのではないかと思っています。

冒頭で、私は※「利他ぎらい」から研究を出発したとお話しました。なぜそこまで利他に警戒心を抱いていたのかというと、これまでの研究のなかで、他者のために何かよいことをしようとする思いが、しばしば、その他者をコントロールし、支配することにつながると感じていたからです。善意が、むしろ壁になるのです。

［　ア　］

たとえば、全盲になって一〇年以上になる西島玲那さんは、一九歳のときに失明して以来、自分の生活が「毎日はとバスツアーに乗っている感じ」になってしまったと話します。「ここはコンビニですよ」。「ちょっと段差がありますよ」。どこに出かけるにも、周りにいる※晴眼者が、まるでバスガイドのように、言葉でことこまかに教えてくれます。それはたしかにありがたいのですが、すべてを先回りして言葉にされてしまうと、自分の聴覚や触覚を使って自分なりに世界を感じることができなくなってしまいます。たまに出かける観光だったら人に説明してもらうのもいいかもしれない。けれど、それが毎日だったらどうでしょう。

「障害者を演じなきゃいけない窮屈さがある」と彼女は言います。晴眼者が障害のある人を助けたいという思いそのものは、すばらしいものです。けれども、それがしばしば「善意の押しつけ」という形をとってしまう。障害者が、健常者の思う「正義」を実行するための道具にさせられてしまうのです。［　イ　］

若年性アルツハイマー型認知症当事者の丹野智文さんも、私によるインタビューのなかで、同じようなことを話しています。

> 助けてって言ってないのに助ける人が多いから、イライラするんじゃないかな。家族の会に行っても、家族が当事者のお弁当を持ってきてあげて、ふたを開けてあげて、割り箸を割って、はい食べなさい、というのが当たり前だからね。「それ、おかしくない？　できるのになぜそこまでするの？」って聞いたら、「やさしいからでしょ」って。「でもこれは本人の自立を奪ってない？」って言ったら、一回怒られたよ。でもぼくは言い続けるよ。だってこれをずっとやられたら、本人はどんどんできなくなっちゃう。

認知症の当事者が怒りっぽいのは、周りの人が助けすぎるからなんじゃないか、と丹野さんは言います。何かを自分でやろうと思うと、先回りしてぱっとサポートが入る。お弁当を食べるときにも、割り箸をぱっと割ってくれるといったように、やってくれることがむしろ本人たちの自立を奪っている。病気になったことで失敗が許されなくなり、挑戦ができなくなり、自己肯定感が下がっていく。丹野さんは、[2]周りの人のやさしさが、当事者を追い込んでいると言います。

ここに圧倒的に欠けているのは、他者に対する信頼です。目が見えなかったり、認知症があったりと、自分と違う世界を生きている人に対して、その力を信じ、任せること。やさしさからつい先回りしてしまうのは、その人を信じていないことの裏返しだともいえます。

社会心理学が専門の山岸俊男は、[3]信頼と安心はまったく別のものだと論じています。どちらも似た言葉のように思えますが、ある一点において、ふたつはまったく逆のベクトルを向いているのです。その一点とは「不確実性」に開かれているか、閉じているか。山岸は『安心社会から信頼社会へ』のなかで、その違いをこんなふうに語っています。

> 信頼は、社会的不確実性が存在しているにもかかわらず、相手の（自分に対する感情までも含めた意味での）人間性のゆえに、相手が自分に対してひどい行動はとらないだろうと考えることです。これに対して安心は、そもそもそのような社会的不確実性が存在

二〇二二年度 土浦日本大学高等学校

【国　語】　〈五〇分〉　〈満点：一〇〇点〉

〈編集部注：一については出題ミスがあったため、同一レベルの問題を参考問題として掲載しています。〉

一　次の各問いに答えなさい。

問1　示された読み方をする漢字の送り仮名として、誤りがあるものをそれぞれ**一つずつ**選びなさい。

a　ア　連る(つらなる)　イ　戒める(いましめる)　ウ　占める(しめる)　エ　謝る(あやまる)　オ　蓄える(たくわえる)

b　ア　赴く(おもむく)　イ　企だてる(くわだてる)　ウ　退く(しりぞく)　エ　施す(ほどこす)　オ　携える(たずさえる)

問2　傍線部の慣用表現の使い方として適当ではないものを選択肢から**一つ**選びなさい。

ア　彼女は未熟だが可能性を持っていて、後生おそるべしだ。
イ　不参加だった人が得をするのはまさに漁夫の利だ。
ウ　君がいれば烏合の衆で、建設的な議論になるはずだ。
エ　彼の発明は、破天荒だと言われる。
オ　彼は人のあげ足を取ることが多いので、避けられている。

問3　対義語の関係として、最も適当なものを**一つ**選びなさい。

ア　獲得―得失　イ　巧遅―拙速　ウ　保守―防御
エ　文明―野生　オ　浪費―空費

問4　選択肢の中から、正しい表記の四字熟語を**一つ**選びなさい。

ア　意味深重　イ　一騎当選　ウ　和魂洋裁
エ　巧言令色　オ　片言寂句

問5　(　)に当てはまる漢数字が、一番大きいものを**一つ**選びなさい。

ア　(　)差万別　イ　一石(　)鳥
ウ　(　)長一短　エ　七転(　)倒
オ　三寒(　)温

問6　旧暦と現在の月の組み合わせとして、最も適当なものを**一つ**選びなさい。

ア　如月…一月　イ　卯月…四月　ウ　文月…八月
エ　葉月…七月　オ　霜月…十二月

問7　傍線部の敬語の使い方として、最も適当なものを**一つ**選びなさい。

ア　担当者が対応いたします。
イ　どうぞお食事をいただいてください。
ウ　先生は職員室にいらっしゃられますか。
エ　こちらにうかがっていただけますか。
オ　こちらの商品でよろしかったでしょうか。

問8　「午」が表す方角として、最も適当なものを**一つ**選びなさい。

ア　東　イ　西　ウ　南　エ　北　オ　北東

問9　カタカナ語の意味として、適当ではないものを**一つ**選びなさい。

ア　モラル…人として守るべき道
イ　メタファー…直喩
ウ　ステレオタイプ…型にはまった考えや行動
エ　ジレンマ…板挟みの状態
オ　パラドックス…真理に反しているようで真理を表す表現

2022年度／土浦日本大学高等学校

英語解答

1 (1) 2　(2) 2　(3) 4　(4) 1
(5) 4　(6) 3　(7) 3　(8) 4
(9) 4，6

2 (10) 2　(11) 4　(12) 1　(13) 2
(14) 4　(15) 2　(16) 2
(17) (A)… 1　(B)… 3　(C)… 3

3 (18) 4　(19) 1　(20) 4　(21) 4
(22) 1　(23) 4
(24) (A)… 4　(B)… 4　(C)… 4　(D)… 2

4 (25) 3　(26) 1　(27) 2

5 (28) ②　(29) ③　(30) ②

6 (31) 2　(32) 1　(33) 3　(34) 1

7 (35) ①－⑥－②－⑤－④－③
(36) ③－④－⑤－①－②－⑥
(37) ③－④－⑤－②－⑥－①
(38) ④－⑤－⑥－②－③－①
(39) ③－①－④－⑥－⑤－②

8 (40) 3　(41) 4　(42) 1　(43) 2
(44) 1

1〔長文読解総合―説明文〕

≪全訳≫❶現在，私たちは重要な出来事について，その発生とほとんど同時にソーシャルメディアで読む。実際の出来事から数秒以内にこの情報を拡散するために携帯電話を使っている人が必ずいる。私たちが出来事を理解する間もなく，考えるべきことが新しく生じる。私たちはまた，聞いたニュースが真実かどうか決して確信を持てない。私たちは非常に難しい世界に生きている。では，ニュースが真実かそうでないかを確かめるために，私たちは何ができるだろうか。❷まず，私たちはフェイクニュースの基本的な２つのタイプを理解しなければならない。それは100パーセント真実でない記事と，真実と虚偽の情報の両方を含む記事である。100パーセント真実でない記事はときとして最も発見しやすい，なぜならそれらはあなたに信じがたいもの，例えばUFOや幽霊，その他の奇妙，あるいは異常なものを信じさせようとするからだ。数年前，地球上で見つかった，他の惑星から来た異星人を映した動画がインターネット上で人気になった。その動画は本物らしく見え，多くの人がそれを信じた。しかし，科学者たちはその動画の中の非常に大きな問題をいくつか指摘した。例えば，動画の中で異星人を調べている人々は，異星人のウイルスから自分を守るため，あるいは異星人を人間のウイルスから守るための特別なハイテクの衣服やマスクを着用していなかった。明らかに，本物の科学者がまずやろうとするのは地球を異星人のウイルスから守ることだ。このことはその動画が偽物であることを示した。そういうわけで，私たちはあらゆるものについて慎重に考え，たとえ本物らしくても目にするもの全てを信じないようにすることを学ばなくてはならない。❸偽情報のもう１つのタイプは真実と虚偽の情報の両方を含むものである。これは多くの場合，見分けるのが非常に難しい。しかし，このタイプのフェイクニュースは私たちが日常生活の中で見つける可能性の高い一番よくある形である。例えば，あるニュース記事は，95パーセントが真実で５パーセントが虚偽かもしれない。しかし，この虚偽の５パーセントが危険なのだ。多くの場合，その５パーセントがあなたをだまして間違ったものを信じさせるために使われるごまかしの多い情報だからだ。こんなふうに考えてみてほしい。もしあなたの両親があなたにおいしくない薬を飲ませたい場合，彼らはその薬の味を隠すためにそれをチョコレートのような甘いものの中に入れるかもしれない。悪人たちはそれと同じことをする。危険なうそを広めたいとき，彼らはたいてい，それをおもしろくてわかりやすいいくつかの事実の中に隠すのだ。だから，私たちは個々の情報について注意深く考え，それが100パーセント真実かそうでないかを問わなければならない。❹特に若者たちにとって，今ではソーシャルメディアでニュースを見つけるのが一般的になっている。悪人たちは，若者たちがおもしろそうなものを友達によくシェアすることを知っている。若者たちは自分がシェアする記事が真実かどうかを大して気にしない。彼らはフォロワーを増やしたり，オンラインで注意を引いたりすることの方に興味がある。このことは，悪人たちが悪い情報を拡散するのを非常に容易にする。このことが多くの大問題を生み出し，そして多くの人々がフェイクニュースと虚偽の情報のせいでばかげたことをやらかしてきたのだ。❺どうすれば私たちはメディアの中のフェイクニュースや虚偽の情報を見分けることができるだろうか。簡単な方法が３つある。／１．常に情報の発信元を見ること。それは長い歴史を持つ良質のニュース発信元(BBC，CNN，ロイター，AFP)なのか，あるいは何か他のものなのか。この情報を書いている人物はこの話題の専門家か。その人は実在の大学を出ているか。インターネットを使って彼らが誰であって，専門家であるのかを確かめること。／２．この情報を他のニュース発信元が報じているか。もしある情報の出所がソーシャルメディアで，ソーシャルメディアしかない場合，用心した方がいい。もし良質のニュース発信元(BBC，CNN，ロイター，AFP)がその内容を24時間以内に報じていないなら，それは本当ではないか，あるいは完全な真実ではないだろう。／３．この情報は事実か意見か。ソーシャルメディアは科学的な情報ではなく，意見を伝えることがよくある。意見は事実ではないということを忘れないこと。事実とは科学者たちによって生み出される情報である。写真やビデオは必ずしも事実とはかぎらない。それらはたいてい記事の一部だけを示し，簡単な技術を使ってたやすく偽造することができる。❻今日，ソーシャルメディア起源の間違った情報はファストフードに似ている。それは見た目が良くておいしいが，たくさんとりすぎると，あなたの健康を害するだろう。

(1)＜**要旨把握**＞第１段落において，選択肢１は第１文で，３は第４文で，４は第３文でそれぞれ述べられているが，２の内容に関する記述はない。

(2)＜**要旨把握**＞下線部直後に，具体例として動画の中で異星人を調べている人々がウイルスを防ぐための衣服を着ていないことが述べられている。

(3)＜**指示語**＞前に出ている内容でここに当てはめて意味が通るのは，前の文にある something that has both true and false information「真実と間違った情報の両方を含むもの」である。

(4)＜**要旨把握**＞下線部③の５％とは情報の中に含まれる虚偽の部分の割合のことで，信頼度を表しているのではない。したがって選択肢１は誤り。

(5)＜**指示語**＞They なので前に出ている複数名詞で，ここに当てはめて意味が通るものを探す。フォロワーや注目を集めることに関心があるのは Young people である。

(6)＜**単語の意味**＞フェイクニュースや虚偽の情報の見分け方を述べている部分であることから，good news source とは，「信頼できる〔虚偽の情報を流さない〕ニュース発信元」ということだとわかる。「迅速な」はこれに当てはまらない。

(7)＜**文脈把握**＞下線部⑥の大意は，ニュース発信元がソーシャルメディアだけのときは気をつけよ，ということ。選択肢３はこれに矛盾する。

(8)＜**文脈把握**＞下線部⑦の次の文の後半に「(写真やビデオは)簡単な技術を使ってたやすく偽造することができる」とある。

(9)＜**内容真偽**＞１…○　第２段落第１文に一致する。　２…○　第１段落第２文に一致する。　３…○　最終段落第１文に一致する。　４…×　第２段落第２文に，UFOや幽霊を信じさせるための100パーセント真実でない情報は見つけやすいとある。　５…○　第５段落下線部⑦の直前の文に一致する。　６…×　このような記述はない。　７…○　第４段落第４，５文に一致する。

2〔**長文読解総合─エッセー**〕

≪全訳≫❶先生たちはいつも忙しい。彼らには趣味を持つための自由な時間がほとんどない。ほとんどの先生は午前7時頃に学校に来て，午後8時か9時頃に学校を出る。学校で寝る先生さえいる！　私は彼らを気の毒に思う。しかし，私はいつも午後5時頃に学校を出る。これは私に，趣味を楽しみ，しばし学校のことを忘れる時間を与えてくれる。❷ここで，皆さんがおそらく聞いたことのない，おもしろい趣味をいくつか紹介したいと思う。誰でもできることから始めよう。それはマッドラーキングという。❸マッドラーカーとは川に隣接した場所を歩く人々だ。彼らは，ずっと昔に川に捨てられた古い物を探している。ご存じのように，昔は人々が川をゴミ捨て場として使うことがよくあった。このゴミの多くは海に流れていったが，一部は川べりに広がった。マッドラーカーは好んで河原や沼地のある川に沿って歩くが，それは，何千年も前に捨てられた興味深い物がしばしば発見できるからだ。例えば，イングランドのテムズ川はロンドンの中心を流れている。2000年前にローマ人がロンドンをつくり，それ以来，人々はそこに暮らしてきた。このことは，テムズ川に隣接した泥や砂には2000年分のゴミが埋まっているということだ。そして，テムズ川は海につながっているので，毎日川の水位が上がったり下がったりする。これはつまり，何百年，あるいは何千年も前に川に捨てられてからずっと目にされていなかった物を，私たちが簡単に発見できるということだ。❹さてここで，あなたがこう言っていることはわかる。「そんなのゴミだ！　誰がゴミを見たいんだ？」と。では，考えてみよう。そう，それは2000年前はゴミだった，でも今，それは貴重な宝かもしれないのだ！　私は水位の低いときにテムズ川に沿って歩き，何百もの古い物を見つけた。ローマ時代の皿の壊れたかけら，ローマ時代のガラス製品，ローマ時代のコインを見つけた。たくさんのコインだけでなく，昔の道具，ずっと昔の子どものおもちゃ，さらに人間の骨まで見つけたのだ！　とても狭い範囲でほんの数分の間に見つけられる物には驚くばかりだ。もし，マッドラーキングを体験したいが川の近くに住んでいない場合には，YouTubeで「mudlarking」を検索するといい。驚くべき物を見つけている人々の興味深い動画がたくさんある。❺次に紹介したいおもしろい趣味はマグネットフィッシングだ。この趣味は魚を捕まえるのではなく，何か驚くような物を捕まえることである。必要なのは強力な磁石とロープだけだ。ただ磁石をロープに縛りつけ，その磁石を低い橋から川か湖に落とす。磁石は水中の金属にくっつくだろう。何か重たい物がロープを引っ張るのを感じたら，ただそれを引き上げて自分が何を発見したかを確認するだけだ。簡単だ！❻ここでも，あなたがこう言っていることはわかる。「ゴミが増えるだけだ！」と。それはイエスでもありノーでもある。そう，あなたは自分が拾う物をえり好みできない。しかし，それは釣りでも同じことだ。大きな魚が捕れることもあれば，小さな魚が捕れることもあり，全然何も捕れないこともある。そこがわくわくするところなのだ！　自分が何を捕まえるかは決してわからない！　10回のうち9回はただのゴミだ。しかし，もしかしたら10回目，それは宝かもしれないのだ！❼YouTubeにはマグネットフィッシングの動画がたくさんある。ヨーロッパの人々がその地の川や湖でこれをやっているのを見るのは，くつろげるしわくわくする。オランダでこれをやっている2人の男性がいる。そこには古い川や小さな橋がたくさんある。彼らが見つけるのはたいてい自転車や車の破片のようなゴミだが，古いコインや銃，指輪といった高価な物を見つけることもある。ロシアには第2次世界大戦時の飛行機を湖で見つけた男たちがいる。パイロットはまだ飛行機内に座っていたのだ！❽これらの趣味の良いところは日本で⑤同じことができることだ。川や湖はたくさんある。必要なのはいくらかの幸運だけだ！

⑽＜**適語(句)選択**＞直後で紹介されているテムズ川は，マッドラーキングが行われている場所の具体

例である。　for example「例えば」　as a result「結果として」

(11)＜**文脈把握**＞下線部②は，「そんなのゴミだ」という読者に対して再考を促す言葉。そう述べる理由は，その直後の文で述べられており，4がその内容に一致する。

(12)＜**要旨把握**＞第4段落中盤参照。ここに筆者がテムズ川で見つけた物が紹介されているが，紙幣は含まれていない。　'not only ～ but also …'「～だけでなく…も」

(13)＜**要旨把握**＞第4段落終わりから2文目参照。　suggest (that) ～「～してはどうかと提案する」

(14)＜**要旨把握**＞下線部③の後で magnet fishing の内容が説明されている。4は，All you need で始まる文の内容に一致する。　All you need is ～.「必要なものは～だけだ」

(15)＜**適語選択**＞空所④を含む文の文頭にある'逆接'の But「しかし」に着目すれば，garbage「ゴミ」と対照的な語が入るとわかる。第4段落の下線部②の次の文にも同様の内容がある。

(16)＜**適文選択**＞空所⑤を含む文は「これらの趣味の良いところは日本で(　　)ことだ」。2．「同じことができる」を入れると，直後の「川や湖がたくさんある」がその理由となって，文脈が通る。

(17)＜**英問英答**＞(A)「マッドラーキングについて次の文のうち正しいのはどれか」─1．「マッドラーキングはとても簡単なので誰でもできる」　第2段落第2文～第3段落参照。川のそばを歩いて昔捨てられた物を見つけるだけなので，道具も特別な技術も必要としない。　(B)「テムズ川について次の文のうち正しくないのはどれか」─3．「きれいすぎるので，川の中でどんなゴミも見つけられない」　第3段落後半参照。　(C)「ロシアで男たちが湖で発見したのは何か」─3．「彼らは古い飛行機を発見した」　第7段落終わりの2文参照。

3 〔**長文読解総合─会話文**〕

≪**全訳**≫❶**スミス先生(S)**：みんな，おはよう。今日はアメリカの有名な作家について話し合うよ。彼の名前はレイ・ブラッドベリだ。誰か彼の作品を読んだことがある人はいるかな？❷**ジョン(J)**：彼は海の話を書きましたか？❸**S**：いや，彼は海の話を書いていない。❹**スージー(Su)**：彼は学校生活の話を書きませんでしたか？❺**S**：いや，学校生活の話は記憶にないな。他に心当たりは？❻**ピーター(P)**：彼は未来と時間旅行の話を書いたと思います。①彼はSF作家でしたよね？❼**S**：そう，そのとおり。彼は宇宙旅行や時間旅行，テクノロジー，異世界の生命の話をたくさん書いた人だ。❽**Su**：彼は本格的な作家ではないようですね。どうして彼について勉強するのですか？　SFは子ども向けでしょう？❾**S**：いや，そう思う人もいるけど，彼らは間違っているよ。SFは私たちに多くのことを教えてくれる，特に未来についてね。❿**Su**：どんなふうにですか？⓫**S**：そうだな，ブラッドベリは10代だった1930年代に書き始めた。これはコンピュータやインターネットよりずっと前のことだ。こんなすごいもののある未来を想像できた人はほとんどいなかった。でも，ブラッドベリはこれらのテクノロジーについて，それが普及する50年前に書き始めたんだ。⓬**J**：彼は未来を予測できたということですか？⓭**S**：イエスでもありノーでもある。彼の予測の全部が実現したわけではない。しかし，彼は多くのことについて正しかった。⓮**Su**：③いくつか例を挙げてくれますか？⓯**S**：そうだな，彼は1950年代にコンピュータ，イヤホン，スマートフォンにスマートウォッチ，フェイスブックやインスタグラムのようなウェブサイト，自動運転車，ロボット，それに電子書籍について書いた。これらは少しの例にすぎないが，他にももっとたくさんあるんだ。⓰**P**：彼は全てについて正しかったのですか，それとも間違っていたこともあるのですか？⓱**S**：時間旅行について彼は正しくなかった。2020年までに時間をさかのぼって過去に行けるだろうと彼は考えていたが，それは実現しなかった。しかし，将来それは可能になるかもしれない。⓲**J**：なぜ彼はこのような話を書いたのですか？　彼はどうやって未来を予測できたのでしょうか？**19** S：それは難しい質問だ。彼が子どものとき，彼のおばさんが彼に物語を読み聞かせた。このおかげでもっと読みたくなったとブラッドベリは言っている。1920年代から1930年代にSFは人気になった。わくわくする話を書いたSF作家が大勢いたんだ。ブラッドベリはこれらの話をたくさん読んで，それらに影響された。彼はずいぶん幼い頃から未来について考え始めたんだよ。**20** Su：でも未来を言い当てたSF作家はたくさんいました。どうしてブラッドベリはそんなに特別なのでしょう？　どうして私たちは，他の作家ではなく彼について勉強すべきなのですか？**21** S：ブラッドベリが特別なのは，どのようにして有用な技術が人間にとって危険になりうるかについてたくさん書いたからだ。**22** Su：有用な技術がどうして私たちにとって危険になるのですか？　有用な技術は良いものではないのですか？**23** J：④僕たちが毎日使っているテクノロジーには悪い点もあると思うな。テクノロジーは必ずしも100パーセントいいものじゃないさ。**24** Su：どういう意味？**25** J：僕たちがインターネットやスマートフォンで遊ぶのにどれだけの時間を使っているか考えてごらんよ。僕たちは前みたいに外で遊んだりお互いに話したりしない。僕は毎日乗る電車で人々を観察するんだ。話している人は誰もいない。寝ているかスマートフォンを見ている。ほとんど誰もがイヤホンかヘッドホンをしている。スマートフォンを見るのに忙しくて，目的の駅で電車を降りるのを忘れることだってある。**26** Su：それは良くないけど，危険ではないわ。私は電車に乗っているときにスマートフォンでゲームをするのが好きよ。おかげで時間が速く過ぎるわ。**27** S：わかるよ，スージー，でもこれがブラッドベリを心配させたことの1つなんだ。**28** Su：どういうことですか？**29** S：えっとね，ブラッドベリはテクノロジーがすぐに私たちの生活をコントロールし，私たちが考えなくなる原因になると思っていたんだ。オンラインゲームは考えることを促さない。彼はまた，人々がテクノロジーのせいで読書をしなくなることをずいぶん心配していた。ブラッドベリが育った1930年代には，人々に深刻な問題を考えさせる本を燃やした政府がいくつかあった。もし誰も読書に興味を持たなくなれば，政府は本を燃やす必要がなくなるだろうとブラッドベリは考えた。オンラインゲームやオンライン動画，インターネットのウェブサイトなどのテクノロジーは本に取って代わることができる。すると人々は深刻な問題についてあまり考えなくなる。⑥これがまさにブラッドベリが予測したことなんだ。**30** J：ブラッドベリは正しかったと思います。僕たちは携帯でゲームをするのに時間を使いすぎて，考えることに十分な時間を使っていませんから。

(18)＜**適文選択**＞前後の内容から判断できる。時間旅行や宇宙旅行などについて書くのはSF作家である。

(19)＜**適語(句)選択**＞空所の前にある so はその前でスージーが言った Science fiction is for kids という内容を受けている。前にある‘逆接’の but と空所の後に続く文の内容から，多くの人がSFは子ども向けだと思っているが，彼らは間違っている，という文脈を読み取る。

(20)＜**適文選択**＞この後スミス先生はブラッドベリの予測が当たったものの具体例を挙げている。

(21)＜**適文選択**＞直後の「テクノロジーは必ずしも100パーセントいいものじゃない」につながる内容として，テクノロジーには悪い点もある，という4が適切。

(22)＜**適語句選択**＞スマートフォンに夢中になるあまり忘れると考えられるのは，目的の駅で電車を降りること。　get off ～「(電車など)を降りる」

(23)＜**適文選択**＞空所⑥を含む発言の中で，スミス先生はブラッドベリがテクノロジーによって人々が本を読まなくなることについて心配していたと述べている。そして，空所の直前ではオンラインゲームやインターネットなどが本に取って代わることで「人々は深刻な問題についてあまり考えなくなる」と言っており，これはまさにブラッドベリが予測して心配していたことである。

(24)＜**英問英答**＞(A)「ブラッドベリは何について書いたか」―4．「彼は未来と時間旅行の話を書いた」

第6，7段落参照。　(B)「どうしてブラッドベリは特別なのか」―4.「彼は有用なテクノロジーが危険になりうることを書いた」　第21段落参照。　(C)「どうしてブラッドベリは未来について心配したのか」―4.「彼はテクノロジーが私たちの生活を乗っ取って，私たちに考えるのをやめさせることを恐れた」　第29段落第1文参照。　(D)「この話の中で話されていないのはどの文か」―2.「ブラッドベリは決してスマートフォンを使わず，オンラインゲームもしなかった」　1.「ブラッドベリは他の多くのSF作家に影響された」は第19段落第5，6文で，3.「ブラッドベリはSFの物語をおよそ90年前に書き始めた」は第11段落第1文で，4.「ブラッドベリはテクノロジーの未来について予測できたが，100パーセント正しかったわけではなかった」は第12，13段落でそれぞれ話されている。

4 〔単語の意味〕

(25)「食事がホテルの自分の部屋で提供されたので，私は外に行かなかった」　serve「(食べ物など)を出す」

(26)「初めて自転車に乗ったとき，私は本当に怖かった」　scared「怖がって」

(27)「私たちは特別な客に温かい歓迎をしたいと思う」　この warm は「(心の)温かい，心からの」という意味。これと同様の意味を表すのは friendly「好意的な，親しみのこもった」。

5 〔誤文訂正〕

(28)主語 what は3人称単数なので，make は makes とするのが正しい。　「とても悲しい気分のときに，何があなたを楽しくさせてくれますか」

(29)It was very noisy の後に that I couldn't ... が続いているので，very は so でなければならない。'so ～ that …'「とても～なので…」の構文。　「昨夜は大雨だった。とてもうるさかったので，私はよく眠れなかった」

(30)I was chose as ～ の部分は「～に選ばれた」という受け身('be動詞＋過去分詞')なので，過去形の chose ではなく，過去分詞の chosen が正しい。　choose－chose－chosen　「私がこの試合の最優秀選手に選ばれたなんて信じられない」

6 〔内容一致―広告を見て答える問題〕

TN 写真コンテスト2022
土浦日本大学高校では生徒のために写真コンテストを開催します。
皆さんの最高の写真を見るのを楽しみにしています。

テーマ　なぜ私は茨城が好きか

ルール
●写真はカラーでも白黒でもかまいません。
●写真はオリジナルに限ります。
●写真は1枚だけ登録できます。

参加方法
●12月25日までに下記のアドレスにあなたの写真を送ってください。
E-mail：photo-contest2022@nichidai.jp
先着30名のみ参加できますので，できるだけ早く写真をお送りください。
●写真のサイズは10メガバイト未満に限ります。
●Eメールの件名は「TN写真コンテスト2022」としてください。
●写真のタイトルにあなたの名前を入れてください。

審査方法
●皆さんの写真はこのコンテストのウェブサイトを訪れた人々によって審査されます。
アドレスはこちら：www.tnphotocontest.tn.jp
●写真は1月3日～17日にオンラインで審査されます。

賞

	賞金	人数
1等	5万円	1
2等	4万円	1

3等	3万円	1
特別賞	1万円	2
茨城賞	1万円	5

●何か質問がある場合は，こちらにEメールを送ってください：TNPC2022@nichidai.jp

＜解説＞(31)「もしあなたが写真を審査したければ，あなたは(　　)する必要がある」―2．「TN写真コンテストのウェブサイトに行く」　(32)「私たちはこの広告から(　　)とわかる」―1．「審査のための時間は15日である」　1月3日～17日の15日間。　(33)「もしあなたがこのコンテストの管理者なら，あなたは賞金のために(　　)用意しなくてはならない」―3．「19万円」　特別賞は2人に，茨城賞は5人に与えられることに注意。　(34)「この広告によるとあなたは(　　)ことができる」―1．「Eメールで質問する」

7〔整序結合〕

(35)Do you know で文を始める。know の目的語として the name of the bird「鳥の名前」とまとめる。残りは singing in (the tree)とまとまり，bird を修飾する現在分詞句となる(現在分詞の形容詞的用法)。　Do you know the name of the bird singing in the tree ?「その木で鳴いている鳥の名前を知っていますか」

(36)‘tell＋人＋物事’「〈人〉に〈物事〉を教える」の形を考え，まず tell の後に her を置く。‘物事’にあたる部分は‘疑問詞＋主語＋動詞…’の形で how she can go to (your house …)とまとめる。Would you tell her how she can go to your house from the bus stop ?「バス停からどうやってあなたの家に行けるか彼女に教えてあげてくれますか」

(37)How many times「何回」で始める。この後は‘have/has＋主語＋過去分詞…?’という現在完了の疑問文の形をつくる。　How many times have you been to Osaka ?「あなたは何回大阪に行ったことがありますか」

(38)文の骨組みは「(その)マンガはとても面白かった」→The comic book was very funny.「マンガ」を修飾する「あなたが先週，私に貸してくれた」は，book の直後に目的格の関係代名詞として which を置き，you lent me last week を続ける。　‘lend＋人＋物’「〈人〉に〈物〉を貸す」　lend－lent－lent　The comic book which you lent me last week was very funny.

(39)Your new house is big.「あなたの新しい家は大きい」の big の程度を尋ねる疑問文。How big で始めて疑問文の語順を続ける。　How big is your new house ?

8〔適語選択・語形変化〕

(40)Why don't you ～？で「～したらどうですか」と‘提案’を表す。　「今度の日曜日に水族館に行ったらどうですか」

(41)「英語で書かれた手紙」となればよい。「～される(た)」という受け身の意味を表すのは過去分詞。write－wrote－written　「私にとって英語で書かれたこの手紙を理解するのは簡単だ」

(42)finish の目的語に動詞がくるときは，to不定詞ではなく動名詞(～ing)になる。　「彼女は昨夜8時に宿題をし終えた」

(43)空所に入れて意味が通るのは why だけ。why 以下は understand の目的語となる間接疑問。間接疑問は‘疑問詞＋主語＋動詞…’の語順。　「あるアメリカ人の生徒は日本の生徒がなぜ学校で制服を着なければならないのか理解できない」

(44)give a speech で「スピーチをする」。　「ポールは初めて大勢の人の前でスピーチをした」

2022年度／土浦日本大学高等学校

数学解答

1 (1) ア…1　イ…3
(2) ウ…2　エ…1　オ…0
(3) カ…2　キ…5
(4) ク…1　ケ…2　コ…1　サ…2
(5) ⓪，②

2 (1) (i) ア…1　イ…3
(ii) ウ…3　エ…2
(2) オ…1　カ…3　キ…1　ク…9
(3) ケ…3　コ…5

3 (1) ア…2　イ…3
(2) ウ…1　エ…2
(3) オ…7　カ…2　キ…0　ク…0

4 (1) 6　(2) イ…1　ウ…8　エ…5
(3) オ…9　カ…1　キ…0

5 (1) ア…2　イ…5
(2) (i) ウ…1　エ…5　オ…3
(ii) カ…2　キ…0　ク…3
ケ…9

1〔独立小問集合題〕

(1)＜**数の計算**＞与式 $=-12+4\div\frac{4}{25}=-12+4\times\frac{25}{4}=-12+25=13$

(2)＜**数の計算**＞与式 $=\sqrt{6\times15}+\sqrt{6\times5}-\sqrt{2\times15}-\sqrt{2\times5}=\sqrt{3^2\times10}+\sqrt{30}-\sqrt{30}-\sqrt{10}=3\sqrt{10}-\sqrt{10}$ $=2\sqrt{10}$

≪別解≫与式 $=\sqrt{2}(\sqrt{3}-1)\times\sqrt{5}(\sqrt{3}+1)=\sqrt{2}\times\sqrt{5}\times(\sqrt{3}-1)(\sqrt{3}+1)=\sqrt{2}\times\sqrt{5}\times(3-1)=\sqrt{2}\times$ $\sqrt{5}\times2=2\sqrt{10}$

(3)＜**式の計算―因数分解**＞与式 $=x^2+2x+1-5x-5-6=x^2-3x-10=(x+2)(x-5)$

≪別解≫$x+1=A$ とおくと，与式 $=A^2-5A-6=(A+1)(A-6)$ となる。A をもとに戻して，与式 $=(x+1+1)(x+1-6)=(x+2)(x-5)$ である。

(4)＜**二次方程式**＞$x^2-x-2=3$，$x^2-x-5=0$ として，二次方程式の解の公式を用いると，$x=\frac{-(-1)\pm\sqrt{(-1)^2-4\times1\times(-5)}}{2\times1}=\frac{1\pm\sqrt{21}}{2}$ となる。

(5)＜**正誤問題**＞⓪…正。　①…誤。空間内で，2直線が交わらないとき，その2直線は，平行か，ねじれの位置にある。　②…正。右図で，直線 $y=2x+3$ と y 軸について対称な直線を l とすると，直線 $y=2x+3$ と直線 l は y 軸上で交わる。この点をAとすると，直線 $y=2x+3$ の切片が3より，A(0, 3)であり，直線 l の切片も3である。また，直線 $y=2x+3$，直線 l と x 軸の交点をそれぞれB，Cとすると，2点B，Cは y 軸について対称となるから，BO＝COである。直線 $y=2x+3$ の傾きが2より，$\frac{\mathrm{AO}}{\mathrm{BO}}=2$ だから，$\frac{\mathrm{AO}}{\mathrm{CO}}=2$ であり，直線 l の傾きは $-\frac{\mathrm{AO}}{\mathrm{CO}}=-2$ である。以上より，直線 l の式は $y=-2x+3$ となる。　③…誤。2枚のコインをA，Bとする。2枚のコインA，Bを同時に投げるとき，それぞれ表，裏の2通りの出方があるから，表，裏の出方は全部で $2\times2=4$(通り)ある。このうち，1枚は表，1枚は裏となるのは，(A, B)＝(表，裏)，(裏，表)の2通りだから，その確率は $\frac{2}{4}=\frac{1}{2}$ である。

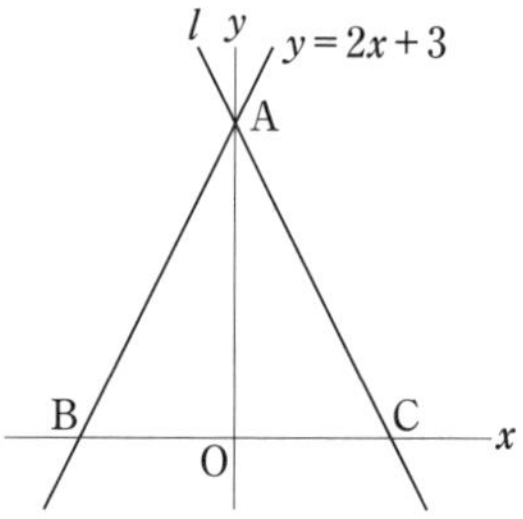

2〔独立小問集合題〕

(1)＜**関数―面積比，傾き**＞(i)次ページの図1で，∠ODF＝∠CDEであり，四角形OBACが長方形なので，∠DOF＝∠DCE＝90°である。よって，△ODF∽△CDEである。D(0, −1)であり，A(2, 1)

図1
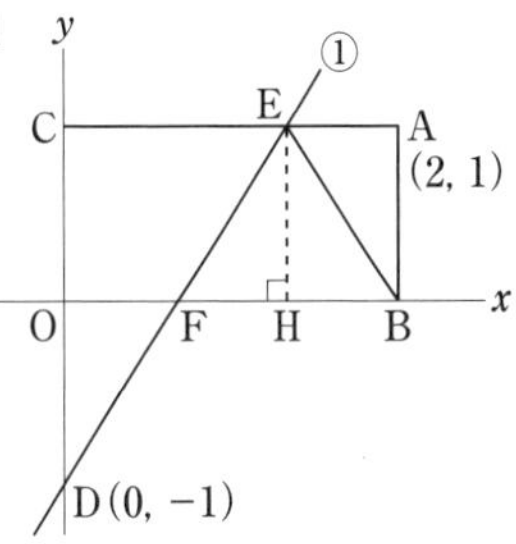

より C(0, 1) だから，OD $=0-(-1)=1$，CD $=1-(-1)=2$ となり，△ODF と△CDE の相似比は OD：CD＝1：2 となる。これより，△ODF：△CDE＝$1^2:2^2=1:4$ となるから，△ODF：〔四角形 OFEC〕＝1：(4−1)＝1：3 である。　(ii)図1で，点Eから x 軸に垂線 EH を引き，F(a, 0)とする。(i)より，△ODF∽△CDE であり，相似比は 1：2 だから，OF：CE＝1：2 である。OF＝a なので，CE＝2OF＝$2a$ となる。四角形 OHEC は長方形となるので，OH＝CE＝$2a$ となり，FH＝OH−OF＝$2a-a=a$ である。また，△EFB が EF＝EB の二等辺三角形なので，EH⊥FB より，BH＝FH＝a となる。よって，OB＝OH＋BH＝$2a+a=3a$ と表せる。A(2, 1)より，B(2, 0)であり，OB＝2 だから，$3a=2$ が成り立ち，$a=\frac{2}{3}$ となる。これより，F$\left(\frac{2}{3},\ 0\right)$である。D(0, −1)だから，2点D，Fの座標より，直線①の傾きは，$\{0-(-1)\}\div\left(\frac{2}{3}-0\right)=\frac{3}{2}$ である。

(2)＜**確率—さいころ**＞大小2つのさいころを投げるとき，目の出方は全部で $6\times6=36$(通り)あり，a，b の組も36通りある。このうち，$2a+b$ が3の倍数となるのは，$a=1$ のとき，$2a+b=2\times1+b=2+b$ だから，$b=1$，4 の2通りある。$a=2$ のとき，$2a+b=2\times2+b=4+b$ だから，$b=2$，5 の2通りある。$a=3$ のとき，$2a+b=2\times3+b=6+b$ だから，$b=3$，6 の2通りある。以下同様にして，$a=4$，5，6 のときもそれぞれ2通りある。以上より，$2a+b$ が3の倍数になる a，b の組は $2\times6=12$(通り)あるから，その確率は $\frac{12}{36}=\frac{1}{3}$ である。また，$\sqrt{3(2a+b)}$ が自然数となるのは，k を自然数として，$2a+b=3k^2$ と表せるときである。$2a+b$ の値は，最小で $2\times1+1=3$，最大で $2\times6+6=18$ であり，$k=1$ のとき $3k^2=3\times1^2=3$，$k=2$ のとき $3\times2^2=12$，$k=3$ のとき $3\times3^2=27$ だから，$\sqrt{3(2a+b)}$ が自然数となるとき，$2a+b=3$，12 である。$2a+b=3$ となる a，b の組は $(a,\ b)=(1,\ 1)$ の1通り，$2a+b=12$ となる a，b の組は $(a,\ b)=(3,\ 6)$，$(4,\ 4)$，$(5,\ 2)$ の3通りある。よって，$\sqrt{3(2a+b)}$ が自然数となる a，b の組は $1+3=4$(通り)だから，その確率は $\frac{4}{36}=\frac{1}{9}$ である。

図2
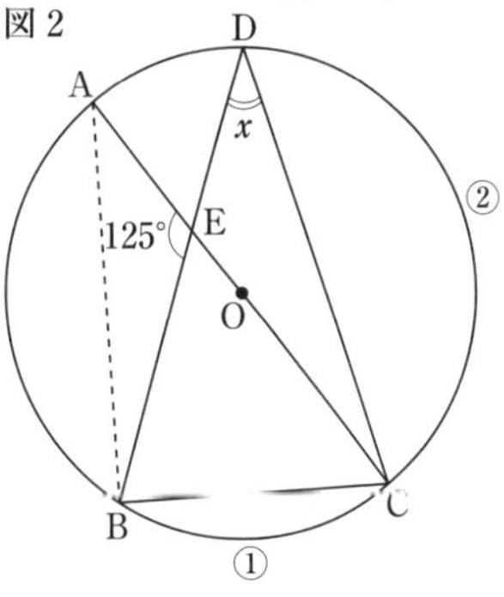

(3)＜**平面図形—角度**＞右図2で，点Aと点Bを結び，∠CDB＝x とする。$\overset{\frown}{BC}$ に対する円周角より，∠BAE＝∠CDB＝x となる。また，$\overset{\frown}{BC}$：$\overset{\frown}{CD}$＝1：2 より，∠CDB：∠CBD＝1：2 だから，∠CBD＝2∠CDB＝$2x$ である。線分 AC が円Oの直径より，∠ABC＝90° なので，∠ABE＝∠ABC−∠CBD＝$90^\circ-2x$ と表せる。よって，△ABE で，∠BAE＋∠ABE＋∠AEB＝180° より，$x+(90^\circ-2x)+125^\circ=180^\circ$ が成り立つ。これより，$x=35^\circ$ となるので，∠CDB＝35° である。

3〔**数と式—方程式の応用**〕

≪**基本方針の決定**≫(1)　持っている金額を，a を用いた式，b を用いた式の2通りで表す。

(1)＜**金額の比**＞持っている金額で，定価 a 円の商品Aをちょうど30個買うことができるので，持っている金額は $a\times30=30a$(円)と表せる。また，定価 b 円の商品Bを20個買うことができるので，持っている金額は $b\times20=20b$(円)と表せる。よって，$30a=20b$ が成り立ち，$b=\frac{3}{2}a$ となるので，a：$b=a:\frac{3}{2}a=2:3$ である。

(2)＜**商品の個数**＞持っている金額で，商品A，Bを x 個ずつ買うことができるとする。(1)より，$b=$

$\frac{3}{2}a$だから，持っている金額は，$ax+bx=ax+\frac{3}{2}ax=\frac{5}{2}ax$(円)と表せる。また，持っている金額は30$a$円とも表せるから，$\frac{5}{2}ax=30a$が成り立ち，両辺を$a$でわって，$\frac{5}{2}x=30$より，$x=12$(個)となる。

(3)＜**金額**＞商品Aを7個，商品Bを6個買うときの代金は，$a\times7+b\times6=a\times7+\frac{3}{2}a\times6=16a$(円)と表せる。持っている金額は30$a$円だから，残金は$30a-16a=14a$(円)となる。残金が3360円より，$14a=3360$が成り立つ。これを解くと，$a=240$となるので，持っている金額は$30a=30\times240=7200$(円)である。

4 〔**関数—関数** $y=ax^2$ **と一次関数のグラフ**〕

≪**基本方針の決定**≫(2)　点Eの座標を求める。　(3)　△OEFは辺OFを底辺と見る。△FEDは，y軸で2つの三角形に分けるとよい。

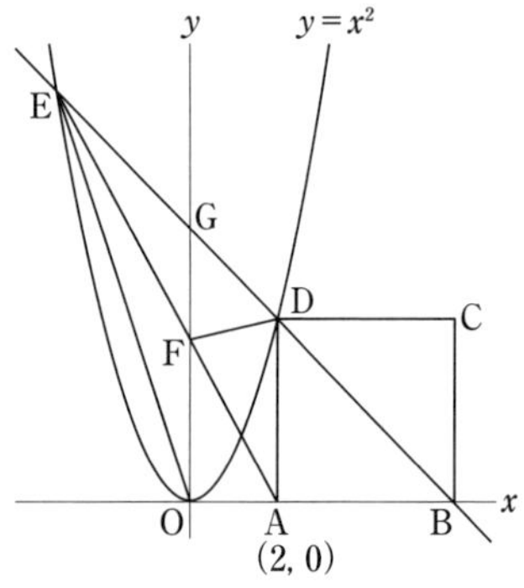

(1)＜**座標**＞右図で，A(2，0)であり，四角形ABCDが正方形より，AD⊥〔x軸〕だから，点Dのx座標は2である。点Dは関数$y=x^2$のグラフ上にあるので，$y=2^2=4$となり，D(2，4)である。これより，AB＝AD＝4となるので，点Bのx座標は2＋4＝6となり，B(6，0)である。

(2)＜**座標**＞右図で，D(2，4)，B(6，0)より，直線BDの傾きは$\frac{0-4}{6-2}=-1$だから，その式は$y=-x+b$とおける。これが点Bを通ることより，$0=-6+b$，$b=6$となるので，直線BDの式は$y=-x+6$である。よって，点Eは関数$y=x^2$のグラフと直線$y=-x+6$の交点となる。2式よりyを消去して，$x^2=-x+6$より，$x^2+x-6=0$，$(x+3)(x-2)=0$　$\therefore x=-3, 2$　これより，点Eのx座標は-3であり，$y=(-3)^2=9$より，E$(-3, 9)$である。A(2，0)なので，直線AEの傾きは$\frac{0-9}{2-(-3)}=-\frac{9}{5}$となり，その式は$y=-\frac{9}{5}x+c$とおけ，点Aを通ることから，$0=-\frac{9}{5}\times2+c$，$c=\frac{18}{5}$となる。直線AEの切片が$\frac{18}{5}$なので，F$\left(0, \frac{18}{5}\right)$である。

(3)＜**面積比**＞右上図で，直線BDとy軸の交点をGとする。(2)より，点Eのx座標が-3であり，F$\left(0, \frac{18}{5}\right)$だから，△OEFは，底辺をOF＝$\frac{18}{5}$と見ると，高さは3である。これより，△OEF＝$\frac{1}{2}\times\frac{18}{5}\times3=\frac{27}{5}$となる。また，直線BDの式が$y=-x+6$より，切片が6なので，G(0，6)であり，GF＝$6-\frac{18}{5}=\frac{12}{5}$である。辺GFを底辺と見ると，△FEGの高さは3であり，点Dのx座標が2より，△FDGの高さは2となる。よって，△FED＝△FEG＋△FDG＝$\frac{1}{2}\times\frac{12}{5}\times3+\frac{1}{2}\times\frac{12}{5}\times2=6$となる。以上より，△OEF：△FED＝$\frac{27}{5}$：6＝9：10である。

5 〔**空間図形—三角柱**〕

≪**基本方針の決定**≫(2)(ii)　容器ABC-DEFの容積から，三角錐D-ABCの体積をひく。

(1)＜**面積—三平方の定理**＞次ページの図1で，△DEFはDE＝DF＝3の二等辺三角形であり，DH⊥EFだから，点Hは辺EFの中点である。よって，EH＝FH＝$\frac{1}{2}$EF＝$\frac{1}{2}\times4=2$である。△DEHで三平方の定理より，DH＝$\sqrt{\mathrm{DE}^2-\mathrm{EH}^2}=\sqrt{3^2-2^2}=\sqrt{5}$ となるので，△DEF＝$\frac{1}{2}$×EF×DH＝$\frac{1}{2}\times4\times\sqrt{5}=2\sqrt{5}$(cm^2)である。

図1

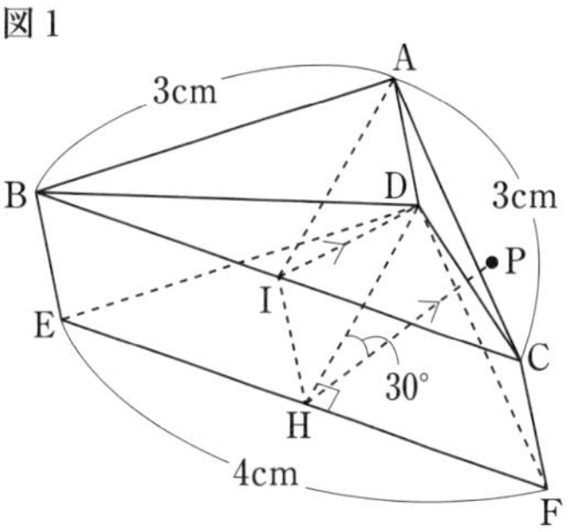

(2)＜**長さ，体積**＞(i)右下図2で，3点D，H，Pを通る断面は点Aも通っているので，右図1で，3点D，H，Pを通る平面と3点A，D，Hを通る平面は同じ平面となる。この平面と辺BCの交点をIとすると，AI∥DH，AD∥IHとなり，∠ADH＝90°だから，四角形ADHIは長方形である。また，水面が△BCDと一致しているので，ID∥HPとなる。図2で，∠IHD＝90°であり，ID∥HPより∠IDH＝∠DHP＝30°だから，△IHDは3辺の比が1：2：$\sqrt{3}$の直角三角形である。これより，IH＝$\frac{1}{\sqrt{3}}$DH＝$\frac{1}{\sqrt{3}}\times\sqrt{5}=\frac{\sqrt{15}}{3}$となるので，図1の容器ABC-DEFの高さは，AD＝IH＝$\frac{\sqrt{15}}{3}$(cm)である。　(ii)図1で，容器ABC-DEFに入っている水の体積は，容器ABC-DEFの容積から，三角錐D-ABCの体積をひいて求められる。容器ABC-DEFの容積は△DEF×AD＝$2\sqrt{5}\times\frac{\sqrt{15}}{3}=\frac{10\sqrt{3}}{3}$であり，△ABC＝△DEF＝$2\sqrt{5}$より，三角錐D-ABCの体積は$\frac{1}{3}$×△ABC×AD＝$\frac{1}{3}\times2\sqrt{5}\times\frac{\sqrt{15}}{3}=\frac{10\sqrt{3}}{9}$である。よって，求める水の体積は，$\frac{10\sqrt{3}}{3}-\frac{10\sqrt{3}}{9}=\frac{20\sqrt{3}}{9}$(cm^3)となる。

図2

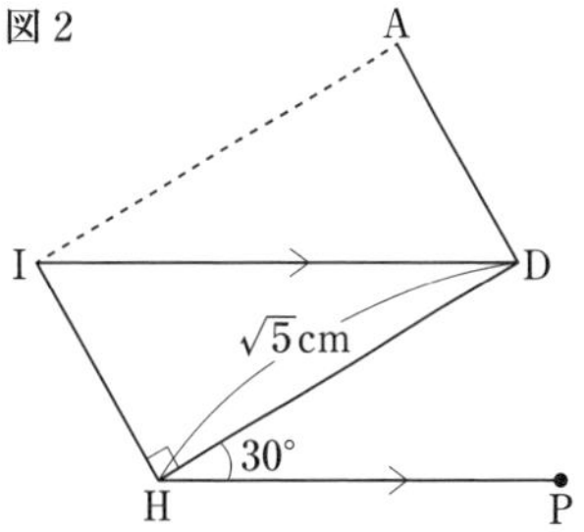

＝読者へのメッセージ＝

1(5)の②で，直線$y=2x+3$とy軸に関して対称な直線の式は，$y=-2x+3$でした。これは，切片は変わらず，傾きの正負が逆になっています。では，直線$y=2x+3$とx軸に関して対称な直線の式はどうなるでしょうか。x軸に関して対称な場合，傾き，切片とも正負が逆になり，$y=-2x-3$となります。確かめてみてください。

社会解答

1 (1) ①　(2) ③　(3) ③　(4) ②
(5) ②　(6) ④　(7) ④　(8) ②
(9) ④　(10) ④

2 (1) ①, ④　(2) ③　(3) ②
(4) ①, ③, ④　(5) ②　(6) ④
(7) ③　(8) ②　(9) ②　(10) ④

3 (1) ①　(2) ②　(3) ③　(4) ②
(5) ①　(6) ③　(7) ②　(8) ⑤
(9) ③　(10) ③

4 (1) ④　(2) ②　(3) ②　(4) ⑥
(5) ③　(6) ④

5 (1) ③　(2) ③　(3) ④　(4) ②

6 (1) ④　(2) ①　(3) ②　(4) ④
(5) ③　(6) ②　(7) ④　(8) ②
(9) ①　(10) ②

1 〔三分野総合―小問集合問題〕

⑴＜**青鞜社**＞女性差別からの解放を目指した平塚らいてうは，明治時代末に青鞜社を結成し，雑誌『青鞜』を発行した。なお，全国水平社は差別からの解放を目指す運動(部落解放運動)を進めるための組織，日本社会主義同盟は社会主義運動を進めるための組織，日本労働総同盟は労働組合が集まってつくられた全国組織であり，いずれも大正時代に結成された。

⑵＜**ローズベルト**＞1929年，アメリカ合衆国のニューヨークでの株価急落をきっかけに，世界恐慌が始まった。恐慌中にアメリカ大統領となったフランクリン=ローズベルトは，ニューディール〔新規まき直し〕政策を進めて景気回復を図った。なお，ウィルソンは第一次世界大戦(1914～18年)時に国際連盟の設立などを提唱した大統領，リンカンはアメリカ南北戦争(1861～65年)で北部を率いた大統領，ワシントンはアメリカ独立戦争(1775～83年)を指揮した初代大統領である。

⑶＜**佐藤栄作**＞1960年代半ばから1970年代初めにかけて内閣総理大臣であった佐藤栄作は，核兵器を「持たず，つくらず，持ちこませず」という非核三原則を提唱したほか，1972年には沖縄のアメリカからの返還を実現し，これらによりノーベル平和賞を受賞した。なお，犬養毅は五・一五事件(1932年)で暗殺された内閣総理大臣，田中角栄は日中共同声明(1972年)が結ばれたときの内閣総理大臣，吉田茂はサンフランシスコ平和条約(1951年)が結ばれたときの内閣総理大臣である。

⑷＜**財産権**＞財産権は，お金や土地などの財産を持つ権利であり，自由権のうちの経済活動の自由に分類される。なお，環境権は良好な環境のもとで生活する権利であり，日本国憲法には直接規定されてはいないものの新しい人権の１つとして認められている権利である。また，請願権は国や地方の機関に要望を伝える権利であり，国民が政治に参加する権利である参政権に含まれる。労働基本権は，団結権・団体交渉権・団体行動権の３つからなり，社会権に分類される。

⑸＜**天皇の国事行為**＞最高裁判所長官の指名を行うのは内閣である。天皇の国事行為としては，内閣の指名に基づく最高裁判所長官の任命，国会の指名に基づく内閣総理大臣の任命，憲法改正・法律・条約などの公布，国会の召集，衆議院の解散，栄典の授与などがある。

⑹＜**OPEC**＞OPEC〔石油輸出国機構〕は，産油国の利益や影響力を守る目的でつくられた国際機構で，西アジアの産油国が中心となって1960年に結成された。現在は，サウジアラビアやイラン，イラク，アルジェリア，ベネズエラなど13か国(2022年２月現在)が加盟している。なお，APECはアジア太

平洋経済協力会議，ASEANは東南アジア諸国連合，EUはヨーロッパ連合の略称である。

(7)**＜マングローブ＞**マングローブは，熱帯・亜熱帯の地域で，入り江や河口付近の満潮時に海水に覆われる場所に育つ常緑樹を指す。なお，オアシスは砂漠の中で地下水が湧き出るなどして水が得られる場所，サバナはまばらな樹木と丈の長い草が生えた熱帯の草原，タイガはシベリアなどに見られる冷帯〔亜寒帯〕の針葉樹林である。

(8)**＜ガーナ＞**アフリカ大陸のギニア湾沿岸に位置するガーナには，16世紀頃からヨーロッパ人が進出し，奴隷や金を取引する貿易を行っていた。現在のガーナは，西隣にあるコートジボワールとともにカカオ豆の生産量が世界有数となっている。

(9)**＜メキシコ＞**メキシコは，同じ北アメリカ大陸に位置するアメリカ合衆国，カナダとの間に北米自由貿易協定〔NAFTA〕を結んでいたが，2020年７月にはNAFTAに代わる新たな貿易協定である米国・メキシコ・カナダ協定〔USMCA〕が発効した。現在のメキシコは，世界最大の銀鉱の産出国(2016年)で，原油の産出量も多い。

(10)**＜ミャンマー＞**東南アジアのミャンマーでは，国民の大多数が仏教を信仰するが，イスラム教を信仰する少数民族(ロヒンギャ)への差別や迫害が問題となっている。近年民主化が進んだが，2021年２月に軍部によるクーデターが起こり，民主化の指導者であったアウンサンスーチー氏が拘束されたほか，クーデターに反対する市民への弾圧が行われている。

2 **〔三分野総合―航空機を題材とした問題〕**

(1)**＜近代建築と歴史・地理＞**富岡製糸場は，明治時代初期に群馬県に設立された(②…×)。本州と四国を結ぶ本州四国連絡橋には，岡山県と香川県を結ぶ児島―坂出ルート，兵庫県と徳島県を結ぶ神戸―鳴門ルート，広島県と愛媛県を結ぶ尾道―今治ルートの３つがあり，このうち瀬戸大橋は児島―坂出ルートに当たる(③…×)。

(2)**＜1920年代のドイツや日本＞**ヒトラーの率いるナチスが政権を獲得したのは1933年である(①…×)。第一次世界大戦の講和条約であるベルサイユ条約は，1919年に調印された(②…×)。日独防共協定が結ばれたのは1936年である(④…×)。

(3)**＜中央高地の自然と産業＞**内陸の気候〔中央高地の気候〕は，雨が少ないことに加え，夏と冬の気温差が大きく冬の寒さが厳しい(①…×)。中央高地にある扇状地では，戦前は桑が栽培され養蚕業が盛んであったが，戦後はぶどうや桃などの果樹栽培が盛んとなった(③…×)。中央高地で栽培されるレタスなどの野菜は，夏でも涼しい高原の気候を利用して他の産地よりも遅い夏の時期に出荷する高冷地農業〔抑制栽培〕によって生産されており，促成栽培は作物の成長を早めて通常よりも早い時期に出荷する農業である(④…×)。

(4)**＜土地収用と個人の権利＞**日本国憲法では，自由権の１つとして，土地などを所有する財産権が保障されている。一方，社会全体の利益を意味する「公共の福祉」の観点から例外的に人権が制限されることもあり(資料１)，財産権についても正当な補償と引きかえに制限される場合がある(資料２)。「公共の福祉」のために個人の人権を制限する場合には，その条件や手続きなどが法律によって具体的に定められている(資料３)。以上をふまえると，空港建設のために個人の土地を収用しようとする場合，①，③，④が適切なあり方となり，②は不適切と考えられる。

(5)**＜資料の読み取りと戦後のアメリカ＞**ケネディ大統領の在任中にキューバ危機(1962年)が起こって

いる(②…○)。なお，マルタ会談(1989年)が開かれたときの大統領はブッシュ(父)である(①…×)。中距離核戦力全廃条約(1987年)が結ばれたときの大統領はレーガンである(③…×)。ブッシュ(子)大統領は，イラクが大量破壊兵器を保有しているとしてイラク戦争(2003年)を開始した(④…×)。

(6)＜**第二次世界大戦と戦争の記憶の継承**＞ひめゆり平和祈念資料館は沖縄県にあり，太平洋戦争末期にアメリカ軍との間で唯一地上戦が行われた沖縄戦において，看護要員として戦場に動員されて犠牲となった多数の女学生に関する資料を保存・展示している。なお，原子爆弾が投下されたのは広島と長崎である。

(7)＜**水上交通と歴史**＞インドを支配していたのはイギリスであり，ヨーロッパ州とアジア州を結ぶ最短の航路であるスエズ運河は植民地経営の要となった(①…×)。琵琶湖疏水は，琵琶湖と京都市内を結ぶ水路である(②…×)。平清盛が大輪田泊を整えたのは平安時代末期であり，瀬戸内海を通って日本海沿岸と大阪を結ぶ西廻り航路がつくられたのは江戸時代である(④…×)。

(8)＜**マレーシアの宗教人口**＞マレーシアでは，国民の多数を占めるマレー人が主にイスラム教を信仰していることから，イスラム教徒(P)の割合が最も多い。イスラム教徒に次いで多いのが仏教徒(Q)であり，以下キリスト教徒，ヒンドゥー教徒(R)の順となる。

(9)＜**日本と近隣諸国の歴史**＞第二次世界大戦後の中国では，毛沢東の率いる共産党と蔣介石の率いる国民党との間で内戦が再発した。これに勝利した共産党は1949年に中華人民共和国を建国し，敗れた国民党は台湾に逃れた。

(10)＜**最高裁判所の違憲判決**＞かつての国籍法では，日本人の父と外国人の母を持つ子は，父母が法律上の結婚関係にない場合は日本国籍を取得できなかったが，これについて最高裁判所は，「法の下の平等」に反しており憲法違反であるとの判断を下した(④…×)。①～④の内容に当たる法律は，最高裁判所の違憲判決を受けて，いずれも改正されている。

3〔**三分野総合―山田顕義を題材とした問題**〕

(1)＜**資料の読み取り**＞表1から，歳入×地方交付税(%)÷100で5府県の地方交付税交付金の額をそれぞれ計算すると，大阪府が約2348億円で最も多い(①…○)。なお，表1で自主財源に当たる地方税の割合を表2の人口と照らし合わせると，人口が多い府県ほど地方税の割合が大きくなっている(②…×)。表1から，歳入×地方債(%)÷100で千葉県・茨城県の地方債による歳入額をそれぞれ計算すると，千葉県が約1756億円，茨城県が約1191億円となる(③…×)。表1から，歳入×地方税(%)÷100で山口県の地方税による歳入額を計算すると，約1820億円となる(④…×)。

(2)＜**教育制度とその歴史**＞教育を受ける権利は，社会権の1つである(①…×)。教育勅語は大日本帝国憲法が発布された翌年の1890年に出されたが，第二次世界大戦後に日本国憲法のもとで失効した(③…×)。学制は明治時代初期の1872年に公布され，6歳以上の全ての国民に小学校教育を受けさせることを定めた(④…×)。

(3)＜**公聴会**＞国会に提出された法律案は，数十人の議員で構成される委員会でまず審議される。重要な議案の場合，委員会において学識経験者や利害関係者の意見を聞くための公聴会が開かれる。委員会での審議が終了すると，議員全員が参加する本会議で審議が行われる。なお，憲法審査会は，憲法やそれに関連する法律を調査したり憲法改正原案を審議したりする機関で，衆参両議院に設置されている。

(4)＜**フランスの人権思想**＞フランス人権宣言で保障されたのは自由権であり，社会権は20世紀に制定されたドイツのワイマール憲法で初めて保障された(①…×)。ルソーは著書『社会契約論』で人民主権を唱え，モンテスキューは著書『法の精神』で三権分立を唱え，ロックは著書『統治二論』で抵抗権を唱えた(③，④…×)。

(5)＜**司法権の独立**＞司法権の独立とは，公正中立な裁判を行うため，裁判所が国会や内閣からの干渉を受けることなく独立を保つとする原則である。司法権の独立のため，裁判官は在任中の身分が保障されており，心身の故障や国会議員による弾劾裁判，最高裁判所の裁判官に対する国民審査による場合を除いて，辞めさせられることはない。なお，②～④は裁判の仕組みや決まりについての説明である。

(6)＜**内閣**＞弾劾裁判所を設置する権限を持つのは国会である。

(7)＜**資料の読み取りと内閣不信任決議**＞衆議院で内閣不信任決議案が可決された場合，内閣は10日以内に衆議院を解散するか，総辞職しなければならず(日本国憲法第69条)，表３中の４回の事例では，いずれも内閣が衆議院を解散している(②…×)。なお，「自民党反主流派が衆議院本会議を欠席」(表３)したことで与党の票数の割合が小さくなったと考えられる(①…○)。自民党内の「羽田・小沢派の賛成票」(表３)によって賛成票が増えたと考えられる(③…○)。図中の政党のうち，与党は自由民主党と公明党であり，与党の議席が衆議院の過半数を占めていることがわかる(④…○)。

(8)＜**日本とイギリスの政治制度**＞日本はイギリスと同じ議院内閣制をとっている(Ａ…○)。イギリスの議会は保守党と労働党による二大政党制であるが，日本の国会は多くの政党が存在する多党制に近い状態となっている(Ｂ…×)。日本では2016年に施行された改正公職選挙法により，選挙権年齢がそれまでの満20歳以上から引き下げられ，イギリスと同じ満18歳以上となった(Ｃ…○)。

(9)＜**宗教**＞ハラルフードとはイスラム教の教えに基づいて処理された食品のことであり，国際化の進展に伴って近年は日本国内でもハラルフードを取り扱う店やレストランなどが見られる(③…○)。なお，信教の自由は，自由権のうちの精神の自由に含まれる(①…×)。宗教を信仰するかどうかやどの宗教を信仰するかなどは信教の自由として保障されており，互いに尊重し合うことが求められる(②…×)。世界三大宗教はキリスト教，イスラム教，仏教であり，また宗教の対立による戦争や紛争は第二次世界大戦後も起こっている(④…×)。

(10)＜**憲法に関する資料の読み取り**＞国民の権利を「侵すことのできない永久の権利」と定めているのは日本国憲法(第11条)であり，プロイセン憲法と大日本帝国憲法の条文中にはこの文言は見られない(③…×)。なお，統帥権とは軍隊の最高指揮権のことであり，プロイセン憲法は第46条，大日本帝国憲法は第11条で国王・天皇の統帥権を定めている(①…○)。プロイセン憲法は第62条①，大日本帝国憲法は第５条で国王・天皇の立法権を定めている(②…○)。プロイセン憲法は第27条②，大日本帝国憲法は第29条で法律による言論の自由の制限について定めている(④…○)。

4 〔**地理―日本の諸地域，中国**〕

(1)＜**都市と都道府県**＞宇都宮市は栃木県の県庁所在地，浜松市は静岡県で最も人口が多い都市，宮崎市は宮崎県の県庁所在地，北九州市は福岡県にある政令指定都市である。

(2)＜**中国の特色**＞中国は世界で最も人口が多い国だが，国土面積が大きいため人口密度は日本よりも低い(①…×)。中国では1970年代末から一人っ子政策が行われてきたが，2015年に廃止された(③

…×)。冷涼で降水量が少ない北部では主に畑作，温暖で降水量が多い南部では主に稲作が行われている(④…×)。

(3)＜**資料の読み取り**＞表２から，北海道は小麦収穫量が第１位で，677000÷1037000×100＝65.2…より全国の収穫量の約65％を占めている(②…○)。なお，表１から，小麦と麦類全て(計)の収穫量はいずれも1990年から2010年にかけて減少している(①…×)。表３から，小麦の用途としては粗食料が最も多い(③…×)。表４から，生産÷供給量×100を計算して国内生産で賄っている量の割合(自給率)を求めると，1990年度，2000年度，2017年度は10％を超えている(④…×)。

(4)＜**都道府県の家畜飼育頭数**＞乳用牛の飼育頭数が非常に多く，肉用牛の飼育頭数も第１位であるＡは，根釧台地での酪農などが盛んな北海道である。豚の飼育頭数が第１位で，肉用牛の飼育頭数が北海道に次いで多いＣは，シラス台地での畜産が盛んな鹿児島県である。乳用牛の飼育頭数が北海道に次いで多いＢは栃木県である。

(5)＜**キャベツの生産県**＞群馬県では，山間部の冷涼な気候を生かして，夏の時期にキャベツを出荷している。一方，愛知県や千葉県，茨城県では，名古屋や東京などの大都市に向けて主に秋～春の時期にキャベツを出荷している(Ｘ…誤，Ｙ…正)。

(6)＜**北九州市周辺の工業**＞九州北部の筑豊炭田などで豊富に産出する石炭と，中国から輸入された鉄鉱石を利用して鉄鋼業が発展した(①…×)。八幡製鉄所が操業を開始した1901年は，日清戦争(1894～95年)と日露戦争(1904～05年)の間の時期に当たる(②…×)。現在の北九州工業地域は，主な日本の工業地帯・地域の中で最も製造品出荷額が少ない(③…×)。

5 〔日本地理―地形図，東北地方〕

(1)＜**縮尺の計算**＞この地形図の縮尺は５万分の１で，実際の距離が約1.5kmであることから，地形図上での長さは，1.5km÷50000＝0.00003km＝約３cmとなる。

(2)＜**地形図の読み取り，平安時代**＞東北地方の豪族である安倍氏が国司への反乱を起こした前九年の役〔前九年合戦〕は，平安時代の11世紀半ばの出来事である(①…×)。図２の「もりおか」駅と「かみもりおか」駅の間に新しい駅はない(②…×)。図２の「原敬記念館」は「もりおか」駅の南西にあり，図１のこの地域には田(шはかつて使われていた地図記号で，水田を表す)が広がっている(④…×)。

(3)＜**交通網の整備と地域の変化**＞東北自動車道の開通や東北新幹線の開業によって交通の便がよくなり，工業団地や商業施設，住宅などが建設されるようになるため，土地の価格は上がると考えられる。

(4)＜**東北地方の米の生産量**＞東北地方は，日本で生産される米のおよそ４分の１を生産する穀倉地帯であり，秋田平野や庄内平野(山形県)，仙台平野(宮城県)などで稲作が盛んに行われている。したがって，②が東北地方である。なお，①は北海道，③は関東地方，④は九州地方である。

6 〔歴史―古代～現代の日本と世界〕

(1)＜**夏目漱石**＞①は織田信長，②は大友宗麟などのキリシタン大名，③は樋口一葉について述べた文である。

(2)＜**年代整序**＞年代の古い順に，③(戦国時代―戦国大名)，④(江戸時代末期―尊王攘夷運動)，①(大正時代―第一次世界大戦)，②(昭和時代―第二次世界大戦)となる。

(3)**＜エジプト文明＞**①はメソポタミア文明，③は中国文明，④はギリシャ文明について述べた文である。

(4)**＜12世紀の日本＞**鳥羽上皇の死後に起こったのは保元の乱(1156年)と平治の乱(1159年)である。これらの戦いでは，朝廷内の争いが武士である平氏や源氏によって解決された。なお，壬申の乱(672年)は天智天皇の後継ぎをめぐって起こった戦い，承久の乱(1221年)は後鳥羽上皇が鎌倉幕府の打倒を目指して起こした戦いである。

(5)**＜十字軍，コロンブス＞**あ．11世紀，キリスト教のカトリック教会の最高指導者であるローマ教皇が聖地エルサレムをイスラム勢力から奪回することを呼びかけると，ヨーロッパ各地の王や貴族は十字軍を組織し，13世紀まで7回にわたって遠征を行った。　い．コロンブスは，15世紀末に大西洋を横断して，アメリカ大陸に近いカリブ海の島に到達した。なお，バスコ=ダ=ガマは，アフリカ大陸南端の喜望峰を通ってインドに到達した人物である。

(6)**＜奈良時代の文化＞**図1の螺鈿紫檀五絃琵琶と図2の興福寺阿修羅像は，いずれも奈良時代に栄えた天平文化を代表する作品であり，図1は東大寺の正倉院に収められていた(②…○)。なお，国風文化は平安時代に栄えた文化である(①…×)。聖徳太子がいた時代は飛鳥時代であり，飛鳥文化が栄えた(③…×)。浄土信仰が流行したのは平安時代である(④…×)。

(7)**＜イギリスのインド支配＞**う．イギリスによる支配が拡大していたインドでは，イギリス産の安い綿織物が大量に流入したことによって国内の伝統的な綿織物業が打撃を受けたことなどで，不満を高めた人々が1857年に反乱を起こした(インド大反乱)。　え．第一次世界大戦後のインドでは，完全な自治を求める動きが高まり，ガンディーが「非暴力・不服従」の方針を掲げてイギリスからの独立運動を指導した。なお，ネルーは第二次世界大戦後に独立したインドの初代首相となった人物である。

(8)**＜田沼意次＞**田沼意次は，江戸時代の18世紀後半に老中として政治を行い，株仲間に特権を与える代わりに営業税を徴収するなどの経済政策を進めた人物である。なお，徳川吉宗は18世紀前半に享保の改革を行った第8代将軍，松平定信は18世紀末に寛政の改革を行った老中，新井白石は18世紀初頭に「正徳の治」と呼ばれる政治改革を行った儒学者である。

(9)**＜1955年の出来事＞**朝鮮戦争の開始は1950年，東京オリンピックの開催は1964年と2021年，阪神・淡路大震災の発生は1995年の出来事である。

(10)**＜会津地方の地理・歴史＞**写真と選択肢の説明文，ヒントと地図をそれぞれ照らし合わせながら考える。　お．写真は，「赤べこ」と呼ばれる民芸品で，福島県の会津地方で生産されている。「べこ」とは「牛」を意味する方言である。　か．ヒント中の「陸奥国と呼ばれていた」「東日本大震災の原発事故が置きた場所から約100km離れた地」などの言葉をもとに，Bの地域と判断できる。

理科解答

1 (1) ④　(2) ④　(3) ③　(4) ①
(5) ③

2 (1) (a)…②, ③　(b)…③　(2) ①
(3) ④　(4) ②

3 (1) (a)…④　(b)…④
(2) (a)…②　(b)…①　(c)…②

4 (1) ③　(2) (a)…⑥　(b)…③
(3) ③　(4) (a)…④　(b)…③

5 (1) ③　(2) ②　(3) ①　(4) ③
(5) ④

6 (1) (a)…②　(b)…④
(2) B…③　C…①　(3) ⑥
(4) ②

7 (1) ②　(2) ①　(3) ④　(4) 2

8 (1) ②　(2) ③　(3) ②　(4) ④
(5) ②

1 〔小問集合〕

(1)＜**維管束**＞ホウセンカは子葉が２枚の双子葉類で，茎の維管束は図１のように輪状に並んでいる。維管束には，根から吸収した水を運ぶ通り道である道管が茎の中心に近いＢの部分にある。なお，茎の表皮に近いＡの部分にある管は師管で，葉でつくった養分を運ぶ通り道である。

(2)＜**細胞分裂**＞精細胞などの生殖細胞は，減数分裂によってつくられる。減数分裂では，対になっている相同染色体が分かれて１つずつ別々の生殖細胞に入るため，生殖細胞に含まれる染色体の数は体細胞の半分になる。

(3)＜**顕微鏡の使い方**＞まず，プレパラートをステージの上にのせ，横から見ながら鏡筒を下げて対物レンズをできるだけプレパラートに近づける。その後，接眼レンズをのぞきながら調節ねじを回して対物レンズをプレパラートから遠ざけて，つまり，鏡筒を上に動かしてピントを合わせる。

(4)＜**食物連鎖**＞図２のように生物間の数量のつり合いが保たれた生態系で，図３のように草食動物が一時的に増加した場合，植物は草食動物に食べられる数量が増えるため減少し，草食動物をエサとする肉食動物は，エサが増えるため繁殖し増加する(A)。その後，草食動物は増加した肉食動物により食べられる数量が増えるため減少し(B)，さらに，植物は食べられる数量が減って増加する。このような増減の過程を経て，生物間の数量はもとの状態に戻る。

(5)＜**血管**＞表１で，動脈は心臓から送り出される血液が流れる血管で，壁が厚く弾力があり，弁はない。これに対し，静脈は心臓に戻る血液が流れる血管で，壁はうすく逆流を防ぐための弁がある。

2 〔小問集合〕

(1)＜**石灰岩とチャート**＞(a)海底で生物の死がいなどが堆積してできた岩石には，石灰岩とチャートがある。なお，カンラン石は鉱物の一種で，斑れい岩は火成岩のうちの深成岩である。　(b)石灰岩とチャートのうち，かたい方の岩石はチャートである。チャートは放散虫などの死がいが堆積してできた岩石で，主成分は二酸化ケイ素で非常にかたく，うすい塩酸をかけても気体は発生しない。なお，石灰岩はサンゴや貝などの死がいが堆積してできた岩石で，主成分は炭酸カルシウムでチャートに比べてもろく，うすい塩酸をかけると二酸化炭素が発生する。

(2)＜**雲の種類**＞10種類に分類されている雲のうち，雨を降らせるのは積乱雲と乱層雲である。そのうち，短時間に局所的な激しい雨をもたらすのは積乱雲であり，急激な上昇気流が生じている寒冷前線付近にできやすい。一方，乱層雲は，長時間，弱い雨をもたらすことが多く，ゆるやかな上昇気流が生じている温暖前線付近にできやすい。

(3)＜**へいそく前線**＞へいそく前線は，寒冷前線が温暖前線に追いつき，暖気が寒気の上に乗った状態になった前線であるため，地上は全体的に寒気に覆われることが多い。へいそく前線の前線記号は

である。なお，梅雨前線は停滞前線で，前線記号はである。

(4)＜**星の日周運動**＞地球は地軸を中心に，北極側から見て反時計回りに24時間で360°自転している。そのため，北極星の周りの星は，全て北極星を中心に１時間に360°÷24＝15°反時計回りに回転するように見える。

3 〔小問集合〕

(1)＜**密度**＞(a)$〔密度(g/cm^3)〕=\frac{〔質量(g)〕}{〔体積(cm^3)〕}$より，同じ密度の物質は体積と質量の比が等しい。よって，物質Ａ～Ｆのうち同じ密度なのは，図１で，体積と質量を測定した結果を表す点が原点を通る同一直線上にあるＣとＤである。　(b)物体を液体の中に入れたとき，物体の密度が液体の密度より大きいと物体は沈み，小さいと浮く。観察結果より，物質Ｘは$0.78g/cm^3$のエタノールに沈み，$1.0g/cm^3$の水に浮いたことから，物質Ｘの密度は$0.78g/cm^3$より大きく，$1.0g/cm^3$より小さい。図１の物質Ａ～Ｆのうち，密度がこの範囲にあるのは，密度が$\frac{34.0}{40}=0.85(g/cm^3)$のＦである。なお，それぞれの物質の密度は，Ａが$\frac{80.0}{15}=5.33\cdots$より約$5.3g/cm^3$，Ｂが$\frac{20.0}{20}=1.0(g/cm^3)$，Ｃ（Ｄ）は$\frac{27.0}{10}=2.7(g/cm^3)$，Ｅは$\frac{80.0}{30}=2.66\cdots$より約$2.7g/cm^3$である。

(2)＜**酸化**＞(a)マグネシウム(Mg)を加熱すると，空気中の酸素(O_2)と結びついて酸化マグネシウム(MgO)が生じる。表１より，マグネシウム0.90gが全て反応すると酸化マグネシウムが1.5g生じたのだから，このとき，マグネシウムと結びついた酸素は，1.5－0.90＝0.60(g)である。　(b)表１より，反応したマグネシウムの質量と生じた酸化マグネシウムの質量の割合は一定で，0.90：1.5＝３：５である。よって，マグネシウム2.7gを加熱したときに生じる酸化マグネシウムの質量をxgとすると，2.7：x＝３：５が成り立つ。これを解くと，$x\times3=2.7\times5$より，$x=4.5$(g)となる。　(c)酸化マグネシウム(MgO)は，マグネシウム原子(Mg)と酸素原子(O)が１：１の割合で結びついているので，モデル図は②のようになる。

4 〔小問集合〕

(1)＜**光の屈折**＞光が空気中から水中へ進むとき，屈折角は入射角より小さくなるので，光は境界面から遠ざかるように(ア)の向きに屈折する。逆に，光が水中から空気中に進むときは，屈折角の方が入射角より大きくなるので，光は境界面に近づくように(カ)の向きに屈折する。

(2)＜**圧力**＞(a)直方体が水平面に及ぼす圧力は，$〔圧力(Pa)〕=\frac{〔面に垂直にはたらく力の大きさ(N)〕}{〔力がはたらく面積(m^2)〕}$で求められる。面に垂直にはたらく力の大きさは物体にはたらく重力の大きさに等しく，図３の直方体のどの面を下にしても水平面にはたらく力の大きさは等しいから，圧力は力がはたらく面積が小さいほど大きくなる。よって，直方体が水平面におよぼす圧力を大きい順に並べたものは，面の面積を小さい順に並べた，面Ｃ＞面Ｂ＞面Ａとなる。　(b)図４で，質量２kgの直方体の重さは，2×1000÷100＝20(N)，面Ａの面積は，20cmは0.20m，40cmは0.40mより，$0.20\times0.40=0.080(m^2)$，生じた圧力が400Paより，直方体の上に置いたおもりの重さをxNとすると，$400=(20+x)\div0.08$が成り立つ。これを解くと，$20+x=400\times0.08$より，$x=12$(N)となる。よって，おもりの質量は，12×100＝1200(g)より，1200÷1000＝1.2(kg)である。

(3)＜**電磁誘導**＞図５のように，磁石を動かしてコイルの内部の磁界が変化すると，コイルに電圧が生じて電流が流れる。この現象を電磁誘導といい，流れた電流を誘導電流という。このとき，動かす棒磁石のＮ極とＳ極を逆にする，あるいは棒磁石を近づける，遠ざけるという動かし方を逆にすると，誘導電流は逆向きに流れる。コイルの上端に，(ア)では棒磁石のＮ極が近づき，検流計の針が－側にふれている。よって，(ウ)では，コイルの上端にＳ極が近づくので，誘導電流は(ア)と逆向きに流れ，検流計の針は＋側にふれる。(エ)では，コイルの上端からＳ極が遠ざかるので，誘導電流は(ウ)と逆向きに流れ，検流計の針は－側にふれる。なお，(イ)では，コイルの上端からＮ極が遠ざかるので，誘導電流は(ア)と逆向きに流れ，検流計の針は＋側にふれる。

(4)＜**力学的エネルギー**＞(a)力学的エネルギーは，位置エネルギーと運動エネルギーの和で，他のエネルギーに移り変わることがなければ，力学的エネルギーは常に一定に保たれる(力学的エネルギーの保存)。よって，図６で，Ａ～Ｄの位置における小球が持つ力学的エネルギーは全て等しい。

(b)図７で，糸がくぎに引っかかった後，小球が最も高い位置に上がるとき，その位置での小球の速さは０になり，力学的エネルギーは全て位置エネルギーに移り変わっている。よって，力学的エネルギーの保存より，このときの小球の高さは，同じく速さが０で位置エネルギーの大きさが力学的エネルギーの大きさに等しいＡ点と同じ高さとなる。よって，小球はウの位置まで上がる。

5 〔地球と宇宙〕

(1)＜**季節と星座**＞地球の自転の向きが北極側から見て反時計回りであることと，明け方の南の空にオリオン座が見えたことから，図３で，このときの地球の位置は太陽の左側であることがわかる。地球がこの位置にあるとき，真夜中にペガスス座が南中するペガスス座が真夜中に南中するのは秋なので，この日は秋分の日頃で，９月20日である。なお，図２で，日の出と日の入りの方位がそれぞれ真東，真西であることから，観測を行った日は春分の日頃か秋分の日頃のいずれかであることがわかる。

(2)＜**太陽の南中高度**＞太陽が正午頃，南の空で最も高度が高くなることを南中という。図２で，南中高度は，太陽が南中した位置のＱ点と円の中心Ｏ点を結ぶ線分QOと，厚紙上で，円の中心Ｏ点と真南の方角を表すＤ点を結ぶ線分ODがつくる角度∠QODである。

(3)＜**日の出の時刻**＞10時と11時の点を結んだ曲線の長さが3.3cmだから，この透明半球上では太陽は１時間，つまり60分で3.3cm移動している。また，観測を行った日の日の出は５時20分頃だから，日の出から10時まで約４時間40分経過している。時間と透明半球上を太陽が移動する長さは比例するから，４時間40分，つまり $60\times4+40=280$(分)で，太陽が透明半球上を移動する曲線の長さは，$3.3\times\dfrac{280}{60}=15.4$(cm)である。よって，求める曲線の長さは約15.5cmである。

(4)＜**太陽の南中高度**＞(1)より，観測を行った日は秋分の日頃である。秋分の日の公転面に対する地軸の傾きは右図のようになり，北緯36°の観測地点をＯとすると，Ｏ点での秋分の日の太陽の南中高度は∠QOSとなる。図で，Ｏ点の緯度は∠OPTであり，QO∥TPで，同位角は等しいから，∠ROQ＝∠OPT＝36°となる。よって，∠QOS＝90°－∠ROQ＝90°－36°＝54°となるから，求める太陽の南中高度は54°である。

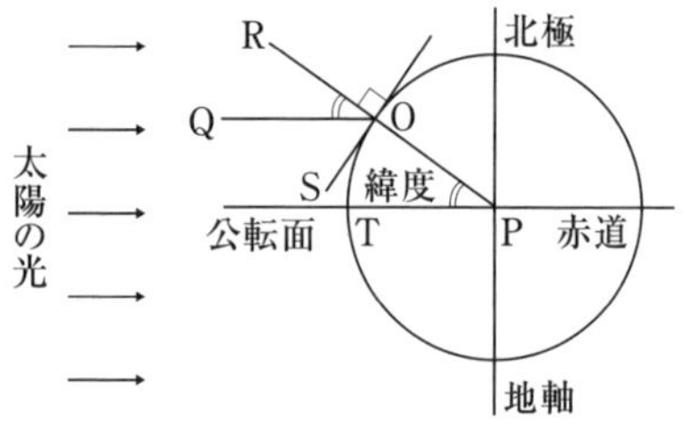

(5)＜**南半球での天体の動き**＞南半球では，太陽は東から昇り，北の空を通って西に沈む。

6 〔電流とその利用〕

(1)＜**電流，電圧**＞(a)図１は直列回路なので，回路の全抵抗の大きさは，それぞれの抵抗の和となり，$5+10=15$(Ω)である。よって，電源の電圧が12Ｖのとき，回路を流れる電流は，オームの法則〔電流〕＝〔電圧〕÷〔抵抗〕より，$12\div15=0.8$(A)となる。直列回路では，回路を流れる電流はどこでも等しいから，Ａ点を流れる電流は0.8Ａである。　(b)(a)より，10Ωの抵抗を流れる電流も0.8Ａだから，10Ωの抵抗に加わる電圧は，$0.8\times10=8$(V)となる。

(2)＜**電流**＞図２は５Ωと10Ωの抵抗が並列につながれた並列回路なので，２本の抵抗に加わる電圧は電源の電圧に等しい。よって，電源の電圧を2.0Ｖにすると，それぞれの抵抗に2.0Ｖの電圧が加わるから，10Ωの抵抗を流れる電流は，2.0÷10＝0.2(A)となり，５Ωの抵抗を流れる電流は，2.0÷5＝0.4(A)となる。これより，B点を流れる電流は10Ωの抵抗を流れる電流に等しく0.2Aであり，並列回路ではC点を流れる電流はそれぞれの抵抗を流れる電流の和になるから，0.2＋0.4＝0.6(A)である。したがって，電源の大きさと，B点に流れる電流の大きさの関係を表すグラフは点(2.0，0.2)を通る③，C点に流れる電流の大きさの関係を表すグラフは点(2.0，0.6)を通る①となる。

(3)**＜電流＞**(1)で，図１の直列回路の全体の抵抗は15Ωだから，電源の電圧を2.0Vにしたとき，A点を流れる電流は，2.0÷15＝0.133…より，約0.13Aである。また，(2)より，図２で，電源の電圧を2.0Vにすると，B点を流れる電流は0.2A，C点を流れる電流は0.6Aである。よって，図１，図２で電源の電圧を同じにしたとき，A～Cの各点を流れる電流を大きい順に並べると，C＞B＞Aとなる。

(4)**＜消費電力＞**(2)のように，電源の電圧を2.0Vにすると，それぞれの抵抗に加わる電圧は2.0Vで，10Ωの抵抗を流れる電流は0.2A，５Ωの抵抗を流れる電流は0.4Aである。よって，〔電力(W)〕＝〔電圧(V)〕×〔電流(A)〕より，10Ωの抵抗が消費する電力は，2.0×0.2＝0.4(W)，５Ωの抵抗が消費する電力は，2.0×0.4＝0.8(W)である。これより，10Ωの抵抗が消費する電力は，５Ωの抵抗が消費する電力の，0.4÷0.8＝0.5(倍)である。

7 〔化学変化とイオン〕

(1)，(2)**＜電池＞**図１のような電池では，亜鉛原子が電子を放出して亜鉛イオンとなって塩酸中に溶け出し，放出された電子が導線を通って銅板へと移動する。よって，電子は亜鉛板から銅板へ移動するが，電流の向きは電子の流れの向きと逆なので，電流の流れは銅板から亜鉛板で，銅板が＋極，亜鉛板が－極となる。また，＋極の銅板では，移動してきた電子を塩酸中の水素イオンが受け取って水素原子となり，さらに水素原子が２個結合して水素分子となって気体として発生する。

(3)**＜エネルギーの変換＞**電池は，物質が持っている化学エネルギーを電気エネルギーに変換する装置である。実験１では，電流が流れることでモーターが回転したので，電池で生じた電気エネルギーがプロペラの運動エネルギーに変わったといえる。

(4)**＜電池＞**電池は，異なる２種類の金属を電解質水溶液に入れて導線でつなぎ，電流をとり出す装置である。実験２で用いた水溶液のうち，砂糖水とエタノール水溶液は非電解質水溶液で，金属板を入れて導線でつないでも電流は流れないから，プロペラは回らない。

8 〔生物の世界〕

(1)**＜進化＞**長い年月をかけて生物が変化することを進化という。セキツイ動物は，魚類から両生類，両生類からハチュウ類とほ乳類，ハチュウ類から鳥類が進化したと考えられている。

(2)**＜節足動物＞**無セキツイ動物の中で，からだが外骨格で覆われ，あしに節のある動物のなかまを節足動物という。節足動物には，昆虫類や甲殻類のなかまが含まれ，①～④では，アメリカザリガニが甲殻類のなかまで，節足動物である。

(3)**＜セキツイ動物の特徴＞**魚類とハチュウ類は体の表面がかたいうろこで覆われ，両生類は湿った皮ふで覆われている。なお，羽毛で覆われているのは鳥類である。

(4)**＜植物の分類＞**子葉が２枚の双子葉類は，葉脈が網状脈で，根は主根と側根からなり，茎の維管束は輪状に並んでいる。一方，子葉が１枚の単子葉類は，葉脈が平行脈で，根はひげ根からなり，茎の維管束はばらばらに分布している。このように双子葉類と単子葉類は，子葉の数以外に，根の形状や葉脈，茎の維管束の様子などで区別することができる。

(5)**＜動物・植物の分類＞**図１では，鳥類の子の残し方が間違っている。鳥類は胎生ではなく卵生である。また，表２が間違っている。シダ植物は維管束があり，葉・茎・根の区別もあるが，コケ植物は維管束がなく，葉・茎・根の区別もない。

国語解答

一 問1　a…ア　b…イ　問2　ウ
問3　イ　問4　エ　問5　ア
問6　イ　問7　ア　問8　ウ
問9　イ

二 問10　ウ　問11　ウ　問12　イ
問13　オ　問14　ウ　問15　ウ
問16　ウ

三 問17　ウ　問18　イ　問19　エ
問20　ア　問21　オ　問22　ウ
問23　ウ

四 問24　イ　問25　オ　問26　ウ
問27　イ　問28　イ

一〔国語の知識〕

問１＜漢字＞ａ．「連なる」と書く。　ｂ．「企てる」と書く。

問２＜語句＞「烏合の衆」は，秩序がなく，ただ寄り集まっているだけの集団のことなので，「建設的な議論」にはならない。「後生おそるべし」は，自分より若い人は大きな可能性を持っているので，軽んじてはいけない，という意味。「漁夫の利」は，二者が争っているのにつけ込んで，第三者が利益を横取りすること。「破天荒」は，今まで誰もできなかったことを成し遂げること。「あげ足を取る」は，人の言い間違いをとらえて，非難したりからかったりする，という意味。

問３＜語句＞「巧遅」は，上手であるが仕上がりが遅いこと。「拙速」は，下手でも仕上がりが早いこと。

問４＜四字熟語＞アは「意味深長」，イは「一騎当千」，ウは「和魂洋才」，オは「片言隻句」。

問５＜四字熟語＞アは「千差万別」，イは「一石二鳥」，ウは「一長一短」，エは「七転八倒」，オは「三寒四温」。

問６＜古典の知識＞旧暦の月の異名は，一月から順に，睦月，如月，弥生，卯月，皐月，水無月，文月，葉月，長月，神無月，霜月，師走となる。

問７＜敬語＞イ．「いただく」は，謙譲語。動作主は聞き手なので，尊敬語の「召し上がる」を使う。ウ．「いらっしゃられる」は，尊敬語の「いらっしゃる」に，尊敬の意味の助動詞「られる」が重なった二重敬語。「いらっしゃいますか」が正しい。　エ．「うかがう」は，謙譲語。動作主は聞き手なので，尊敬語の「いらっしゃる」を使う。　オ．「よろしかったでしょうか」は，過去のことを尋ねる表現である。現在のことを尋ねるときは「よろしいでしょうか」が正しい。

問８＜古典の知識＞十二支を用いた方位は，北から東回りに，子《ね》(北)，丑寅《うしとら》(北東)，卯《う》(東)，辰巳《たつみ》(南東)，午《うま》(南)，未申《ひつじさる》(南西)，酉《とり》(西)，戌亥《いぬい》(北西)となる。

問９＜語句＞まるで～のようだ，のような形ではっきりと比喩であることを示す「直喩」に対して，はっきり示さない比喩を，「隠喩」あるいは「メタファー」と呼ぶ。

二〔論説文の読解―社会学的分野―コミュニケーション〕出典；伊藤亜紗「『うつわ』的利他―ケアの現場から」(『「利他」とは何か』所収)。

≪本文の概要≫他者のために何かよいことをしようとする利他には，他者をコントロールして支配することにつながる危険がある。例えば，周りの人が善意や優しさを持って認知症の当事者に接することで，逆に当事者を追い込んでしまうのは，自分と違う世界を生きている他者の力を信じ，任せるという信頼がないことが原因である。信頼と安心は，全く別のものである。安心は，相手をコントロール下に置いて，相手が想定外の行動を取らないだろうと思ってしまっている状態である。信頼は，相手が想定外の行動を取るかもしれないという社会的不確実性を認識したうえで，相手を信じることであり，この信頼が利他にとって必要なのである。利他的な行動に本質的に含まれる「これをしてあげたら相手にとって利になるだろう」という思いは，一方的な思い込みである。相手が実際にどう思うかはわからないという不確実性を意識したうえで，見返りは期待できないけれども行うというのが，利他の大原則なのである。

問10＜文脈＞「相手の力を信じることは，利他にとって絶対的に必要なこと」なのに，「私」は「赤ん坊の力」を信頼せず，「自分の価値観を押しつけて」しまい，授乳がうまくできなかった。

問11＜文章内容＞「他者のために何かよいことをしようとする思い」から出た行動が，しばしば，「その他者をコントロールし，支配することにつながる」ことがある。「善意」からの行動が，他者の行動の全てを先回りして自立を奪ってしまうような場合もあるのである。

問12＜文章内容＞認知症の当事者は，何かをやろうとしても「周りの人が助けすぎる」ために，自立を奪われ，「挑戦ができなくなり，自己肯定感が下がって」しまうのである。

問13＜文章内容＞「信頼」には，相手が想定外の行動を取ることで「自分が不利益を被るかもしれない」という「社会的不確実性」のリスクがある。しかし，「安心の追求には終わりが」なく，「一〇〇％の安心はありえない」ため，ある程度のところからは「信頼」をしようと判断する方が，合理的といえるのである。

問14＜文章内容＞利他の大原則は，利他的な行為の結果，「相手が実際にどう思うかは分からない」けれども，「それでもやってみる」ということである。この，相手がどう思うかはわからないという不確実性を意識せずに利他を行うと，「押しつけ」や「暴力」になってしまうのである。

問15＜主題＞人は，利他を行うときに「見返りを求める心」が「つい芽生えてしまいがち」である。しかし，「見返りを求める」ことは，他者をコントロールし，支配しようとすることにつながってしまうので，危険なのである。

問16＜表現＞冒頭では，他者を特定の目的に向けてコントロールし支配しようとすることが，利他の最大の敵ではないかという一つの観点が述べられている。その観点は，インタビューや書籍の引用を通して掘り下げられ，最後に「相手が実際にどう思うかは分からない」けれども，それでもやってみるのが利他の大原則であると結論づけられている。冒頭で「様々な観点」が示されているとはいえない(ウ…×)。

三〔小説の読解〕出典；小川洋子『ガイド』。

問17＜心情＞「僕」は，ガイドであるママに，「男」を見つけて一緒にタクシーに乗り，「ガイドの代役」をしつつ遊覧船を追いかけることを依頼されていた。「僕」は，与えられた役目をしっかり果たそうと意気込んでいたため，力を込めて返答したのである。

問18＜文章内容＞「僕」は，「ガイドの代役」をし始めたときは緊張のために，タクシーから見える風景の説明を，喉が「イガイガする」ほど多弁に行っていたが，「男」に「あのガイドさんは君のお母さんなんだね」と言われた後は，知識が曖昧な部分は言葉を選んで説明するなど落ち着いてガイドをすることができた。一方，「男」は，「置いてきぼりを食った」にもかかわらず，ママのガイドを聞いていたときと同じように，「僕」のガイドを聞きながら旅を楽しんでいるようであった。

問19＜文章内容＞「僕」のガイドに対して，「男」は，「指し示すものすべてに熱心な視線を向け」てくれ，説明した内容に対して「味わい深い伝説じゃないか」と言った。「男」が自分のガイドを好意的に受けとめてくれたことがわかり，「僕」は得意な気持ちになったのである。

問20＜文章内容＞詩人をやめ，「題名屋」をやっていることについて，「男」は，「詩など必要としない人は大勢いるが，思い出を持たない人間はいない」と言い，思い出に題名をつけることはどんな人にも必要とされる価値ある仕事だということを「僕」に伝えようとした。そして，「僕」に「同意」してもらおうと，「男」は，「僕」の目を見ながら「そうじゃないかな？」と念押しをした。

問21＜心情＞「僕」は，「男」と出会い，ガイドの代役を果たして印象に残る「今日一日を記憶に刻み付けて」おこうと思った。そのため「僕」は，思い出に題名をつけてもらえるよう「男」にお願いしようと考えたのである。

問22＜表現＞「僕」は，「男」と再会してタクシーで川沿いを走っている間，遊覧船に追いつけるかどうかを気にかけているが，ママのことを心配したり，早くママに会いたいと思ったりはしていない（ウ…×）。

問23＜文章内容＞「僕」は，大人のガイドのように一人前に代役を果たそうと気を張っていたが，やはり内心では子どもらしい緊張感を抑えきれていない(…ａ・ｂ)。また，それほど親しいとはいえないのに「男」の過去が気になって質問するところには，子どもらしい好奇心が現れている(…ｃ)。そして，遊覧船が見えた瞬間には，無事に先回りできることがわかり，ほっと一安心して，素直な気持ちを口にしている(…ｄ)。

四〔**古文の読解―随筆**〕出典；兼好法師『徒然草』第百八十八段。

≪現代語訳≫ある者が，(自分の)子どもを法師にして，「(仏教の)学問をして因果応報の道理をも知り，人々に経文を説き聞かせて仏教の教えを伝えて生活する手立てにもせよ」と言ったので，(子どもは)教えのとおりに，説経師になろうとするために，まず馬に乗ることを習った。(その訳は)人を運ぶためのかごや車を持っていない身で，導師として招かれるようなとき，(招いた人が)馬などを迎えによこすようなら，馬に乗るのが下手で落ちてしまうようでは，情けないだろうと思った(からである)。次に，法事の後，(施主が)酒などを勧めることがあるようなときに，法師で全く芸のないのは，施主が興ざめに思うだろうと思って，早歌ということを習った。(乗馬と早歌の)二つの技術が，しだいに熟達の境に達してきたので，ますます立派にやりたいと思って励むうちに，説経を習う暇がないまま，年を取ってしまった。

この法師だけでなく，世間の人は，皆，これと同じことがあるものだ。若いうちは，いろいろなことについて，立身出世をし，専門家の域に到達できるほどになり，芸能も(身に)つけ，学問もしようと，将来まで遠く思いめぐらすいろいろなことを心に抱きながら，一生をのんびりととらえて怠けて，まずさし迫っている目の前のことだけを気にかけて月日を送るので，何も成就しないままで，身は老いてしまう。結局何の達人にもならず，(若かった頃に)思ったように立身出世もせず，後悔しても取り返せる年齢ではないので，走って坂を下る車輪のように衰えていく。

問24＜現代語訳＞「心憂し」は，つらい，情けないという意味。「べし」は，推量の助動詞「べし」の終止形。全体として，情けないだろう，という意味。

問25＜古文の内容理解＞「子」は，説経師になったときに恥をかかないように，「馬」と「早歌」という二つの技術を練習していた。

問26＜古文の内容理解＞「成ず」は，成し遂げる，という意味。人は，若いうちはいろいろなことについて，練習して技術を磨き，専門家のように立派になろうとするのである。

問27＜古文の内容理解＞人は，本来身につけるべきだったことをやらずに，目の前のことだけを気にかけて年を取ってしまうと，車輪が下り坂で加速して転がり落ちていくように，後はあっという間に人生が過ぎ，衰えていくのである。

問28＜古文の内容理解＞「子」は，本当に成し遂げたい当初の目的は，説経師になることであったのに，説経と直接関係のない乗馬と早歌という目の前の課題にとらわれてしまい，説経師の学問をしないままに年を取ってしまった。自分が本当に成し遂げたいことに専念することが，大切なのである。

2022年度 土浦日本大学高等学校（併願推薦）

【英　語】（50分）〈満点：100点〉

1　次の英文を読んで，あとの(1)～(10)の問いに答えなさい。

Have you ever wanted to have a very quiet and peaceful vacation ?　If so, I know the best place for you to visit.　①The Faroe Islands are a group of 18 small islands in the North Atlantic Ocean between Scotland, Iceland, and Norway.　Its nearest neighbor, Scotland, is 320 kilometers to the south. Iceland is 438 kilometers to the northwest, and Norway is 588 kilometers to the east.　The Faroe Islands are much smaller than Ibaraki Prefecture.　The number of people living on the Faroe Islands is also (②).　Only about 53,000 people live there.　So, if you want to get away from people, the Faroe Islands would be a great place for you to visit !　The best time to visit these beautiful islands is in the summer.

The first people to live in the Faroe Islands were probably farmers from Ireland and Scotland who lived there in small numbers between 300 *AD and 800 AD.　The largest group of people to move there were *pirates from Norway who came to the Faroe Islands in the 9 th century.　These pirates, also known as Vikings, had spread out from Norway to Scotland and Ireland in the late 8 th century. Later, in the 9 th century, the *descendants of these Vikings moved into the Faroe Islands and into Iceland.　Today, the descendants of these Vikings still live in the Faroe Islands.　Most work as (③) growing food to eat.

The Faroe Islands were part of Norway until 1814 when the islands became part of Denmark. However, the people of the Faroe Islands have never really wanted to be *controlled by anyone. Their freedom was almost ended when the German army took over Denmark in 1940.　However, the islands were saved by the British army who promised to protect the islands from the German army. The British built roads, bridges, and the first and only airport in the Faroe Islands on the island of Vagar.　After the war ended in 1945, many Faroe Islanders felt closer to the UK than they did to Denmark.　This strong feeling for the UK is popular even today.　(④), the easiest way to travel to the Faroe Islands is from the UK.

There are many things to do and see if you visit the Faroe Islands.　You can go hiking, bird watching, horse riding, fishing, or even eat dinner with a local family.　Most people visit the islands to see the beautiful *scenery.　The best way to see this beautiful scenery is by car.　This is because there is no place on the islands that is more than 5 kilometers from the sea.　So, from the roads you can see many beautiful views of the sea.　The sea is also *unique because it is green and very clean. The ocean *waves are also very big, and watching them hit the islands is very (⑤)!

The islands have many rivers and mountains, so there are many waterfalls that fall from the mountains into the ocean.　Perhaps the most famous is ⑥Mullafossur Waterfall.　It is on the island of Vagar and only 20 minutes by car from the airport.　To get to the waterfall, you must use a small road. Along the way you can see some smaller waterfalls and beautiful mountains.　However, the Mullafossur Waterfall falls over a beautiful mountain and down into the ocean.　Many people say this place is the most beautiful spot in the Faroe Islands !

Another fun thing to do is to visit and have dinner with a local family.　This is called ⑦heimablidni.

Visitors to the Faroe Islands should visit the heimablidni website at eatlocal.fo to get more information about these very special meals. There are many different types of heimablidni. In some cases, you simply use the eatlocal.fo website to visit the home of the local person at dinnertime. You can choose from a selection of dishes including dessert and drinks. In other cases, you can have a longer visit with a local farmer and (⑧) your vegetables fresh from the garden, (⑨) fish in the ocean for your dinner, or (⑩) the farmer take care of his animals. It will be fun for you!

If you would like to learn more about the Faroe Islands, visit this website : visitfaroeislands.com. It has lots of useful information and videos that will help you plan your trip.

＊[注] AD 紀元　pirate 海賊　descendant 子孫　control ～を支配する　scenery 景色
unique 珍しい　wave 波

(1) 下線部①について，正しいものを，次の１～４の中から**１つ**選びなさい。

1. Scotlandまでの距離は，Icelandまでの距離より長い。
2. Norwayから588キロ東に位置している。
3. 茨城県とほぼ同じ大きさである。
4. 総人口が６万人に満たない。

(2) (②)に入れるのに最も適する語を，次の１～４の中から**１つ**選びなさい。

1. big　2. large　3. little　4. small

(3) (③)に入れるのに最も適する語を，次の１～４の中から**１つ**選びなさい。

1. farmers　2. pirates　3. islanders　4. Vikings

(4) 本文の内容に合っているものを，次の１～４の中から**１つ**選びなさい。

1. 1940年にGerman armyが，Norwayを占領した際に，the Faroe Islandsの独立は脅かされた。
2. The Faroe Islandsの人々は現在では，イギリスよりDenmarkに親近感を抱いている。
3. The Faroe Islandsは，1814年にDenmarkの一部となるまでは，Norwayの一部であった。
4. The Faroe Islandsは，イギリス軍の占領からthe Faroe Islandsを守ることを約束していたGerman armyによって解放された。

(5) (④)に入れるのに最も適する語句を，次の１～４の中から**１つ**選びなさい。

1. On the other hand　2. For the first time
3. Little by little　4. In fact

(6) (⑤)に入れるのに最も適する語を，次の１～４の中から**１つ**選びなさい。

1. outgoing　2. exciting
3. interested　4. disappointed

(7) 下線部⑥について，正しいものを，次の１～４の中から**１つ**選びなさい。

1. It is in the village called "Vagar."
2. Its water directly falls into the ocean.
3. It is the only waterfall in the Faroe Islands.
4. It takes about 20 minutes to get there from the airport by plane.

(8) 下線部⑦の説明として正しいものを，次の１～４の中から**１つ**選びなさい。

1. 地元の家族を訪れ，家庭料理を夕食に振舞ってもらえる。
2. 夕食はデザートと飲み物だけの組み合わせであることが多い。
3. もともとheimablidniは，地元レストランでも提供されない島の郷土料理のことである。
4. 地元の観光用ウェブサイトにアクセスし，島料理を提供するレストランを検索することができる。

(9)　(⑧)(⑨)(⑩)に入れるのに最も適する語の組み合わせとして，正しいものを，次の１～４の中から**１つ**選びなさい。

1．⑧　catch　⑨　take　⑩　help
2．⑧　pick　⑨　catch　⑩　help
3．⑧　grow　⑨　find　⑩　make
4．⑧　pick　⑨　grow　⑩　make

(10)　The Faroe Islands について，**正しくないもの**を，次の１～４の中から**１つ**選びなさい。

1．大小さまざまな滝がある。
2．５キロ以上続く砂浜がある。
3．山と川が多く，自然豊かである。
4．訪れるのに最も適した季節は夏である。

2　次の英文を読んで，あとの(11)～(19)の問いに答えなさい。

Have you ever walked through a flower garden and seen a plant with many long, thin *stems ending in a series of small, purple flowers that smell very nice? This wonderful plant is called lavender. It is often found in Japanese flower gardens, but many people also like to keep it in their homes (①) of its sweet, relaxing smell. In fact, I have some on my office desk right now!

Lavender is a member of the *mint family. There are 47 different varieties of lavender, but the most popular variety is known as Lavandula angustifolia. The color known as lavender comes from this variety. It is also a "②perennial" which means that it will live for many years rather than living for a single season like vegetable plants. If lavender is planted in dry, sunny areas, it can live for 15 years. It does not need a lot of water, so [③].

Varieties of lavender grow in many parts of the world if the weather is warm and dry. It is most often found growing in Europe near the Mediterranean Sea, northern and eastern Africa and parts of India and China. Scientists believe that the oldest varieties of lavender came from the areas around the Mediterranean Sea and were spread to other parts of Europe and Africa by the Romans around 2,000 years ago. Scientists believe ④this because the name for lavender comes from the Roman word "lavare," which means to wash. You see, the Romans liked to put lavender flowers in their baths and in their clothes. They also used lavender oil as a *perfume. In fact, scientists have found bottles of lavender perfume inside Roman *graves. When the bottles were opened, the lavender smell was still fresh and strong after 2,000 years!

Lavender was later taken to North and South America by European travelers in the 1500s. European travelers also brought lavender to Japan in the 1600s, but it is not thought to have been grown in Japan *except in the homes of Europeans living in Nagasaki. It was later introduced to the rest of Japan in the 1900s as a way to [⑤]. Lavender was planted in Tochigi and Hokkaido to create lavender oil for perfume makers in Japan and in other countries. After *WWⅡ, lavender growing became less popular with local farmers. In the 1980s, the lavender fields in Hokkaido were seen as a way to help encourage tourists to visit local areas like Kamifurano that had few jobs and needed help to survive. Lavender fields were developed into popular tourist sites. Several festivals were created for lavender farmers and to encourage people to buy local lavender products. Now, the lavender fields attract many visitors and [⑥] for this part of Hokkaido. In fact, recently, many foreign visitors to Japan have begun to visit the large lavender fields near Kamifurano to relax and enjoy the wonderful scenery.

⑦Why is lavender so popular? Well, there are many reasons, but maybe the most important one is that lavender smells so nice! However, there are many other reasons why people like lavender. First, the smell of lavender makes people feel more relaxed. Secondly, lavender also helps people who have a problem with sleeping. Doctors who help people with sleeping problems often encourage their patients to spread lavender flowers over their bed at night because the smell of lavender will help them relax and sleep more deeply. Third, putting a few drops of lavender oil into your clothes washing machine before you wash your clothes will help your clothes smell better. Fourth, clothes washed with lavender will also help keep *insects away from you. Fifth, some *chefs like to add lavender flowers to cakes as well as to salads because they add a sweet flavor, and they also look and smell nice. Finally, lavender oil is also used for minor burns because it helps damaged areas get better faster.

So, lavender is not just a beautiful plant with a nice smell. It is (⑧) a useful plant that can help you in many ways. I think you should plant some lavender around your house or around your school.

＊[注] stem 茎 mint ミント perfume 香水 grave 墓 except ～以外
WWⅡ 第2次世界大戦 insect 虫 chef 料理長

(11) (①)に入れるのに最も適する語(句)を，次の1～4の中から**1つ**選びなさい。
1. because 2. in case 3. in front 4. instead

(12) 下線部②の説明として最も適するものを，次の1～4の中から**1つ**選びなさい。
1. 多くの水分を必要とする植物である。
2. 長い間生き続ける多年生植物である。
3. 多くの野菜の苗とよく似た植物である。
4. その年のうちに枯れてしまう1年生植物である。

(13) ③ に入れるのに最も適するものを，次の1～4の中から**1つ**選びなさい。
1. it grows well in lakes
2. it grows well in very dark areas
3. it does not grow well in wet areas
4. it does not grow well in dry areas

(14) 下線部④の説明として最も適するものを，次の1～4の中から**1つ**選びなさい。
1. ラベンダーの最も新しい種は地中海周辺が産地であるということ。
2. ラベンダーは世界中の多くの地域で見られる一般的な植物であるということ。
3. ラベンダーは紀元前2000年頃，ヨーロッパやアフリカで発見されたということ。
4. ラベンダーはローマ人によって地中海からヨーロッパやアフリカに持ち込まれたということ。

(15) ⑤ に入れるのに最も適する語句を，次の1～4の中から**1つ**選びなさい。
1. make money
2. stop farming
3. travel to Japan
4. grow vegetables

(16) ⑥ に入れるのに最も適する語句を，次の1～4の中から**1つ**選びなさい。
1. have lost many workers
2. have created many jobs
3. have destroyed the environment
4. have developed green technology

(17) 下線部⑦の問いに対する答えとして，**当てはまらないもの**を，次の１～４の中から**１つ**選びなさい。
　１．ラベンダー油は火傷の治療に効果がある。
　２．ラベンダーの香りには，風邪を予防する効果がある。
　３．ラベンダーの香りによって，より深い眠りにつくことができる。
　４．ラベンダー油を洗濯機に数滴入れると，服が良い匂いになる。

(18) (⑧)に入れるのに最も適する語を，次の１～４の中から**１つ**選びなさい。
　１．also　　２．already　　３．well　　４．never

(19) 本文の内容と一致するものを，次の１～７の中から**２つ**選びなさい。（同じ解答欄に**２つ**マークしなさい）
　１．Lavender oil is also used as a perfume.
　２．The smell of lavender makes people excited.
　３．Lavender flowers add a sweet flavor to some dishes.
　４．Lavender is never found in Japanese flower gardens.
　５．In Japan, lavender growing has always been very popular.
　６．Lavender cannot live for long if it is planted in dry, sunny areas.
　７．The lavender smell was gone when the perfume bottles inside the Roman graves were opened.

3　次の英文を読んで，あとの(20)～(28)の問いに答えなさい。

Uncle Jack : Hello, John! [①] Why don't you visit me more often? I don't see you much these days.

John : Yes, I know, Uncle Jack. It's school. My teachers give us a lot of homework, so I don't have much free time.

Uncle Jack : Well, you are (②) that you can go to school. When I was your age, I couldn't go to school.

John : Really? Why?

Uncle Jack : Well, it was in the 1930s. The world was in *the Great Depression. Nobody around me had time for school. We were all trying to earn some money. It was a tough time.

John : What was the Great Depression? I've never heard of it.

Uncle Jack : Well, it began back in 1929. You see, after *WW I ended in 1918, the American economy began to grow fast. The future looked great. Everybody had a job and life was (③). A lot of people borrowed money to buy things they didn't need.

John : Like what?

Uncle Jack : *Stocks mainly. That's a piece of paper that says you own a very small share of a business. Many people bought these stocks because they thought the price would go up and up and they could become rich.

John : That actually sounds like a good idea. What went wrong?

Uncle Jack : For a while, the economy kept growing. It got bigger and bigger. People got excited and borrowed more money to buy stocks. Everyone thought that the economy would keep growing.

John : But it stopped, right?

Uncle Jack : That's exactly right! The government tried to slow things down and about a month later this created a panic. People began trying to sell their stock, but nobody wanted it because the businesses had failed. Then, the banks began closing, and people tried to get their money out. Most people got nothing. This was because the banks were the ones *loaning money to buy these stocks. Now, nobody had any money, and there were no jobs. It was a ④disaster!

John : [⑤]

Uncle Jack : The Great Crash, as they called it, happened on October 29th, 1929. This was the beginning of the Great Depression. I was 12 years old, and I can remember reading the story in the newspaper. I was just a kid, but I knew something very bad had happened. Many of my neighbors began losing their homes and their farms because nobody was buying anything. There were no jobs and many people became very poor.

John : How about your family? Were they OK?

Uncle Jack : [⑥] My father was a soldier in WW I. He had been very badly hurt in the war. He didn't like loud noises because it reminded him of the war. A few weeks after the Great Crash, we had really bad weather. There was a lot of *thunder and *lightning. It was really (⑦). My father began to panic and tried to run away, but there was no place to escape the noise. Suddenly, lightning hit the tree right outside the front door. The noise was very loud. My father went completely crazy. I had to run and get the neighbors to help hold him down until the police came and took him away. I never saw him again.

John : What happened next?

Uncle Jack : It was sad. We lost the farm soon after. We had no place to go. My mother took my younger brother and sister and went to live with her sister. She told my older brothers and me that we would have to take care of ourselves. We were on our own.

John : What did you do?

Uncle Jack : We packed our bags and walked out of town. We waited for a train that was going slow, and then we jumped on it and hid in one of the train cars. We rode it out to Colorado and found jobs working as *cowboys. It didn't pay much, but at least it was a job.

John : That must have been very hard.

Uncle Jack : Yes, but ⑧every dark cloud has a silver lining.

John : What do you mean?

Uncle Jack : Well, life was tough, but at least I enjoyed working as a cowboy.

*[注] the Great Depression 大恐慌　WW I 第1次世界大戦　stock 株　loan (お金)を貸す
thunder 雷鳴　lightning 稲光　cowboy カウボーイ

(20) [①] に入れるのに最も適するものを，次の1～4の中から**1つ**選びなさい。

1. How am I?
2. See you soon!
3. Long time, no see!
4. Take care of yourself!

(21) (②)に入れるのに最も適する語を，次の1～4の中から**1つ**選びなさい。

1. crazy　2. lucky
3. safe　4. bad

(22) (③)に入れるのに最も適する語を，次の1～4の中から**1つ**選びなさい。

1．hard
2．easy
3．terrible
4．lazy

(23) 下線部④の語の意味を表すものとして最も適するものを，次の1～4の中から**1つ**選びなさい。

1．The most important part of something.
2．A story, person, or thing that is not real.
3．A very bad situation that hurts a lot of people.
4．Something very good that helps people or animals.

(24) ［⑤］に入れるのに最も適するものを，次の1～4の中から**1つ**選びなさい。

1．When was it？
2．Where did you go？
3．What was your job？
4．Why did you go there？

(25) ［⑥］に入れるのに最も適するものを，次の1～4の中から**1つ**選びなさい。

1．Yes, of course not.
2．No, things got very bad.
3．Yes, I think it was not OK.
4．No, everything was all right.

(26) (⑦)に入れるのに最も適する語を，次の1～4の中から**1つ**選びなさい。

1．easy
2．scary
3．lucky
4．boring

(27) 下線部⑧の説明に最も近いものを，次の1～4の中から**1つ**選びなさい。

1．悪いことの反面には必ず良いことがある。
2．遅いようでも着実な手段を選ぶことが大切である。
3．達人の域に達すればどのような状況でも失敗しない。
4．他人の行いを批判する前に，まず自分のことを省みる必要がある。

(28) 本文の内容に合っているものを，次の1～7の中から**2つ**選びなさい。(同じ解答欄に**2つ**マークしなさい)

1．Uncle Jack はコロラドで有名な銀行家となった。
2．第1次世界大戦が終わった後，多くの人々が株を買った。
3．Uncle Jack の父親は第1次世界大戦に従軍し，戦死した。
4．The Great Depression の最中，多くの人々が物の買い占めに走った。
5．The Great Depression の時代，皆がとても裕福な生活を送っていた。
6．株の購入に政府が介入したために，人々の間にパニックが広がった。
7．Uncle Jack の家族は全員がお互いを助け合いながら生涯仲良く暮らした。

4　次の広告の内容について，あとの(29)～(32)の問いに答えなさい。

Winter Fireworks Festival 2022

It is held every year to protect us from disease and for good luck.

Date and Time

- January 15th, 20:00 - 20:30

Place

- Tsuchiura Park
  It takes about 15 minutes to walk there from Tsuchiura Station.
  You can come by car, but you must pay 500 yen for each car.

Special Seating

- There are special seats, but you must pay to use them.
  If you buy tickets for the special seats at least 3 days before the festival begins, you can get a 100-yen discount on each special seat.　Please look at the special-seat prices below:

Adults:	Ages 19-64	1,500 yen
Teenagers:	Ages 13-18	1,300 yen
Seniors:	Ages 65 and over	1,300 yen
Children:	Ages 6-12	900 yen
Children:	Ages 5 and under	Free

  There are only 300 special seats at the Winter Fireworks Festival.
  You can buy tickets for the special seats at any convenience store in Tsuchiura or on the special website: **www.wfftsuchiura.tn.jp**
- If you do not need a special seat, you can see the fireworks for free!

Special Message Fireworks

- You can pay for a special message to be played during the fireworks.
- For examples of the special messages, you can watch the video from last year's festival at this website: **http://messagefireworks2021.tn.jp**
- The price for each message is 10,000 yen.
- Only the first 5 people can order special message fireworks, so you had better order as soon as possible.
- If you have any questions, please send an email to: **WFF2022@tsuchiura.tn.jp**

(29) This event is held [　　　　].
1. to make Tsuchiura a convenient place
2. so that we will not have poor health
3. only this year because we are not healthy
4. to say thanks to Tsuchiura for keeping us free

(30) We can learn from this advertisement that [　　　　].
1. you can see the fireworks for 30 minutes
2. over 300 people can sit in the special seats
3. you must walk to Tsuchiura Park
4. More than 5 people can order special message fireworks

(31) If a 15-year-old girl, her 11-year-old sister, her 40-year-old mother, her 45-year-old father, and her 67-year-old grandfather want to buy tickets for the special seats on January 10, the family must pay [　　　　].
1. 5,500 yen　　2. 6,000 yen
3. 6,500 yen　　4. 7,000 yen

(32) This advertisement says you can [　　　　].
1. ask a question using a telephone
2. buy tickets at any supermarket
3. come to the park by car though you must pay 500 yen
4. buy 5 special message fireworks for 10,000 yen

5

次の(33)～(35)の各文の下線を引いた語(句)とほぼ同じ意味になる語を，下の1～4の中から**1つずつ**選びなさい。

(33) Mr. Kent wrote a few pages of writing about hunger in the world.
1. an article　　2. an exhibition
3. a feeling　　4. a lullaby

(34) Ms. Wordsworth's job is to gather information about sports and other events.
1. collect　　2. imagine
3. mean　　4. protect

(35) Alexander Graham Bell invented the telephone in 1876.
1. created　　2. destroyed
3. excused　　4. folded

6

次の(36)～(38)について，文法的に**誤りがある**のはどれか，下線部①～④の中からそれぞれ**1つずつ**選び，番号で答えなさい。

(36) Paper ①dictionaries are big and heavy, but we can ②see ③many information ④at the same time.

(37) Do you ①know the ②woman walk ③in a blue dress ④in the street?

(38) I asked my father ①to buy a new bike ②me because ③the bike I am riding now ④has become too small.

7 下の(39)～(43)について，(　)内の語を，意味が通るように並べ替えなさい。解答は例にならって1番目～6番目の語の順に番号で答えなさい。日本文がある場合には，その意味を表すよう完成させなさい。ただし文頭にくる語も小文字で書いてある。

例題　I (①　you　②　will　③　a　④　give　⑤　hand　⑥　tomorrow).

1番目	①●③④⑤⑥
2番目	①②③●⑤⑥
3番目	●②③④⑤⑥
4番目	①②●④⑤⑥
5番目	①②③④●⑥
6番目	①②③④⑤●

この例では，I will give you a hand tomorrow. とするために，上から順に②，④，①，③，⑤，⑥のところにマークしてあります。

(39) (①　I　②　mother　③　my　④　pick　⑤　to　⑥　want) me up at the airport.

(40) (①　times　②　does　③　pen　④　three　⑤　cost　⑥　your) as much as mine?

(41) この新しい図書館にはなんて素晴らしい本があるんだろう。
(①　books　②　great　③　library　④　new　⑤　this　⑥　what) has!

(42) これは1000円より安く買える唯一のイヤホンです。
This is the only (①　buy　②　can　③　earphone　④　for　⑤　that　⑥　you) less than 1,000 yen.

(43) なぜ彼女がその試験を突破したのかわかりますか。
Do you (①　test　②　know　③　passed　④　she　⑤　the　⑥　why)?

8 次の(44)～(48)について，(　)に入れるのに最も適する語(句)を，下の1～4の中から**1つずつ**選びなさい。

(44) Would you (　　　　) my dog for 3 days next week?
1. take after　2. look in　3. look after　4. take off

(45) He was absent (　　) school because he went to see a doctor.
1. on　2. from　3. in　4. near

(46) My father was told to stop (　　) at the hospital yesterday.
1. smoke　2. smoked　3. smoking　4. to smoking

(47) I didn't want to make you sad, (　　) I could not tell you the truth.
1. so　2. which　3. than　4. until

(48) It (　　) heavily since yesterday afternoon, so I couldn't sleep well last night.
1. was raining　2. rain　3. rains　4. has rained

【数　学】 (50分) 〈満点：100点〉

(注意) (1) 定規，コンパス，分度器，計算機は使用してはいけません。

(2) □の中の１つのカタカナには１つの数字が入ります。その数字をマークしなさい。

(3) 分数で答える場合は必ず約分し，比で答える場合は最も簡単な整数比で答えなさい。また，根号の中はできるだけ小さい自然数で答えなさい。

1 　次の□をうめなさい。

(1) $21-(-4^3)\div\left(\dfrac{8}{3}\right)^2=\boxed{\text{ア}}\boxed{\text{イ}}$

(2) $(\sqrt{5}+\sqrt{3})^2(\sqrt{5}-\sqrt{3})^2+\dfrac{\sqrt{18}-\sqrt{50}}{\sqrt{2}}=\boxed{\text{ウ}}$

(3) $2a^3b\div4a\times(3b)^2=\dfrac{\boxed{\text{エ}}}{\boxed{\text{オ}}}a^{\boxed{\text{カ}}}b^{\boxed{\text{キ}}}$

(4) ２次方程式 $(3x-2)^2-2(6x-4)=0$ を解くと，$x=\dfrac{\boxed{\text{ク}}}{\boxed{\text{ケ}}}$，$\boxed{\text{コ}}$ である。

(5) 次の⓪～③のうち，正しいものは $\boxed{\text{サ}}$ と $\boxed{\text{シ}}$ である。($\boxed{\text{サ}}$ と $\boxed{\text{シ}}$ については，順番は問わない)

⓪ 循環小数は無理数である。

① 奇数と偶数の和は奇数である。

② 関数 $y=ax^2$ のグラフは x 軸について対称な曲線である。

③ 斜辺と他の１辺がそれぞれ等しい直角三角形は合同である。

2 　次の□をうめなさい。

(1) １～６までの目が６面に１つずつ書かれたサイコロと，１が３面，２が２面，３が１面に書かれたサイコロがある。この２つのサイコロを同時に投げて，出た目の積が６になる確率は，$\dfrac{\boxed{\text{ア}}}{\boxed{\text{イ}}}$ である。

(2) 下の図において，AB∥CD，∠ADC＝19°，点Oは円の中心であるとする。このとき，∠ABD＝$\boxed{\text{ウ}}\boxed{\text{エ}}\boxed{\text{オ}}$°である。

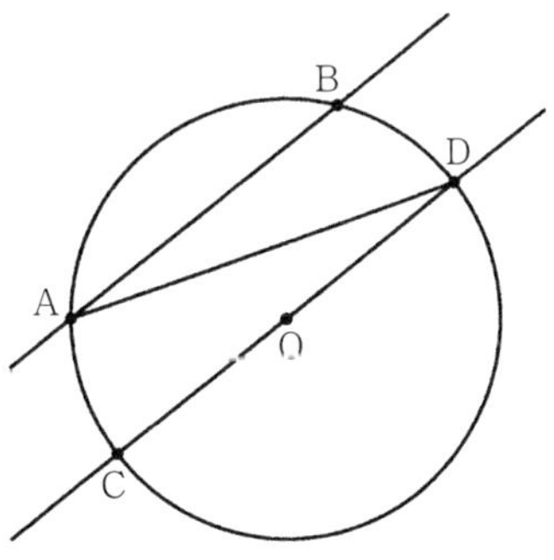

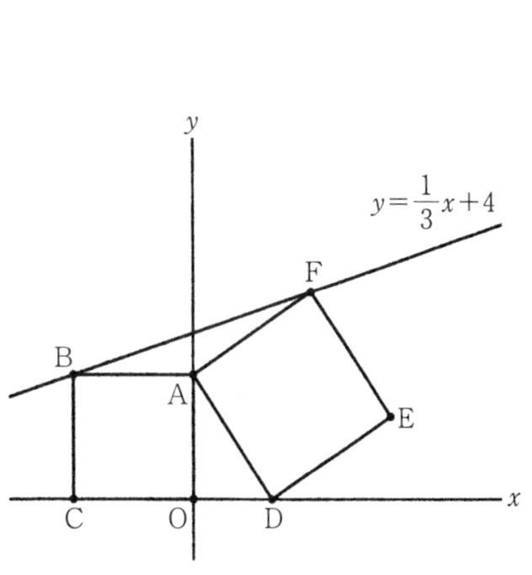

(3) 右の図において，四角形OABC，ADEFは正方形であり，直線BFの式は $y=\dfrac{1}{3}x+4$ である。このとき，Aの座標は $(0,\ \boxed{\text{カ}})$ であり，Eの座標は $(\boxed{\text{キ}},\ \boxed{\text{ク}})$ である。

3　カメとウサギが同時にスタートし，同じ道のりを競走した。カメは毎分 2 m の速さで走り続けて，スタートから x 分後にゴールした。ウサギは毎分 10m の速さで 140m 走り，その地点で70分間眠ってしまった。目を覚ましたウサギはもとの速さで走り出したが，カメより 6 分遅れてゴールした。このとき，次の[　]をうめなさい。

(1)　カメとウサギについての，スタートしてからゴールするまでの時間とスタート地点から走った道のりの関係を表したグラフは[ア]である。ただし，[ア]には次の⓪～③から当てはまるものを 1 つ選びなさい。

⓪
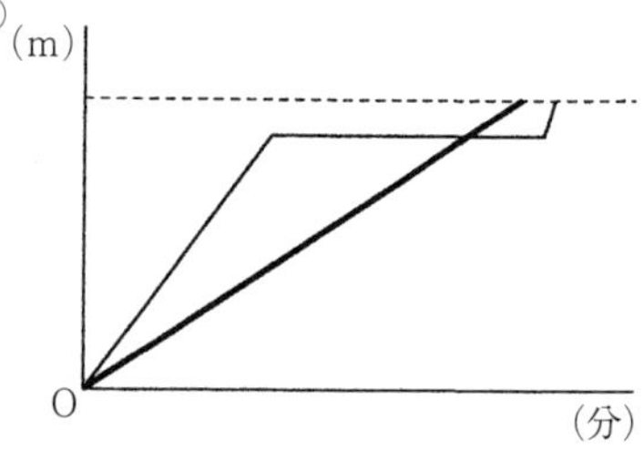

①
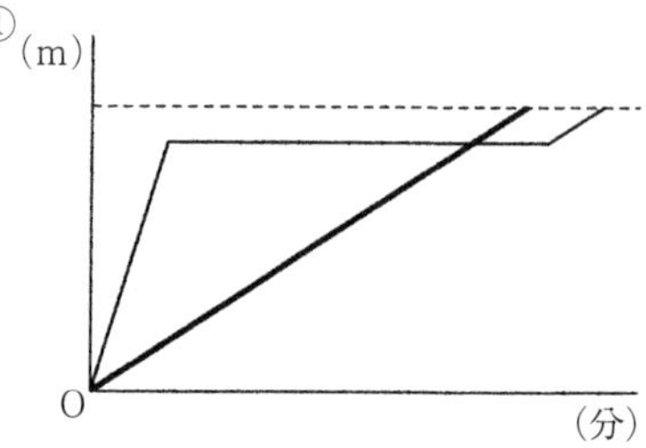

②
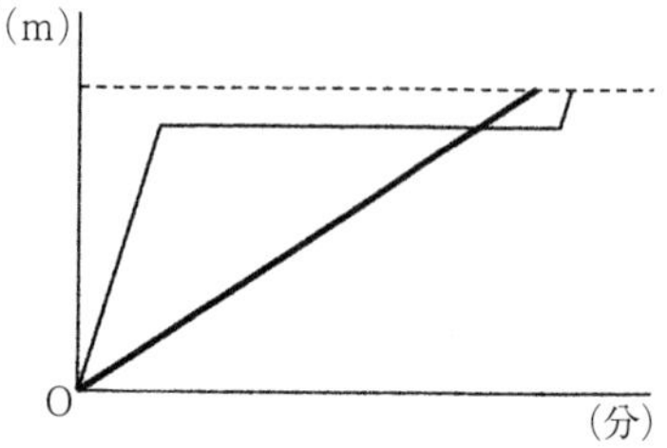

③
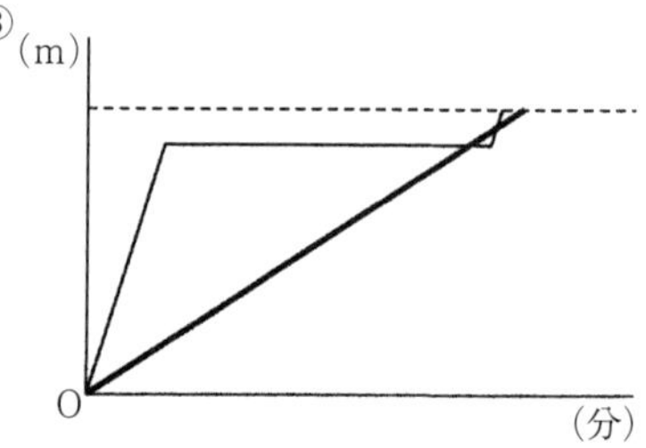

(2)　ウサギが目を覚ましてから，ゴールするまでに走った時間は $x-$[イ][ウ]分である。また，$x=$[エ][オ]である。

(3)　競走する道のりがあと y m 長ければ，ウサギはカメに追いつき同時にゴールすることができたという。このとき，$y=$[カ][キ]である。

4　図において，①は $y=ax^2$，②は $y=bx+c$ のグラフである。①と②は 2 点A，Bで交わっており，Aの座標が$(-2,\ 2)$，Bの x 座標は 4 である。②と y 軸の交点をC，Bを通り y 軸に平行な直線と x 軸の交点をDとする。また，①上の x 座標が t である点をPとする。ただし，Oは原点であり，$0<t<4$ とする。このとき，次の[　]をうめなさい。

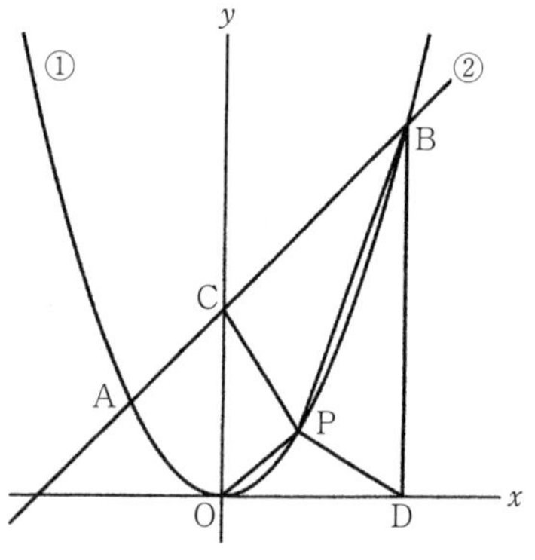

(1)　$a=\frac{ア}{イ}$，$b=$[ウ]，$c=$[エ]である。

(2)　△PCO と △PDB の面積が等しいとき，$t=\frac{オ}{カ}$ である。

(3)　△POD と △PBC の面積が等しいとき，$t=\frac{キ+\sqrt{クケ}}{コ}$ である。

5　図のように，1辺の長さが2である立方体ABCD-EFGHがある。辺CGの中点をIとし，辺BF上に点Pをとる。このとき，次の□をうめなさい。

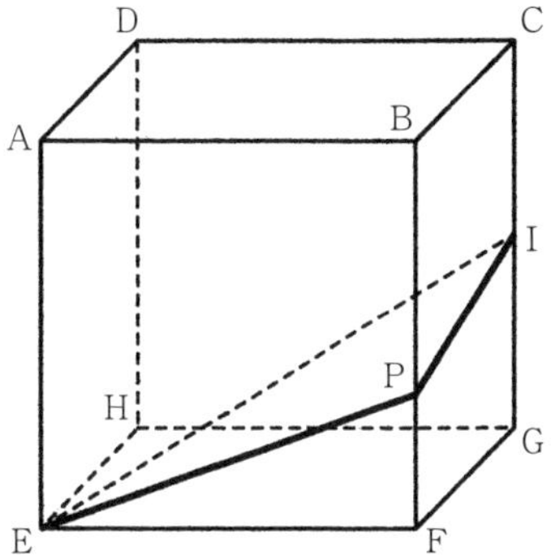

(1)　EI=$\boxed{ア}$である。

(2)　EP+PIの値が最小になるとき，EP+PI=$\sqrt{\boxed{イ}\boxed{ウ}}$である。

(3)　(2)のとき，この立方体を点E，I，Pを通る平面で切断する。このときの断面積は$\boxed{エ}\sqrt{\boxed{オ}}$である。

【社　会】（50分）〈満点：100点〉

1　あとの問いに答えなさい。(8)～(10)については，それぞれの説明にあてはまる国名を，以下の①～④のうちから一つずつ選びなさい。なお，(8)～(10)は，図(地図)中の番号に対応している。

(1)　朝鮮戦争の影響で日本国内に起きたこととして適切なものを，以下の①～④から一つ選びなさい。

①　岩戸景気　　②　韓国併合
③　警察予備隊の設置　　④　防衛省の解体

(2)　米ソの首脳が冷戦の終結を宣言した場所として適切なものを，以下の①～④のうちから一つ選びなさい。

①　ジュネーブ　　②　マルタ
③　ポツダム　　④　ヤルタ

(3)　自衛隊が派遣されることもある「国連平和維持活動」を示す略称として適切なものを，以下の①～④のうちから一つ選びなさい。

①　NGO　　②　NPO
③　PKO　　④　WHO

(4)　日本国憲法において，人権を制限する際に用いられる，「社会全体の利益」を意味する用語として適切なものを，以下の①～④のうちから一つ選びなさい。

①　公共の福祉
②　国権の最高機関
③　全体の奉仕者
④　法の下の平等

(5)　仙台市や広島市など全国に8か所設置されている下級裁判所として適切なものを，以下の①～④のうちから一つ選びなさい。

①　家庭裁判所
②　高等裁判所
③　弾劾裁判所
④　地方裁判所

(6)　1970年代に工業が発展し，経済成長した韓国，台湾，香港，シンガポールの総称として適切なものを，以下の①～④のうちから一つ選びなさい。

①　アジアNIES　　②　APEC
③　ASEAN　　④　NATO

(7)　国際河川の一つであり，アルプス山脈に源流があり，フランス・ドイツの国境からドイツ・オランダを流れる河川として適切なものを，以下の①～④のうちから一つ選びなさい。

①　ドナウ川　　②　メコン川
③　ミシシッピ川　　④　ライン川

(8)　ギニア湾に面するこの国は，アフリカの国の中で人口が最も多く，アフリカ最大の産油国である。

①　カメルーン　　②　ケニア
③　タンザニア　　④　ナイジェリア

(9)　国内にアンデス山脈があり，高地ではリャマやアルパカを飼育している。15世紀に全盛期を迎えたインカ帝国の遺跡であるマチュピチュがあることで知られる。

①　エクアドル　　②　チリ
③　ペルー　　④　ボリビア

(10)　国土の大部分は乾燥帯であり，国内を流れるインダス川の流域には古代文明が繁栄し，都市遺跡のモヘンジョ＝ダロがある。核兵器の保有国の一つである。
① アフガニスタン　② イラン
③ カザフスタン　④ パキスタン

図

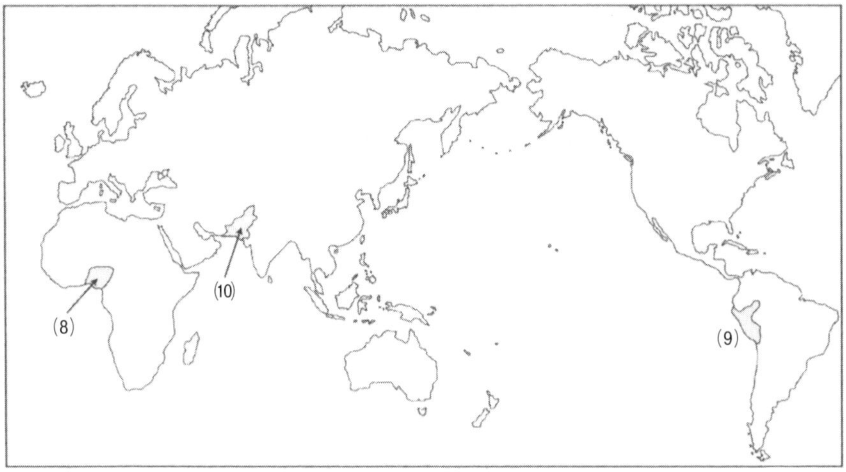

2 衣装文化は，独自の地理・歴史の背景をもっている。素材や利用方法などに着目すると，自然環境と人間がどのように共生してきたかを知ることができる。次の文章Ⅰ・Ⅱを読んで，あとの問いに答えなさい。

Ⅰ

(a)綿花は，インド，(b)北アメリカ，中央アジア，エジプトなどが主な産地です。インドの綿布は，キャラコやゴブランなどの(c)高級織物からサリーなどの日常品まで多様な製品があり，世界中で好まれてきました。

キャラコは，江戸時代の日本に入り，更紗《さらさ》と呼ばれました。色鮮やかで優れた質感をもつ更紗は需要が高く，輸入品の多くを占めました。

イギリスは(d)綿織物の輸入に代わる産業を育成するため，綿工業の技術革新を進め，18世紀に(e)産業革命が始まりました。西インド諸島で生産した砂糖の収益で資本を蓄積したほか，工場労働者を確保し，早くから海外に植民地を獲得したことで，その条件が整いました。北アメリカで生産した綿花などを手に入れ，機械で生産した綿布をインドに輸出し，さらに植民地支配を強めました。

(1) 下線部(a)「綿花」は，乾燥に強く，夏に暑くなる地域で栽培されている。次の雨温図をみて，綿花の生産に最も適した都市を，以下の①～④のうちから一つ選びなさい。

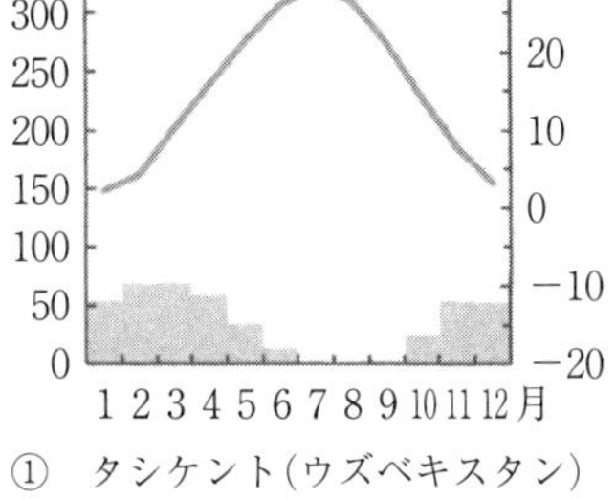

① タシケント(ウズベキスタン)

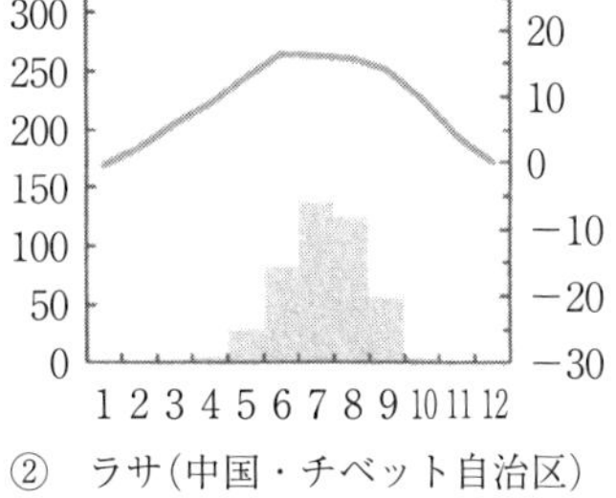

② ラサ(中国・チベット自治区)

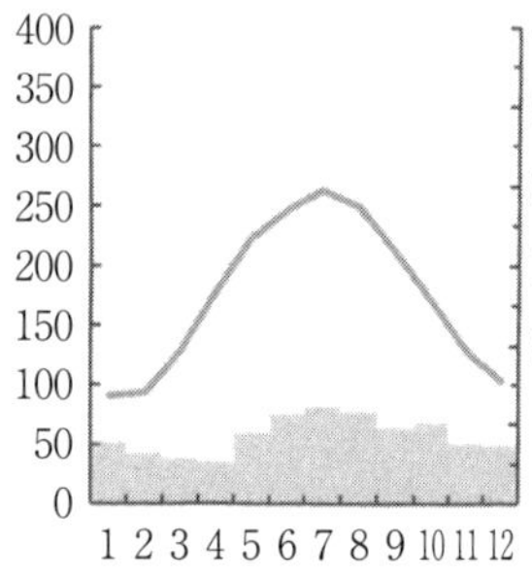

③　モスクワ(ロシア)

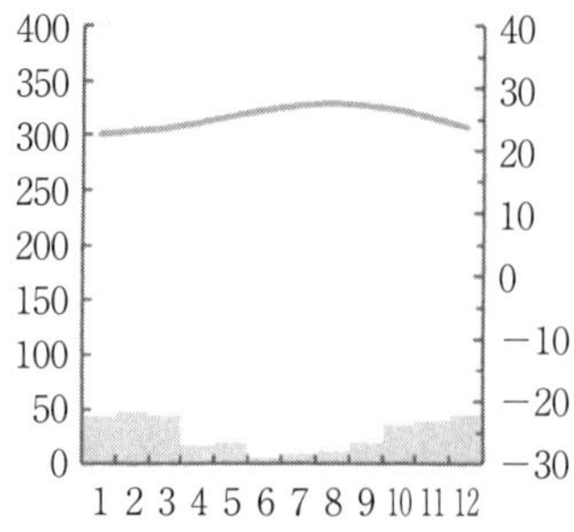

④　ホノルル(アメリカ)

(気象庁ホームページにより作成)

(2)　下線部(b)「北アメリカ」では，綿花がプランテーションという大農園で生産された。綿を収穫する作業は，中腰になる必要があり，棘《とげ》で手を痛めることから，黒人奴隷が労働に従事させられた。奴隷制度をめぐる対立は南北戦争に発展した。この戦争前後の経緯A～Dを年代順に並べたものを，以下の①～④のうちから一つ選びなさい。

A　東インド艦隊司令長官ペリーが日本に派遣され，開国を要求した。
B　リンカンが「人民の人民による人民のための政治」と演説した。
C　奴隷制度をめぐる対立から南北戦争がおきた。
D　日米修好通商条約を結び，横浜などを開港した。

①　A→C→D→B　　②　C→B→A→D
③　A→D→C→B　　④　C→A→B→D

(3)　下線部(c)に関連して，イギリスでは，綿製品はぜいたく品として，しばしば禁令の対象になった。江戸時代の日本においても，庶民の活動を禁じたり制限したりする法令が出された。江戸時代の法令として適切なものを，以下の①～④のうちから一つ選びなさい。

①　水野忠邦は寛政の改革を行い，ぜいたくを禁止し，株仲間を解散させた。
②　イギリス船が来航したのを機に，幕府は異国船打払令を出した。
③　「文武弓馬の道」(学問と武道)に常に励むことが平民の責務とされた。
④　国家総動員法が制定され，戦争遂行に必要な人員や物資を，議会の議決を経ずに動員できるようになった。

(4)　下線部(d)に関連して，現代においては強制労働によって生産された綿製品の購入を拒否する動きと，これに反発する動きがある。経済活動に関する動きとしてA～Dの４点をあげた。それぞれを説明した文として適切なものを，以下の①～④のうちから一つ選びなさい。

A　人口が増加したため，森林を伐採し耕地を拡大させている。
B　植民地支配の影響が残り，特定の鉱産資源・農作物の生産と輸出に依存している。
C　自然環境を損なわないようにしながら，自然の仕組みを学ぶ観光のあり方が提案されている。
D　児童労働などを排除したことを証明する商品の購入が提案されている。

①　Aはヒートアイランド現象のことである。
②　Bは砂漠化である。
③　Cはエコツーリズムである。
④　Dはモノカルチャー経済のことである。

(5)　世界各地の衣装文化について述べた文として適切なものを，以下の①～④のうちから一つ選びなさい。

①　寒い地域では，風通しの良い木綿や麻などで作られた，ゆったりとした服が好まれる。

② 暑い地域では，保温性の高い動物の毛皮で作られた服や帽子，手袋などが使われる。

③ 遊牧民や狩猟民の間で珍重される絹織物は，江戸時代に蝦夷地を経由して日本から輸出された。

④ イスラム教の世界では，女性は髪や肌を出さないこととされ，布をまとっていることが多い。

(6) 下線部(e)に関連して，イギリスで産業革命がおき，綿工業の分野で機械化が進んだ。その時期の世界の動きとして適切なものを，以下の①～④のうちから一つ選びなさい。

① 田沼意次が，年貢中心の政策を転換し，商業の利益によって財政の立て直しを図った。

② パリで最初の万国博覧会が開かれ，各国の物産が展示された。

③ 南京条約で開港した中国南部を中心に，太平天国の乱が発生した。

④ ガンディーが「非暴力・不服従」運動をおこし，イギリスからの独立運動を指導した。

Ⅱ

ナイロンは，第二次世界大戦中に(f)アメリカ合衆国の企業が開発しました。同様に(g)石油を原料とする工業製品が大量生産され，戦争の勝利に貢献しました。アメリカ合衆国は，戦闘だけでなく，物量でも他を圧倒し，(h)戦後の国際社会で大きな力を発揮しました。軍事目的で開発された技術は，戦後は民間に応用され，(i)アメリカの経済力を支えたのです。

(7) 下線部(f)「アメリカ合衆国」が，1776年に独立するにあたって，その正当性を主張した文書が独立宣言である。その資料として適切なものを，以下の①～④のうちから一つ選びなさい。

①

第１条　人間は，生まれながらにして自由かつ平等な権利を持っている。
第３条　すべて主権は，本来人民にある。
第４条　自由とは，他人に害を与えない限り，何ごとも行いうるということである。
第11条　思想と言論の自由は，人間の最も貴重な権利の一つである。そのため，あらゆる市民は，自由に発言し，書き表し，印刷・出版することができる。

②

いかなる自由民も，正当な裁判または国の法律によらなければ，逮捕や監禁をされたり，土地を奪われたり，法による保護を奪われたり，国外に追放されたり，その他の方法によって権利を侵害されたりすることはない。

③

われわれは以下の真理は自明のことと信じる。まず，すべての人間は平等につくられており，神より奪うことのできない諸権利を与えられている。それらのなかには生命，自由，幸福追求の権利がある。また，これらの権利を保障するために，人間の間に政府が組織されるのであり，その正当な権力は人々の同意に由来するものである。

④

第１条　すべての人間は，生まれながらにして自由であり，かつ，尊厳と権利とについて平等である。人間は，理性と良心とを授けられており，互いに同胞の精神をもって行動しなければならない。

(8) 下線部(g)「石油」は多くの製品の原料として活用されてきた。我々の生活を支えるさまざまな資源に関連する文として適切なものを，以下の①～④のうちから一つ選びなさい。

① 産油国は北米自由貿易協定(NAFTA)を結成して価格を取り決めている。

② ヨーロッパでは，風力や太陽光など再生可能エネルギーを利用した発電が進んでいる。

③ 日清戦争後，筑豊炭田のある九州北部に富岡製糸場が建設された。

④ スマートフォンに使われるコバルトやマンガンなどのバイオマスが注目されている。

(9) 下線部(h)に関連して，アメリカ合衆国のニューヨークには国際連合の本部が置かれている。国際連合について述べた文として適切なものを，以下の①～④のうちから一つ選びなさい。

① 日ソ共同宣言を発表してソ連と国交を回復し，日本は国際連合への加盟を果たした。

② 第二次世界大戦中に発表された人権宣言に賛同した連合国が発足させた。

③ 第一次世界大戦直後に成立し，世界平和の実現を目的とする史上初の国際機関である。

④ 安全保障理事会は，アメリカ・イギリス・ロシア・日本・中国が常任理事国である。

(10) 下線部(i)に関連して，次の図は，小麦，トウモロコシ，牛肉，綿花の国別生産額を示したものである。図中のA～Dにはそれぞれ国名があてはまる。この国名の組み合わせとして適切なものを，以下の①～④のうちから一つ選びなさい。

図

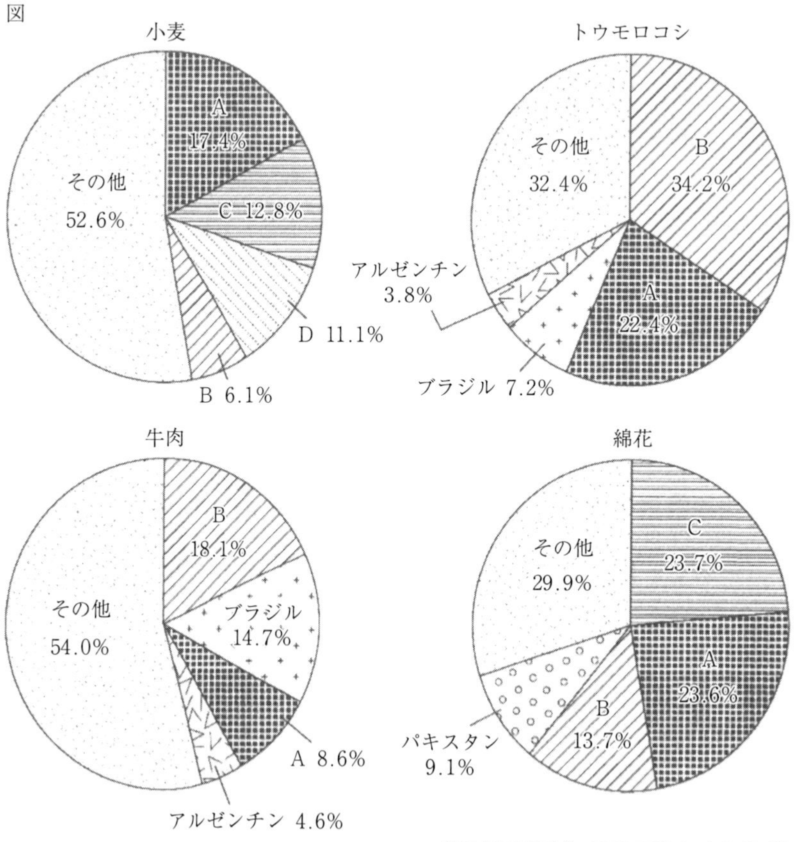

（『世界国勢図会 2019/20』により作成）

① A－アメリカ　B－インド　C－ロシア　D－中国

② A－中国　B－アメリカ　C－ロシア　D－インド

③ A－アメリカ　B－ロシア　C－インド　D－中国

④ A－中国　B－アメリカ　C－インド　D－ロシア

3　次のロゴと文章を読んで，あとの問いに答えなさい。

これは［　あ　］を示したロゴです。［　あ　］とは，2015年に国際連合で採択された，2016年から2030年の15年間で達成すべき国際的な目標のことです。17のゴールと169のターゲットから構成され，地球上の「誰ひとり取り残さない」ことを掲げています。

先進国である日本では，すでに達成している目標も多いと感じるかもしれません。しかし，17の目標すべてにおいて，日本が取り組むべきことが多く残されています。

例えば目標１「貧困をなくそう」についてはどうでしょうか。日本人は豊かな生活を送っていると思うかもしれません。しかし，(a)厚生労働省の国民生活基礎調査(2019)によれば，日本の(注)相対的貧困率は15.7％で，およそ６人に１人が該当します。(b)日本国憲法では，生存権などの［　い　］が保障されており，貧困世帯のための社会保障制度が整備されていますが，貧困率は20年前から大きな変動をみせていません。

目標５「(c)ジェンダー平等を実現しよう」は特に力を入れるべき課題の一つです。日本国憲法第14条は性別による差別を禁止しています。また，1985年に女子差別撤廃条約の批准にあわせて制定された［　う　］では，企業が募集や採用，昇進等について，性差別をすることを禁止しています。憲法や(d)法律上は，男女の差はなく，「機会の平等」を保障していると言えるでしょう。しかし，(e)衆議院における女性の(f)議員の比率は１割未満です。これは(g)Ｇ７の中でワーストの数値になります。

17の目標の達成のためには，国の施策だけでは足りません。例えば，企業はユニバーサルデザインの製品をつくることで，目標11や12に貢献することができます。国民一人一人の努力も欠かせません。エコバッグを持ち歩けば，目標13や14に貢献できます。

（注）　収入から税金や社会保険料を引いた可処分所得を高い順に並べ，中央の額の半分に満たない人が全体に占める割合のこと。

(1)　文章中の空欄［あ］にあてはまる語句として適切なものを，以下の①～④のうちから一つ選びなさい。

①　アジェンダ21

②　京都議定書

③　国際連合憲章

④　SDGs(持続可能な開発目標)

(2)　下線部(a)に関連して，観光庁や気象庁などを設置し，都市整備や運輸事業，観光立国の実現に向けた施策の推進などを行っている日本の行政機関として適切なものを，以下の①～④のうちから一つ選びなさい。

① 環境省
② 経済産業省
③ 国土交通省
④ 財務省

(3) 文章中の空欄[い]・[う]にあてはまる語句の組み合わせとして適切なものを，以下の①～④のうちから一つ選びなさい。

① [い]―社会権 [う]―男女雇用機会均等法
② [い]―社会権 [う]―男女共同参画社会基本法
③ [い]―請求権 [う]―男女雇用機会均等法
④ [い]―請求権 [う]―男女共同参画社会基本法

(4) 下線部(b)「日本国憲法」第96条に関する下の文章を読んで，文章中の空欄[え]・[か]にあてはまる語句の組み合わせとして適切なものを，以下の①～④のうちから一つ選びなさい。ただし，[お]にあてはまる語句を答える必要はない。

日本国憲法第96条１項は，「この憲法の改正は，各議院の[え]の[お]の賛成で，国会が，これを発議し，国民に提案してその承認を経なければならない。この承認には，特別の国民投票又は国会の定める選挙の際行はれる投票において，その[か]の賛成を必要とする」と規定している。

① [え]―出席議員 [か]―３分の２以上
② [え]―出席議員 [か]―過半数
③ [え]―総議員 [か]―３分の２以上
④ [え]―総議員 [か]―過半数

(5) 下線部(c)に関連して，次の文章は，平成31年度東京大学学部入学式の祝辞を一部抜粋したものである。文章を読んで，その趣旨に合致するものとして適切なものを，以下の①～④のうちから一つ選びなさい。

ご入学おめでとうございます。あなたたちは激烈な競争を勝ち抜いてこの場に来ることができました。

その選抜試験が公正なものであることをあなたたちは疑っておられないと思います。もし不公正であれば，怒りが湧くでしょう。……文科省が全国81の医科大・医学部の全数調査を実施したところ，女子学生の入りにくさ，すなわち女子学生の合格率に対する男子学生の合格率は平均1.2倍と出ました。……

女子学生が男子学生より合格しにくいのは，男子受験生の成績の方がよいからでしょうか？……

事実，各種のデータが，女子受験生の偏差値の方が男子受験生より高いことを証明しています。……2016年度の学校基本調査によれば４年制大学進学率は男子55.6％，女子48.2％と７ポイントもの差があります。この差は成績の差ではありません。「息子は大学まで，娘は短大まで」でよいと考える親の性差別の結果です。……

学部においておよそ20％の女子学生比率は，大学院になると修士課程で25％，博士課程で30.7％になります。その先，研究職となると，助教の女性比率は18.2，准教授で11.6，教授職で7.8％と低下します。これは国会議員の女性比率より低い数字です。

① 教育機会の平等が与えられていても，周囲の環境や獲得した価値観によって，ジェンダー差が生まれることがある。
② ジェンダー差は人々の価値観から生まれるため，法整備をしても解決には至らない。
③ 女子受験生の偏差値の方が男子受験生より高いことは，偏差値競争にジェンダー差があること

を示しており，男子の方が受験に不利である。

④　女子の大学進学率を上げるために女子受験生を優遇した結果，医学部の女子の合格率は男子の1.2倍になった。

(6)　下線部(d)に関連して，次の図１・２は法案の提出数と成立数を示したものである。図１・２から読み取れることとして適切なものを，以下の①～④のうちから一つ選びなさい。

図１　内閣による法案の提出件数と成立率

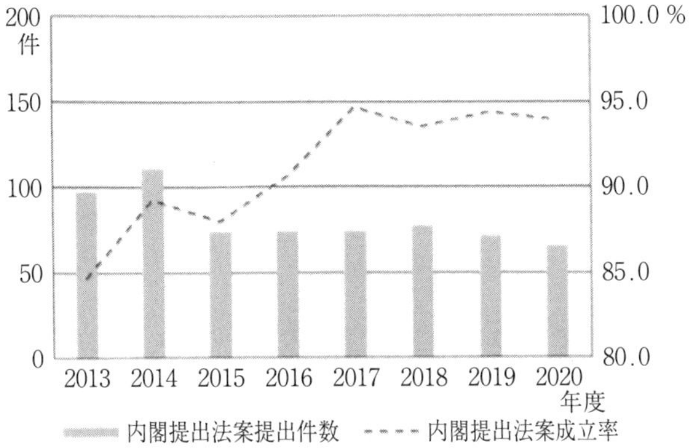

図２　議員による法案の提出件数と成立率

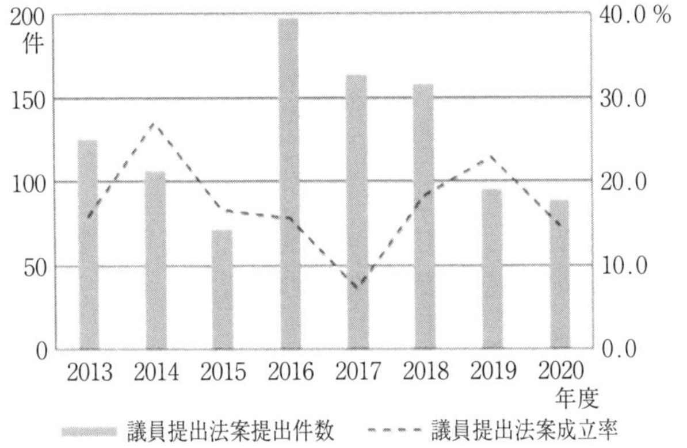

（注）　図１・２ともに継続審査となった法案は含めない。
（図１・２ともに内閣法制局ホームページにより作成）

①　内閣提出法案の成立率が前年より上がっているときは，議員提出法案の成立率も上がっている。

②　2013年以降，議員提出法案の成立数が100を超えたことはない。

③　2016年以降，内閣提出法案の成立数は100を超えている。

④　2019年の内閣提出法案の提出数は，議員提出法案よりも多い。

(7)　下線部(e)「衆議院」の議員選挙では，小選挙区比例代表並立制が採用されている。次の表１・２をみて，ある地域の選挙結果について述べた文Ｘ・Ｙの正誤の組み合わせとして適切なものを，以下の①～④のうちから一つ選びなさい。

表１　小選挙区制の結果

	得票数
Ａ党の候補者	10,000票
Ｂ党の候補者	2,000票
Ｃ党の候補者	5,000票

表２　比例代表制の結果

	得票数
Ａ党	36,000票
Ｂ党	24,000票
Ｃ党	15,000票

定数：３名

X　小選挙区制における死票は，7,000票である。

Y　比例代表制において，ドント方式で議席を配分すると，すべての政党の獲得議席数は同じになる。

① X－正　Y－正
② X－正　Y－誤
③ X－誤　Y－正
④ X－誤　Y－誤

(8)　下線部(e)「衆議院」がもつ優越の内容として**適切でないもの**を，以下の①～④のうちから一つ選びなさい。

① 裁判官の罷免
② 条約の承認
③ 法律案の再議決
④ 予算の議決

(9)　下線部(f)に関連して，国会に関連する文として**適切でないもの**を，以下の①～④のうちから一つ選びなさい。

① 1993年，衆議院で内閣不信任決議案を可決した。
② 2003年，個人情報保護法を制定し，民間事業者にも個人情報の保護を義務付けた。
③ 2020年９月，衆議院議員である菅義偉が，毎年１回召集される常会(通常国会)において内閣総理大臣に指名された。
④ 2021年１月，内閣の助言と承認に基づいた国事行為として，天皇が常会(通常国会)を召集した。

(10)　下線部(g)「Ｇ７」とは，７つの主要な先進国のことである。Ｇ７の一国であるイギリスに関連する文として適切なものを，以下の①～④のうちから一つ選びなさい。

① イギリス人のロックは，権力を不当に行使する政府に対して抵抗する権利を正当化した。
② イギリスの思想家ルソーが著書『社会契約論』の中で唱えた三権分立の考えは，イギリスの憲法に盛り込まれた。
③ 国王が処刑された名誉革命のあと，新しい国王が擁立され，国王の議会に対する優位性が確定した。
④ 名誉革命後にまとめられた権利章典において，世界で初めて生存権が保障された。

4　次の文章を読んで，あとの問いに答えなさい。

「祭り」という言葉は，神を祀ることを表す「まつる」という言葉が語源だと言われている。日本では，神道や民間信仰による影響を受けたものが多く，五穀豊穣，疫病退散，無病息災などの祈願，それらの成就に対する感謝，年中行事からの発展など，様々な祭りが行われている。日本の祭りの中には，全国的に有名で，各地から多くの観光客が訪れるものもある。東北地方における夏祭りの，(a)青森ねぶた祭，仙台七夕まつり，秋田竿燈《かんとう》まつりは「東北三大祭り」とも称され，多くの観光客が訪れる。

祭りと称される行事においても，明治時代以降，宗教的な意味合いが薄く，地域の歴史を題材にした祭りも誕生した。(b)京都三大祭りに数えられる時代祭もその一つである。京都の時代祭は，1895年に始まった平安神宮の例大祭に伴う年中行事の一つであり，明治維新から平安時代までの約1000年の京都の歴史を遡《さかのぼ》る時代行列が見どころである。同じように，歴史上の人物，武者行列などに扮《ふん》した行列が町中を歩く祭りは，(c)甲府市の信玄公祭り，(d)金沢百万石まつりなど各地にみられる。

日本だけでなく，宗教的な影響を受けた行事は世界各地にみられる。(e)イタリアのヴェネツィアなどで行われる謝肉祭(カーニバル)は，キリスト教の祝祭に起源をもつ。(f)ブラジルのリオデジャネイロで開催されるリオのカーニバルも，ヨーロッパからもたらされたキリスト教文化の謝肉祭の影響を受けて成立したものである。

(1) 下線部(a)に関連して，青森のねぶた祭，仙台の七夕まつり，秋田の竿燈まつりが開催されている東北地方の県として適切なものを，図1中の①～⑥のうちからすべて選びなさい。

図1

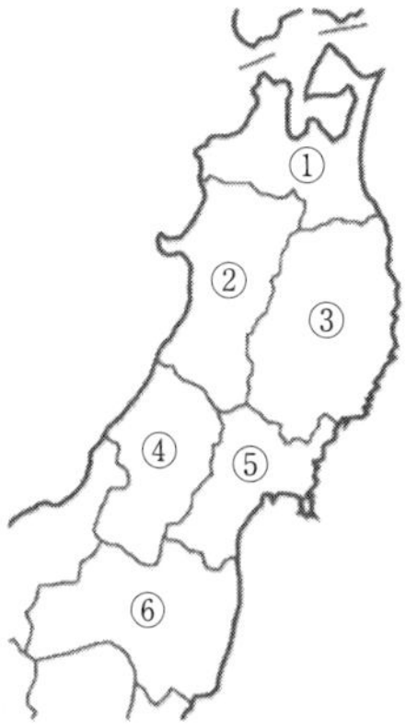

(2) 下線部(b)に関連して，京都府と隣接する県について述べた文として**適切でないもの**を，以下の①～④のうちから一つ選びなさい。

① 古代には平城京などの都が置かれ，南部の紀伊山地では林業が行われている。

② 県庁所在地は古くから海上交易の要衝として発展し，阪神淡路大震災では大きな被害を受けた。

③ 眼鏡枠の生産は県内の地場産業として有名であり，西部の若狭湾にはリアス海岸がみられる。

④ みかん・梅の栽培が盛んであり，特に南部は暖流や夏の季節風の影響により降水量が多い。

(3) 下線部(c)に関連して，甲府市の雨温図として適切なものを，以下の①～④のうちから一つ選びなさい。

①

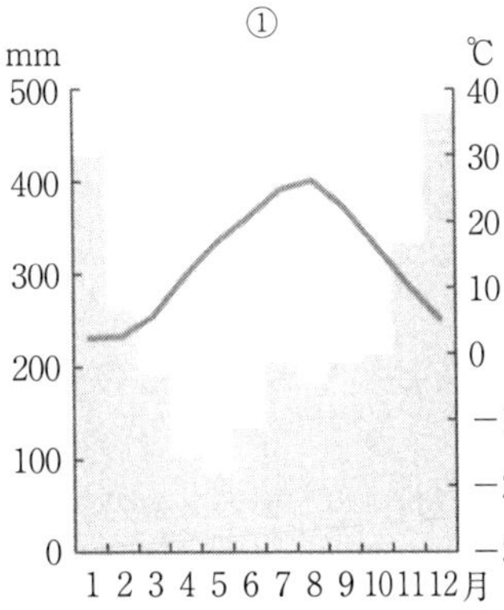

②

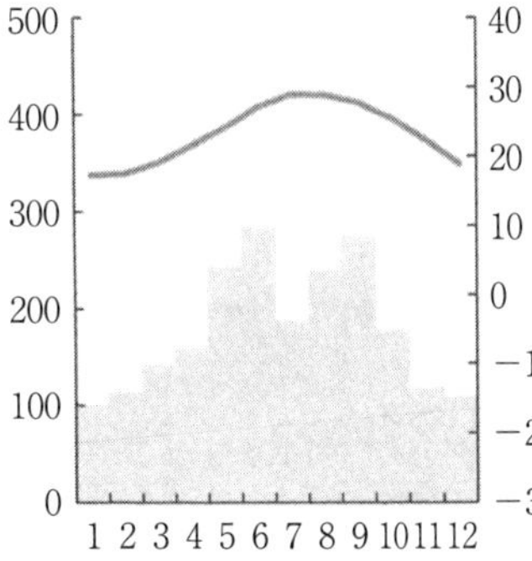

③

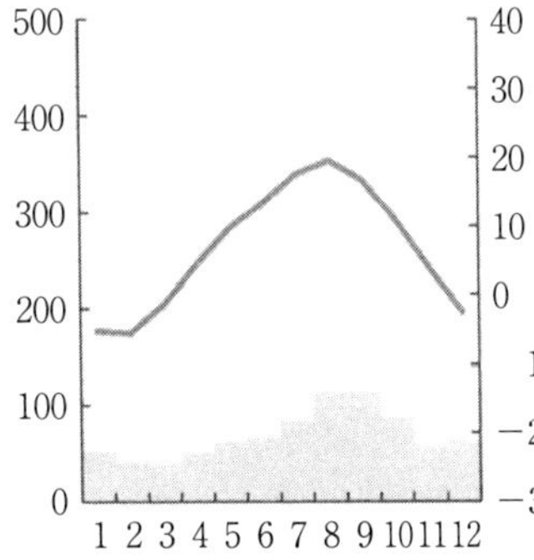

④

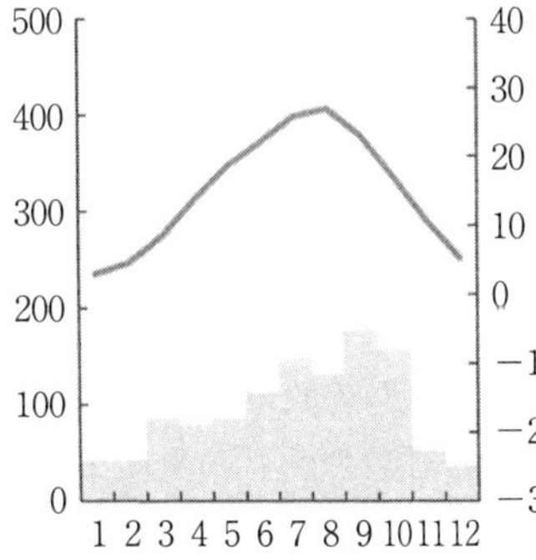

(気象庁ホームページにより作成)

(4) 下線部(d)に関連して，金沢市のように都道府県名と県庁所在地名が異なる都道府県として適切なものを，次のページの図2中の①～⑥のうちからすべて選びなさい。

図2

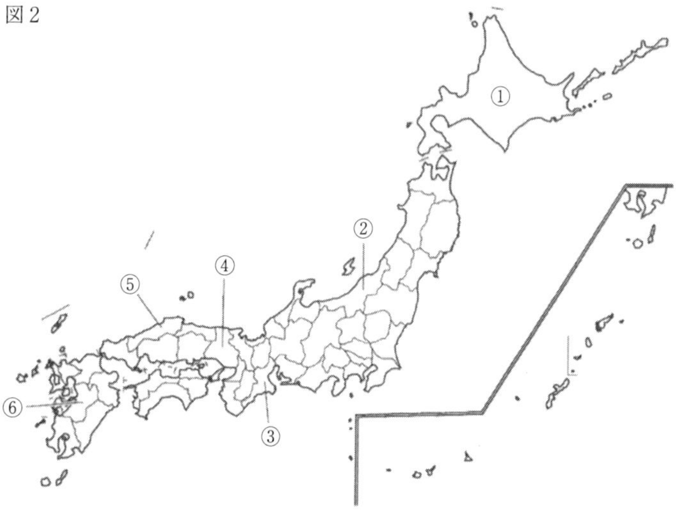

(5)　下線部(e)「イタリア」について述べた文として適切なものを，以下の①～④のうちから一つ選びなさい。

①　イタリア語は，フランス語やスペイン語などと同じラテン系の言語である。

②　国土の北側にアンデス山脈が位置し，スイスとの国境をなす。

③　国土の大部分は，夏に雨が多く，冬に雨が少なく乾燥する地中海性気候が広がる。

④　ローマ市内には，世界で最も新しい独立国であるバチカン市国がある。

(6)　下線部(f)「ブラジル」について述べた文として**適切でないもの**を，以下の①～④のうちから一つ選びなさい。

①　国土の大部分は熱帯が分布する。

②　世界最長の河川であるアマゾン川が国内を流れている。

③　世界有数の鉄鉱石の産出・輸出国である。

④　世界有数の大豆の生産・輸出国である。

5 菜々子さんは夏休みの課題として，地域調査を行うことにした。次の図1・2を読み取り，あとの問いに答えなさい。

図1

（2万5000分の1「徳島」，昭和9年修正測図）

図2

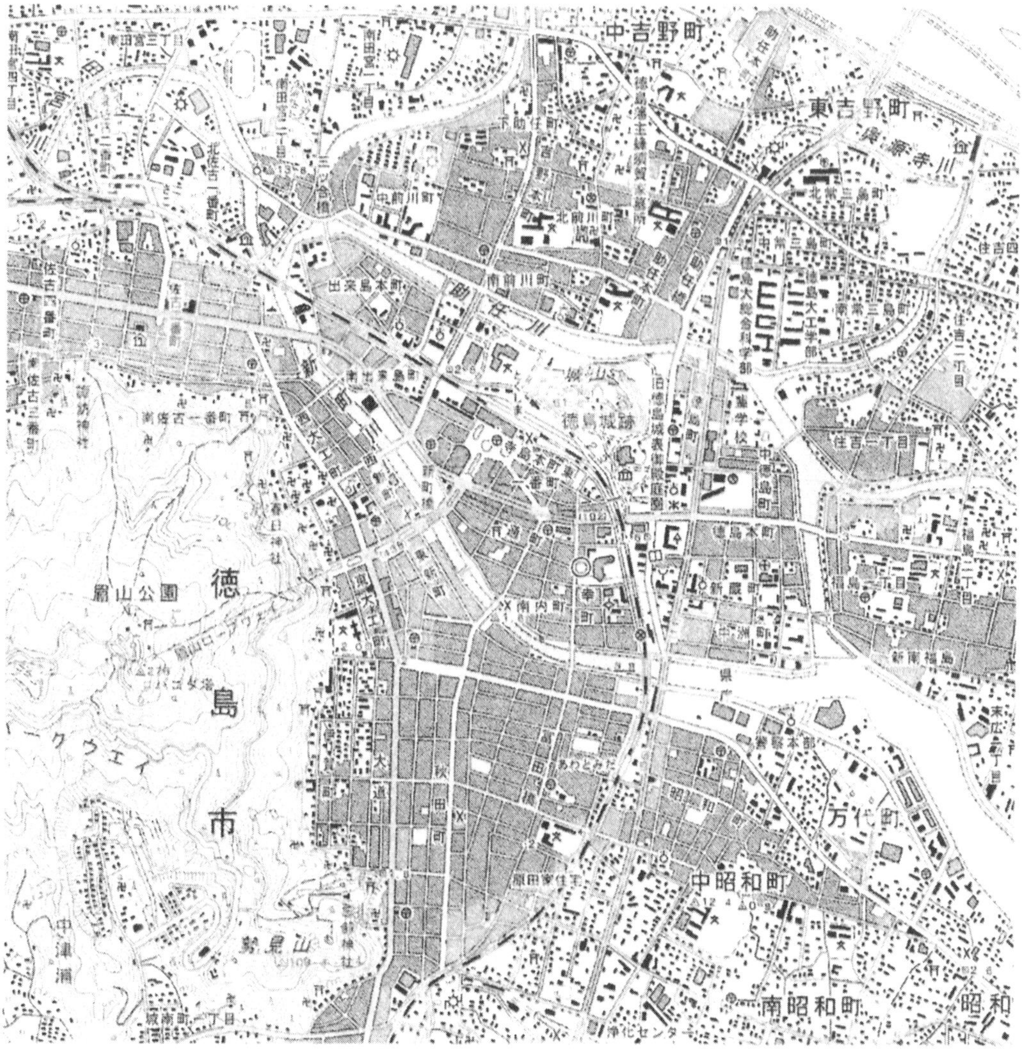

（2万5000分の1「徳島」，平成18年更新）

(1) 「とくしま」駅から「眉山ロープウェイ山麓《ろく》駅」までの実際の直線距離は約875mである。図2において「とくしま」駅から「眉山ロープウェイ山麓駅」までの直線距離を地図上で示したときの直線の長さとして適切なものを，以下の①～⑥のうちから一つ選びなさい。

① 約0.175cm　② 約0.219cm　③ 約0.35cm
④ 約1.75cm　⑤ 約2.19cm　⑥ 約3.5cm

(2) 図1・2から読み取れることとして適切なものを，以下の①～④のうちから一つ選びなさい。

① 図1の「眉山」の麓には寺院が密集しているが，図2の「徳島藩主蜂須賀家墓所」の周辺に寺院は移転した。

② 図1をみると，徳島市の市街地の内部において，網の目のように河川が流れているが，図2をみると，市街地を流れる河川の流れは大きく変化している。

③ 図1と図2を比較すると，図1の「女子師範及女学校」の場所が，図2の「徳島大総合科学部」・「徳島大工学部」にあたることがわかる。

④ 図1と図2を比較すると，図2の「南田宮一丁目」の周辺の宅地は，図1をみると田が広がっ

ていたことがわかる。

(3) 菜々子さんは，2020年８月31日，徳島県唯一の百貨店が閉店したことを知った。菜々子さんは百貨店の閉店の理由について，Ｘ・Ｙの二つの仮説を立てた。Ｘ・Ｙの仮説を検証するために必要な情報として**適切でないもの**を，以下の①～④のうちから一つ選びなさい。

Ｘ　若い人を中心に，百貨店よりも郊外に立地する大型ショッピングセンターに買い物に行くようになったため。

Ｙ　明石海峡大橋の開通により，徳島市内の百貨店よりも大阪市や神戸市の百貨店などに買い物に行く機会が増えたため。

① Ｘ－徳島県内において郊外に立地する大型ショッピングセンターの店舗数の推移
② Ｘ－徳島県内における主要観光地の観光客の入数
③ Ｙ－明石海峡大橋の開通前後における徳島県から大阪市や神戸市へ買い物に出かける人の割合の変化
④ Ｙ－明石海峡大橋の開通前後における徳島県から大阪市や神戸市までの所要時間の変化

(4) 菜々子さんは，徳島市において有名な阿波踊りの歴史について調べた。次の文章は，菜々子さんが阿波踊りの歴史についてまとめたメモである。菜々子さんが調べたメモから読み取れる，江戸時代から昭和時代における徳島県や阿波踊りの歴史として**適切でないもの**を，以下の①～④のうちから一つ選びなさい。

・『阿波よしこの節』には「阿波の殿様　蜂須賀様(蜂須賀公)が　今に残せし阿波おどり」と歌われている。
・現在は，盆踊りが様々な民衆芸能の影響を受けながら阿波踊りがつくられてきたとする説が有力であり，徳島城下で踊られた盆踊りが現在につながっていると考えられている。
・江戸時代には，踊りの熱狂が一揆につながることを懸念した徳島藩から何度も踊りの禁止令が出された。実際に徳島藩の重臣が踊りに参加し，処分された記録もある。
・文化・文政期(1804～1831年)において，藍商人たちが全国各地との文化交流の担い手となり，各地のさまざまな要素が阿波おどりに取り入れられた。
・明治～大正時代には，鳴り物にバイオリンが取り入れられたり，派手な縞模様のぱっち(股引)の衣装が流行ったりした。
・大正時代に晩年を徳島で過ごしたポルトガル人のモラエスは，母国へ送った手紙の中で阿波踊りの熱狂ぶりとともに，古来より続く「死者を敬う踊り」と書き記している。
・昭和に入り，「阿波踊り」という呼称が定着していった。

(阿波踊り会館ホームページにより作成)

① 徳島藩を治めていた大名は蜂須賀氏であった。
② 阿波踊りの起源は，江戸時代に徳島城下で踊られていた盆踊りであると考えられている。
③ 江戸時代における徳島藩の藍は，藩内のみで全国的には流通していなかったと考えられる。
④ 明治～大正時代には，西洋楽器の使用など近代文化の影響を受けた。

6 中学生の真琴さんは，社会科の授業で，お茶に関して調査し，プレゼンテーションを行った。次の文章は，真琴さんが作成した発表原稿である。これを読んで，あとの問いに答えなさい。

私は日本とイギリスの茶について調べた。日本とイギリスの茶の原産地を調べてみると，どちらも(a)中国へたどりつく。中国では古くから茶が飲まれており，日本に入ってきたのは９世紀のことであった。835年に(b)嵯峨天皇が茶を飲んだという記録が残っている。平安時代前期には貴族の間で楽しまれていた茶であるが，[あ]の廃止以降，茶の文化は衰退していく。

茶の文化が復活するのは，13世紀のことであった。臨済宗の開祖・[い]が中国から茶の種子を持ち帰り，栽培を始めたことがきっかけといわれている。(c)室町時代に入ると，貴族や武士，僧の間で茶を点《た》てることや茶の産地を飲み当てる「闘茶」が流行した。(d)江戸時代に入ると，茶道は武家や公家のたしなみとされた。一方，庶民の間では，茶葉を煎《せん》じてのむ「煎茶」が流通していく。この時期の常陸国でも猿島茶や奥久慈茶，古内茶などが生産・消費された。(e)茶道は中世後期～近世初期に基礎が築かれ，現在に至るまで日本を代表する伝統文化の一つとなった。

日本で消費された「茶」は，抹茶や煎茶というものであったが，(f)ヨーロッパには，茶を発酵させた紅茶が伝わった。この紅茶を特に好んだのがイギリス人である。イギリスの歴史について調べると，(g)紅茶に関する事件・戦争が起きていることも興味深い。また，2008年5月4日に開示された(h)1954～1956年の英有事対策会議の議事録には，核による攻撃を受けたときに，パンや肉とともに紅茶を安定的に配給することが議論されている。イギリス人にとって，紅茶とはなくてはならないものなのであろう。

(1) 下線部(a)に関連して，中国について述べた文として**適切でないもの**を，以下の①～④のうちから一つ選びなさい。

① 殷の時代には，戦争や農業など政治における大切なことは，占いにより決められており，その占いの結果は甲骨文字によって刻まれた。

② 魏の時代を記した歴史書には，邪馬台国の女王・卑弥呼が，魏へ朝貢したことが書かれている。

③ チンギス・ハンの孫のフビライ・ハンは，モンゴルから中国にかけての地域に，元という中国風の国名をつけた。

④ 朝鮮で起きた甲午農民戦争をきっかけに，日清戦争が起きたが，アメリカの仲介によってポーツマス条約が結ばれた。

(2) 下線部(b)「嵯峨天皇」の父は，都を長岡京・平安京に移した人物である。この人物として適切なものを，以下の①～④のうちから一つ選びなさい。

① 天智天皇　　② 聖武天皇

③ 桓武天皇　　④ 後醍醐天皇

(3) 文章中の空欄[あ]・[い]にあてはまる語句の組み合わせとして適切なものを，以下の①～④のうちから一つ選びなさい。

① [あ]―遣唐使　[い]―道元

② [あ]―遣唐使　[い]―栄西

③ [あ]―遣隋使　[い]―道元

④ [あ]―遣隋使　[い]―栄西

(4) 下線部(c)に関連して，図1・2はこの時期に造営されたものである。これらについて述べた文として適切なものを，以下の①～④のうちから一つ選びなさい。

図1

図2

① 図1は，室町幕府3代将軍の足利義政が別荘として造った建物である。

② 図1は，京都の東山に造られた建物である。

③ 図2は，極楽浄土の姿を表現したものといわれる。これは当時流行していた浄土信仰の影響である。

④ 図2は，水を使わずに山水の風景を表現したものである。禅宗系の寺院ではこのような庭園が造られていた。

(5) 下線部(d)「江戸時代」について述べた文として**適切でないもの**を，以下の①～④のうちから一つ選びなさい。

① 御家人の権利や義務など，武士の慣習をまとめた御成敗式目が制定された。

② 大名の参勤交代によって，交通の整備が進み，江戸の日本橋を起点とした五街道が定められた。

③ 江戸時代初期は，朱印船貿易が行われていたため，イギリス船やポルトガル船が日本に来航することがあった。

④ 農村において五人組の制度がつくられ，互いに監視させて犯罪を防止したり，年貢の納入に連帯責任を負わせたりした。

(6) 下線部(e)に関連して，次のA・Bは茶道を好んだ人物である。彼らについて述べた文として適切なものを，以下の①～④のうちから一つ選びなさい。

A 千利休　　B 井伊直弼

① Aは，禅宗の僧であり，墨一色で自然を表現する水墨画を描いた。

② Aは，元々堺の商人で，織田信長や豊臣秀吉に仕えた人物である。

③ Bは，異国船打払令をやめ，外国船に燃料の薪《まき》や水を与えるよう命じた。

④ Bは，日米和親条約を結んだときの大老である。

(7) 下線部(f)に関連して，ヨーロッパ諸国で起きたことについて述べた文として適切なものを，以下の①～④のうちから一つ選びなさい。

① 16世紀にローマ教皇が資金集めのために免罪符を売り出すと，これを批判して，ドイツではルターが，スイスではカルバンが宗教改革を始めた。

② 第一次世界大戦中のロシアでは，ゴルバチョフの指導の下，社会主義の政府ができた。

③ 世界恐慌への対応として，イギリスではニューディール政策がとられた。

④ 第二次世界大戦後，ソ連は西ヨーロッパ諸国への影響力を高めた。

(8) 下線部(g)に関連して，次の文章Ⅰ・Ⅱは，真琴さんが作成したメモである。文章中の空欄 [う]・[え] にあてはまる語句の組み合わせとして適切なものを，以下の①～④のうちから一つ選びなさい。

Ⅰ 右の絵は，イギリスと清との間に起きた戦争を描いたものである。この戦争のきっかけは，清から大量の茶を輸入していたが，自国の綿製品は清で売れず，貿易赤字が続いていたことにある。そのためイギリスは，インドでつくらせた [う] を清に密輸し，その代金の銀で茶を輸入した。[う] は常習性があり，人体に悪影響を及ぼすため，清が厳しく取り締まるようになり，それに反対したイギリスとの間で戦争が起きた。

Ⅱ　右の絵は，ボストン茶会事件を描いたものである。これはイギリス政府が植民地よりも本国を優先した法律を次々と定めたため，茶の貿易の独占に反対する人々が抗議し，停泊していたイギリス東インド会社の船を襲撃し，342個の茶箱を海に投げ捨てたという事件である。このようにイギリス本国と植民地との関係が悪化し，[え]が勃発したと考えられている。

① [う]ーさとうきび　[え]ーピューリタン革命
② [う]ーさとうきび　[え]ーアメリカ独立革命
③ [う]ーアヘン　[え]ーピューリタン革命
④ [う]ーアヘン　[え]ーアメリカ独立革命

⑼　下線部⒣に関連して，この頃の日本では第五福竜丸事件をきっかけに原水爆禁止運動が広がり，1955年には第１回原水爆禁止世界大会が開かれた。その場所として適切なものを，以下の①～④のうちから一つ選びなさい。

①　東京　　②　京都　　③　広島　　④　長崎

⑽　真琴さんの発表を聞いた社会科の先生から，次のような課題が出された。この課題の答えとして適切な地域を，地図中の①～④のうちから一つ選びなさい。

日本で茶道が流行した影響で，茶器の制作・収集も行われ始めました。陶磁器の産地もたくさんできました。ある産地では，右の写真のような茶器が作られていました。この茶器が制作された地域はどこでしょうか。なお，この地域のヒントを以下にあげておきました。

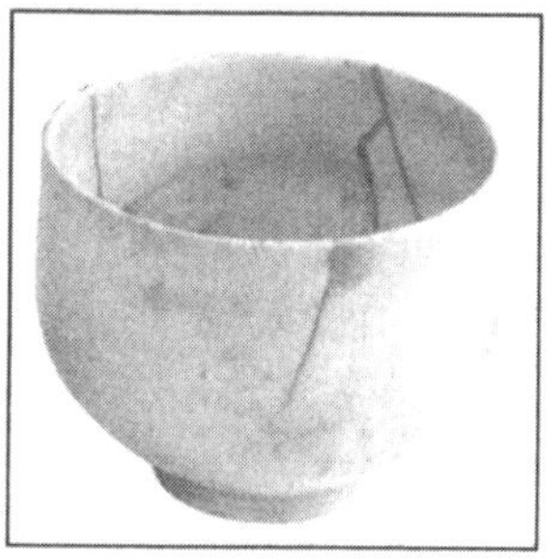

[ヒント]

・文禄・慶長の役の際に連れて来られた朝鮮陶工によって陶器の生産が行われ始めた地域のうちの一つである。
・明治時代において西南戦争の舞台となった。
・この地域の近くにある桜島は活火山で，周囲には古い溶岩流の跡や温泉がみられる。

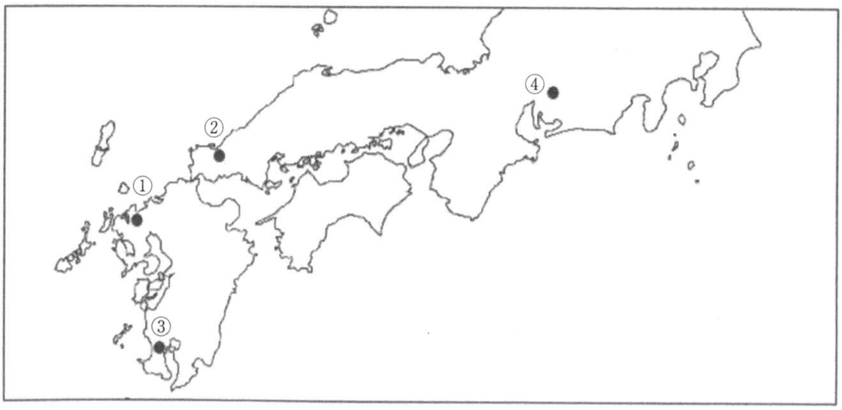

【理　科】（50分）〈満点：100点〉

1　次の各問いに答えなさい。

(1)　図１はヒトの手と腕，カニの第一のあしの骨格を比較した模式図である。図１を見た太郎さんと花子さんの会話文の空欄に入る語句の組み合わせとして，最も適切なものを下の①～⑥から一つ選びなさい。

図１

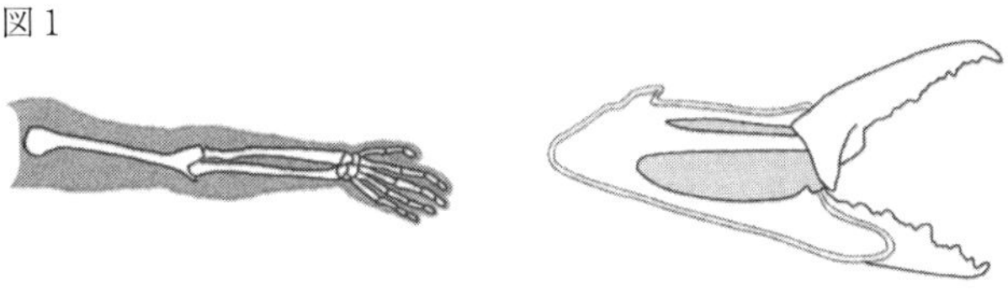

ヒトの手と腕　　カニの第一のあし

太郎さん：カニは第一のあしを使って食物をつかむと聞いたことがあるな。ヒトの手と腕の役割と似ているからもしかして，相同器官なのかな。

花子さん：カニは［　ア　］動物で，第一のあしは［　イ　］を持っているね。

太郎さん：それでは，ヒトの手と腕と，カニの第一のあしは同じものから変化したと［　ウ　］から，相同器官と［　エ　］ね。

	ア	イ	ウ	エ
①	軟体	外とう膜	いえる	いえる
②	軟体	外骨格	いえる	いえる
③	軟体	外とう膜	いえない	いえない
④	節足	外骨格	いえない	いえない
⑤	節足	外とう膜	いえない	いえない
⑥	節足	外骨格	いえる	いえる

(2)　だ液のはたらきを調べるために，次のような実験を行った。

【実験の手順】

図２のように試験管Ａにはデンプンとだ液，試験管Ｂにはデンプンと水を入れ，40℃のお湯で10分間温めた。その後，それぞれの試験管にヨウ素液を入れて色の変化を確認した。

図２

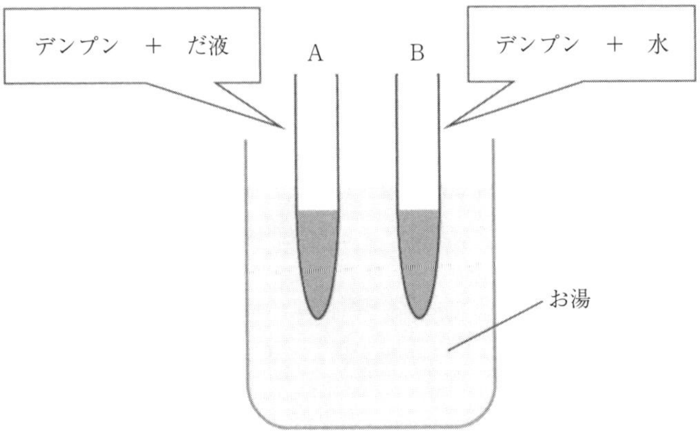

試験管Ａと試験管Ｂの色の変化の組み合わせとして，最も適切なものを次の①～④から一つ選びなさい。

	試験管A	試験管B
①	変化なし	変化なし
②	変化なし	青紫色に変化した
③	青紫色に変化した	変化なし
④	青紫色に変化した	青紫色に変化した

(3) タマネギの根の先端の細胞(A)，トノサマガエルの皮ふの細胞(B)，ヒトの生殖細胞(C)を比較したい。各生物の体細胞における染色体数が表1のようであるとき，A～Cの細胞に含まれる染色体数を多い順に並べたものとして，最も適切なものを次の①～⑥から一つ選びなさい。

表1

生物	体細胞における染色体数
タマネギ	16本
トノサマガエル	26本
ヒト	46本

① A＞B＞C　② A＞C＞B　③ B＞A＞C
④ B＞C＞A　⑤ C＞A＞B　⑥ C＞B＞A

(4) 図3は，ヒトの吸気と呼気について水蒸気を除いた成分を表したものである。また，図4はヒトの肺胞の模式図で空欄Zには気体の取り込みを行う管の名称が入る。図の空欄に入る語句の組み合わせとして，最も適切なものを下の①～④から一つ選びなさい。

図3

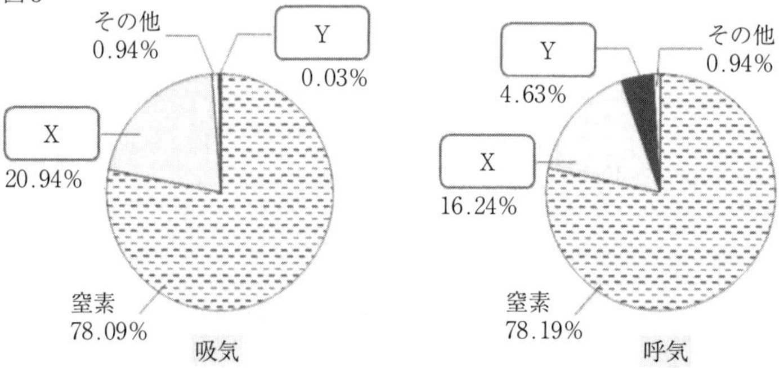

図4

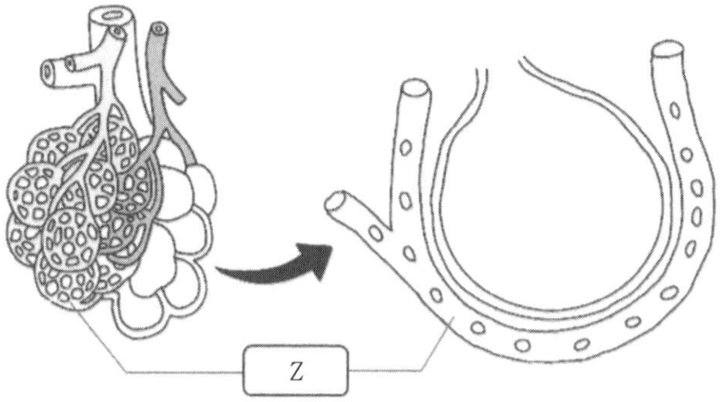

	X	Y	Z
①	酸素	二酸化炭素	血管
②	酸素	二酸化炭素	リンパ管
③	二酸化炭素	酸素	血管
④	二酸化炭素	酸素	リンパ管

(5)　図5は，オオカナダモの葉の細胞の模式図である。図のA～Eは核・細胞質・細胞膜・葉緑体・細胞壁のいずれかを表している。図のA～Eのうち，ヒトのほおの内側の粘膜に存在する細胞でも観察できるものの組み合わせとして，最も適切なものを次の①～④から一つ選びなさい。

①　B，C，E　　②　A，B，C，E
③　B，D，E　　④　A，B，D，E

図5
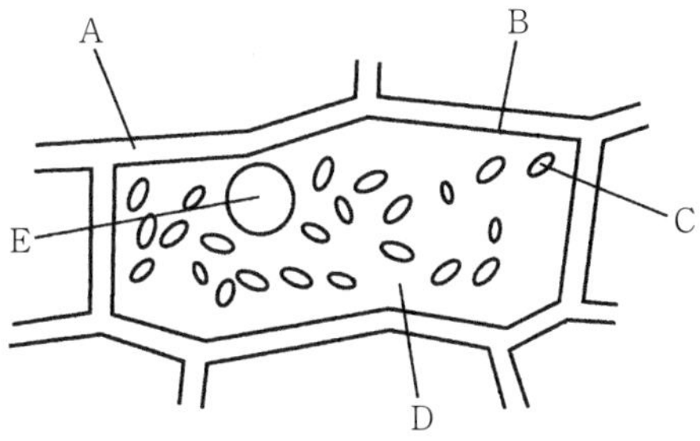

2　次の各問いに答えなさい。

(1)　図1は，冬至の日に日本のある地点で太陽の動きを観察し，その経路を透明半球上に記したものである。同日，南半球のオーストラリアで見られる太陽の動きを透明半球上に記したものとして，最も適切なものを下の①～⑥から一つ選びなさい。

図1
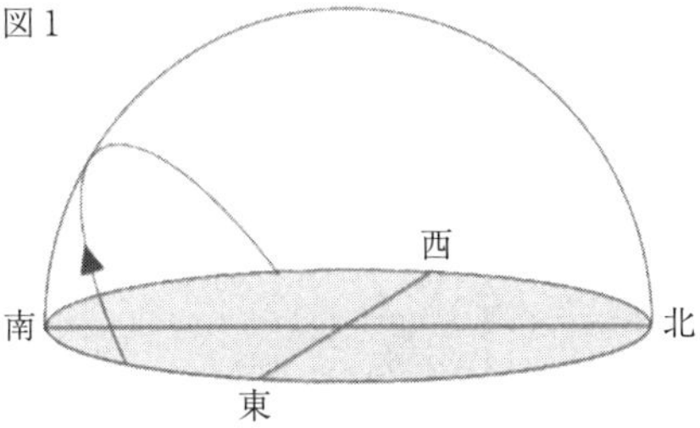

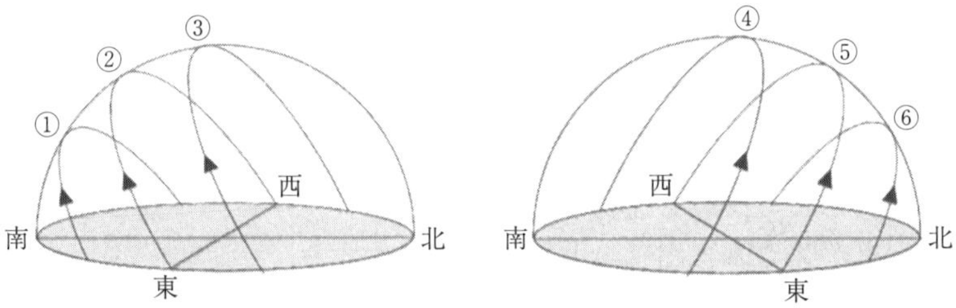

(2)　図2は，太陽と地球，主な星座の位置関係を表したものである。日の出の頃，東の空にさそり座が見える地球の位置として，最も適切なものを下の①～④から一つ選びなさい。

図2
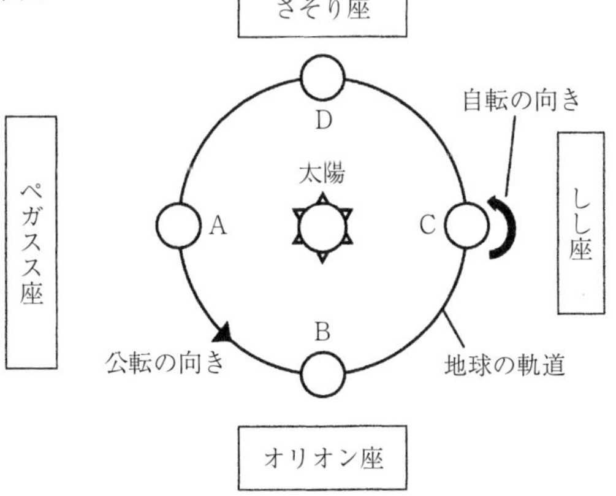

①　A　　②　B
③　C　　④　D

(3) 図3は，ある時刻において日本付近で発達した低気圧を表している。図中のAの地点におけるこの時刻以降の降水量の変化を予想したグラフとして，最も適切なものを下の①～④から一つ選びなさい。

図3

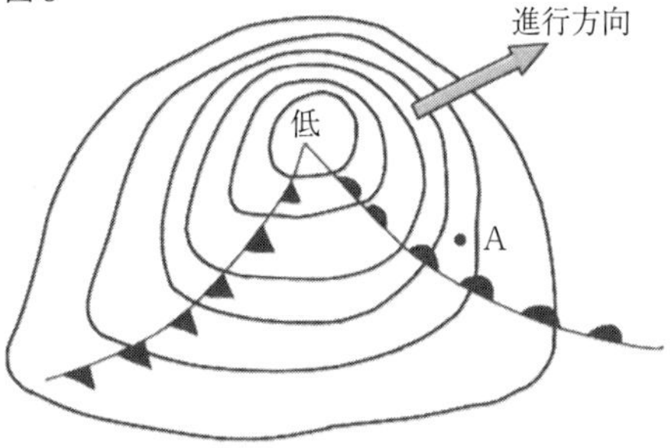

①

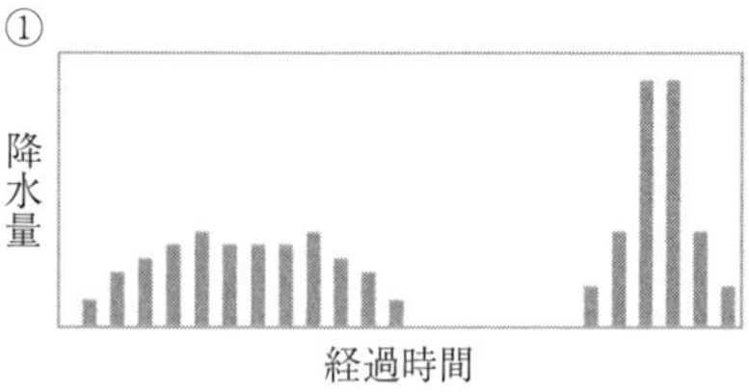

②

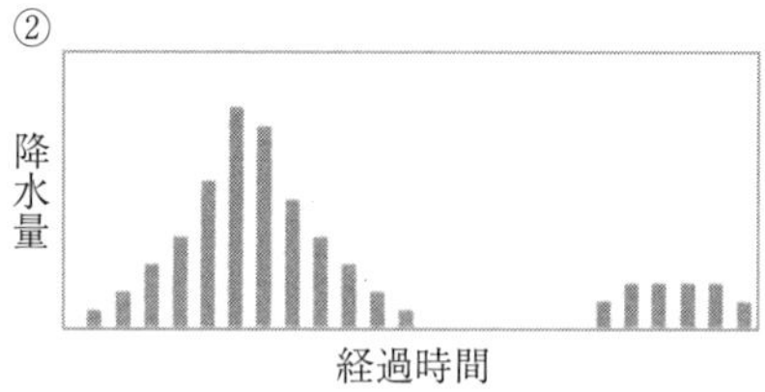

③

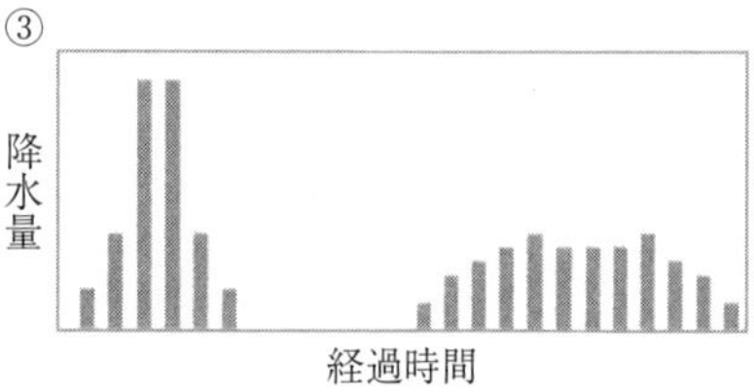

④

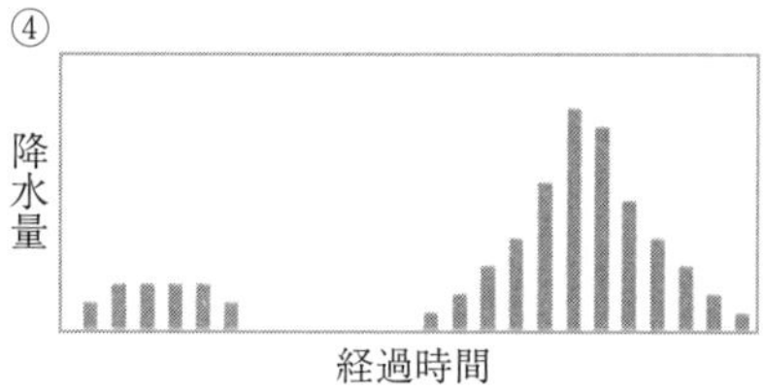

(4) 気圧や日本の気候について述べた文として，最も適切なものを次の①～④から一つ選びなさい。

① 高気圧付近は気圧が高いため，風が強くふき出し，上昇気流が発生する。

② 低気圧付近は気圧が低いため，風が強くふき込み，水蒸気がまとまらず雲ができにくい。

③ 冬の日本海側では太平洋側と比べて低気圧の影響が大きいので，気圧が低く寒気に覆われ雪が降りやすい。

④ 夏の太平洋側では日本海側と比べて高気圧の影響が大きいので，高温・湿潤の気候になりやすい。

(5) 地震と日本付近のプレートについて述べた文として，最も適切なものを次の①～④から一つ選びなさい。

① すべての地震は，海のプレートが陸のプレートの下へ沈み込む際に発生するひずみが原因で起こる。

② 陸と海のプレートの境界で起こった地震は，海のプレート側から陸のプレート側にかけて震源が浅くなっていく傾向がある。

③ 地震の原因となるすべての活断層は，陸と海のプレートの境界に沿って並んでいる。

④ プレートの沈み込みは，地震だけではなく火山活動も引き起こす。

3　次の各問いに答えなさい。

(1)　原子の構造について述べた文のうち，**誤りを含むもの**を次の①～④から一つ選びなさい。

①　原子の中心にはプラスの電気をもった原子核が1つあり，その周りをマイナスの電気をもった電子がいくつか回っている。

②　原子核は主に，プラスの電気をもつ陽子と，電気をもたない中性子でできている。

③　原子の種類は，原子核中の陽子の数で決まる。

④　陽子，中性子，電子の質量比は1：1：1である。

(2)　図1は，ガスバーナーに火をつけた直後のようすである。このときの炎は，オレンジ色で長くたちあがっていた。まず，ガス調節ネジを回して炎の大きさを調節した。その後，［ア］のネジを押さえ，［イ］のネジを少しずつ［ウ］の方向に回して，ガスバーナーの炎を青色の安定した炎とした。［ア］～［ウ］に当てはまる図1中の記号の組み合わせとして，最も適切なものを次の①～④から一つ選びなさい。

図1

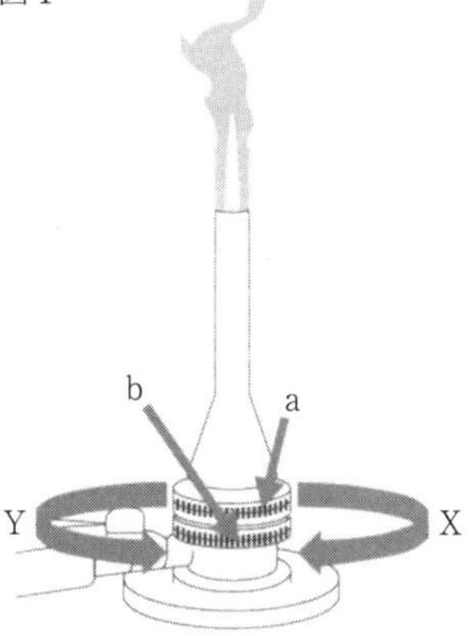

	ア	イ	ウ
①	a	b	X
②	a	b	Y
③	b	a	X
④	b	a	Y

(3)　図2は，水の温度と100gの水に溶ける物質の質量の関係を表したものである。次の(a)～(c)の各問いに答えなさい。

図2

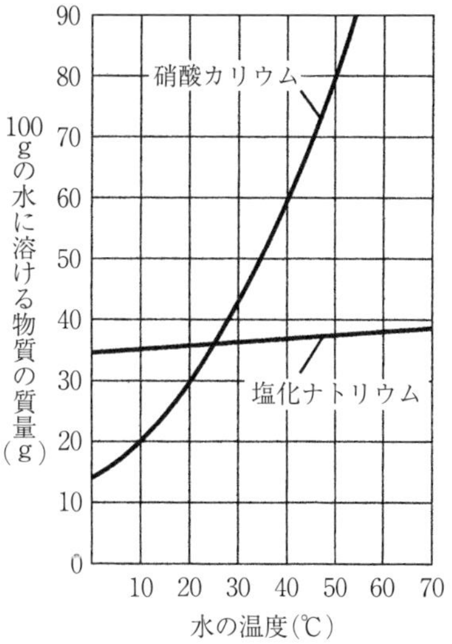

(a)　40℃における硝酸カリウムの飽和水溶液について，質量パーセント濃度を求めると，［ア］［イ］.［ウ］%である。［ア］～［ウ］に入る最も適切な数値をマークしなさい。ただし，答えが1桁《けた》になる場合は下記の例にならってマークすること。なお，40℃の水100gに硝酸カリウムは60g溶ける。

> ［例］　6%の場合
> 　ア：⓪　イ：⑥　ウ：⓪

(b)　50℃の水100gに硝酸カリウムを50g溶かした。この水溶液を20℃まで冷却したところ，結晶が析出した。析出した結晶は何gか。最も適切なものを次の①～④から一つ選びなさい。

①　20g

②　30g

③　40g

④　50g

(c)　50℃の水10gに硝酸カリウム2.0gと塩化ナトリウム3.0gを溶かしたところ，すべて溶解した。この水溶液を冷却したところ，ある温度を下回ったあたりで結晶が析出し始めた。このとき析出した物質の名称と析出し始めた温度に近いものの組み合わせとして，最も適切なものを次の①～⑥から一つ選びなさい。

	物質の名称	温度
①	塩化ナトリウム	10℃
②	塩化ナトリウム	20℃
③	塩化ナトリウム	30℃
④	硝酸カリウム	10℃
⑤	硝酸カリウム	20℃
⑥	硝酸カリウム	30℃

4 次の各問いに答えなさい。

(1) 図1のように，凸レンズの左側に物体を置いてできる像について調べた。下の(a)・(b)の各問いに答えなさい。

図1

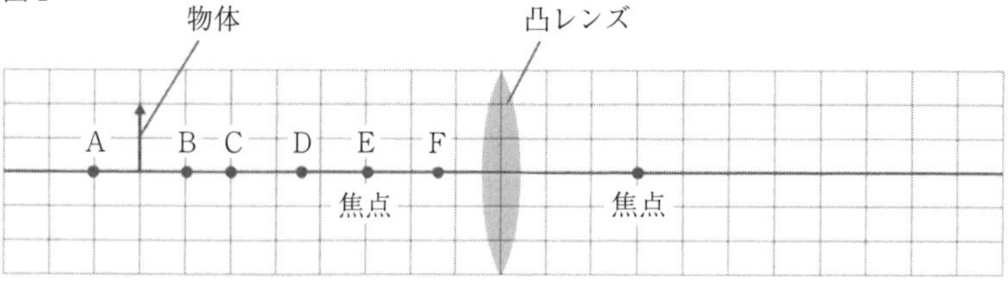

(a) 物体と同じ大きさの像ができるのは，A～Fのどの点に置いたときか。最も適切なものを次の①～⑥から一つ選びなさい。

① A　② B　③ C　④ D　⑤ E　⑥ F

(b) 実際の物体の大きさより小さい像ができる点は，A～Fのうちいくつあるか。最も適切なものを次の①～⑥から一つ選びなさい。

① 1つ　② 2つ　③ 3つ　④ 4つ　⑤ 5つ　⑥ 6つ

(2) 図2に示した2つの回路において，10Ωの抵抗に流れる電流は等しかった。このとき抵抗Rの抵抗値として，最も適切なものを次の①～⑥から一つ選びなさい。

① 5Ω　② 8Ω
③ 10Ω　④ 12Ω
⑤ 15Ω　⑥ 20Ω

図2

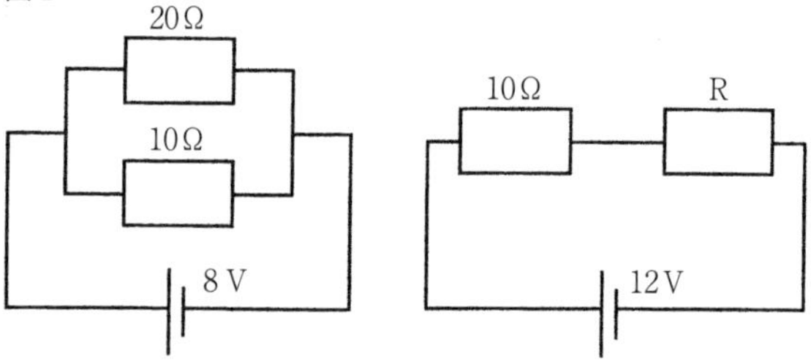

(3) 以下の(a)・(b)の答えの組み合わせとして，最も適切なものを下の①～⑧から一つ選びなさい。

(a) 図3で，導線にA→Bの向きに電流を流すとき，この導線を流れる電流が磁界から受ける力の向きとして，最も適切なものをア～エから一つ選びなさい。

図3

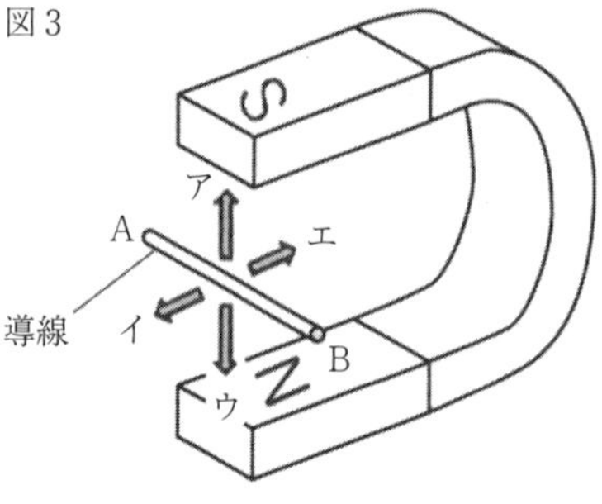

(b) 図4は，モーターの原理を示したものである。図のように電流を流すとき，コイルはどのように回るか。最も適切なものをア，イから一つ選びなさい。

図4

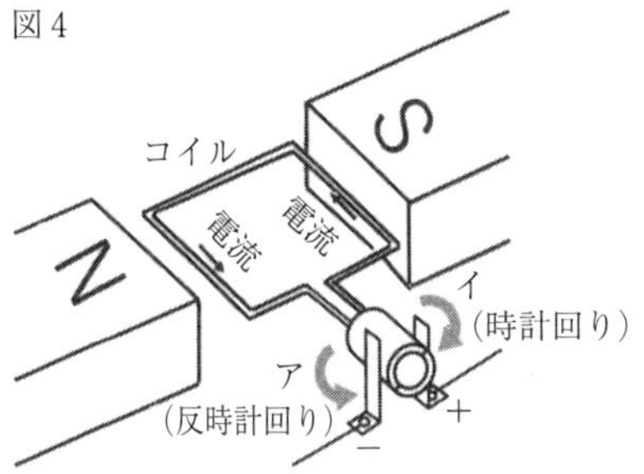

	(a)	(b)
①	ア	ア
②	ア	イ
③	イ	ア
④	イ	イ
⑤	ウ	ア
⑥	ウ	イ
⑦	エ	ア
⑧	エ	イ

(4) 図5のようになめらかな斜面上に台車Aを置き，静かに手をはなして台車Aの運動を観察した。次に，図6のように斜面の傾きを大きくし，台車Aと同じ質量の台車Bを置き，静かに手をはなして台車Bの運動を観察した。

以下の(a)・(b)の答えの組み合わせとして，最も適切なものを下の①〜⑨から一つ選びなさい。

(a) 図5と図6において，台車にはたらく重力はどちらが大きいか。

(b) 図5と図6において，台車にはたらく重力の斜面に沿う分力はどちらが大きいか。

図5

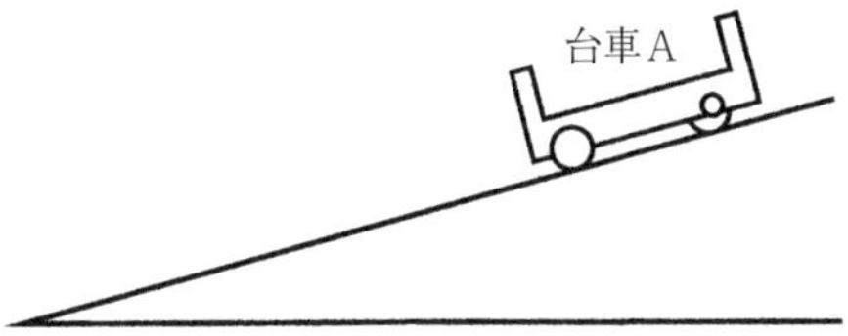

図6

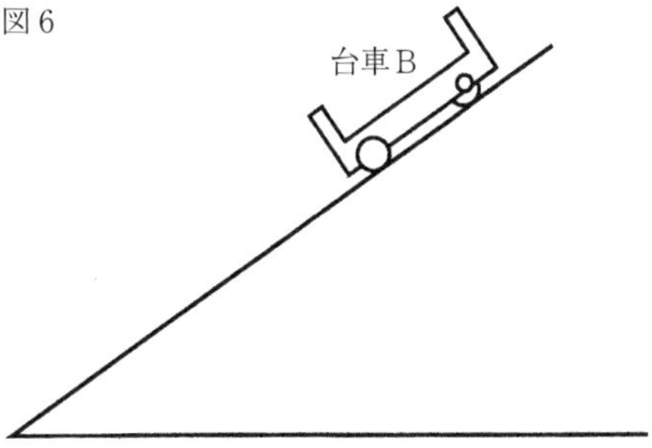

	(a)	(b)
①	台車A	台車A
②	台車A	台車B
③	台車A	同じ大きさ
④	台車B	台車A
⑤	台車B	台車B
⑥	台車B	同じ大きさ
⑦	同じ大きさ	台車A
⑧	同じ大きさ	台車B
⑨	同じ大きさ	同じ大きさ

5　ある地域でボーリング調査を行った。図1は，地点A～Cの柱状図を模式的に表したものである。なお，この地域では凝灰岩の層は一つしかないことがわかっている。また，地層はある方向に傾いており，上下の関係の逆転やずれはないものとする。下の各問いに答えなさい。

図1

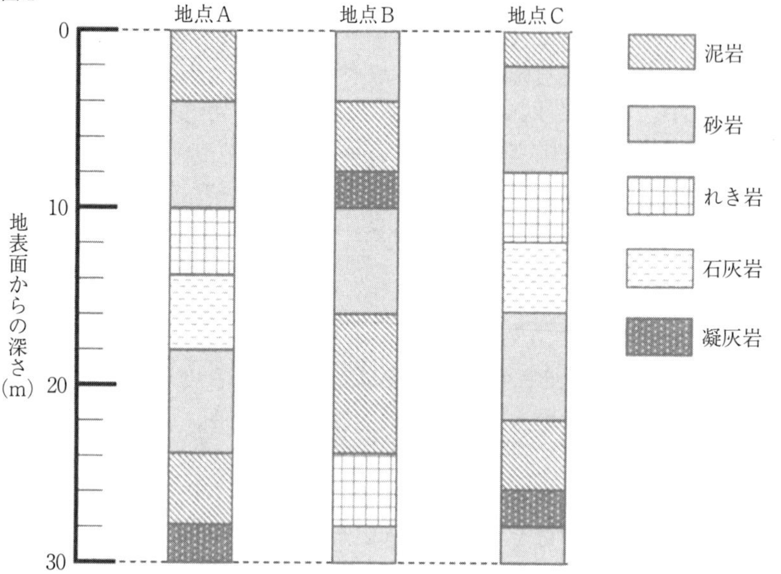

(1)　凝灰岩の地層があることからわかる過去のできごととして，最も適切なものを次の①～④から一つ選びなさい。

①　地震　　②　土砂崩れ　　③　火山の噴火　　④　隆起と沈降

(2)　石灰岩の層から，ホタテの化石が発見された。このことからわかる当時の環境として，最も適切なものを次の①～④から一つ選びなさい。

①　浅い海　　②　湖や河口　　③　陸地　　④　あたたかい海

(3)　凝灰岩の層の上にある地層の重なり方からわかることとして，最も適切なものを次の①～④から一つ選びなさい。

①　海岸に近い浅い海から，深い海へと変化した。

②　海岸から遠い深い海から，浅い海へと変化した。

③　風による侵食が強まり，その後弱まった。

④　風による侵食が弱まり，その後強まった。

図2

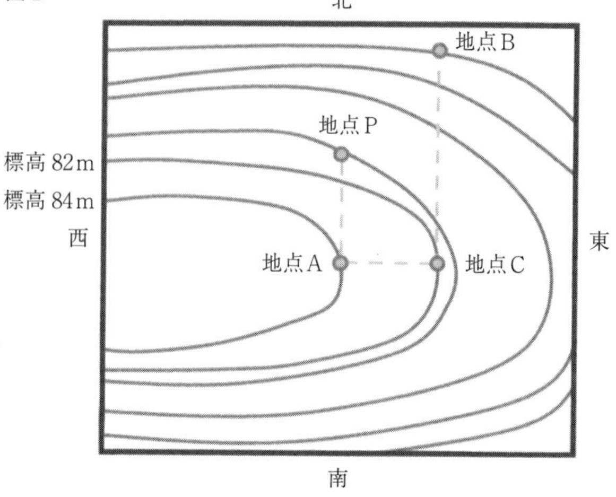

(4)　図2は，この地域の地形を等高線で表したものである。図2中の地点A～Cは，ボーリング調査が行われた3地点である。地点A，Cは東西方向に並び，地点B，Cは南北方向に並んでいる。この地域の地層は，どの方角に低くなるように傾いているか。最も適切なものを次の①～④から一つ選びなさい。

①　東　　②　西　　③　南　　④　北

(5)　図2中の地点Aの真北にある地点Pを掘ったとき，凝灰岩の層が現れるのは地表から何mのところか。最も適切なものを次の①～④

から一つ選びなさい。なお，地層の傾きは一定であり，図のAP間の距離はBC間の距離の半分であった。

① 11m　② 15m　③ 19m　④ 23m

6 　ばねにおもりをつり下げて，おもりの質量とばねの伸びの関係を調べるため，以下の実験を行った。下の各問いに答えなさい。ただし，100gの物体にはたらく重力の大きさを1Nとする。

【実験1】

長さ12cmのばねに図1のようにおもりをつり下げ，おもりの質量とばねの伸びの関係を調べた。表1は，その結果を表したものである。

図1

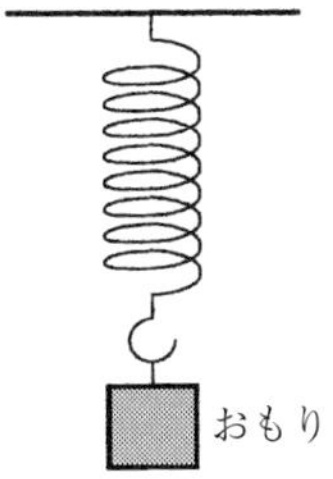

表1

おもりの質量〔g〕	20	40	60	80	100
ばねの伸び〔cm〕	2	4	6	8	10

【実験2】

70gのおもりを【実験1】と同じばねにつり下げて，ばねの伸びを測定した。

【実験3】

水平な机の上に質量不明のおもりを置き，【実験1】と同じばねをおもりの上面の中心に取り付けて，図2のように上から引いてばねの伸びを測定した。

【実験4】

図3のように，おもりを【実験1】と同じばねにつり下げて水中にゆっくり沈め，水面からの深さとおもりにはたらく力について調べた。

図2

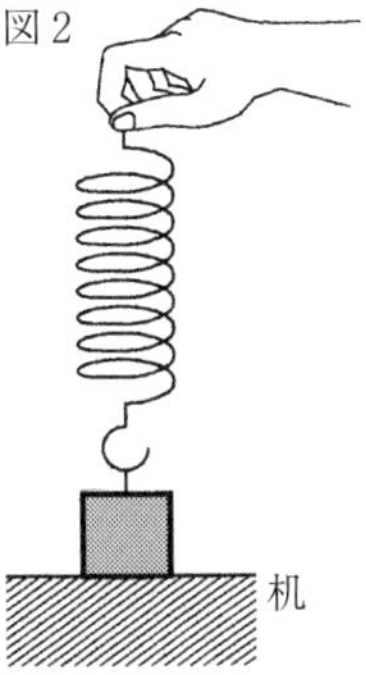

図3

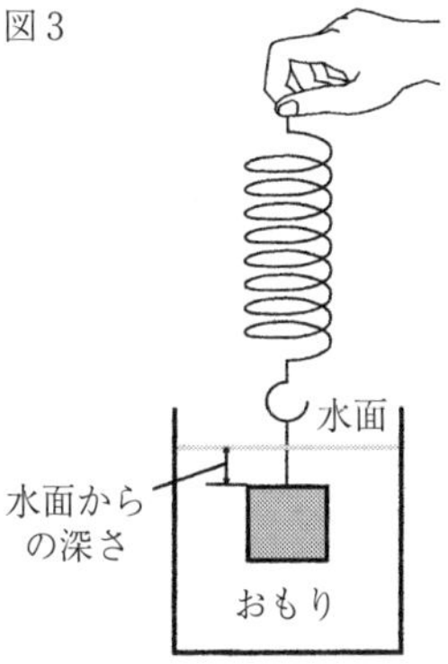

(1) 【実験2】において，ばねの伸びは何cmになるか。最も適切なものを次の①～⑥から一つ選びなさい。

① 5cm　② 7cm
③ 12cm　④ 14cm
⑤ 19cm　⑥ 21cm

(2) 【実験2】において，図4のように70gのおもりを手で下に引き，ばね全体の長さが21cmになったところで静止させた。このとき，手がおもりを引く力として，最も適切なものを次の①～⑥から一つ選びなさい。

① 0.2N　② 0.7N
③ 0.9N　④ 1.2N
⑤ 1.4N　⑥ 2.1N

図4

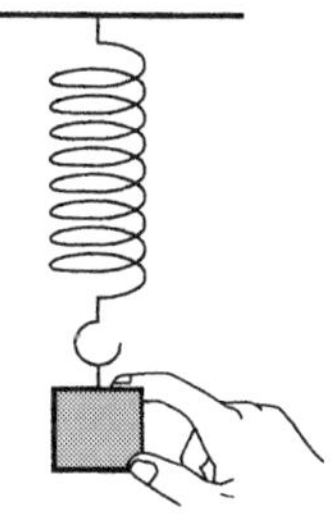

(3) 【実験3】において，ばね全体の長さが21cmになったとき，おもりは机からはなれた。おもりの質量として，最も適切なものを次の①～⑥から一つ選びなさい。

① 40g　② 70g
③ 90g　④ 120g
⑤ 170g　⑥ 190g

(4) 【実験4】において，水中のおもりが水から受ける水圧を模式的に表したものとして，最も適切なものを下の①～④から一つ選びなさい。なお，図中の矢印の大きさは水圧の大きさを相対的に示したものである。

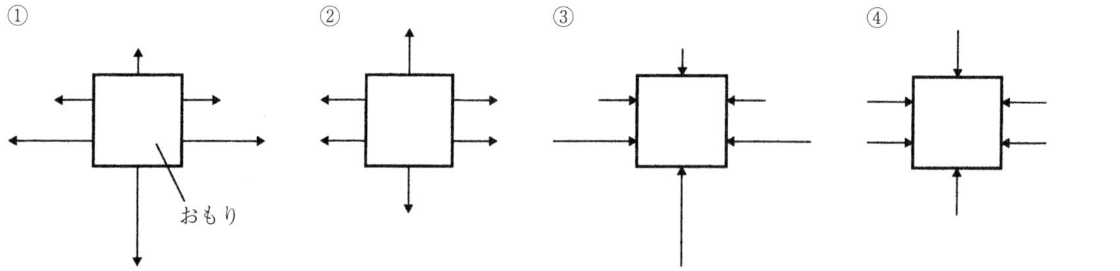

(5) 【実験４】において，水面からの深さと水中で受ける浮力との関係を表したグラフとして，最も適切なものを次の①～④から一つ選びなさい。ただし，おもりの上面が水面と一致したとき，水面からの深さを０とする。

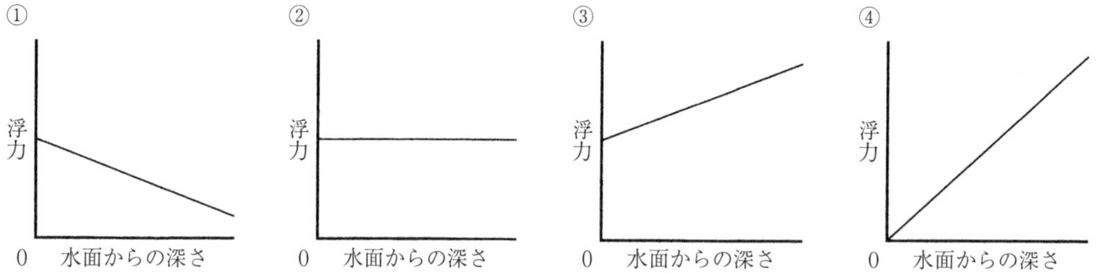

7　炭酸水素ナトリウムの粉末を試験管に入れ，図１のような実験装置で加熱した。炭酸水素ナトリウムの粉末を完全に反応させると，試験管の加熱部分には炭酸ナトリウムの白色粉末が残り，管口には$_{\text{a}}$<u>液体</u>が生成されていた。この反応により発生した気体を石灰水に通すと白濁したため，気体は二酸化炭素であることがわかった。このように，加熱によって物質が分解する反応を$_{\text{b}}$<u>熱分解</u>という。次の各問いに答えなさい。

図１

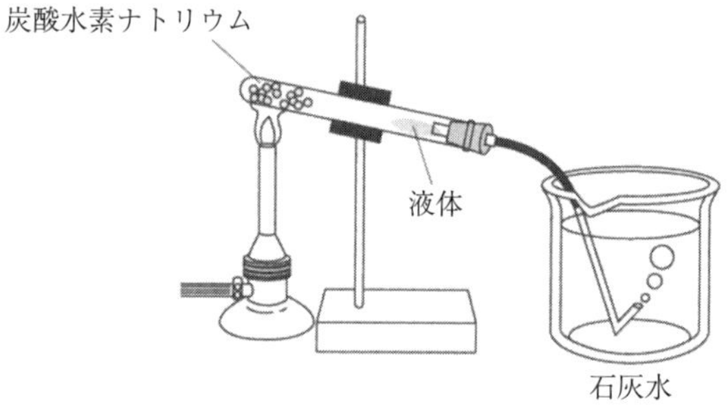

(1) 下線部ａの液体が水であることを確かめるために必要な実験操作とその結果の組み合わせとして，最も適切なものを次の①～④から一つ選びなさい。

	操作	結果
①	液体をガラス棒の先につけ，その液体を赤色リトマス紙につける。	赤色リトマス紙が青色に変わった。
②	液体をガラス棒の先につけ，その液体を青色リトマス紙につける。	青色リトマス紙が赤色に変わった。
③	液体をガラス棒の先につけ，その液体を塩化コバルト紙につける。	塩化コバルト紙が赤色から青色に変わった。
④	液体をガラス棒の先につけ，その液体を塩化コバルト紙につける。	塩化コバルト紙が青色から赤色に変わった。

(2) 下線部ｂで示された変化と同様の化学変化を示すものとして，最も適切なものを次の①～④から一つ選びなさい。

① 水素と酸素を混合して点火すると，水ができる。

② 塩酸に水酸化ナトリウムを加えると，塩化ナトリウムと水ができる。
③ 水酸化ナトリウム水溶液に電気を通すと，各電極から気体が発生する。
④ 酸化銀を加熱すると，酸素が発生する。

(3) 反応前の炭酸水素ナトリウムと反応後にできた炭酸ナトリウムの性質の違いを知るために，次の２つの実験を行った。文章中の [ア] ～ [ウ] にあてはまる語句の組み合わせとして，最も適切なものを下の①～⑧から一つ選びなさい。

【実験１】

炭酸水素ナトリウムと炭酸ナトリウムの白色粉末をそれぞれ試験管に少量取った後，水を10.0mLずつ加えてよく振ったところ， [ア] が入った試験管の粉末が溶けずに残った。

【実験２】

炭酸水素ナトリウムと炭酸ナトリウムの白色粉末をそれぞれ試験管に少量取った後，水を10.0mLずつ加えてよく振った。それぞれの試験管にフェノールフタレインを２滴ずつ加えたところ，２本とも溶液の色が [イ] 色に変化したが， [ウ] の試験管の方は色が濃かった。

	[ア]	[イ]	[ウ]
①	炭酸水素ナトリウム	青	炭酸水素ナトリウム
②	炭酸水素ナトリウム	青	炭酸ナトリウム
③	炭酸ナトリウム	青	炭酸ナトリウム
④	炭酸ナトリウム	青	炭酸水素ナトリウム
⑤	炭酸水素ナトリウム	赤	炭酸水素ナトリウム
⑥	炭酸水素ナトリウム	赤	炭酸ナトリウム
⑦	炭酸ナトリウム	赤	炭酸ナトリウム
⑧	炭酸ナトリウム	赤	炭酸水素ナトリウム

(4) 炭酸水素ナトリウムを加熱し，反応の前後で質量をはかる実験を行った。以下の化学反応式を参考に，下の(a)・(b)の各問いに答えなさい。

【炭酸水素ナトリウムが熱分解するときの化学反応式】

$2NaHCO_3 \rightarrow Na_2CO_3 + CO_2 + H_2O$

(a) 炭酸水素ナトリウム16.8gをすべて熱分解すると，二酸化炭素が発生し，試験管内に炭酸ナトリウムが10.6g，水が1.8gできた。この時発生した二酸化炭素の質量は，[エ].[オ]gである。

[エ]・[オ]に入る最も適切な数値をマークしなさい。ただし，答えが１桁になる場合は下記の例にならってマークすること。

> [例] ２gの場合
> エ：② オ：⓪

(b) 16.8gの炭酸水素ナトリウムを試験管に入れ加熱したが，途中で加熱をやめてしまったため，水が0.450gしかできなかった。はじめの炭酸水素ナトリウム16.8gのうち，何％が反応したことがわかるか。最も適切なものを次の①～④から一つ選びなさい。

① 2.68％　② 25.0％　③ 50.0％　④ 66.7％

8　図1は，太郎さんがコーヒーをこぼして汚れてしまった宿題である。太郎さんと先生の会話文を読み，下の各問いに答えなさい。

図1

下の図は丸い種子をつくる純系のエンドウと，しわのある種子をつくる純系のエンドウを交配した時の模式図である。Aはaに対して顕性(優性)の形質を支配する遺伝子である。

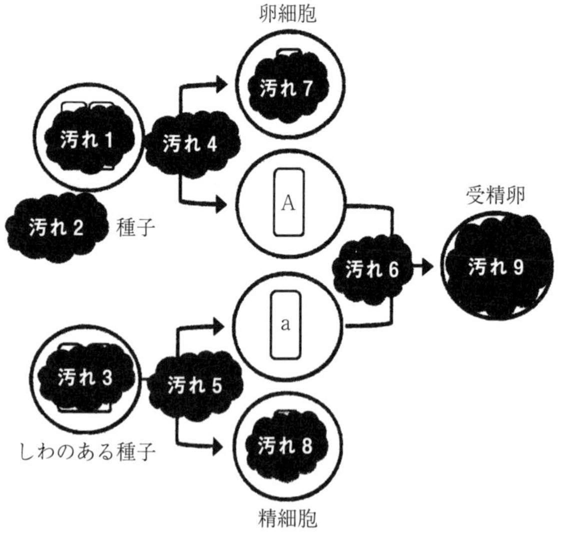

問1　種子を丸くする遺伝子は図のAとaのどちらか。

問2　図のXの細胞分裂を何というか。

問3　図のYとZに当てはまる図を次のⅰ～ⅴからそれぞれ選びなさい。

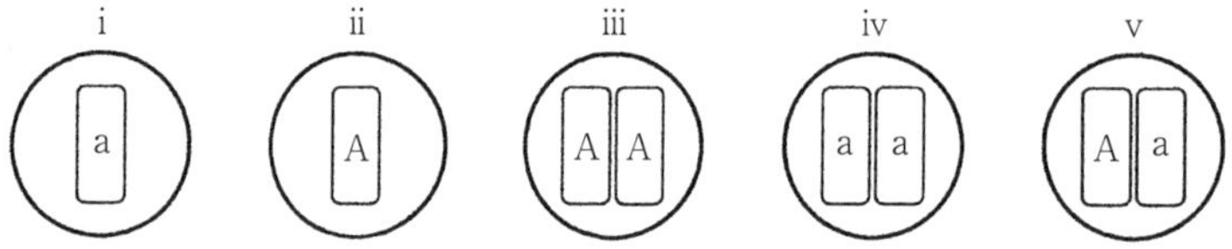

問4　受精卵から生まれたエンドウを自家受粉すると，子の種子の割合はどのようになるか答えなさい。

解答　問1　A　　問2　減数分裂　　問3　Y　i　　Z　v

問4　丸い種子：しわのある種子＝汚れ10

宿題に誤ってコーヒーをこぼしてしまった太郎さんは，新しいプリントをもらいに先生の所を訪れました。

太郎さん：先生，宿題のプリントにコーヒーをこぼしてしまいました。新しいプリントをください。

先　　生：ちょっとみせてくれるかな。なるほど，いろいろな場所が汚れてしまっているね。でも，解答から汚れた部分がどのようになっているか推測するのも面白いかもね。

太郎さん：そんなことができるんですか。

先　　生：まずは分かりやすくするために汚れに番号をふってみますね。すると，問1の答えがAとなっているので汚れ1と汚れ2に書かれていることが分かるはずだよ。

太郎さん：汚れ1は［　ア　］，汚れ2は［　イ　］ですか。

先　　生：その通り。

太郎さん：でも先生，問２の図のＸがどこに書かれているか分かりません。

先　　生：答えが減数分裂なので，Ｘは［ウ］に書かれているはずだよ。ＹとＺの場所も考えてみよう。

太郎さん：問３の解答からＹは［エ］に，Ｚは［オ］にあると思います。

先　　生：その通りです。問４の解答が汚れてしまっているけれど，今まで考えたことから，答えを導き出すことができるよ。

太郎さん：そうですね，汚れ10に入るのは［カ］だと思います。

先　　生：その通りです。

(1)　親の形質が子や孫の世代に現れることを何というか。最も適切なものを次の①～④から一つ選びなさい。

①　進化　　②　生殖　　③　遺伝　　④　細胞分裂

(2)　会話文中の空欄［ア］・［イ］に入る語句の組み合わせとして，最も適切なものを次の①～④から一つ選びなさい。

	ア	イ
①	AA	丸い
②	AA	しわのある
③	Aa	丸い
④	Aa	しわのある

(3)　会話文中の空欄［ウ］に入る語句として，最も適切なものを次の①～④から一つ選びなさい。

①　汚れ４　　②　汚れ５

③　汚れ４と汚れ５　　④　汚れ６

(4)　会話文中の空欄［エ］・［オ］に入る語句の組み合わせとして，最も適切なものを次の①～④から一つ選びなさい。

	エ	オ
①	汚れ７	汚れ３
②	汚れ７	汚れ９
③	汚れ８	汚れ３
④	汚れ８	汚れ９

(5)　会話文中の空欄［カ］に入る比として，最も適切なものを次の①～④から一つ選びなさい。

①　1：0　　②　1：1　　③　3：1　　④　1：3

問26 傍線部4「不思議なれ」とあるが、人々は何に対して「不思議」と感じたのか。最も適当なものを**一つ**選びなさい。

ア 女が懐に入れたしとぎを、すべて食べてしまったこと。

イ 女の懐に入れたしとぎがすべてなくなったこと。

ウ 女が狐に憑かれたふりをして、しとぎを食べたこと。

エ 女がしとぎを懐に入れたまま倒れてしまったこと。

オ 女がしとぎをすべて食べずに、家に持ち帰ったこと。

問27 本文の内容として最も適当なものを**一つ**選びなさい。

ア 女はしとぎが食べたくて狐に憑かれたふりをして人々をだました。

イ 周囲の人々は女がしとぎを食べたくて狐が憑いているふりをしていると考え、女が満足する量を与えなかった。

ウ 女はしとぎを持ち帰らせようとして紙を用意させて、その紙でしとぎを包み、験者に渡した。

エ 女は自分で子どものためにしとぎを作り、それをまずは自分で食べた。

オ 女に狐を取り憑かせたところ、女はしとぎをおいしそうに食べた。

留学生活が理想とかけ離れていたので、早く母国へ帰りたいと思っている。

イ　「僕」は、啓馬の進路について相談に乗ることで、自分の将来を改めて考え直し、このまま留学を続けるべきか悩んでいる。

ウ　「僕」は、家族からの葉書を読んで、自分より出来の良い妹をねたましく思うと同時に、日本への留学を後悔している。

エ　「僕」は、家族の今後を考え留学を選んだが、今では留学のやりがいを感じられず、無気力な状態になってしまっている。

オ　「僕」は、祖母と妹からの期待を背負って留学したものの、異国での生活が自分に合わず、精神的に不安定になって自分自身を見失っている。

四　次の文章を読んで、後の問いに答えなさい。

昔、1もののけ煩ひし所に、もののけ渡ししほどに、もののけ、※よりましの女に《（もののけに憑かれた人がいて、もののけを※よりましの女に乗り移らせようとしたところ）》もののつきに憑《つ》きて言ふやう、「おのれは、たたりのもののけにても侍らず。うかれてまかり通りつる《（よりましの女に乗り移って）（さ迷い歩いて通りかかった）》狐なり。塚屋に《（巣穴に）》子ども侍るが、物をほしがりつれば、かやうの所には、食物ちろぼふものぞかしと《（食物が散らばっているものだよ）》て、まうで来つるなり。※しとぎばし《（しとぎを）》食べて2まかりなん」と言へば、しとぎをせさせて《（作らせて）》、一折敷取らせたれば《（お盆いっぱいに盛ってやると）》、すこし食ひて、「あなむまや、むまや《（ああうまいな、うまいな）》」と言ふ。

（周囲の人々は）「この女の、しとぎほしかりければ、そらもの憑きてかく言ふ《（もののけの憑いたふりをして）》」と憎みあへり。「紙給はりて、これ包みて、まかりて、専女《（老女）》や子どもなどに食はせん」と言へば、紙を二枚ひき違へて《（紙を二枚ひき違いにして）》、包みたれば、大きやかなるを、腰につい挟みたれば《（腰にちょっと挟んだので、胸に届くほどだった）》、胸にさしあがりてあり。かくて、「追ひ給へ。まかりなん」と※験者に3言へば、「追へ、追へ」と言へば、立ちあがりて、倒れ伏しぬ。しばしばかり《（しばらくたって）》ありて、やがて《（まもなく）》起きあがりたるに、懐なる物、さらになし《（まったくない）》。失せにけるこそ4不思議なれ。

（『宇治拾遺物語』より一部改変）

※よりまし…当時の人々は体調不良や災いをもののけのたたりだと考え、もののけを退治するためにおはらいの儀式を行う風習があった。その際、もののけを一時的に乗り移らせるため、修験者がそばにいさせる人のこと。もののつきとも言う。

※しとぎ…餅の一種。

※験者…修験者のこと。神秘的な呪術を使う。

問23　傍線部1「もののけ煩ひし」とあるが、もののけは何のために取り憑いたのか。最も適当なものを**一つ**選びなさい。

ア　人々に大きな災いをもたらすため。

イ　自らの空腹を満たすため。

ウ　人々に狐のたたりをわからせるため。

エ　子どもに与える食料を手に入れるため。

オ　人々にいたずらを仕掛けるため。

問24　傍線部2「まかりなん」の解釈として最も適当なものを**一つ**選びなさい。

ア　食べてやろう

イ　大目に見てやろう

ウ　眠ってしまおう

エ　退散しよう

オ　たたってやろう

問25　傍線部3「言へ」とあるが、この動作の主語として、最も適当なものを**一つ**選びなさい。

ア　狐　　イ　験者　　ウ　周囲の人々

エ　子ども　　オ　専女

「僕」を信頼している。

エ　啓馬は、自分の将来像を明かすほど「僕」に信頼を寄せ、「僕」もまた啓馬に嘘をつかず率直な意見を述べており、彼を大切な友人と認識している。

オ　啓馬の才能を認めた「僕」は、啓馬にとって唯一の理解者であり、「僕」にとっても、啓馬は留学の苦しさを話せる唯一の相談相手である。

問19　傍線部4「笑った」とあるが、ここでの啓馬の様子を説明したものとして最も適当なものを**一つ**選びなさい。

ア　「僕」から自身の今後の課題を指摘されたものの、それに対する不安な気持ちをさとられないようにしている。

イ　自分の絵をほめられたことに対して喜びを感じたものの、それを素直に表情に出せず戸惑っている。

ウ　自分でも自覚していた課題を「僕」からも指摘され、うんざりしたが、それを「僕」に気付かれないようにしている。

エ　留学生の「僕」からも少数派だと指摘される自分の家庭環境を、重く受け止めつつも、その状況を変えることは難しいとあきらめている。

オ　今後の課題を突き付けられて驚いたものの、将来のことを本音で語り合える「僕」という存在がいることに、嬉しさを感じている。

問20　傍線部5「僕は、彼にとっての未来なのだ」・傍線部7「彼は、僕にとって、輝かしい過去だ」から読み取れる啓馬と僕の心情として最も適当なものを**一つ**選びなさい。

ア　双方とも相手に憧れを抱いており、特に、啓馬は「僕」の夢を追う姿勢はもちろん、勉学に励む姿勢も見習いたいと考えている。

イ　啓馬は「僕」のことを尊敬し、また、「僕」はそんな啓馬を応援しつつ、自分では叶えられなかった夢を啓馬にたくしている。

ウ　双方が、相手は困難な環境の中で努力している存在だと認識し、その姿勢から前向きに生きる勇気をもらっている。

エ　「僕」と仲を深めることで、より高い志を持つようになった啓馬に対し、「僕」は現実を知って夢への志を低くした自分のあきらめの早さを痛感している。

オ　双方とも、相手が夢のために努力できる姿勢をうらやましく思っているが、「僕」は同時に自分へのやるせなさも感じている。

問21　傍線部6「――こんなことを考える僕は、多分、おかしいんだろう」とあるが、なぜ「僕」は、自分のことを「おかしい」と考えているのか。その説明として最も適当なものを**一つ**選びなさい。

ア　金銭面で不安のない日本の生活より、タイでの貧しい生活の方が、心身ともに痛みを感じられ、生きていると実感できたと考えているから。

イ　タイでの生活は、衣食住に不自由ばかりであったからこそ、人間にとっての本当の幸せとは何であるかをわかっていたと考えているから。

ウ　金銭面で支障がない日本での生活より、タイでの貧しい生活の方が、日々の目的や目標が明確であったため、良かったと考えているから。

エ　家族がいない日本での暮らしより、生活が苦しくても家族と共に過ごしていたタイでの暮らしの方が、楽しかったと考えているから。

オ　治安も良く、金銭にも不自由がない日本での生活は充実しているはずが、タイにいた頃よりも制限が多く、不幸だと感じるときの方が多いから。

問22　本文全体から読み取れる「僕」の説明として最も適当なものを**一つ**選びなさい。

ア　「僕」は、貧しい生活から抜け出すために日本に来たものの、所から抜けだした僕に、彼は自分の行く先を投影《とうえい》しているんだろう。

でも、僕は決して、憧れに値するような人間じゃない。もうとっくに道を見失ってしまって、新しい道筋の見つけ方もわからないでいる、ただの空っぽ人間だ。

今に比べたら、生きるために盗み、舗装《ほそう》の悪い道を吐きそうになりながら駆《か》けた日々のほうが満たされていた気さえする。

6——こんなことを考える僕は、多分、おかしいんだろう。

「ジェップ、どうした?」

「なんでもない」

僕が微笑むと、啓馬はスケッチブックのページを、どんどん捲《めく》りはじめた。ノートの上に、僕の知らない美しい東京の風景が次々と展開されていく。

線路脇の道を闊歩《かっぽ》する猫たち、学校全体がまどろんでいるような授業中の風景、かわいい女子高生は啓馬の片想いの相手なのか。

どのスケッチも素晴らしかったけれど、いちばん僕の心を揺《ゆ》さぶったのは、スケッチそのものではなく、スケッチを僕に見せる啓馬の横顔だった。彼の周りに、いくつもの小さな光がはじけているのがわかる。

7彼は、僕にとって、輝かしい過去だ。

婆ちゃんと妹を背負っていた頃の、僕だ。

（成田名璃子『東京すみっこごはん』より一部改変）

※ハウスキーパー…家族に代わり、家事を代行する人。

※バラック…ありあわせの材料を用いて作った、粗末な小屋。

※杓子定規…一つの規則や基準で物事を判断すること。

問16 傍線部1「もう、お兄ちゃんの助けがなくても大丈夫だよ」とあるが、妹はどのようなことを伝えたいのか。その説明として最も適当なものを**一つ**選びなさい。

ア 今では自分も家計の一端を担《にな》うことができるので、安心してタイの家に帰って来てほしいということ。

イ 祖母と毎日を細々と暮らし、二人とも元気でいるので心配しないでほしいということ。

ウ 今では生活費に困ることはないので、家族の生活について気がかりに思うことはないということ。

エ 経済的に豊かになった上に、精神面でも成長したため、以前のような幼い自分ではないということ。

オ 経済面で自立しただけでなく、新しい夢も見つけ、タイで充実した日々を過ごしているということ。

問17 傍線部2「次の進路指導で、ちゃんと親にも言おうと思ってる」とあるが、この言葉からうかがえる啓馬の人物像として最も適当なものを**一つ**選びなさい。

ア 周囲の人々の意見を取り入れながら、慎重に物事を進めたいと考える心配性な人物。

イ 困難な状況であっても、自分の決めたことはめげずにやり通そうとする芯の強い人物。

ウ 自分の意見を恥ずかしがらずに、自信を持って相手に伝えることができる勝気な人物。

エ 想像力が豊かで、いつでも物事を明るく考えることができる前向きな人物。

オ 気が重い状況であっても、意思表示の場だけは何とか整えようとする合理的な人物。

問18 傍線部3「僕たち」とあるが、部屋でのやりとりから読み取れる二人の関係性について説明したものとして最も適当なものを**一つ**選びなさい。

ア 啓馬も「僕」も、相手に気がねなく思ったことを本音で語り合うことができ、お互いに心に抱える不安や悩みも共有していて、打ち解けた仲である。

イ お互いに考え方や感じ方がよく似ているため、言葉を交わさずとも相手の考えがわかるほどであり、以心伝心の仲である。

ウ 「僕」が啓馬の家庭環境や精神面の問題点を指摘するのは、啓馬の夢を応援したいと思っているからであり、啓馬もそんな

「いや、まだ知らねえ。親父もお袋も」
啓馬は、わかりやすく顔を曇らせた。僕が彼の立場でも、あの両親の顔を思い浮かべたら同じ表情をするだろう。
父親は進学を反対しているし、母親も、そんな父親に意見することはないのだという。大学は金をかけて子どもたちを遊ばせるロクでもない場所。手に職を付けて、高校を卒業したらこれまでの養育費を返すために働けというのが、一家の総意らしかった。
タイのスラム街に比べれば、啓馬はかなり恵まれた環境にいる。特に、気の毒にも思わないけれど、親が子の進学を望まない上に養育費の返却まで求めるのは、この国では珍しいのではないだろうか。
「えをかいてる、しらなかった」
「高一のとき、美術の先生に初めて褒《ほ》められてさ。それから、先生の知り合いがやってる絵画教室に内緒で通わせてもらってる。芸大の受験対策とかもやってて。国立の芸大なら、なんとかバイトしながら通えそうなんだ」
「おとさん、てにしょく、つけてほしいでしょ？」
「よく手に職なんて言葉、知ってんなあ」
苦笑いしながら啓馬が話をつづける。
「2次の進路指導で、ちゃんと親にも言おうと思ってる。どうなるかは、わからねえけど。俺さ、昔すげえ悪かったって話したことあるだろう。あれがおさまったのって、実は絵を描き始めてからなんだ」
部屋にこもって学校の勉強をしているなんて真っ赤な嘘《うそ》で、実はひたすら絵を描いていたのだという。
「それスケッチブック、みせて」
「その、スケッチブック、だよ」
しっかりと響く強い声とは裏腹に、啓馬がおずおずと差し出してきた。
僕に、絵心はない。正直言って、彼の絵を見ても、芸大を目指すレベルなのかどうかなんて判断できないだろう。
それでも、最初のページをめくって、目を瞠《みは》った。
それは、僕もよく見知っている、近所の公園だった。楓《かえで》の樹が植わっていて、真ん中に首の長い時計が建っている、ありふれた日本の小さな広場。白黒の濃淡《のうたん》で切り取られたその風景が、鮮《あざ》やかに色づいて僕を取り囲んだのだ。空にのぼる子どもの笑い声、おしゃべりに興じる母親たち、そして木々の葉ずれの音、風についた花の香り。
彼は、こんなにも、この国の風景を美しく見ているのか。
スケッチの技術的な巧みさより、僕はそのことに感動していた。
どこか悪ぶっている彼の瞳が映し出していた、ほとんど願いのような完璧《かんぺき》な世界が、キリキリと胸を抉《えぐ》るような切実さを伴って僕に迫《せま》ってくる。
3僕たちは、ただ無言で見つめ合った。
照れたように、不安そうに、僕を見つめる啓馬の瞳に、感嘆《かんたん》のため息で応える。
「すばらしい、おもいます」
「素晴らしい、と、思います、だよ。助詞はジェップの課題だな」
啓馬の顔がほっとしたように緩み、耳の先まで赤くなっていった。
でも、僕はそんな彼に対して残酷《ざんこく》だと知りながら、告げずにはいられなかった。
「おとさん、おかさんのせっとく、けいまのかだい」
啓馬はほんの少し沈黙したあと、一本取られた、と4笑った。
彼がこれから立ち向かうことの困難さを思って、暗澹《あんたん》とした気持ちになる。
あの両親が、そうすんなりと、啓馬の望む未来へと背中を押してくれるとは考えづらい。彼の辿《たど》ろうとしている細い道なんて、簡単に踏みにじられてしまうかもしれない。
心細げな啓馬の目の奥を見て、なぜ彼が、僕を好いているのかわかった。
5僕は、彼にとっての未来なのだ。彼と同じように閉ざされた場るあまり、スマートフォンも、パソコンも買ったと追伸されていた。書かれているメールアドレスが、連絡先のようだ。

僕が、バイトして貯めた金で送ってやるはずだった二つを、妹は自力で手に入れてしまったのだ。

これで、バンコクと頻繁《ひんぱん》に連絡が取れる。映像つきで話だってできる。それなのに、僕の気持ちは浮き立つどころか沈《しず》んでいく。

メールを打とうかどうしようか迷って、結局パソコンを立ち上げずに机の引き出しに葉書をしまう。

妹から、条件のいい仕事に就いたという知らせが届いたのは、日本に着いて間もなくのことだった。

もともと妹は、大使館勤めのサウジアラビア人家庭で※ハウスキーパーをしていた。そして、大使夫婦に気に入られて子守まで任され、それ相応の収入を得られるようになったのだという。聞くと、婆ちゃんを養ってもお釣りのくる、破格の待遇だった。それでも、彼らにしてみたら安く雇《やと》える範囲だ。

妹と婆ちゃんは、高速下の※バラックから、車の振動も隙間《すきま》風も雨漏《も》りもない、きちんとしたアパートに引っ越した。

〝1もう、お兄ちゃんの助けがなくても大丈夫だよ〟

葉書の上で躍《おど》るように書かれていたその一行は、二人を楽にしようと必死でこの世界を走っていた僕の両脚に、急ブレーキをかけた。そして、我に返って見回した世界は、まったくの虚《うつ》ろだった。

――二人のためでないなら、僕は、なんのためにここにいるんだろう。

その問いに答えられないまま、ずるずるとこの日本で月日が過ぎていく。

一刻も早く稼げるようになって、二人をちゃんとした家に住まわせ、できれば妹を、もう一度学校に行かせてやりたい。それは、僕の心からの夢だったし、使命だと思っていた。

今、僕の人生には何もない。ただ息をしているだけ。

（中略）

部屋で日本語の勉強をしていると、啓馬が遠慮がちに部屋の扉から顔をのぞかせた。ちょうど、「を」と「お」の使い分けに四苦八苦しているところだったから、僕は彼を歓迎《かんげい》した。やはりネイティブに聞くのが一番いい。※杓子《しゃくし》定規なテキストと違って、実際の言語はもっと生きているし、例外も山のように存在するからだ。

「どぞ、はいてください」

促すと、啓馬は細身の体をするりと滑《すべ》り込ませてきた。右手にはスケッチブックを抱えている。床にあぐらをかくと、落ち着きなく部屋に視線を彷徨《さまよ》わせたあとで、ついに口を開いた。

「あのさ、笑わないで聞くか？」

啓馬の目つきは真剣だ。

「わかた。たいじょぶ」

僕の返事に、啓馬のほうが笑いだした。

「マジになりきれねえ日本語だよなあ」

ひとしきり笑ったあとも、啓馬はなかなか話しだそうとしなかった。

「どした？　いいにくいこと？」

何度か促すと、ようやく重い口を開く。

「――あのさ、実は俺、ゲーダイに行きてえんだよ」

「ゲーダイ？」

どこか、日本の有名な観光地だろうか。それとも、タイに僕の知らないそんな地名でもあっただろうか。忙しく頭を巡《めぐ》らせていると、啓馬が頷《うなず》いた。

「そう、ゲーダイ。芸術大学」

ああ、それならわかる。絵や彫刻やパフォーマンス。あらゆる芸術表現を学ぶ大学だ。でも、啓馬は就職するんじゃなかったのか。しかも、どうして僕にそんな打ち明け話をするんだろう。

「おかさん、しってる？」

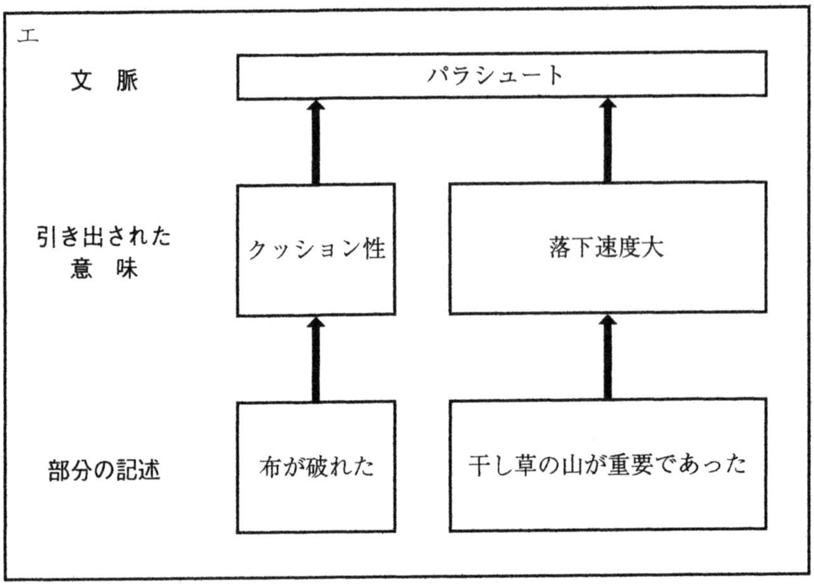

問14 [b] に入る最も適当な語を**一つ**選びなさい。

ア 受動的　イ 哲学的　ウ 主観的
エ 原理的　オ 表面的

問15 本文全体を踏まえると、文脈はどのようなはたらきを持つといえるか。最も適当なものを**一つ**選びなさい。

ア スキーマを発動させることで、それぞれの「部分の記述」に関連性を持たせ、「引き出された意味」を導き出すというはたらき。

イ 文脈がはっきりすることで、文章を理解しやすくするスキーマが確定し、そこから「引き出された意味」を自由に設定できるようにするというはたらき。

ウ 「部分の記述」と「引き出された意味」の対応関係を一対一に限定し、両者に緊密に関連するスキーマを発動させやすくするというはたらき。

エ それ自体は文章に書かれているが、「引き出された意味」を明確にし、そのことにより「部分の記述」の存在を読む側に再認識させるというはたらき。

オ 「引き出された意味」と「部分の記述」とを矛盾なくつなぐとともに、その結合を視覚化することで文章をよりよく読める状態にするというはたらき。

三

次の文章を読んで、後の問いに答えなさい。

「僕（ジェップ）」は、タイから来た留学生である。タイでは祖母と妹と三人で暮らしていたが、現在はホストファミリーの家で暮らしている。

ベッドの端に腰かけると、届いた葉書に目を落とした。

妹と婆ちゃんから、それぞれのメッセージが書かれている。二人ともとても元気そうだ。そして、返事を書かない僕のことを心配す

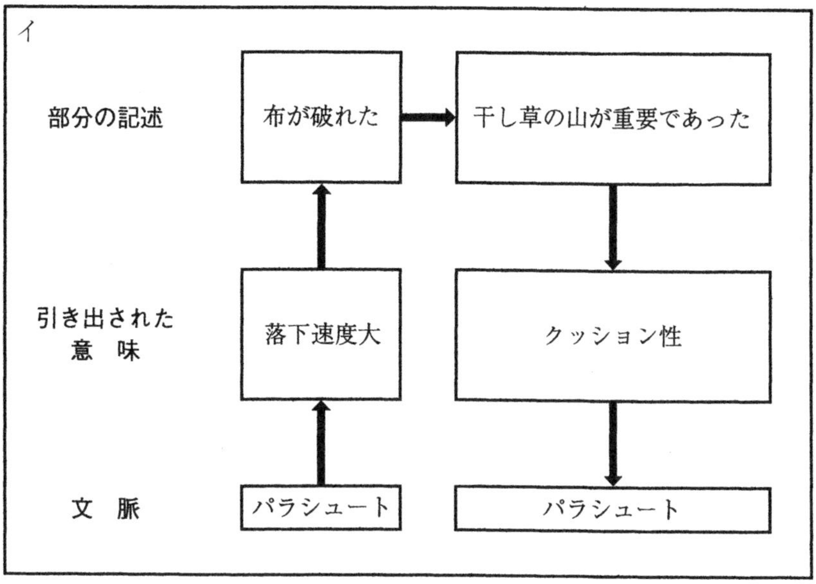
イ
部分の記述
布が破れた
干し草の山が重要であった
引き出された意味
落下速度大
クッション性
文脈
パラシュート
パラシュート

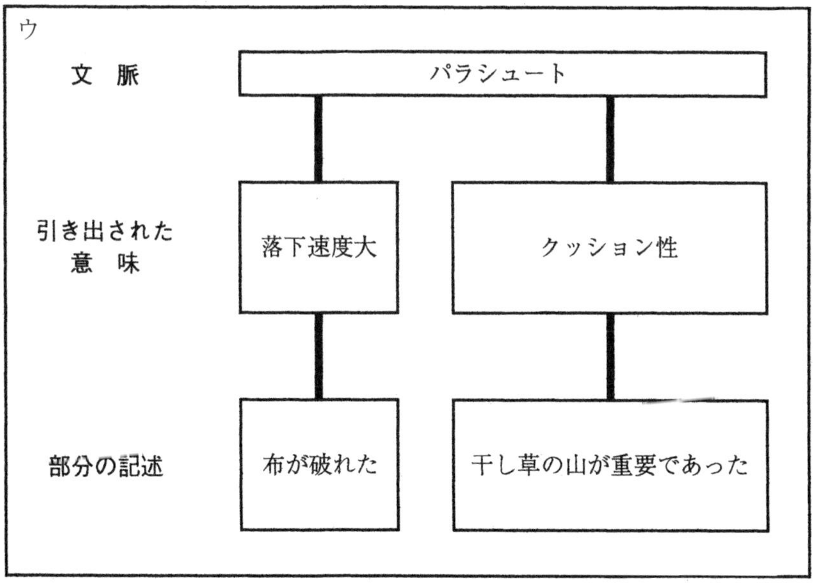
ウ
文脈
パラシュート
引き出された意味
落下速度大
クッション性
部分の記述
布が破れた
干し草の山が重要であった

　　c…「株式欄、政治経済欄」

ウ　a…「失業者」
　　b…「洗濯機の購入」
　　c…「購入する」

エ　a…「株仲買人」
　　b…「電話の内容」
　　c…「子どものキャンプの申し込み」

オ　a…「地味なネクタイ」
　　b…「株仲買人」
　　c…「それが日常」

問12　傍線部3「『干し草の山が重要だった』に関しても同様です」についての説明として最も適当なものを**一つ**選びなさい。

ア　「干し草の山が重要だった」という部分と「クッション性」という文脈が直接結びつくわけではない。

イ　「干し草の山が重要だった」と「布が破れた」という部分の記述が常に結合するわけではない。

ウ　「干し草の山が重要だった」から常に「クッション性」という意味が引き出されるわけではない。

エ　「干し草の山が重要だった」という部分からは「パラシュート」という文脈は導き出されない。

オ　「干し草の山が重要だった」という部分と「パラシュート」という引き出された意味は関連性がない。

問13　傍線部4「【図1】」として最も適当なものを**一つ**選びなさい。

ア

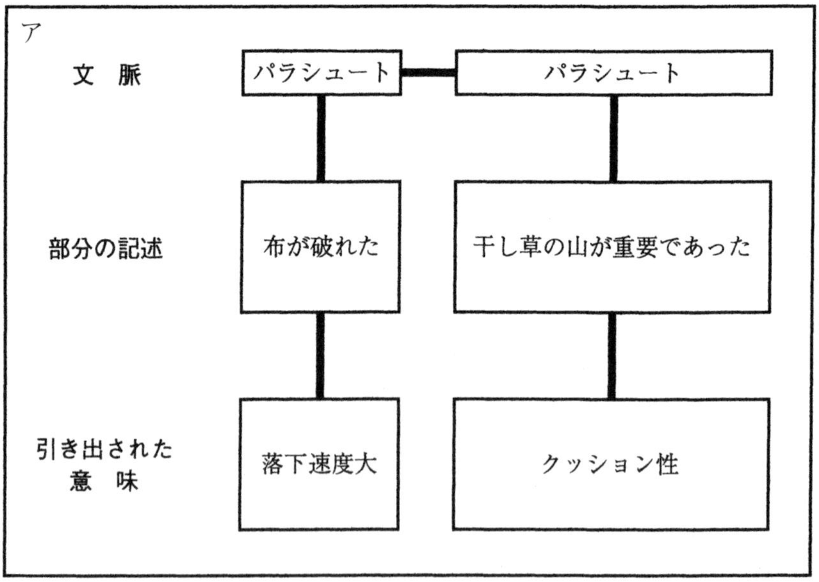

ければならないものではありません。3「干し草の山が重要だった」に関しても同様です。

わかった状態になったとき、各部分からは、「文脈と矛盾なく関連がつき、文脈を介して他の部分とも矛盾なく関連がつく意味」が引き出されているのです。そうなっていないときには、わかった状態にはなりません。部分から「引き出されたこれらの意味」は、「部分の記述」と「文脈」とをつなぐ機能を果たしています。「布が破れたので、干し草の山が重要であった」の文を例に、以上の関係を4【図1】に示しました。

【図1】では、部分から「引き出された意味」が、「文脈」と「記述」との間に書いてあります。「引き出された意味」が、記述そのものとほとんど異ならない場合は、両者を区別し、「引き出された意味」を書く必要性は、あまり感じられないかもしれません。しかし、文脈によってずいぶん異なった意味が引き出されることは実際にあるのですから、［ b ］に両者は別物だと考えておくべきではないかと思うのです。

【図1】のようになってはじめて、「わかった状態」になっているのだと考えると、それ以前の、「わからなかった状態」のときには、それぞれの部分から、両者に関連を持たせられるような意味を引き出せていなかった、ということがよくわかると思います。

（西林克彦『わかったつもり　読解力がつかない本当の原因』より一部改変）

※文脈…物事・情報などが埋め込まれている背景・状況。（筆者による定義）

※スキーマ…心理学用語。あることがらに関する、私たちの中に既に存在しているひとまとまりの知識。（同前）

※ブランスフォード…アメリカの心理学者。

※株仲買人…株式の売買を仲介する人。

問9　傍線部1「前より何だか、『よりよく読めた』という印象を持たないでしょうか」とあるがなぜか。その理由として最も適当なものを**一つ**選びなさい。

ア　男が何をしたのか、なぜそうしたのかなどが想像しやすくなり、父親の気苦労や就職活動の工夫がよりいっそう現実味を帯びたものとして感じられるから。

イ　単なる男という文脈より、読み手の知識が多く活用され朝食前後の行動の背景を見通すことができ、「失業者」の話が筋道立ったものになるから。

ウ　「男の朝の支度」というあいまいな文脈よりも感情移入が容易にできるようになり、読み手と登場人物との心情が一致しやすくなるから。

エ　社会を構成する職業の具体的なイメージがはっきりすることで、スキーマを仲介しなくても書かれていない意味を引き出すことが可能になるから。

オ　「株仲買人」という文脈とは異なるスキーマが生まれ、同じ部分の記述でもそこから異なる意味が導き出されることを実感するから。

問10　［ a ］に共通して入る最も適当な語を**一つ**選びなさい。

ア　活動的

イ　魅力的

ウ　感動的

エ　同情的

オ　自動的

問11　傍線部2「文脈を交換することで、部分から引き出されるものが異なる」とあるが、「文脈」（a）、「部分」（b）、「引き出されるもの」（c）、の例として正しい組合せを**一つ**選びなさい。

ア　a…「失業者」
　　b…「面接のため」
　　c…「地味なネクタイ」

イ　a…「株仲買人」
　　b…「新聞の読んだ欄」

ことではないのです。そのような意味は、文脈によって引き出されているのです。

　ここで試みに次のようなことをしてみましょう。先ほどの「男の朝の支度」の文章について、その中に出てくる男を、今回は裕福な「※株仲買人」と考えて読んでみるのです。

　その結果、どのような意味が各部分から引き出されているでしょう。

　きちんと身なりを整えるのも地味なネクタイを締めるのも、いつもの習慣のような気がしないでしょうか。新聞は株式欄か政治経済欄を読み、電話で売り買いの指示を出したり、株の勧誘などをして出かけるといった意味を引き出すことができるのではないでしょうか。洗濯機は多分買うでしょうし、子供たちをキャンプに出してやるだろうという気がします。

　このように2文脈を交換することで、部分から引き出されるものが異なるということは、引き出されているものが文章に書かれているわけではないということを、あらためて私たちにはっきりさせてくれます。

　文脈によって、受け手の持つスキーマのどれが発動されるかが決まります。つまり、文脈が異なれば、異なるスキーマが発動されます。「失業者」や「株仲買人」などの細かく指定された文脈が、受け手のより細かい、そして異なるスキーマを発動させることになるのです。そして、同じ部分から、異なる意味を引き出しているのです。

（中略）

　私たちは、ここまで文脈のはたらきを考えてきて、「文脈による意味の引き出し」が強力なものであることを確認できたように思います。

　ここで、「文脈による意味の引き出し」という視点で、「わからない」から「わかる」への過程を、もう一度見直しておきたいと思います。

「わかった」と感じる状態を説明するのに使った、次の文を思い出して下さい。

　布が破れたので、干し草の山が重要であった

「パラシュート」という文脈の示唆によって、この文がわかったとき、私たちは何を行っているのでしょうか。「パラシュート」という文脈が示唆されると、私たちは既存の知識を発動し、「布が破れたので」という前半部分からは、パラシュートに使われている布が破れ、空気抵抗が減少し、「速く落下する」という意味を引き出しているのではないでしょうか。

　そして、「干し草の山が重要であった」という後半部分からは、干し草の山の「クッション性」を引き出してはいないでしょうか。前半部分と後半部分から、これらの意味を引き出し、「速く落下するのでクッションが必要」というかたちで、私たちは、２つの部分間に関連をつけているのです。

　各部分から引き出されているこれらの意味は、この文の中のどこにも記述されていません。そのことを検証するのは、これらの引き出された意味が、それぞれの記述から引き出され得る唯一のものではないということです。

　たとえば、「布が破れた」という記述について考えてみましょう。この記述から、「速く落下する」という意味をいつも引き出すなどということがあるでしょうか。

「布が破れたので、彼は振りむいた」のような文があったとしましょう。この文をわかるためには、前半部分の「布が破れた」から、「音がした」という意味を引き出していなければならないはずです。「速く落下する」という意味は、いつでもこの記述から引き出さな

二　次の文章を読んで、後の問いに答えなさい。

ここまで、「※文脈がわからないと文章がわからない」と述べてきました。文脈がはっきりすることによって、使うべき※スキーマを確定することがはじめて可能になるからです。文脈の持つ力は大きいと言わざるを得ません。

ところが、文脈のはたらきは、実はもっと多彩で強力です。この節では、それを確認しておきましょう。

まず、次の文章を読んでみて下さい。やはり※ブランスフォードたちのものですが、これはすぐにわかりますから安心して読んで下さい。

男は鏡の前に立ち、髪をとかした。剃《そ》り残しはないかと丹念に顔をチェックし、地味なネクタイを締めた。朝食の席で新聞を丹念に読み、コーヒーを飲みながら妻と洗濯機を買うかどうかについて論議した。それから、何本か電話をかけた。家を出ながら、子どもたちは夏のキャンプにまた行きたがるだろうなと考えた。車が動かなかったので、降りてドアをバタンと閉め、腹立たしい気分でバス停にむかって歩いた。今や彼は遅れていた。

この文章は、このままでももちろん了解できます。どんな話かと聞かれたら、「男の朝の支度」などと答えるのではないでしょうか。この文章の各部分に書かれてあることがらに、「男の朝の支度」という共通の背景・状況を考えることができ、逆に言えば、各部分はその文脈からはみ出していませんから、各部分間に関連がついて、了解可能というわけです。

そこで文脈をもう少し細かいものにしてみます。「男の朝の支度」ではあるのですが、その男が「失業者」であると想定したいと思います。それでは、「失業者」の文脈で、もう一度読んでみてください。

男が「失業者」であると示唆《しさ》されるとどうでしょうか。1前より何だか、「よりよく読めた」という印象を持たないでしょうか。前に読んだときに較《くら》べて、より具体的に何をしたのか、なぜそうしたのかなどが、より推測可能になるのではありませんか。

たとえば、好印象をもたれるように、いつもはしない地味なネクタイなどの身支度をし、求人欄を見て電話で問い合わせ、面接に行くのだといった内容を読みとれるでしょう。洗濯機も多分買わないような気もするでしょうし、子どもたちをキャンプに出すのも無理のような気がします。

少し強引に読みとりすぎているかも知れませんが、そう考えることも可能だとは認めていただけるでしょう。どうも文脈がより細かく指定されると、それだけ多くのスキーマが発動されやすくなるようです。ここでは、失業にともなって、求職活動をしなければならないこと、新聞に求人広告のあること、求職活動に面接がつきものであること、面接で好印象をもたれる必要があること、経済的に苦しくなること、などなどの知識が使われています。こうして各部分がより具体的に推測され、それによって部分間の関係がより緊密になり、「よりよく読めた」感じがするのです。

さて、「失業者」の文脈で読んだとき、新聞の求人欄を見て電話で問い合わせ、面接で好印象をもたれるようにきちんと身支度をし、面接に行くといった内容を、ほとんど自動的に読みとれるだろうと思います。少し読み込みすぎだと思われる方は、割り引いたところで考えて下さい。そういう方でも、ただ、単なる「男の朝の支度」のとき以上のものを読みとっていると思います。そして、それらを読みとる過程は、「意識されないほとんど［ a ］」なものだったと思います。

［ a ］で、かつ何の努力も感じず、自然な感じで、これらの内容が読みとられることから、それらが、文脈に示唆されたスキーマを使って、わざわざ引き出されたものだとは考えにくいぐらいです。

しかし、それらは、読みとられることではあっても、書かれてある

二〇二二年度
土浦日本大学高等学校（併願推薦）

【国語】（五〇分）〈満点：一〇〇点〉

一 次の各問いに答えなさい。

問1 次のa・bの傍線部を漢字に直した場合、同じ漢字を含むものをそれぞれ**一つずつ**選びなさい。

a 人権をヨウ護するための規則。

ア まぶしいヨウ光を手で遮る。
イ 選挙の候補者にヨウ立する。
ウ ヨウ怪を目撃する。
エ 営業時間の短縮をヨウ請する。
オ 寛ヨウな態度を心がける。

b フン争の解決に取り組む。

ア 火山がフン火する。
イ 格上のチームにフン闘する。
ウ フン別のある人間に育てる。
エ 大事な手帳をフン失する。
オ フン末の薬を飲む。

問2 次の熟語のうち、傍線部の読みがほかと異なるものを**一つ**選びなさい。

ア 貴重　イ 丁重　ウ 慎重
エ 尊重　オ 厳重

問3 「七夕や　涼しき上に　湯につかる」という俳句について、次の(1)・(2)に答えなさい。

(1) この俳句に詠まれた月を**一つ**選びなさい。

ア 睦月　イ 卯月　ウ 水無月
エ 文月　オ 長月

(2) この俳句に用いられている修辞法を**一つ**選びなさい。

ア 切れ字　イ 体言止め　ウ 擬人法
エ 対句法　オ 反復法

問4 次の文はいくつの単語から成り立っているか。正しいものを**一つ**選びなさい。

「私は考えるより前に動くのが大事だと思う。」

ア 7　イ 8　ウ 11　エ 12　オ 14

問5 次の語のうち、用言でないものを**一つ**選びなさい。

ア 悲しい　イ 悲しむ　ウ 静かだ
エ 静けさ　オ 静まる

問6 平安時代に成立した和歌集を**一つ**選びなさい。

ア 古今和歌集　イ 徒然草　ウ 新古今和歌集
エ 枕草子　オ 万葉集

問7 次の対話文中の傍線部ア〜オのうち、敬語の使い方に誤りを含むものを**一つ**選びなさい。

Aさん：もしもし、わたくしは〇〇中学校のAとア申します。職業体験について確認したいことがありましてイお電話いたしました。Cさんはウいらっしゃいますか。

Bさん：Cは出張で、エ外出なさっております。何か伝言がオございましたら、わたくしからCに伝えますが、いかがでしょうか。

問8 次の熟語のうち、「写経」と同じ構成のものを**一つ**選びなさい。

ア 近郊　イ 植樹　ウ 収支
エ 寒冷　オ 公営

2022年度／土浦日本大学高等学校（併願推薦）

英語解答

1 (1) 4　(2) 4　(3) 1　(4) 3
(5) 4　(6) 2　(7) 2　(8) 1
(9) 2　(10) 2

2 (11) 1　(12) 2　(13) 3　(14) 4
(15) 1　(16) 2　(17) 2　(18) 1
(19) 1，3

3 (20) 3　(21) 2　(22) 2　(23) 3
(24) 1　(25) 2　(26) 2　(27) 1
(28) 2，6

4 (29) 2　(30) 1　(31) 2　(32) 3

5 (33) 1　(34) 1　(35) 1

6 (36) ③　(37) ②　(38) ②

7 (39) ①－⑥－③－②－⑤－④
(40) ②－⑥－③－⑤－④－①
(41) ⑥－②－①－⑤－④－③
(42) ③－⑤－⑥－②－①－④
(43) ②－⑥－④－③－⑤－①

8 (44) 3　(45) 2　(46) 3　(47) 1
(48) 4

数学解答

1 (1) ア…3　イ…0　(2) 2
(3) エ…9　オ…2　カ…2　キ…3
(4) ク…2　ケ…3　コ…2
(5) ①，③

2 (1) ア…1　イ…6
(2) ウ…1　エ…0　オ…9
(3) カ…3　キ…5　ク…2

3 (1) ②
(2) イ…7　ウ…8　エ…8　オ…0
(3) カ…1　キ…5

4 (1) ア…1　イ…2　ウ…1　エ…4
(2) オ…8　カ…3
(3) キ…1　ク…1　ケ…7　コ…2

5 (1) 3　(2) イ…1　ウ…7
(3) エ…3　オ…2

社会解答

1 (1) ③　(2) ②　(3) ③　(4) ①
(5) ②　(6) ①　(7) ④　(8) ④
(9) ③　(10) ④

2 (1) ①　(2) ③　(3) ②　(4) ③
(5) ④　(6) ①　(7) ③　(8) ②
(9) ①　(10) ④

3 (1) ④　(2) ③　(3) ①　(4) ④
(5) ①　(6) ②　(7) ②　(8) ①
(9) ③　(10) ①

4 (1) ①，②，⑤　(2) ④　(3) ④
(4) ①，③，④，⑤　(5) ①
(6) ②

5 (1) ⑥　(2) ④　(3) ②　(4) ③

6 (1) ④　(2) ③　(3) ②　(4) ④
(5) ①　(6) ②　(7) ①　(8) ④
(9) ③　(10) ③

理科解答

1 (1) ④　(2) ②　(3) ④　(4) ①
(5) ③

2 (1) ④　(2) ②　(3) ①　(4) ④
(5) ④

3 (1) ④　(2) ④
(3) (a) ア…3　イ…7　ウ…5
(b)…①　(c)…④

4 (1) (a)…③　(b)…②　(2) ①
(3) ④　(4) ⑧

5 (1) ③　(2) ①　(3) ②　(4) ③
(5) ③

6 (1) ②　(2) ①　(3) ③　(4) ③
(5) ②

7 (1) ④　(2) ④　(3) ⑥
(4) (a) エ…4　オ…4　(b)…②

8 (1) ③　(2) ①　(3) ③　(4) ④
(5) ③

国語解答

一 問1　a…イ　b…エ　問2　オ
問3　(1)…エ　(2)…ア　問4　エ
問5　エ　問6　ア　問7　エ
問8　イ

二 問9　イ　問10　オ　問11　イ
問12　ウ　問13　ウ　問14　エ
問15　ア

三 問16　ウ　問17　イ　問18　エ
問19　ア　問20　オ　問21　ウ
問22　エ

四 問23　エ　問24　エ　問25　ア
問26　イ　問27　オ

2021年度 土浦日本大学高等学校

【英　語】（50分）〈満点：100点〉

1　次の英文を読んで，あとの(1)～(9)の問いに答えなさい。

I have lived in Japan for a long time. I have seen many interesting things. One thing I learned was Japanese people love dogs! I see people walking their dogs or pushing their dogs in little carts usually made for human babies. Often the dogs are dressed in cute little clothes such as sweaters, shoes, and even little masks to protect them from catching a cold. This is nice, but, in fact, I like CATS! I almost never see Japanese people with cats. It seems that cats are not as (①) as dogs in Japan. This seems strange to me because cats have done so many amazing things for thousands of years.

Let's begin with the most important cat from history. Have you ever heard of Bastet? Probably not. ②Bastet was a cat god that was very important to the Egyptians 5,000 years ago. You see, Egyptians grew a lot of *wheat and this attracted a lot of *rats. Cats were important weapons in keeping rats from eating the wheat. They helped Egyptians to live healthy lives. So, a cat came to be seen as a god for the Egyptians. They believed that Bastet, the cat god, protected them from diseases which were often carried by rats. The city of Bubastis was thought to be the home of Bastet. So, many people went there to ask Bastet for help and to see the many cats that lived there. In fact, cats were so important in Egypt that after they died, they were often *mummified. Today, many cat *mummies are found in Egypt.

Cats have also become famous, not for what they did, but what they didn't do. President Lincoln, one of the most famous presidents of the United States, had two cats, Tabby and Dixie. These cats were given to President Lincoln when he first became president in 1861. At that time, the United States was fighting a war against the southern half of the USA. The war was very terrible and almost 600,000 Americans were killed. President Lincoln was not popular and many Americans said that Lincoln was a bad president. Some people said he was the worst president in the history of the United States. Even his own wife didn't like him! However, President Lincoln had two friends who made him happy and never made jokes about him: Tabby and Dixie. Lincoln was always with his cats. He often spoke to them for long periods of time and even served them at the dinner table with gold dishes. President Lincoln's wife hated the cats and tried to push them away from the dinner table. When asked why he liked the cats so much, Lincoln said that Tabby and Dixie were always kind to him!

Another cat was famous for doing what cats do best. No, not sleeping in the sun all day. No, not knocking things off tables. Towser, the cat was famous for killing rats! Towser was born in Crieff, Scotland in 1963. His owner, Fred, worked at a factory that made bread. The factory needed a lot of wheat to make bread. Wheat is the favorite food of rats. There were many rats in the factory. So, the factory owner asked his workers to bring their cats to work to help control the rats. Now, before going to work at the factory, Towser was like most (③) cats. He slept in the sun all day, and at night he slept in the bed with Fred. He was fat, lazy, and happy to watch life pass him by while sitting next to the kitchen window. However, once Towser was taken to the bread factory, he changed. He became excited and began chasing and killing rats. ④Fred was shocked! His fat, sleepy cat was suddenly a rat-killing machine! In fact, he killed so many rats on the first day that the owner of the factory decided to give him a job as a rat killer. Towser's skill at killing rats quickly attracted the attention of the local newspapers. Stories were written about Towser and soon scientists began to study Towser's rat-hunting activities. The scientists discovered that Towser killed an average of three rats each day. Towser also never had a day off. That means that in one year, Towser killed over a thousand rats! Towser worked at the bread factory for 23 years making him the champion rat killer of all time and one of the oldest cats in history.

There are many more stories I could tell you about famous cats but I don't have enough time. So, please remember Bastet, Towser, Dixie, and Tabby the next time you see some dog wearing a sweater and shoes being pushed around in a cart. Cats have been (⑤), friends to presidents, and champion rat killers! What have dogs ever done to become (⑥)?

*[注] wheat 小麦　rat ネズミ　mummify ～をミイラにする　mummy ミイラ

(1) (①)に入れるのに最も適する語を，次の１～４の中から**１つ**選びなさい。

１．serious　２．old　３．popular　４．selfish

(2) 下線部②の理由として最も適するものを，次の１～４の中から**１つ**選びなさい。

１．Bubastis の中心にある Bastet 寺院にたくさんの猫が生息しており，それが神格化された。

２．古代エジプト人にとって，Bubastis にたくさんいて，人々に愛されていた猫が神格化された。

３．古代エジプト人にとって，小麦を食べてしまうネズミを退治してくれる猫はとても重要な存在だったので，神格化された。

４．Bubastis の中心にある Bastet 寺院にたくさんの猫が生息しており，そこに住むたくさんの猫をミイラにしたことから，それが神格化された。

(3) Lincoln がアメリカ合衆国大統領に就任した当時の状況として，最も適するものを１～４の中から**１つ**選びなさい。

１．アメリカ合衆国は内戦の最中であった。

２．アメリカ合衆国は領土を南に拡大しようとして戦争していた。

３．アメリカ合衆国は第１次世界大戦に参戦し，60万人が亡くなっていた。

４．アメリカ合衆国はイギリスから独立しようと戦争中であり，すでに60万人が亡くなっていた。

(4) Lincoln の飼い猫である Tabby と Dixie について本文の内容と**合わない**ものを，次の１～４の中から**１つ**選びなさい。

１．Tabby と Dixie は，事を成して有名なのではない。

２．Lincoln は Tabby と Dixie に度々長い時間話しかけていることがあった。

３．Lincoln 夫妻は，Tabby と Dixie をとてもかわいがり，夕食時には，金の食器で食事を与えた。

４．Tabby と Dixie は決して Lincoln に冷たくしなかったので，Lincoln は彼らを愛した。

(5) (③)に入れるのに最も適する語を，次の１～４の中から**１つ**選びなさい。

１．another　２．other　３．one　４．that

(6) 下線部④の理由として最も適するものを，次の１～４の中から**１つ**選びなさい。

１．Towser が一日中昼寝をしていて，あまりにも怠け者だから。

２．Towser がパン工場に来たとたん，ネズミ捕りをし始めたから。

３．Towser が地元の新聞紙に掲載されたから。

４．Towser が23年もの長きにわたり，パン工場で働いたから。

(7) (⑤)に入れるのに最も適する語を，次の１～４の中から**１つ**選びなさい。

１．gods　２．presidents　３．reporters　４．scientists

(8)　(⑥)に入れるのに最も適する語を，次の１～４の中から**1つ**選びなさい。

　1．beautiful　　2．generous　　3．famous　　4．renewable

(9)　本文の内容と合うものを，次の１～５の中から**2つ**選びなさい。（同じ解答欄に**2つ**マークしなさい）

　1．猫のすばらしさは常に勤勉であるところだ。

　2．Lincoln は当時，新聞紙上で大変評価が高かった。

　3．5,000年前の古代エジプトでは，猫が重宝されていた。

　4．Lincoln が大統領に就任した時に，２匹の猫が贈られた。

　5．Towser はパン工場に来てから，怠け者になった。

2　次の英文を読んで，あとの(10)～(15)の問いに答えなさい。

I came from London to Japan in 1995 to work as an English teacher in Tokyo. I remember getting into a taxi and telling the driver the name of a famous high school that was only a few kilometers from the train station. The driver had no idea how to get to the school and stopped several times to ask directions. I was shocked!

This is because if you use a London taxi all you need is to (①) the driver an address or the name of a building anywhere in the huge city of London and he will take you there without using a map. Amazingly, London taxi drivers have the map of London in their heads! They can tell you the way to anywhere within London or the surrounding area and the names of streets, shops, parks, hotels, restaurants, museums, theaters, and bridges you will see along the way. You see, taxi drivers have to take a special course and *pass difficult tests before they can *drive a taxi in London. The course is called The Knowledge. It is the hardest taxi-driver test in the world!

The first taxi service in London began in 1636. Fifty taxis were allowed to drive for people in the city. The drivers did not need to have any special training or to pass a test. Most couldn't find their way around the city without asking for directions. There were no rules about traffic and the city was filled with many crowded streets. It was very difficult to go anywhere. In the 1850s, however, everything changed. Sir Richard Mayne, a policeman, decided that it was time to bring some order to the streets of London. He created the first license test for London taxi drivers. Drivers had to show that they were an expert about the city and could explain how to get from one place to another without looking at a map.

Today, the test is much harder. People who want to become a London taxi driver now have to take many written tests and interviews to pass The Knowledge. They are known as ②<u>Knowledge Boys</u>. Knowledge Boys must know over 25,000 streets in the city of London. They must also be able to explain how to get to any location in the city and what a passenger will see as the taxi travels to that place. A Knowledge Boy must also memorize the location of over 20,000 different hotels, parks, restaurants, churches, museums, theaters, and other places a passenger may ask to visit. To memorize all of these streets and locations, Knowledge Boys spend all of their free time walking the streets of London memorizing 320 required routes. It is a hard life for Knowledge Boys!

Once the Knowledge Boy has memorized the required routes, he will be given two written tests which he must pass. Once he has passed the written exams, he will next be tested on his knowledge of London's streets. A taxi driver will ask him to *describe four of the 320 routes using only his memory. During this interview test, the Knowledge Boy must not give any wrong directions. If he does, he cannot pass the test and must wait 56 days to take the test again. If he passes the next time, he must do a second test with another taxi driver. In the third and final stage of the (③) tests, the Knowledge Boy must explain in detail how to get to different places around the city in the shortest possible time. He must also say what buildings, churches, parks, museums, theaters, and other points of interest a passenger will see on the various routes. If he shows the *oral examiner that he has learned The Knowledge, he will be allowed to [④]. Most people fail the tests and give up after the first year. The hardest-working Knowledge Boys usually take between 2 - 5 years to pass. Only 20% will actually finish all of the tests and become London taxi drivers.

So, if you use a London taxi someday, please remember how hard your driver worked to get The Knowledge to drive a taxi. It takes a special person to pass the world's most difficult taxi-driver test.

*［注］ pass ～に合格する　drive ～を運転する　describe ～を説明する　oral examiner 面接官

⑽ (①)に入れるのに最も適する語を，次の１～４の中から**１つ**選びなさい。

１．tell　２．say　３．talk　４．speak

⑾ 本文の内容と合っているものを，次の１～４の中から**１つ**選びなさい。

１．ロンドンのタクシーサービスは，385年前から始まった。
２．タクシー運転手には，設立当初から厳しい訓練が課された。
３．最初にロンドンでタクシーの認可が下りたのは，15台のタクシーであった。
４．当初のロンドンタクシー認定試験においては，地図を見て目的地を確認することが許されていた。

⑿ 下線部②の指している人を，次の１～４の中から**１つ**選びなさい。

１．ロンドンタクシーの乗客　２．ロンドンタクシーの運転手
３．ロンドンタクシー運転手認定試験の試験官　４．ロンドンタクシー運転手認定試験の受験者

⒀ (③)に入れるのに最も適する語を，次の１～４から**１つ**選びなさい。

１．first　２．interview　３．second　４．written

⒁ [④] に入れるのに最も適するものを，次の１～４の中から**１つ**選びなさい。

１．explain The Knowledge to a London taxi driver
２．become a London taxi driver
３．see a London taxi driver
４．take a London taxi driver to anywhere

⒂ 次の(A)～(E)の問いに対する答えとして最も適するものを，下の１～４の中から**１つずつ**選びなさい。

(A) Why was the writer surprised when he came to Tokyo in 1995?
１．He saw many famous buildings while in a taxi.
２．He became a student at a famous school for taxi drivers.
３．Taxi drivers in Japan were very clever and could find any location easily.
４．His taxi driver didn't know how to get to a famous school near the station.

(B) Which word is similar in meaning to "course" in the story?
１．education　２．fiction　３．history　４．idea

(C) Why is it not easy to become a taxi driver in London?
１．The taxi driver's test is very difficult.
２．A taxi driver has to learn a lot about cars in London.
３．A taxi driver has to spend his days standing in the streets of London.

4．A taxi driver doesn't need any special knowledge but he must drive on narrow streets.

(D) When did London taxi drivers first have to pass a test to drive a taxi？

1．In the 1950s.　2．In the 19th century.

3．Exactly 18 years ago.　4．Around 400 years ago.

(E) Why do most Knowledge Boys give up after the first year？

1．The test is not very difficult, but it takes too much time.

2．It takes a long time to pass each section of the test.

3．The test is very expensive and it takes a Knowledge Boy over five years to pay for it.

4．A Knowledge Boy does not need to memorize many streets and locations in London.

3　次の対話文を読んで，あとの(16)～(20)の問いに答えなさい。

(*In a school in Ibaraki, Japan.*)

Mr. Yoyo：Wake up, Takeshi！

Takeshi：I wasn't sleeping！

Mr. Yoyo：Really？　Why were your eyes closed then？

Takeshi：Oh, I was just resting my eyes.　I wasn't sleeping.

Mr. Yoyo：Then, why was your head down on your desk？

Takeshi：I was listening.

Mr. Yoyo：[　①　]

Takeshi：I was listening for *mice.

Mr. Yoyo：What？　Are you *crazy？

Takeshi：No, I'm not crazy！　Sometimes I can hear mice running around under my desk.

Mr. Yoyo：Why are mice running around under your desk and not my desk？

Takeshi：Maybe ②they like me.　I'm such a kind person.　I sometimes leave some chocolate under my desk for them.

Mr. Yoyo：What？　You shouldn't do that, Takeshi！

Takeshi：Why？　Mice like chocolate！

Mr. Yoyo：Because mice are *dirty animals！　They spread disease and eat our food.　Then, they leave mouse *droppings all over everything！

Takeshi：What about Mickey Mouse？　Everyone loves Mickey！

Mr. Yoyo：He's not a real mouse！　That's a man in a mouse *costume！

Takeshi：Really？　Are you sure？　Have you ever seen the man inside the Mickey Mouse costume？　I haven't.

Mr. Yoyo：What？　No, I haven't, but I know it's a man！　There are no mice that large！

Takeshi：What about in Africa？

Mr. Yoyo：Of course, there are no mice the size of a man in Africa！　Are you crazy？

Takeshi：[　③　]

Mr. Yoyo：What do you mean？

Takeshi：Well, cats here in Japan are really small.

Mr. Yoyo：So？

Takeshi：Well, lions are cats, right？　And in Africa, lions are really (　④　), right？　They *weigh around 200 kilograms.　They have big teeth that are over 10 centimeters long.　They can eat a man easily!　A little teacher like you would be just like a snack for them!

Mr. Yoyo : That's not the same!

Takeshi : [⑤] Have you been to Africa?

Mr. Yoyo : No, but nobody has reported seeing a mouse the size of a man in Africa. If nobody has seen it, then there are no mice the size of men living in Africa.

Takeshi : What about air?

Mr. Yoyo : What about air?　Why are you suddenly talking about air?

Takeshi : Well, we can't see air but we know there is air, right?　So, though we can't see something, that doesn't mean it isn't there.　That means there may be a mouse the size of a man living in Africa.

Mr. Yoyo : Then, why has nobody seen it?　A mouse the size of a man must be an amazing sight! Why has nobody ever reported seeing it?

Takeshi : Maybe *man-sized mice are shy.

Mr. Yoyo : What?　Are you crazy?

Takeshi : Well, think about it.　Maybe we don't see mice in our classroom because they are so shy! Maybe they don't want to be seen!　They are clever animals!　They know that if you see them, you will kill them.　So, they *hide so we can't see them.　Maybe the man-sized mice do the same thing in Africa!

Mr. Yoyo : Takeshi?

Takeshi : What, Mr. Yoyo?

Mr. Yoyo : Put your head down on your desk, close your eyes, and listen for your shy mice.　⑥<u>I don't want to talk to you anymore</u>!

*［注］ mice　mouse（ネズミ）の複数形　crazy　正気でない　dirty　汚い　dropping　糞
costume　衣装　weigh　重さが～である　man-sized　人間の大きさの　hide　隠れる

⒃ [①]，[③]，[⑤] に入れるのに最も適するものを，次の１～６の中から**１つずつ**選びなさい。ただし，同じ選択肢を２回以上使うことはできない。

1．How many mice do you have?
2．What about cats?
3．Do you know about the mice running around in Tsuchiura?
4．How do you know?
5．Listening for what?
6．Don't ask anymore.

⒄ 下線部②が表すものを，次の１～４の中から**１つ**選びなさい。

1．animal　2．mice　3．Mr. Yoyo's students　4．mice in costumes

⒅ （④）に入れるのに最も適する語を，次の１～４の中から**１つ**選びなさい。

1．huge　2．honest　3．naughty　4．patient

⒆ なぜ Mr. Yoyo は下線部⑥のように思ったのか，その理由として最も適するものを，次の１～４の中から**１つ**選びなさい。

1．Takeshi の空想や妄想に付き合うのが，馬鹿らしくなったから。
2．Takeshi のアフリカの動物に対する知識量に圧倒されてしまったから。
3．Takeshi が眠そうだったので，これ以上話しかけるのは気の毒だと思ったから。
4．Takeshi がネズミの観察をしているのを，これ以上邪魔したくないと思ったから。

⒇　次の(A)〜(D)の問いに対する答えとして最も適するものを，下の１〜４の中から**１つずつ**選びなさい。

(A)　Why does Mr. Yoyo think Takeshi is sleeping ?

1．Because Takeshi's eyes are always open.

2．Because Takeshi's head is on his desk and his eyes are not open.

3．Because Takeshi's feet are on his desk and not under it.

4．Because Takeshi's head is on Mr. Yoyo's desk and his eyes are open.

(B)　Why does Mr. Yoyo hate mice ?

1．Because they make Takeshi afraid by running around under his desk.

2．Because they make Mr. Yoyo angry by running around under his desk.

3．Because they are very dirty and leave mouse droppings everywhere.

4．Because they are very clean and never eat Mr. Yoyo's chocolate.

(C)　Why does Takeshi believe that Mickey Mouse is a real mouse ?

1．Because he has seen a mouse as large as Mickey Mouse in Africa.

2．Because he thinks there are no mice as large as Mickey Mouse.

3．Because he has never seen the man inside the Mickey Mouse costume.

4．Because he thinks Mickey Mouse is actually a man in a mouse costume.

(D)　Why does Takeshi think there are man-sized mice living in Africa ?

1．Because there are small cats in Japan, but in Africa, cats such as lions are very large.

2．Because there are lions in Africa that are smaller than cats in Japan.

3．Because no one has seen big cats in Japan, but we can see them on TV.

4．Because we can't see air, but mice need air to live, so big mice live in Africa.

4　広告の内容について，次の㉑〜㉔の（　）に入れるのに最も適するものを，下の１〜４の中から**１つずつ**選びなさい。

㉑　If you visit this festival on the second day, you can see (　　　　　).

1．the newest Japanese movies

2．old movies from Japan

3．movies which were made abroad

4．movies made by students of Tsuchiura Nihon University High School

㉒　We can learn from this advertisement that (　　　　　).

1．there are two ways to buy tickets

2．people over 65 years old have to pay 2,000 yen to buy a one-day ticket

3．the best way to see the most movies is to buy a one-day ticket

4．Tsuchiura Nihon University High School will hold this movie festival at the school office

㉓　If a 15-year-old boy, his grandmother (60 years old) and his grandfather (66 years old) visit this festival together for only one day, they have to pay (　　) in total.

1．4,000 yen　　2．4,500 yen　　3．5,000 yen　　4．5,500 yen

㉔　This advertisement says you can (　　　　　).

1．buy a one-day ticket for 1,500 yen if you are 64　　2．bring snacks to the festival

3．see foreign movies on Friday　　4．watch movies after 9:00 a.m.

Second TN Movie Festival

January 15th - 17th

Start: 9:00 a.m. Close: 4:30 p.m.

Location: Student Theater

Tsuchiura Nihon University High School
is going to hold its Movie Festival again this year.
Join us for 3 days of good movies!

Friday: Japanese classic movies
Saturday: Foreign movies
Sunday: Student movies

	One-day ticket:	Three-day ticket:
Adult: (Ages 65+)	1,500 yen	4,000 yen
Adult: (Ages 16-64)	2,000 yen	5,500 yen
Child: (Ages 6-15)	1,000 yen	2,500 yen
Kids: (Ages 3-5)	500 yen	1,000 yen

- You can buy tickets at the Student Center and on our school website. If you have any questions, please visit our high school or phone: 122-333-4444.
- If you want to see the program, visit our special website for this movie festival: www.tnmoviefes.tn.jp
- You are not allowed to bring any food to the festival.

5　次の(25)～(27)の各文の下線を施した語と似た意味を持つ語を，下の１～４の中から**１つずつ**選びなさい。

(25) My best friend from elementary school was very diligent.
　１．impatient　２．careless　３．serious　４．talkative

(26) My younger sister is afraid of the snakes in our garden.
　１．scared　２．sick　３．bored　４．proud

(27) My friend is very naughty.　He always stays up late watching TV.
　１．funny　２．frank　３．brave　４．bad

6　次の(28)～(30)について，文法的に**誤りがある**のはどれか，下線部①～④の中から**１つずつ**選び，番号で答えなさい。

(28) I think ①that the ②standing man in front ③of the station ④is my father.

(29) ①Wasn't ②this picture ③take ④by the same person last year？

(30) I ①was ②very happy to ③hearing the ④exciting news.

7　次の(31)～(35)の日本文の意味を表すように，(　)に最も適するものを，それぞれ下の語(句)の中から選び，英文を完成させなさい。**２番目と５番目の番号のみ**を答えなさい。ただし，文頭にくる語も小文字で示してある。

(31) どんな本を読むべきか，私に教えてください。
　Please (　　)(２番目)(　　)(　　)(５番目)(　　).
　１．me　２．what　３．should read　４．I　５．book　６．tell

(32) 私は昨日，あまりに疲れていたので英語の勉強ができなかった。
　(　　)(２番目)(　　)(　　)(５番目)(　　) English yesterday.
　１．too　２．was　３．study　４．I　５．tired　６．to

(33) 富士山の頂上は雪で覆われている。
　The (　　)(２番目)(　　)(　　)(５番目)(　　) snow.
　１．Mt. Fuji　２．with　３．of　４．top　５．covered　６．is

(34) あなたは，何度茨城を訪れたことがありますか。
　(　　)(２番目)(　　)(　　)(５番目)(　　) Ibaraki？
　１．many　２．visited　３．you　４．times　５．how　６．have

(35) なんて美しいお花をお持ちなんでしょう。
　(　　)(２番目)(　　)(　　)(５番目)(　　)!
　１．beautiful　２．what　３．you　４．have　５．flower　６．a

8　次の(36)～(40)の(　)に入れるのに最も適する語を，下の１～４の中から**１つずつ**選びなさい。

(36) (　　) don't you go fishing with us？
　１．How　２．When　３．Where　４．Why

(37) Susan cut the meat (　　) a knife.
　１．at　２．in　３．on　４．with

(38) There are some men in front of the door (　　) want to meet you.
　１．what　２．where　３．which　４．who

(39) She (　　) part in the English speech contest last year.

1. did　2. gave　3. took　4. wrote

(40) How (　　) are the English lessons at your school ?—They are 3,000 yen for each lesson.

1. far　2. long　3. many　4. much

【数　学】（50分）〈満点：100点〉

（注意）(1)　定規，コンパス，分度器，計算機は使用してはいけません。

(2)　□の中の１つのカタカナには１つの数字が入ります。その数字をマークしなさい。

(3)　分数で答える場合は必ず約分し，比で答える場合は最も簡単な整数比で答えなさい。また，根号の中はできるだけ小さい自然数で答えなさい。

1　次の□をうめなさい。

(1)　$-\frac{1}{12}\div\left(\frac{1}{3}-\frac{1}{2}\right)+\frac{1}{4}=\frac{\boxed{\text{ア}}}{\boxed{\text{イ}}}$

(2)　$\left(\frac{\sqrt{5}+\sqrt{3}}{2}\right)^2\left(\frac{\sqrt{5}-\sqrt{3}}{2}\right)^2=\frac{\boxed{\text{ウ}}}{\boxed{\text{エ}}}$

(3)　方程式$(x-3)^2=5(x-3)$を解くと，$x=\boxed{\text{オ}}$，$\boxed{\text{カ}}$である。（$\boxed{\text{オ}}$と$\boxed{\text{カ}}$については，順番は問わない）

(4)　連立方程式$\begin{cases}\frac{4x-2y}{3}=11-y\\ x+2y=24\end{cases}$を解くと，$x=\boxed{\text{キ}}$，$y=\boxed{\text{ク}}$である。

(5)　次の⓪～③のうち，正しいものは$\boxed{\text{ケ}}$と$\boxed{\text{コ}}$である。（$\boxed{\text{ケ}}$と$\boxed{\text{コ}}$については，順番は問わない）

⓪　偶数の素数は２のみである。

①　関数$y=3x^2$の変化の割合は一定で３である。

②　四角形ABCDでAB∥DC，AD＝BCならば，四角形ABCDは平行四辺形である。

③　５つのデータがあり，各値を２ずつ増やしたときの平均は，もとの平均より２大きくなる。

2　次の□をうめなさい。

(1)　右の図のように，２点A(2，6)，B(8，3)と直線$y=ax+2$…①がある。直線①が線分ABと交わるとき，aの値の範囲は$\frac{\boxed{\text{ア}}}{\boxed{\text{イ}}}\leqq a\leqq\boxed{\text{ウ}}$である。

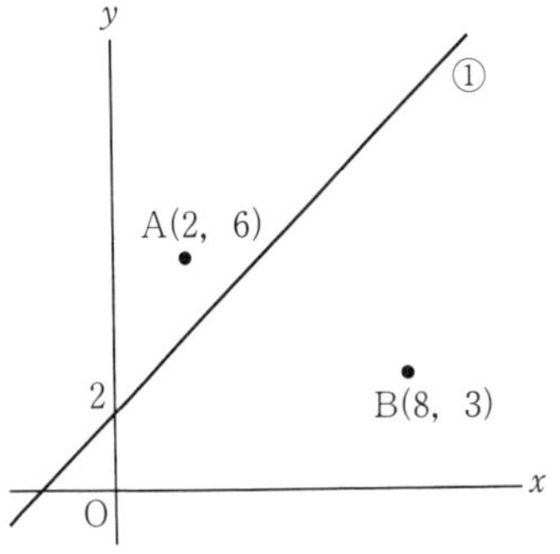

(2)　１個のさいころを２回続けて投げるとき，出た目の積が３の倍数となる確率は$\frac{\boxed{\text{エ}}}{\boxed{\text{オ}}}$であり，出た目の積が４の倍数となる確率は$\frac{\boxed{\text{カ}}}{\boxed{\text{キ}}\boxed{\text{ク}}}$である。

(3)　右の図において，$\angle x=\boxed{\text{ケ}}\boxed{\text{コ}}\boxed{\text{サ}}^\circ$，$\angle y=\boxed{\text{シ}}\boxed{\text{ス}}^\circ$である。

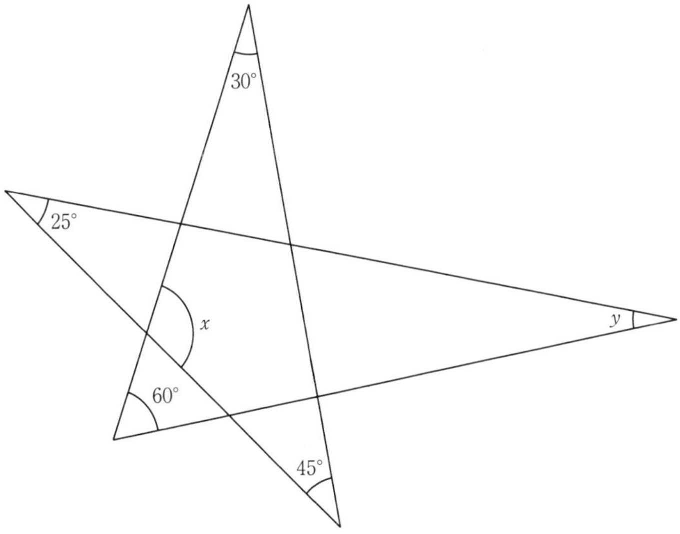

3 図のように，1周 x km のマラソンコースがある。A，Bの2人はS地点を矢印の方向に同時に出発し，それぞれ2周走って同時にS地点に着いた。Aは，1周目を時速18kmで，2周目を時速12kmで走った。Bは，はじめの20分間を時速18kmで，次の20分間を時速15kmで走った。このように，Bは20分間走るごとに時速3kmずつ減速していき，2周走ってS地点に着いたときの速さは時速9kmであった。このとき，次の□をうめなさい。

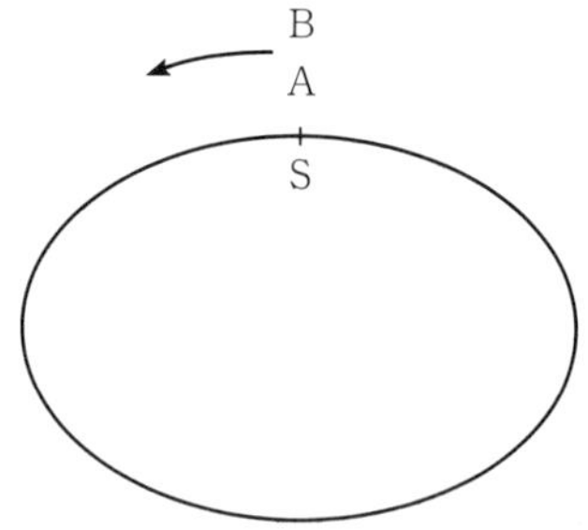

(1) Aが2周に要した時間を x の式で表すと，$\dfrac{\boxed{ア}}{\boxed{イ}\boxed{ウ}}x$ 時間である。

(2) Bが時速9kmで走った距離を x の式で表すと，$\boxed{エ}x-\boxed{オ}\boxed{カ}$ kmである。

(3) $x=\boxed{キ}$ である。

4 図において，①は $y=x^2$，②は $y=x+2$ のグラフである。①，②は2点 A$(-1,\ 1)$，Bで交わっている。このとき，次の□をうめなさい。

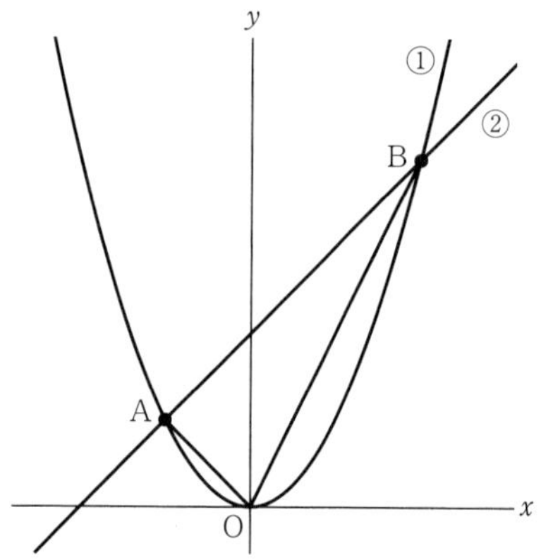

(1) 点Bの座標は$(\boxed{ア},\ \boxed{イ})$である。

(2) 点Aを通り，△AOBの面積を二等分する直線の式は

$y=\dfrac{\boxed{ウ}}{\boxed{エ}}x+\dfrac{\boxed{オ}}{\boxed{カ}}$ である。

(3) △AOBを直線 $y=1$ のまわりに1回転させてできる立体の体積は $\dfrac{\boxed{キ}}{\boxed{ク}}\pi$ である。

5 図のように，円周上に4点A，B，C，Dがあり，ACとBDの交点をEとする。AB=AC=3，BC=BE=$\sqrt{3}$ のとき，次の□をうめなさい。

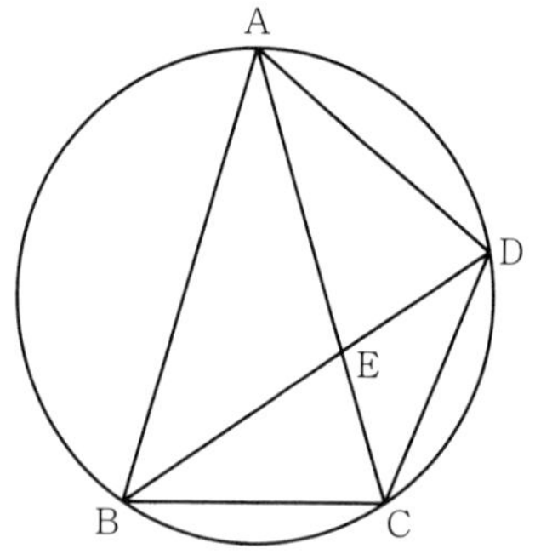

(1) 次の7個の三角形のうち，△ABCと相似なものは $\boxed{ア}$ 個ある。
△ABD，△ABE，△ACD，△AED
△BCD，△BCE，△CDE

(2) CE=$\boxed{イ}$，DE=$\dfrac{\boxed{ウ}\sqrt{\boxed{エ}}}{\boxed{オ}}$ である。

(3) 点Cを通り，ADに平行な直線とABの交点をFとする。このとき，△AFCと△DCBの面積の比は $\boxed{カ}\boxed{キ}:\boxed{ク}\boxed{ケ}$ である。

【社　会】 (50分) 〈満点：100点〉

1 あとの問いに答えなさい。(8)～(10)については，それぞれの説明にあてはまる国名を，以下の①～④のうちから一つずつ選びなさい。なお，(8)～(10)は，図(地図)中の番号に対応しています。

(1) 連合国軍総司令部(GHQ)の占領政策として**適切でないもの**を，以下の①～④のうちから一つ選びなさい。

① 財閥解体　② 農地改革
③ 治安維持法の廃止　④ 皇民化政策

(2) サンフランシスコ平和条約と同時に調印された条約として適切なものを，以下の①～④のうちから一つ選びなさい。

① 日米安全保障条約
② 日ソ中立条約
③ 日英通商航海条約
④ 日英同盟

(3) 1968年，日本の国民総生産は資本主義国においてアメリカに次ぐ2位となった。「国民総生産」を示す略称として適切なものを，以下の①～④のうちから一つ選びなさい。

① GDP　② WTO　③ GNP　④ PKO

(4) 国会において予算の審議の際に必ず開かれる，利害関係者や学識経験者などから意見を聞く会の名称として適切なものを，以下の①～④のうちから一つ選びなさい。

① 公聴会　② 審議会　③ 委員会　④ 憲法審査会

(5) 住民による首長・議員の解職や議会の解散請求を意味する語として適切なものを，以下の①～④のうちから一つ選びなさい。

① リコール　② イニシアティブ
③ レファレンダム　④ リテラシー

(6) ヒンドゥー教徒にとって神聖な川とされており，この河川の中流域に広がるヒンドスタン平原はインド有数の稲作地域である。この河川の名称として適切なものを，以下の①～④のうちから一つ選びなさい。

① インダス川　② ガンジス川
③ メコン川　④ ユーフラテス川

(7) ブラジルの公用語として適切なものを，以下の①～④のうちから一つ選びなさい。

① 英語　② スペイン語
③ フランス語　④ ポルトガル語

(8) 2020年2月にヨーロッパ連合(EU)を初めて離脱した国である。議会では，保守党と労働党の二大政党制が実現している。

① イタリア　② イギリス
③ ギリシャ　④ スペイン

(9) イスラーム教を信仰する国民が多いが，政教分離の原則をもつ世俗主義の国である。EU加盟を目指しており，最大都市イスタンブールにあるブルーモスクは世界遺産としても知られている。

① イラン　② クウェート
③ サウジアラビア　④ トルコ

(10) イギリスの植民地を経て，イギリス連邦の一員として独立した経緯から国旗の一部にユニオンジャックが描かれている。この国のラグビー代表は，先住民マオリの踊りであるハカを披露することで知られている。

① オーストラリア　　② ニュージーランド
③ パプアニューギニア　④ フィジー

図

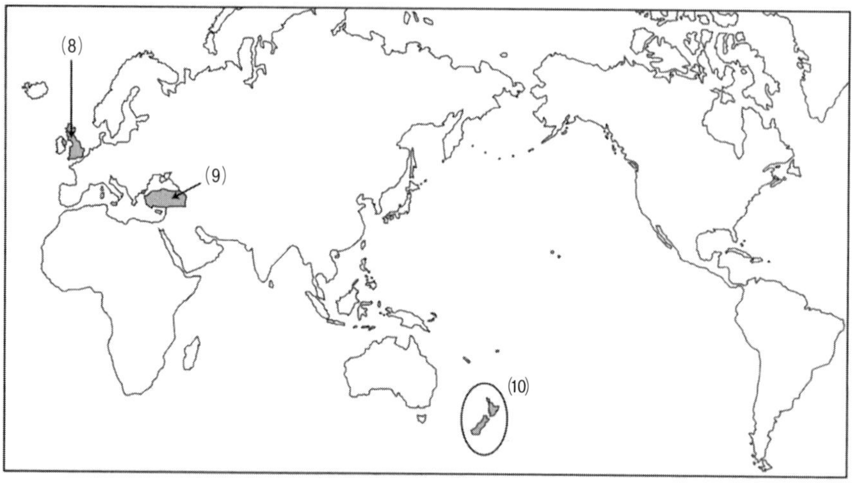

2　個人が自由に生きることと，平等な社会を実現することは，しばしば衝突することがある。自由と平等を両立するためには，私たちが常に社会のあるべき姿を考えていく必要がある。次の文章A・Bを読んで，あとの問いに答えなさい。

A

アメリカ合衆国では８人に１人が貧困状態にあるといわれています。多国籍企業が世界の産業をリードする現在の(a)アメリカ合衆国の話です。昔のことではありません。なぜ，豊かな社会で貧困が存在するのでしょうか？　(b)スマートフォンをもっていれば豊かだといえるでしょうか？　(c)車をもっていれば豊かなのでしょうか？　いいえ，そうではありません。スマートフォンが社会とつながる唯一の手段である人もいるのです。車が唯一の財産である人は，家を失った人かもしれません。何かの事情で自宅に戻れないのかもしれません。そうした人にとって，スマホや車は豊かな生活の証だとはいえません。目には見えにくい貧困に対して，我々はもっと真剣に解決方法を考えていかなければなりません。

ヴィクトル・ユゴーの代表作『レ・ミゼラブル』という話を知っていますか？　(d)フランス革命を経て，ナポレオンが自由と平等という種をまいた19世紀のヨーロッパで書かれた作品です。主人公ジャン・バルジャンは，パンを盗んだために長年牢に入れられました。釈放されるとまもなく，銀の燭《しょく》台《だい》を盗んだのではないかと疑われます。改心して市長になった後も，過去を探索するジャベール警部に，執拗《しつよう》なまでに追及されるのです。19世紀のフランス社会を背景にしたこの話は，(e)冤罪《えんざい》・暴力・窃盗などさまざまな悲劇(ミゼラブル)が，個人の責任なのか，それとも社会に問題があるのかを問うています。貧困についても，個人の責任や努力を問うだけでなく，社会のあり方も考える必要があるのではないかと思えてきます。皆さんはどう思いますか？

(1)　下線部(a)「アメリカ合衆国」では，貧困や感染症の影響を受けたのは黒人層が多いといわれる。彼らはかつて奴隷として連れてこられた人の子孫である。19世紀の南北戦争で，北部側の指導者として，奴隷解放を宣言し，この戦争を勝利に導いた大統領は誰か。以下の①～④のうちから一人選びなさい。

① ワシントン　　② リンカン
③ ケネディ　　　④ オバマ

(2) 下線部(b)「スマートフォン」などの部品やソフトウェアを開発する先端技術産業が多く集まる，アメリカ・サンフランシスコ郊外の地域として適切なものを，以下の①～④のうちから一つ選びなさい。

① サンベルト

② ボリウッド

③ バンガロール

④ シリコンバレー

(3) 下線部(c)に関連して，自動車産業が集中する愛知県を含む工業地帯の工業生産額を示すグラフとして適切なものを，以下の①～④のうちから一つ選びなさい。

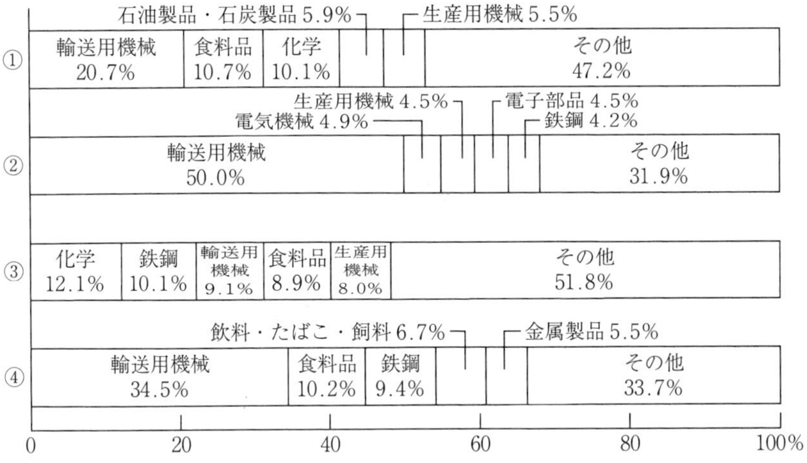

(『データでみる県勢 2020年版』により作成)

(4) 下線部(d)「フランス革命」では，近代社会の原理・原則が生まれた。革命の原動力となった考え方について述べた文として適切なものを，以下の①～④のうちから一つ選びなさい。

① ルターは，抵抗権を唱え，人民の意思に反した政府は交替させることができるとした。

② クロムウェルは，権力の集中を阻止するため三権分立を提唱した。

③ ルソーは，社会契約説と人民主権を説き，人民の政治参加を支持した。

④ ロックは，国王を処刑し，共和政を樹立して独裁政治を行った。

(5) 下線部(e)「冤罪」とは無実の罪を着せることである。刑事裁判手続きについて述べた文として**適切でないもの**を，以下の①～④のうちから一つ選びなさい。

① 被疑者を取り調べた検察官は，拷問による自白を唯一の証拠として裁判に臨み，裁判所はこれを認めて刑罰を課す。

② 被告人は裁判を受けている間，拘置所に勾留されることが多い。裁判には推定無罪の原則があり，証拠がない限り罪に問われることはない。

③ 裁判にかけられた被疑者を被告人という。被告人には黙秘する権利と弁護人を依頼する権利がある。

④ 裁判に国民の意見を反映させるため，抽選で選ばれた国民が裁判員をつとめる制度が始まった。

(注) 勾留とは被疑者や被告人を刑事施設に拘束することである。

B

「80後」(パーリンホウ)とは，中国で1980年代以降に生まれた人を指します。中華人民共和国は建国後，大きな動乱の時代を経て，改革の時代に入ったのです。統制から解放されて，(f)表現の自由が少しずつ花開いた世代のことを呼ぶ言い方です。日本では「ゆとり世代」という言い方があります。

「ゆとり教育」を受けた世代は，1987年から2003年までに学校教育を受けた世代を指します。(g)経済成長を背景にした知識詰め込み教育に対する批判を受けて打ち出されたものです。戦後中国の動乱と比べることはできませんが，それぞれの言葉を理解するには，その歴史的な背景を知る必要があります。

現在，(h)世界の人口の６割はアジアが占めていますが，2050年までにはアジアとアフリカの国々がさらに多くを占めると予測されています。2020年代には(i)インドが世界で最も人口の多い国になることは確実です。中国では人口を抑制するため，2015年まで一人っ子政策が行われました。今後は高齢化が一気に進み，福祉政策などにおいて難しい問題に直面するかもしれません。(j)日本と国交を回復してから，友好の時代もあれば，関係が悪化した時代もありました。少子化は日本が中国に先立って直面する課題です。日本の少子化対策が問題解決の手引きになるのかが注目されています。

(6) 下線部(f)「表現の自由」は，日本国憲法で保障された権利であるが，インターネット上での誹謗中傷やいじめが起こり，規制に向けた動きが始まっている。この議論について述べた文として適切なものを，以下の①～④のうちから**すべて**選びなさい。

① 犯罪を未然に防ぐため，警察は電話を盗聴したりSNSを検閲したりすることが認められている。

② 個人の氏名と住所はプライバシーの権利を侵害するため公開してはいけないが，他人の趣味や特技を知らせることは，インターネット上の友人を増やすために問題ない。

③ 期日前投票制度や不在者投票制度のほかに，近年はインターネットを通じて，代理人でも投票することができるようになった。

④ 友人と撮った写真を，本人の同意なくインターネット上に掲載することは，肖像権を侵害したことになる。

(7) 下線部(g)「経済成長」期の負の側面として公害問題がある。これについて述べた文として適切なものを，以下の①～④のうちから一つ選びなさい。

① 三重県の四日市では，鉱山から流れ出たカドミウムが阿賀野川を汚染し，多くのぜんそく患者が発生した。

② イタイイタイ病は，住宅開発などにより産業排水や生活排水が流れ込み，赤潮が大量発生したことで広がった。

③ 水俣病は，化学工場から排出された水銀が魚などに蓄積され，それらを人間が食べたことで発生した。

④ 四大公害裁判はいずれも企業が勝訴したが，世論に押され，政府は1971年に環境庁を設置した。

(8) 下線部(h)に関連して，以下は各国の人口構成を示したグラフである。問題文を参考にして，中国を示すグラフとして適切なものを，以下の①～④のうちから一つ選びなさい。

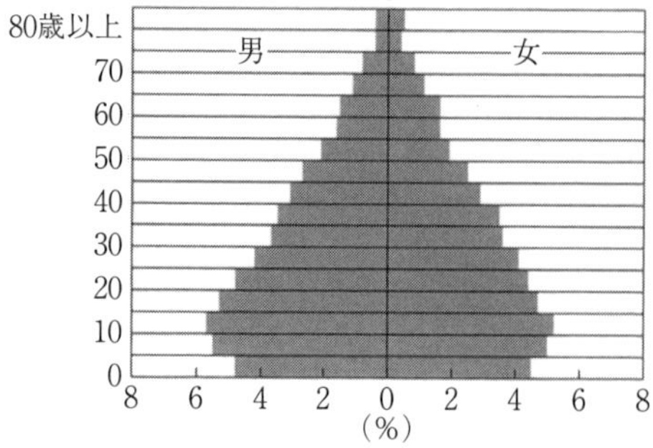

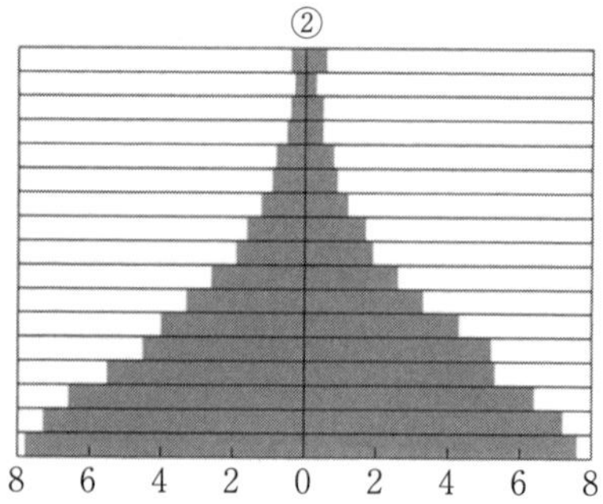

③

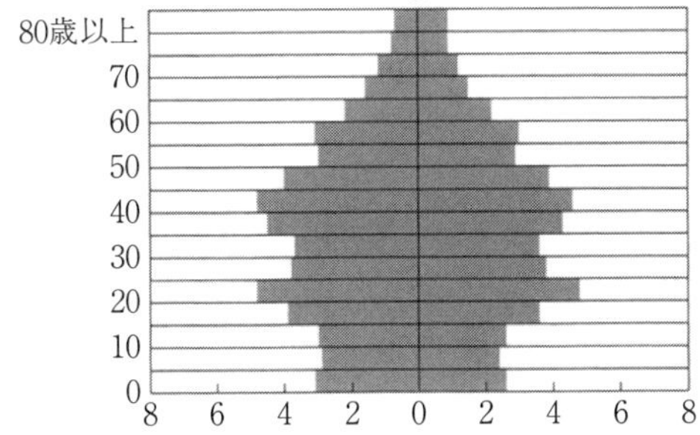

④

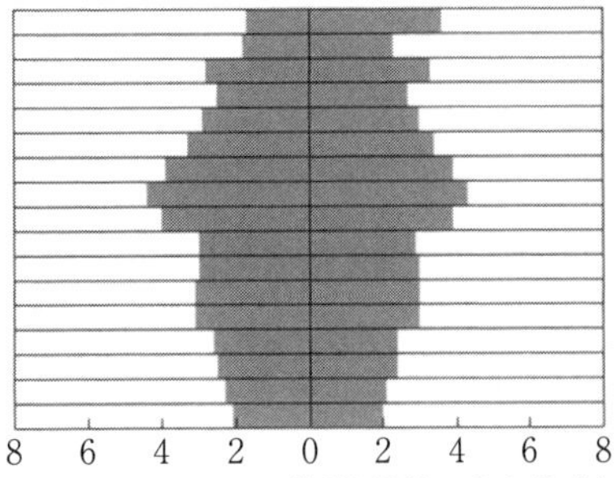

(国連統計により作成)

(9)　下線部(i)「インド」は中国と並ぶアジアの大国である。この国について述べた文として**適切でないもの**を，以下の①～④のうちから一つ選びなさい。

①　紀元前6世紀にはシャカが仏教をはじめ，正しい行いが救いをもたらすと説いた。

②　アーリヤ人が侵入し，バラモンを頂点とする身分制度ができた。

③　デカン高原は，世界で有数の綿花の生産地である。

④　インドでは8割以上の人がイスラーム教を信仰しており，牛は神の使いとして神聖視されている。

(10)　下線部(j)に関連して，戦争の時期を除くと，日本と中国の間ではさまざまな交流があった。両国の交流について述べた文として適切なものを，以下の①～④のうちから一つ選びなさい。

①　中国は，日本に学び，「四つの現代化」を掲げて改革開放政策を推進した。

②　足利尊氏は，明の皇帝に使節を送り，「日本国王」に任命された。

③　聖徳太子は遣唐使の廃止を提案し，9世紀の末から，使節は送られなくなった。

④　遣隋使は卑弥呼の時代に送られ，仏教の教えを日本にもたらした。

3　茨城県に住む中学3年生のひできさんとかずおさんの会話文を読んで，あとの問いに答えなさい。

ひでき：2020年は新型コロナウィルスによる激動の年だったね。

かずお：まさか4月から学校が始まらないとは思わなかったよ。学校行事も中止になってしまったものがあって残念だったなぁ。

ひでき：仕方ないよ。スポーツの全国大会や(a)オリンピックでさえ実施できなかったのだから。

かずお：それもそうだね。娯楽がない分，受験勉強に打ち込めて良かったと思うことにするよ。

ひでき：私は，自分が外出できないことよりも，他の人が外出できないことが辛かったな。両親が飲食店を営んでいるのだけれど，緊急事態宣言が出されている間は，短縮営業をしていたし，解除されてからも例年より客足が遠のいてしまったんだ。おかげで，私のお小遣いが減らされてしまったよ。

かずお：それは災難だったね。(b)憲法の第22条にはこのような規定があるけれど，国や地方自治体がお店の営業時間を短くさせたり，休業させたりすることは許されるのかな？

> 日本国憲法　第22条1項
> 何人も，公共の福祉に反しない限り，［　あ　］，［　い　］及び［　う　］を有する。

ひでき：感染拡大防止は(c)公共の福祉による人権の制約と考えられるんじゃないかな。それに茨城県は，休業要請に応じたお店に協力金を支給していたよ。

かずお：そうだったんだ。国や(d)都道府県が現金を給付していたんだね。そう考えると，(e)社会権を

　　保障していると言えるね。
ひでき：国が新しい政策に取り組むとき，そこまでの道のりはどうなっているのかな？
かずお：まず内閣で審議をし，そこで決めた対策案を実現するために，国会で(f)法律を作るんだよ。
ひでき：なるほど。(g)内閣と国会は密接な関係にあるんだね。
かずお：特に日本の場合は(h)議院内閣制を採用しているから，内閣と国会の距離が近く感じるね。でも三権分立で権力の集中を防ぐことも必要だと社会の授業で習ったよ。
ひでき：授業では，(i)大統領制を採用しているアメリカでは日本以上に厳格な三権分立の体制がとられているとも習ったね。

(1)　下線部(a)に関連して，1964年の東京オリンピック以前に起きた日本の出来事として適切なものを，以下の①～④のうちから一つ選びなさい。

①　人種差別をなくすことを目的とする人種差別撤廃条約を，日本が批准した。
②　女性だけ離婚や死別後６か月間は再婚禁止とする民法の規定について，憲法が保障する法の下の平等に反するという判決が出された。
③　日ソ共同宣言に調印したことで，日本は国際連合に加盟し，国際社会に復帰した。
④　国政選挙における選挙権年齢が，満18歳以上に引き下げられた。

(2)　下線部(b)に関連して，大日本帝国憲法について述べた文として適切なものを，以下の①～④のうちから一つ選びなさい。

①　大日本帝国憲法では，各国務大臣は天皇の協賛機関と定められており，天皇に対してのみ責任を負うとされていた。
②　制定にあたり，伊藤博文らはヨーロッパに渡って各地の憲法を学んだため，人民の自由権が広く認められており，その権利は人々が生来持つ天賦人権とされた。
③　議会は天皇の輔弼《ほひつ》機関と定められ，立法権を有する天皇を補佐する役割が与えられていた。
④　天皇は統治権を有するだけでなく，軍隊を指揮する統帥権も与えられ，こうした天皇の大きな権限は天皇大権と呼ばれた。

(3)　空欄[あ]～[う]にあてはまる語句の組み合わせとして適切なものを，以下の①～④のうちから一つ選びなさい。

①　[あ]－結社　[い]－言論　[う]－出版その他一切の表現の自由
②　[あ]－表現　[い]－思想　[う]－良心の自由
③　[あ]－居住　[い]－移転　[う]－職業選択の自由
④　[あ]－生命　[い]－自由　[う]－幸福追求に対する国民の権利

(4)　下線部(c)「公共の福祉」によって人権が制限される例として**適切でないもの**を，以下の①～④のうちから一つ選びなさい。

①　医師の無資格の診療が禁止される。
②　治安を守るため，社会主義者らの思想が制限される。
③　公務員のストライキが禁止される。
④　他人の名誉を傷つける行為が禁止される。

(5)　下線部(d)に関連して，次の表，図１・図２は茨城県の財政に関する表やグラフである。これらから読み取れることとして適切なものを，以下の①～④のうちから一つ選びなさい。

表　茨城県年度当初予算(歳出)

(単位：千円)

平成31年度		令和２年度
1,691,505	議会費	1,715,010
38,395,914	総務費	36,552,111
11,238,769	企画開発費	12,648,565
11,159,763	生活環境費	9,959,818
212,004,088	保健福祉費	218,297,813
2,798,826	労働費	2,603,800
43,946,432	農林水産業費	49,135,748
82,079,944	商工費	82,215,383
113,206,308	土木費	116,586,507
62,133,271	警察費	63,947,728
274,791,255	教育費	274,689,315
816,395	災害復旧費	813,205
147,515,489	公債費	147,237,530
133,635,508	諸支出金	146,214,482
300,000	予備費	300,000
1,135,713,467	歳出合計	1,162,917,015

(茨城県 HP により作成)

図１　茨城県の歳入とその内訳
(2017年度決算)

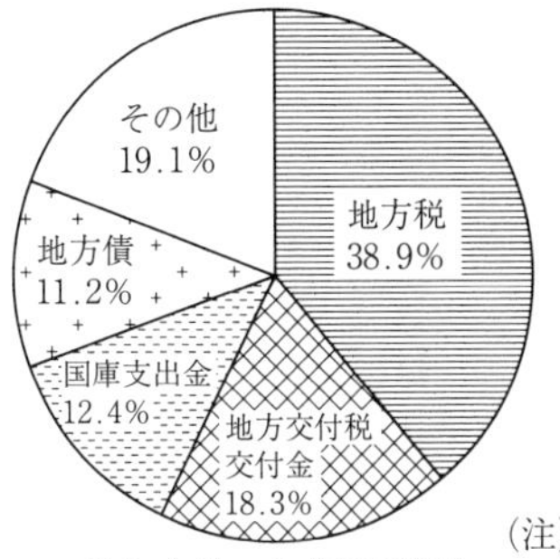

歳入合計　１兆556億円

(注)　作成の都合上，データの合計は100%にならない。

図２　茨城県の歳入とその内訳
(1989年度決算)

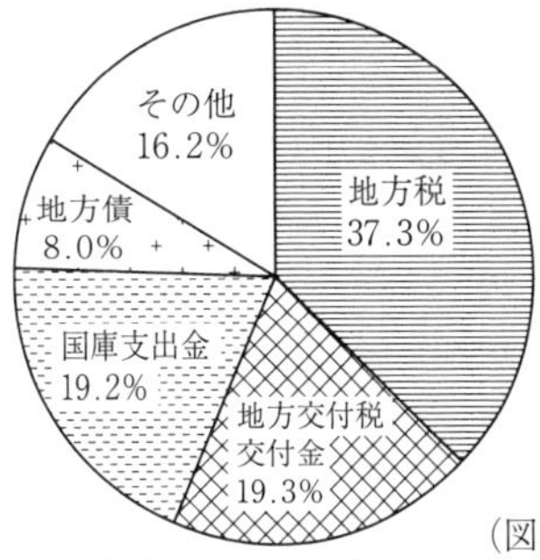

歳入合計　7,825億円

(図１，２のいずれも総務省「地方財政状況調査結果」により作成)

①　平成31年度から令和２年度にかけて予算額が600万円以上増えている項目は，保健福祉費と諸支出金だけであり，新型コロナウィルス対策で保健福祉費が増大したと考えられる。

②　1989年度から2017年度にかけて国から配分される地方交付税交付金の額は減少しており，その半面，地方公共団体が集める地方税の額が増大していることから，国から地方への税源移譲が行われたことがわかる。

③　1989年度から2017年度にかけて，国がお金の使いみちを限定して配分する国庫支出金の割合は６％以上減少しており，その半面，地方公共団体が集める地方税の額は増大している。

④　2017年度に茨城県が借金をして得た歳入額は，2,000億円を超えている。

(6)　下線部(e)に関連して，次の条文が規定されている憲法・宣言として適切なものを，以下の①～④のうちから一つ選びなさい。

> 第151条１項
> 経済生活の秩序は，すべての人に人間たるに値する生存を保障する目的をもつ正義の諸原則に適合しなければならない。

①　ワイマール憲法　　②　日本国憲法　　③　フランス人権宣言　　④　アメリカ独立宣言

(7)　下線部(f)に関連して，日本の法律について述べた文として適切なものを，以下の①～④のうちから一つ選びなさい。

①　現在，選挙権年齢や選挙活動について規定している法律は，普通選挙法である。

②　1985年，女子差別撤廃条約の批准に向けて，男女雇用機会均等法が制定された。

③　戦後すぐに公害問題が深刻化し，新しい人権である環境権が法律に規定された。

④　育児・介護休業法では，女性のみが育児休業・介護休業を取得することができると規定されている。

(8) 下線部(g)に関連して，次のア～ウの権限のうち，内閣と国会の権限として適切な組み合わせを，以下の①～⑥のうちから一つ選びなさい。

ア　法律を公布する

イ　弾劾裁判所を設置する

ウ　条約を締結する

① 内閣―ア　国会―イ　　② 内閣―ア　国会―ウ

③ 内閣―イ　国会―ア　　④ 内閣―イ　国会―ウ

⑤ 内閣―ウ　国会―ア　　⑥ 内閣―ウ　国会―イ

(9) 下線部(h)に関連して，日本の議院内閣制について述べた文として**適切でないもの**を，以下の①～④のうちから一つ選びなさい。

① 衆議院と参議院には，内閣不信任の決議権が与えられている。

② 内閣は，国民の意思を問う必要があるとき，いつでも衆議院を解散することができる。

③ 内閣総理大臣は必ず国会議員の中から指名される。

④ 国務大臣の過半数は国会議員の中から選ばなければならない。

(10) 下線部(i)に関連して，アメリカの大統領制について述べた文として**適切でないもの**を，以下の①～④のうちから一つ選びなさい。

① 大統領が締結した条約を承認する権限は，議会に与えられている。

② 大統領には強い権限が与えられており，下院を解散することができる。

③ アメリカの大統領選挙は，国民によって選ばれた大統領選挙人が大統領を選出することから，間接選挙と呼ばれる。

④ 大統領には，連邦議会が作成した法律案を拒否する権限が与えられている。

4　次の文章を読んで，あとの問いに答えなさい。

瀬戸内海の「瀬戸」とは海峡を指す言葉で，瀬戸内海は古くから海上交通が盛んであった。12世紀，[あ]は日宋貿易を活発にするために瀬戸内の航路を整備した。

[あ]は，航海の安全や一門の繁栄を願い厳島神社に参詣した。厳島神社は1996年，世界遺産に登録され，現在も多くの観光客が参詣に訪れている。厳島神社のほかにも，瀬戸内海には航海の安全祈願の信仰を集める神社がある。(a)香川県の金刀比羅宮は，「こんぴらさん」と呼ばれ，現在でも漁師や船員など海事関係者の信仰を集めている。

17世紀，日本海側から関門海峡を経由して，瀬戸内海を通って「天下の台所」と呼ばれた[い]へ結ばれる海上交通のルートが確立した。瀬戸内海の海上交通は瀬戸内の工業にも影響を与えており，沿岸部の埋立地造成のしやすさなどを背景に，第二次世界大戦後には(b)瀬戸内工業地域が形成された。一方で，1988年の瀬戸大橋開通以降，本州と四国を結ぶ(c)本州四国連絡橋が整備され，瀬戸内海は高速道路や鉄道で結ばれるようになった。

中国・四国地方において最大の人口を有する都市が，[う]市である。[う]市は，[え]県の県庁所在地であり，16世紀末に毛利氏が城下町を築いたことにより，現在の都市としての発展が始まった。明治時代には陸軍の師団司令部が置かれたことで，軍都として発展し，日清戦争のときには，第7回帝国議会も開催された。1945年8月6日，原子爆弾が投下され，多くの犠牲者を出した。このことから平和記念都市としても知られている。現在，[う]市は，政令指定都市であり，多くの行政機関，企業の支社・支店が集まる中心性が高い都市である。近年では，2014年と2018年，[う]市内で発生した(d)豪雨による土砂災害が報道されたことも記憶に新しい。

(1) 空欄[あ]・[い]にあてはまる人物・都市の組み合わせとして適切なものを，以下の①～④のうちから一つ選びなさい。

① [あ]―平清盛　[い]―江戸
② [あ]―平清盛　[い]―大阪
③ [あ]―足利義満　[い]―江戸
④ [あ]―足利義満　[い]―大阪

(2) 空欄[う]・[え]にあてはまる県名・市名の組み合わせとして適切なものを，以下の①～④のうちから一つ選びなさい。

① [う]―岡山　[え]―岡山　② [う]―高松　[え]―香川
③ [う]―広島　[え]―広島　④ [う]―松山　[え]―愛媛

(3) 下線部(a)「香川県」は全国を代表するうどんが特産として知られている。以下の文章を参考にして，香川県でうどんが特産となった理由として適切なものを，以下の①～④のうちから一つ選びなさい。

・うどんをつくる際には，小麦粉に塩，水を加える。
・香川県は古代より農地の開発が進んだ一方で，渇水や干ばつに悩まされてきた。
・中世に二毛作が始まると，讃岐平野において，稲の裏作として干ばつに強い小麦の生産が広まった。
・瀬戸内海地域では，かつて海水を濃縮させる方法で製塩が行われていた。この方法では，海水を砂地にまき，乾燥を繰り返すことにより海水を濃縮させて，塩をつくった。
・江戸時代中期には，潮の干満の差を生かして塩田に海水を入れる方法が取り入れられた。
・香川県が位置する瀬戸内海の特徴は，中国山地と四国山地に挟まれているため，年間を通じて降水量が少なく，温暖である。

① うどんの原料となる小麦は，稲の代わりに生産が広まったため。
② うどんの原料となる小麦は，讃岐平野のような降水量が多い地域での生育に適していたため。
③ かつてうどんの原料となる塩をつくるには，夏よりも冬に降水量が多いことが必要だったため。
④ かつてうどんの原料となる塩をつくるには，海水の濃縮をするために日照時間が長いことが必要だったため。

(4) 下線部(b)「瀬戸内工業地域」に含まれる岡山県の製造品出荷額等割合を図に示した。図中のAにあてはまる品目として適切なものを，以下の①～④のうちから一つ選びなさい。

図　岡山県の製造品出荷額等割合(2016年)

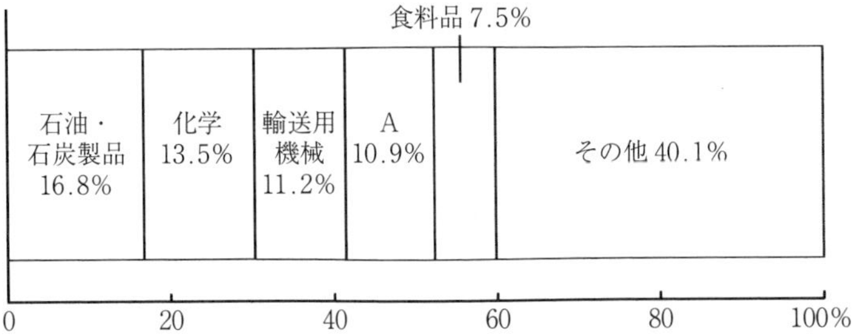

(『データでみる県勢 2019年版』により作成)

① 印刷　② 飲料・飼料　③ 鉄鋼　④ 電気機械

(5) 下線部(c)「本州四国連絡橋」によって結ばれている県の組み合わせとして適切なものを，以下の①～④のうちから一つ選びなさい。

① 岡山県―愛媛県　② 岡山県―徳島県
③ 兵庫県―愛媛県　④ 兵庫県―徳島県

(6)　下線部(d)に関連して，自然災害や防災について述べた文Ｘ・Ｙの正誤の組み合わせとして適切なものを，①～④のうちから一つ選びなさい。

Ｘ　台風などの発達した低気圧が沿岸部に接近すると，気圧が低いことと吸い上げ効果により津波が起こり浸水被害が発生することがある。

Ｙ　事前に河川の氾濫による浸水地域を予測し，避難場所などの情報と合わせた地図を「ハザードマップ」という。

①　Ｘ－正　Ｙ－正　　②　Ｘ－正　Ｙ－誤

③　Ｘ－誤　Ｙ－正　　④　Ｘ－誤　Ｙ－誤

5　絵梨さんは夏休みの課題として地域調査を行うことにした。次の図１・図２を読み取り，あとの問いに答えなさい。

図１

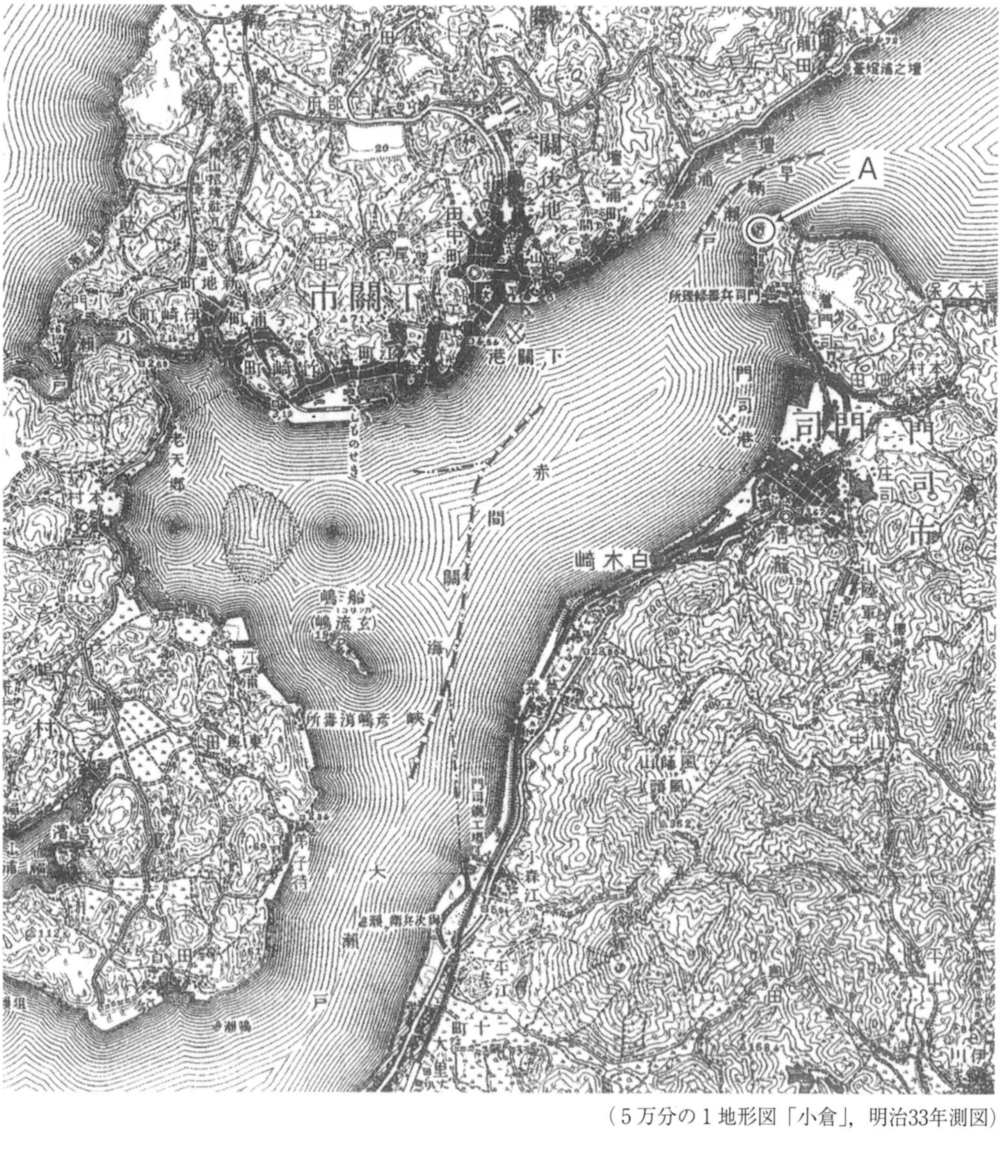

（５万分の１地形図「小倉」，明治33年測図）

図2

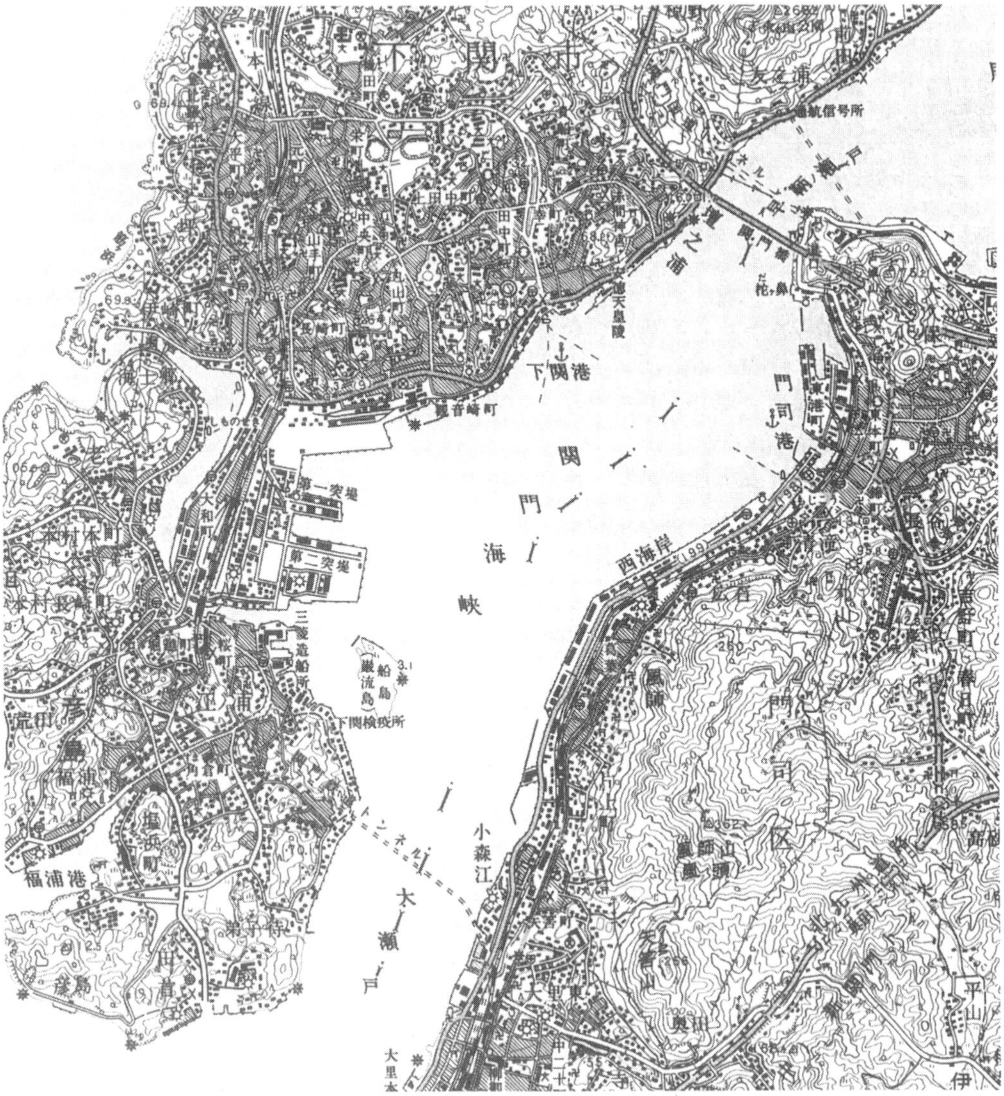

（5万分の1地形図「小倉」，平成19年修正）

(1)　図2において門司《もじ》港の渡船場から船島(巌流島《がんりゅうじま》)までの直線距離は地図上で約6cmである。門司港の渡船場から船島(巌流島)までの実際のおよその距離として適切なものを，以下の①～⑥のうちから一つ選びなさい。

①　約0.15km　　②　約0.3km　　③　約1.5km

④　約3km　　⑤　約15km　　⑥　約30km

(2)　次の文章は図1・図2から読み取れたことをまとめたものである。文章中の下線部の内容が**適切でないもの**を，以下の①～④のうちから一つ選びなさい。

関門海峡は，古くから何度も歴史の舞台になった。1185年には，源平最後の合戦となった壇ノ浦の戦いがこの地で起きた。『平家物語』には敗れた平家方の武将たちの最期が描かれている。「先帝身投」には，幼い安徳天皇が祖母の二《に》位尼《いのあま》に抱きかかえられ，関門海峡の激流の中に身を投げた場面が描かれている。図2をみると，①山口県側の「赤間神宮」の近くに安徳天皇陵がみられ，現在にその名残をとどめている。

図１をみると，②山口県側に下関市があり，福岡県側に門司市とある。図１が発行された明治時代においては，関門海峡を渡る手段は船以外になかったことがわかる。鉄道開通後も，客車を船に乗せたり，下関駅から門司駅まで連絡船に乗り換えたりして関門海峡を通過した。その後，関門海峡には橋やトンネルが開通した。図２をみると，③自動車や鉄道が船を利用せずに関門海峡を渡ることができるルートは，２か所存在する。

北九州市とゆかりがある作家に，松本清張があげられる。『時間の習俗』というミステリー小説には，北九州市の和布刈《めかり》神社でワカメを刈り取るという神事が登場する。図１における和布刈神社はAの神社であり，図２においては，④関門橋のほぼ真下に位置している。

(3) 絵梨さんは，北九州市における工業を調査することにした。調査すべき項目として最も**適切でないもの**を，以下の①～④のうちから一つ選びなさい。

① 北九州市にある日本を代表する鉄鋼メーカーの歴史
② 北九州市における工場の分布とその業種
③ 北九州市における製造品出荷額
④ 北九州市の門司港を発着する長距離フェリーの乗客数

(4) 表は，下関市と北九州市のいくつかの統計データを比較したものである。表から読み取れることとして適切なものを，以下の①～④のうちから一つ選びなさい。

表

下関市		北九州市
716.10	面積(平方キロメートル)	491.95
26万6,429	人口(人)	96万1,024
−1.13	人口増減率(%)	−5.8
0～14歳　11.3 15～64歳　54.5 65歳以上　34.2	年齢別人口構成(%)	0～14歳　12.5 15～64歳　57.6 65歳以上　29.8
第１次産業　4.6 第２次産業　24.0 第３次産業　71.4	産業別就業者割合(%)	第１次産業　0.8 第２次産業　24.6 第３次産業　74.6
事業所数　374 従業者数　14,876 製造品出荷額等　5,164億円	工業統計	事業所数　994 従業者数　47,376 製造品出荷額等　2兆583億円
事業所数　2,699 従業者数　19,010 年間商品販売額　5,514億円	卸売業，小売業	事業所数　8,993 従業者数　68,712 年間商品販売額　2兆6,967億円

(『データでみる県勢 2020年版』により作成)

① 北九州市のほうが下関市よりも人口が多いが，人口密度は下関市のほうが高い。
② 下関市のほうが北九州市よりも65歳以上の人口の割合は高く，65歳以上の人口の数も多い。
③ 北九州市も下関市も第２次産業の従事者割合はほぼ同じだが，北九州市における工業統計の事業所数・従業者数・製造品出荷額等はいずれも，下関市の約４倍である。
④ 北九州市のほうが下関市よりも，卸売業，小売業の事業所数・従業者数・年間商品販売額が多く，これらは人口の大小との関連が考えられる。

6 中学生のしんやさんとあつしさんは社会の課題で茨城県の特産品について調べ，メモを作った。以下のメモを見て，あとの問いに答えなさい。

しんやさんの特産品メモ

品名	説明
霞ヶ浦レンコン	1970年代に(a)霞ヶ浦周辺で栽培が開始されたと言われている。減反政策のもと，米に代わる作物への転作が進められる中で生産されるようになった。
雪村うちわ	(b)室町時代に佐竹氏の一族の画僧・雪村が創作したものが伝承された。200年以上続く日本情緒豊かな民芸うちわである。
笠間焼	1770年代後半に信楽の陶工であった長右衛門がその技術を伝えたことで始まった。戦後に一時需要が減ることもあったが，現在では国内だけでなく(c)国外へ輸出されることもある。

(1) 下線部(a)「霞ヶ浦周辺」には旧石器時代から人間が暮らしていた痕跡《こんせき》が残っている。これに関連して，旧石器時代～古墳時代の霞ヶ浦について述べた文章を以下にあげた。文章中の下線部の内容が**適切でないもの**を，以下の①～④のうちから一つ選びなさい。

> 霞ヶ浦周辺にある旧石器時代の遺跡は，まばらに点在しており，そのほとんどが旧石器時代後期のものである。これらの遺跡からは，①石を打ち欠いて作った打製石器が発見されている。縄文時代の遺跡を調べてみると②赤褐色をした薄手でかための縄文土器や石を磨いてつくられた③磨製石器が発見されている。弥生時代から古墳時代にかけては遺跡数が爆発的に増加している。このことから，霞ヶ浦周辺では④人口が急激に増加したことが考えられる。

(2) 下線部(b)に関連して，この時期の佐竹氏は鎌倉公方(鎌倉府の長官)に仕えていた。鎌倉公方の役割として適切なものを，以下の①～④のうちから一つ選びなさい。

① 執権の補佐
② 蝦夷を征服するための軍の総司令官
③ 京都の警備
④ 関東８か国と伊豆・甲斐の支配

(3) 下線部(c)に関連して，貿易について述べた文として適切なものを，以下の①～④のうちから一つ選びなさい。

① 元寇後，元と日本との間で貿易は行われなくなった。
② 18世紀，中国はインドへ綿織物を輸出し，インドはイギリスへアヘンを輸出し，イギリスは中国へ茶を輸出するといった三角貿易が展開されていた。
③ 第一次世界大戦によって，日本は連合国やその植民地への輸出が急激に減少し，不景気となった。
④ 朝鮮戦争が始まると大量の軍需物資が日本に注文されたため，日本の経済は好景気となった。

あつしさんの特産品メモ

品名	説明
紫峰醤油	柴沼醤油醸造株式会社の商品である。この企業は，柴沼庄左衛門という人物が(d)土浦にて(e)1688年に創業した。土浦は関東の醤油の三大名醸地の一つと称されるほど，醤油の醸造で有名な土地である。
さしま茶	江戸時代初期から生産が始まった。1858年に[あ]が締結された翌年からアメリカへの緑茶の輸出を始めた。
稲田みかげ石	稲田を産出地とする花崗岩。(f)明治時代に本格的な石材発掘が始まった。[い]年に(g)石材輸送の貨物駅として稲田駅(現在のJR水戸線・稲田駅)が開業した。この石が使用された代表的建築物は，(h)国会議事堂・最高裁判所・上野駅・東京駅・日本橋などがある。

(4) 下線部(d)「土浦」で起きた出来事を以下にあげた。古いものから時代順に並べ替えたときに**3番目にくるもの**として適切なものを，以下の①～④のうちから一つ選びなさい。

① 航空隊殉職者の慰霊と，関東大震災後の不況により落ち込んだ土浦の経済を活性化させるという趣旨で，土浦の花火大会が初めて開催された。

② 政府により学制が公布されると，土浦市内には公立の小学校が設置された。

③ 田沼意次が老中を罷免された年，土浦の城下町は大洪水に見舞われていた。

④ 土浦地方で太閤検地が行われ，村の境界が設定された。

(5) 下線部(e)「1688年」に処罰された人物とその概要を，次の表にまとめた。これらの人物は全て同じ法令が理由で処罰されている。その法令の名称と，法令が出された時の将軍の組み合わせとして適切なものを，以下の①～④のうちから一つ選びなさい。

日付	概要
5/30	鳩に石を投げた子どもが追放される。
8/22	小鳥を捕まえるための銃を持っていた親子らが島流しの刑に処せられる。
8/27	捨ててあった子犬を養わなかった幕府の役人が追放される。
10/3	鳥が巣をつくっていた木をきってしまったため，武蔵国の新羽村西方寺の僧が，閉門といわれる刑罰を受けた。

① 生類憐みの令・徳川綱吉

② 倹約令・徳川綱吉

③ 生類憐みの令・徳川吉宗

④ 倹約令・徳川吉宗

(6) 空欄[あ]に入る条約の名称として適切なものを，以下の①～④のうちから一つ選びなさい。

① ポーツマス条約　② 日米修好通商条約　③ 日米和親条約　④ ベルサイユ条約

(7) 下線部(f)「明治時代」について，この時代に起きた出来事について述べた文として適切なものを，以下の①～④のうちから一つ選びなさい。

① 政府は欧米諸国に対抗するため，経済を発展させて国力をつけ，軍隊を強くすることを目指し，富国強兵政策を行った。

② 政府はロシアと樺太・千島交換条約を結び，ロシアに千島列島の領有を認める代わりに，樺太の全てを日本領とした。

③　吉野作造や美濃部達吉らによって民衆の間でデモクラシーの思想が広まった影響で，社会運動も活発に行われるようになった。

④　ラジオ放送が全国に普及し，新聞と並ぶ情報源となった。

(8)　次の内容を参考に，空欄［い］にあてはまる西暦年を，以下の①～④のうちから一つ選びなさい。

○日清戦争における清の敗北により，古代から続いていた中国を中心とする東アジアの伝統的な国際関係は崩れた。朝鮮は清からの独立を宣言し，［い］年には国名を大韓帝国に改めた。
○［い］年に，志賀潔が赤痢菌を発見した。

①　1867　②　1897　③　1945　④　1997

(9)　下線部(g)に関連して，物資の輸送について述べた文として**適切でないもの**を，以下の①～④のうちから一つ選びなさい。

①　中国では漢の時代に，シルクロードとよばれる交通路を通って，馬やぶどう，仏教などが伝わった。

②　平安時代末期から，物資を運ぶ馬借や問と呼ばれる運送業をかねた倉庫業者が海上交通で活動した。

③　ルネサンス期のヨーロッパでは羅針盤が実用化され，15世紀後半には大航海時代が到来した。

④　17世紀の中ごろから海路が運送の中心となり，大阪・江戸間を菱垣廻船や樽廻船が定期的に往復するようになった。

(10)　下線部(h)に関連して，資料1～資料3について述べた文として**適切でないもの**を，以下の①～③から一つ選びなさい。①～③にあてはまるものがない場合は④を選びなさい。

資料1　1891年作成

資料2　1913年撮影

資料３　1960年撮影

①　資料１のころの帝国議会は国民が選挙した議員で構成する参議院と，皇族や華族，天皇が任命した議員などで構成する貴族院の二院制であった。
②　資料２は，第一次護憲運動の影響で，桂内閣の退陣を求めて集結した民衆を撮影したものである。
③　資料３は，日米安保条約の改定に対して，反対運動を起こした多数の市民が国会議事堂を取り囲んでいる様子を撮影したものである。
④　①～③にあてはまるものがない。

【理　科】（50分）〈満点：100点〉

1　次の各問いに答えなさい。

(1)　図1は被子植物の花のつくりを示した模式図である。図中で受粉後に種子になる部分を示したものと，その名称の組み合わせとして，最も適切なものを次の①～⑥から一つ選びなさい。

図1

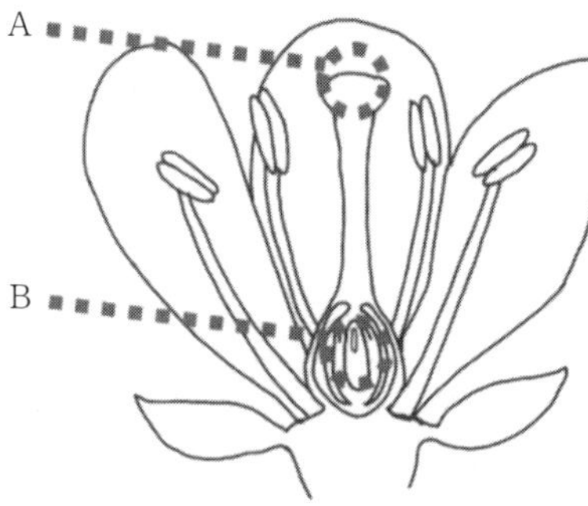

	受粉後に種子になる部分	名称
①	A	胚珠
②	A	子房
③	A	柱頭
④	B	胚珠
⑤	B	子房
⑥	B	柱頭

(2)　節足動物の昆虫類について述べた文として，**誤りを含むもの**を次の①～⑤から一つ選びなさい。

①　昆虫類の外骨格は脱皮を通して成長していく。

②　昆虫類の胸部や腹部には気門があり，ここから取り入れた空気で呼吸している。

③　昆虫類のあしは3対6本であり，胸部にのみ存在する。

④　ムカデやヤスデ，クモは昆虫類には分類されない。

⑤　チョウは昆虫類ではあるが，からだは柔らかく，内骨格の構造をしている。

(3)　エンドウの子葉は黄色と緑色の2種類があり，黄色が優性形質，緑色が劣性形質であることが知られている。ある個体CとDをかけあわせると，その子の代では，子葉が黄色の個体のみが得られた。親の遺伝子の組み合わせとして可能性があるものを次の①～⑥から**すべて**選びなさい。ただし，子葉の色を決める遺伝子のうち，黄色の形質のものをY，緑色の形質のものをyとする。

	組み合わせ
①	YY × YY
②	YY × Yy
③	YY × yy
④	Yy × Yy
⑤	Yy × yy
⑥	yy × yy

(4)　タンポポは花をつけたのち，その花がしぼむと，多くの場合は茎が地表にたおれてしまう。しかし，綿毛をつける頃にはもう一度茎が立ち上がる現象がみられる。このような現象がタンポポにもたらす利点として，最も適切なものを次の①～⑤から一つ選びなさい。

①　タンポポの種子は光合成を行うため，地表からなるべく高いところに種子をつけることで，効率的に光合成を行うことができる。

②　タンポポの種子は動物に付着して運ばれる性質があるため，地表からなるべく高いところに種子をつけることで，からだの大きな動物にも付着させることができる。

③　タンポポの種子は子房に包まれていないため，地表からなるべく高いところに種子をつけることで，昆虫などに食べられてしまうことを防ぐことができる。

④　タンポポの種子は動物に食べられて運ばれる性質があるため，地表からなるべく高いところに

種子をつけることで，さまざまな動物に食べられやすくなる。

⑤　タンポポの種子は風によって運ばれるため，地表からなるべく高いところに種子をつけることで，より広範囲に種子を広げることができる。

(5)　図2は土壌生物を収集する際に使われるツルグレン装置という実験器具の模式図である。この装置について述べた文として，最も適切なものを次の①～④から一つ選びなさい。

図2

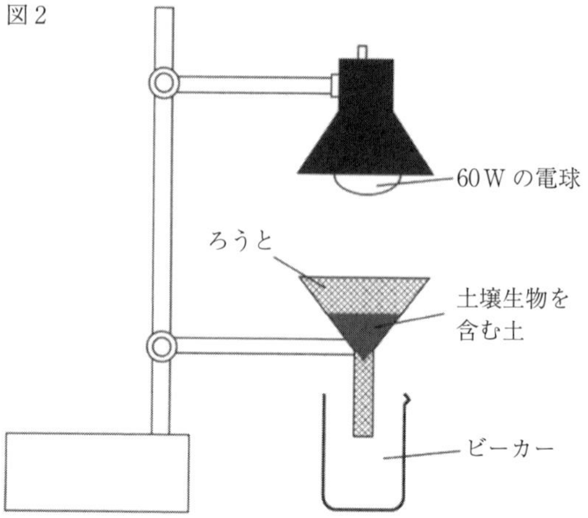

①　一般的に土壌生物は熱や乾燥を避けようとするので，電球をつけると，下に落ちてくる。

②　一般的に土壌生物は熱や乾燥を好むので，電球をつけると，上に集まってくる。

③　ろうとの下で受けるビーカーの中身は，土壌生物が死んでしまわないように，土だけをいれておく。

④　ろうとの下で受けるビーカーの中身は，土壌生物の動きを活発にした状態で観察できるように，70%エタノール水溶液をいれておく。

2　次の各問いに答えなさい。

(1)　次の文は，図1のような乾湿計の設置場所について説明したものである。[ア]～[ウ]に当てはまるものとして，最も適切なものを下の中からそれぞれ一つずつ選びなさい。

図1

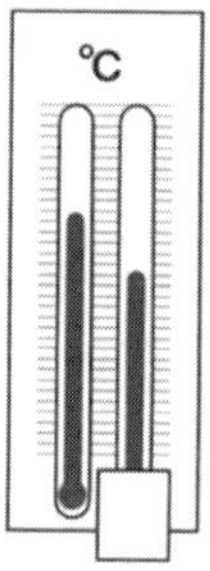

> 乾湿計は風通しが[　ア　]，地上から約[　イ　]mの直射日光が[　ウ　]場所に設置する。

[ア]：①　よく　　②　悪く

[イ]：①　1.5m　　②　15m

[ウ]：①　当たる　　②　当たらない

(2)　図2は，雲の発生のしくみを調べるために用いた実験装置である。この装置による実験について述べた文として，最も適切なものを次の①～⑥から一つ選びなさい。

図2

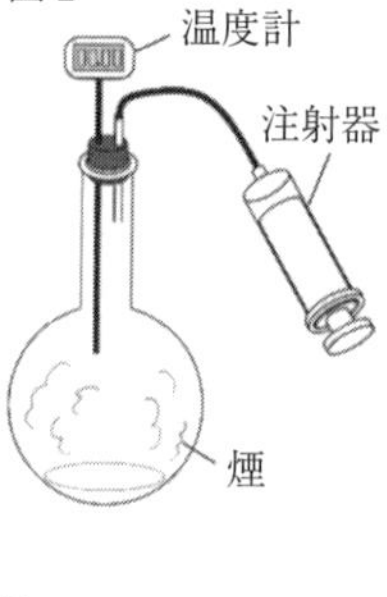

①　フラスコ内に煙が入っている理由は，注射器を操作した際にフラスコが破損することを防ぐためである。

②　フラスコ内に煙が入っている理由は，注射器を操作した際にフラスコ内の温度が変化しやすくするためである。

③　注射器を引くと，空気が膨張することで温度が上がり，フラスコ内がくもる。

④　注射器を引くと，空気が膨張することで温度が下がり，フラスコ内がくもる。

⑤　注射器を押すと，空気が圧縮されることで温度が上がり，フラスコ内がくもる。

⑥　注射器を押すと，空気が圧縮されることで温度が下がり，フラスコ内がくもる。

(3)　図3のように，金属製のコップに室温と同じ温度の水を入れ，そこに氷水を少しずつ加えて冷やした。しばらくすると，コップの表面がくもり始めた。このときの水の温度は11℃，部屋の温度は30℃であった。また，図4は気温と飽和水蒸気量の関係を表したグラフである。図4を用いて，部屋の湿度として最も適切なものを下の①～⑥から一つ選びなさい。

図3

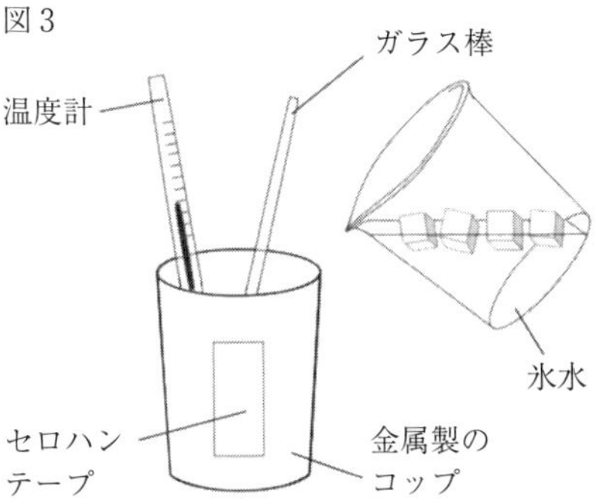

図4

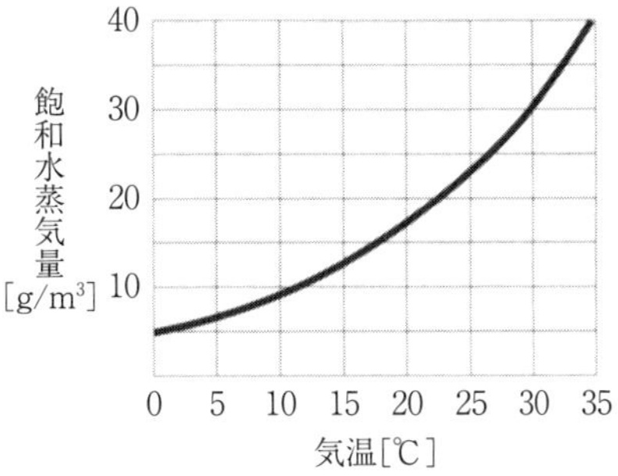

① 6％　② 11％　③ 33％
④ 43％　⑤ 51％　⑥ 76％

(4) 霧のでき方や水の循環についての説明として，**誤りを含むもの**を次の①～④から一つ選びなさい。

① 霧は，風の強い曇った夜の間に，地表付近の空気の温度が露点以上になることによって発生する。

② 太陽のエネルギーによって地表や海面から蒸発した水は，水蒸気として大気中に含まれる。

③ 地表付近の水蒸気を含んだ空気が強くあたためられると，上昇気流が発生し，上空で雲が発生する。

④ 水滴や氷の粒が雲の中で成長し，地表に落ちてきたものを降水と呼ぶ。

(5) 図5は，ある場所において風向・風力・天気の変化を観測し，その結果を2時間ごとに天気用図記号で記録したものである。なお，観測を行っている間に，2つの異なる前線が通過したことがわかっている。この観測中の気温と気圧の変化を表したグラフとして，最も適切なものを下の①～④から一つ選びなさい。

図5

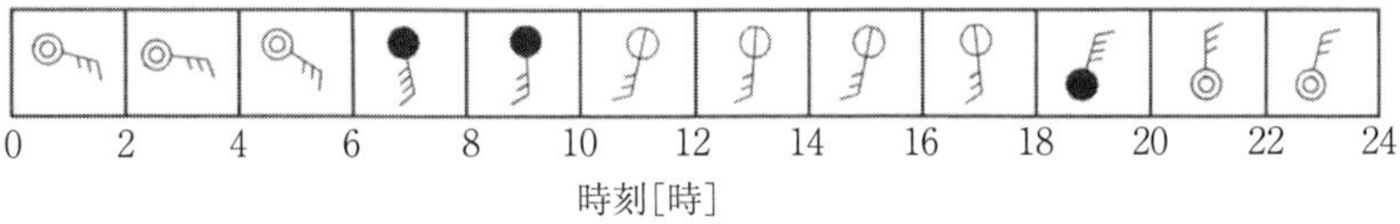

①

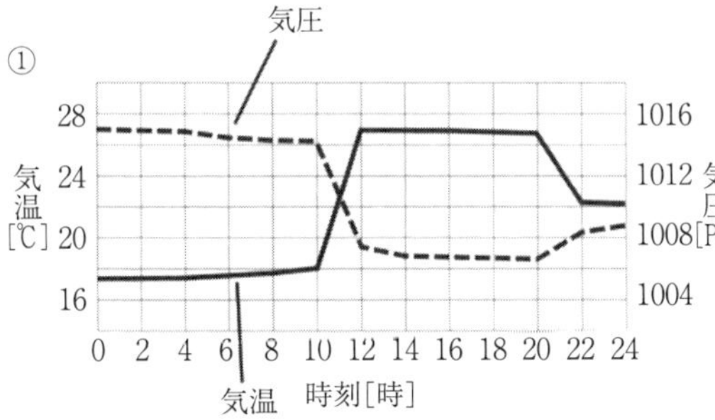

②

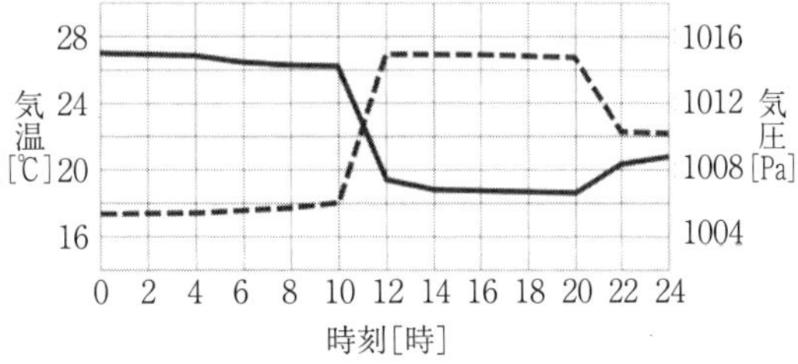

③

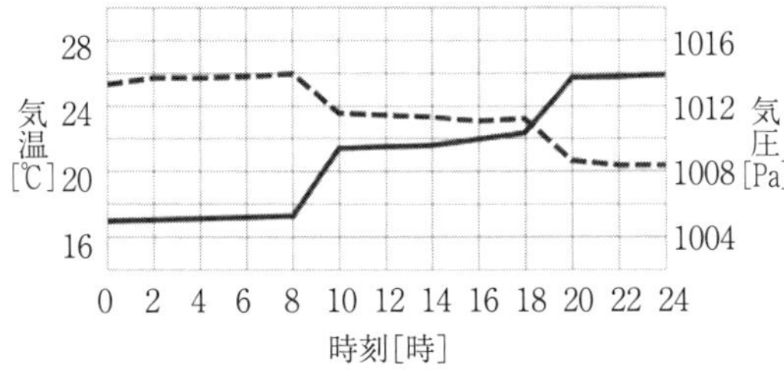

④

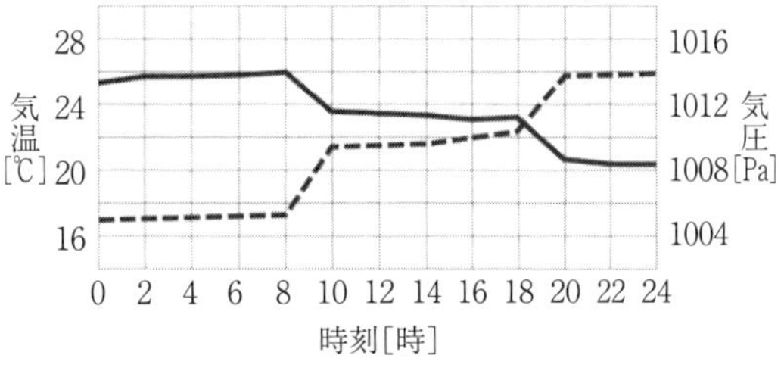

3 次の各問いに答えなさい。

(1) 図1のように硫酸銅4.0gに水100gを加えて，ラップをかけて放置してその変化を観察した。硫酸銅を溶かした直後と10日後，20日後，30日後に水溶液を観察した結果を図2にモデルで示した。次の(a)，(b)に答えなさい。ただし，水面より上のビーカーの内壁やラップの内側には水滴は付いていなかったとする。

図1

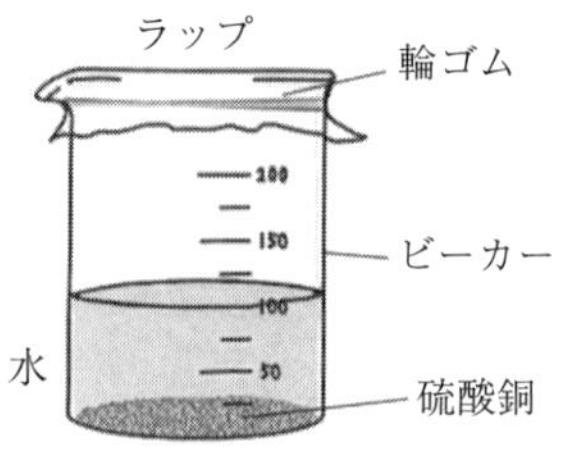

(a) 図2の状態Xのモデルとして，最も適切なものを下の①～④から一つ選びなさい。

図2

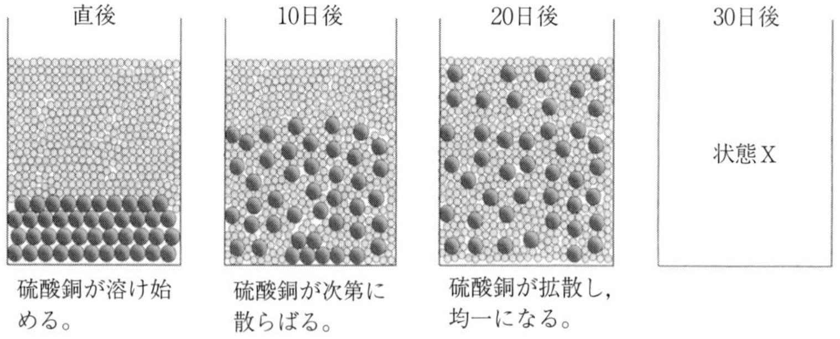

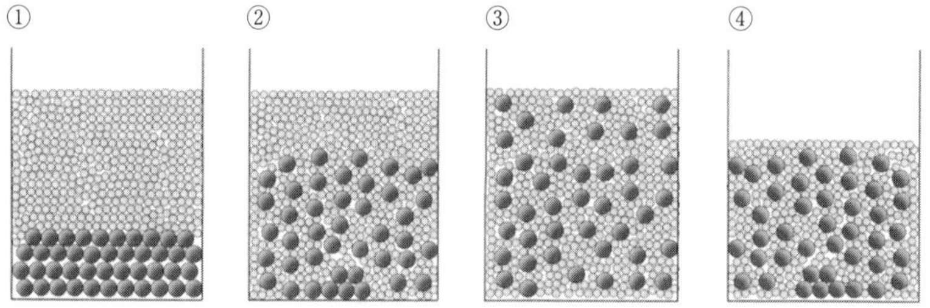

(b) 20日後の水溶液は，加えた4.0gの硫酸銅が水100gに全て溶けていた。この水溶液の質量パーセント濃度[%]として，最も近いものを次の①～⑥から一つ選びなさい。

① 0.038%　② 0.040%　③ 0.042%　④ 3.8%　⑤ 4.0%　⑥ 4.2%

(2) ミョウバンと食塩をそれぞれ20gずつはかりとり，60℃の水100gに溶かし2つの水溶液を作った。その後，ミョウバンと食塩の水溶液を冷やして20℃にし，それぞれの水溶液をろ過した。次の(a)～(c)に答えなさい。

(a) 一度溶かした物質を再び結晶として取り出す操作の名称として，正しいものを次の①～④から一つ選びなさい。

① 蒸留　② 蒸発　③ 再結晶　④ 精製

(b) 図3にミョウバンと食塩の溶解度曲線を示す。溶解度曲線からわかることとして，正しいものを次の①～④から一つ選びなさい。

① ろ過によってミョウバンと食塩の結晶をそれぞれ取り出すことができる。

② ろ過によってミョウバンの結晶のみを取り出すことができる。

③ ろ過によって食塩の結晶のみを取り出すことができる。

図3

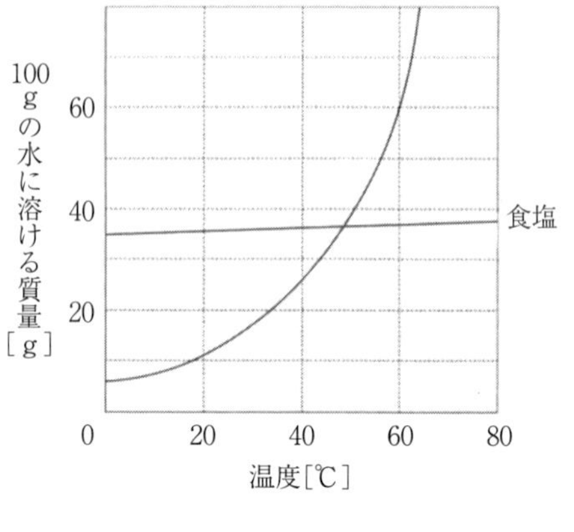

④　結晶を取り出すことができるかを，溶解度曲線から予想することはできない。

(c)　20℃のミョウバンの飽和溶液中に溶けているミョウバンの質量をａ[ｇ]，60℃のミョウバンの飽和溶液中に溶けているミョウバンの質量をｂ[ｇ]，60℃のミョウバンの飽和水溶液を20℃に冷やした後にろ過して，得られたろ液中に溶けているミョウバンの質量をｃ[ｇ]としたとき，ａ，ｂ，ｃの関係式を表したものとして，最も適切なものを次の①～④から一つ選びなさい。

①　ｂ＞ｃ＞ａ
②　ｂ＞ｃ＝ａ
③　ｂ＝ｃ＞ａ
④　ｂ＝ｃ＝ａ

4　次の各問いに答えなさい。

(1)　慣性を表す例として，正しいものを次の①～④から一つ選びなさい。

①　バスの中で立って乗車していたところ，バスが赤信号で停止する際に体が前のめりになった。
②　車から外の景色を眺めていると，景色が進行方向とは逆に流れて見えた。
③　磁石のＮ極とＮ極を近づけると反発力が発生した。
④　室内で大きな声を出すと，音が反響した。

(2)「力」についての文として，**誤っているもの**を次の①～④から一つ選びなさい。

①　物体を変形させるとき，物体に「力」がはたらく。
②　物体が動いているとき，物体は「力」をもっている。
③　物体が落下して地面に衝突するとき，地面に「力」をおよぼす。
④　物体の動きを変化させるとき，物体に「力」が作用する。

(3)　図１のように水そうの中に電熱線を沈めて電気を流し，水そうの水をあたためた。水の質量は150ｇで，水の温度ははじめ30℃であった。次の(ⅰ)～(ⅲ)に答えなさい。

図１

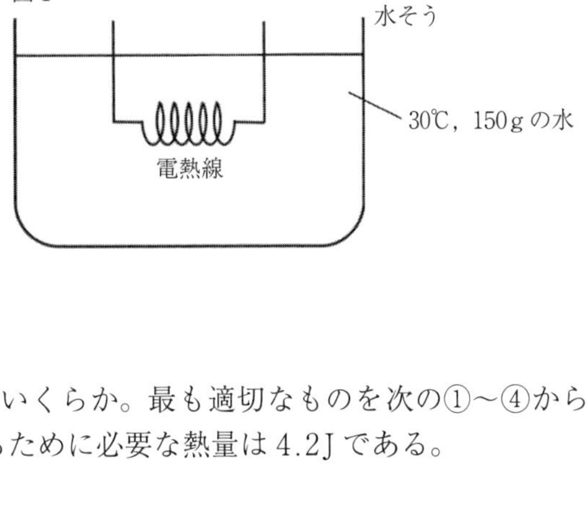

(ⅰ)　この水を沸騰させるために水温を何℃上昇させる必要があるか。最も適切なものを次の①～④から一つ選びなさい。

①　30℃　　②　70℃
③　100℃　　④　120℃

(ⅱ)　この水を沸騰させるために必要な最低の熱量はいくらか。最も適切なものを次の①～④から一つ選びなさい。ただし，水１ｇを１℃上昇させるために必要な熱量は4.2Ｊである。

①　18900Ｊ
②　44100Ｊ
③　63000Ｊ
④　75600Ｊ

(ⅲ)　30Ｗの電熱線を用いてこの水を沸騰させるとき，要する時間として最も適切なものを，次の①～④のうちから一つ選びなさい。ただし，発生する熱はすべて水の温度上昇に使われるものとする。

①　630秒　　②　1470秒
③　2100秒　　④　2520秒

5　中学生の花子さんは，野外で採取した火成岩a～cについて調べ，レポートにまとめた。以下は，そのレポートの一部である。以下の各問いに答えなさい。

【火成岩を採取した場所と火成岩の見た目】

表1

	［採取した場所］	［見た目］
火成岩a	河口付近	丸くて，全体的に黒っぽい
火成岩b	川の上流の土手	角があり，全体的に白っぽい
火成岩c	山の中の［ I ］	丸くて，全体的に白っぽい

【火成岩の表面を磨き，その面をルーペで観察した様子】

図1

火成岩a　　火成岩b　　火成岩c

【火成岩を磨いた面に見られる鉱物の割合】

図2

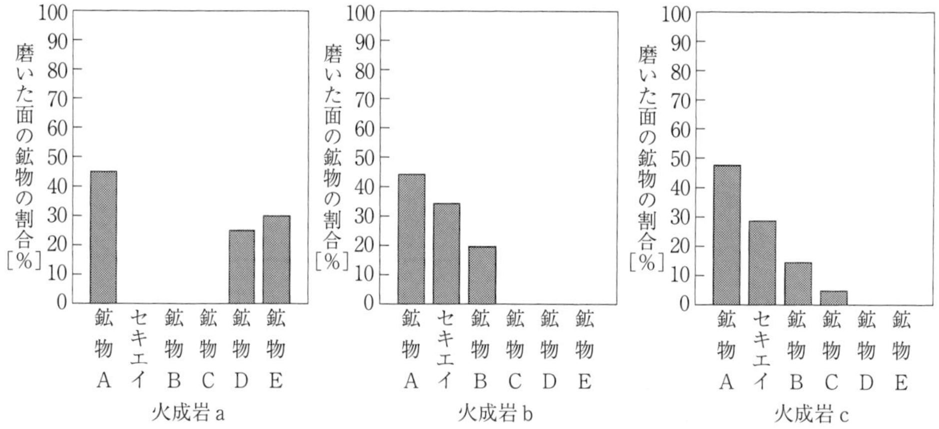

(1)　一般に流水によって運ばれたれき，泥，砂が河口付近から沖に向かって堆積する順番として，最も適切なものを次の①～⑥から一つ選びなさい。

①　泥→砂→れき　　②　砂→れき→泥　　③　泥→れき→砂

④　れき→砂→泥　　⑤　れき→泥→砂　　⑥　砂→泥→れき

(2)　表1の［ I ］には，地層が地表に現れているところという意味の言葉が入る。［ I ］に入る言葉として最も適切なものを次の①～⑤から一つ選びなさい。

①　プレート　　②　露頭　　③　地盤　　④　岩盤　　⑤　断層

(3)　図1について，花子さんは火成岩の組織のでき方を調べるために以下のような実験を行い，その結果や考察をまとめた。結果や考察の［ ア ］～［ ウ ］に当てはまるものとして，最も適切なものをそれぞれ選びなさい。

実験　図3のように，80℃に温めたミョウバンの水溶液をペトリ皿ⅰとペトリ皿ⅱに注いだ。その後，ペトリ皿ⅰはお湯につけて少しずつ冷まし，ペトリ皿ⅱは氷水につけて急冷した。十分冷ました後，ペトリ皿ⅰとペトリ皿ⅱにできたミョウバンの結晶の様子を，ルーペで観察した。

図3

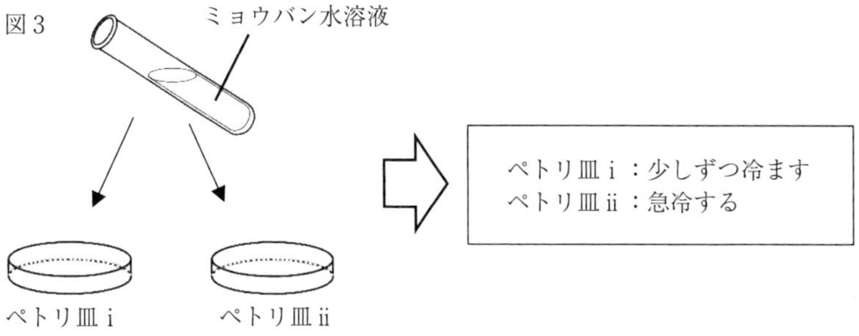

【結果】
ミョウバンの結晶の様子が火成岩aやbと同じような組織になったのは，[　ア　]の方であった。

【考察】
火成岩aやbは[　イ　]できたため，岩石ができる過程で[　ウ　]と考えられる。

[ア]：①　ペトリ皿ⅰ　　②　ペトリ皿ⅱ
[イ]：①　ゆっくりと冷やされて　　②　急冷されて
[ウ]：①　多くの結晶が大きく成長できた
　　②　大きく成長できない結晶があった

(4)　図2における鉱物Aとして，最も適切なものを次の①～⑤から一つ選びなさい。
①　カクセン石　　②　クロウンモ
③　チョウ石　　④　キ石
⑤　カンラン石

(5)　図1における火成岩cとして，最も適切なものを次の①～⑥から一つ選びなさい。
①　流紋岩　　②　安山岩　　③　玄武岩
④　花こう岩　　⑤　せん緑岩　　⑥　斑れい岩

6　ギターから発生する音の特徴を理解するために以下の[実験1]，[実験2]を行った。次の各問いに答えなさい。なお，発生する音の弱まりは考えないこととする。

実験1

【目的】
ギターとその他の楽器で，音の伝わる速さに違いがあるかを調べる。

【手順】
静かな場所で図1のように200m間隔でAさんからDさんまでの4人(観測者)が並び整列した。一番うしろの人(発信者)がギター，おんさ，リコーダーを順に鳴らし，音がどのような速さで伝わっていくのかを観測していく。同じタイミングでAさんからDさんがストップウォッチを作動させ，一番うしろの人が鳴らした各楽器の音が聞こえた段階で各々がストップウォッチを止める(発信者からAさんまでは200mではなく，音を鳴らし始めるタイミングは発信者に任せられている)。

図1

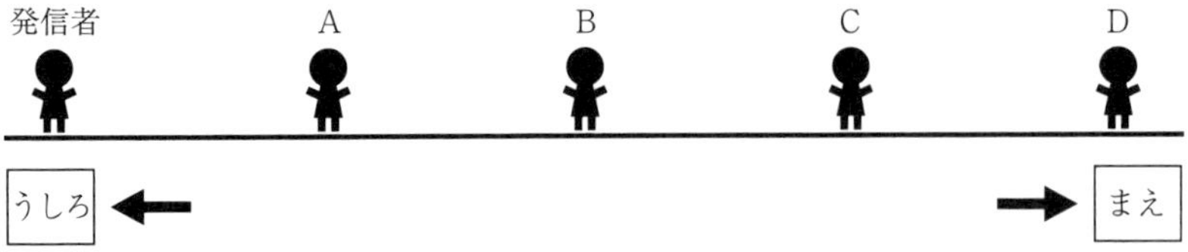

【結果】

ストップウォッチを止めた際に表示されていた数値は，以下の表1の通りである。ただし，実験結果の一部は操作の誤りなどから記録できず，記載できていない。

表1

	Aさん	Bさん	Cさん	Dさん
ギター	30.14秒	30.73秒	31.33秒	31.94秒
おんさ		40.63秒		41.83秒
リコーダー	34.20秒			35.99秒

実験2

【目的】

ギターから発生する音の大きさや高さが何によって変わるのかを調べる。

【手順】

操作Ⅰ～操作Ⅳに記した条件のもとでギターの弦の中央をはじき，その音を観測して特徴を記録した。このとき発生した音についてはオシロスコープを利用して波形についても観察を行った。図2は，条件を変える前のオシロスコープの波形の特徴を簡易的に表したものである。条件を変える前の弦の長さ，弦の太さ，弦をはじく強さ，弦の張る強さは図2のオシロスコープの波形を基準とする。なお，振幅は弦をはじく強さにのみ影響されるとする。

図2

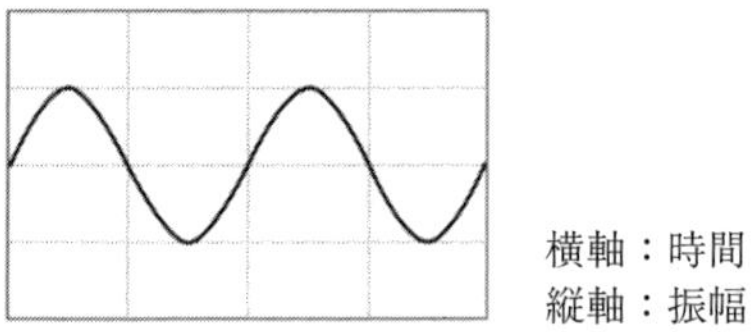

操作Ⅰ　弦の長さのみを変えて，太さ・はじく強さ・張る強さは固定する。

操作Ⅱ　弦の太さのみを変えて，長さ・はじく強さ・張る強さは固定する。

操作Ⅲ　弦のはじく強さのみを変えて，長さ・太さ・張る強さは固定する。

操作Ⅳ　弦の張る強さのみを変えて，長さ・太さ・はじく強さは固定する。

【結果】

各実験結果を表2にまとめた。

表2　　影響を及ぼさないものは表内で「－」で表している

	弦の長さ（操作Ⅰ）	弦の太さ（操作Ⅱ）	弦をはじく強さ（操作Ⅲ）	弦の張る強さ（操作Ⅳ）
大きな音	－	①	強い	－
小さな音	－	②	弱い	－
高い音	短い	③	－	強い
低い音	長い	④	－	弱い

(1)　実験1 において，AさんからBさんまでの結果を用いて求まるギターの音の平均の速さとして，最も適切なものを次の①～④から一つ選びなさい。

①　330m/s　　②　333m/s

③　347m/s　　④　350m/s

(2) 実験１ において，Ｃさんがリコーダーの音を観測した際のストップウォッチの値として，最も適切なものを次の①～④から一つ選びなさい。

① 34.80秒　② 35.10秒

③ 35.40秒　④ 35.70秒

(3) 実験１ の結果から考えられる文として，最も適切なものを次の①～④から一つ選びなさい。

① リコーダーのように高い音の出やすい道具は他に比べて音速が速くなる。

② 楽器による音が伝わる速さに違いはない。

③ おんさのように振動が細かい道具から出る音の速さは他と比べて遅くなる。

④ ギターのように弦の振動から発する音は弦全体を振動させなければならないため振動に時間がかかり，音速が遅くなる。

(4) 実験２ において弦の太さを変えて実験する際，表２中で「細い」が記入される欄として，正しいものを表２中の①～④から一つ選びなさい。

(5) 実験２ の操作Ⅰにおいて，弦の長さを長くしてギターの弦をはじいたときのオシロスコープの波形を簡易的に表したものとして最も適切なものを次の①～④から一つ選びなさい。

①

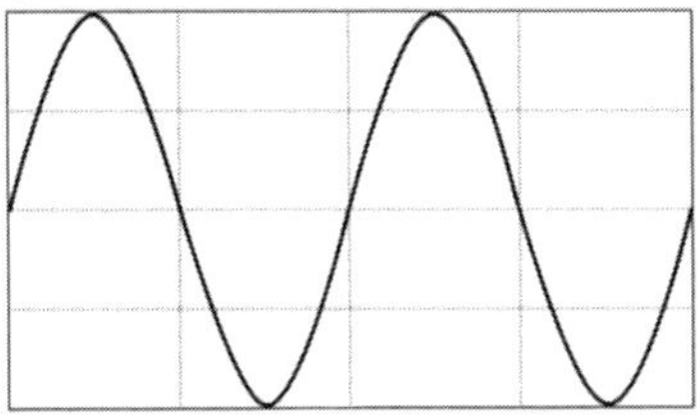

②

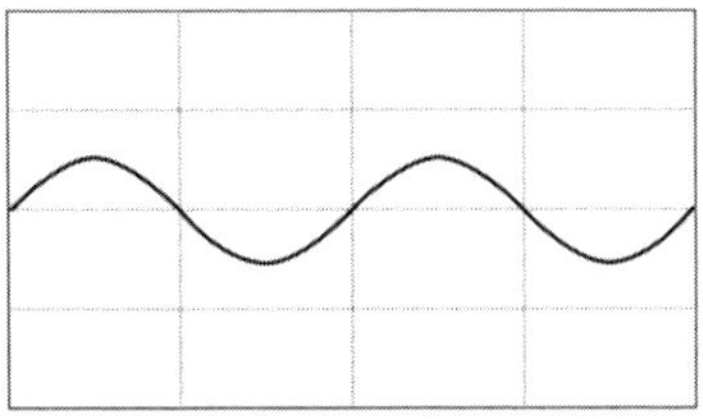

③

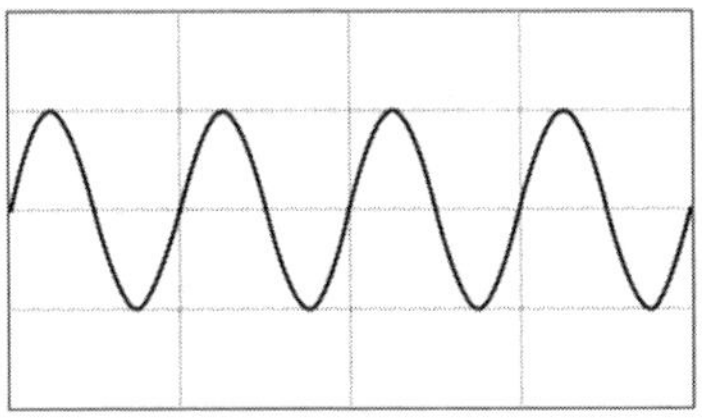

④

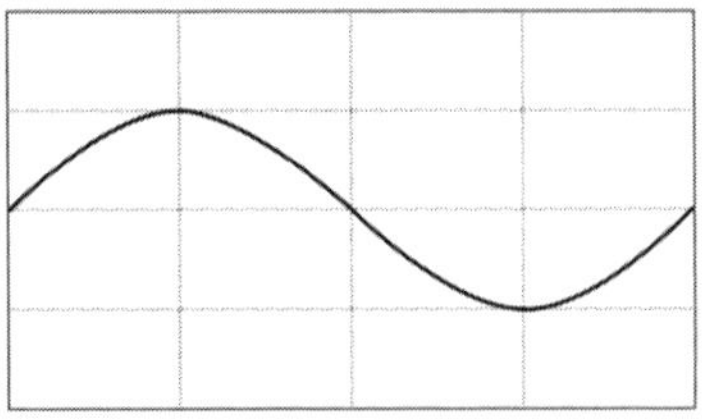

(6) 図２に示した波形と同じ波形の音が出る可能性があるものはどれか。適切なものを次の①～⑥から**すべて**選びなさい。ただし，選択肢に書いてある条件以外は変更しないものとする。

① 弦を長くして，張る強さを強める。

② 弦を長くして，張る強さを弱める。

③ 弦を太くして，弦を強くはじく。

④ 弦を太くして，弦を弱くはじく。

⑤ 弦を細くして，弦を長くする。

⑥ 弦を細くして，弦を短くする。

7 太郎さんは，化学変化と物質の質量の関係を調べるために以下の 実験１ と 実験２ を行った。以下の各問いに答えなさい。

実験１

【実験操作】

操作１　電子てんびんで薬包紙を使って図１のように酸化銀の粉末を1.45g，2.90g，4.35g，5.80gずつはかりとった。

操作2　酸化銀の粉末を図2のように試験管に入れ，質量が変化しなくなるまで加熱して，反応後に残った固体Aの質量を電子てんびんで測定した。

操作3　再び，酸化銀の粉末を1.45g，2.90g，4.35g，5.80gずつはかりとり，操作2と同様に，ガスバーナーで十分に加熱して，発生した気体Bを集めた。

図1

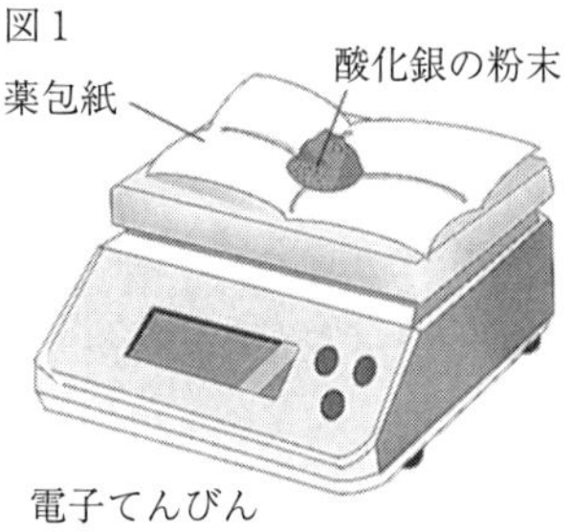

図2

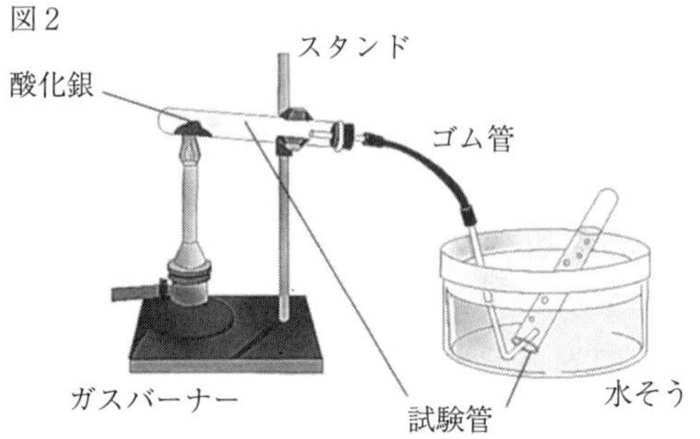

【結果】

酸化銀の粉末の質量[g]と生成した固体Aの質量[g]は表1のようになった。

表1

使用した酸化銀の質量[g]	1.45	2.90	4.35	5.80
生成した固体Aの質量[g]	1.35	2.70	4.05	5.40

実験2

【実験操作】

操作1　ステンレス皿の質量をはかった後，図1と同様に銅の粉末を0.20g，0.40g，0.60g，0.80gずつはかりとった。

操作2　銅の粉末をステンレス皿に広げ，図3のように全体の色が変化しなくなるまで加熱して，銅を空気中の酸素と完全に反応させた。

操作3　十分にステンレス皿を冷やした後，ステンレス皿全体の質量を測定し，操作1で測定したステンレス皿の質量を引いて，ステンレス皿の上に残った酸化銅の質量を求めた。

図3

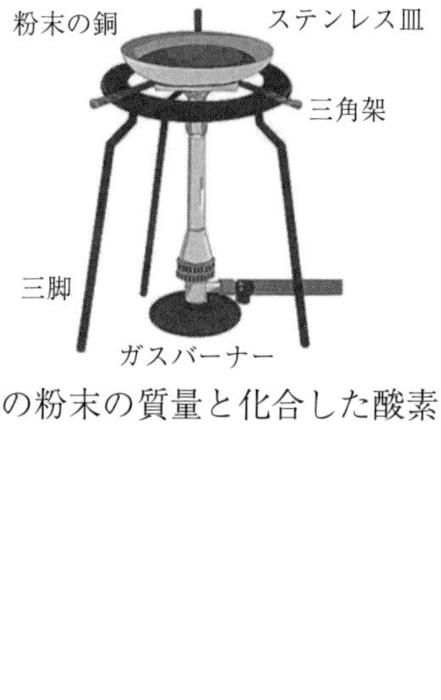

【結果】

ステンレス皿の上に残った酸化銅の質量をもとに計算した結果，銅の粉末の質量と化合した酸素の質量の関係は図4のようになった。

図4

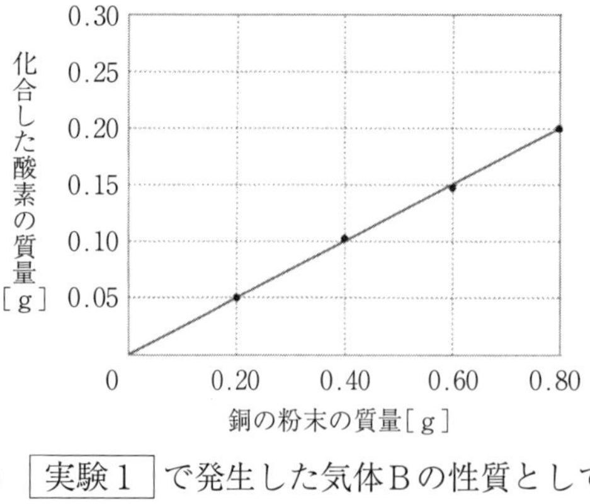

(1)　実験1 で発生した気体Bの性質として，正しいものを次の①～⑤から一つ選びなさい。

①　水に非常に溶けやすく，特有の刺激臭がある。

② 水に少し溶け，石灰水を白くにごらせる。
③ 水に溶けにくく，ものを燃やすはたらきがある。
④ 水に溶けにくく，空気中で火をつけると爆発して燃える。
⑤ 水に溶けやすく，インクの色を消すはたらきがある。

(2) 実験１ と同様の実験を行って，固体Ａが4.32g生成した場合は，実験に用いた酸化銀の質量［g］はどのようになるか。最も適切なものを次の①～④から一つ選びなさい。

① 4.30g　② 4.64g　③ 5.50g　④ 5.85g

(3) 物質が酸素と結びつくことによってできた化合物の名称として，最も適切なものを次の①～⑤から一つ選びなさい。

① 有機物　② 無機物　③ 酸化物　④ 硫化物　⑤ 単体

(4) 実験２ の結果から，銅と酸素が化合するとき，銅と化合する酸素の質量比として，最も適切なものを次の①～⑥から一つ選びなさい。

① 銅：酸素＝1：2　② 銅：酸素＝1：3　③ 銅：酸素＝1：4
④ 銅：酸素＝2：1　⑤ 銅：酸素＝3：1　⑥ 銅：酸素＝4：1

(5) 化学変化と質量の関係について興味をもった太郎さんは，マグネシウムを用いて 実験２ と同様の操作を行ったところ，マグネシウムとマグネシウムに化合する酸素の質量比は3：2(マグネシウム：酸素)になることがわかった。0.1gの酸素と結びつく銅の質量と，0.1gの酸素と結びつくマグネシウムの質量の比は ア ：3(銅：マグネシウム)となる。ア に入る適切な数値をマークしなさい。

8 花子さんと太郎さんは，理科の授業で目の構造について学んだ。二人の会話文を読み，次の各問いに答えなさい。

花子さん：目には色々な構造があってなかなか覚えられないよ。
太郎さん：先生は，a水晶体と虹彩の２つを覚えようって言っていたよ。
花子さん：水晶体は１年生の時に学んだ凸レンズの仕組みで説明できるので，しっかり復習をしておくことが大事だね。
太郎さん：ところで，虹彩には括約《かつやく》筋と散大筋という筋肉が２種類あって，これらが腕の曲げ伸ばしの時のようにゆるんだり，縮んだりすることで，ひとみの大きさを調節しているよ。
花子さん：ひとみの大きさは，どんな時に変わるのかな。
太郎さん：光の量によって変わるよ。まぶしい時は入ってくる光の量を減らすように，逆に暗い時は入ってくる光の量を増やすようにすることで，見えやすいように調節しているね。
花子さん：ということは，まぶしい時には虹彩によってひとみの大きさは ア ，暗い時にはひとみの大きさが イ なるということだね。ひとみの大きさの調節は反射なので，無意識的に起こると聞いたことがあるよ。だから，刑事ドラマなどでは生死を確認する際に目に光を当てるシーンが描かれるんだね。
太郎さん：他にも面白い実験があるよ。b網膜から神経が出ていく場所には，光の刺激を受け取る細胞が無いから，僕らの視野には実は死角があるんだ。少し試してみよう。左目を閉じて，右目で「×」のマークを真っ直ぐじっと見てごらん。そのままの状態で顔を前後に動かすと「●」が見えなくなる距離があるはずだよ。

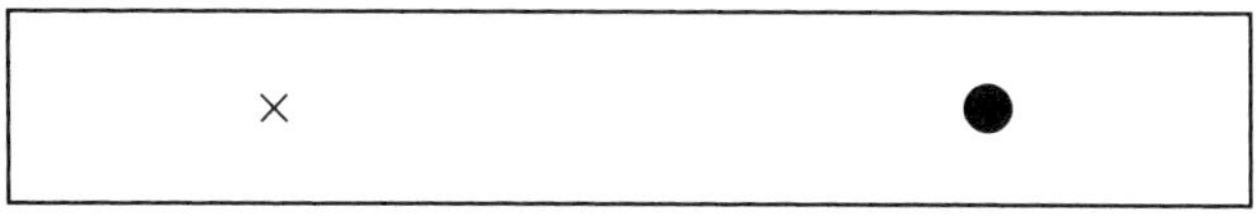

花子さん：わぁ。本当に見えない。私たちの体は不思議だね。

太郎さん：目や耳で受け取られた情報は，末しょう神経を通って中枢神経に受け渡されて，c意識的な運動や反射なども行われているよ。

(1)　下線部aについて，図1は太郎さんが理科の授業でノートに描いていた目の断面図である。図1において水晶体と虹彩の位置を示した組み合わせとして，最も適切なものを次の①～⑥から一つ選びなさい。

図1

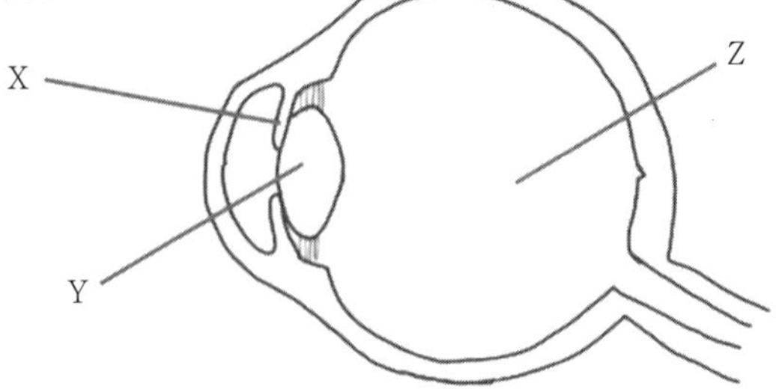

	水晶体	虹彩
①	Z	X
②	Z	Y
③	Y	X
④	Y	Z
⑤	X	Y
⑥	X	Z

(2)　会話文中の ア ， イ に入る語句の組み合わせとして，最も適切なものを次の①～④から一つ選びなさい。

	ア	イ
①	小さく	小さく
②	小さく	大きく
③	大きく	小さく
④	大きく	大きく

(3)　下線部bについて，「×」を書いた紙と「●」を書いた紙のそれぞれを用意し，「×」を書いた紙を壁に貼った。左目を閉じて，右目で「×」印を真っ直ぐ見ながら，「●」を書いた紙を右に向かってゆっくりと水平に動かすと，10cm離れたところで「●」が見えなくなった。なお，眼と壁の距離はつねに50cmに保たれており，眼球の直径は2cmとする。このとき，図2のように相似な三角形とみることで，「目の中央(場所O)」から「神経が出ていく場所(場所M)」までの直線距離を求めることができ，その距離は0. ウ cmとなる。 ウ に入る適当な数値をマークしなさい。

図2

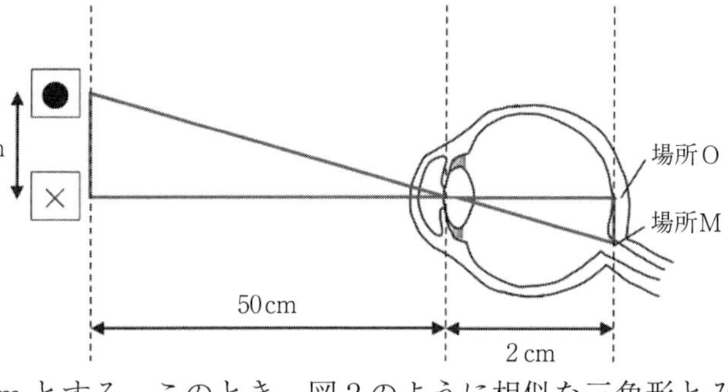

(4)　下線部cについて，「落ちているボールを拾う」といったような意識的な運動に比べて，「熱いやかんを触ってしまって手を放す」という反射の方が，一般的にその反応速度は速い。その理由について述べた文として，最も適切なものを次の①～④から一つ選びなさい。

① 意識的な運動とは異なり，反射はせきずいを経由せずに反応するため。

② 意識的な運動とは異なり，反射は脳を経由せずに反応するため。

③ 意識的な運動とは異なり，反射は中枢神経のみで反応するため。

④ 意識的な運動とは異なり，反射は末しょう神経のみで反応するため。

エ　猫の、まるで言葉を理解しているかのような表情。

オ　猫の、期待通りの扱いをされ、満足しているかのような表情。

問27　本文の内容として、誤っているものを**一つ**選びなさい。

ア　猫がとても可愛らしいので、元の飼い主に見つからないようにこっそり飼おうと姉が提案した。

イ　猫が鳴いているのは、元の飼い主を恋しがってのことだと筆者は気づいた。

ウ　飼い始めたころの猫は、身分の低い者には近づかず、姉妹のそばにいるようになった。

エ　姉が病気になってしまい、家の中が騒然としていたので、猫は使用人の部屋の方にばかり居させられた。

オ　筆者は、病気になった姉から夢の話を聞いた。

かたはらに来て、『おのれは、※侍従《じじゅう》の大納言殿《だいなごんどの》の御《おほん》むすめの、かくなりたるなり。さるべき縁《えん》のいささかありて、この※中の君の、すずろにあはれと思ひ出でたまへば、（前世の因縁が少々あって、こちらの妹君が、私のことをしきりに懐かしがって思い出してくださいますので、）ただしばしここにあるを、このごろ下衆の中にありて、4いみじうわびしきこと（ほんとうにつらいこと）』と言ひて、いみじう泣くさまは、あてにをかしげなる人と見えて、うちおどろきたれば、（上品で美しい人に見えて、はっと目を覚ましたところ）この猫の声にてありつるが、いみじくあはれなるなり」と語りたまふを聞くに、いみじくあはれなり。

その後は、この猫を北面にも出ださず、思ひかしづく。（大切に世話をする）ただ一人ゐたる所に、この猫がむかひゐたれば、かいなでつつ、（なでながら）「侍従の大納言の姫君のおはするな。大納言殿に知らせたてまつらばや」（侍従の大納言の姫君がおいでになったのね。お父上の大納言にお知らせしたいわ）といひかくれば、顔をうちまもりつつなごう鳴くも、心のなし、目のうちつけに、例の猫にはあらず、（こころなしか、一見したところ普通の猫ではなく）5聞き知り顔にあはれなり。

※下衆…貴族ではない一般庶民。ここでは、使用人のこと。
※北面…使用人のいる北向きの部屋。
※侍従の大納言殿の御むすめ…筆者が書道の手本をもらうなど交流があった、字の上手な姫君で、本文中では既に亡くなっている。
※中の君…筆者のこと。

問22 傍線部1「なほさるにてこそは」とあるが、そのように考えた根拠にあたる箇所を抜き出したものとして、最も適当なものを**一つ**選びなさい。

ア すべて下衆のあたりにも寄らず、
イ 物もきたなげなるは、ほかさまに顔を向けて食はず。
ウ をかしがりらうたがるほどに、
エ 姉のなやむことあるに、
オ かしがましく鳴きののしれども、

問23 傍線部2「こち率て来」とあるが、姉はなぜそう言ったのか。その理由の説明として、最も適当なものを**一つ**選びなさい。

ア 猫が自分のそばにいないと、妹の方になついてしまうかもしれないから。
イ 猫が使用人の部屋に出入りすると、使用人に迷惑がかかるから。
ウ 猫が侍従の大納言の娘の生まれ変わりだという夢を見たから。
エ 猫に名前を付けたのは自分なので、どこにいるのか知りたかったから。
オ 猫の様子がおかしかったので、健康状態を心配していたから。

問24 傍線部3「など」とあるが、だれからだれへの質問であるか。最も適当なものを**一つ**選びなさい。

ア 姉から筆者へ。
イ 姉から姫君へ。
ウ 使用人から姉へ。
エ 筆者から姉へ。
オ 筆者から使用人へ。

問25 傍線部4「いみじうわびしきこと」とあるが、夢の中の猫はなぜそう言ったのか。その理由の説明として、最も適当なものを**一つ**選びなさい。

ア 筆者の姉が病気であると知り、心配になったから。
イ 筆者の姉の看病をしたかったが、できなかったから。
ウ 苦手なエサであったが、無理に食べさせられたから。
エ 筆者のそばにいたいのに、遠ざけられていたから。
オ まだ幼い自分に対し、筆者の接し方が粗雑であったから。

問26 傍線部5「聞き知り顔」とあるが、その説明として、最も適当なものを**一つ**選びなさい。

ア 筆者の、全てを理解して納得した表情。
イ 筆者の、猫の状況を知り、気の毒に思う表情。
ウ 猫の、周囲の人々を見下しているかのような表情。

っていたが、「匿名さん」の話を聞いているうちに、二人のお互いへの想いを感じ、この絶縁状で関係を修復できるのではないかと感じたから。

オ　はじめは他人のもめ事に関わるのは嫌だと考えていたが、「匿名さん」の相手への恨みがあまりにも強いので、自分が引き受けないともっと大変なことになるという責任感が芽生えたから。

問20　傍線部4「最初は、ごくごく普通のおばさんという印象だった。けれど、話しているうちに変化した」とあるが、「匿名さん」の印象は最終的にどのように変化したのか。その説明として誤っているものを**一つ**選びなさい。

ア　絶縁の手紙を依頼しながらも、どこか親しみを感じさせる魅力的な人。

イ　本当は引き受けたくないと思っていた「鳩子」に依頼を承諾させてしまうような、強引な人。

ウ　プロの仕事の価値を理解したうえで、礼節をもって相手に依頼をできる誠実な人。

エ　きっぱりと絶交をすることで、自分だけでなく親友をもしがらみから解放しようとする公正な人。

オ　絶交することになったとはいえ、強い絆《きずな》で結ばれた親友と出会うことができた、幸福な人。

問21　本文の説明として、誤っているものを**一つ**選びなさい。

ア　春の鎌倉の美しくのどかな景色や、「鳩子」と「匿名さん」の間で交わされる軽妙な会話と、長年の親友とやむを得ず絶縁するという悲しい主題が対比的に描かれている。

イ　下手をすると互いにわだかまりを残しかねない難しい依頼を引き受けるかどうか葛藤しながらも、先代から受け継いだ仕事への誇りを自覚し、代書屋として成長していく「鳩子」の姿を描いている。

ウ　元々姉妹のように仲良くしていたのに、実は相手は内心で自分のことを嫌っていたのをごまかしていたと気づいたので、「匿名さん」は友人と縁を切ることを決意した。

エ　「鳩子」は江戸時代から続く由緒正しき代書屋の家系だという祖母の嘘を知りながらも、その面影を追いながら仕事を続けている。

オ　「匿名さん」が絶交のための手紙を「裁ちばさみ」や「斧」のような重みのある刃物にたとえていることで、かえって相手との友情が特別に強かったことを感じさせる。

四　次の文章は、筆者（菅原孝標女《すがわらのたかすえのむすめ》）が、自分の四十年間の人生を振り返って書いた『更級日記《さらしなにっき》』の一部で、十五歳ごろに、迷い込んできた猫を飼うことにしたときの話である。これを読んで、後の問いに答えなさい。

「いづくより来つる猫ぞ」と見るに、姉なる人、「あなかま(しっ静かに)、人に聞かすな。いとをかしげなる(たいそうかわいい)猫なり。飼はむ(飼おう)」とあるに、いみじう人馴《な》れつつ、かたはらにうち臥《ふ》したり。

尋ぬる人やあると、これを隠して飼ふに、すべて(全く)※下衆《げす》のあたりにも寄らず、つと(じっと)前にのみありて、物もきたなげなるは(食物でもきたならしいものは)、ほかさまに顔を向けて食はず。

姉おととの中につとまとはれて(姉妹の間をぴったりとまとわりついて)、をかしがりらうたがる(かわいがっている)ほどに、姉のなやむことあるに(姉が病気になることがあって)、もの騒がしくて、この猫を※北面《きたおもて》にのみあらせて呼ばねば、かしがましく(やかましく)鳴きののしれども、「1なほさるにてこそは(やはり何か理由があるのだろう)」と思ひてあるに、わづらふ姉おどろきて「いづら、猫は。(目を覚まして「どうしたの、猫は。」)」「2こち率《ゐ》て来」とあるを、「3など(どうして)」と問へば、「夢にこの猫の、鳩子を育て、この家は江戸時代から続く代書屋であると嘘をつき、鳩子を後継ぎとして厳しく育てていた。

※齟齬…食い違い。

※イタリアの静子さん…先代の友達で、文通相手。先代が生前書き送ってきた手紙を、鳩子に見せてくれた。

問16 傍線部1「むしろ、目の前の匿名さんは晴れがましい」とあるが、それはなぜか。理由として最も適当なものを**一つ**選びなさい。

ア 「代書屋」にまかせておけば、完璧に相手との関係を切ることができると思ったから。

イ 「代書屋」にまかせておけば、自分の指を痛めて血文字の絶縁状を書かなくても良いと思ったから。

ウ 「代書屋」にまかせておけば、自分の相手に対する不平不満をすべて伝えてもらえるであろうと思ったから。

エ 「代書屋」にまかせておけば、事を荒立てることなく絶交させてくれると思ったから。

オ 「代書屋」にまかせておけば、自分で絶縁状を書くという気まずいことをしなくて済むと思ったから。

問17 傍線部2「湯飲み茶碗の中で、桜の花が一輪、気持ちよさそうに揺れている」とあるが、この一文が本文に与える効果として、最も適当なものを**一つ**選びなさい。

ア 「匿名さん」の、相手と仲が良かった頃の楽しかったことを思い出して華やいだ気分を表している。

イ 「匿名さん」の、わずらわしい人間関係から解放された爽快感を印象付けている。

ウ 揺れる桜の花が、「鳩子」の代書屋としての未熟さを連想させている。

エ 殺伐《さつばつ》とした雰囲気を変えるものとして、桜の花と先代の姿が重なる表現になっている。

オ 「鳩子」と「匿名さん」の、春という季節に訪れた新たな出発点のイメージを暗示している。

問18 傍線部3「大人」とはどのような存在か、その説明として、最も適当なものを**一つ**選びなさい。

ア 他の大人が決めたルールやモラルに従う必要のない、自由な存在。

イ 自分の好きな相手とだけ付き合うことができるような、自分勝手が許される存在。

ウ しがらみにとらわれずに自分で決めたことを実行することができる、自立した存在。

エ いつまでも物事をうじうじと思い悩むことをしない、明るく前向きな存在。

オ 年を追うごとにストレスをいつまでも溜め込んでいると疲弊してしまう、弱い存在。

問19 波線部A「けれど、私は内心迷っていた」、波線部B「やっぱりこの仕事は受けようという気持ちになっていた」とあるが、このように「鳩子」の心情が変化した理由は何か。最も適当なものを**一つ**選びなさい。

ア はじめは相手を傷つけるような内容の手紙の代書を引き受けることに抵抗があったが、話を聞いているうちに、自分も相手への強い怒りと「匿名さん」への同情を感じるようになったから。

イ はじめは見知らぬ相手を中傷するような手紙の代書をするのは嫌だったが、既に五軒も断られたという「匿名さん」の言葉を聞いて、とてもこの依頼は断れそうにないと腹をくくったから。

ウ はじめは誰かを不幸にするような代書をするのはプロとして抵抗があったが、「匿名さん」の話を聞くうち、むしろ自分をプロだと認めてくれたからこそ依頼しているのだと気づいたから。

エ はじめはプロとして誰かを幸せにする代書をするべきだと思

「でも、こっちは好きじゃなくても、向こうは自分のことが好きな場合は、どうするんですか？」

「それって、片思いってこと？　片思いは、結ばれないに決まってるじゃない。だって、片思いなんだから。どっちかが無理していたら、必ずいつかは※齟齬《そご》をきたして、苦しくなるのよ。だから、両思いじゃないのなら、絶対に付き合っちゃダメ」

　匿名さんが断言する。そして、更に語気を強くした。

「もうね、私、ここから残りの人生は、自分に嘘をついてまで生きたくないのよ。嘘ってね、種類がふたつあると思っていますの。ひとつは、自分に対してつく嘘。もうひとつは、相手に対してつく嘘。あの女はね、自分に嘘をつきながら生きていた。そのことがね、許せないのよ。私のこと、嫌いなら嫌いって、はっきり意思表示すればよかったのに。だからね、私の方から裁ちばさみで切ってあげるんです」

「裁ちばさみ、ですか？」

「ええ、そうよ。切る時はね、思いっきり切らなくちゃダメなの。ちょっとでも繋《つな》がっている部分が残ったりしては、意味がないの。思いっきりバスッって潔《いさぎよ》く切った方が、お互い、痛みが少なくて済みますから。私が自分の手で切ったのでは、フェアではありませんからね。だから、こうして第三者のあなたにお願いに来たんです。

　あなた、プロの代書屋さんなんでしょう？」

　匿名さんの言葉を聞くうち、Bやっぱりこの仕事は受けようという気持ちになっていた。

「実は、ちょっと迷っていたんです。そんな大事な手紙を、私なんかが書いてしまっていいのかな、って。でも、今は、私が書かなくちゃ、って。

　何か、手紙に関してのご要望など、ございますか？」

　書くことを決めてしまえば、後は粛々《しゅくしゅく》と仕事をするだけである。私は代書屋をして暮らしているのだ。先代は、もう私がその束縛から逃れ、自由になっていいというようなことを、※イタリアの静子さんに手紙で書いて送っていた。確かに、先祖代々続く由緒正しき代書屋というのは、事実ではなかったかもしれない。でも、私が代書屋の家に生まれたというのは、紛れもない事実だ。私には、代書屋としての血が流れている。

「とにかく、未来永劫《えいごう》まで変わらない決意だってことを、向こうにしっかりと伝えてほしいんです。それにしても、よかったわ。あなたに書いていただけて。今だから明かしますけど、もう、こちらで五軒目なんですよ。それまでは、絶縁状って言葉を出すだけで、どこも門前払いでしたから。ちゃんとお話を聞いてくださって、感謝してます。どうもありがとう」

　匿名さんが改まって頭を下げる。4最初は、ごくごく普通のおばさんという印象だった。けれど、話しているうちに変化した。きっと、心のどこかを誤魔化せば、そのままでも関係を続けられるのかもしれない。けれど、匿名さんという人は、そんな誤魔化しを良しとしないのだ。これ以上おざなりに関係を続けても、お互いにいいことがないと判断したのだろう。絶交しなきゃ断ち切れないほど、仲がよかったという証《あかし》でもある。そんな相手と、一生にひとりでもふたりでも、出会えたというだけで奇跡なのだ。

「思いっきり、斧《おの》を振りかざしてちょうだい」

　匿名さんが笑いながら言う。

「裁ちばさみじゃなくて、斧なんですね」

「そうよ、それくらいじゃないと、切れない関係だから」

「がんばります！」

　立ち上がった匿名さんが、右手を差し出す。よく考えると、こういう場面でお客と握手を交わすのは、初めてだった。匿名さんが、思いのほか強く私の手を握っている。仕事を引き受けた以上、最高の絶縁状を書くことを心に誓った。

（小川　糸『ツバキ文具店』より一部改変）

※矜持…プライド。

※先代…主人公鳩子の祖母で、ツバキ文具店の前の店主。母親に代わって

持ちになったのもつかの間、午後になってとんでもない代書の依頼が舞い込んでしまった。
なんと、絶縁状を書いてほしいというのである。
「それはつまり、相手の方と絶交するということですか?」
「そういうことに、なりますかねぇ」
依頼の内容とは裏腹に、匿名さんはあくまでも飄々《ひょうひょう》と答えた。
基本的には、最初に名前や連絡先などを書ける範囲で書いてもらうのだが、このお客はやんわりとそれを拒んだ。なので、匿名さんと呼ぶしかない。
「できれば明日までにお願いしたいわ。本当なら、自分の血で呪いの手紙をかいてやりたい気分なんですけどねぇ、それはそれで、指先が痛くなりますでしょ。あの女には、そんなことすら、したくないんですよ。もうね、私、完全に縁を切りたいんです」
積年の恨みつらみが溜《た》まりに溜まったという表情ではなかった。1むしろ、目の前の匿名さんは晴れがましい。
「お友達だったんですか?」
匿名さんの様子をうかがいながら、何気なくたずねた。なんの情報もないのでは、絶縁状だって書きようもない。
Aけれど、私は内心迷っていた。本当は、この仕事をお断りするべきなのではないかと感じたのだ。誰かの幸せのためのお手伝いをするのが、代書屋としての※矜持《きょうじ》である。なのに、相手を傷つけるような手紙を、あえて書く必要があるのかと考えてしまった。
ただ、仕事はあくまで仕事である。
何も、代書屋という仕事をボランティアでやっているわけではないのだから、目の前のお客である匿名さんに喜んでもらえれば、それでいいという考え方もできる。相反するふたつの気持ちが、心の中でカチカチと音を立てながらぶつかり合った。
「それはもう、大親友だったんですよ。周りからは姉妹って言われてたくらいですから。でも今は違います。あの女の顔なんか、もう二度と見たくないんです。思い出すだけで、本当に私、具合が悪くなりますから」
匿名さんは、語気を強めた。
2湯飲み茶碗《ちゃわん》の中で、桜の花が一輪、気持ちよさそうに揺れている。※先代だったら、こんな時、どうしたのだろうか。正しいことを一言放って、ぴしゃりと断った気もするし、はいはい承知しましたと、淡々と絶縁状を書き上げたような気もする。迷いながらも、質問を続けた。
「ご旅行とか、一緒にされたんですか?」
すると、匿名さんの表情が一気に華やいだ。
「そりゃあもう、世界中いろんなところに行きましたよ。正直、主人と旅行するより、何千倍も楽しかったですからねぇ。でもね、あの女は、女狐《めぎつね》なんですよ。私に、嘘《うそ》をついてたんです。それがもう、許せなくて許せなくて。だから、金輪際《こんりんざい》、お付き合いはやめます。会いたくないんです。連絡も、一切してきてほしくありませんの。これからはもう、静かに暮らしたいんです」
匿名さんの意志はあくまでも固く、揺るぎはない。揺れているのは、私の方だった。
「そんなお手紙を送ってしまって、本当に後悔しませんか? いいんですか?」
だって、言葉は残るのだ。相手がその手紙を読んでしまったら、もう後戻りはできなくなる。
「いいの。この歳になって、誰かと絶交したいなんて子どもじみているとお思いでしょうけどね、大人の世界って、意外とそういうものなのよ。大人になって何が楽かって、そういうところ。付き合いたくない人とは、付き合わなくていいわけでしょう? 男はうじうじいろいろ考えちゃうけど、女はね、自由なんです。自分で、友達が選べるの。嫌いな相手と無理に付き合っても、ストレス溜めて、お互いに疲れるだけだもの。そんなことはね、したくないの。3大人だから」
確かに、そうかもしれない。

たものとして現れるという発想。

イ　私たちの身の回りにあるすべては「言語らしいもの」であるという発想。

ウ　ある文化の担い手は、その「文化の文法」を正しく身につけているはずだという発想。

エ　「文化の文法」に反すると、誤解されたり嘲笑されたりしかねないという発想。

オ　文化は、一定の決まりに従って組み立てられた構造を持つという発想。

問12　傍線部4「たいへん重要な意味合い」とはどういうことか。最も適当なものを**一つ**選びなさい。

ア　「文化の文法」は普遍的なものではなく、時代や地域によって多様性を見せるということ。

イ　「言語らしいもの」は、一定の意味を有することによって価値を持つということ。

ウ　文化のテクストは、高度に確定した「文化の文法」に支えられているということ。

エ　「文化の文法」を身につけることで初めて、文化的価値のあるものを作り出せるということ。

オ　言語の話し手は、無意識のうちに「文法」に従って文を構成しているということ。

問13　傍線部5「二つの捉え方の間には微妙なずれがありうる」と言えるのはなぜか。最も適当なものを**一つ**選びなさい。

ア　「言語らしいもの」の背後には、必ずしも確固とした「文法」が存在するとは言い切れないから。

イ　「言語らしいもの」の伝える「意味」は、読み取る側の主観に左右されるから。

ウ　「言語らしいもの」は、明らかな「文法」によって明確に「意味」づけられるものだから。

エ　「言語らしいもの」の背後の「文法」は、高度に確定されたものでなければならないから。

オ　「言語らしいもの」が必ずしも「意味」を有するとは限らないから。

問14　空欄 A ～ E に当てはまる語句の組み合わせとして最も適当なものを**一つ**選びなさい。

ア　A　絶対　B　臨時　C　体系　D　典型　E　科学
イ　A　臨時　B　文化　C　典型　D　絶対　E　体系
ウ　A　体系　B　典型　C　絶対　D　臨時　E　文化
エ　A　体系　B　臨時　C　典型　D　絶対　E　科学
オ　A　絶対　B　体系　C　典型　D　文化　E　臨時

問15　傍線部6「開かれた構成」とはどういうことか。最も適当なものを**一つ**選びなさい。

ア　文化の読解や創造の背後にあるきまりが、臨機応変に更新されうるということ。

イ　言語の背後には、明らかな「文法」が存在しているように思えるということ。

ウ　文化の読解に際して、法則性などはないように思えるということ。

エ　言語の背後の「文法」は、高度に確定されたものでなければならないということ。

オ　文化の創造や読解の自由が、あらゆる人に開かれているということ。

三

次の文章を読んで、後の問いに答えなさい。

鎌倉で「ツバキ文具店」という店を営んでいる主人公の「鳩子」は、依頼者に代わって手紙を書く「代書屋」という仕事をしている。

朝から瑞々《みずみず》しいイチゴを堪能《たんのう》し、ようやく春が来たと浮かれた気

「文法」などはないように思えます。そのような場合には、私たちはその場の状況などを手がかりにして、意味を確認しようとします。しかし、そのようにして読み取る意味はあくまで［B］的なものであり、たとえば同じ衣服が他の場合でも同じ意味を常に有するという保証はないわけです。

実は、このようなことは言語の場合にも起こります。詩の言葉はその［C］的な場合です。そこでは、すでに見たとおり、言葉が日常それに定められている意味を越えた意味を詩人によって与えられます。日常の言語のための文法は、そこでは必ずしも役に立ちません。私たちはその言葉の使われている※コンテクストなどを参照しながら、新しい意味合いを探ってみるわけです。

「言語」の場合にせよ、「言語らしいもの」の場合にせよ、このようなことが起こるというのは、背後にある「文法」というものが必ずしも［D］的なものではないことを意味しています。ある種の文化的な対象――たとえば、さまざまな信号のたぐいや［E］的な術語――においては、背後の決まりは高度に確定したものでないといろいろな不都合が生じます。それは、きちんと構成された、動きのない、言わば閉じた世界をなしています。文化の他の多くの対象の場合は、もっと⁶開かれた構成になっています。そこでは、既存の決まりが修正され、そして新しいものによってとって代わられるということ――つまり、いわゆる伝統と革新――が絶えず起こりうる状態になっています。

（池上嘉彦『ことばの詩学』より一部改変）

※モールス信号…米国のモールスが考案した通信符号。長短二種の組み合わせによって文字を表す。短符号をトン、長符号をツーとよぶところから、トンツーともいう。
※先ほど…【中略】で筆者が述べていたことを指す。
※術語…学問・技術などの専門分野で、特に限定された意味で用いられる語。専門用語。学術語。
※テクスト…書物などの本文。また、原典、原本。
※継起…続いて起こること。
※コンテクスト…文脈、脈絡、状況。

問9 本文の【中略】部分を補うべき、傍線部1「言語らしいもの」の具体例とその説明として、誤っているものを**一つ**選びなさい。

ア　制服は、それを着用する人の職業や社会的身分、所属する集団などを明示する「言語らしいもの」である。
イ　礼儀作法は、円滑な人間関係や社会秩序の維持を目的とし、相手へ敬意を伝える「言語らしいもの」である。
ウ　占い師の予言は、それを心から信じる人にとってのみ、未来に起こることをあらかじめ伝える「言語らしいもの」である。
エ　ある女性のいつもと違う髪型は、見る人に「何かあったのではないか」と想像させる「言語らしいもの」である。
オ　道端の石ころは、それが古い昔の石器だと気づいた考古学者にとっても、無価値だと見る人にとっても「言語らしいもの」である。

問10 傍線部2「このような」の指す内容として最も適当なものを**一つ**選びなさい。

ア　文化は言語と同様に、国や地域で異なり、歴史の中で変化していくものだということ。
イ　私たちの暮らす文化的環境は、意味あるものの一定のまとまりとして存在しているということ。
ウ　同じ言語を共有することで、固有の文化や伝統が継承されていくということ。
エ　文化を理解し共有するためには、「文化の文法」を身につけることが必要だということ。
オ　言語に決まりがあるように、文化にも目に見えない決まりが想定されるということ。

問11 傍線部3「こういった発想」とはどういうことか。最も適当なものを**一つ**選びなさい。

ア　「文法」に従うからこそ、文は一定の意味やまとまりを持っという三つの色が入れ替わり現われるわけですが、この三つの単位が時間の軸にそって※継起する順序は、常に「緑」―「黄」―「赤」―「緑」―……というふうに決まっています。これはちょうど文の場合のさっきの「主語」―「述語」―「目的語」という配列の決まりに相当するもので、非常に単純なものではありますが、交通信号にも「文法」があるわけです。(外国へ行きますと、場所によっては「緑」―「黄」―「赤」―「黄」―「緑」―……という順序で繰り返されるところもあります。これは場所が違えば言語も異なりうるのと同じでしょう。しかし、いずれにせよ、一定の順序が決まっていなければ信号として機能することはできません。)

　制服などといった「言語らしいもの」についても、それなりの「文法」が背後にあるのは明らかでしょう。この文法は、着用すべき衣服の色や型、組み合わせなどを規定しています。礼儀作法にも、もちろん「文法」があります。そして言葉の場合と同じように、「文法」に反するようなことをすると、誤解されたり、あるいは笑われるというような社会的な制裁を受けます。儀式や遊びといったものも、それぞれ式次第とかルールという形での「文法」に従って行われる構造的な出来事です。食事にも、たとえばフル・コースのディナーなら、前菜に始まってデザートに終わるというふうに「文法」が決められていますし、その中でさらに(たとえば、魚なら白ぶどう酒というように)組み合わせ方についての規定が含められたりすることもあります。

　少し目を転じますと、たとえば建築などは非常に具体的な意味で構造を有する対象です。これももちろん、その建物の用途、用いられる建材などとの関連で、どのように組み立てるかという「文法」が背後にあるからでしょう。場所や時代が違えば、建築の「文法」も当然違ってくることがあります。同じことは、音楽や絵画、映画などさまざまな文化的対象についても言えるはずです。「絵の言葉」「映画の文法」などと題した書物も見かけられます。

　3こういった発想を一般化して考えてみましょう。先ほどの議論では、私たちの住んでいる環境は、さまざまな種類の「言語らしいもの」によって書かれた一つの巨大な(そして壮大な)テクストであるというところまできていました。言語で書かれたテクストの背後には、テクストがそれに基づいて作り出される文法が存在します。そうしますと、「言語らしいもの」で書かれた文化のテクストの背後にも、それらを生み出す「文化の文法」とでも言うべきものが存在していると考えることができます。言語の話し手が(意識しているにせよ、していないにせよ)その言葉の「文法」を身につけているのと同じように、ある文化の担い手はその文化の「文法」を身につけているはずです。だからこそその担い手は、その言語の話し手として他の話し手にも十分通じるような構造を備えた文を作り出せるのと同じように、ある特定の文化的価値を持ち、またそのようなものとして同じ文化の他の担い手にも認知されるような対象を一定の構造的特徴を有するものとして作り出すことができるのです。

　これが「文化は言語である」という場合のもう一つの捉え方です。この捉え方は、一つの4たいへん重要な意味合いを持っています。それは、言語というものが思想の表現、伝達の単なる手段どころか、実は人間の文化的創造のモデルとしてその中心に位置づけられるということです。言語は、それほどにまで深く文化的な存在としての人間の本質とかかわり合っているのです。

　意味を持つという意味での「言語らしいもの」、背後に「文法」の存在を予想させるような構造を持つという意味での「言語らしいもの」――こういう二つのレベルで「文化は言語である」と考えうるということを見てきました。しかし、5二つの捉え方の間には微妙なずれがありうるということも見落としてはなりません。たとえば交通信号や制服の場合であれば、個々のものが確かに意味を持つのと同時に、背後には明らかに「文法」が存在しているように思えます。占星術ともなれば、そのような「文法」は非常に［ A ］的な姿をとっています。しかし、たまたまあるときのある女性の髪型や服装に意味を認めるというような場合、その背後には決まった

エ　退避　　オ　獲得

二　次の文章を読んで、後の問いに答えなさい。

私たちの周囲を見渡しますと、まず意図的に「1言語らしいもの」として作られたものがあります。たとえば、※モールス信号、手話、点字などがそうです。このようなものでは、ある単位が言語のある単位に対応する（たとえば「トン・ツー」は〈イ〉）というふうに構成されていますから、言語の補助ないしは代用になりうるもので、その意味では言語にいちばん近い所に位置している「言語らしいもの」と言えるでしょう。その次には、交通信号とか開始や終了を知らせる鐘やベルの音、それにサイレンなど、ふつう「信号」と呼ばれているものがあります。それぞれの信号には一定の意味が定められているわけですから、こういったものも明らかに「言語らしいもの」です。

【中略】

このように考えますと、もっとはるかに多くのものが私たちのまわりで実は「言語らしいもの」であるということが分かります。私たちが身にまとっているもの、食べるもの、住んでいるところ——こういったものも、この意味ではすべて「言語らしいもの」ということになります。当事者である私たち自身は、あまりにも慣れてしまっているために、こういったものをいちいち特別な意味を持つものとして捉えないかもしれません。しかし、まったく異なる文化圏に属する人がやってきて私たちの生活を見たら、いったいこれは身につけるものなのだろうか、食べ物なのだろうか、本当に人の住むところなのだろうか、などととまどいを感じる場合がいろいろとあるはずです。（外国生活をしたことのある人なら、同じことを日本とは異質な文化について経験したはずです。）これは馴《な》じみのない言葉に接したときの戸惑いと似ていないでしょうか。※先ほどは現代の考古学者に登場してもらいましたが、今度ははるか未来の、たぶん人類が滅亡した後に地球に住みついた新しい生物の考古学者に登場してもらってもよいでしょう。次々に掘り出されてくる私たちにとっての「文明の利器」を目の前にして、このものはいったい何を意味するのだろうかと彼らは頭をひねることでしょう。これは未知の言語を解読するという作業に似ています。こうして、私たちが住んでいる文化的な環境とは、「言語らしいもの」で書かれた言わば一つの巨大な書き物——※術語的な言い方をすれば、「※テクスト」——であるということになります。2このような意味で、まず「文化は言語である」と言うことができます。

しかし、「文化は言語である」という考え方は、もう一歩踏み込んだ、もっと抽象的なレベルで捉えることもできます。私たちが言葉によって話したり書いたりする場合、私たちはただやたらに語を並べているわけではありません。どのような性質の語をどのような順序で並べるかに関しては決まりがあり、私たちはそれに従って言葉による表現を作っています。そのような決まりに相当するのが、ふつう文法とか語法と呼ばれているものです。そのような決まりに従っているからこそ、言葉による表現は語のでたらめな集合ではなくて、一定のまとまりとして現われてきます。そのようなまとまりのことを術語で「構造」と呼びます。

たとえば「文」は一つの構造をなしています。英語を知っている人ならば、John loves Mary はまともな英語の文であるけれども、Loves John Mary はそうではないということが分かります。それは、英語では他動詞構文はＳＶＯ（主語―述語―目的語）という文型をとるという決まりが背後にあるからで、英語の話し手は自分で意識していようといまいとにかかわらず、そのような決まりに基づいて文を作っているわけです。文法と言われるのは、そのような決まりのことで、そのような決まりを背後に想定しているからこそ、文は一定の構造を持ったものとして現われてきます。

構造を持った対象とその背後の決まりという捉え方は、言語以外の「言語らしいもの」にもいろいろな程度に当てはまります。たとえば交差点で見かける交通信号——これは「緑」と「黄」と「赤」

二〇二一年度

土浦日本大学高等学校

【国　語】（五〇分）〈満点：一〇〇点〉

一　次の各問いに答えなさい。

問1　次の①・②の傍線部のカタカナ部分と、同じ部首の漢字を使うものをそれぞれ**一つずつ**選びなさい。

①　コンクールでカ作に選ばれる。

ア　遠リョばかりしてはいけない。
イ　オウ来の激しい道路。
ウ　親に送ゲイを頼む。
エ　ピアノのバン奏を行う。
オ　セン明な映像を撮影する。

②　荷物をハン入する。

ア　ケン悪な雰囲気になる。
イ　悪事をテキ発する。
ウ　コ独を味わう。
エ　健康的な自スイ生活。
オ　テン削指導を受ける。

問2　次の傍線部の読み方と同じ読みを含まないものを**一つ**選びなさい。

「臨床」

ア　称賛　イ　精進　ウ　人相
エ　衣装　オ　半鐘

問3　次のうち、送り仮名のつけ方として正しいものを**一つ**選びなさい。

ア　促がす　イ　災わい　ウ　携さえる
エ　被むる　オ　厳か

問4　次のことわざの空欄に生き物を表す言葉が入らないものを**一つ**選びなさい。

ア　泣き面に（　）
イ　（　）に腕押し
ウ　（　）の行水
エ　はきだめに（　）
オ　借りてきた（　）

問5　次の慣用句のうち、「思いがけないことで驚く様子」という意味を表すものを**一つ**選びなさい。

ア　のどもと過ぎれば熱さを忘れる
イ　寝耳に水
ウ　井の中の蛙《かわず》
エ　とんびが鷹《たか》を生む
オ　猿も木から落ちる

問6　次の四字熟語のうち、全て正しい漢字で構成されているものを**一つ**選びなさい。

ア　有為転変　イ　一騎倒千　ウ　内憂外観
エ　絶対絶命　オ　前代未問

問7　次のうち、敬語表現として正しいものを**一つ**選びなさい。

ア　お医者さんはすぐによくなると申しました。
イ　母が僕の体調をずいぶん心配なさっています。
ウ　この件についてお聞きしていらっしゃいますか。
エ　拝見した作品はどれも素晴らしいものでした。
オ　先生が職員室でお仕事をしております。

問8　次の①・②の熟語と同じ構成のものをそれぞれ**一つずつ**選びなさい。

①　推量

ア　鎮静　イ　高低　ウ　降雨
エ　懇願　オ　改定

②　失望

ア　開会　イ　辛勝　ウ　請求

英語解答

1 (1) 3　(2) 3　(3) 1　(4) 3
(5) 2　(6) 2　(7) 1　(8) 3
(9) 3，4

2 (10) 1　(11) 1　(12) 4　(13) 2
(14) 2
(15) (A)…4　(B)…1　(C)…1　(D)…2
(E)…2

3 (16) ①…5　③…2　⑤…4
(17) 2　(18) 1　(19) 1
(20) (A)…2　(B)…3　(C)…3　(D)…1

4 (21) 3　(22) 1　(23) 2　(24) 4

5 (25) 3　(26) 1　(27) 4

6 (28) ②　(29) ③　(30) ③

7 (31) 2番目…1　5番目…4
(32) 2番目…2　5番目…6
(33) 2番目…3　5番目…5
(34) 2番目…1　5番目…3
(35) 2番目…6　5番目…3

8 (36) 4　(37) 4　(38) 4　(39) 3
(40) 4

1〔長文読解総合─エッセー〕

≪全訳≫❶私は長いこと日本で暮らしている。私は多くの興味深いことを見てきた。私が知ったことの１つは，日本人は犬が大好きだということだ。人々が犬を散歩させていたり，人間の赤ちゃん用につくられた小さい手押し車に犬を乗せていたりするのを見かける。多くの場合，犬たちはセーターや靴といったかわいい小さな衣服を身につけ，さらには風邪をひくことから守ってくれる小さなマスクまでしている。これはいいが，実は私は猫が好きなのだ。日本人が猫と一緒にいるのはほとんど見ない。日本では猫は犬ほど人気がないようだ。これは私には不思議に思える，なぜなら猫は何千年にもわたって数々のすばらしいことを成し遂げてきたからだ。❷まず歴史上最も重要な猫から始めよう。バステトのことを聞いたことがあるだろうか。おそらくないだろう。バステトは5000年前のエジプト人にとって非常に大切な猫の神だった。ご存じのとおり，エジプト人は大量の小麦を栽培していたが，これは多くのネズミを引き寄せた。猫はネズミに小麦を食べさせないようにする重要な対抗手段だった。猫はエジプト人が健康な生活を送るのを助けたのだ。それで猫はエジプト人にとって神と見なされるようになった。エジプト人は，猫の神であるバステトが，ネズミがしばしば運んでくる病気から彼らを守ってくれると信じていた。ブバスティスという都市がバステトの故郷だと考えられていた。だから多くの人々はバステトに助けを求め，そこで暮らす多くの猫に会うためにそこに行った。実際，エジプトで猫は非常に大切だったので，死後にはしばしばミイラにされた。現在，多くの猫のミイラがエジプトで発見されている。❸猫はまた，彼らがしたことではなく，しなかったことによっても有名になった。アメリカで最も有名な大統領の１人であるリンカーン大統領はタビーとディキシーという２匹の猫を飼っていた。これらの猫は，リンカーンが初めて大統領になった1861年に贈られた。当時，アメリカはアメリカの南半分と戦争中だった。戦争はとても悲惨で，ほぼ60万人のアメリカ人が死んだ。リンカーン大統領は人気がなく，多くのアメリカ人はリンカーンが悪い大統領だと言った。アメリカ史上最悪の大統領だと言う者さえいた。彼の妻でさえ彼が嫌いだったのだ。しかし，リンカーンには彼を幸せな気分にしてくれ，決して彼のことをからかったりしない２匹の友達，タビーとディキシーがいた。リンカーンはいつも彼の猫と一緒にいた。彼はよく長い時間彼らに話しかけ，ディナーの席で彼らに金の皿で食事を与えることまでした。リンカーン大統領の妻はこれらの猫を嫌い，ディナーテーブルから追い払おうとした。どうしてそんなに猫が好きなのかときかれると，タビーとディキシーはいつも自分に優しいからだとリンカーンは答えた。❹猫が最も得意とすることで有名な猫もいる。いや，日なたで一日中寝ていることではない。テーブルから物を落とすことでもない。タウザーという猫はネズミ退治で有名だったのだ。タウザーは1963年にスコットランドのクリーフで生まれた。彼の飼い主であるフレッドはパン工場で働いていた。工場はパンをつくるために大量の小麦を必要とした。小麦はネズミの大好物である。工場内には多くのネズミがいた。そこで工場主は従業員に，ネズミを抑制するのを手伝わせるために職場に猫を連れてくるように頼んだ。さて，工場に働きに行く前は，タウザーは他のほとんどの猫と同じだった。彼は一日中日なたで眠り，夜にはフレッドと一緒にベッドで眠った。彼は太って怠け者で，台所の窓の横に座り無為に暮らして満足していた。しかし，ひとたびパン工場に連れていかれると彼は変わった。彼は興奮してネズミを追いかけ，退治し始めた。フレッドはびっくりした。自分の太って眠そうな猫が，突然ネズミ退治マシンになったのだ。実際，彼は初日にとても多くのネズミを退治したので，工場主は彼にネズミ捕りとしての仕事を与えることにした。タウザーのネズミ退治の技術はすぐに地元の新聞の注意を引いた。タウザーの記事が書かれ，まもなく科学者たちがタウザーのネズミ狩りの行動を研究し始めた。科学者たちはタウザーが平均で１日３匹のネズミを殺すことを発見した。また，タウザーは決して休みを取らなかった。それはつまり１年でタウザーは1000匹以上のネズミを退治したということだ。タウザーはパン工場で23年間働き，史上最高のネズミ捕りになるとともに史上最も長生きした猫の１匹となった。❺他にも有名な猫たちについて私は皆さんに多くの話ができるが，十分な時間がない。だから，次にセーターや靴を身につけ手押し車に乗っている犬を見たときには，どうかバステト，タウザー，ディキシー，そしてタビーを思い出してほしい。猫たちは神であり，大統領の友達であり，ネズミ捕りのチャンピオンだったのだ。犬たちは有名になるために今まで何をしただろうか。

⑴＜**適語選択**＞'not as〔so〕～ as …' で「…ほど～でない」。ここまでの内容から，筆者は，猫は日本では犬ほど人気がないと感じていることがわかる。

⑵＜**文脈把握**＞下線部に続く４文参照。猫は小麦を食べるネズミを退治するという理由で大切にされ，その結果，「エジプト人にとって神と見なされるようになった」のである。

⑶＜**要旨把握**＞第３段落第３，４文参照。fight a war against ～「～と戦争する」

⑷＜**内容真偽**＞リンカーン大統領の飼い猫については第３段落に書かれている。　1…○　第１，２文に一致する。　2…○　終わりから３文目に一致する。　3…×　終わりから２文目参照。リンカーン夫人はタビーとディキシーを嫌っていた。　4…○　最終文に一致する。

⑸＜**適語選択**＞選択肢の中で複数名詞の前に置けるのは other だけ。ふだんは他のほとんどの猫のようにのんびり暮らしていたが，パン工場では様変わりしたという文脈。

⑹＜**文脈把握**＞下線部の前後の文を参照。ふだんはのんびり暮らしていた怠け者の猫が，パン工場では有能なネズミ捕りに変身したので驚いたのである。

⑺＜**適語選択**＞空所の後の friends to presidents が第３段落で紹介されたタビーとディキシー，champion rat killers が第４段落の Towser に対応しているとわかれば，空所には第２段落で述べられた Bastet に対応する語が入るとわかる。

⑻＜**適語選択**＞猫好きの筆者は第１段落で猫が犬に比べて人気がないことを不思議がり，第２～４段

落で歴史上有名な猫の逸話を紹介している。それに対して，何かをして「有名に」なった犬がいるかときいているのである。

(9)＜**内容真偽**＞1…×　第4段落前半参照。猫は多くが怠け者であることが読み取れる。　2…×　第3段落第6文参照。　3…○　第2段落の内容に一致する。　4…○　第3段落第3文に一致する。　5…×　第4段落中盤参照。逆である。

2〔**長文読解総合―エッセー**〕

≪**全訳**≫❶私は1995年に東京で英語教師として働くためにロンドンから日本に来た。タクシーに乗り込み，運転手に駅からほんの数キロしか離れていない有名な高校の名前を告げたのを覚えている。運転手はその学校への行き方を知らず，道を尋ねるために何度か停車した。私はひどくびっくりした。❷というのは，ロンドンでタクシーを使う場合，ロンドンという巨大な都市のどこであっても住所や建物の名前を運転手に伝えさえすれば，地図を使わずにそこまで連れていってくれるからだ。驚くべきことに，ロンドンのタクシー運転手はロンドンの地図を頭の中に持っているのだ。彼らはロンドンやその近郊ならどの場所への道順でも教えることができるし，その途中に見える通りや店，公園，ホテル，レストラン，博物館，劇場，橋の名前を言うことができる。というのも，タクシーの運転手はロンドンでタクシーを運転できるようになる前に特別なコースを受講して，難しい試験をパスしなければならないからだ。そのコースは「The Knowledge(ザ・ナレッジ)」と呼ばれる。これは世界で最も難しいタクシー運転手試験なのだ。❸ロンドンで最初のタクシーサービスは1636年に始まった。50台の(馬車の)タクシーが市内で人々のために運行することを許可された。運転手は特別な訓練を受けたり試験に合格したりする必要はなかった。ほとんどの運転手は道を尋ねないで市内のあちこちに行き着くことはできなかった。交通規則はなく，市は混雑した通りでいっぱいだった。どこに行くのも非常に難しかった。しかし1850年代に事情は一変した。サー・リチャード・メインという警察官が，ロンドンの通りに何らかの秩序をもたらすときだと判断したのだ。彼はロンドンのタクシー運転手の最初の認定試験をつくり出した。運転手たちは，自分がロンドンの市内を熟知しており，ある場所から他の場所への道順を地図を見ずに説明できることを示さなくてはならなかった。❹現在，そのテストはさらに難しい。ロンドンのタクシー運転手になりたい人は「ザ・ナレッジ」に合格するためにたくさんの筆記テストと面接を受けなくてはならない。彼らは「ナレッジ・ボーイズ」として知られている。ナレッジ・ボーイズはロンドン市内の2万5000あまりの道路を知っていなくてはならない。彼らはまた，市内ならどの場所でもそこへの行き方と，その場所に行くまでに乗客に見えるものを説明できなくてはならない。さらにナレッジ・ボーイは2万以上のホテルや公園，レストラン，教会，博物館，劇場など，乗客が行きたいと言うかもしれない場所の所在地を覚えていなくてはならない。これら全ての通りや場所を覚えるためにナレッジ・ボーイズは空いた時間全てを使ってロンドンの通りを歩き回り，必須の320のルートを覚える。それはナレッジ・ボーイズにとって厳しい生活だ。❺必須のルートを覚えたら，ナレッジ・ボーイには2つの筆記試験が課され，それに合格しなければならない。筆記試験に合格したら，次にロンドンの道についての知識をテストされる。1人のタクシー運転手が彼に320のルートのうちの4つを記憶だけを使って説明するよう求める。この面接の間，ナレッジ・ボーイはちょっとでも間違った道順を言ってはならない。もしそうしたら，テストに合格できず，再びテストを受けるまでに56日間待たなくてはならない。もし次のときにテストに受かれば，別のタクシー運転手による2度目のテストを受けなくてはならない。3回目の最後の面接では，ナレッジ・ボーイは市内のさまざまな場所への最短時間での行き方を詳細に説明しなければならない。また，そのさまざまなルート上で乗客がどんな建物や教会，公園，博物館，劇場，その他の観光スポットを目にするかを言わなくてはならない。もし彼が面接官に自分が「ナレッジ」を習得したことを示せば，彼はロンドンのタクシー運転手になることを許される。ほとんどの人はテストに落ちて，最初の１年で諦める。最も勤勉なナレッジ・ボーイでも合格するのに通常２～５年かかる。わずか20％が全てのテストを終えて，ロンドンのタクシー運転手になる。❻だから，あなたがもしいつかロンドンのタクシーを使うなら，運転手がタクシーを運転するための「ナレッジ」を得るためにどれほど必死に勉強したかを思い出してほしい。世界で最も難しいタクシー運転手試験に受かるのは特別な人物なのだ。

⑽＜**適語選択**＞後ろに the driver「運転手」と an address or the name of a building 「住所や建物の名前」という２つの目的語があることに注目。選択肢の中で目的語を２つ取れるのは tell だけ。‘tell＋人＋物事’「〈人〉に〈物事〉を話す」の形。

⑾＜**内容真偽**＞初期のロンドンのタクシーについて述べた第３段落に注目する。　1…○　第１文に一致する。1636年は385年前。　2…×　第３文参照。　3…×　第２文参照。「50台」である。　4…×　最終文参照。「地図を見ずに」とある。

⑿＜**要旨把握**＞下線部②を含む文 They are known as Knowledge Boys. の主語 they は，直前の文で述べられた，「ザ・ナレッジ」という試験を受験しなくてはならないロンドンのタクシー運転手志望者を指す。　be known as ～「～として知られている」

⒀＜**適語選択**＞空所③の後に続く内容から，この第３段階の試験が面接官に説明する試験だとわかる。また，空所③の前では，それまでにタクシー運転手と２回の interview test「面接試験」を受けることが述べられている。

⒁＜**適語句選択**＞文前半の if 節「もし彼が面接官に自分が『ナレッジ』を習得したことを示せば」に合う内容を考える。

⒂＜**英問英答**＞(A)「1995年に東京に来たとき，なぜ筆者は驚いたか」―４．「自分の乗ったタクシーの運転手が駅の近くの有名な学校への行き方を知らなかった」　第１段落参照。　(B)「この話の中の course に意味が似ているのはどれか」―１．「教育」　第２段落終わりの３文参照。タクシー運転手は特別のコースを受けて難しい試験に合格しなければならないとある。　(C)「ロンドンでタクシー運転手になるのが難しいのはなぜか」―１．「タクシー運転手のテストがとても難しい」　第４，５段落参照。「ザ・ナレッジ」と呼ばれるテストの難しさが述べられている。　(D)「初めてロンドンのタクシー運転手がタクシーを運転するためにテストに合格しなければならなくなったのはいつか」―２．「19世紀」　第３段落後半に，1850年代にタクシー運転手の認定試験が始まったことが述べられている。　(E)「ほとんどのナレッジ・ボーイが最初の１年で諦めてしまうのはなぜか」―２．「テストの各セクションに合格するのに長い時間がかかる」　第５段落参照。試験の難しさと合格までにかかる年数が述べられている。

３〔**長文読解総合―対話文**〕

≪**全訳**≫❶(日本の茨城の学校で)❷**ヨヨ先生(Ｙ)**：起きなさい，タケシ！❸**タケシ(Ｔ)**：僕は寝てないですよ！❹**Ｙ**：本当に？　ではなぜ君の目は閉じていたんだ？❺**Ｔ**：ああ，目を休めていただけです。寝ていたわけではありません。6 Y：ではどうして君の頭は机の上に垂れていたんだ？7 T：聞いていたんです。8 Y：①聞いていたって何を？9 T：ネズミの音を聞いていたんです。10 Y：何だって？　おかしくなったのか？11 T：いいえ，おかしくないです！　僕はときどきネズミが僕の机の下を走り回るのが聞こえるんです。12 Y：どうしてネズミは君の机の下を走り回って，私の机の下は走らないんだ？13 T：たぶん僕のことが好きなんでしょう。僕はとても優しい人間ですから。僕はときどき彼らのために机の下にチョコレートを置いておくんです。14 Y：何だって？　そんなことをしてはだめだ，タケシ！15 T：どうしてですか？　ネズミはチョコレートが好きですよ！16 Y：ネズミは不潔な動物だからだ！　彼らは病気を広め，私たちの食べ物を食べる。そしてあらゆるものの上に糞《ふん》をしていくんだ！17 T：ミッキーマウスはどうですか？　みんなミッキーが大好きですよ！18 Y：あれは本物のネズミじゃない！　あれはネズミの着ぐるみを着た人間だ！19 T：本当に？　確かですか？　ミッキーマウスの衣装の中の人間を見たことがあるんですか？　僕はありません。20 Y：何？　いや，私も見たことはないが，あれは人間だ！　あんなに大きいネズミはいない！21 T：アフリカだったら？22 Y：もちろん，アフリカには人間サイズのネズミはいない！　君はどうかしてるのか？23 T：③猫はどうですか？24 Y：どういう意味だ？25 T：えっと，ここ日本では猫はとても小さいです。26 Y：だから？27 T：あのですね，ライオンは猫です，いいですか？　そしてアフリカではライオンはとても大きい，そうですよね？　彼らは200キロくらいあります。10センチ以上の長さの大きな歯を持っています。彼らは人間を簡単に食べられます！　あなたみたいに小さい先生は彼らにとっておやつのようなものです！28 Y：それは話が別だ！29 T：⑤どうしてわかるんですか？　先生はアフリカに行ったことがあるんですか？30 Y：いや，でもアフリカで人間ほどの大きさのネズミを見たと報告している人は誰もいない。それを見た人が誰もいないなら，アフリカに人間ほどの大きさのネズミはいないということだよ。31 T：空気はどうですか？32 Y：空気はどうかだって？　なぜ突然空気の話をするんだ？33 T：えっと，空気は僕たちに見えないけど，僕たちは空気があることを知っていますよね？　だから，何かが見えないとしても，それはそれがそこにないということにはなりません。つまり，アフリカには人間ほどの大きさのネズミがいるかもしれないということです。34 Y：じゃあ，どうして誰もそれを見たことがないんだ？　人間ほどの大きさのネズミがいたら驚くべき眺めに違いない！　なぜ誰もそれを見たと報告していないんだ？35 T：たぶん，人間の大きさのネズミは恥ずかしがり屋なんです。36 Y：何だって？　気は確かか？37 T：いいですか，考えてみてください。たぶん僕たちが教室でネズミを見ないのは彼らがとても恥ずかしがり屋だからです！　きっと彼らは見られたくないんです！　彼らは賢い動物なんです！　もしあなたに見られたら殺されるのがわかっているんです。だから，彼らは僕たちが見えないように隠れているんですよ。きっと人間の大きさのネズミもアフリカで同じことをしているんです！38 Y：タケシ？39 T：何ですか，ヨヨ先生？40 Y：頭を机に伏せて，目を閉じて，恥ずかしがり屋のネズミの音を聞いたらいい。私はこれ以上君と話したくないよ！

⒃＜**適文選択**＞①直後でタケシが「ネズミの音を聞いている」と答えている。listen for ～ は，「～に耳を澄ます，聞き耳を立てる」という意味。　③この後で話題が猫に移っている。タケシは猫とライオンを持ち出してネズミの話を正当化しようとしている。　⑤タケシの話を否定する先生に対して「どうしてわかるんですか？」と反抗的に言い返す4が適切。

⒄＜**指示語**＞they なので前にある複数名詞でここに当てはめて意味の通る言葉を探す。mice は

mouse「ネズミ」の複数形。

(18)＜**適語選択**＞直後で「200キロ」と言っていることから判断できる。　huge「巨大な」

(19)＜**文脈把握**＞対話全体の内容から，先生が何を言ってもありえない理屈や妄想で言い返してくるタケシの相手をするのが嫌になったのだと考えられる。

(20)＜**英問英答**＞(A)「どうしてヨヨ先生はタケシが寝ていると思ったのか」―2．「タケシの頭が机の上にあり，目が開いていなかったから」　第4，6段落参照。　(B)「どうしてヨヨ先生はネズミが嫌いなのか」―3．「彼らはとても不潔で，至る所に糞をしていくから」　第16段落参照。　(C)「どうしてタケシはミッキーマウスが本物のネズミだと信じているのか」―3．「彼はミッキーマウスの衣装の中の人間を見たことがないから」　第18，19段落参照。　(D)「どうしてタケシは人間サイズのネズミがアフリカにいると思うのか」―1．「日本には小さい猫がいるが，アフリカではライオンのような猫は非常に大きいから」　第25，27段落参照。

4 〔内容一致―広告を見て答える問題〕

≪全訳≫

第2回 TN 映画祭

1月15～17日

開演：午前9時／終演：午後4時半

場所：学生シアター

土浦日本大学高校では今年も映画祭を開催します。

すてきな映画の3日間をご一緒に！

金曜日：日本の古典映画／土曜日：外国映画／日曜日：学生映画

	1日券	3日券
大人(65歳以上)	1500円	4000円
大人(16～64歳)	2000円	5500円
子ども(6～15歳)	1000円	2500円
子ども(～5歳)	500円	1000円

●チケットは学生センターまたは本校のウェブサイトでお買い求めいただけます。お問い合わせは本校においでいただくかお電話ください：122-333-4444

●プログラムをご覧になりたい場合は，本映画祭の特設サイトをご覧ください：www.tnmoviefes.tn.jp

●映画祭への食品の持ち込みはいっさいできません。

＜**解説**＞(21)「もしあなたが2日目にこのフェスティバルに行けば，あなたは(　　)を見られる」―3．「外国でつくられた映画」　2日目の土曜日には，Foreign movies が上映される。　(22)「私たちはこの広告から(　　)とわかる」―1．「チケットを買うのに2つの方法がある」　チケットは学生センターかウェブサイトで買うことができる。　(23)「もし15歳の男の子とその祖母(60歳)と祖父(66歳)が一緒に1日だけこのフェスティバルに行くとしたら，彼らは合計(　　)払わなくてはならない」―2．「4500円」　チケットの料金表参照。　(24)「この広告によるとあなたは(　　)ことができる」―4．「午前9時から映画を見る」　開演は午前9時である。

5 〔単語の意味〕

(25)「私の小学校からの親友はとても勤勉だ」　serious「真面目な，本気の」　impatient「いらいらして」　talkative「おしゃべりな」

(26)「妹はうちの庭にいる蛇を怖がっている」　be afraid of ～「～が怖い」　scared「怖がって」

(27)「私の友達は言うことを聞かない。彼はいつもテレビを見て夜ふかししている」　naughty「わんぱくな」　frank「率直な」　brave「勇敢な」

6〔誤文訂正〕

(28)現在分詞が単独ではなく語句を伴って名詞を修飾する場合，名詞の後ろに置かれる。... the man standing in front of the station ... とするのが正しい。‘名詞＋現在分詞＋語句’の形。「駅の前に立っている男性は私の父だと思う」

(29)受け身形(‘be動詞＋過去分詞’)の疑問文。take の過去分詞は taken。　take－took－taken「この写真は去年，同じ人によって撮影されませんでしたか」

(30)‘be happy＋to 不定詞’で「～してうれしい」。この to不定詞は‘感情の原因’を表す。「そのわくわくするニュースを聞いて私はとてもうれしかった」

7〔整序結合〕

(31)「私に教えてください」→ Please tell me で文を始める。その後ろに続く「どんな本を読むべきか」は‘疑問詞＋主語＋動詞’の間接疑問で表す。what book「どんな本」でひとまとまりなので，これを１つの疑問詞と見なす。　Please tell me what book I should read.

(32)「あまりに～なので…できない」は‘too ～ to …’の形で表せる。　I was too tired to study English yesterday.

(33)「～で覆われている」は be covered with ～ で表せる。　The top of Mt. Fuji is covered with snow.

(34)「何度」→ How many times で始め，「～したことがありますか」を表す現在完了(‘経験’用法)の疑問文を続ける。　How many times have you visited Ibaraki?

(35)‘What(＋a/an)＋形容詞＋名詞＋主語＋動詞 ...!’「…はなんて～な―だろう」の感嘆文。なお，感嘆文には‘How＋形容詞〔副詞〕＋主語＋動詞 ...!’「…はなんて～なのだろう」の形もある。　What a beautiful flower you have!

8〔適語選択〕

(36)Why don’t you ～?「～したらどうですか」は‘提案・勧誘’を表す表現。「私たちと一緒に釣りに行きませんか」

(37)‘道具・手段’を表す with が適切。「スーザンは肉をナイフで切った」

(38)空所以下の「あなたに会いたい」は some men を修飾するので，‘人’を先行詞とする主格の関係代名詞 who が適切。「ドアの前にあなたに会いたがっている男性が何人かいる」

(39)take part in ～ で「～に参加する」。「彼女は去年英語スピーチコンテストに参加した」

(40)答えの内容から値段を尋ねる質問だとわかる。「いくら」は How much ～? で尋ねる。「あなたの学校の英語のレッスンはいくらですか？」―「１レッスンにつき3000円です」

数学解答

1 (1) ア…3　イ…4
(2) ウ…1　エ…4
(3) オ・カ…3，8
(4) キ…6　ク…9
(5) ケ・コ…⓪，③

2 (1) ア…1　イ…8　ウ…2
(2) エ…5　オ…9　カ…5　キ…1
ク…2
(3) ケ…1　コ…0　サ…5　シ…2
ス…0

3 (1) ア…5　イ…3　ウ…6
(2) エ…2　オ…1　カ…5　(3) 8

4 (1) ア…2　イ…4
(2) ウ…1　エ…2　オ…3　カ…2
(3) キ…9　ク…2

5 (1) 2
(2) イ…1　ウ…2　エ…3　オ…3
(3) カ…2　キ…7　ク…2　ケ…5

1 〔独立小問集合題〕

(1)＜**数の計算**＞与式$=-\frac{1}{12}\div\left(\frac{2}{6}-\frac{3}{6}\right)+\frac{1}{4}=-\frac{1}{12}\div\left(-\frac{1}{6}\right)+\frac{1}{4}=-\frac{1}{12}\times(-6)+\frac{1}{4}=\frac{1}{2}+\frac{1}{4}=\frac{2}{4}+\frac{1}{4}=\frac{3}{4}$

(2)＜**平方根の計算**＞与式$=\left(\frac{\sqrt{5}+\sqrt{3}}{2}\times\frac{\sqrt{5}-\sqrt{3}}{2}\right)^2=\left\{\frac{(\sqrt{5}+\sqrt{3})(\sqrt{5}-\sqrt{3})}{4}\right\}^2=\left(\frac{5-3}{4}\right)^2=\left(\frac{2}{4}\right)^2=\left(\frac{1}{2}\right)^2=\frac{1}{4}$

(3)＜**二次方程式**＞$x^2-6x+9=5x-15$，$x^2-11x+24=0$，$(x-3)(x-8)=0$　$\therefore x=3$，8

(4)＜**連立方程式**＞$\frac{4x-2y}{3}=11-y$……①，$x+2y=24$……②とする。①×3より，$4x-2y=33-3y$，$4x+y=33$……①′　①′×2－②より，$8x-x=66-24$，$7x=42$　$\therefore x=6$　これを①′に代入すると，$24+y=33$　$\therefore y=9$

(5)＜**正誤問題**＞⓪…正。2の約数は1と2以外にないから，2は素数である。2より大きい偶数は1とそれ自身のほかに2を約数として持つから，素数ではない。　①…誤。例えば，関数$y=3x^2$で，$x=0$，1，2のとき，$y=0$，$y=3\times1^2=3$，$y=3\times2^2=12$だから，xの値が0から1まで増加するときの変化の割合は$\frac{3-0}{1-0}=3$，1から2まで増加するときの変化の割合は$\frac{12-3}{2-1}=9$であり，変化の割合は一定ではない。　②…誤。右図の四角形ABCDは，AB∥DC，AD＝BCだが，平行四辺形ではない。　③…正。5つのデータをa，b，c，d，eとすると，平均は，$(a+b+c+d+e)\div5=\frac{1}{5}(a+b+c+d+e)$である。また，各値を2ずつ増やしたときの平均は，$\{(a+2)+(b+2)+(c+2)+(d+2)+(e+2)\}\div5=\frac{1}{5}(a+b+c+d+e+10)=\frac{1}{5}(a+b+c+d+e)+2$となる。

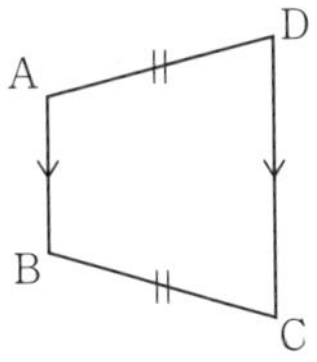

2 〔独立小問集合題〕

(1)＜**関数―変域**＞右図1で，直線$y=ax+2$は点(0，2)を通り線分ABと交わるから，傾きaは，A(2，6)を通るとき最大，B(8，3)を通るとき最小となる。A(2，6)を通るとき，$6=a\times2+2$，$2a=4$，$a=2$となり，B(8，3)を通るとき，$3=a\times8+2$，$8a=1$，$a=\frac{1}{8}$となる。

よって，求めるaの値の範囲は，$\frac{1}{8}\leqq a\leqq2$である。

図1

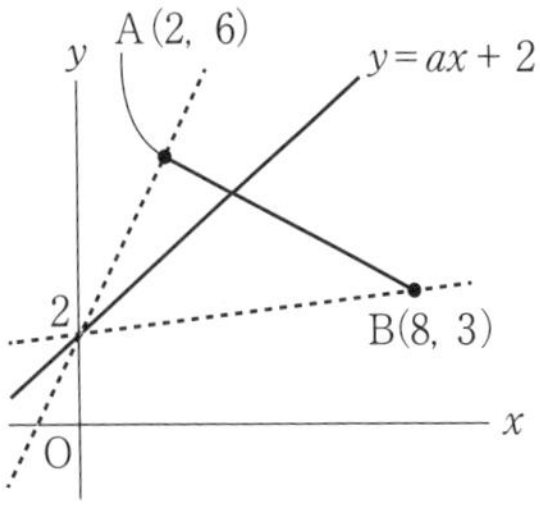

(2)＜**確率―さいころ**＞1個のさいころを2回続けて投げるとき，目の出方は全部で6×6＝36(通り)ある。このうち，出た目の積が3の倍数となるのは，少なくとも1回3か6の目が出るときだから，(1回目，2回目)＝(1，3)，(1，6)，(2，3)，(2，6)，(3，1)，(3，2)，(3，3)，(3，4)，(3，5)，(3，6)，(4，3)，(4，6)，(5，3)，(5，6)，(6，1)，(6，2)，(6，3)，(6，4)，(6，5)，(6，6)の20通りある。よって，出た目の積が3の倍数となる確率は$\frac{20}{36}=\frac{5}{9}$である。また，出た目の積が4の倍数になる場合は，(1，4)，(2，2)，(2，4)，(2，6)，(3，4)，(4，1)，(4，2)，(4，3)，(4，4)，(4，5)，(4，6)，(5，4)，(6，2)，(6，4)，(6，6)の15通りだから，出た目の積が4の倍数になる確率は$\frac{15}{36}=\frac{5}{12}$である。

図2

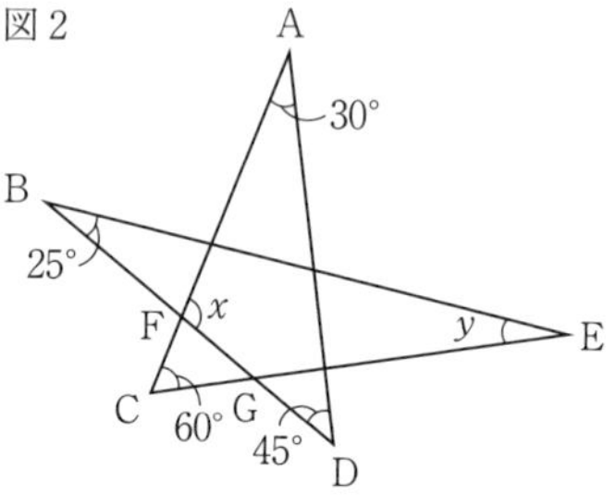

(3)＜**図形―角度**＞右図2のように，7点A～Gを定める。△AFDで内角の和は180°だから，∠x＝180°－∠A－∠D＝180°－30°－45°＝105°である。次に，△FCGで内角と外角の関係より，∠CGF＝∠x－∠C＝105°－60°＝45°である。よって，△BGEで内角と外角の関係より，∠y＝∠CGF－∠B＝45°－25°＝20°となる。

3 〔方程式―一次方程式の応用〕

《**基本方針の決定**》(2)　時速9kmに減速するまでに走った距離に着目する。

(1)＜**時間**＞Aは1周$x$kmのマラソンコースを，1周目は時速18kmで走り，2周目は時速12kmで走ったから，2周するのに要した時間は，$\frac{x}{18}+\frac{x}{12}=\frac{5}{36}x$(時間)である。

(2)＜**距離**＞Bは，はじめの20分間を時速18km，次の20分間を時速15km，その次の20分間を時速12kmで走り，残りの距離を時速9kmで走って，1周$x$kmのマラソンコースを2周している。時速18km，時速15km，時速12kmで走った距離の合計は，$18\times\frac{20}{60}+15\times\frac{20}{60}+12\times\frac{20}{60}=6+5+4=15$(km)だから，時速9kmで走った距離は，$2x-15$kmである。

(3)＜**距離**＞(2)より，Bがマラソンコースを2周するのにかかった時間は，$\frac{20}{60}\times3+\frac{2x-15}{9}=\frac{2x-6}{9}$(時間)である。また，(1)よりAがかかった時間は$\frac{5}{36}x$時間と表せるから，$\frac{5}{36}x=\frac{2x-6}{9}$が成り立つ。これを解くと，$5x=4(2x-6)$，$5x=8x-24$，$-3x=-24$より，$x=8$(km)となる。

4 〔関数―関数 $y=ax^2$ と直線〕

図1

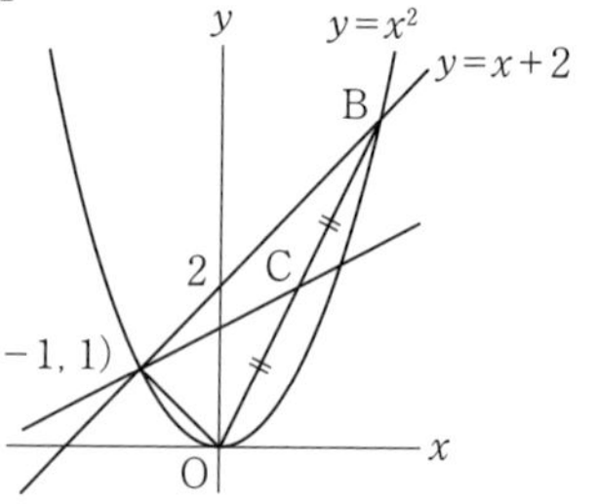

(1)＜**座標**＞右図1で，点Bは放物線$y=x^2$と直線$y=x+2$の交点だから，$x^2=x+2$，$x^2-x-2=0$，$(x+1)(x-2)=0$より，$x=-1$，2となり，点Bのx座標は2である。$y=2^2=4$となるから，B(2，4)である。

(2)＜**直線の式**＞右図1で，点Aを通り△AOBの面積を2等分する直線とOBとの交点をCとすると，△AOC＝△ACBとなる。△AOCと△ACBで，OC，CBをそれぞれの底辺とすると高さは等しいから，△AOC＝△ACBより，OC＝CBである。よって，点Cは線分OBの中点である。B(2，4)だから，点Cのx座標は$\frac{0+2}{2}=1$，y座標は$\frac{0+4}{2}=2$であり，C(1，2)となる。A(－1，1)だから，直線ACの傾きは$\frac{2-1}{1-(-1)}=\frac{1}{2}$となり，その式は$y=\frac{1}{2}x+b$とおけ，点Cを通ることより，$2=\frac{1}{2}\times1+b$，$b=\frac{3}{2}$ となる。したがって，求める直線の式は $y=\frac{1}{2}x+\frac{3}{2}$ である。

(3)＜**体積**＞右図2で，直線 $y=x+2$ と y 軸との交点をD，直線 $y=1$ と y 軸，OBとの交点をそれぞれE，Fとし，点Bから直線 $y=1$ に垂線BGを引く。2点D，Eの y 座標はそれぞれ2，1だから，$\mathrm{ED}=2-1=1$，$\mathrm{EO}=1$ である。よって，ED＝EOだから，2点D，Oは直線 $y=1$ について対称であり，△AOBを直線 $y=1$ の周りに1回転させると，点Oは点Dを通る。このことから，△AOBを直線 $y=1$ の周りに1回転させてできる立体は，△AFBを直線 $y=1$ の周りに1回転させてできる立体となる。これは，△AGBがつくる円錐から△FGBがつくる円錐を除いた立体である。△AGBがつくる円錐は，底面の円の半径が $\mathrm{BG}=4-1=3$，高さが $\mathrm{AG}=2-(-1)=3$ だから，その体積は $\frac{1}{3}\times\pi\times3^2\times3=9\pi$ となる。また，B(2，4)より，直線OBの傾きは $\frac{4}{2}=2$ となり，その式は $y=2x$ である。点Fは直線 $y=2x$ 上にあり y 座標が1の点だから，$1=2x$，$x=\frac{1}{2}$ より，$\mathrm{F}\left(\frac{1}{2},\ 1\right)$ である。したがって，△FGBがつくる円錐は，底面の円の半径が $\mathrm{BG}=3$，高さが $\mathrm{FG}=2-\frac{1}{2}=\frac{3}{2}$ だから，その体積は $\frac{1}{3}\times\pi\times3^2\times\frac{3}{2}=\frac{9}{2}\pi$ となる。以上より，求める体積は，$9\pi-\frac{9}{2}\pi=\frac{9}{2}\pi$ である。

図2

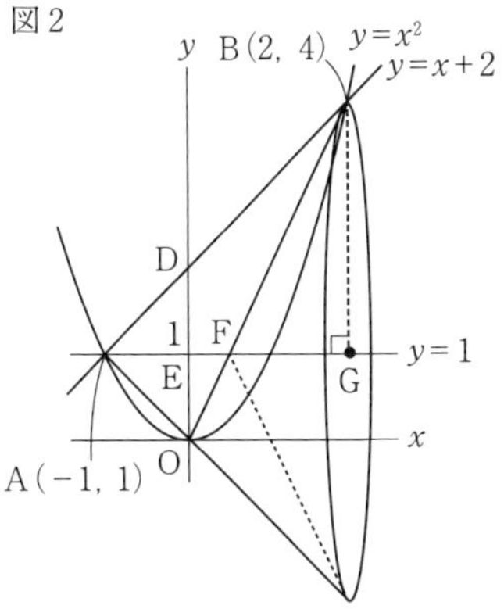

5〔平面図形―円〕

≪**基本方針の決定**≫(1)　等しい角に着目する。　(2)，(3)　三角形の相似を利用する。

(1)＜**相似な三角形の個数**＞右図1で，AB＝ACより△ABCは二等辺三角形だから，∠ABC＝∠ACBとなり，BC＝BEより△BCEも二等辺三角形だから，∠BCE＝∠BECとなる。また，対頂角より∠AED＝∠BEC，$\overset{\frown}{\mathrm{AB}}$に対する円周角より∠ADB＝∠ACBとなり，∠ABC＝∠ACB＝∠BEC＝∠AED＝∠ADBである。よって，△ABCと相似な三角形は，△AEDと△BCEの2個である。

図1

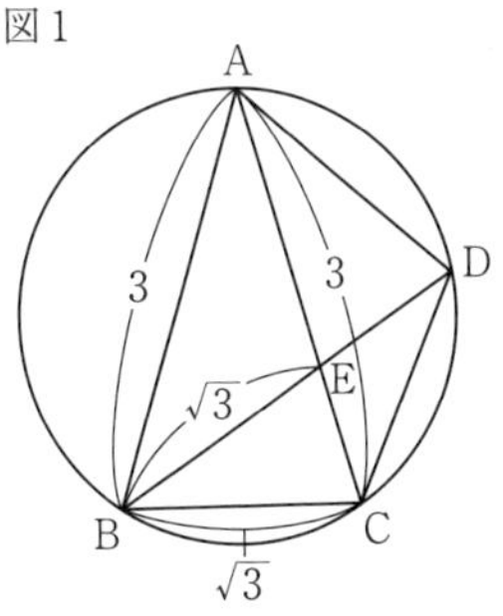

(2)＜**長さ―相似**＞右図1で，(1)より，△BCE∽△ABCだから，CE：BC＝BC：ABである。よって，$\mathrm{CE}:\sqrt{3}=\sqrt{3}:3$ が成り立ち，$3\mathrm{CE}=\sqrt{3}\times\sqrt{3}$ より，CE＝1となる。また，△AED∽△ABCだから，DE：CB＝AE：ABである。$\mathrm{AE}=\mathrm{AC}-\mathrm{CE}=3-1=2$ だから，$\mathrm{DE}:\sqrt{3}=2:3$ が成り立ち，$3\mathrm{DE}=2\sqrt{3}$ より，$\mathrm{DE}=\frac{2\sqrt{3}}{3}$ となる。

(3)＜**面積比―相似**＞右図2の△AFCと△DCBで，$\overset{\frown}{\mathrm{BC}}$に対する円周角だから，∠CAF＝∠BDCである。また，平行線の錯角より∠FCA＝∠CADであり，$\overset{\frown}{\mathrm{CD}}$に対する円周角より∠CBD＝∠CADだから，∠FCA＝∠CBDとなる。よって，2組の角がそれぞれ等しいから，△AFC∽△DCBである。$\mathrm{DB}=\mathrm{DE}+\mathrm{BE}=\frac{2\sqrt{3}}{3}+\sqrt{3}=\frac{5\sqrt{3}}{3}$ だから，△AFCと△DCBの相似比は $\mathrm{AC}:\mathrm{DB}=3:\frac{5\sqrt{3}}{3}=9:5\sqrt{3}$ であり，$\triangle\mathrm{AFC}:\triangle\mathrm{DCB}=9^2:(5\sqrt{3})^2=27:25$ となる。

図2

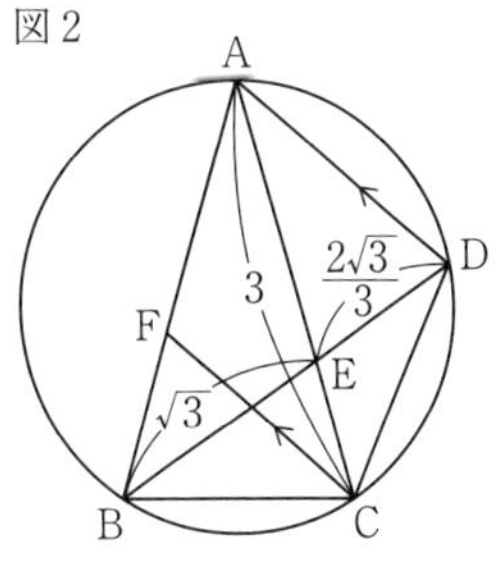

2021年度／土浦日本大学高等学校

社会解答

1 (1) ④　(2) ①　(3) ③　(4) ①
(5) ①　(6) ②　(7) ④　(8) ②
(9) ④　(10) ②

2 (1) ②　(2) ④　(3) ②　(4) ③
(5) ①　(6) ④　(7) ③　(8) ③
(9) ④　(10) ①

3 (1) ③　(2) ④　(3) ③　(4) ②
(5) ③　(6) ①　(7) ②　(8) ⑥
(9) ①　(10) ②

4 (1) ②　(2) ③　(3) ④　(4) ③
(5) ④　(6) ③

5 (1) ④　(2) ③　(3) ④　(4) ④

6 (1) ②　(2) ④　(3) ④　(4) ②
(5) ①　(6) ②　(7) ①　(8) ②
(9) ②　(10) ①

1〔三分野総合―小問集合問題〕

(1)＜**民主化政策**＞第二次世界大戦終結後の日本では，連合国軍最高司令官総司令部〔GHQ〕の指揮のもと，財閥解体や農地改革，治安維持法の廃止などの民主化が進められた。皇民化政策は，日本が植民地として支配していた朝鮮や台湾で行った政策で，現地の人々に日本語の使用を強制するなどしたものである。

(2)＜**日米安全保障条約**＞1951年，日本はアメリカ合衆国など48か国との間でサンフランシスコ平和条約を結び，翌年，この条約が発効したことで独立を回復した。これと同時に日米安全保障条約が結ばれ，占領終結後も日本国内にアメリカ軍基地を置くことなどが取り決められた。なお，日ソ中立条約は第二次世界大戦中の1941年に結ばれた条約，日英通商航海条約は日清戦争直前の1894年に結ばれ，領事裁判権の撤廃を定めた条約，日英同盟は1902年に結ばれた同盟である。

(3)＜**国民総生産**＞国民総生産〔GNP〕は，ある国の国民が１年間に生産した財・サービスの総額を指し，経済活動の規模をはかる指標とされてきた。現在では，GNPに代わり，ある国の国内で１年間に生産された財・サービスの総額を指す国内総生産〔GDP〕が主に用いられている。なお，WTOは世界貿易機関，PKOは国連平和維持活動の略称である。

(4)＜**公聴会**＞国会に提出された予算や法律案は，議員全員が参加する本会議での審議の前に，一部の議員で構成される委員会で審議される。委員会での審議において，利害関係者や学識経験者などの意見を聞くために開かれる会を公聴会という。公聴会は，予算の審議では必ず開かれ，法律案の審議では重要な議案の場合に開かれる。なお，憲法審査会は，衆参両議院に設置され，憲法やそれに関連する法律を調査したり憲法改正に関する審議を行ったりする機関である。

(5)＜**リコール**＞地方自治では住民による直接請求が認められており，このうち，首長・議員の解職請求や議会の解散請求はリコールとも呼ばれる。なお，イニシアティブ〔国民発案〕は，国民・住民が法令の制定や改廃について自発的に提案できる仕組みで，直接請求権のうちの条例の制定・改廃請求がこれに該当する。また，レファレンダム〔国民表決〕は，政治上の重要事項を有権者の直接投票（国民投票や住民投票）で決定する仕組みである。リテラシーは，情報などを的確に読み取って活用する能力を指す言葉である。

(6)＜**ガンジス川**＞ガンジス川は，インド東部やバングラデシュを流れる川で，流域のヒンドスタン平原では稲作が盛んである。インドで大多数の人が信仰するヒンドゥー教では，ガンジス川が神聖な川とされ，多くの信者が沐浴《もくよく》を行う。なお，インダス川は主にパキスタンを流れる川，メコン川はタイとラオスの国境やベトナムなどを流れる川，ユーフラテス川はシリアやイラクなどを流れる川である。

(7)＜**ブラジルの公用語**＞ブラジルは，かつてポルトガルの植民地であったことから，現在もポルトガル語が公用語として使用されている。なお，ブラジル以外の南アメリカ大陸の国々の多くは，かつてスペインの植民地であったため，スペイン語が公用語となっている。

(8)＜**イギリス**＞ヨーロッパ連合〔EU〕の加盟国であったイギリスは，2016年の国民投票によってEUからの離脱を決定し，2020年2月1日(日本時間。現地時間では1月31日)に離脱した。イギリスは日本と同じ議院内閣制をとっており，議会は保守党と労働党の二大政党制となっている。

(9)＜**トルコ**＞トルコでは，国民の大多数がイスラーム教を信仰しているが，政教分離が徹底され，政治などの公的な場に宗教が関わることを禁じる世俗主義がとられている。EUへの加盟を目指しているが，加盟交渉は現在のところ停滞している。最大の都市であるイスタンブールはアジアとヨーロッパの境界に位置し，古くから経済や文化の中心として栄えてきたため，ブルーモスクをはじめとする貴重な文化遺産が多く残されている。

(10)＜**ニュージーランド**＞ニュージーランドは，かつてはイギリスの植民地であり，現在もイギリスとの結びつきが強いことから，国旗の一部にイギリスの国旗であるユニオンジャックが描かれている。ニュージーランドには，先住民であるマオリの人々も暮らしており，マオリ語は英語とともに公用語となっている。

2〔**三分野総合―自由・平等と社会をテーマとした問題**〕

(1)＜**リンカン**＞リンカンは19世紀後半に在職したアメリカ合衆国大統領で，南北戦争(1861～65年)では北部側を指導し，奴隷解放を宣言して勝利に導いた。戦争中の1863年に，「人民の，人民による，人民のための政治」を訴える演説を行ったことで知られる。なお，ワシントンはアメリカ独立戦争(1775～83年)を指導した初代大統領，ケネディはキューバ危機(1962年)が起こったときの大統領，オバマは2009年にノーベル平和賞を受賞した大統領である。

(2)＜**シリコンバレー**＞アメリカ合衆国のサンフランシスコ郊外には，ICT〔情報通信技術〕に関連する先端技術産業の企業が集中する地域があり，シリコンバレーと呼ばれている。なお，サンベルトは，現在のアメリカ合衆国で工業の中心地となっている北緯37度以南の地域を指す。また，ボリウッドは映画産業が盛んなインドの都市ムンバイの映画産業全般を指す呼び方(ムンバイの旧称ボンベイと，アメリカ合衆国の映画産業の中心地であるハリウッドを組み合わせたもの)，バンガロールはICT産業が発達しているインドの都市である。

(3)＜**中京工業地帯の工業生産額割合**＞愛知県を含む工業地帯とは中京工業地帯である。中京工業地帯は，豊田市の自動車産業をはじめとする機械工業が非常に盛んであるため，輸送用機械や電気機械などの占める割合が高くなる。

(4)＜**フランス革命と啓蒙思想**＞ルターは16世紀にドイツで宗教改革を行った人物で，抵抗権を唱えたのはロックである(①…×)。クロムウェルはイギリスでピューリタン革命(1640～60年)を指導し，国王を処刑して共和政を樹立した人物で，三権分立を唱えたのはモンテスキューである(②，④

…×)。

⑸＜**刑事裁判手続き**＞冤罪を防いで被疑者・被告人の人権を守るため，日本国憲法には刑事手続きの保障に関する規定があり，拷問や残虐な刑罰，自白の強要などは禁止されている(第36・38条)。また，唯一の証拠が自分に不利益な自白のみである場合には，有罪になったり処罰を科されたりしない。

⑹＜**表現の自由とインターネット**＞特定の犯罪の捜査において警察が電話の盗聴(通信傍受)などを行うことがあるが，犯罪を未然に防ぐために行うことは禁じられている(①…×)。氏名や住所以外であっても，他人の私生活に関わる情報を本人の同意なく公開することはプライバシーの権利の侵害にあたる(②…×)。インターネットによる投票は行われておらず，代理人による投票は病気や障害などの理由がある場合に限って認められている(③…×)。

⑺＜**公害問題**＞三重県の四日市市では，石油化学コンビナートの工場から排出された硫黄酸化物による大気汚染が原因で，四日市ぜんそくと呼ばれる公害病が発生した(①…×)。富山県の神通川流域で広がったイタイイタイ病は，鉱山から流れ出たカドミウムが原因となって発生した(②…×)。四日市ぜんそく，水俣病，イタイイタイ病，新潟水俣病の四大公害裁判は，1970年代前半にいずれも患者側が勝訴した(④…×)。

⑻＜**中国の人口構成**＞中国では，1979年から2015年まで一人っ子政策と呼ばれる人口抑制策が行われてきたため，およそ40歳代から下の世代の人口構成にその影響が現れている。20～25歳は，人口が多い40歳代前後の人たちが子どもを産んだことによって多くなっているが，これを除くと35歳以下の人口は少なくなっており，この世代で一人っ子政策の影響が大きい。一方で，0～5歳の割合はその上の世代よりもやや増加しており，一人っ子政策の廃止によって子どもの数が増え始めていることがうかがえる。

⑼＜**インド**＞インドでは大多数の人がヒンドゥー教を信仰しており，ヒンドゥー教では牛が神の使いとして神聖視されている。

⑽＜**日中間の交流**＞1970年代後半以降，中国では「4つ(農業，工業，国防，科学技術)の現代化」を掲げて改革開放政策を進め，経済を大きく発展させた(①…○)。なお，明に使節を送り，「日本国王」の称号を授かって日明貿易を行ったのは足利義満である(②…×)。9世紀末に遣唐使の廃止を提案したのは菅原道真である(③…×)。遣隋使は，聖徳太子が政治を行っていた7世紀初頭に送られた(④…×)。

3〔**公民・歴史総合―小問集合問題**〕

⑴＜**日ソ共同宣言**＞1956年，日ソ共同宣言の調印によって日本はソ連と国交を回復し，国際連合に加盟した。なお，人種差別撤廃条約を日本が批准したのは1995年，女性の再婚禁止期間を6か月とする民法の規定について最高裁判所で違憲判決が出されたのは2015年，選挙権年齢が満20歳以上から満18歳以上に引き下げる法律が施行されたのは2016年のことである。

⑵＜**大日本帝国憲法**＞大日本帝国憲法では，帝国議会が天皇の協賛機関，各国務大臣が天皇の輔弼(補佐すること)機関と位置づけられた(①，③…×)。伊藤博文は，君主の権限の強いドイツの憲法などを参考に大日本帝国憲法の草案を作成し，自由権などの人権は「法律の範囲内」という制限つきで認められた(②…×)。

(3)＜**経済活動の自由**＞日本国憲法第22条１項では「何人も，公共の福祉に反しない限り，居住，移転及び職業選択の自由を有する」と定められている。これは，自由権のうちの経済活動の自由に含まれる権利を保障したものである。

(4)＜**公共の福祉と人権の制限**＞「公共の福祉」とは社会全体の利益といった意味で，例えば人権の行使によって他人の人権が侵害されるような場合には，公共の福祉の点から人権が制限されることがある。そのような例としては，無資格者の診療の禁止，公務員のストライキの禁止，他人の名誉を傷つける行為の禁止などがある。一方，社会主義など特定の思想を禁止・制限することは，精神の自由に含まれる思想・良心の自由の侵害にあたり，憲法第19条で禁じられている。

(5)＜**資料の読み取り**＞図１・図２より，1989年度から2017年度にかけて国庫支出金の割合は6.8％減少しており，地方税の額は1989年度が7825億×0.373＝2918.725億より約2919億円，2017年度が10556億×0.389＝4106.284億より約4106億円で増加している(③…○)。なお，表に示された金額の単位は「千円」で，ここから，平成31年度から令和２年度にかけて600万円以上増えている項目は，議会費，企画開発費，保健福祉費，農林水産業費，商工費，土木費，警察費，諸支出金であるとわかる(①…×)。図１・図２より，地方交付税交付金の額は1989年度が7825億×0.193＝1510.225億より約1510億円，2017年度が10556億×0.183＝1931.748億より約1932億円で，増加している(②…×)。図２より，県の借金である地方債の2017年度の額は，10556億×0.112＝1182.272億より約1182億円で，2000億円に満たない(④…×)。

(6)＜**ワイマール憲法**＞第一次世界大戦後の1919年にドイツで制定されたワイマール憲法は，「人間たるに値する生存」を規定して，人間らしい豊かな生活を保障する社会権(生存権)を初めて取り入れた。なお，日本国憲法では，生存権は第25条で規定されている。また，フランス人権宣言(1789年)やアメリカ独立宣言(1776年)では，自由権や平等権が保障された。

(7)＜**日本の法律**＞選挙権年齢や選挙活動について規定している法律は公職選挙法である(①…×)。公害が深刻化したのは高度経済成長期のことで，公害対策基本法が1967年，環境基本法が1993年に制定された(③…×)。育児・介護休業法では，男女ともに育児休業・介護休業を取得できると定められている(④…×)。

(8)＜**内閣・国会の権限**＞ア．法律は国会が制定し，天皇が公布する。　イ．問題のある裁判官を罷免するかどうかを判断する弾劾裁判所は，国会が設置する。　ウ．条約は内閣が締結し，国会が承認する。

(9)＜**議院内閣制**＞内閣不信任の決議権を持つのは，衆議院のみである。衆議院は参議院よりも任期が短く，解散もあるため，内閣不信任の決議権のほか，予算の先議権など，衆議院の優越が認められている。

(10)＜**アメリカ合衆国の大統領制**＞国民の選挙によって選出されるアメリカ合衆国の大統領には強い権限が与えられているが，議会を解散する権限はない。

4〔**日本地理・歴史総合―中国・四国地方を題材とした問題**〕

(1)＜**平清盛，大阪**＞あ．12世紀後半，平清盛は日宋貿易に力を入れ，瀬戸内海の航路や港を整備した。また，航海の安全などを願って厳島神社(広島県)を修築し，一門で厚く信仰した。なお，足利義満は室町幕府の第３代将軍で，日明貿易を始めた人物である。　い．江戸時代，大阪には諸藩の蔵屋敷が建てられ，全国から集められた年貢米や特産物が取り引きされた。こうして商業の中心地となった大阪は「天下の台所」と呼ばれた。なお，幕府の置かれた江戸は「将軍のおひざもと」と呼ばれた。

⑵＜**広島市**＞広島県の県庁所在地である広島市は中国・四国地方で最大の人口を有し，また全国に20ある政令指定都市の１つである。城下町から発展して近代には軍都となり，第二次世界大戦では原子爆弾による大きな被害を受けた。2014年と2018年には，市内で豪雨による大規模な土砂災害が発生した。

⑶＜**文章の読み取り**＞小麦は，二毛作が行われるようになったことにより，稲の裏作として生産されるようになった(①…×)。讃岐平野(香川県)が位置する瀬戸内海沿岸地域は，年間を通じて降水量が少ない(②…×)。塩は，かつては海水を砂地にまいて乾燥を繰り返すことによってつくられたため，降水量が少ない気候が適しており，夏よりも冬に降水量が多いかどうかは関係ない(③…×)。

⑷＜**岡山県の工業**＞岡山県を含む瀬戸内工業地域では，鉄鋼業や石油化学工業などの重化学工業が発達しており，中心都市の１つである岡山県倉敷市には，製鉄所や石油化学コンビナートをはじめさまざまな分野の工場が集まっている。

⑸＜**本州四国連絡橋**＞本州四国連絡橋には，岡山県と香川県を結ぶ児島・坂出ルート(瀬戸大橋，1988年開通)，兵庫県と徳島県を結ぶ神戸・鳴門ルート(1998年開通)，広島県と愛媛県を結ぶ尾道・今治ルート(しまなみ海道，1999年開通)の３つがある。

⑹＜**自然災害と防災**＞台風などの際，低気圧によって海面が吸い上げられたり強風で海水が岸の方へ吹き寄せられたりすることにより，海面が異常に上昇することがある。これを高潮といい，浸水被害などをもたらす。なお，津波は，海底を震源とする地震の影響によって海水が押し上げられ，波長の長い波が広がる現象である(X…誤)。ハザードマップとは，地震や火山の噴火，河川の氾濫による洪水など，災害に応じて予測される被災地域や避難経路，避難場所などを示した地図のことである(Y…正)。

5 〔日本地理―地形図と地域調査〕

⑴＜**実際の距離の計算**＞図２の縮尺は５万分の１であることから，地図上で６cmの長さの実際の距離は，６cm×50000＝300000cm＝3000m＝３kmとなる。

⑵＜**地形図の読み取り**＞特にことわりのないかぎり，地形図では上が北となる。図２中で，自動車や鉄道が船を使わずに関門海峡を渡ることができるルートは４か所存在する。「壇之浦」のそばに関門橋があり，そのすぐ北側を関門国道トンネルが通り，さらにその北東にもう一本海底トンネル(山陽新幹線が通る新関門トンネル)が通っている。また，これらよりも南の「小森江」付近には，関門鉄道トンネルが通っている。

⑶＜**地域調査**＞①～③はいずれも工業に関連する調査項目であるが，④の長距離フェリーの乗客数は工業との関連性が薄い。

⑷＜**資料の読み取り**＞人口÷面積で人口密度を計算すると，北九州市は約1953人/km^2，下関市は約372人/km^2となる(①…×)。65歳以上の人口は，北九州市が，961024×0.298＝286385.152より約28万6385人，下関市が，266429×0.342＝91118.718より約９万1119人となる(②…×)。工業統計のうち，製造品出荷額等は北九州市が下関市の約４倍だが，事業所数と従業者数は北九州市が下関市

の約３倍となっている(③…×)。

6〔歴史―古代～現代の日本と世界〕

⑴＜**縄文土器**＞縄文土器は低い温度で焼かれるため，黒褐色で厚手のわりにもろく，表面に縄目のような文様があるものが多い。赤褐色をした薄手でかための土器は，弥生土器である。

⑵＜**鎌倉公方**＞京都を本拠地とする室町幕府は，幕府から遠い関東８か国と伊豆(静岡県)・甲斐(山梨県)の監視や支配のため，鎌倉府を置いた。鎌倉府の長官が鎌倉公方で，足利氏の一族がその職に就いた。

⑶＜**貿易の歴史**＞1274年と1281年の２度にわたる元寇の後も，元と日本との間で民間の貿易は行われていた(①…×)。18世紀末以降にイギリス・インド・中国の間で行われた三角貿易では，イギリスがインドに綿織物を，インドが中国にアヘンを，中国がイギリスに茶などを輸出した(②…×)。第一次世界大戦中，日本は連合国やその植民地などへの輸出を増やし，大戦景気と呼ばれる好景気となった(③…×)。

⑷＜**年代整序**＞年代の古い順に，④(安土桃山時代)，③(江戸時代)，②(明治時代)，①(大正時代)となる。

⑸＜**生類憐みの令**＞江戸幕府第５代将軍の徳川綱吉は，17世紀末～18世紀初頭に政治を行い，極端な動物愛護を命じる生類憐みの令を出した。なお，徳川吉宗は享保の改革を行った第８代将軍である。また，倹約令はぜいたくを禁じて倹約を強制する法令で，江戸幕府や諸藩によってたびたび出された。

⑹＜**日米修好通商条約**＞1858年，日本はアメリカ合衆国との間で日米修好通商条約を結び，これに基づいて翌年から貿易を開始した。なお，ポーツマス条約は日露戦争(1904～05年)の講和条約，日米和親条約(1854年)は日本が下田・函館の２港を開いて開国した条約，ベルサイユ条約は第一次世界大戦(1914～18年)の講和条約である。

⑺＜**明治時代の出来事**＞1875年にロシアとの間で結ばれた樺太・千島交換条約では，樺太の全土をロシア領，千島列島の全域を日本領とすることを取り決めた(②…×)。吉野作造や美濃部達吉らを中心にデモクラシーの思想が広まったのも，ラジオ放送が始まったのも大正時代のことである(③，④…×)。

⑻＜**1897年の出来事**＞日清戦争(1894～95年)の講和条約である下関条約によって清は朝鮮が独立国であることを認め，これを受けて朝鮮は1897年，国名を大韓帝国と改めた。また，この年には細菌学者の志賀潔が赤痢菌を発見した。

⑼＜**物資の輸送に関する歴史**＞馬借や問などの業者が活動したのは，海上交通ではなく，陸上交通である。

⑽＜**国会に関連する出来事**＞帝国議会は，国民の選挙で選出された議員による衆議院と，皇族や華族，天皇が任命した議員などで構成される貴族院からなる二院制であった。

理科解答

1 (1) ④　(2) ⑤　(3) ①，②，③
(4) ⑤　(5) ①

2 (1) ア…①　イ…①　ウ…②　(2) ④
(3) ③　(4) ①　(5) ①

3 (1) (a)…③　(b)…④
(2) (a)…③　(b)…②　(c)…②

4 (1) ①　(2) ②
(3) (i)…②　(ii)…②　(iii)…②

5 (1) ④　(2) ②
(3) ア…①　イ…①　ウ…①　(4) ③
(5) ①

6 (1) ②　(2) ③　(3) ②　(4) ③
(5) ④　(6) ①，⑤

7 (1) ③　(2) ②　(3) ③　(4) ⑥
(5) 8

8 (1) ③　(2) ②　(3) 4　(4) ②

1〔小問集合〕

(1)＜**花のつくり**＞受粉後に種子になる部分は胚珠で，胚珠はめしべの下部の子房の中にあるので，図1のBである。なお，Aは柱頭で，ここに花粉がつくことを受粉という。

(2)＜**節足動物の特徴**＞チョウは節足動物の昆虫類に属するから，体は外骨格の構造をしている。

(3)＜**遺伝の規則性**＞エンドウの子葉が優性（顕性）形質の黄色になるためには，優性（顕性）の遺伝子Yを少なくとも1つ持たなければならない。よって，子の代の子葉が黄色の個体の持つ遺伝子はYYかYyである。子の代にこのような遺伝子を持つ個体のみが現れるためには，少なくとも親である個体Cと個体Dのどちらか一方がYYの遺伝子を持っていなければならない。したがって，親の遺伝子の組み合わせは，YY×YY，YY×Yy，YY×yyのいずれかである。

(4)＜**タンポポの特徴**＞タンポポは種子に綿毛（冠毛）がついていて，種子は風によって運ばれる。一度たおれた茎が綿毛をつける頃にもう一度立ち上がるのは，種子を地表からなるべく高い位置につけることで風を受けやすくし，より広範囲に種子を飛ばすためである。

(5)＜**土壌生物の生態**＞一般的に土壌生物は熱や乾燥を避けるために，光の当たる側と逆向きに移動する性質を持つ。そのため，図2のような装置で電球をつけると，土壌生物は下のビーカーに落ちてくる。なお，ろうとの下で受けるビーカーの中身に70％エタノール水溶液を入れるのは，その中に落ちた土壌生物を殺すためである。土壌生物を生きたまま観察する場合は，ビーカーに湿らせたティッシュなどを入れておく。

2〔小問集合〕

(1)＜**乾湿計**＞乾湿計は，風通しがよく，地上から約1.5mの直射日光の当たらない場所に設置する必要がある。一般的には，これらの条件を満たした百葉箱の中に設置して気温や湿度の観測を行う。

(2)＜**雲のでき方**＞図2のような装置で，注射器のピストンを引くと，フラスコ内の空気は体積が膨張して温度が下がる。フラスコ内の空気の温度が下がり，露点より低くなると，フラスコ内の空気中に含まれている水蒸気の一部が凝結して水滴が生じ，フラスコ内が白くくもる。なお，その後，注射器のピストンを押すと，空気が圧縮されて温度が上がり，フラスコ内のくもりは消える。また，フラスコ内に煙を入れると，煙が凝結核となり，水滴が生じやすくなる。

(3)＜**湿度**＞図3の装置を用いた実験で，コップの表面がくもり始めた水温の11℃は，このときの露点を示している。空気1 m^3 中に含まれる水蒸気量は，露点での飽和水蒸気量に等しいから，図4より，このときの空気1 m^3 中に含まれる水蒸気量は11℃での飽和水蒸気量10.0 g/m^3 に等しい。また，湿度は，〔湿度（％）〕＝〔空気1 m^3 中に含まれる水蒸気量（g/m^3）〕÷〔その気温での空気1 m^3 中の飽和水蒸気量（g/m^3）〕×100で求めることができる。よって，図4で，気温30℃での飽和水蒸気量は

30.0g/m^3だから，求める湿度は，10.0÷30.0×100＝33.3…より，約33％である。

(4)＜**霧のでき方**＞霧は，風の弱い曇った夜の間に，地表付近の空気の温度が露点以下になることなどによって発生する。

(5)＜**前線の通過**＞図５で，６時から10時と，18時から20時にかけてそれぞれ雨が降っていて，風向が，６時を境に東寄りから南寄りに，18時を境に南寄りから北寄りに変化している。以上のことより，６時から10時にかけて温暖前線が，18時から20時にかけて寒冷前線が通過したと考えられる。一般的に，温暖前線が通過すると気温が上がり，寒冷前線が通過すると気温が急に下がる。よって，この観測中の気温の変化を表しているグラフは，①である。

3 〔小問集合〕

(1)＜**水溶液**＞(a)図２で，溶質である硫酸銅が20日後に全て溶け，水溶液全体に均一に広がると，その後は，そのままの状態が続く。なお，図１のように，ビーカーにはラップがかけてあるので，水の量は変化しない。　(b)質量パーセント濃度は，〔質量パーセント濃度(％)〕＝〔溶質の質量(g)〕÷〔水溶液の質量(g)〕×100 で求めることができる。水溶液の質量は，水100ｇに硫酸銅を4.0ｇ溶かしたので，100＋4.0＝104(g)である。よって，この水溶液の質量パーセント濃度は，4.0÷104×100＝3.84…より，約3.8％となる。

(2)＜**再結晶**＞(a)固体を溶かした水溶液の温度を下げると，固体の溶解度が小さくなり，固体の一部が溶けきれなくなり結晶となって現れる。このようにして固体を取り出す方法を再結晶という。

(b)図３より，20℃の水100ｇに対するそれぞれの物質の溶解度は，ミョウバンは約12ｇ，食塩は約36ｇである。よって，60℃の水100ｇに20ｇ溶かしたそれぞれの物質の水溶液を20℃まで冷やすと，ミョウバンは12ｇしか溶けないので結晶が現れるが，食塩は36ｇまで溶けるので結晶は現れない。したがって，20℃まで下げた水溶液をろ過すると，ミョウバンの結晶を取り出すことができるが，食塩の結晶を取り出すことはできない。　(c)飽和水溶液中に溶けているミョウバンの質量は，水溶液の温度でのミョウバンの溶解度に等しい。よって，図３より，20℃のミョウバンの飽和水溶液に溶けているミョウバンの質量ａｇは12ｇ，60℃のミョウバンの飽和水溶液に溶けているミョウバンの質量ｂｇは60ｇである。また，60℃の飽和水溶液を20℃まで冷やしたとき得られるろ液は，20℃の飽和水溶液となる。よって，ろ液中に溶けているミョウバンの質量ｃｇは12ｇである。以上より，ａ，ｂ，ｃの関係式は，ｂ＞ｃ＝ａとなる。

4 〔小問集合〕

(1)＜**慣性**＞物体は外から力を加えないかぎり，静止している物体は静止を続けようとし，運動している物体は等速直線運動を続けようとする。この性質を慣性という。よって，①～④のうち，慣性の例を表しているのは①で，一定の速さで走っていたバスがブレーキをかけると，慣性によって，乗客の体はそのまま等速直線運動を続けようとするため，前のめりになる。

(2)＜**力**＞動いている物体は，他の物体に衝突するとその物体を動かすことができるため，「エネルギー」を持っている。「力」を持っているとはいわない。よって，①～④のうち，誤っているのは②である。

(3)＜**熱量**＞(i)水が沸騰する温度は100℃である。よって，30℃の水を沸騰させるためには，水温を100－30＝70(℃)上昇させる必要がある。　(ii)水が得た熱量(J)は，〔熱量(J)〕＝4.2×〔水の質量(g)〕×〔上昇温度(℃)〕で求められる。これより，150ｇの水を70℃上昇させるのに必要な熱量は，4.2×150×70＝44100(J)である。　(iii)消費電力が30Wの電熱線を用いてこの水が沸騰するのは，電熱線が44100Ｊの熱を水に与えたときである。つまり，電熱線による発熱量が44100Ｊになるときだから，この水を沸騰させるのに要する時間をx秒とすると，〔発熱量(J)〕＝〔電力(W)〕×〔時間

(s)〕より，44100＝30×xが成り立つ。これを解くと，x＝1470(s)である。

5 〔大地のつくりと変化〕

(1)＜**土砂の堆積**＞川などの流水により運ばれた土砂が海底で堆積する場合，粒が最も大きいれきが河口に近い浅い海底に堆積する。そして，河口付近から沖に向かって，砂，泥と粒の大きいものから順に堆積する。

(2)＜**露頭**＞地層が地表に現れている所を露頭という。

(3)＜**深成岩の特徴**＞図１で，火成岩ａ，ｂのように大きな鉱物が組み合わさっているつくりを等粒状組織といい，このようなつくりを持つのは，マグマが地下深い所でゆっくりと冷えたことで結晶が大きく成長してできた深成岩である。よって，実験で，火成岩ａ，ｂと同じように大きな結晶が観察されるのは，ミョウバン水溶液を少しずつ冷ましたペトリ皿ｉである。

(4)＜**鉱物の種類**＞火成岩ａ～ｃのように，黒っぽい火成岩から白っぽい火成岩まで，全ての火成岩に含まれている鉱物Aは，チョウ石である。

(5)＜**火成岩の種類**＞火成岩ｃは，ごく小さな鉱物がガラス質になった部分(石基)に，大きな鉱物の結晶(斑晶)が散らばって見えるようなつくりをしている。このようなつくりを斑状組織といい，斑状組織を持つのは，地表や地表付近でマグマが急速に冷えてできた火山岩である。火山岩には流紋岩，安山岩，玄武岩があり，これらの中で，火成岩ｃのようにチョウ石やセキエイなどの白色鉱物を多く含むのは流紋岩である。

6 〔身近な物理現象〕

(1)＜**音の速さ**＞表１より，Aさんから200m離れたBさんまで，ギターの音が伝わるのにかかった時間は，30.73－30.14＝0.59(s)である。よって，このときのギターの音の平均の速さは，200÷0.59＝338.9…より，約339(m/s)である。①～④のうち，この値に最も近いのは②である。

(2)＜**音の速さ**＞表１で，ギターの音が伝わるのにかかった時間は，Aさんから200m離れたBさんまで0.59秒，Bさんから200m離れたCさんまで，31.33－30.73＝0.60(s)，Cさんから200m離れたDさんまで，31.94－31.33＝0.61(s)である。これより，音が200m伝わる時間はほぼ等しいので，ギターの音が伝わる速さは一定と考えられ，音が伝わる距離と時間は比例する。よって，リコーダーの音がAさんから600m離れたDさんまで伝わるのにかかった時間は，35.99－34.20＝1.79(s)だから，Aさんから400m離れたCさんまで音が伝わるのにかかった時間は，$1.79\times\frac{400}{600}=1.193\cdots$より，約1.19秒となる。したがって，Cさんがリコーダーの音を観測したときのストップウォッチの値は，34.20＋1.19＝35.39(秒)だから，①～④のうち，最も適切なのは③である。

(3)＜**音の速さ**＞それぞれの楽器の音が400m伝わるのにかかった時間は，(1)よりギターが0.59＋0.60＝1.19(s)，表１よりおんさが41.83－40.63＝1.20(s)，(2)よりリコーダーが1.19秒だから，楽器による音が伝わる速さに違いはないと考えられる。

(4)＜**弦と音の高さ**＞音の高低の違いは音の振動数の違いによって起こり，振動数が大きいほど高い音になる。実験２では，音の振動数は，弦の長さが短いほど，弦の太さが細いほど，弦を張る強さが強いほど大きくなるため，高い音が出る。よって，操作Ⅱで弦の太さを変えて実験するとき，表２の①～④のうち，「細い」が記入される欄は③である。

(5)＜**弦の長さと音の波形**＞弦の長さを長くすると，振動数が小さくなり低い音が出る。また，弦をはじく強さが同じとき，振幅は等しく，同じ大きさの音が出る。よって，実験２の操作Ⅰで弦の長さを長くして同じ強さでギターの弦をはじくと，オシロスコープの波形は，振動数が小さくなり，振幅は変わらないから，④のようになる。

(6)＜**音の波形**＞オシロスコープの波形は，振幅と振動数で決まる。振幅は弦のはじき方で決まり，振動数は弦の太さ，長さ，張り方で決まる。よって，図2で示した波形と同じ波形の音が出るとき，振幅については，弦を同じ強さではじけばよい。また，振動数については，弦の太さ，長さ，張り方のうちのいずれか2つの条件を，一方は振動数が大きくなるように，他方は振動数が小さくなるように調節すればよい。したがって，①～⑥のうち，図2で示した波形と同じ波形の音が出る可能性があるのは，弦を長くして張る強さを強める①と，弦を細くして弦を長くする⑤である。

7〔化学変化と原子・分子〕

(1)＜**酸化銀の熱分解**＞酸化銀を加熱すると，酸化銀が分解して銀と酸素が生じる。よって，気体Bは酸素である。酸素は，空気よりも密度が少し大きく，無臭で，水に溶けにくく，物を燃やす性質がある。

(2)＜**生成物の質量**＞表1より，加熱した酸化銀の質量を2倍，3倍，4倍とすると，生成した固体A(銀)の質量も2倍，3倍，4倍となっているから，加熱した酸化銀の質量と生成した銀の質量は比例する。よって，銀が4.32g生じたときに加熱した酸化銀の質量をxgとすると，1.45：1.35＝x：4.32が成り立つ。これを解くと，1.35×x＝1.45×4.32より，x＝4.64(g)である。

(3)＜**酸化物**＞物質が酸素と化合する反応を酸化といい，酸化によって生じた酸素との化合物を酸化物という。

(4)＜**化合の割合**＞図4より，加熱した銅の質量と化合した酸素の質量は比例していることがわかる。よって，化合する銅と酸素の質量比は一定であり，銅0.40gに酸素0.10gが化合していることから，化合する銅と酸素の質量比は，0.40：0.10＝4：1である。

(5)＜**化合の割合**＞(4)より，酸素0.10gと化合する銅の質量は0.40gである。また，マグネシウムが酸化して酸化マグネシウムが生じるとき，化合するマグネシウムと酸素の質量比が3：2より，酸素0.1gと化合するマグネシウムの質量をygとすると，y：0.1＝3：2が成り立つ。これを解くと，y×2＝0.1×3より，y＝0.15(g)である。したがって，酸素0.1gと結びつく銅とマグネシウムの質量の比は，0.40：0.15＝8：3である。

8〔動物の生活と生物の変遷〕

(1)＜**目のつくり**＞図1のXは虹彩，Yは水晶体(レンズ)，Zはガラス体である。水晶体は目に入った光を屈折させて像を網膜に映すはたらきをし，ガラス体はゼリー状の液体で眼球の形を保つはたらきをしている。

(2)＜**虹彩のはたらき**＞図1のXの虹彩は，レンズの前にある円盤状の薄い膜で，伸び縮みすることでひとみの大きさを変え，眼球内に入る光の量を調節する。まぶしいときにはひとみの大きさを小さくして眼球内に入る光を少なくし，暗いときにはひとみを大きくして眼球内に入る光を多くする。

(3)＜**盲点の位置**＞右図のように，●と場所Mを結ぶ線分と，×と場所Oを結ぶ線分の交点をPとすると，P，●，×を結んでできる三角形と，P，M，Oを結んでできる三角形は相似になる。よって，OとMの直線距離を$x$cmとすると，対応する辺の比が等しいから，

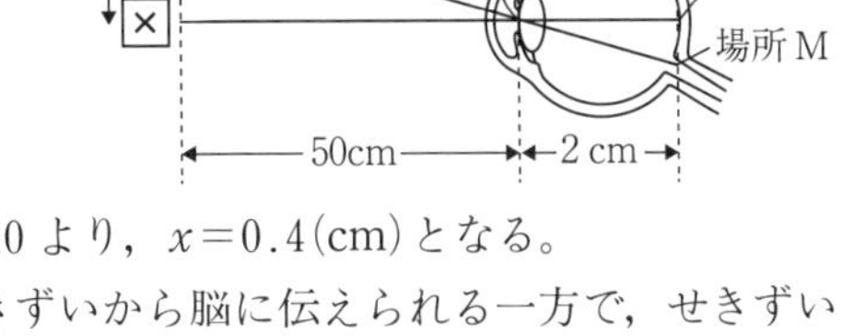

50：2＝10：xが成り立つ。これを解くと，50×x＝2×10より，x＝0.4(cm)となる。

(4)＜**反射**＞反射では，皮膚が受け取った刺激の信号はせきずいから脳に伝えられる一方で，せきずいから出された命令の信号が運動神経から筋肉に伝えられ，脳が意識する前に筋肉によって手を動かすという反応が起きる。よって，反射では，脳を経由しない分，意識的な運動より反応速度が速くなる。

国語解答

一　問1　①…エ　②…イ　問2　ウ
問3　オ　問4　イ　問5　イ
問6　ア　問7　エ
問8　①…ア　②…ア

二　問9　ウ　問10　イ　問11　オ
問12　エ　問13　ア　問14　エ
問15　ア

三　問16　ア　問17　エ　問18　ウ
問19　ウ　問20　イ　問21　ア

四　問22　オ　問23　ウ　問24　エ
問25　エ　問26　エ　問27　イ

一〔国語の知識〕

問1＜漢字の知識＞①「佳」で，部首は「亻(にんべん)」。アは「慮」で，部首は「⺗(したごころ)」。イは「往」で，部首は「彳(ぎょうにんべん)」。ウは「迎」で，部首は「⻌(しんにょう)」。エは「伴」で，部首は「亻(にんべん)」。オは「鮮」で，部首は「⿂(うおへん)」。　②「搬」で，部首は「扌(てへん)」。アは「険」で，部首は「阝(こざとへん)」。イは「摘」で，部首は「扌(てへん)」。ウは「孤」で，部首は「子(こへん)」。エは「炊」で，部首は「火(ひへん)」。オは「添」で，部首は「氵(さんずい)」。

問2＜漢字＞「臨床」は，「りんしょう」と読む。「称賛」は「しょうさん」，「精進」は「しょうじん」，「人相」は「にんそう」，「衣装」は「いしょう」，「半鐘」は「はんしょう」。

問3＜漢字＞アは「促す」，イは「災い」，ウは「携える」，エは「被る」。

問4＜ことわざ＞「泣き面に蜂」は，不運や不幸が重なること。「のれんに腕押し」は，少しも手応えや張り合いがないこと。「からすの行水」は，入浴時間が短いこと。「はきだめに鶴」は，つまらないところに，そこに似合わぬ優れたものや美しいものがあること。「借りてきた猫」は，ふだんと違って，非常におとなしいこと。

問5＜ことわざ＞「寝耳に水」は，思いがけない出来事が突然起こってびっくりすること。

問6＜四字熟語＞イは「一騎当千」，ウは「内憂外患」，エは「絶体絶命」，オは「前代未聞」。

問7＜敬語＞ア．「申す」は謙譲語。動作主は「お医者さん」なので，尊敬語の「おっしゃる」を使う。　イ．「なさる」は尊敬語なので，「母」のような身内の動作には使わない。　ウ．「お聞きする」は謙譲語。動作主は聞き手なので，尊敬語の「お聞きになる」を使う。　オ．「おります」の「おる」は謙譲語。動作主は「先生」なので，尊敬語の「いらっしゃる」を使う。

問8＜熟語の構成＞①「推量」と「鎮静」は，似た意味の漢字を重ねた熟語。「高低」は，反対の意味の漢字を重ねた熟語。「降雨」と「懇願」と「改定」は，上の漢字が下の漢字を修飾している熟語。②「失望」と「開会」は，下の漢字が上の漢字の目的語になっている熟語。「辛勝」は，上の漢字が下の漢字を修飾している熟語。「請求」と「退避」と「獲得」は，似た意味の漢字を重ねた熟語。

二〔論説文の読解―芸術・文学・言語学的分野―言語〕出典；池上嘉彦『ことばの詩学』。

《本文の概要》私たちの周りの多くのものは，背後に一定の意味を持つ「言語らしいもの」であり，私たちが住む文化的な環境は，「言語らしいもの」によって書かれた一つの巨大なテクストである。その意味で，「文化は言語である」といえる。そして，言語が，文法や語法と呼ばれる決まりによって構造をつくるように，「言語らしいもの」の背後にも，「文法」が存在することがある。ある文化の担い手は，その文化の「文法」を身につけているからこそ，特定の文化的価値を持ち，一定の構造的特徴を有するものをつくり出すことができる。これが「文化は言語である」ことのもう一つのとらえ方である。だが，「言語らしいもの」の「文法」は，固定的なものとは限らない。信号などの「文法」は，高度に確定したものでなければ不都合が生じるが，文化の他の多くの対象は，既存の決まりが修正され，新しいものにとって代わられるという，伝統と革新が起こりうる状態になっているのである。

問9＜文章内容＞制服や礼儀作法は，衣服の色や立ち居振る舞いなどに「一定の意味」と「決まり」がある「言語らしいもの」である(ア・イ…○)。「ある女性のいつもと違う髪型」や「道端の石ころ」は，それを見る人に「一定の意味」を暗示する「言語らしいもの」である(エ・オ…○)。しかし，「占い師の予言」は，言語を直接に用いて「未来に起こること」を伝えるもので，「言語らしいもの」ではない(ウ…×)。

問10＜指示語＞「私たちが住んでいる文化的な環境」は，「一定の意味」を持つ「言語らしいもの」の「一つの巨大な」まとまりであるという意味で，「文化は言語である」ということができる。

問11＜指示語＞「言葉による表現」と同じく，文化もまた，「文法」のような，ある決まりに基づいた「一定の構造を持ったもの」であるという発想を「一般化して考えて」みると，「言語の話し手」が「その言葉の『文法』を身につけている」のと同様に，「ある文化の担い手は，その文化の『文法』を身につけているはず」である。

問12＜文章内容＞「『言語らしいもの』で書かれた文化のテクスト」の背後には，「文化の文法」が存在し，その文法を身につけてこそ，文化的価値を持つものをつくり出せる。そのように「文化は言語である」ことの意味をとらえると，言語は「人間の文化的創造のモデル」として位置づけられる。

問13＜文章内容＞「たまたまあるときのある女性の髪型や服装」に，「その場の状況」に応じた意味があるとしても，他の状況で「同じ意味を常に有するという保証」はない。「言語らしいもの」の背後には，必ずしも「決まった『文法』」があるとは限らないのである。

問14＜表現＞A．占星術では，背後にある「文法」が明確な秩序を持つ。　B．「その場の状況などを手がかりに」して，「ある女性の髪型や服装」から読み取った意味は，一時的なものである。　C．「同じ衣服が他の場合でも同じ意味を常に有する」とは限らないということの「言語の場合」の代表的な例は，「詩の言葉」である。　D．「言語」や「言語らしいもの」が，「同じ意味を常に有する」とは限らないということが起こるのは，「背後にある『文法』」が，必ずしも確定的なものではないことを意味している。　E．「さまざまな信号のたぐい」や，物事を客観的に定義づける術語においては，「背後の決まりは高度に確定したもの」でなければならない。

問15＜文章内容＞「文化」の「多くの対象」は，背後にある「既存の決まり」が固定されずに修正され，「新しいものによってとって代わられる」ことが，「絶えず起こりうる状態になって」いる。

三〔**小説の読解**〕出典；小川糸『ツバキ文具店』。

問16＜文章内容＞「匿名さん」は，代書屋であれば，完璧な絶縁状を書いて「あの女」と「完全に縁を切りたい」という自分の願いをかなえてくれると考えて，晴ればれとした思いでいる。

問17＜表現＞「あの女」を「思い出すだけ」で「具合が悪く」なると，「匿名さん」が語気を強めて話す殺伐とした空気を，「気持ちよさそう」に揺れる桜の花が和らげており，その桜の花の様子から，「私」は先代を思い出して，「先代だったら，こんな時，どうしたのだろうか」と考えた。

問18＜文章内容＞「匿名さん」は，「ストレスを溜めて，お互いに疲れるだけ」の無理をした人間関係に縛られず，自分の判断で「友達が選べる」ような自由さを持つのが，大人だと考えているのである。

問19＜心情＞「私」は，「相手を傷つけるような手紙を，あえて書く必要があるのか」と考えて，依頼を引き受けることをためらっていた。だが，事情を聞き，さらに「あなた，プロの代書屋さんなんでしょう？」と言われて，「匿名さん」が，「私」をプロとして信用して，「大事な手紙」を依頼したのだと感じて，「私が書かなくちゃ」という気持ちになったのである。

問20＜**文章内容**＞「私」は，「匿名さんの言葉を聞くうち」に，「やっぱりこの仕事は受けよう」と自ら決意したのであって，「匿名さん」に強引に承諾させられたわけではない(イ…×)。

問21＜**要旨**＞「瑞々しいイチゴ」や，「桜の花」の描写はあるが，「春の鎌倉」の描写はない。また，「おざなりに関係を続け」ることを良しとせずに絶縁状を依頼した「匿名さん」は，「晴れがましい」表情をしていて，そこに悲しい雰囲気はない(ア…×)。

四〔**古文の読解―日記**〕出典；菅原孝標女『更級日記』。

≪**現代語訳**≫「どこから来た猫だろうか」と見ていると，姉である人が，「しっ静かに，人に聞かせてはいけません。たいそうかわいい猫ですこと。飼いましょう」と言ったところ，(猫は)たいそう人になれていて，そばに寝そべっている。／捜している人がいるのではないかと，猫を隠して飼っていたが，全く使用人の近くにも寄らず，じっと(私たちの)前にばかりいて，食物でも汚らしいものは，よそに顔を向けて食べない。／姉妹の間を(猫は)ぴったりとまとわりついて，(私たちが)興味深く思ってかわいがっているうちに，姉が病気になることがあって，何かとせわしなくて，この猫を(使用人のいる)北向きの部屋にばかりいさせて呼ばなかったので，(猫は)やかましく鳴いて騒いだけれども，「やはり何か理由があるのだろう」と思っていたところ，病気の姉が目を覚まして「どうしたの，猫は。こちらに連れてきて」と言ったので，「どうして」と尋ねると，「夢の中でこの猫が，そばに来て，『私は，侍従の大納言殿の姫君が，このようになったのです。前世の因縁が少々あって，こちらの妹君が，私のことをしきりに懐かしがって思い出してくださいますので，ほんのしばらくここにいるのですが，この頃は使用人の中にいて，本当につらいこと』と言って，ひどく泣く様子が，上品で美しい人に見えて，はっと目を覚ましたところ，この猫の声だったのが，本当にしみじみと心にしみたのです」とお話しになるのを聞いて，(私も)本当にしみじみと心を打たれた。／その後は，この猫を北向きの部屋にも出さず，大切に世話をする。(私が)たった一人で座っているところに，この猫が向かい合って座っていたので，なでながら，「侍従の大納言の姫君がおいでになったのね。お父上の大納言にお知らせしたいわ」と話しかけると，(猫が，私の)顔をじっと見つめながら和やかに鳴くのも，心なしか，一見したところ普通の猫ではなく，(私の言葉を)聞いて理解しているような表情で，しみじみとかわいい。

問22＜**古文の内容理解**＞猫が「かしがましく」鳴いて騒ぐので，作者は，これだけ鳴くからには，何か理由があるのだろうと考えたのである。

問23＜**古文の内容理解**＞姉の見た夢の中に猫が出てきて，自分は「侍従の大納言殿の御むすめ」が生まれ変わった姿であると言ったため，姉は，目を覚ました後，猫を気にしたのである。

問24＜**古文の内容理解**＞目を覚ました姉が，唐突に「いづら，猫は。こち率て来」と言い出したので，作者は，不思議に思って，姉に「など」と聞き返したのである。

問25＜**古文の内容理解**＞猫は，作者が「侍従の大納言殿の御むすめ」のことをしきりに思い出してくれるので，この姉妹の家にいるのだと説明している。それにもかかわらず，作者から離されて「北面」の「下衆の中」で過ごさなければならないので，猫は，「わびしきこと」だと言った。

問26＜**古文の内容理解**＞作者が猫に話しかけたところ，猫は，それに応じて「顔をうちまもりつつなごう鳴く」ので，作者には，猫が人間の言葉をわかっているように思えたのである。

問27＜**古文の内容理解**＞使用人のいる「北面」にいさせた猫が鳴いて騒ぐので，作者は，何か理由があるのだろうと考えた(イ…×)。

2025年度用
高校スーパー過去問

■編集人 声の教育社・編集部
■発行所 株式会社 声の教育社
〒162-0814 東京都新宿区新小川町8-15
☎03-5261-5061㈹ FAX03-5261-5062
https://www.koenokyoikusha.co.jp

※本書の内容についての一切の責任は当社にあります。内容・解説・解答その他の質問等は文書にて当社に御郵送くださるようお願いいたします。

声の教育社 〒162-0814 東京都新宿区新小川町8-15
TEL.03(5261)5061 FAX.03(5261)5062

土浦日本大学高等学校

別冊 解答用紙

丁寧に抜きとって、別冊としてご使用ください。

★教科別受験者平均点＆合格基準点

併願推薦（A日程）

年度	英語	数学	社会	理科	国語	合格基準点
2024	71.4	67.0	77.6	70.8	65.4	進　学 ③150/⑤270　特　進 ③196/⑤340 Ⅱ種特待 ③220/⑤376　Ⅰ種特待 ③254/⑤428 ＧＳ(傾斜配点方式) ③220/⑤360
2023	67.9	59.0	71.1	73.6	67.7	進　学 ③150/⑤274　特　進 ③190/⑤332 Ⅱ種特待 ③220/⑤375　Ⅰ種特待 ③250/⑤419 ＧＳ(傾斜配点方式) ③220/⑤361
2022	68.4	71.3	72.3	76.7	69.3	進　学 ③150/⑤265　特　進 ③194/⑤334 Ⅱ種特待 ③220/⑤374　Ⅰ種特待 ③254/⑤428 ＧＳ(傾斜配点方式) ③220/⑤358
2021	69.3	74.8	72.0	73.3	55.4	進　学 ③146/⑤261　特　進 ③184/⑤320 Ⅱ種特待 ③214/⑤367　Ⅰ種特待 ③246/⑤416 ＧＳ(傾斜配点方式) ③220/⑤358

※③＝３教科受験者の合格基準点　⑤＝５教科受験者の合格基準点

一般・併願推薦（B日程）

年度	英語	数学	社会	理科	国語	合格基準点
2024	58.6	58.2	79.1	63.9	67.4	進　学 ③140/⑤265　特　進 ③200/⑤351 Ⅱ種特待 ③220/⑤380　Ⅰ種特待 ③264/⑤443 ＧＳ(傾斜配点方式) ③200/⑤340
2023	62.6	51.8	74.5	74.9	58.2	進　学 ③120/⑤245　特　進 ③190/⑤349 Ⅱ種特待 ③212/⑤382　Ⅰ種特待 ③250/⑤439 ＧＳ(傾斜配点方式) ③200/⑤350
2022	64.4	61.2	67.2	79.7	70.6	進　学 ③150/⑤274　特　進 ③206/⑤359 Ⅱ種特待 ③224/⑤386　Ⅰ種特待 ③256/⑤434 ＧＳ(傾斜配点方式) ③220/⑤365
2021	71.8	65.0	70.6	76.0	60.6	進　学 ③154/⑤282　特　進 ③208/⑤361 Ⅱ種特待 ③228/⑤390　Ⅰ種特待 ③256/⑤430 ＧＳ(傾斜配点方式) ③220/⑤363

※③＝３教科受験者の合格基準点　⑤＝５教科受験者の合格基準点

注意

○ 解答用紙は、収録の都合により縮小したものや、小社独自に作成したものもあります。
○ 学校配点は学校発表のもの、推定配点は小社で作成したものです。
○ 無断転載を禁じます。
○ 解答用紙を拡大コピーする場合、表示した拡大率に対応する用紙サイズは以下のとおりです。
101%～102%＝B5　103%～118%＝A4　119%～144%＝B4　145%～167%＝A3
（タイトルと配点表は含みません）

２０２４年度　土浦日本大学高等学校

英語解答用紙

評点
/100

記入上の注意

(1) ＨＢの黒鉛筆を使用し，マークすること。
(2) 氏名とフリガナを記入すること。
(3) 受験番号を算用数字で記入すること。
(4) 受験番号欄に番号を正確にマークすること。
(5) 記入すべきこと以外は，絶対に書かないこと。
(6) マークを訂正するときは，プラスチックの消しゴムを使用し，きれいに消すこと。
(7) 消しくずは，きれいに取り除くこと。
(8) この解答用紙は，折り曲げたり，破ったり，汚したりしないこと。

マークの仕方	よい例	わるい例
	●	⊘ ◐ ⊗ ◑

フリガナ	
氏　名	

受験番号				
万	千	百	十	一
⓪	⓪	⓪	⓪	⓪
①	①	①	①	①
②	②	②	②	②
③	③	③	③	③
④	④	④	④	④
⑤	⑤	⑤	⑤	⑤
⑥	⑥	⑥	⑥	⑥
⑦	⑦	⑦	⑦	⑦
⑧	⑧	⑧	⑧	⑧
⑨	⑨	⑨	⑨	⑨

欠席者コード
受験生は記入しないこと。 0

1	(1)		① ② ③ ④
	(2)		① ② ③ ④
	(3)		① ② ③ ④
	(4)		① ② ③ ④
	(5)		① ② ③ ④
	(6)		① ② ③ ④
	(7)		① ② ③ ④
	(8)		① ② ③ ④
	(9)	1番目	① ② ③ ④
		2番目	① ② ③ ④
		3番目	① ② ③ ④
		4番目	① ② ③ ④
	(10)		① ② ③ ④
2	(11)		① ② ③ ④
	(12)		① ② ③ ④
	(13)		① ② ③ ④ ⑤ ⑥ ⑦ ⑧
	(14)		① ② ③ ④
	(15)		① ② ③ ④
	(16)		① ② ③ ④
	(17)		① ② ③ ④
	(18)		① ② ③ ④ ⑤ ⑥ ⑦

3	(19)		① ② ③ ④
	(20)		① ② ③ ④
	(21)		① ② ③ ④
	(22)		① ② ③ ④
	(23)		① ② ③ ④
	(24)		① ② ③ ④
	(25)		① ② ③ ④
	(26)		① ② ③ ④
	(27)		① ② ③ ④ ⑤ ⑥ ⑦
4	(28)		① ② ③ ④
	(29)		① ② ③ ④
	(30)		① ② ③ ④
	(31)		① ② ③ ④
5	(32)		① ② ③ ④
	(33)		① ② ③ ④
	(34)		① ② ③ ④
6	(35)		① ② ③ ④
	(36)		① ② ③ ④
	(37)		① ② ③ ④
7	(38)	1番目	① ② ③ ④ ⑤ ⑥
		2番目	① ② ③ ④ ⑤ ⑥
		3番目	① ② ③ ④ ⑤ ⑥
		4番目	① ② ③ ④ ⑤ ⑥
		5番目	① ② ③ ④ ⑤ ⑥
		6番目	① ② ③ ④ ⑤ ⑥

7	(39)	1番目	① ② ③ ④ ⑤ ⑥
		2番目	① ② ③ ④ ⑤ ⑥
		3番目	① ② ③ ④ ⑤ ⑥
		4番目	① ② ③ ④ ⑤ ⑥
		5番目	① ② ③ ④ ⑤ ⑥
		6番目	① ② ③ ④ ⑤ ⑥
	(40)	1番目	① ② ③ ④ ⑤ ⑥
		2番目	① ② ③ ④ ⑤ ⑥
		3番目	① ② ③ ④ ⑤ ⑥
		4番目	① ② ③ ④ ⑤ ⑥
		5番目	① ② ③ ④ ⑤ ⑥
		6番目	① ② ③ ④ ⑤ ⑥
	(41)	1番目	① ② ③ ④ ⑤ ⑥
		2番目	① ② ③ ④ ⑤ ⑥
		3番目	① ② ③ ④ ⑤ ⑥
		4番目	① ② ③ ④ ⑤ ⑥
		5番目	① ② ③ ④ ⑤ ⑥
		6番目	① ② ③ ④ ⑤ ⑥
	(42)	1番目	① ② ③ ④ ⑤ ⑥
		2番目	① ② ③ ④ ⑤ ⑥
		3番目	① ② ③ ④ ⑤ ⑥
		4番目	① ② ③ ④ ⑤ ⑥
		5番目	① ② ③ ④ ⑤ ⑥
		6番目	① ② ③ ④ ⑤ ⑥
8	(43)		① ② ③ ④
	(44)		① ② ③ ④
	(45)		① ② ③ ④
	(46)		① ② ③ ④
	(47)		① ② ③ ④

（注）この解答用紙は実物を縮小してあります。Ａ３用紙に145％拡大コピーすると、ほぼ実物大で使用できます。（タイトルと配点表は含みません）

推定配点	
1～8 各２点×50〔2(13)、(18)、3(27)はそれぞれ各２点×２〕 ※一般併願ＧＳ受験については、合計点を1.5倍して150点満点とする。	
100点	計

２０２４年度 土浦日本大学高等学校

数学解答用紙

評点	/100

記入上の注意

(1) ＨＢの黒鉛筆を使用し，マークすること。
(2) 氏名とフリガナを記入すること。
(3) 受験番号を算用数字で記入すること。
(4) 受験番号欄に番号を正確にマークすること。
(5) 記入すべきこと以外は，絶対に書かないこと。
(6) マークを訂正するときは，プラスチックの消しゴムを使用し，きれいに消すこと。
(7) 消しくずは，きれいに取り除くこと。
(8) この解答用紙は，折り曲げたり，破ったり，汚したりしないこと。

マークの仕方	よい例	わるい例
	●	✓ ● ⊗ ◐

フリガナ	
氏　名	

受験番号				
万	千	百	十	一
0	0	0	0	0
1	1	1	1	1
2	2	2	2	2
3	3	3	3	3
4	4	4	4	4
5	5	5	5	5
6	6	6	6	6
7	7	7	7	7
8	8	8	8	8
9	9	9	9	9

欠席者コード
受験生は記入しないこと。　0

1	(1)	ア	0 1 2 3 4 5 6 7 8 9
		イ	0 1 2 3 4 5 6 7 8 9
	(2)	ウ	0 1 2 3 4 5 6 7 8 9
	(3)	エ	0 1 2 3 4 5 6 7 8 9
		オ	0 1 2 3 4 5 6 7 8 9
		カ	0 1 2 3 4 5 6 7 8 9
		キ	0 1 2 3 4 5 6 7 8 9
	(4)	ク	0 1 2 3 4 5 6 7 8 9
		ケ	0 1 2 3 4 5 6 7 8 9
	(5)	コ	0 1 2 3 4 5 6 7 8 9
		サ	0 1 2 3 4 5 6 7 8 9
2	(1)	ア	0 1 2 3
		イ	0 1 2 3
	(2)	ウ	0 1 2 3 4 5 6 7 8 9
		エ	0 1 2 3 4 5 6 7 8 9
		オ	0 1 2 3 4 5 6 7 8 9
		カ	0 1 2 3 4 5 6 7 8 9
		キ	0 1 2 3 4 5 6 7 8 9
	(3)	ク	0 1 2 3 4 5 6 7 8 9
		ケ	0 1 2 3 4 5 6 7 8 9
		コ	0 1 2 3 4 5 6 7 8 9
		サ	0 1 2 3 4 5 6 7 8 9

3	(1)	ア	0 1 2 3 4 5 6 7 8 9
		イ	0 1 2 3 4 5 6 7 8 9
	(2)	ウ	0 1 2 3 4 5 6 7 8 9
	(3)	エ	0 1 2 3 4 5 6 7 8 9
		オ	0 1 2 3 4 5 6 7 8 9
4	(1)	ア	0 1 2 3 4 5 6 7 8 9
	(2)	イ	0 1 2 3 4 5 6 7 8 9
		ウ	0 1 2 3 4 5 6 7 8 9
	(3)	エ	0 1 2 3 4 5 6 7 8 9
		オ	0 1 2 3 4 5 6 7 8 9
5	(1)	ア	0 1 2 3 4 5 6 7 8 9
		イ	0 1 2 3 4 5 6 7 8 9
	(2)	ウ	0 1 2 3 4 5 6 7 8 9
		エ	0 1 2 3 4 5 6 7 8 9
	(3)	オ	0 1 2 3 4 5 6 7 8 9
		カ	0 1 2 3 4 5 6 7 8 9

(注) この解答用紙は実物を縮小してあります。Ｂ４用紙に133%拡大コピーすると、ほぼ実物大で使用できます。(タイトルと配点表は含みません)

推定配点	
1〜5　各５点×20〔1(4)、5(1)はそれぞれ完答、2(3)は各５点×２〕	
100点	計

２０２４年度　土浦日本大学高等学校

社会解答用紙

評点　/100

記入上の注意

(1) ＨＢの黒鉛筆を使用し，マークすること。
(2) 氏名とフリガナを記入すること。
(3) 受験番号を算用数字で記入すること。
(4) 受験番号欄に番号を正確にマークすること。
(5) 記入すべきこと以外は，絶対に書かないこと。
(6) マークを訂正するときは，プラスチックの消しゴムを使用し，きれいに消すこと。
(7) 消しくずは，きれいに取り除くこと。
(8) この解答用紙は，折り曲げたり，破ったり，汚したりしないこと。

マークの仕方	よい例	わるい例
	●	✓ ◉ ⊗ ◐

フリガナ	
氏　名	

受験番号				
万	千	百	十	一
⓪①②③④⑤⑥⑦⑧⑨	⓪①②③④⑤⑥⑦⑧⑨	⓪①②③④⑤⑥⑦⑧⑨	⓪①②③④⑤⑥⑦⑧⑨	⓪①②③④⑤⑥⑦⑧⑨

欠席者コード
受験生は記入しないこと。　0

大問	小問	マーク
1	(1)	①②③④
	(2)	①②③④
	(3)	①②③④
	(4)	①②③④
	(5)	①②③④
	(6)	①②③④
	(7)	①②③④
	(8)	①②③④
	(9)	①②③④
	(10)	①②③④
2	(1)	①②③④
	(2)	①②③④
	(3)	①②③④
	(4)	①②③④
	(5)	①②③④
	(6)	①②③④
	(7)	①②③④
	(8)	①②③④
	(9)	①②③④⑤⑥
	(10)	①②③④
3	(1)	①②③④
	(2)	①②③④
	(3)	①②③④
	(4)	①②③④
	(5)	①②③④
	(6)	①②③④
	(7)	①②③④
	(8)	①②③④
	(9)	①②③④
	(10)	①②③④
4	(1)	①②③④
	(2)	①②③④
	(3)	①②③④⑤⑥
	(4)	①②③④
	(5)	①②③④⑤⑥
	(6)	①②③④
5	(1)	①②③④⑤⑥
	(2)	①②③④
	(3)	①②③④
	(4)	①②③④
6	(1)	①②③④
	(2)	①②③④
	(3)	①②③④
	(4)	①②③④⑤⑥⑦⑧
	(5)	①②③④
	(6)	①②③④
	(7)	①②③④
	(8)	①②③④
	(9)	①②③④
	(10)	①②③④

(注) この解答用紙は実物を縮小してあります。Ｂ４用紙に143%拡大コピーすると、ほぼ実物大で使用できます。(タイトルと配点表は含みません)

推定配点	計
1～6　各２点×50	100点

2024年度　土浦日本大学高等学校

理科解答用紙

評点	/100

記入上の注意

(1) ＨＢの黒鉛筆を使用し，マークすること。
(2) 氏名とフリガナを記入すること。
(3) 受験番号を算用数字で記入すること。
(4) 受験番号欄に番号を正確にマークすること。
(5) 記入すべきこと以外は，絶対に書かないこと。
(6) マークを訂正するときは，プラスチックの消しゴムを使用し，きれいに消すこと。
(7) 消しくずは，きれいに取り除くこと。
(8) この解答用紙は，折り曲げたり，破ったり，汚したりしないこと。

マークの仕方	よい例	わるい例
	●	○✓ ◉ ⊗ ◐

フリガナ	
氏　名	

受験番号				
万	千	百	十	一
0	0	0	0	0
1	1	1	1	1
2	2	2	2	2
3	3	3	3	3
4	4	4	4	4
5	5	5	5	5
6	6	6	6	6
7	7	7	7	7
8	8	8	8	8
9	9	9	9	9

欠席者コード
受験生は記入しないこと。 0

1	(1)		① ② ③ ④ ⑤ ⑥
	(2)		① ② ③ ④ ⑤
	(3)		① ② ③ ④
	(4)		① ② ③ ④
	(5)		① ② ③ ④
2	(1)	(a)	① ② ③ ④
		(b)	① ② ③ ④
		(c)	① ② ③ ④
	(2)		① ② ③ ④ ⑤ ⑥
	(3)		① ② ③ ④ ⑤
	(4)		① ② ③ ④
3	(1)	(a)	① ② ③ ④ ⑤ ⑥
		(b)	① ② ③ ④ ⑤ ⑥ ⑦ ⑧
	(2)		① ② ③ ④ ⑤ ⑥
	(3)		① ② ③ ④ ⑤ ⑥
	(4)	(a)	① ② ③ ④ ⑤ ⑥ ⑦ ⑧ ⑨
		(b)	① ② ③ ④ ⑤ ⑥
4	(1)		① ② ③ ④ ⑤ ⑥
	(2)		① ② ③ ④ ⑤ ⑥
	(3)		① ② ③ ④
	(4)		① ② ③ ④
	(5)	(a)	① ② ③ ④ ⑤ ⑥ ⑦ ⑧
		(b)	① ② ③ ④ ⑤ ⑥ ⑦ ⑧

5	(1)		① ② ③ ④
	(2)		① ② ③ ④
	(3)		① ② ③ ④ ⑤ ⑥ ⑦ ⑧
	(4)		① ② ③ ④ ⑤ ⑥ ⑦ ⑧
	(5)		① ② ③ ④ ⑤ ⑥ ⑦ ⑧
6	(1)		① ② ③ ④ ⑤ ⑥ ⑦ ⑧ ⑨
	(2)		① ② ③ ④ ⑤ ⑥ ⑦ ⑧
	(3)		① ② ③ ④ ⑤ ⑥ ⑦ ⑧ ⑨
	(4)		① ② ③ ④ ⑤ ⑥ ⑦ ⑧ ⑨
	(5)		① ② ③ ④ ⑤ ⑥ ⑦ ⑧
7	(1)	ア	① ② ③ ④ ⑤ ⑥ ⑦ ⑧ ⑨ ⓪
		イ	① ② ③ ④ ⑤ ⑥ ⑦ ⑧ ⑨ ⓪
		ウ	① ② ③ ④ ⑤ ⑥ ⑦ ⑧ ⑨ ⓪
		エ	① ② ③ ④ ⑤ ⑥ ⑦ ⑧ ⑨ ⓪
	(2)		① ② ③ ④ ⑤ ⑥ ⑦ ⑧
	(3)		① ② ③ ④ ⑤ ⑥ ⑦ ⑧
	(4)		① ② ③ ④ ⑤ ⑥ ⑦ ⑧
	(5)	オ	① ② ③ ④ ⑤ ⑥ ⑦ ⑧ ⑨ ⓪
		カ	① ② ③ ④ ⑤ ⑥ ⑦ ⑧ ⑨ ⓪
		キ	① ② ③ ④ ⑤ ⑥ ⑦ ⑧ ⑨ ⓪
8	(1)	(a)	① ② ③ ④ ⑤
		(b)	① ② ③ ④
	(2)		① ② ③ ④
	(3)		① ② ③ ④ ⑤ ⑥ ⑦ ⑧ ⑨
	(4)		① ② ③ ④ ⑤ ⑥

(注) この解答用紙は実物を縮小してあります。Ｂ４用紙に133%拡大コピーすると、ほぼ実物大で使用できます。(タイトルと配点表は含みません)

推定配点

1、2 各2点×11　3 (1) 各2点×2 (2)～(4) 各3点×4
4、5 各2点×11〔4(5)(a)、(b)、5(3)はそれぞれ完答〕
6 各3点×5　7 各2点×5　8 各3点×5〔(4)は完答〕

計
100点

二〇二四年度　土浦日本大学高等学校

国語解答用紙

評点
/100

記入上の注意

(1) ＨＢの黒鉛筆を使用し，マークすること。
(2) 氏名とフリガナを記入すること。
(3) 受験番号を算用数字で記入すること。
(4) 受験番号欄に番号を正確にマークすること。
(5) 記入すべきこと以外は，絶対に書かないこと。
(6) マークを訂正するときは，プラスチックの消しゴムを使用し，きれいに消すこと。
(7) 消しくずは，きれいに取り除くこと。
(8) この解答用紙は，折り曲げたり，破ったり，汚したりしないこと。

マークの仕方	よい例	わるい例
	●	✓ ◍ ⊗ ◐

一	問1	a	㋐	㋑	㋒	㋓	㋔
		b	㋐	㋑	㋒	㋓	㋔
	問2	a	㋐	㋑	㋒	㋓	㋔
		b	㋐	㋑	㋒	㋓	㋔
	問3		㋐	㋑	㋒	㋓	㋔
	問4	a	㋐	㋑	㋒	㋓	㋔
		b	㋐	㋑	㋒	㋓	㋔
	問5		㋐	㋑	㋒	㋓	㋔
	問6		㋐	㋑	㋒	㋓	㋔
二	問7		㋐	㋑	㋒	㋓	㋔
	問8		㋐	㋑	㋒	㋓	㋔
	問9		㋐	㋑	㋒	㋓	㋔
	問10		㋐	㋑	㋒	㋓	㋔
	問11		㋐	㋑	㋒	㋓	㋔
	問12		㋐	㋑	㋒	㋓	㋔
	問13		㋐	㋑	㋒	㋓	㋔

三	問14	㋐	㋑	㋒	㋓	㋔
	問15	㋐	㋑	㋒	㋓	㋔
	問16	㋐	㋑	㋒	㋓	㋔
	問17	㋐	㋑	㋒	㋓	㋔
	問18	㋐	㋑	㋒	㋓	㋔
	問19	㋐	㋑	㋒	㋓	㋔
	問20	㋐	㋑	㋒	㋓	㋔
四	問21	㋐	㋑	㋒	㋓	㋔
	問22	㋐	㋑	㋒	㋓	㋔
	問23	㋐	㋑	㋒	㋓	㋔
	問24	㋐	㋑	㋒	㋓	㋔
	問25	㋐	㋑	㋒	㋓	㋔

（注）この解答用紙は実物を縮小してあります。Ｂ４用紙に133％拡大コピーすると、ほぼ実物大で使用できます。（タイトルと配点表は含みません）

フリガナ	
氏　名	

受験番号				
万	千	百	十	一
0	0	0	0	0
1	1	1	1	1
2	2	2	2	2
3	3	3	3	3
4	4	4	4	4
5	5	5	5	5
6	6	6	6	6
7	7	7	7	7
8	8	8	8	8
9	9	9	9	9

欠席者コード
受験生は記入しないこと。 0

推定配点

一　各2点×10
二　問7～問10　各4点×4　問11～問13　各6点×3
三　問14～問17　各4点×4　問18～問20　各5点×3
四　各3点×5

100点	計

２０２４年度　土浦日本大学高等学校・併願推薦

英語解答用紙

評点
/100

（注）この解答用紙は実物を縮小してあります。Ｂ４用紙に139%拡大コピーすると、ほぼ実物大で使用できます。（タイトルと配点表は含みません）

マークの仕方	よい例	わるい例
	●	◯ ◯ ◯ ◯

記入上の注意

(1) ＨＢの黒鉛筆を使用し，マークすること。
(2) 氏名とフリガナを記入すること。
(3) 受験番号を算用数字で記入すること。
(4) 受験番号欄に番号を正確にマークすること。
(5) 記入すべきこと以外は，絶対に書かないこと。
(6) マークを訂正するときは，プラスチックの消しゴムを使用し，きれいに消すこと。
(7) 消しくずは，きれいに取り除くこと。
(8) この解答用紙は，折り曲げたり，破ったり，汚したりしないこと。

大問	設問		解答欄
1	(1)		① ② ③ ④
	(2)		① ② ③ ④
	(3)		① ② ③ ④
	(4)		① ② ③ ④
	(5)		① ② ③ ④
	(6)		① ② ③ ④
	(7)		① ② ③ ④
	(8)	(A)	① ② ③ ④
		(B)	① ② ③ ④
		(C)	① ② ③ ④
2	(9)		① ② ③ ④
	(10)		① ② ③ ④
	(11)		① ② ③ ④
	(12)		① ② ③ ④
	(13)		① ② ③ ④
	(14)		① ② ③ ④
	(15)	(A)	① ② ③ ④
		(B)	① ② ③ ④
		(C)	① ② ③ ④
		(D)	① ② ③ ④
3	(16)		① ② ③ ④
	(17)		① ② ③ ④
	(18)		① ② ③ ④
	(19)		① ② ③ ④
	(20)		① ② ③ ④
	(21)		① ② ③ ④
	(22)		① ② ③ ④
	(23)		① ② ③ ④
	(24)		① ② ③ ④ ⑤ ⑥ ⑦

大問	設問		解答欄
4	(25)		① ② ③ ④
	(26)		① ② ③ ④
	(27)		① ② ③ ④
	(28)		① ② ③ ④
5	(29)		① ② ③ ④
	(30)		① ② ③ ④
	(31)		① ② ③ ④
6	(32)		① ② ③ ④
	(33)		① ② ③ ④
	(34)		① ② ③ ④
7	(35)	1番目	① ② ③ ④ ⑤ ⑥
		2番目	① ② ③ ④ ⑤ ⑥
		3番目	① ② ③ ④ ⑤ ⑥
		4番目	① ② ③ ④ ⑤ ⑥
		5番目	① ② ③ ④ ⑤ ⑥
		6番目	① ② ③ ④ ⑤ ⑥
	(36)	1番目	① ② ③ ④ ⑤ ⑥
		2番目	① ② ③ ④ ⑤ ⑥
		3番目	① ② ③ ④ ⑤ ⑥
		4番目	① ② ③ ④ ⑤ ⑥
		5番目	① ② ③ ④ ⑤ ⑥
		6番目	① ② ③ ④ ⑤ ⑥
	(37)	1番目	① ② ③ ④ ⑤ ⑥
		2番目	① ② ③ ④ ⑤ ⑥
		3番目	① ② ③ ④ ⑤ ⑥
		4番目	① ② ③ ④ ⑤ ⑥
		5番目	① ② ③ ④ ⑤ ⑥
		6番目	① ② ③ ④ ⑤ ⑥

大問	設問		解答欄
7	(38)	1番目	① ② ③ ④ ⑤ ⑥
		2番目	① ② ③ ④ ⑤ ⑥
		3番目	① ② ③ ④ ⑤ ⑥
		4番目	① ② ③ ④ ⑤ ⑥
		5番目	① ② ③ ④ ⑤ ⑥
		6番目	① ② ③ ④ ⑤ ⑥
	(39)	1番目	① ② ③ ④ ⑤ ⑥
		2番目	① ② ③ ④ ⑤ ⑥
		3番目	① ② ③ ④ ⑤ ⑥
		4番目	① ② ③ ④ ⑤ ⑥
		5番目	① ② ③ ④ ⑤ ⑥
		6番目	① ② ③ ④ ⑤ ⑥
8	(40)		① ② ③ ④
	(41)		① ② ③ ④
	(42)		① ② ③ ④
	(43)		① ② ③ ④
	(44)		① ② ③ ④

フリガナ	
氏　名	

受験番号				
万	千	百	十	一
⓪	⓪	⓪	⓪	⓪
①	①	①	①	①
②	②	②	②	②
③	③	③	③	③
④	④	④	④	④
⑤	⑤	⑤	⑤	⑤
⑥	⑥	⑥	⑥	⑥
⑦	⑦	⑦	⑦	⑦
⑧	⑧	⑧	⑧	⑧
⑨	⑨	⑨	⑨	⑨

欠席者コード
受験生は記入しないこと。 0

推定配点	
1～8 各２点×50〔3(24)は各２点×２〕 ※併願推薦ＧＳ受験については、合計点を1.5倍して150点満点とする。	
100点	計

2024年度　土浦日本大学高等学校・併願推薦

数学解答用紙

評点
/100

記入上の注意

(1) ＨＢの黒鉛筆を使用し，マークすること。
(2) 氏名とフリガナを記入すること。
(3) 受験番号を算用数字で記入すること。
(4) 受験番号欄に番号を正確にマークすること。
(5) 記入すべきこと以外は，絶対に書かないこと。
(6) マークを訂正するときは，プラスチックの消しゴムを使用し，きれいに消すこと。
(7) 消しくずは，きれいに取り除くこと。
(8) この解答用紙は，折り曲げたり，破ったり，汚したりしないこと。

マークの仕方	よい例	わるい例
	●	✓ ● ⊗ ◐

1	(1)	ア	⓪①②③④⑤⑥⑦⑧⑨
		イ	⓪①②③④⑤⑥⑦⑧⑨
		ウ	⓪①②③④⑤⑥⑦⑧⑨
	(2)	エ	⓪①②③④⑤⑥⑦⑧⑨
		オ	⓪①②③④⑤⑥⑦⑧⑨
	(3)	カ	⓪①②③④⑤⑥⑦⑧⑨
		キ	⓪①②③④⑤⑥⑦⑧⑨
	(4)	ク	⓪①②③④⑤⑥⑦⑧⑨
		ケ	⓪①②③④⑤⑥⑦⑧⑨
		コ	⓪①②③④⑤⑥⑦⑧⑨
	(5)	サ	⓪①②③
		シ	⓪①②③
2	(1)	ア	⓪①②③④⑤⑥⑦⑧⑨
		イ	⓪①②③④⑤⑥⑦⑧⑨
	(2)	ウ	⓪①②③④⑤⑥⑦⑧⑨
		エ	⓪①②③④⑤⑥⑦⑧⑨
		オ	⓪①②③④⑤⑥⑦⑧⑨
		カ	⓪①②③④⑤⑥⑦⑧⑨
		キ	⓪①②③④⑤⑥⑦⑧⑨
		ク	⓪①②③④⑤⑥⑦⑧⑨
	(3)	ケ	⓪①②③④⑤⑥⑦⑧⑨
		コ	⓪①②③④⑤⑥⑦⑧⑨
		サ	⓪①②③④⑤⑥⑦⑧⑨

3	(1)	ア	⓪①②③④⑤⑥⑦⑧⑨
		イ	⓪①②③④⑤⑥⑦⑧⑨
		ウ	⓪①②③④⑤⑥⑦⑧⑨
		エ	⓪①②③④⑤⑥⑦⑧⑨
		オ	⓪①②③④⑤⑥⑦⑧⑨
	(2)	カ	⓪①②③④⑤⑥⑦⑧⑨
		キ	⓪①②③④⑤⑥⑦⑧⑨
		ク	⓪①②③④⑤⑥⑦⑧⑨
	(3)	ケ	⓪①②③④⑤⑥⑦⑧⑨
		コ	⓪①②③④⑤⑥⑦⑧⑨
		サ	⓪①②③④⑤⑥⑦⑧⑨
4	(1)	ア	⓪①②③④⑤⑥⑦⑧⑨
		イ	⓪①②③④⑤⑥⑦⑧⑨
		ウ	⓪①②③④⑤⑥⑦⑧⑨
	(2)	エ	⓪①②③④⑤⑥⑦⑧⑨
		オ	⓪①②③④⑤⑥⑦⑧⑨
	(3)	カ	⓪①②③④⑤⑥⑦⑧⑨
		キ	⓪①②③④⑤⑥⑦⑧⑨
		ク	⓪①②③④⑤⑥⑦⑧⑨
		ケ	⓪①②③④⑤⑥⑦⑧⑨
5	(1)	ア	⓪①②③④⑤⑥⑦⑧⑨
		イ	⓪①②③④⑤⑥⑦⑧⑨
	(2)	ウ	⓪①②③④⑤⑥⑦⑧⑨
		エ	⓪①②③④⑤⑥⑦⑧⑨
		オ	⓪①②③④⑤⑥⑦⑧⑨
	(3)	カ	⓪①②③④⑤⑥⑦⑧⑨
		キ	⓪①②③④⑤⑥⑦⑧⑨
		ク	⓪①②③④⑤⑥⑦⑧⑨

フリガナ	
氏　名	

受験番号				
万	千	百	十	一
⓪	⓪	⓪	⓪	⓪
①	①	①	①	①
②	②	②	②	②
③	③	③	③	③
④	④	④	④	④
⑤	⑤	⑤	⑤	⑤
⑥	⑥	⑥	⑥	⑥
⑦	⑦	⑦	⑦	⑦
⑧	⑧	⑧	⑧	⑧
⑨	⑨	⑨	⑨	⑨

欠席者コード
受験生は記入しないこと。
0

(注)　この解答用紙は実物を縮小してあります。Ｂ４用紙に133%拡大コピーすると、ほぼ実物大で使用できます。(タイトルと配点表は含みません)

推定配点	
1～5　各5点×20〔1(5)、2(1)はそれぞれ完答、2(2)、4(3)はそれぞれ各5点×2〕	
100点	計

２０２４年度　土浦日本大学高等学校・併願推薦

社会解答用紙

評点
/100

記入上の注意

(1) ＨＢの黒鉛筆を使用し，マークすること。
(2) 氏名とフリガナを記入すること。
(3) 受験番号を算用数字で記入すること。
(4) 受験番号欄に番号を正確にマークすること。
(5) 記入すべきこと以外は，絶対に書かないこと。
(6) マークを訂正するときは，プラスチックの消しゴムを使用し，きれいに消すこと。
(7) 消しくずは，きれいに取り除くこと。
(8) この解答用紙は，折り曲げたり，破ったり，汚したりしないこと。

マークの仕方	よい例	わるい例
	●	✓ ◎ ⊗ ◐

フリガナ	
氏　名	

受験番号				
万	千	百	十	一
0	0	0	0	0
1	1	1	1	1
2	2	2	2	2
3	3	3	3	3
4	4	4	4	4
5	5	5	5	5
6	6	6	6	6
7	7	7	7	7
8	8	8	8	8
9	9	9	9	9

欠席者コード
受験生は記入しないこと。
0

大問	小問	解答欄
1	(1)	① ② ③ ④
	(2)	① ② ③ ④
	(3)	① ② ③ ④
	(4)	① ② ③ ④
	(5)	① ② ③ ④
	(6)	① ② ③ ④
	(7)	① ② ③ ④
	(8)	① ② ③ ④
	(9)	① ② ③ ④
	(10)	① ② ③ ④
2	(1)	① ② ③ ④
	(2)	① ② ③ ④
	(3)	① ② ③ ④
	(4)	① ② ③ ④
	(5)	① ② ③ ④
	(6)	① ② ③ ④
	(7)	① ② ③ ④
	(8)	① ② ③ ④
	(9)	① ② ③ ④
	(10)	① ② ③ ④

大問	小問	解答欄
3	(1)	① ② ③ ④
	(2)	① ② ③ ④
	(3)	① ② ③ ④
	(4)	① ② ③ ④
	(5)	① ② ③ ④
	(6)	① ② ③ ④
	(7)	① ② ③ ④
	(8)	① ② ③ ④
	(9)	① ② ③ ④
	(10)	① ② ③ ④
4	(1)	① ② ③ ④
	(2)	① ② ③ ④
	(3)	① ② ③ ④
	(4)	① ② ③ ④
	(5)	① ② ③ ④
	(6)	① ② ③ ④
5	(1)	① ② ③ ④ ⑤ ⑥
	(2)	① ② ③ ④
	(3)	① ② ③ ④
	(4)	① ② ③ ④

大問	小問	解答欄
6	(1)	① ② ③ ④
	(2)	① ② ③ ④
	(3)	① ② ③ ④
	(4)	① ② ③ ④
	(5)	① ② ③ ④
	(6)	① ② ③ ④ ⑤ ⑥ ⑦ ⑧
	(7)	① ② ③ ④
	(8)	① ② ③ ④
	(9)	① ② ③ ④
	(10)	① ② ③ ④

（注）この解答用紙は実物を縮小してあります。Ｂ４用紙に137%拡大コピーすると、ほぼ実物大で使用できます。（タイトルと配点表は含みません）

推定配点	
1～6　各２点×50	
100点	計

2024年度 土浦日本大学高等学校・併願推薦

理科解答用紙

評点
/100

記入上の注意

(1) ＨＢの黒鉛筆を使用し，マークすること。
(2) 氏名とフリガナを記入すること。
(3) 受験番号を算用数字で記入すること。
(4) 受験番号欄に番号を正確にマークすること。
(5) 記入すべきこと以外は，絶対に書かないこと。
(6) マークを訂正するときは，プラスチックの消しゴムを使用し，きれいに消すこと。
(7) 消しくずは，きれいに取り除くこと。
(8) この解答用紙は，折り曲げたり，破ったり，汚したりしないこと。

マークの仕方	よい例	わるい例
	●	◌ ● ⊗ ◑

大問	小問			解答欄
1	(1)			① ② ③ ④
	(2)			① ② ③ ④
	(3)			① ② ③ ④
	(4)			① ② ③ ④
	(5)			① ② ③ ④
2	(1)	(a)		① ② ③ ④
		(b)		① ② ③
	(2)	(a)		① ② ③ ④
		(b)		① ② ③ ④
	(3)	(a)		① ② ③ ④
		(b)		① ② ③ ④
	(4)			① ② ③ ④
3	(1)			① ② ③ ④ ⑤ ⑥
	(2)			① ② ③ ④ ⑤ ⑥
	(3)	ア		① ② ③ ④ ⑤ ⑥ ⑦ ⑧ ⑨ ⓪
		イ		① ② ③ ④ ⑤ ⑥ ⑦ ⑧ ⑨ ⓪
	(4)	(a)	ウ	① ② ③ ④ ⑤ ⑥ ⑦ ⑧ ⑨ ⓪
			エ	① ② ③ ④ ⑤ ⑥ ⑦ ⑧ ⑨ ⓪
		(b)		① ② ③ ④ ⑤ ⑥
4	(1)			① ② ③ ④
	(2)			① ② ③ ④ ⑤ ⑥ ⑦ ⑧
	(3)			① ② ③ ④
	(4)			① ② ③ ④
	(5)			① ② ③ ④ ⑤ ⑥ ⑦
5	(1)			① ② ③ ④
	(2)			① ② ③ ④ ⑤ ⑥ ⑦ ⑧
	(3)			① ② ③ ④ ⑤
	(4)	(a)		① ② ③ ④
		(b)		① ② ③ ④ ⑤ ⑥ ⑦ ⑧
		(c)		① ② ③ ④ ⑤ ⑥

大問	小問			解答欄
6	(1)			① ② ③ ④ ⑤ ⑥ ⑦ ⑧ ⑨
	(2)			① ② ③ ④ ⑤ ⑥ ⑦ ⑧ ⑨
	(3)	ア		① ② ③ ④ ⑤ ⑥ ⑦ ⑧ ⑨ ⓪
		イ		① ② ③ ④ ⑤ ⑥ ⑦ ⑧ ⑨ ⓪
		ウ		① ② ③ ④ ⑤ ⑥ ⑦ ⑧ ⑨ ⓪
	(4)			① ② ③ ④ ⑤ ⑥ ⑦ ⑧ ⑨
	(5)	エ		① ② ③ ④
		オ		① ② ③ ④
		カ		① ② ③ ④
		キ		① ② ③ ④
7	(1)	(a)	ア	① ② ③ ④ ⑤ ⑥ ⑦ ⑧ ⑨
			イ	① ② ③ ④ ⑤ ⑥ ⑦ ⑧ ⑨
			ウ	① ② ③ ④ ⑤ ⑥ ⑦ ⑧ ⑨
			エ	① ② ③ ④ ⑤ ⑥ ⑦ ⑧ ⑨
			オ	① ② ③ ④ ⑤ ⑥ ⑦ ⑧ ⑨
		(b)		① ② ③ ④ ⑤ ⑥
	(2)	(a)		① ② ③
		(b)		① ② ③ ④ ⑤
	(3)			① ② ③ ④ ⑤ ⑥
	(4)	ア		① ② ③ ④ ⑤ ⑥ ⑦ ⑧ ⑨ ⓪
		イ		① ② ③ ④ ⑤ ⑥ ⑦ ⑧ ⑨ ⓪
		ウ		① ② ③ ④ ⑤ ⑥ ⑦ ⑧ ⑨ ⓪
8	(1)			① ② ③ ④
	(2)			① ② ③ ④ ⑤ ⑥
	(3)			① ② ③ ④
	(4)			① ② ③ ④ ⑤ ⑥
	(5)			① ② ③ ④
	(6)			① ② ③ ④ ⑤ ⑥

(注) この解答用紙は実物を縮小してあります。Ｂ４用紙に133%拡大コピーすると、ほぼ実物大で使用できます。（タイトルと配点表は含みません）

フリガナ	
氏　名	

受験番号				
万	千	百	十	一
⓪	⓪	⓪	⓪	⓪
①	①	①	①	①
②	②	②	②	②
③	③	③	③	③
④	④	④	④	④
⑤	⑤	⑤	⑤	⑤
⑥	⑥	⑥	⑥	⑥
⑦	⑦	⑦	⑦	⑦
⑧	⑧	⑧	⑧	⑧
⑨	⑨	⑨	⑨	⑨

欠席者コード
受験生は記入しないこと。
0

推定配点

1～5 各2点×28
6 各3点×5
7 各2点×6
8 (1) 2点　(2)～(6) 各3点×5

計
100点

二〇二四年度　土浦日本大学高等学校・併願推薦

国語解答用紙

評点　／100

記入上の注意

(1) ＨＢの黒鉛筆を使用し，マークすること。
(2) 氏名とフリガナを記入すること。
(3) 受験番号を算用数字で記入すること。
(4) 受験番号欄に番号を正確にマークすること。
(5) 記入すべきこと以外は，絶対に書かないこと。
(6) マークを訂正するときは，プラスチックの消しゴムを使用し，きれいに消すこと。
(7) 消しくずは，きれいに取り除くこと。
(8) この解答用紙は，折り曲げたり，破ったり，汚したりしないこと。

マークの仕方	よい例	わるい例
	●	⊘ ○ ⊗ ◐

一	問1 a	ア	イ	ウ	エ	オ
	問1 b	ア	イ	ウ	エ	オ
	問2	ア	イ	ウ	エ	オ
	問3	ア	イ	ウ	エ	オ
	問4	ア	イ	ウ	エ	オ
	問5	ア	イ	ウ	エ	オ
	問6	ア	イ	ウ	エ	オ
	問7	ア	イ	ウ	エ	オ
	問8	ア	イ	ウ	エ	オ
	問9	ア	イ	ウ	エ	オ
二	問10	ア	イ	ウ	エ	オ
	問11	ア	イ	ウ	エ	オ
	問12	ア	イ	ウ	エ	オ
	問13	ア	イ	ウ	エ	オ
	問14	ア	イ	ウ	エ	オ
	問15	ア	イ	ウ	エ	オ
	問16	ア	イ	ウ	エ	オ
三	問17	ア	イ	ウ	エ	オ
	問18	ア	イ	ウ	エ	オ
	問19	ア	イ	ウ	エ	オ
	問20	ア	イ	ウ	エ	オ
	問21	ア	イ	ウ	エ	オ
	問22	ア	イ	ウ	エ	オ
	問23	ア	イ	ウ	エ	オ
四	問24	ア	イ	ウ	エ	オ
	問25	ア	イ	ウ	エ	オ
	問26	ア	イ	ウ	エ	オ
	問27	ア	イ	ウ	エ	オ
	問28	ア	イ	ウ	エ	オ

（注）この解答用紙は実物を縮小してあります。Ｂ４用紙に133％拡大コピーすると，ほぼ実物大で使用できます。（タイトルと配点表は含みません）

フリガナ	
氏　名	

受験番号				
万	千	百	十	一
0	0	0	0	0
1	1	1	1	1
2	2	2	2	2
3	3	3	3	3
4	4	4	4	4
5	5	5	5	5
6	6	6	6	6
7	7	7	7	7
8	8	8	8	8
9	9	9	9	9

欠席者コード　受験生は記入しないこと。　0

推定配点		計
	一　各2点×10 二　問10～問13　各4点×4　問14～問16　各6点×3 三　問17～問20　各4点×4　問21～問23　各5点×3 四　各3点×5	100点

2023年度　土浦日本大学高等学校

英語解答用紙

評点
/100

（注）この解答用紙は実物を縮小してあります。B４用紙に139%拡大コピーすると、ほぼ実物大で使用できます。（タイトルと配点表は含みません）

マークの仕方	よい例	わるい例
	●	✓ ● ⊗ ◐

記入上の注意

(1) HBの黒鉛筆を使用し，マークすること。
(2) 氏名とフリガナを記入すること。
(3) 受験番号を算用数字で記入すること。
(4) 受験番号欄に番号を正確にマークすること。
(5) 記入すべきこと以外は，絶対に書かないこと。
(6) マークを訂正するときは，プラスチックの消しゴムを使用し，きれいに消すこと。
(7) 消しくずは，きれいに取り除くこと。
(8) この解答用紙は，折り曲げたり，破ったり，汚したりしないこと。

7	(39) 1番目	① ② ③ ④ ⑤ ⑥
	(39) 2番目	① ② ③ ④ ⑤ ⑥
	(39) 3番目	① ② ③ ④ ⑤ ⑥
	(39) 4番目	① ② ③ ④ ⑤ ⑥
	(39) 5番目	① ② ③ ④ ⑤ ⑥
	(39) 6番目	① ② ③ ④ ⑤ ⑥
	(40) 1番目	① ② ③ ④ ⑤ ⑥
	(40) 2番目	① ② ③ ④ ⑤ ⑥
	(40) 3番目	① ② ③ ④ ⑤ ⑥
	(40) 4番目	① ② ③ ④ ⑤ ⑥
	(40) 5番目	① ② ③ ④ ⑤ ⑥
	(40) 6番目	① ② ③ ④ ⑤ ⑥
8	(41)	① ② ③ ④
	(42)	① ② ③ ④
	(43)	① ② ③ ④
	(44)	① ② ③ ④
	(45)	① ② ③ ④

4	(26)	① ② ③ ④
	(27)	① ② ③ ④
	(28)	① ② ③ ④
	(29)	① ② ③ ④
5	(30)	① ② ③ ④
	(31)	① ② ③ ④
	(32)	① ② ③ ④
6	(33)	① ② ③ ④
	(34)	① ② ③ ④
	(35)	① ② ③ ④
7	(36) 1番目	① ② ③ ④ ⑤ ⑥
	(36) 2番目	① ② ③ ④ ⑤ ⑥
	(36) 3番目	① ② ③ ④ ⑤ ⑥
	(36) 4番目	① ② ③ ④ ⑤ ⑥
	(36) 5番目	① ② ③ ④ ⑤ ⑥
	(36) 6番目	① ② ③ ④ ⑤ ⑥
	(37) 1番目	① ② ③ ④ ⑤ ⑥
	(37) 2番目	① ② ③ ④ ⑤ ⑥
	(37) 3番目	① ② ③ ④ ⑤ ⑥
	(37) 4番目	① ② ③ ④ ⑤ ⑥
	(37) 5番目	① ② ③ ④ ⑤ ⑥
	(37) 6番目	① ② ③ ④ ⑤ ⑥
	(38) 1番目	① ② ③ ④ ⑤ ⑥
	(38) 2番目	① ② ③ ④ ⑤ ⑥
	(38) 3番目	① ② ③ ④ ⑤ ⑥
	(38) 4番目	① ② ③ ④ ⑤ ⑥
	(38) 5番目	① ② ③ ④ ⑤ ⑥
	(38) 6番目	① ② ③ ④ ⑤ ⑥

1	(1)	① ② ③ ④
	(2)	① ② ③ ④
	(3)	① ② ③ ④
	(4)	① ② ③ ④
	(5)	① ② ③ ④
	(6)	① ② ③ ④
	(7)	① ② ③ ④
	(8)	① ② ③ ④
	(9)	① ② ③ ④ ⑤ ⑥ ⑦
2	(10)	① ② ③ ④
	(11)	① ② ③ ④
	(12)	① ② ③ ④
	(13)	① ② ③ ④
	(14)	① ② ③ ④
	(15)	① ② ③ ④
	(16)	① ② ③ ④ ⑤ ⑥ ⑦
3	(17)	① ② ③ ④
	(18)	① ② ③ ④
	(19)	① ② ③ ④
	(20)	① ② ③ ④
	(21)	① ② ③ ④
	(22)	① ② ③ ④
	(23)	① ② ③ ④
	(24)	① ② ③ ④
	(25)	① ② ③ ④ ⑤ ⑥ ⑦ ⑧

フリガナ	
氏　名	

受験番号				
万	千	百	十	一
⓪	⓪	⓪	⓪	⓪
①	①	①	①	①
②	②	②	②	②
③	③	③	③	③
④	④	④	④	④
⑤	⑤	⑤	⑤	⑤
⑥	⑥	⑥	⑥	⑥
⑦	⑦	⑦	⑦	⑦
⑧	⑧	⑧	⑧	⑧
⑨	⑨	⑨	⑨	⑨

欠席者コード
受験生は記入しないこと。 ⓪

推定配点
1～8 各2点×50〔1(9)は各2点×2、2(16)、3(25)はそれぞれ各2点×3〕 ※一般併願GS受験については、合計点を1.5倍して150点満点とする。
100点 ｜ 計

2023年度　土浦日本大学高等学校

数学解答用紙

評点
/100

記入上の注意

(1) ＨＢの黒鉛筆を使用し，マークすること。
(2) 氏名とフリガナを記入すること。
(3) 受験番号を算用数字で記入すること。
(4) 受験番号欄に番号を正確にマークすること。
(5) 記入すべきこと以外は，絶対に書かないこと。
(6) マークを訂正するときは，プラスチックの消しゴムを使用し，きれいに消すこと。
(7) 消しくずは，きれいに取り除くこと。
(8) この解答用紙は，折り曲げたり，破ったり，汚したりしないこと。

マークの仕方	よい例	わるい例
	●	✓ ● ⊗ ◐

フリガナ	
氏　名	

受験番号				
万	千	百	十	一
0	0	0	0	0
1	1	1	1	1
2	2	2	2	2
3	3	3	3	3
4	4	4	4	4
5	5	5	5	5
6	6	6	6	6
7	7	7	7	7
8	8	8	8	8
9	9	9	9	9

欠席者コード
受験生は記入しないこと。 0

1	(1)	ア	0 1 2 3 4 5 6 7 8 9
		イ	0 1 2 3 4 5 6 7 8 9
	(2)	ウ	0 1 2 3 4 5 6 7 8 9
		エ	0 1 2 3 4 5 6 7 8 9
	(3)	オ	0 1 2 3 4 5 6 7 8 9
		カ	0 1 2 3 4 5 6 7 8 9
		キ	0 1 2 3 4 5 6 7 8 9
		ク	0 1 2 3 4 5 6 7 8 9
	(4)	ケ	0 1 2 3 4 5 6 7 8 9
		コ	0 1 2 3 4 5 6 7 8 9
	(5)	サ	0 1 2 3
		シ	0 1 2 3
2	(1)	ア	0 1 2 3 4 5 6 7 8 9
		イ	0 1 2 3 4 5 6 7 8 9
		ウ	0 1 2 3 4 5 6 7 8 9
	(2)	エ	0 1 2 3 4 5 6 7 8 9
		オ	0 1 2 3 4 5 6 7 8 9
		カ	0 1 2 3 4 5 6 7 8 9
		キ	0 1 2 3 4 5 6 7 8 9
	(3)	ク	0 1 2 3 4 5 6 7 8 9
		ケ	0 1 2 3 4 5 6 7 8 9

3	(1)	ア	0 1 2 3 4 5 6 7 8 9
	(2)	イ	0 1 2 3 4 5 6 7 8 9
		ウ	0 1 2 3 4 5 6 7 8 9
		エ	0 1 2 3 4 5 6 7 8 9
	(3)	オ	0 1 2 3 4 5 6 7 8 9
		カ	0 1 2 3 4 5 6 7 8 9
		キ	0 1 2 3 4 5 6 7 8 9
4	(1)	ア	0 1 2 3 4 5 6 7 8 9
		イ	0 1 2 3 4 5 6 7 8 9
	(2)	ウ	0 1 2 3 4 5 6 7 8 9
		エ	0 1 2 3 4 5 6 7 8 9
		オ	0 1 2 3 4 5 6 7 8 9
		カ	0 1 2 3 4 5 6 7 8 9
		キ	0 1 2 3 4 5 6 7 8 9
		ク	0 1 2 3 4 5 6 7 8 9
	(3)	ケ	0 1 2 3 4 5 6 7 8 9
		コ	0 1 2 3 4 5 6 7 8 9
5	(1)	ア	0 1 2 3 4 5 6 7 8 9
		イ	0 1 2 3 4 5 6 7 8 9
	(2)	ウ	0 1 2 3 4 5 6 7 8 9
		エ	0 1 2 3 4 5 6 7 8 9
		オ	0 1 2 3 4 5 6 7 8 9
	(3)	カ	0 1 2 3 4 5 6 7 8 9
		キ	0 1 2 3 4 5 6 7 8 9

（注）この解答用紙は実物を縮小してあります。Ｂ４用紙に137％拡大コピーすると、ほぼ実物大で使用できます。（タイトルと配点表は含みません）

推定配点	
1～5　各5点×20〔1(5)、2(2)、4(2)はそれぞれ各5点×2〕	
100点	計

２０２３年度　土浦日本大学高等学校

社会解答用紙

評点
/100

記入上の注意

(1) ＨＢの黒鉛筆を使用し，マークすること。
(2) 氏名とフリガナを記入すること。
(3) 受験番号を算用数字で記入すること。
(4) 受験番号欄に番号を正確にマークすること。
(5) 記入すべきこと以外は，絶対に書かないこと。
(6) マークを訂正するときは，プラスチックの消しゴムを使用し，きれいに消すこと。
(7) 消しくずは，きれいに取り除くこと。
(8) この解答用紙は，折り曲げたり，破ったり，汚したりしないこと。

マークの仕方	よい例	わるい例
	●	✓ ◍ ⊗ ◑

フリガナ	
氏　名	

受験番号				
万	千	百	十	一
⓪①②③④⑤⑥⑦⑧⑨	⓪①②③④⑤⑥⑦⑧⑨	⓪①②③④⑤⑥⑦⑧⑨	⓪①②③④⑤⑥⑦⑧⑨	⓪①②③④⑤⑥⑦⑧⑨

欠席者コード
受験生は記入しないこと。
0

1	(1)	①②③④
	(2)	①②③④
	(3)	①②③④
	(4)	①②③④
	(5)	①②③④
	(6)	①②③④
	(7)	①②③④
	(8)	①②③④
	(9)	①②③④
	(10)	①②③④
2	(1)	①②③④⑤⑥⑦⑧
	(2)	①②③④
	(3)	①②③④
	(4)	①②③④
	(5)	①②③④
	(6)	①②③④
	(7)	①②③④
	(8)	①②③④
	(9)	①②③④
	(10)	①②③④

3	(1)	①②③④
	(2)	①②③④
	(3)	①②③④⑤⑥
	(4)	①②③④
	(5)	①②③④
	(6)	①②③④⑤⑥
	(7)	①②③④
	(8)	①②③④
	(9)	①②③④
	(10)	①②③④
4	(1)	①②③④
	(2)	①②③④⑤⑥
	(3)	①②③④
	(4)	①②③④
	(5)	①②③④
	(6)	①②③④
5	(1)	①②③④⑤⑥
	(2)	①②③④
	(3)	①②③④
	(4)	①②③④

6	(1)	①②③④
	(2)	①②③④
	(3)	①②③④
	(4)	①②③④
	(5)	①②③④
	(6)	①②③④
	(7)	①②③④
	(8)	①②③④
	(9)	①②③④
	(10)	①②③④

(注)　この解答用紙は実物を縮小してあります。Ｂ４用紙に137%拡大コピーすると、ほぼ実物大で使用できます。(タイトルと配点表は含みません)

推定配点	
1〜6　各2点×50	
100点	計

2023年度　土浦日本大学高等学校

理科解答用紙

評点
/100

記入上の注意

(1) HBの黒鉛筆を使用し，マークすること。
(2) 氏名とフリガナを記入すること。
(3) 受験番号を算用数字で記入すること。
(4) 受験番号欄に番号を正確にマークすること。
(5) 記入すべきこと以外は，絶対に書かないこと。
(6) マークを訂正するときは，プラスチックの消しゴムを使用し，きれいに消すこと。
(7) 消しくずは，きれいに取り除くこと。
(8) この解答用紙は，折り曲げたり，破ったり，汚したりしないこと。

マークの仕方	よい例	わるい例
	●	⊘ ◍ ⊗ ◐

フリガナ	
氏　名	

受験番号				
万	千	百	十	一
⓪①②③④⑤⑥⑦⑧⑨	⓪①②③④⑤⑥⑦⑧⑨	⓪①②③④⑤⑥⑦⑧⑨	⓪①②③④⑤⑥⑦⑧⑨	⓪①②③④⑤⑥⑦⑧⑨

欠席者コード
受験生は記入しないこと。
0

1	(1)		①②③④
	(2)		①②③④
	(3)		①②③④
	(4)	(a)	①②③④
		(b)	①②③④
2	(1)		①②③④⑤
	(2)		①②③④⑤⑥⑦⑧
	(3)		①②③④
	(4)		①②③④⑤⑥
	(5)	(a)	①②③④
		(b)	①②③④⑤⑥
3	(1)		①②③④⑤⑥
	(2)		①②③④⑤⑥
	(3)		①②③④⑤
	(4)	(a)	①②③④⑤
		(b)	①②③④
4	(1)	(a)	①②③④⑤⑥⑦⑧⑨
		(b)	①②③④
	(2)	ア	⓪①②③④⑤⑥⑦⑧⑨
		イ	⓪①②③④⑤⑥⑦⑧⑨
	(3)		①②③④
	(4)	ウ	⓪①②③④⑤⑥⑦⑧⑨
		エ	⓪①②③④⑤⑥⑦⑧⑨
	(5)		①②③④⑤⑥⑦⑧

5	(1)		①②③④
	(2)		①②③④
	(3)		①②③④
	(4)		①②③④
	(5)		①②③④⑤⑥
	(6)		①②③④
6	(1)		①②③④
	(2)		①②③④⑤⑥⑦⑧
	(3)		①②③④
	(4)		①②③④
	(5)	ア	⓪①②③④⑤⑥⑦⑧⑨
		イ	⓪①②③④⑤⑥⑦⑧⑨
	(6)		①②③④⑤⑥⑦⑧
7	(1)		①②③④
	(2)		①②③④⑤⑥
	(3)		①②③④⑤⑥
	(4)		①②③④⑤
	(5)	(a)	①②
		(b)	①②③④⑤
8	(1)		①②③④⑤⑥
	(2)		①②③④
	(3)		①②③④
	(4)		①②③④
	(5)		①②③④

（注）この解答用紙は実物を縮小してあります。Ｂ４用紙に132%拡大コピーすると、ほぼ実物大で使用できます。（タイトルと配点表は含みません）

推定配点	
1〜3 各2点×16 4 各3点×6 5、6 各2点×12 7 (1)、(2) 各2点×2　(3)〜(5) 各3点×4 8 各2点×5	
100点	計

二〇二三年度　土浦日本大学高等学校

国語解答用紙

評点
/100

マークの仕方	よい例	わるい例
	●	◌ ◌ ⊗ ◌

記入上の注意

(1) ＨＢの黒鉛筆を使用し，マークすること。
(2) 氏名とフリガナを記入すること。
(3) 受験番号を算用数字で記入すること。
(4) 受験番号欄に番号を正確にマークすること。
(5) 記入すべきこと以外は，絶対に書かないこと。
(6) マークを訂正するときは，プラスチックの消しゴムを使用し，きれいに消すこと。
(7) 消しくずは，きれいに取り除くこと。
(8) この解答用紙は，折り曲げたり，破ったり，汚したりしないこと。

一	問 1	㋐	㋑	㋒	㋓	㋔
	問 2	㋐	㋑	㋒	㋓	㋔
	問 3	㋐	㋑	㋒	㋓	㋔
	問 4	㋐	㋑	㋒	㋓	㋔
	問 5	㋐	㋑	㋒	㋓	㋔
	問 6	㋐	㋑	㋒	㋓	㋔
	問 7	㋐	㋑	㋒	㋓	㋔
	問 8	㋐	㋑	㋒	㋓	㋔
	問 9	㋐	㋑	㋒	㋓	㋔
	問 10	㋐	㋑	㋒	㋓	㋔
二	問 11	㋐	㋑	㋒	㋓	㋔
	問 12	㋐	㋑	㋒	㋓	㋔
	問 13	㋐	㋑	㋒	㋓	㋔
	問 14	㋐	㋑	㋒	㋓	㋔
	問 15	㋐	㋑	㋒	㋓	㋔
	問 16	㋐	㋑	㋒	㋓	㋔
	問 17	㋐	㋑	㋒	㋓	㋔
	問 18	㋐	㋑	㋒	㋓	㋔

三	問 19	㋐	㋑	㋒	㋓	㋔
	問 20	㋐	㋑	㋒	㋓	㋔
	問 21	㋐	㋑	㋒	㋓	㋔
	問 22	㋐	㋑	㋒	㋓	㋔
	問 23	㋐	㋑	㋒	㋓	㋔
	問 24	㋐	㋑	㋒	㋓	㋔
	問 25	㋐	㋑	㋒	㋓	㋔
四	問 26	㋐	㋑	㋒	㋓	㋔
	問 27	㋐	㋑	㋒	㋓	㋔
	問 28	㋐	㋑	㋒	㋓	㋔
	問 29	㋐	㋑	㋒	㋓	㋔
	問 30	㋐	㋑	㋒	㋓	㋔

フリガナ	
氏　名	

受験番号				
万	千	百	十	一
0	0	0	0	0
1	1	1	1	1
2	2	2	2	2
3	3	3	3	3
4	4	4	4	4
5	5	5	5	5
6	6	6	6	6
7	7	7	7	7
8	8	8	8	8
9	9	9	9	9

欠席者コード
受験生は記入しないこと。
0

（注）この解答用紙は実物を縮小してあります。Ｂ４用紙に133%拡大コピーすると、ほぼ実物大で使用できます。（タイトルと配点表は含みません）

推定配点

一　各2点×10
二　各4点×8
三　問19〜問22　各4点×4　問23〜問25　各5点×3
四　問26〜問28　各3点×3　問29、問30　各4点×2

計	100点

2023年度　土浦日本大学高等学校・併願推薦

英語解答用紙

評点
/100

記入上の注意

(1) HBの黒鉛筆を使用し，マークすること。
(2) 氏名とフリガナを記入すること。
(3) 受験番号を算用数字で記入すること。
(4) 受験番号欄に番号を正確にマークすること。
(5) 記入すべきこと以外は，絶対に書かないこと。
(6) マークを訂正するときは，プラスチックの消しゴムを使用し，きれいに消すこと。
(7) 消しくずは，きれいに取り除くこと。
(8) この解答用紙は，折り曲げたり，破ったり，汚したりしないこと。

マークの仕方	よい例	わるい例
	●	✓ ◉ ⊗ ◐

フリガナ	
氏　名	

受験番号				
万	千	百	十	一
⓪	⓪	⓪	⓪	⓪
①	①	①	①	①
②	②	②	②	②
③	③	③	③	③
④	④	④	④	④
⑤	⑤	⑤	⑤	⑤
⑥	⑥	⑥	⑥	⑥
⑦	⑦	⑦	⑦	⑦
⑧	⑧	⑧	⑧	⑧
⑨	⑨	⑨	⑨	⑨

欠席者コード
受験生は記入しないこと。 0

大問	設問		解答欄
1	(1)		① ② ③ ④
	(2)		① ② ③ ④
	(3)		① ② ③ ④
	(4)		① ② ③ ④
	(5)		① ② ③ ④
	(6)		① ② ③ ④
	(7)		① ② ③ ④
	(8)	(A)	① ② ③ ④
		(B)	① ② ③ ④
		(C)	① ② ③ ④
2	(9)		① ② ③ ④
	(10)		① ② ③ ④
	(11)		① ② ③ ④
	(12)		① ② ③ ④
	(13)		① ② ③ ④
	(14)		① ② ③ ④
	(15)		① ② ③ ④
	(16)		① ② ③ ④
	(17)		① ② ③ ④ ⑤ ⑥
3	(18)		① ② ③ ④
	(19)		① ② ③ ④
	(20)		① ② ③ ④
	(21)		① ② ③ ④
	(22)		① ② ③ ④
	(23)		① ② ③ ④
	(24)		① ② ③ ④
	(25)		① ② ③ ④
	(26)		① ② ③ ④ ⑤ ⑥ ⑦

大問	設問		解答欄
4	(27)		① ② ③ ④
	(28)		① ② ③ ④
	(29)		① ② ③ ④
	(30)		① ② ③ ④
5	(31)		① ② ③ ④
	(32)		① ② ③ ④
	(33)		① ② ③ ④
6	(34)		① ② ③ ④
	(35)		① ② ③ ④
	(36)		① ② ③ ④
7	(37)	1番目	① ② ③ ④ ⑤ ⑥
		2番目	① ② ③ ④ ⑤ ⑥
		3番目	① ② ③ ④ ⑤ ⑥
		4番目	① ② ③ ④ ⑤ ⑥
		5番目	① ② ③ ④ ⑤ ⑥
		6番目	① ② ③ ④ ⑤ ⑥
	(38)	1番目	① ② ③ ④ ⑤ ⑥
		2番目	① ② ③ ④ ⑤ ⑥
		3番目	① ② ③ ④ ⑤ ⑥
		4番目	① ② ③ ④ ⑤ ⑥
		5番目	① ② ③ ④ ⑤ ⑥
		6番目	① ② ③ ④ ⑤ ⑥
	(39)	1番目	① ② ③ ④ ⑤ ⑥
		2番目	① ② ③ ④ ⑤ ⑥
		3番目	① ② ③ ④ ⑤ ⑥
		4番目	① ② ③ ④ ⑤ ⑥
		5番目	① ② ③ ④ ⑤ ⑥
		6番目	① ② ③ ④ ⑤ ⑥

大問	設問		解答欄
7	(40)	1番目	① ② ③ ④ ⑤ ⑥
		2番目	① ② ③ ④ ⑤ ⑥
		3番目	① ② ③ ④ ⑤ ⑥
		4番目	① ② ③ ④ ⑤ ⑥
		5番目	① ② ③ ④ ⑤ ⑥
		6番目	① ② ③ ④ ⑤ ⑥
	(41)	1番目	① ② ③ ④ ⑤ ⑥
		2番目	① ② ③ ④ ⑤ ⑥
		3番目	① ② ③ ④ ⑤ ⑥
		4番目	① ② ③ ④ ⑤ ⑥
		5番目	① ② ③ ④ ⑤ ⑥
		6番目	① ② ③ ④ ⑤ ⑥
8	(42)		① ② ③ ④
	(43)		① ② ③ ④
	(44)		① ② ③ ④
	(45)		① ② ③ ④
	(46)		① ② ③ ④

(注) この解答用紙は実物を縮小してあります。Ｂ４用紙に139%拡大コピーすると、ほぼ実物大で使用できます。(タイトルと配点表は含みません)

推定配点	
1～8 各２点×50〔2(17)、3(26)はそれぞれ各２点×２〕 ※併願推薦ＧＳ受験については、合計点を1.5倍して150点満点とする。	
100点	計

２０２３年度　土浦日本大学高等学校・併願推薦

数学解答用紙

評点
/100

記入上の注意

(1) ＨＢの黒鉛筆を使用し，マークすること。
(2) 氏名とフリガナを記入すること。
(3) 受験番号を算用数字で記入すること。
(4) 受験番号欄に番号を正確にマークすること。
(5) 記入すべきこと以外は，絶対に書かないこと。
(6) マークを訂正するときは，プラスチックの消しゴムを使用し，きれいに消すこと。
(7) 消しくずは，きれいに取り除くこと。
(8) この解答用紙は，折り曲げたり，破ったり，汚したりしないこと。

マークの仕方	よい例	わるい例

フリガナ	
氏　名	

受験番号				
万	千	百	十	一
0	0	0	0	0
1	1	1	1	1
2	2	2	2	2
3	3	3	3	3
4	4	4	4	4
5	5	5	5	5
6	6	6	6	6
7	7	7	7	7
8	8	8	8	8
9	9	9	9	9

欠席者コード
受験生は記入しないこと。　0

1	(1)	ア	0 1 2 3 4 5 6 7 8 9
	(2)	イ	0 1 2 3 4 5 6 7 8 9
		ウ	0 1 2 3 4 5 6 7 8 9
		エ	0 1 2 3 4 5 6 7 8 9
	(3)	オ	0 1 2 3 4 5 6 7 8 9
		カ	0 1 2 3 4 5 6 7 8 9
		キ	0 1 2 3 4 5 6 7 8 9
	(4)	ク	0 1 2 3 4 5 6 7 8 9
		ケ	0 1 2 3 4 5 6 7 8 9
	(5)	コ	0 1 2 3
		サ	0 1 2 3
2	(1)	ア	0 1 2 3 4 5 6 7 8 9
		イ	0 1 2 3 4 5 6 7 8 9
	(2)	ウ	0 1 2 3 4 5 6 7 8 9
		エ	0 1 2 3 4 5 6 7 8 9
	(3)	オ	0 1 2 3 4 5
		カ	0 1 2 3 4 5 6 7 8 9
		キ	0 1 2 3 4 5 6 7 8 9
3	(1)	ア	0 1 2 3 4 5 6 7 8 9
		イ	0 1 2 3 4 5 6 7 8 9
		ウ	0 1 2 3 4 5 6 7 8 9
	(2)	エ	0 1 2 3 4 5 6 7 8 9
		オ	0 1 2 3 4 5 6 7 8 9
		カ	0 1 2 3 4 5 6 7 8 9
	(3)	キ	0 1 2 3 4 5 6 7 8 9
		ク	0 1 2 3 4 5 6 7 8 9

4	(1)	ア	0 1 2 3 4 5 6 7 8 9
		イ	0 1 2 3 4 5 6 7 8 9
	(2)	ウ	0 1 2 3 4 5 6 7 8 9
		エ	0 1 2 3 4 5 6 7 8 9
		オ	0 1 2 3 4 5 6 7 8 9
		カ	0 1 2 3 4 5 6 7 8 9
	(3)	キ	0 1 2 3 4 5 6 7 8 9
		ク	0 1 2 3 4 5 6 7 8 9
		ケ	0 1 2 3 4 5 6 7 8 9
		コ	0 1 2 3 4 5 6 7 8 9
5	(1)	ア	0 1 2 3 4 5 6 7 8 9
		イ	0 1 2 3 4 5 6 7 8 9
		ウ	0 1 2 3 4 5 6 7 8 9
		エ	0 1 2 3 4 5 6 7 8 9
		オ	0 1 2 3 4 5 6 7 8 9
		カ	0 1 2 3 4 5 6 7 8 9
	(2)	キ	0 1 2 3
	(3)	ク	0 1 2 3 4 5 6 7 8 9
		ケ	0 1 2 3 4 5 6 7 8 9

（注）この解答用紙は実物を縮小してあります。Ｂ４用紙に137％拡大コピーすると，ほぼ実物大で使用できます。（タイトルと配点表は含みません）

推定配点	
1～5　各5点×20〔1(5)は各5点×2，5(1)は各5点×3，2(3)は完答〕	
100点	計

2023年度　土浦日本大学高等学校・併願推薦

社会解答用紙

記入上の注意

(1) ＨＢの黒鉛筆を使用し，マークすること。
(2) 氏名とフリガナを記入すること。
(3) 受験番号を算用数字で記入すること。
(4) 受験番号欄に番号を正確にマークすること。
(5) 記入すべきこと以外は，絶対に書かないこと。
(6) マークを訂正するときは，プラスチックの消しゴムを使用し，きれいに消すこと。
(7) 消しくずは，きれいに取り除くこと。
(8) この解答用紙は，折り曲げたり，破ったり，汚したりしないこと。

マークの仕方	よい例	わるい例
	●	✓ ◎ ⊗ ◐

フリガナ	
氏　名	

受験番号				
万	千	百	十	一
0	0	0	0	0
1	1	1	1	1
2	2	2	2	2
3	3	3	3	3
4	4	4	4	4
5	5	5	5	5
6	6	6	6	6
7	7	7	7	7
8	8	8	8	8
9	9	9	9	9

欠席者コード
受験生は記入しないこと。
0

大問	小問	解答
1	(1)	① ② ③ ④
	(2)	① ② ③ ④
	(3)	① ② ③ ④
	(4)	① ② ③ ④
	(5)	① ② ③ ④
	(6)	① ② ③ ④
	(7)	① ② ③ ④
	(8)	① ② ③ ④
	(9)	① ② ③ ④
	(10)	① ② ③ ④
2	(1)	① ② ③ ④
	(2)	① ② ③ ④
	(3)	① ② ③ ④
	(4)	① ② ③ ④
	(5)	① ② ③ ④
	(6)	① ② ③ ④
	(7)	① ② ③ ④ ⑤ ⑥
	(8)	① ② ③ ④
	(9)	① ② ③ ④
	(10)	① ② ③ ④

大問	小問	解答
3	(1)	① ② ③ ④
	(2)	① ② ③ ④
	(3)	① ② ③ ④
	(4)	① ② ③ ④
	(5)	① ② ③ ④
	(6)	① ② ③ ④
	(7)	① ② ③ ④
	(8)	① ② ③ ④
	(9)	① ② ③ ④
	(10)	① ② ③ ④
4	(1)	① ② ③ ④
	(2)	① ② ③ ④
	(3)	① ② ③ ④ ⑤ ⑥
	(4)	① ② ③ ④
	(5)	① ② ③ ④
	(6)	① ② ③ ④
5	(1)	① ② ③ ④ ⑤ ⑥
	(2)	① ② ③ ④
	(3)	① ② ③ ④
	(4)	① ② ③ ④

大問	小問	解答
6	(1)	① ② ③ ④
	(2)	① ② ③ ④
	(3)	① ② ③ ④
	(4)	① ② ③ ④
	(5)	① ② ③ ④
	(6)	① ② ③ ④
	(7)	① ② ③ ④
	(8)	① ② ③ ④
	(9)	① ② ③ ④
	(10)	① ② ③ ④

評点
／100

（注）この解答用紙は実物を縮小してあります。Ｂ４用紙に132％拡大コピーすると、ほぼ実物大で使用できます。（タイトルと配点表は含みません）

推定配点	
1～6　各2点×50	
100点	計

2023年度　土浦日本大学高等学校・併願推薦

理科解答用紙

評点
/100

記入上の注意

(1) ＨＢの黒鉛筆を使用し，マークすること。
(2) 氏名とフリガナを記入すること。
(3) 受験番号を算用数字で記入すること。
(4) 受験番号欄に番号を正確にマークすること。
(5) 記入すべきこと以外は，絶対に書かないこと。
(6) マークを訂正するときは，プラスチックの消しゴムを使用し，きれいに消すこと。
(7) 消しくずは，きれいに取り除くこと。
(8) この解答用紙は，折り曲げたり，破ったり，汚したりしないこと。

マークの仕方	よい例	わるい例
	●	✓ ● ⊗ ◐

フリガナ	
氏　名	

受験番号				
万	千	百	十	一
⓪〜⑨	⓪〜⑨	⓪〜⑨	⓪〜⑨	⓪〜⑨

欠席者コード
受験生は記入しないこと。

1	(1)		①②③④
	(2)		①②③④
	(3)		①②③④⑤⑥⑦
	(4)	(a)	①②③④
		(b)	①②③
2	(1)		①②③④
	(2)		①②③④
	(3)		①②③④
	(4)	(a)	①②③④⑤
		(b)	①②③④⑤
3	(1)	(a)	①②③④⑤⑥⑦⑧
		(b)	①②③④⑤
	(2)		①②③④⑤
	(3)		①②③④⑤
	(4)		①②③④⑤⑥
4	(1)	(a) ア	⓪①②③④⑤⑥⑦⑧⑨
		(a) イ	⓪①②③④⑤⑥⑦⑧⑨
		(b) ウ	⓪①②③④⑤⑥⑦⑧⑨
		(b) エ	⓪①②③④⑤⑥⑦⑧⑨
	(2)		①②③④
	(3)		①②③④⑤⑥⑦⑧
	(4)		①②③④⑤⑥
	(5)		①②③④

5	(1)		①②③④⑤⑥
	(2)		①②③④⑤
	(3)		①②③④
	(4)		①②③④⑤
	(5)		①②③④⑤⑥
6	(1)		①②③④⑤⑥
	(2)		①②③④⑤⑥⑦⑧⑨
	(3)		①②③④⑤⑥⑦⑧⑨
	(4)		①②③④
	(5)		①②③④⑤⑥⑦⑧⑨
	(6)		①②③④⑤⑥⑦⑧⑨
7	(1)		①②③④⑤
	(2)	(a)	①②③④⑤⑥⑦⑧⑨
		(b)	①②③④⑤⑥⑦⑧⑨
		(c)	①②③④⑤⑥⑦⑧⑨
	(3)		①②③④⑤⑥⑦
	(4)		①②③④⑤⑥
	(5)	(a)	①②③④
		(b)	①②③④⑤⑥
8	(1)		①②③④⑤⑥⑦
	(2)		①②③④
	(3)		①②③④
	(4)		①②③④
	(5)		①②③④

(注) この解答用紙は実物を縮小してあります。Ｂ４用紙に132%拡大コピーすると，ほぼ実物大で使用できます。(タイトルと配点表は含みません)

推定配点

1、2 各2点×10
3 (1) 各2点×2　(2)～(4) 各3点×3
4、5 各2点×11　6 各3点×6
7 各2点×6〔(2)は完答〕
8 各3点×5

計
100点

二〇二三年度　土浦日本大学高等学校・併願推薦

国語解答用紙

評点　/100

記入上の注意

(1) ＨＢの黒鉛筆を使用し，マークすること。
(2) 氏名とフリガナを記入すること。
(3) 受験番号を算用数字で記入すること。
(4) 受験番号欄に番号を正確にマークすること。
(5) 記入すべきこと以外は，絶対に書かないこと。
(6) マークを訂正するときは，プラスチックの消しゴムを使用し，きれいに消すこと。
(7) 消しくずは，きれいに取り除くこと。
(8) この解答用紙は，折り曲げたり，破ったり，汚したりしないこと。

マークの仕方	よい例	わるい例
	●	

フリガナ	
氏　名	

受験番号				
万	千	百	十	一
0	0	0	0	0
1	1	1	1	1
2	2	2	2	2
3	3	3	3	3
4	4	4	4	4
5	5	5	5	5
6	6	6	6	6
7	7	7	7	7
8	8	8	8	8
9	9	9	9	9

欠席者コード
受験生は記入しないこと。　0

一	問1 ①	㋐	㋑	㋒	㋓	㋔
	問1 ②	㋐	㋑	㋒	㋓	㋔
	問1 ③	㋐	㋑	㋒	㋓	㋔
	問1 ④	㋐	㋑	㋒	㋓	㋔
	問1 ⑤	㋐	㋑	㋒	㋓	㋔
	問 2	㋐	㋑	㋒	㋓	㋔
	問 3	㋐	㋑	㋒	㋓	㋔
	問 4	㋐	㋑	㋒	㋓	㋔
	問 5	㋐	㋑	㋒	㋓	㋔
	問 6	㋐	㋑	㋒	㋓	㋔
二	問 7	㋐	㋑	㋒	㋓	㋔
	問 8	㋐	㋑	㋒	㋓	㋔
	問 9	㋐	㋑	㋒	㋓	㋔
	問 10	㋐	㋑	㋒	㋓	㋔
	問 11	㋐	㋑	㋒	㋓	㋔
	問 12	㋐	㋑	㋒	㋓	㋔
	問 13	㋐	㋑	㋒	㋓	㋔

三	問 14	㋐	㋑	㋒	㋓	㋔
	問 15	㋐	㋑	㋒	㋓	㋔
	問 16	㋐	㋑	㋒	㋓	㋔
	問 17	㋐	㋑	㋒	㋓	㋔
	問 18	㋐	㋑	㋒	㋓	㋔
	問 19	㋐	㋑	㋒	㋓	㋔
	問 20	㋐	㋑	㋒	㋓	㋔
四	問 21	㋐	㋑	㋒	㋓	㋔
	問 22	㋐	㋑	㋒	㋓	㋔
	問 23	㋐	㋑	㋒	㋓	㋔
	問 24	㋐	㋑	㋒	㋓	㋔
	問 25	㋐	㋑	㋒	㋓	㋔

（注）この解答用紙は実物を縮小してあります。Ｂ４用紙に133％拡大コピーすると、ほぼ実物大で使用できます。（タイトルと配点表は含みません）

推定配点

一　各2点×10
二　問7～問10　各4点×4　問11～問13　各6点×3
三　問14～問17　各4点×4　問18～問20　各5点×3
四　各3点×5

計	100点

２０２２年度　土浦日本大学高等学校

英語解答用紙

評点
/100

記入上の注意

(1) ＨＢの黒鉛筆を使用し，マークすること。
(2) 氏名とフリガナを記入すること。
(3) 受験番号を算用数字で記入すること。
(4) 受験番号欄に番号を正確にマークすること。
(5) 記入すべきこと以外は，絶対に書かないこと。
(6) マークを訂正するときは，プラスチックの消しゴムを使用し，きれいに消すこと。
(7) 消しくずは，きれいに取り除くこと。
(8) この解答用紙は，折り曲げたり，破ったり，汚したりしないこと。

マークの仕方	よい例	わるい例
	●	⊘ ○ ⊗ ◐

フリガナ	
氏　名	

受験番号				
万	千	百	十	一
⓪	⓪	⓪	⓪	⓪
①	①	①	①	①
②	②	②	②	②
③	③	③	③	③
④	④	④	④	④
⑤	⑤	⑤	⑤	⑤
⑥	⑥	⑥	⑥	⑥
⑦	⑦	⑦	⑦	⑦
⑧	⑧	⑧	⑧	⑧
⑨	⑨	⑨	⑨	⑨

欠席者コード
受験生は記入しないこと。
0

1	(1)		①②③④
	(2)		①②③④
	(3)		①②③④
	(4)		①②③④
	(5)		①②③④
	(6)		①②③④
	(7)		①②③④
	(8)		①②③④
	(9)		①②③④⑤⑥⑦
2	(10)		①②③④
	(11)		①②③④
	(12)		①②③④
	(13)		①②③④
	(14)		①②③④
	(15)		①②③④
	(16)		①②③④
	(17)	(A)	①②③④
		(B)	①②③④
		(C)	①②③④
3	(18)		①②③④
	(19)		①②③④
	(20)		①②③④
	(21)		①②③④
	(22)		①②③④
	(23)		①②③④
	(24)	(A)	①②③④
		(B)	①②③④
		(C)	①②③④
		(D)	①②③④

4	(25)		①②③④
	(26)		①②③④
	(27)		①②③④
5	(28)		①②③④
	(29)		①②③④
	(30)		①②③④
6	(31)		①②③④
	(32)		①②③④
	(33)		①②③④
	(34)		①②③④
7	(35)	1番目	①②③④⑤⑥
		2番目	①②③④⑤⑥
		3番目	①②③④⑤⑥
		4番目	①②③④⑤⑥
		5番目	①②③④⑤⑥
		6番目	①②③④⑤⑥
	(36)	1番目	①②③④⑤⑥
		2番目	①②③④⑤⑥
		3番目	①②③④⑤⑥
		4番目	①②③④⑤⑥
		5番目	①②③④⑤⑥
		6番目	①②③④⑤⑥
	(37)	1番目	①②③④⑤⑥
		2番目	①②③④⑤⑥
		3番目	①②③④⑤⑥
		4番目	①②③④⑤⑥
		5番目	①②③④⑤⑥
		6番目	①②③④⑤⑥

7	(38)	1番目	①②③④⑤⑥
		2番目	①②③④⑤⑥
		3番目	①②③④⑤⑥
		4番目	①②③④⑤⑥
		5番目	①②③④⑤⑥
		6番目	①②③④⑤⑥
	(39)	1番目	①②③④⑤⑥
		2番目	①②③④⑤⑥
		3番目	①②③④⑤⑥
		4番目	①②③④⑤⑥
		5番目	①②③④⑤⑥
		6番目	①②③④⑤⑥
8	(40)		①②③④
	(41)		①②③④
	(42)		①②③④
	(43)		①②③④
	(44)		①②③④

(注)　この解答用紙は実物を縮小してあります。Ｂ４用紙に139%拡大コピーすると、ほぼ実物大で使用できます。（タイトルと配点表は含みません）

推定配点	
1～8 各２点×50〔1(9)は各２点×２、7は各２点×５〕 ※一般併願ＧＳ受験については、合計点を1.5倍して150点満点とする。	
計	100点

2022年度　土浦日本大学高等学校

数学解答用紙

評点
/100

マークの仕方	よい例	わるい例

記入上の注意

(1) ＨＢの黒鉛筆を使用し，マークすること。
(2) 氏名とフリガナを記入すること。
(3) 受験番号を算用数字で記入すること。
(4) 受験番号欄に番号を正確にマークすること。
(5) 記入すべきこと以外は，絶対に書かないこと。
(6) マークを訂正するときは，プラスチックの消しゴムを使用し，きれいに消すこと。
(7) 消しくずは，きれいに取り除くこと。
(8) この解答用紙は，折り曲げたり，破ったり，汚したりしないこと。

3	(1)	ア	0 1 2 3 4 5 6 7 8 9
		イ	0 1 2 3 4 5 6 7 8 9
	(2)	ウ	0 1 2 3 4 5 6 7 8 9
		エ	0 1 2 3 4 5 6 7 8 9
	(3)	オ	0 1 2 3 4 5 6 7 8 9
		カ	0 1 2 3 4 5 6 7 8 9
		キ	0 1 2 3 4 5 6 7 8 9
		ク	0 1 2 3 4 5 6 7 8 9
4	(1)	ア	0 1 2 3 4 5 6 7 8 9
	(2)	イ	0 1 2 3 4 5 6 7 8 9
		ウ	0 1 2 3 4 5 6 7 8 9
		エ	0 1 2 3 4 5 6 7 8 9
	(3)	オ	0 1 2 3 4 5 6 7 8 9
		カ	0 1 2 3 4 5 6 7 8 9
		キ	0 1 2 3 4 5 6 7 8 9
5	(1)	ア	0 1 2 3 4 5 6 7 8 9
		イ	0 1 2 3 4 5 6 7 8 9
	(2) (i)	ウ	0 1 2 3 4 5 6 7 8 9
		エ	0 1 2 3 4 5 6 7 8 9
		オ	0 1 2 3 4 5 6 7 8 9
	(2) (ii)	カ	0 1 2 3 4 5 6 7 8 9
		キ	0 1 2 3 4 5 6 7 8 9
		ク	0 1 2 3 4 5 6 7 8 9
		ケ	0 1 2 3 4 5 6 7 8 9

1	(1)	ア	0 1 2 3 4 5 6 7 8 9
		イ	0 1 2 3 4 5 6 7 8 9
	(2)	ウ	0 1 2 3 4 5 6 7 8 9
		エ	0 1 2 3 4 5 6 7 8 9
		オ	0 1 2 3 4 5 6 7 8 9
	(3)	カ	0 1 2 3 4 5 6 7 8 9
		キ	0 1 2 3 4 5 6 7 8 9
	(4)	ク	0 1 2 3 4 5 6 7 8 9
		ケ	0 1 2 3 4 5 6 7 8 9
		コ	0 1 2 3 4 5 6 7 8 9
		サ	0 1 2 3 4 5 6 7 8 9
	(5)	シ	0 1 2 3
		ス	0 1 2 3
2	(1) (i)	ア	0 1 2 3 4 5 6 7 8 9
		イ	0 1 2 3 4 5 6 7 8 9
	(1) (ii)	ウ	0 1 2 3 4 5 6 7 8 9
		エ	0 1 2 3 4 5 6 7 8 9
	(2)	オ	0 1 2 3 4 5 6 7 8 9
		カ	0 1 2 3 4 5 6 7 8 9
		キ	0 1 2 3 4 5 6 7 8 9
		ク	0 1 2 3 4 5 6 7 8 9
	(3)	ケ	0 1 2 3 4 5 6 7 8 9
		コ	0 1 2 3 4 5 6 7 8 9

（注）この解答用紙は実物を縮小してあります。Ｂ４用紙に137%拡大コピーすると、ほぼ実物大で使用できます。（タイトルと配点表は含みません）

フリガナ	
氏　名	

受験番号				
万	千	百	十	一
0–9	0–9	0–9	0–9	0–9

欠席者コード
受験生は記入しないこと。 0

推定配点	
1～5　各5点×20〔1(5)、2(2)はそれぞれ各5点×2〕	
100点	計

2022年度　土浦日本大学高等学校

社会解答用紙

評点
/100

記入上の注意

(1) HBの黒鉛筆を使用し，マークすること。
(2) 氏名とフリガナを記入すること。
(3) 受験番号を算用数字で記入すること。
(4) 受験番号欄に番号を正確にマークすること。
(5) 記入すべきこと以外は，絶対に書かないこと。
(6) マークを訂正するときは，プラスチックの消しゴムを使用し，きれいに消すこと。
(7) 消しくずは，きれいに取り除くこと。
(8) この解答用紙は，折り曲げたり，破ったり，汚したりしないこと。

マークの仕方	よい例	わるい例
	●	⊘ ◍ ⊗ ◑

1	(1)	①②③④
	(2)	①②③④
	(3)	①②③④
	(4)	①②③④
	(5)	①②③④
	(6)	①②③④
	(7)	①②③④
	(8)	①②③④
	(9)	①②③④
	(10)	①②③④
2	(1)	①②③④
	(2)	①②③④
	(3)	①②③④
	(4)	①②③④
	(5)	①②③④
	(6)	①②③④
	(7)	①②③④
	(8)	①②③④
	(9)	①②③④
	(10)	①②③④

3	(1)	①②③④
	(2)	①②③④
	(3)	①②③④
	(4)	①②③④
	(5)	①②③④
	(6)	①②③④
	(7)	①②③④
	(8)	①②③④⑤⑥⑦
	(9)	①②③④
	(10)	①②③④
4	(1)	①②③④
	(2)	①②③④
	(3)	①②③④
	(4)	①②③④⑤⑥
	(5)	①②③④
	(6)	①②③④
5	(1)	①②③④⑤⑥
	(2)	①②③④
	(3)	①②③④
	(4)	①②③④

6	(1)	①②③④
	(2)	①②③④
	(3)	①②③④
	(4)	①②③④
	(5)	①②③④
	(6)	①②③④
	(7)	①②③④
	(8)	①②③④
	(9)	①②③④
	(10)	①②③④

(注) この解答用紙は実物を縮小してあります。B４用紙に132%拡大コピーすると、ほぼ実物大で使用できます。（タイトルと配点表は含みません）

フリガナ	
氏　名	

受験番号				
万	千	百	十	一
⓪①②③④⑤⑥⑦⑧⑨	⓪①②③④⑤⑥⑦⑧⑨	⓪①②③④⑤⑥⑦⑧⑨	⓪①②③④⑤⑥⑦⑧⑨	⓪①②③④⑤⑥⑦⑧⑨

欠席者コード
受験生は記入しないこと。 0

推定配点	
1～6　各2点×50	
100点	計

2022年度　土浦日本大学高等学校

理科解答用紙

評点
/100

マークの仕方	よい例	わるい例
	●	✓ ◎ ⊗ ◑

記入上の注意

(1) ＨＢの黒鉛筆を使用し，マークすること。
(2) 氏名とフリガナを記入すること。
(3) 受験番号を算用数字で記入すること。
(4) 受験番号欄に番号を正確にマークすること。
(5) 記入すべきこと以外は，絶対に書かないこと。
(6) マークを訂正するときは，プラスチックの消しゴムを使用し，きれいに消すこと。
(7) 消しくずは，きれいに取り除くこと。
(8) この解答用紙は，折り曲げたり，破ったり，汚したりしないこと。

1	(1)		①②③④
	(2)		①②③④
	(3)		①②③④
	(4)		①②③④
	(5)		①②③④
2	(1)	(a)	①②③④
		(b)	①②③④
	(2)		①②③④
	(3)		①②③④
	(4)		①②③④
3	(1)	(a)	①②③④
		(b)	①②③④
	(2)	(a)	①②③④
		(b)	①②③④
		(c)	①②③④
4	(1)		①②③④⑤⑥⑦⑧⑨
	(2)	(a)	①②③④⑤⑥
		(b)	①②③④⑤⑥
	(3)		①②③④
	(4)	(a)	①②③④
		(b)	①②③④

5	(1)		①②③④
	(2)		①②③④
	(3)		①②③④
	(4)		①②③④
	(5)		①②③④
6	(1)	(a)	①②③④⑤⑥
		(b)	①②③④⑤⑥
	(2)	B点	①②③④⑤
		C点	①②③④⑤
	(3)		①②③④⑤⑥
	(4)		①②③④⑤⑥
7	(1)		①②③④
	(2)		①②③④
	(3)		①②③④
	(4)		①②③④
8	(1)		①②③④
	(2)		①②③④
	(3)		①②③④
	(4)		①②③④
	(5)		①②③④

フリガナ	
氏　名	

受験番号				
万	千	百	十	一
⓪	⓪	⓪	⓪	⓪
①	①	①	①	①
②	②	②	②	②
③	③	③	③	③
④	④	④	④	④
⑤	⑤	⑤	⑤	⑤
⑥	⑥	⑥	⑥	⑥
⑦	⑦	⑦	⑦	⑦
⑧	⑧	⑧	⑧	⑧
⑨	⑨	⑨	⑨	⑨

欠席者コード

受験生は記入しないこと。

0

（注）この解答用紙は実物を縮小してあります。Ｂ４用紙に132%拡大コピーすると、ほぼ実物大で使用できます。（タイトルと配点表は含みません）

推定配点	
	1～3 各2点×15〔2(1)(a)は完答〕 4 (1)、(2) 各2点×3　(3)、(4) 各3点×3 5 各2点×5 6～8 各3点×15
計	100点

二〇二三年度　土浦日本大学高等学校

国語解答用紙

評点　／100

記入上の注意

(1) ＨＢの黒鉛筆を使用し，マークすること。
(2) 氏名とフリガナを記入すること。
(3) 受験番号を算用数字で記入すること。
(4) 受験番号欄に番号を正確にマークすること。
(5) 記入すべきこと以外は，絶対に書かないこと。
(6) マークを訂正するときは，プラスチックの消しゴムを使用し，きれいに消すこと。
(7) 消しくずは，きれいに取り除くこと。
(8) この解答用紙は，折り曲げたり，破ったり，汚したりしないこと。

マークの仕方	よい例	わるい例
	●	✓ ◍ ⊗ ◐

一	問1 a	㋐	㋑	㋒	㋓	㋔
	問1 b	㋐	㋑	㋒	㋓	㋔
	問2	㋐	㋑	㋒	㋓	㋔
	問3	㋐	㋑	㋒	㋓	㋔
	問4	㋐	㋑	㋒	㋓	㋔
	問5	㋐	㋑	㋒	㋓	㋔
	問6	㋐	㋑	㋒	㋓	㋔
	問7	㋐	㋑	㋒	㋓	㋔
	問8	㋐	㋑	㋒	㋓	㋔
	問9	㋐	㋑	㋒	㋓	㋔
二	問10	㋐	㋑	㋒	㋓	㋔
	問11	㋐	㋑	㋒	㋓	㋔
	問12	㋐	㋑	㋒	㋓	㋔
	問13	㋐	㋑	㋒	㋓	㋔
	問14	㋐	㋑	㋒	㋓	㋔
	問15	㋐	㋑	㋒	㋓	㋔
	問16	㋐	㋑	㋒	㋓	㋔

三	問17	㋐	㋑	㋒	㋓	㋔
	問18	㋐	㋑	㋒	㋓	㋔
	問19	㋐	㋑	㋒	㋓	㋔
	問20	㋐	㋑	㋒	㋓	㋔
	問21	㋐	㋑	㋒	㋓	㋔
	問22	㋐	㋑	㋒	㋓	㋔
	問23	㋐	㋑	㋒	㋓	㋔
四	問24	㋐	㋑	㋒	㋓	㋔
	問25	㋐	㋑	㋒	㋓	㋔
	問26	㋐	㋑	㋒	㋓	㋔
	問27	㋐	㋑	㋒	㋓	㋔
	問28	㋐	㋑	㋒	㋓	㋔

フリガナ	
氏　名	

受験番号

万	千	百	十	一
⓪	⓪	⓪	⓪	⓪
①	①	①	①	①
②	②	②	②	②
③	③	③	③	③
④	④	④	④	④
⑤	⑤	⑤	⑤	⑤
⑥	⑥	⑥	⑥	⑥
⑦	⑦	⑦	⑦	⑦
⑧	⑧	⑧	⑧	⑧
⑨	⑨	⑨	⑨	⑨

欠席者コード

受験生は記入しないこと。

0

(注) この解答用紙は実物を縮小してあります。Ｂ４用紙に133%拡大コピーすると、ほぼ実物大で使用できます。(タイトルと配点表は含みません)

推定配点

一　各2点×10
二　各4点×7
三　各5点×7
四　問24～問26　各3点×3　問27、問28　各4点×2

計　100点

２０２２年度　土浦日本大学高等学校・併願推薦

英語解答用紙

評点
/100

記入上の注意

(1) ＨＢの黒鉛筆を使用し，マークすること。
(2) 氏名とフリガナを記入すること。
(3) 受験番号を算用数字で記入すること。
(4) 受験番号欄に番号を正確にマークすること。
(5) 記入すべきこと以外は，絶対に書かないこと。
(6) マークを訂正するときは，プラスチックの消しゴムを使用し，きれいに消すこと。
(7) 消しくずは，きれいに取り除くこと。
(8) この解答用紙は，折り曲げたり，破ったり，汚したりしないこと。

マークの仕方	よい例	わるい例
	●	⊘ ◍ ⊗ ◑

フリガナ	
氏　名	

受験番号				
万	千	百	十	一
0	0	0	0	0
1	1	1	1	1
2	2	2	2	2
3	3	3	3	3
4	4	4	4	4
5	5	5	5	5
6	6	6	6	6
7	7	7	7	7
8	8	8	8	8
9	9	9	9	9

欠席者コード
受験生は記入しないこと。
0

大問	設問	解答欄
1	(1)	① ② ③ ④
	(2)	① ② ③ ④
	(3)	① ② ③ ④
	(4)	① ② ③ ④
	(5)	① ② ③ ④
	(6)	① ② ③ ④
	(7)	① ② ③ ④
	(8)	① ② ③ ④
	(9)	① ② ③ ④
	(10)	① ② ③ ④
2	(11)	① ② ③ ④
	(12)	① ② ③ ④
	(13)	① ② ③ ④
	(14)	① ② ③ ④
	(15)	① ② ③ ④
	(16)	① ② ③ ④
	(17)	① ② ③ ④
	(18)	① ② ③ ④
	(19)	① ② ③ ④ ⑤ ⑥ ⑦
3	(20)	① ② ③ ④
	(21)	① ② ③ ④
	(22)	① ② ③ ④
	(23)	① ② ③ ④
	(24)	① ② ③ ④
	(25)	① ② ③ ④
	(26)	① ② ③ ④
	(27)	① ② ③ ④
	(28)	① ② ③ ④ ⑤ ⑥ ⑦

大問	設問		解答欄
4	(29)		① ② ③ ④
	(30)		① ② ③ ④
	(31)		① ② ③ ④
	(32)		① ② ③ ④
5	(33)		① ② ③ ④
	(34)		① ② ③ ④
	(35)		① ② ③ ④
6	(36)		① ② ③ ④
	(37)		① ② ③ ④
	(38)		① ② ③ ④
7	(39)	1番目	① ② ③ ④ ⑤ ⑥
		2番目	① ② ③ ④ ⑤ ⑥
		3番目	① ② ③ ④ ⑤ ⑥
		4番目	① ② ③ ④ ⑤ ⑥
		5番目	① ② ③ ④ ⑤ ⑥
		6番目	① ② ③ ④ ⑤ ⑥
	(40)	1番目	① ② ③ ④ ⑤ ⑥
		2番目	① ② ③ ④ ⑤ ⑥
		3番目	① ② ③ ④ ⑤ ⑥
		4番目	① ② ③ ④ ⑤ ⑥
		5番目	① ② ③ ④ ⑤ ⑥
		6番目	① ② ③ ④ ⑤ ⑥
	(41)	1番目	① ② ③ ④ ⑤ ⑥
		2番目	① ② ③ ④ ⑤ ⑥
		3番目	① ② ③ ④ ⑤ ⑥
		4番目	① ② ③ ④ ⑤ ⑥
		5番目	① ② ③ ④ ⑤ ⑥
		6番目	① ② ③ ④ ⑤ ⑥

大問	設問		解答欄
7	(42)	1番目	① ② ③ ④ ⑤ ⑥
		2番目	① ② ③ ④ ⑤ ⑥
		3番目	① ② ③ ④ ⑤ ⑥
		4番目	① ② ③ ④ ⑤ ⑥
		5番目	① ② ③ ④ ⑤ ⑥
		6番目	① ② ③ ④ ⑤ ⑥
	(43)	1番目	① ② ③ ④ ⑤ ⑥
		2番目	① ② ③ ④ ⑤ ⑥
		3番目	① ② ③ ④ ⑤ ⑥
		4番目	① ② ③ ④ ⑤ ⑥
		5番目	① ② ③ ④ ⑤ ⑥
		6番目	① ② ③ ④ ⑤ ⑥
8	(44)		① ② ③ ④
	(45)		① ② ③ ④
	(46)		① ② ③ ④
	(47)		① ② ③ ④
	(48)		① ② ③ ④

(注) この解答用紙は実物を縮小してあります。Ｂ４用紙に139%拡大コピーすると、ほぼ実物大で使用できます。(タイトルと配点表は含みません)

推定配点	計
1～8 各２点×50〔2(19)、3(28)はそれぞれ各２点×２〕 ※併願推薦ＧＳ受験については、合計点を1.5倍して150点満点とする。	100点

2022年度　土浦日本大学高等学校・併願推薦

数学解答用紙

評点
/100

マークの仕方	よい例	わるい例
	●	⊘ ◍ ⊗ ◐

記入上の注意

(1) ＨＢの黒鉛筆を使用し，マークすること。
(2) 氏名とフリガナを記入すること。
(3) 受験番号を算用数字で記入すること。
(4) 受験番号欄に番号を正確にマークすること。
(5) 記入すべきこと以外は，絶対に書かないこと。
(6) マークを訂正するときは，プラスチックの消しゴムを使用し，きれいに消すこと。
(7) 消しくずは，きれいに取り除くこと。
(8) この解答用紙は，折り曲げたり，破ったり，汚したりしないこと。

フリガナ	
氏　名	

受験番号				
万	千	百	十	一
0	0	0	0	0
1	1	1	1	1
2	2	2	2	2
3	3	3	3	3
4	4	4	4	4
5	5	5	5	5
6	6	6	6	6
7	7	7	7	7
8	8	8	8	8
9	9	9	9	9

欠席者コード
受験生は記入しないこと。 0

1	(1)	ア	0 1 2 3 4 5 6 7 8 9
		イ	0 1 2 3 4 5 6 7 8 9
	(2)	ウ	0 1 2 3 4 5 6 7 8 9
	(3)	エ	0 1 2 3 4 5 6 7 8 9
		オ	0 1 2 3 4 5 6 7 8 9
		カ	0 1 2 3 4 5 6 7 8 9
		キ	0 1 2 3 4 5 6 7 8 9
	(4)	ク	0 1 2 3 4 5 6 7 8 9
		ケ	0 1 2 3 4 5 6 7 8 9
		コ	0 1 2 3 4 5 6 7 8 9
	(5)	サ	0 1 2 3
		シ	0 1 2 3
2	(1)	ア	0 1 2 3 4 5 6 7 8 9
		イ	0 1 2 3 4 5 6 7 8 9
	(2)	ウ	0 1 2 3 4 5 6 7 8 9
		エ	0 1 2 3 4 5 6 7 8 9
		オ	0 1 2 3 4 5 6 7 8 9
	(3)	カ	0 1 2 3 4 5 6 7 8 9
		キ	0 1 2 3 4 5 6 7 8 9
		ク	0 1 2 3 4 5 6 7 8 9

3	(1)	ア	0 1 2 3
	(2)	イ	0 1 2 3 4 5 6 7 8 9
		ウ	0 1 2 3 4 5 6 7 8 9
		エ	0 1 2 3 4 5 6 7 8 9
		オ	0 1 2 3 4 5 6 7 8 9
	(3)	カ	0 1 2 3 4 5 6 7 8 9
		キ	0 1 2 3 4 5 6 7 8 9
4	(1)	ア	0 1 2 3 4 5 6 7 8 9
		イ	0 1 2 3 4 5 6 7 8 9
		ウ	0 1 2 3 4 5 6 7 8 9
		エ	0 1 2 3 4 5 6 7 8 9
	(2)	オ	0 1 2 3 4 5 6 7 8 9
		カ	0 1 2 3 4 5 6 7 8 9
	(3)	キ	0 1 2 3 4 5 6 7 8 9
		ク	0 1 2 3 4 5 6 7 8 9
		ケ	0 1 2 3 4 5 6 7 8 9
		コ	0 1 2 3 4 5 6 7 8 9
5	(1)	ア	0 1 2 3 4 5 6 7 8 9
	(2)	イ	0 1 2 3 4 5 6 7 8 9
		ウ	0 1 2 3 4 5 6 7 8 9
	(3)	エ	0 1 2 3 4 5 6 7 8 9
		オ	0 1 2 3 4 5 6 7 8 9

（注）この解答用紙は実物を縮小してあります。Ｂ４用紙に132%拡大コピーすると、ほぼ実物大で使用できます。（タイトルと配点表は含みません）

推定配点	
1～5 各5点×20〔1(5)、2(3)、3(2)はそれぞれ各5点×2、1(4)、4(1)はそれぞれ完答〕	
100点	計

２０２２年度　土浦日本大学高等学校・併願推薦

社会解答用紙

評点　／100

記入上の注意

(1) ＨＢの黒鉛筆を使用し，マークすること。
(2) 氏名とフリガナを記入すること。
(3) 受験番号を算用数字で記入すること。
(4) 受験番号欄に番号を正確にマークすること。
(5) 記入すべきこと以外は，絶対に書かないこと。
(6) マークを訂正するときは，プラスチックの消しゴムを使用し，きれいに消すこと。
(7) 消しくずは，きれいに取り除くこと。
(8) この解答用紙は，折り曲げたり，破ったり，汚したりしないこと。

マークの仕方	よい例	わるい例
	●	✓ ◍ ⊗ ◐

フリガナ	
氏　名	

受験番号				
万	千	百	十	一
0 1 2 3 4 5 6 7 8 9	0 1 2 3 4 5 6 7 8 9	0 1 2 3 4 5 6 7 8 9	0 1 2 3 4 5 6 7 8 9	0 1 2 3 4 5 6 7 8 9

欠席者コード

受験生は記入しないこと。

0

1	(1)	① ② ③ ④
	(2)	① ② ③ ④
	(3)	① ② ③ ④
	(4)	① ② ③ ④
	(5)	① ② ③ ④
	(6)	① ② ③ ④
	(7)	① ② ③ ④
	(8)	① ② ③ ④
	(9)	① ② ③ ④
	(10)	① ② ③ ④
2	(1)	① ② ③ ④
	(2)	① ② ③ ④
	(3)	① ② ③ ④
	(4)	① ② ③ ④
	(5)	① ② ③ ④
	(6)	① ② ③ ④
	(7)	① ② ③ ④
	(8)	① ② ③ ④
	(9)	① ② ③ ④
	(10)	① ② ③ ④

3	(1)	① ② ③ ④
	(2)	① ② ③ ④
	(3)	① ② ③ ④
	(4)	① ② ③ ④
	(5)	① ② ③ ④
	(6)	① ② ③ ④
	(7)	① ② ③ ④
	(8)	① ② ③ ④
	(9)	① ② ③ ④
	(10)	① ② ③ ④
4	(1)	① ② ③ ④ ⑤ ⑥
	(2)	① ② ③ ④
	(3)	① ② ③ ④
	(4)	① ② ③ ④ ⑤ ⑥
	(5)	① ② ③ ④
	(6)	① ② ③ ④
5	(1)	① ② ③ ④ ⑤ ⑥
	(2)	① ② ③ ④
	(3)	① ② ③ ④
	(4)	① ② ③ ④

6	(1)	① ② ③ ④
	(2)	① ② ③ ④
	(3)	① ② ③ ④
	(4)	① ② ③ ④
	(5)	① ② ③ ④
	(6)	① ② ③ ④
	(7)	① ② ③ ④
	(8)	① ② ③ ④
	(9)	① ② ③ ④
	(10)	① ② ③ ④

(注) この解答用紙は実物を縮小してあります。Ｂ４用紙に132%拡大コピーすると、ほぼ実物大で使用できます。(タイトルと配点表は含みません)

推定配点	
1～6　各2点×50	
100点	計

２０２２年度　土浦日本大学高等学校・併願推薦

理科解答用紙

評点
/100

記入上の注意

(1) ＨＢの黒鉛筆を使用し，マークすること。
(2) 氏名とフリガナを記入すること。
(3) 受験番号を算用数字で記入すること。
(4) 受験番号欄に番号を正確にマークすること。
(5) 記入すべきこと以外は，絶対に書かないこと。
(6) マークを訂正するときは，プラスチックの消しゴムを使用し，きれいに消すこと。
(7) 消しくずは，きれいに取り除くこと。
(8) この解答用紙は，折り曲げたり，破ったり，汚したりしないこと。

マークの仕方	よい例	わるい例
	●	⊘ ◍ ⊗ ◐

1	(1)	1 2 3 4 5 6
	(2)	1 2 3 4
	(3)	1 2 3 4 5 6
	(4)	1 2 3 4
	(5)	1 2 3 4
2	(1)	1 2 3 4 5 6
	(2)	1 2 3 4
	(3)	1 2 3 4
	(4)	1 2 3 4
	(5)	1 2 3 4
3	(1)	1 2 3 4
	(2)	1 2 3 4
	(3) (a) ア	1 2 3 4 5 6 7 8 9 0
	(3) (a) イ	1 2 3 4 5 6 7 8 9 0
	(3) (a) ウ	1 2 3 4 5 6 7 8 9 0
	(3) (b)	1 2 3 4
	(3) (c)	1 2 3 4 5 6
4	(1) (a)	1 2 3 4 5 6
	(1) (b)	1 2 3 4 5 6
	(2)	1 2 3 4 5 6
	(3)	1 2 3 4 5 6 7 8
	(4)	1 2 3 4 5 6 7 8 9

5	(1)	1 2 3 4
	(2)	1 2 3 4
	(3)	1 2 3 4
	(4)	1 2 3 4
	(5)	1 2 3 4
6	(1)	1 2 3 4 5 6
	(2)	1 2 3 4 5 6
	(3)	1 2 3 4 5 6
	(4)	1 2 3 4
	(5)	1 2 3 4
7	(1)	1 2 3 4
	(2)	1 2 3 4
	(3)	1 2 3 4 5 6 7 8
	(4) (a) エ	1 2 3 4 5 6 7 8 9 0
	(4) (a) オ	1 2 3 4 5 6 7 8 9 0
	(4) (b)	1 2 3 4
8	(1)	1 2 3 4
	(2)	1 2 3 4
	(3)	1 2 3 4
	(4)	1 2 3 4
	(5)	1 2 3 4

フリガナ	
氏　名	

受験番号				
万	千	百	十	一
0	0	0	0	0
1	1	1	1	1
2	2	2	2	2
3	3	3	3	3
4	4	4	4	4
5	5	5	5	5
6	6	6	6	6
7	7	7	7	7
8	8	8	8	8
9	9	9	9	9

欠席者コード
受験生は記入しないこと。　0

(注) この解答用紙は実物を縮小してあります。Ｂ４用紙に133%拡大コピーすると、ほぼ実物大で使用できます。（タイトルと配点表は含みません）

推定配点	
1、2 各３点×10　5、6 各２点×10 3 各２点×５　7 各３点×５ 4 各３点×５　8 各２点×５	
100点	計

二〇二三年度 土浦日本大学高等学校・併願推薦

国語解答用紙

評点	/100

(注) この解答用紙は実物を縮小してあります。Ｂ４用紙に133%拡大コピーすると、ほぼ実物大で使用できます。(タイトルと配点表は含みません)

	問					
三	問16	㋐	㋑	㋒	㋓	㋔
	問17	㋐	㋑	㋒	㋓	㋔
	問18	㋐	㋑	㋒	㋓	㋔
	問19	㋐	㋑	㋒	㋓	㋔
	問20	㋐	㋑	㋒	㋓	㋔
	問21	㋐	㋑	㋒	㋓	㋔
	問22	㋐	㋑	㋒	㋓	㋔
四	問23	㋐	㋑	㋒	㋓	㋔
	問24	㋐	㋑	㋒	㋓	㋔
	問25	㋐	㋑	㋒	㋓	㋔
	問26	㋐	㋑	㋒	㋓	㋔
	問27	㋐	㋑	㋒	㋓	㋔

	問					
一	問1 a	㋐	㋑	㋒	㋓	㋔
	問1 b	㋐	㋑	㋒	㋓	㋔
	問2	㋐	㋑	㋒	㋓	㋔
	問3 (1)	㋐	㋑	㋒	㋓	㋔
	問3 (2)	㋐	㋑	㋒	㋓	㋔
	問4	㋐	㋑	㋒	㋓	㋔
	問5	㋐	㋑	㋒	㋓	㋔
	問6	㋐	㋑	㋒	㋓	㋔
	問7	㋐	㋑	㋒	㋓	㋔
	問8	㋐	㋑	㋒	㋓	㋔
二	問9	㋐	㋑	㋒	㋓	㋔
	問10	㋐	㋑	㋒	㋓	㋔
	問11	㋐	㋑	㋒	㋓	㋔
	問12	㋐	㋑	㋒	㋓	㋔
	問13	㋐	㋑	㋒	㋓	
	問14	㋐	㋑	㋒	㋓	㋔
	問15	㋐	㋑	㋒	㋓	㋔

マークの仕方	よい例	わるい例
	●	☑ ◍ ⊗ ◐

記入上の注意

(1) ＨＢの黒鉛筆を使用し，マークすること。
(2) 氏名とフリガナを記入すること。
(3) 受験番号を算用数字で記入すること。
(4) 受験番号欄に番号を正確にマークすること。
(5) 記入すべきこと以外は，絶対に書かないこと。
(6) マークを訂正するときは，プラスチックの消しゴムを使用し，きれいに消すこと。
(7) 消しくずは，きれいに取り除くこと。
(8) この解答用紙は，折り曲げたり，破ったり，汚したりしないこと。

フリガナ	
氏　名	

受験番号				
万	千	百	十	一
⓪	⓪	⓪	⓪	⓪
①	①	①	①	①
②	②	②	②	②
③	③	③	③	③
④	④	④	④	④
⑤	⑤	⑤	⑤	⑤
⑥	⑥	⑥	⑥	⑥
⑦	⑦	⑦	⑦	⑦
⑧	⑧	⑧	⑧	⑧
⑨	⑨	⑨	⑨	⑨

欠席者コード
受験生は記入しないこと。 ⓪

推定配点

一 各2点×10
二 問9～問12 各4点×4　問13～問15 各6点×3
三 問16～問19 各4点×4　問20～問22 各5点×3
四 各3点×5

計	100点

2021年度　土浦日本大学高等学校

英語解答用紙

評点
/100

記入上の注意

(1) ＨＢの黒鉛筆を使用し，マークすること。
(2) 氏名とフリガナを記入すること。
(3) 受験番号を算用数字で記入すること。
(4) 受験番号欄に番号を正確にマークすること。
(5) 記入すべきこと以外は，絶対に書かないこと。
(6) マークを訂正するときは，プラスチックの消しゴムを使用し，きれいに消すこと。
(7) 消しくずは，きれいに取り除くこと。
(8) この解答用紙は，折り曲げたり，破ったり，汚したりしないこと。

マークの仕方	よい例	わるい例
	●	✓ ◍ ⊗ ◐

フリガナ	
氏　名	

受験番号				
万	千	百	十	一
0	0	0	0	0
1	1	1	1	1
2	2	2	2	2
3	3	3	3	3
4	4	4	4	4
5	5	5	5	5
6	6	6	6	6
7	7	7	7	7
8	8	8	8	8
9	9	9	9	9

欠席者コード
受験生は記入しないこと。 0

大問	問		解答
1	(1)		① ② ③ ④
	(2)		① ② ③ ④
	(3)		① ② ③ ④
	(4)		① ② ③ ④
	(5)		① ② ③ ④
	(6)		① ② ③ ④
	(7)		① ② ③ ④
	(8)		① ② ③ ④
	(9)		① ② ③ ④ ⑤
2	(10)		① ② ③ ④
	(11)		① ② ③ ④
	(12)		① ② ③ ④
	(13)		① ② ③ ④
	(14)		① ② ③ ④
	(15)	(A)	① ② ③ ④
		(B)	① ② ③ ④
		(C)	① ② ③ ④
		(D)	① ② ③ ④
		(E)	① ② ③ ④
3	(16)	①	① ② ③ ④ ⑤ ⑥
		③	① ② ③ ④ ⑤ ⑥
		⑤	① ② ③ ④ ⑤ ⑥
	(17)		① ② ③ ④
	(18)		① ② ③ ④
	(19)		① ② ③ ④
	(20)	(A)	① ② ③ ④
		(B)	① ② ③ ④
		(C)	① ② ③ ④
		(D)	① ② ③ ④
4	(21)		① ② ③ ④
	(22)		① ② ③ ④
	(23)		① ② ③ ④
	(24)		① ② ③ ④
5	(25)		① ② ③ ④
	(26)		① ② ③ ④
	(27)		① ② ③ ④
6	(28)		① ② ③ ④
	(29)		① ② ③ ④
	(30)		① ② ③ ④
7	(31)	2番目	① ② ③ ④ ⑤ ⑥
		5番目	① ② ③ ④ ⑤ ⑥
	(32)	2番目	① ② ③ ④ ⑤ ⑥
		5番目	① ② ③ ④ ⑤ ⑥
	(33)	2番目	① ② ③ ④ ⑤ ⑥
		5番目	① ② ③ ④ ⑤ ⑥
	(34)	2番目	① ② ③ ④ ⑤ ⑥
		5番目	① ② ③ ④ ⑤ ⑥
	(35)	2番目	① ② ③ ④ ⑤ ⑥
		5番目	① ② ③ ④ ⑤ ⑥
8	(36)		① ② ③ ④
	(37)		① ② ③ ④
	(38)		① ② ③ ④
	(39)		① ② ③ ④
	(40)		① ② ③ ④

（注）この解答用紙は実物を縮小してあります。Ｂ４用紙に133%拡大コピーすると、ほぼ実物大で使用できます。（タイトルと配点表は含みません）

推定配点	
1～8 各２点×50〔7は各２点×５〕 ※一般併願ＧＳ受験については、合計点を1.5倍して150点満点とする。	
100点	計

2021年度　土浦日本大学高等学校

数学解答用紙

評点	/100

マークの仕方	よい例	わるい例
	●	⊘ ◉ ⊗ ◐

記入上の注意

(1) ＨＢの黒鉛筆を使用し，マークすること。
(2) 氏名とフリガナを記入すること。
(3) 受験番号を算用数字で記入すること。
(4) 受験番号欄に番号を正確にマークすること。
(5) 記入すべきこと以外は，絶対に書かないこと。
(6) マークを訂正するときは，プラスチックの消しゴムを使用し，きれいに消すこと。
(7) 消しくずは，きれいに取り除くこと。
(8) この解答用紙は，折り曲げたり，破ったり，汚したりしないこと。

大問	小問	記号	マーク
3	(1)	ア	0 1 2 3 4 5 6 7 8 9
		イ	0 1 2 3 4 5 6 7 8 9
		ウ	0 1 2 3 4 5 6 7 8 9
	(2)	エ	0 1 2 3 4 5 6 7 8 9
		オ	0 1 2 3 4 5 6 7 8 9
		カ	0 1 2 3 4 5 6 7 8 9
	(3)	キ	0 1 2 3 4 5 6 7 8 9
4	(1)	ア	0 1 2 3 4 5 6 7 8 9
		イ	0 1 2 3 4 5 6 7 8 9
	(2)	ウ	0 1 2 3 4 5 6 7 8 9
		エ	0 1 2 3 4 5 6 7 8 9
		オ	0 1 2 3 4 5 6 7 8 9
		カ	0 1 2 3 4 5 6 7 8 9
	(3)	キ	0 1 2 3 4 5 6 7 8 9
		ク	0 1 2 3 4 5 6 7 8 9
5	(1)	ア	0 1 2 3 4 5 6 7
	(2)	イ	0 1 2 3 4 5 6 7 8 9
		ウ	0 1 2 3 4 5 6 7 8 9
		エ	0 1 2 3 4 5 6 7 8 9
		オ	0 1 2 3 4 5 6 7 8 9
	(3)	カ	0 1 2 3 4 5 6 7 8 9
		キ	0 1 2 3 4 5 6 7 8 9
		ク	0 1 2 3 4 5 6 7 8 9
		ケ	0 1 2 3 4 5 6 7 8 9

大問	小問	記号	マーク
1	(1)	ア	0 1 2 3 4 5 6 7 8 9
		イ	0 1 2 3 4 5 6 7 8 9
	(2)	ウ	0 1 2 3 4 5 6 7 8 9
		エ	0 1 2 3 4 5 6 7 8 9
	(3)	オ	0 1 2 3 4 5 6 7 8 9
		カ	0 1 2 3 4 5 6 7 8 9
	(4)	キ	0 1 2 3 4 5 6 7 8 9
		ク	0 1 2 3 4 5 6 7 8 9
	(5)	ケ	0 1 2 3
		コ	0 1 2 3
2	(1)	ア	0 1 2 3 4 5 6 7 8 9
		イ	0 1 2 3 4 5 6 7 8 9
		ウ	0 1 2 3 4 5 6 7 8 9
	(2)	エ	0 1 2 3 4 5 6 7 8 9
		オ	0 1 2 3 4 5 6 7 8 9
		カ	0 1 2 3 4 5 6 7 8 9
		キ	0 1 2 3 4 5 6 7 8 9
		ク	0 1 2 3 4 5 6 7 8 9
	(3)	ケ	0 1 2 3 4 5 6 7 8 9
		コ	0 1 2 3 4 5 6 7 8 9
		サ	0 1 2 3 4 5 6 7 8 9
		シ	0 1 2 3 4 5 6 7 8 9
		ス	0 1 2 3 4 5 6 7 8 9

(注) この解答用紙は実物を縮小してあります。Ｂ４用紙に133%拡大コピーすると，ほぼ実物大で使用できます。（タイトルと配点表は含みません）

フリガナ	
氏　名	

受験番号				
万	千	百	十	一
0	0	0	0	0
1	1	1	1	1
2	2	2	2	2
3	3	3	3	3
4	4	4	4	4
5	5	5	5	5
6	6	6	6	6
7	7	7	7	7
8	8	8	8	8
9	9	9	9	9

欠席者コード

受験生は記入しないこと。

0

推定配点	
1～5 各5点×20〔1は各5点×5，2(2)，(3)，5(2)はそれぞれ各5点×2〕	
計	100点

2021年度　土浦日本大学高等学校

社会解答用紙

評点
/100

マークの仕方	よい例	わるい例
	●	✓ ◍ ⊗ ◑

記入上の注意

(1) ＨＢの黒鉛筆を使用し，マークすること。
(2) 氏名とフリガナを記入すること。
(3) 受験番号を算用数字で記入すること。
(4) 受験番号欄に番号を正確にマークすること。
(5) 記入すべきこと以外は，絶対に書かないこと。
(6) マークを訂正するときは，プラスチックの消しゴムを使用し，きれいに消すこと。
(7) 消しくずは，きれいに取り除くこと。
(8) この解答用紙は，折り曲げたり，破ったり，汚したりしないこと。

フリガナ	
氏　名	

受験番号				
万	千	百	十	一
0	0	0	0	0
1	1	1	1	1
2	2	2	2	2
3	3	3	3	3
4	4	4	4	4
5	5	5	5	5
6	6	6	6	6
7	7	7	7	7
8	8	8	8	8
9	9	9	9	9

欠席者コード
受験生は記入しないこと。　0

1	(1)	① ② ③ ④
	(2)	① ② ③ ④
	(3)	① ② ③ ④
	(4)	① ② ③ ④
	(5)	① ② ③ ④
	(6)	① ② ③ ④
	(7)	① ② ③ ④
	(8)	① ② ③ ④
	(9)	① ② ③ ④
	(10)	① ② ③ ④
2	(1)	① ② ③ ④
	(2)	① ② ③ ④
	(3)	① ② ③ ④
	(4)	① ② ③ ④
	(5)	① ② ③ ④
	(6)	① ② ③ ④
	(7)	① ② ③ ④
	(8)	① ② ③ ④
	(9)	① ② ③ ④
	(10)	① ② ③ ④

3	(1)	① ② ③ ④
	(2)	① ② ③ ④
	(3)	① ② ③ ④
	(4)	① ② ③ ④
	(5)	① ② ③ ④
	(6)	① ② ③ ④
	(7)	① ② ③ ④
	(8)	① ② ③ ④ ⑤ ⑥
	(9)	① ② ③ ④
	(10)	① ② ③ ④
4	(1)	① ② ③ ④
	(2)	① ② ③ ④
	(3)	① ② ③ ④
	(4)	① ② ③ ④
	(5)	① ② ③ ④
	(6)	① ② ③ ④
5	(1)	① ② ③ ④ ⑤ ⑥
	(2)	① ② ③ ④
	(3)	① ② ③ ④
	(4)	① ② ③ ④

6	(1)	① ② ③ ④
	(2)	① ② ③ ④
	(3)	① ② ③ ④
	(4)	① ② ③ ④
	(5)	① ② ③ ④
	(6)	① ② ③ ④
	(7)	① ② ③ ④
	(8)	① ② ③ ④
	(9)	① ② ③ ④
	(10)	① ② ③ ④

（注）この解答用紙は実物を縮小してあります。Ｂ４用紙に132%拡大コピーすると、ほぼ実物大で使用できます。（タイトルと配点表は含みません）

推定配点	
1～6　各２点×50	
100点	計

２０２１年度　土浦日本大学高等学校

理科解答用紙

評点	/100

記入上の注意

(1) ＨＢの黒鉛筆を使用し，マークすること。
(2) 氏名とフリガナを記入すること。
(3) 受験番号を算用数字で記入すること。
(4) 受験番号欄に番号を正確にマークすること。
(5) 記入すべきこと以外は，絶対に書かないこと。
(6) マークを訂正するときは，プラスチックの消しゴムを使用し，きれいに消すこと。
(7) 消しくずは，きれいに取り除くこと。
(8) この解答用紙は，折り曲げたり，破ったり，汚したりしないこと。

マークの仕方	よい例	わるい例
	●	✓ ◎ ⊗ ◑

フリガナ	
氏　名	

受験番号				
万	千	百	十	一
⓪	⓪	⓪	⓪	⓪
①	①	①	①	①
②	②	②	②	②
③	③	③	③	③
④	④	④	④	④
⑤	⑤	⑤	⑤	⑤
⑥	⑥	⑥	⑥	⑥
⑦	⑦	⑦	⑦	⑦
⑧	⑧	⑧	⑧	⑧
⑨	⑨	⑨	⑨	⑨

欠席者コード
受験生は記入しないこと。 0

1	(1)		①②③④⑤⑥
	(2)		①②③④⑤
	(3)		①②③④⑤⑥
	(4)		①②③④⑤
	(5)		①②③④
2	(1)	ア	①②
		イ	①②
		ウ	①②
	(2)		①②③④⑤⑥
	(3)		①②③④⑤⑥
	(4)		①②③④
	(5)		①②③④
3	(1)	(a)	①②③④
		(b)	①②③④⑤⑥
	(2)	(a)	①②③④
		(b)	①②③④
		(c)	①②③④
4	(1)		①②③④
	(2)		①②③④
	(3)	(i)	①②③④
		(ii)	①②③④
		(iii)	①②③④

5	(1)		①②③④⑤⑥
	(2)		①②③④⑤
	(3)	ア	①②
		イ	①②
		ウ	①②
	(4)		①②③④⑤
	(5)		①②③④⑤⑥
6	(1)		①②③④
	(2)		①②③④
	(3)		①②③④
	(4)		①②③④
	(5)		①②③④
	(6)		①②③④⑤⑥
7	(1)		①②③④⑤
	(2)		①②③④
	(3)		①②③④⑤
	(4)		①②③④⑤⑥
	(5)		①②③④⑤⑥⑦⑧⑨
8	(1)		①②③④⑤⑥
	(2)		①②③④
	(3)		①②③④⑤⑥⑦⑧⑨
	(4)		①②③④

（注）この解答用紙は実物を縮小してあります。Ｂ４用紙に132％拡大コピーすると、ほぼ実物大で使用できます。（タイトルと配点表は含みません）

推定配点

1～3 各2点×17
4 (1)、(2) 各2点×2　(3) 各3点×3
5、6 各2点×13
7、8 各3点×9

100点	計

二〇二二年度 土浦日本大学高等学校

国語解答用紙

評点
/100

マークの仕方	よい例	わるい例
	●	◎ ● ⊗ ◐

記入上の注意

(1) ＨＢの黒鉛筆を使用し，マークすること。
(2) 氏名とフリガナを記入すること。
(3) 受験番号を算用数字で記入すること。
(4) 受験番号欄に番号を正確にマークすること。
(5) 記入すべきこと以外は，絶対に書かないこと。
(6) マークを訂正するときは，プラスチックの消しゴムを使用し，きれいに消すこと。
(7) 消しくずは，きれいに取り除くこと。
(8) この解答用紙は，折り曲げたり，破ったり，汚したりしないこと。

三	問16	㋐	㋑	㋒	㋓	㋔
	問17	㋐	㋑	㋒	㋓	㋔
	問18	㋐	㋑	㋒	㋓	㋔
	問19	㋐	㋑	㋒	㋓	㋔
	問20	㋐	㋑	㋒	㋓	㋔
	問21	㋐	㋑	㋒	㋓	㋔
四	問22	㋐	㋑	㋒	㋓	㋔
	問23	㋐	㋑	㋒	㋓	㋔
	問24	㋐	㋑	㋒	㋓	㋔
	問25	㋐	㋑	㋒	㋓	㋔
	問26	㋐	㋑	㋒	㋓	㋔
	問27	㋐	㋑	㋒	㋓	㋔

一	問1 ①	㋐	㋑	㋒	㋓	㋔
	問1 ②	㋐	㋑	㋒	㋓	㋔
	問2	㋐	㋑	㋒	㋓	㋔
	問3	㋐	㋑	㋒	㋓	㋔
	問4	㋐	㋑	㋒	㋓	㋔
	問5	㋐	㋑	㋒	㋓	㋔
	問6	㋐	㋑	㋒	㋓	㋔
	問7	㋐	㋑	㋒	㋓	㋔
	問8 ①	㋐	㋑	㋒	㋓	㋔
	問8 ②	㋐	㋑	㋒	㋓	㋔
二	問9	㋐	㋑	㋒	㋓	㋔
	問10	㋐	㋑	㋒	㋓	㋔
	問11	㋐	㋑	㋒	㋓	㋔
	問12	㋐	㋑	㋒	㋓	㋔
	問13	㋐	㋑	㋒	㋓	㋔
	問14	㋐	㋑	㋒	㋓	㋔
	問15	㋐	㋑	㋒	㋓	㋔

フリガナ	
氏　名	

受験番号				
万	千	百	十	一
⓪	⓪	⓪	⓪	⓪
①	①	①	①	①
②	②	②	②	②
③	③	③	③	③
④	④	④	④	④
⑤	⑤	⑤	⑤	⑤
⑥	⑥	⑥	⑥	⑥
⑦	⑦	⑦	⑦	⑦
⑧	⑧	⑧	⑧	⑧
⑨	⑨	⑨	⑨	⑨

欠席者コード

受験生は記入しないこと。

0

（注）この解答用紙は実物を縮小してあります。Ｂ４用紙に133％拡大コピーすると、ほぼ実物大で使用できます。（タイトルと配点表は含みません）

推定配点	
一 各2点×10 二 各4点×7 三 各5点×6 四 問22、問23 各3点×2　問24～問27 各4点×4	
計	100点

高校後見返し